**ANNUAL REPORT OF REGIONAL INNOVATION CAPABILITY OF CHINA 2014**
INNOVATION-DRIVEN DEVELOPMENT AND INDUSTRIAL UPGRADING

# 中国区域创新能力报告 2014

**策划与资助**　科学技术部政策法规司

**承　　担**　中国科技发展战略研究小组

　　　　　　中国科学院大学中国创新创业管理研究中心

## 中国科技发展战略研究小组

**成　员**　方　新　胡志坚　柳卸林　王春法　游光荣

　　　　　薛　澜　穆荣平　王昌林　高世楫　齐建国

　　　　　苏　靖　唐玉立　苏　竣　肖广岭

## "中国区域创新能力报告 2014" 课题组

**组　长**　柳卸林　高太山

**成　员**　陈　健　吕　萍　程　鹏　马雪梅　高雨辰

　　　　　邱姝敏　徐晶钰　李晨蕾　徐晓丹

图书在版编目（CIP）数据

中国区域创新能力报告. 2014/柳卸林，高太山主编. —北京：知识产权出版社，2015.1
ISBN 978 - 7 - 5130 - 3116 - 5

Ⅰ. ①中… Ⅱ. ①柳…②高… Ⅲ. ①区域经济发展—研究报告—中国—2014 Ⅳ. ①F127

中国版本图书馆 CIP 数据核字（2014）第 253198 号

**内容提要**

本报告是以中国区域创新体系建设为主题的综合性、连续性的年度研究报告。本报告以区域创新体系理论为指导，通过中国科技发展战略研究小组多年形成的评价方法，利用大量的研究统计数据，权威、综合、动态地给出了各省（自治区、直辖市）的创新能力排名和各项创新能力分析，为地方政府、研究者和社会各界了解本地区的创新能力提供了一个很好的平台。

本报告在历年报告的基础上，推出了以产业升级为主题的研究报告；我们选择了钢铁产业和生物医药产业作为案例产业，以发达的广东省作为一个案例区域，同时还分析了一个服装产业的集群。本报告得出的基本结论是：中国的产业总体而言是在不断的升级过程中，不存在低端锁定的危险。但一些传统的服装产业和高技术产业，都存在升级慢的特点。我们主要的政策建议是政府要加强公共管理职能，管理产业外部性，以拉动产业升级。

本报告可供各级领导干部、有关决策部门和科研院所的研究人员以及大专院校的师生参考。

责任编辑：李　潇　　　　　　　　　　责任校对：董志英

封面设计：YVAN　　　　　　　　　　责任出版：刘译文

**中国区域创新能力报告 2014**
——创新驱动与产业转型升级
中国科技发展战略研究小组
柳卸林　高太山　主编

出版发行：知识产权出版社 有限责任公司　　　　网　　址：http：//www.ipph.cn
社　　址：北京市海淀区马甸南村 1 号　　　　　邮　　编：100088
责编电话：010 - 82000860 转 8133　　　　　　责编邮箱：elixiao@ sina.com
发行电话：010 - 82000860 转 8101/8102　　　　发行传真：010 - 82000893/82005070/82000270
印　　刷：北京中献拓方科技发展有限公司　　　经　　销：各大网上书店、新华书店及相关专业书店
开　　本：787mm × 1092mm　1/16　　　　　　印　　张：22.75
版　　次：2015 年 1 月第 1 版　　　　　　　　印　　次：2015 年 1 月第 1 次印刷
字　　数：648 千字　　　　　　　　　　　　　定　　价：118.00 元
ISBN 978-7-5130-3116-5

# 中国
## 区域创新能力报告 2014
### ——创新驱动与产业转型升级

中国科技发展战略研究小组　　　　柳卸林　高太山 ◎ 主编

知识产权出版社
Intellectual Property Publishing House
全国百佳图书出版单位

# 中国科技发展战略研究小组成员简介

方　新　中国科学学与科技政策研究会　理事长

胡志坚　中国科学技术发展战略研究院　党委书记

柳卸林　中国科学院大学中国创新创业管理研究中心　主任　教授

王春法　中国科学技术协会书记处书记

　　　　中国科学学与科技政策研究会　副理事长

游光荣　北京系统工程研究所　所长　研究员

薛　澜　清华大学公共管理学院　院长　教授

穆荣平　中国科学院科技政策与管理科学研究所　所长　研究员

王昌林　国家发展和改革委员会产业经济研究所　所长　研究员

高世楫　国务院发展研究中心战略和区域经济部　副部长　研究员

齐建国　中国社会科学院数量经济与技术经济研究所　副所长　研究员

苏　靖　科学技术部　国家科技基础条件平台　副主任

唐玉立　科学技术部　政策法规与体制改革司　处长

苏　竣　清华大学公共管理学院　教授

肖广岭　清华大学科技与社会研究所　教授

# 作者简介与分工

**柳卸林**　中国科学院大学管理学院　教授　总协调

**高太山**　国家信息中心信息化研究部　博士　数据处理、主题报告、分省（自治区、直辖市）报告

**吕　萍**　中国科学院大学　管理学院　副教授　主题报告

**程　鹏**　北京林业大学　副教授　主题报告

**陈　健**　中国科学院大学　博士研究生　主题报告、分省（自治区、直辖市）报告

**高雨辰**　中国科学院大学　博士研究生　主题报告、分省（自治区、直辖市）报告

**徐晶钰**　中国科学院大学　硕士研究生　主题报告

**马雪梅**　中国科学院大学　博士研究生　分省（自治区、直辖市）报告

**邱姝敏**　中国科学院大学　硕士研究生　分省（自治区、直辖市）报告

**李晨蕾**　中国科学院大学　硕士研究生　分省（自治区、直辖市）报告

**徐晓丹**　中国科学院大学　研究助理　数据处理

# 前　言

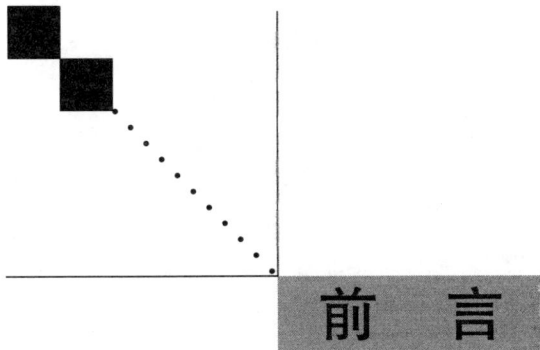

　　《中国区域创新能力报告》是以中国区域创新体系建设为主题的综合性、连续性的年度研究报告。本报告以区域创新体系理论为指导，通过中国科技发展战略研究小组多年形成的评价方法，利用大量的研究统计数据，权威、综合、动态地给出了各省（自治区、直辖市）的创新能力排名和各项创新能力分析，为地方政府、研究者和社会各界了解本地区的创新能力提供了一个很好的平台。

　　2014年所采用的区域创新能力指标基本是2012年的数据。本报告在历年报告的基础上，推出了以产业升级为主题的研究报告；选择了钢铁产业和生物医药产业作为案例产业，省份以发达的广东省作为一个案例区域，同时还分析了一个服装产业的集群。本报告得出的基本结论是：中国的产业总体而言是在不断的升级过程中，不存在锁定在低端的危险。但一些传统的服装产业和高技术产业，都存在升级慢的特点。我们主要的政策建议是：政府要加强公共管理职能，管理产业外部性，以拉动产业升级。

　　中国科技发展战略研究小组是一个团结合作、目标一致、工作认真、富有责任感的开放性研究团队。其主要成员来自科学技术部、中国科学院、国家发展和改革委员会、国务院发展研究中心、清华大学、中国社会科学院、北京系统工程研究所等单位。从1999年起，中国科技发展战略研究小组每年推出一本研究报告。

　　本报告分四篇：第一篇是2014年中国区域创新能力分析；第二篇是主题报告，主题是"创新驱动与产业转型升级"；第三篇是区域创新能力分省（自治区、直辖市）报告；第四篇是附录，包括区域创新能力评价指标含义和数据来源、区域创新能力分地区基本指标。

　　需要说明的是，由于资料的限制，本报告没有涉及香港特别行政区、澳门特别行政区及中国台湾地区的科技发展情况。

　　由于本报告是集体完成的，文字风格不尽统一，加之时间紧迫、经验有限，虽数易其稿，仍有许多不尽如人意之处，欢迎各界批评指正。

　　本报告得到了科学技术部政策法规司和国家软科学计划的资助，特此致谢。

中国区域创新能力报告课题组

2014年8月31日

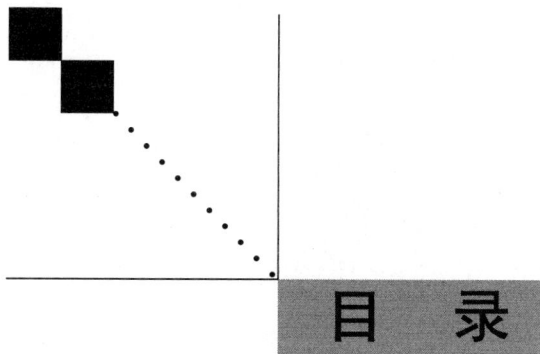

# 目  录

## 第一篇　2014年中国区域创新能力分析

# 第二篇　创新驱动与产业转型升级

## 第三篇　区域创新能力分省（自治区、直辖市）报告

## 第四篇　附　录

### 附录一　区域创新能力评价指标含义和数据来源

### 附录二　区域创新能力分地区基本指标

# 第零章

## 导　言

　　中国区域创新能力报告由科学技术部政策法规司资助支持，报告由中国科技发展战略研究小组和中国科学院大学中国创新创业管理研究中心承担，研究成员分别来自科学技术部、中国科学院、国家发展和改革委员会、国务院发展研究中心、中国社会科学院、清华大学、北京系统工程研究所等机构。十余年来，研究小组对全国各省（自治区、直辖市）的创新能力给出了综合性、动态性的分析，受到政府部门、科研机构、业内专家、学者、主流媒体以及门户网站的关注，产生了广泛的社会影响。

## 0.1　区域创新能力评价的意义

　　自 20 世纪 90 年代以来，区域创新体系逐渐受到学者的关注（Cooke，1997）。从理论上讲，在丰富创新系统理论体系的同时，它还有自身的重要意义。首先，区域创新体系的研究将创新的变量延伸到空间的维度，使创新体系有了地理的内涵，丰富了国家创新体系的研究内容；其次，区域创新体系让创新资源配置中的区域极化与均衡成为一个重要的研究命题；最后，区域创新体系的研究为各级政府对创新的政策支持、规制模式等相关研究提供了多样性的支撑，这一点对中国而言尤其如此。

　　中国区域创新体系的结构形成有着与发达国家不同的独特性，一是因为中国是一个有着悠久历史的国家，地域的多样性使得区域创新体系具有丰富的多样性；二是因为中国是一个从计划经济向市场经济、从封闭自守走向开放创新的国家，不同地区转型的速度、方式和开放的程度都存在差异，从而导致区域创新体系结构的差异性。由此引来的核心话题是，我们如何看待区域创新发展的基本模式，对其创新能力的评价显得尤为重要。

　　从现实意义上讲，区域创新能力的评价，一方面可以为中央政府提供协调区域发展的新模式，中国地域广大、区域多样性高可以为创新提供更多更大的空间；另一方面也可以为地方政府推动当地经济工作提供新的思路，更加突出创新在区域发展中的地位，发挥地方政府在产业升级和经济发展方式转变中的能动作用。

## 0.2　评价体系与分析框架

　　在本报告中，一个地区的创新能力是针对该地区创新能力与其他地区相比而言的相对排名，不是该地区创新能力的直接衡量。总体说来，各省（自治区、直辖市）的创新能力相对去年而言，都会有一定的提高。

评价一个地区的创新能力，需要一套较好的指标。指标选取、指标的数量、权重的选取以及指标中主观与客观指标的比例，都影响到最终创新能力的排名。因此，我们在指标选取、评价方法等多个方面都非常谨慎，借鉴了包括《世界竞争力年鉴》《全球竞争力报告》《全球创新指数》《创新型联盟指数》以及《国家创新指数》在内的诸多国内外知名报告，并根据我国区域创新体系的特征进行了适当的动态性调整。

## 0.2.1　评价原则

在召开了近十次不同专家组成的学术会议、听取了许多专家的意见后，研究小组最终形成了评价中国区域创新能力框架的四个原则：

第一，框架必须考虑区域创新体系建设情况，即强调大学、研发机构、企业、中介机构和政府等创新要素的网络化，把知识在几个要素间流动的程度作为衡量区域技术创新系统化的关键。

第二，框架必须考虑区域科技创新的链条建设。强调链条，首先，因为在大多数情况下，技术创新先是来自于一个创新的思想和发明或科技突破，其中大学、科研院所的知识创造活动是重要的创新来源。其次，有了很强的知识创造活动，不等于该地区就有较强的创新能力，因为许多事实表明，科技实力强不等于技术创新能力强，许多地区没有较强的科技基础，但仍然具有很高的技术创新能力。问题的关键是一个地区能否有效地利用全球范围内的各种知识为本地区的创新服务。因此，必须考虑知识流动或技术转移的能力。再次，企业是技术创新的主体，而不是科研部门或高校。因此，一个地区技术创新能力的高低，关键是企业有没有足够的创新动力和创新能力。我们在考察企业的技术创新能力时，注重引入创新链条来进行评价。因此，与已有的科技竞争力评价体系不同的是，本报告的指标框架强调企业是技术创新主体这一价值判断。

第三，框架强调创新环境建设的重要性。在市场经济体系下，衡量地方政府工作的重要内容不是传统的计划和干预的多少，而是如何创造一个有利于企业创新的环境。因为政府远离市场，不能直接指导企业的技术创新流动，其职能调整的关键就是从依赖计划转向创造创新环境来推动企业的技术创新。

第四，框架必须兼顾一个地区发展的存量、相对水平和增长率三个维度。在洛桑的《国际竞争力报告》中，比较强调存量、相对水平，但不强调增长率。本报告的一个特色是对增长率的强调，我们认为，增长率反映了一个地区的经济发展潜力。因此，从 2007 年开始，我们将综合指标分解为实力指标、效率指标和潜力指标，并延续至今。

## 0.2.2　指标体系

按照上述四个原则，我们提出了如表 0-1 所示的区域创新能力指标体系，包括 5 个一级指标、20 个二级指标、40 个三级指标和 137 个四级指标。一级指标包括知识创造、知识获取、企业创新、创新环境和创新绩效（表 0-1）。其中，知识创造用来衡量区域不断地创造新知识的能力；知识获取用来衡量区域利用全球一切可用知识的能力；企业创新用来衡量区域内企业应用新知识、推出新产品或新工艺的能力；创新环境用来衡量区域为知识的产生、流动和应用提供相应环境的能力；创新绩效用来衡量区域创新的产出能力。

表 0 – 1　中国区域创新能力指标体系

| 一级指标 | 二级指标 | 一级指标 | 二级指标 |
|---|---|---|---|
| 1. 知识创造 | 1.1 研究开发投入综合指标 | 4. 创新环境 | 4.1 创新基础设施综合指标 |
| | 1.2 专利综合指标 | | 4.2 市场环境综合指标 |
| | 1.3 科研论文综合指标 | | 4.3 劳动者素质综合指标 |
| 2. 知识获取 | 2.1 科技合作综合指标 | | 4.4 金融环境综合指标 |
| | 2.2 技术转移综合指标 | | 4.5 创业水平综合指标 |
| | 2.3 外资企业投资综合指标 | 5. 创新绩效 | 5.1 宏观经济综合指标 |
| 3. 企业创新 | 3.1 企业研究开发投入综合指标 | | 5.2 产业结构综合指标 |
| | 3.2 设计能力综合指标 | | 5.3 产业国际竞争力综合指标 |
| | 3.3 技术提升能力综合指标 | | 5.4 就业综合指标 |
| | 3.4 新产品销售收入综合指标 | | 5.5 可持续发展与环保综合指标 |

　　在保持评价体系基本框架纵向可比的前提下，为了保证指标体系的科学性，使得评价结果能够真正成为反映经济结构调整、经济发展方式向创新驱动转型的先导性信息，我们每年都会根据科技发展的新形势及统计口径的变化进行相应的替换或调整。

　　与其他指标体系相比，我们的指标相对全面，涵盖了大部分衡量创新的基础指标（表 0 – 2），最重要的是指标体系分为实力、效率与潜力三层，提出了如图 0 – 1 所示的区域创新能力分析框架。这样不仅能看到总量的变化，也能观测单个地区的变化速度与幅度。遗憾的是，鉴于相关数据获取的难度，目前缺乏对制度、体制、政策及政府效率的直接测度，只能通过测度创新产出来间接反映以上指标。这一点正是我们未来努力的方向和提升的空间。

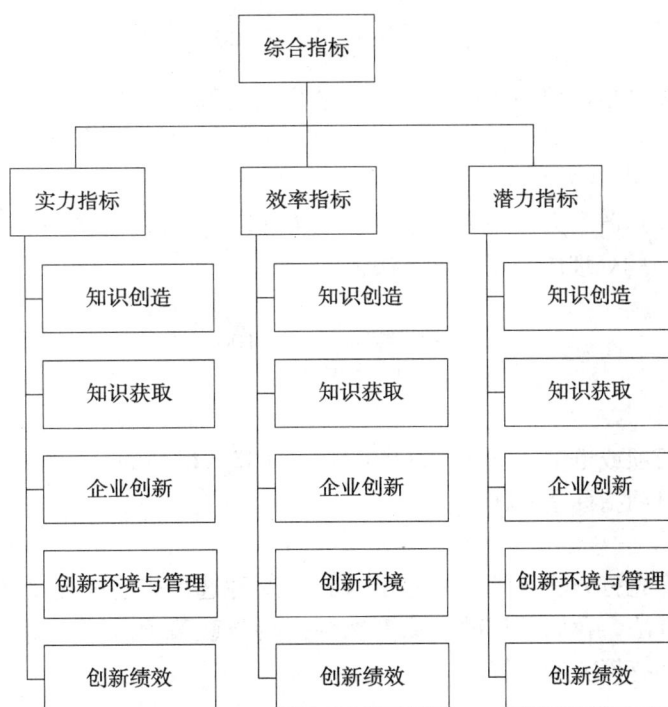

图 0 – 1　中国区域创新能力分析框架

表 0 - 2　国内外知名报告创新能力评价指标对比

| 名　　称 | 指标等级 | 维度 | 一级 | 二级 | 三级 | 四级 | 方法 |
|---|---|---|---|---|---|---|---|
| 中国区域创新能力报告 | 4 | 5 | 5 | 20 | 40 | 137 | 定量 |
| 中国创新指数 | 3 | 8 | 2 | 8 | 39 | — | 定量 |
| 中国城市创新报告 | 2 | 3 | 3 | 21 | — | — | 定量 |
| 国家创新指数 | 2 | 5 | 5 | 31 | — | — | 定量 |
| 世界竞争力年鉴 | 3 | 4 | 4 | 20 | 327 | — | 定量＋定性 |
| 全球竞争力报告 | 2 | 12 | 12 | 113 | — | — | 定量＋定性 |
| 创新型联盟指数 | 3 | 3 | 3 | 7 | 24 | — | 定量＋定性 |
| 全球创新指数 | 4 | 7 | 2 | 7 | 20 | 82 | 定量＋定性 |

## 0.2.3　评价方法

　　区域创新能力报告的评价方法是加权综合评价法，基础指标无量纲化后，用专家打分得到的权重，分层逐级综合，最后得出每个省（自治区、直辖市）创新能力的综合效用值。

　　单一指标采用直接获取的区域数据来表示，在无量纲化处理时采用效用值法，效用值规定的值域是［0，100］，即该指标下最优值的效用值为100，最差值的效用值为0，计算方法如下：

　　（1）正效指标。

　　如设 $i$ 表示第 $i$ 项指标，$j$ 表示第 $j$ 个区域；$x_{ij}$ 表示 $i$ 指标 $j$ 区域的指标获取值；$y_{ij}$ 表示 $i$ 指标 $j$ 区域的指标效用值；$x_{imax}$ 表示该指标的最大值；$x_{imin}$ 表示该指标的最小值。

$$y_{ij} = \frac{x_{ij} - x_{imin}}{x_{imax} - x_{imin}} \times 100$$

　　这里说的正效指标是指该项指标其值愈大，效用值越高。如劳动生产率、人均 GDP、发明专利数等。

　　（2）负效指标。

　　负效指标指该指标其值愈大，则效用越低，如失业率［（失业人数＋下岗人数）／当地就业人数］等，对这类指标的处理应采用如下方法：

$$y_{ij} = \frac{x_{imax} - x_{ij}}{x_{imax} - x_{imin}} \times 100$$

　　（3）复合指标。

　　复合指标是采用两项或更多的单项数据指标复合计算后得到的，一般是增长率、平均数等，效用值的处理方法与单项指标是一样的。

　　（4）权重选取。

　　我们采用了专家事先打分法来解决权重的选择。这种选择带有一定的主观性，但这一方法是国际上普遍采用的方法，我们聘请的专家都在国内科技政策管理研究方面有较深的造诣，他们对国外类似报告也都有深入的了解。

　　（5）加权综合。

　　加权计算是分层逐级进行的，以图 0 - 2 为例说明：

　　$a$、$b$、$c$、$d$ 分别表示分层；$f(a)$、$f(b)$ ……分别表示其权重；$x(a, i)$、$x(b, i)$ 分别表示分层分区域的指标效用值，则计算时从右向左进行。

— 4 —

如计算 $c_i$ 的指标值（加权效用值）。设 $x(c_i, i)$ 是区域 $i$ 在 $c_i$ 指标下的综合效用值；$x(d_i, i)$ 是区域 $i$ 在 $d_i$ 指标下的效用值。那么，

$$x(c_1, i) = x(d_1, i)f(d_1) + x(d_2, i)f(d_2) + x(d_3, i)f(d_3) + \cdots$$

以此类推，求出 $x(c_2, i)$，$x(c_3, i)$ …，进一步求出 $x(b_i, i)$：

$$x(b_1, i) = x(c_1, i)f(c_1) + x(c_2, i)f(c_2) + x(c_3, i)f(c_3) + \cdots$$

以此类推，求出 $x(b_2, i)$，$x(b_3, i)$ …，再进一步求出 $x(a, i)$：

$$x(a, i) = x(b_1, i)f(b_1) + x(b_2, i)f(b_2) + x(b_3, i)f(b_3) + \cdots$$

当 $i = 1$，2，3，…，31，分别求出 31 个省（自治区、直辖市）的各层次各项指标的效用值。

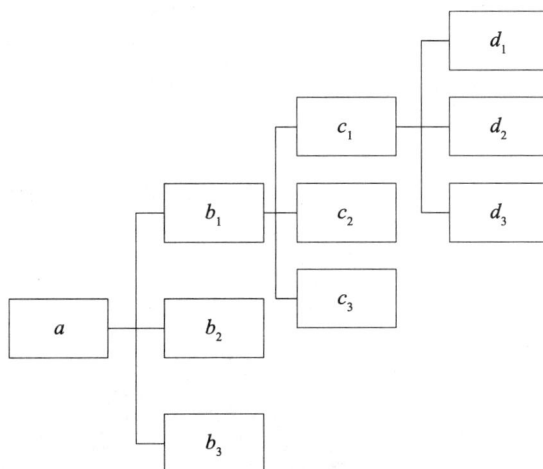

图 0－2　指标体系示意图

## 0.2.4　数据来源

为了保证研究的可检验性，本报告的数据均来源于公开出版的统计年鉴和政府报告，主要包括《中国统计年鉴》《中国科技统计年鉴》《中国高新技术产业统计年鉴》《中国工业经济统计年鉴》《中国科技论文统计与分析报告》《中国市场化指数报告》，以及科学技术部、国家知识产权局、国家工商总局和科技型中小企业技术创新基金等。2014 年区域创新能力指标所用的基本上是 2012 年的数据，在考察增长率时部分指标用到 2011 年数据。这与前几年的情况是一致的，国际上许多报告的年份数据在选择时也遵循同样的原则。此外，由于资料有限，暂无我国港、澳、台地区数据。

## 0.3　2014 年中国区域创新能力报告基础指标变更说明

第一，2014 年报告对创新环境的评价增加了"科技馆数量增长率""科技馆年度参观人数增长率"和"年度科普经费筹集额增长率"指标。

第二，2013 年《中国统计年鉴》《中国科技统计年鉴》不再收录行业产值指标，由此，2014 年报告将"高技术产业产值"更改为"高技术产业主营业务收入"；相应地，将"高技术产业产值占工业总产值的比例"更改为"高技术产业主营业务收入占 GDP 的比重"；此外，将

"工业废气排放总量"更改为"废气中主要污染物排放量"。

第三，对个别地区数据缺失情况进行了平滑处理。

第四，对创新潜力的评价仍以"近三年的平均增长率"作为基础指标，保证排名的稳定性与可靠性。

# 第一篇

## 2014年中国区域创新能力分析

# 第一章

# 全国区域创新能力排名

## 1.1 综合指标排名

2014 年报告仍然延续过去的指标体系，将综合指标分解为实力指标、效率指标和潜力指标三个专项指标。每一个专项指标分别从知识创造、知识获取、企业创新、创新环境与管理和创新绩效五个方面进行测度。为了保证研究的可检验性，报告的数据均来源于公开出版的统计年鉴和政府报告，主要包括《中国统计年鉴》《中国科技统计年鉴》《中国高新技术产业统计年鉴》《中国工业经济统计年鉴》《中国科技论文统计与分析报告》等。

2014 年报告将各类数据按照指标体系进行分解和计算，最终得到中国区域创新能力综合效用值（图 1-1）。

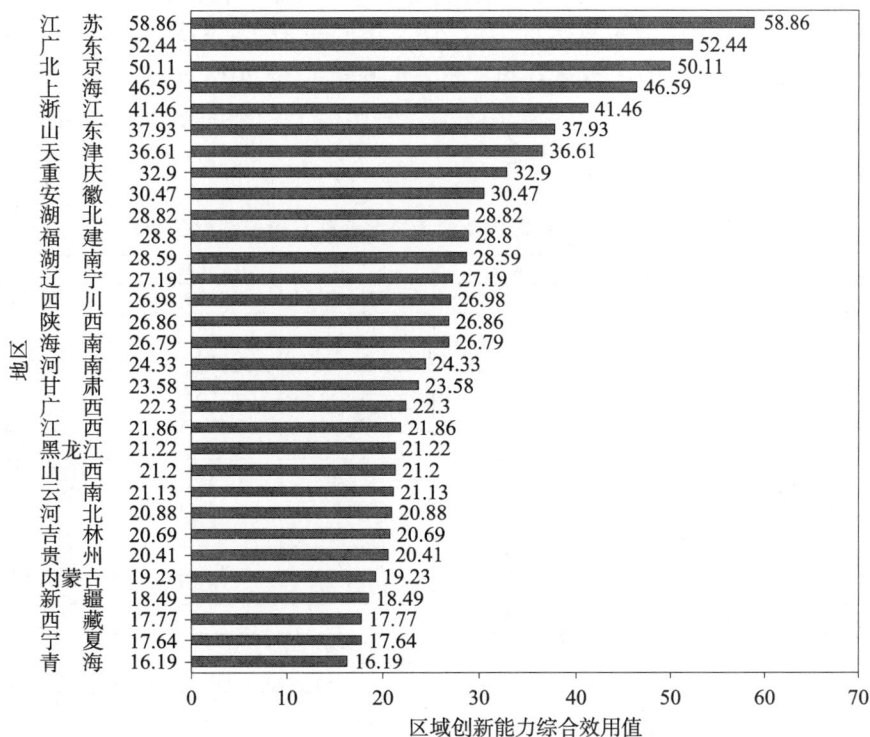

图 1-1 2014 年区域创新能力综合效用值

— 9 —

2014 年区域创新能力综合排名的总体格局略有变动，但前 9 名地区的排名十分稳定，与 2013 年相比没有任何变化，依次是江苏省、广东省、北京市、上海市、浙江省、山东省、天津市、重庆市和安徽省。排名上升幅度最大的是甘肃省，从 2013 年的第 25 名跃至 2014 年的第 18 名，主要是由于其知识获取能力排名和企业创新能力排名大幅度提升。其次，上升幅度较大的是山西省和云南省，分别由 2013 年的第 26、27 名升至今年的第 22、23 名。其中，山西省的企业创新能力排名上升幅度较大，云南省的知识获取能力排名上升幅度较大。再次，排名下降幅度最大的是内蒙古自治区，由 2013 年的第 18 名下降至 2014 年的第 27 名，主要原因是其知识创造排名位居全国末位，其知识获取能力排名、企业创新排名和创新环境与管理排名均有下降。辽宁省虽然知识获取能力排名全国第 5 位，但由于其企业创新排名下降幅度较大，所以由 2013 年的第 11 名下降到 2014 年的第 13 名。

从名次分布情况而言，排名前十的省市中，华东地区有 6 名位列其中，华北有 2 名，华南 1 名，西南 1 名。排名 11～20 的省市中，华中 3 省市和华南 3 省市占据六位，西北占据 2 名，华东和东北各占 1 名。排名 21～31 的省市中，西南、西北和华北地区各占 3 名，东北地区占两名。

在各具特色、多样发展的同时，这些创新能力领先的地区普遍具有相对落后地区所不具备的创新要素；经济和科技的基础较好；教育资源丰富且高等教育发达；市场经济相对成熟；对外开放程度较高，吸引外资较多；企业创新动力足，研发投入较高；创新基础设施完善；产学研合作水平较高。这些要素通过适合当地特点的学习和创新机制，相互促进和加强，共同造就了这些地区较强的创新能力。在创新能力的构成要素中，江苏省、广东省、北京市和上海市各具特点。江苏省凭借卓越的商业氛围、企业创新环境和长三角经济体的联动，巩固了企业创新的主体地位，2009～2014 年连续六年保持第一。广东省经济发展速度快，市场经济体制完善，具备宽松的创业环境，为企业带来了更高的创新绩效。北京市的优势在于丰富的科技资源所带来的强大的知识创造能力，以及大量的科技中小企业和良好的创业环境。上海市充分挖掘外资带来的溢出效应，为本地经济提供原动力。

其他地区的排名有不同程度的变化，甘肃省排名上升幅度最大，由 2013 年的第 25 名上升到 2014 年的第 18 名；其次是山西省和云南省均上升 4 位，西藏自治区排名上升两位，升至第 29 位。排名下降幅度最大的是内蒙古自治区，由 2013 年的第 18 名下降至 2014 年的第 27 名，此外，辽宁省、黑龙江省、河北省、吉林省和贵州省的排名均较 2013 年下降两位。不过，在综合效用值上，排名比较靠后的地区之间的差距较小，效用值上较小的变化，会引起排名上的较大幅度的变化（表 1－1 和表 1－2）。

**表 1－1 2014 年各地区创新能力排名变化及指标调整的影响**

| 地 区 | 2014 年排名 | 2013 年排名 | 变化 | 地 区 | 2014 年排名 | 2013 年排名 | 变化 |
|---|---|---|---|---|---|---|---|
| 江 苏 | 1 | 1 | 0 | 河 南 | 17 | 16 | －1 |
| 广 东 | 2 | 2 | 0 | 甘 肃 | 18 | 25 | 7 |
| 北 京 | 3 | 3 | 0 | 广 西 | 19 | 21 | 2 |
| 上 海 | 4 | 4 | 0 | 江 西 | 20 | 20 | 0 |
| 浙 江 | 5 | 5 | 0 | 黑龙江 | 21 | 19 | －2 |
| 山 东 | 6 | 6 | 0 | 山 西 | 22 | 26 | 4 |
| 天 津 | 7 | 7 | 0 | 云 南 | 23 | 27 | 4 |
| 重 庆 | 8 | 8 | 0 | 河 北 | 24 | 22 | －2 |
| 安 徽 | 9 | 9 | 0 | 吉 林 | 25 | 23 | －2 |
| 湖 北 | 10 | 12 | 2 | 贵 州 | 26 | 24 | －2 |
| 福 建 | 11 | 10 | －1 | 内蒙古 | 27 | 18 | －9 |
| 湖 南 | 12 | 13 | 1 | 新 疆 | 28 | 28 | 0 |
| 辽 宁 | 13 | 11 | －2 | 西 藏 | 29 | 31 | 2 |
| 四 川 | 14 | 15 | 1 | 宁 夏 | 30 | 29 | －1 |
| 陕 西 | 15 | 14 | －1 | 青 海 | 31 | 30 | －1 |
| 海 南 | 16 | 17 | 1 | | | | |

注：表中排名变化中正数为排名上升，负数为排名下降。

表 1-2　2014 年区域创新能力综合指标

| 地　区 | 综合值 | | 知识创造 | | 知识获取 | | 企业创新 | | 创新环境与管理 | | 创新绩效 | |
|---|---|---|---|---|---|---|---|---|---|---|---|---|
| | 效用值 | 排名 | 效用值 | 排名 | 效用值 | 排名 | 效用值 | 排名 | 效用值 | 排名 | 效用值 | 排名 |
| 权重 | 1.00 | | 0.15 | | 0.15 | | 0.25 | | 0.25 | | 0.20 | |
| 江　苏 | 58.86 | 1 | 49.34 | 2 | 55.59 | 2 | 70.8 | 1 | 52.12 | 1 | 61.94 | 2 |
| 广　东 | 52.44 | 2 | 41.21 | 3 | 38.58 | 4 | 55.45 | 3 | 50.32 | 3 | 70.13 | 1 |
| 北　京 | 50.11 | 3 | 68.84 | 1 | 46.01 | 3 | 41.98 | 6 | 50.71 | 2 | 48.55 | 6 |
| 上　海 | 46.59 | 4 | 40.86 | 4 | 60.94 | 1 | 42.81 | 5 | 38.46 | 5 | 55.03 | 3 |
| 浙　江 | 41.46 | 5 | 33.01 | 5 | 31.11 | 8 | 56.24 | 2 | 36.72 | 6 | 43.01 | 8 |
| 山　东 | 37.93 | 6 | 28.13 | 8 | 26.33 | 9 | 44.66 | 4 | 39.07 | 4 | 44.15 | 7 |
| 天　津 | 36.61 | 7 | 23.98 | 12 | 32.82 | 7 | 40.28 | 7 | 29.87 | 9 | 52.74 | 4 |
| 重　庆 | 32.9 | 8 | 24.86 | 10 | 34.82 | 6 | 30.76 | 10 | 26.18 | 14 | 48.56 | 5 |
| 安　徽 | 30.47 | 9 | 24.32 | 11 | 17 | 22 | 36.13 | 8 | 32.82 | 7 | 35.19 | 17 |
| 湖　北 | 28.82 | 10 | 20.75 | 15 | 22.22 | 14 | 27.98 | 12 | 32.3 | 8 | 36.53 | 13 |
| 福　建 | 28.8 | 11 | 19.88 | 16 | 26.3 | 10 | 28.7 | 11 | 25.28 | 17 | 41.91 | 10 |
| 湖　南 | 28.59 | 12 | 18.92 | 19 | 19.67 | 16 | 35.87 | 9 | 25.84 | 15 | 36.86 | 12 |
| 辽　宁 | 27.19 | 13 | 22.49 | 13 | 34.97 | 5 | 18.53 | 20 | 26.81 | 12 | 36.19 | 15 |
| 四　川 | 26.98 | 14 | 26.63 | 9 | 23.83 | 11 | 18.63 | 19 | 27.44 | 10 | 39.48 | 11 |
| 陕　西 | 26.86 | 15 | 30.2 | 6 | 22.81 | 13 | 20.45 | 15 | 27.11 | 11 | 35.08 | 18 |
| 海　南 | 26.79 | 16 | 28.85 | 7 | 19.15 | 18 | 24.07 | 13 | 26.24 | 13 | 35.04 | 19 |
| 河　南 | 24.33 | 17 | 19.49 | 18 | 13.79 | 26 | 17.72 | 22 | 25.81 | 16 | 42.26 | 9 |
| 甘　肃 | 23.58 | 18 | 18.86 | 21 | 23.68 | 12 | 22.69 | 14 | 22.77 | 22 | 29.17 | 27 |
| 广　西 | 22.3 | 19 | 21.88 | 14 | 10.95 | 30 | 19.37 | 18 | 22.77 | 23 | 34.19 | 21 |
| 江　西 | 21.86 | 20 | 11.57 | 29 | 19.26 | 17 | 14.78 | 25 | 25.18 | 18 | 36.22 | 14 |
| 黑龙江 | 21.22 | 21 | 19.66 | 17 | 18.93 | 19 | 18.25 | 21 | 19.09 | 30 | 30.49 | 25 |
| 山　西 | 21.2 | 22 | 10.86 | 30 | 17.47 | 21 | 19.64 | 16 | 21.75 | 25 | 32.99 | 23 |
| 云　南 | 21.13 | 23 | 16.83 | 24 | 21.38 | 15 | 14.33 | 26 | 23.6 | 20 | 29.6 | 26 |
| 河　北 | 20.88 | 24 | 13.59 | 27 | 15.94 | 24 | 19.44 | 17 | 21.46 | 26 | 31.13 | 24 |
| 吉　林 | 20.69 | 25 | 15.17 | 26 | 12.82 | 28 | 16.15 | 24 | 21.27 | 28 | 35.7 | 16 |
| 贵　州 | 20.41 | 26 | 17.26 | 23 | 18.38 | 20 | 16.89 | 23 | 21.93 | 24 | 26.8 | 28 |
| 内蒙古 | 19.23 | 27 | 10.8 | 31 | 13.68 | 27 | 13.61 | 28 | 21.37 | 27 | 34.05 | 22 |
| 新　疆 | 18.49 | 28 | 18.68 | 22 | 16.46 | 23 | 12.25 | 29 | 22.86 | 21 | 22.2 | 30 |
| 西　藏 | 17.77 | 29 | 18.86 | 20 | 4.54 | 31 | 11.3 | 30 | 18.11 | 31 | 34.55 | 20 |
| 宁　夏 | 17.64 | 30 | 15.9 | 25 | 14.92 | 25 | 13.94 | 27 | 20.48 | 29 | 22.05 | 31 |
| 青　海 | 16.19 | 31 | 12.87 | 28 | 11.65 | 29 | 5.55 | 31 | 23.69 | 19 | 26.02 | 29 |

　　从表 1-1 可以看出，2014 年与 2013 年不同的是：排名上升两位及以上的六省及自治区（甘、鄂、桂、晋、云、藏）均处内陆。华东七省市（沪、浙、苏、皖、闽、赣、鲁）的创新能力继续保持在全国前列，除福建省外，排名均未变化；华南三省及自治区（粤、桂、琼）创新能力排名总体有所上升；华中三省（豫、湘、鄂）创新能力排名总体上升；华北五省市及自治区（京、津、冀、晋、蒙）创新能力总体下降，主要是内蒙古自治区排名下降九位，降幅最大；

东北地区的创新能力总体下降，东北三省（黑、吉、辽）创新能力排名均下降两位；西南五省市及自治区（渝、川、贵、云、藏）创新能力排名均有所上升；西北五省及自治区（陕、甘、宁、青、新）创新能力排名总体上升，主要是由于甘肃省排名上升7位，升幅最大。

　　本报告采用各地区创新能力的综合指标、实力指标、效率指标和潜力指标的综合值进行聚类分析。结果显示，江苏省和广东省属于创新能力超强的第一类，北京市和上海市属于创新能力强的第二类，浙江省属于创新能力较强的第三类，山东省由去年的第三类下降到今年的第四类，海南省从去年的第五类上升到第四类，河南省从去年的第四类下降为今年的第五类。其他地区分类与去年相比没有任何变化（表1-3）。

**表1-3　2013年各地区综合创新能力聚类分析结果**

| 地　区 | 2014 | 2013 | 2012 | 2011 | 2010 | 地　区 | 2014 | 2013 | 2012 | 2011 | 2010 |
|---|---|---|---|---|---|---|---|---|---|---|---|
| 江　苏 | 1 | 1 | 1 | 1 | 1 | 河　南 | 5 | 4 | 4 | 4 | 4 |
| 广　东 | 1 | 1 | 1 | 1 | 1 | 甘　肃 | 5 | 5 | 5 | 5 | 5 |
| 北　京 | 2 | 2 | 2 | 2 | 2 | 广　西 | 5 | 5 | 5 | 5 | 5 |
| 上　海 | 2 | 2 | 2 | 2 | 2 | 江　西 | 5 | 5 | 5 | 5 | 5 |
| 浙　江 | 3 | 3 | 3 | 3 | 3 | 黑龙江 | 5 | 5 | 5 | 5 | 5 |
| 山　东 | 4 | 3 | 3 | 3 | 3 | 山　西 | 5 | 5 | 5 | 5 | 5 |
| 天　津 | 4 | 4 | 4 | 4 | 4 | 云　南 | 5 | 5 | 5 | 5 | 5 |
| 重　庆 | 4 | 4 | 4 | 4 | 4 | 河　北 | 5 | 5 | 4 | 4 | 5 |
| 安　徽 | 4 | 4 | 4 | 4 | 4 | 吉　林 | 5 | 5 | 5 | 4 | 5 |
| 湖　北 | 4 | 4 | 4 | 4 | 4 | 贵　州 | 5 | 5 | 5 | 5 | 5 |
| 福　建 | 4 | 4 | 4 | 4 | 5 | 内蒙古 | 5 | 5 | 4 | 5 | 5 |
| 湖　南 | 4 | 4 | 4 | 4 | 4 | 新　疆 | 5 | 5 | 5 | 5 | 5 |
| 辽　宁 | 4 | 4 | 4 | 4 | 4 | 西　藏 | 5 | 5 | 5 | 5 | 5 |
| 四　川 | 4 | 4 | 4 | 4 | 4 | 宁　夏 | 5 | 5 | 5 | 5 | 5 |
| 陕　西 | 4 | 4 | 4 | 4 | 4 | 青　海 | 5 | 5 | 5 | 5 | 5 |
| 海　南 | 4 | 5 | 5 | 5 | 5 | | | | | | |

　　注：表中的数值为对各地区的综合效用值、综合实力效用值、综合效率效用值和综合潜力效用值聚类的结果，分为五类。

## 1.2　实力指标排名

　　本报告中，我们仍然将区域创新能力分解为：创新的实力、效率与潜力，指标体系相应的分为实力指标、效率指标和潜力指标，具体排名见表1-4。我们认为，实力是指一个地区拥有的创新资源，如绝对的科技投入水平、科研人员规模、创新的产出水平、专利的数量和新产品的数量等。效率是指一个地区单位投入所产生的效益，如单位科技人员和研究开发经费投入产生的论文或专利数量。潜力是指一个地区发展的速度，即与去年相比的增长率水平。尽管如此，创新实力强的地区想实现较快速度的增长也是有困难的。因此，实力强的地区与潜力大的地区不一定一致。通过将总的指针体系分为结构上三个不同的板块，可以更清晰地看出创新能力的差异性和动态性。

表1-4　2014年区域创新的实力、效率和潜力指标排名

| 地　区 | 综　合 | | | 知识创造 | | | 知识获取 | | | 企业创新 | | | 创新环境与管理 | | | 创新绩效 | | |
|---|---|---|---|---|---|---|---|---|---|---|---|---|---|---|---|---|---|---|
| | 实力 | 效率 | 潜力 | 实力 | 效率 | 潜力 | 实力 | 效率 | 潜力 | 实力 | 效率 | 潜力 | 实力 | 效率 | 潜力 | 实力 | 效率 | 潜力 |
| 江　苏 | 1 | 4 | 8 | 2 | 4 | 6 | 1 | 5 | 15 | 1 | 5 | 5 | 1 | 5 | 15 | 2 | 5 | 15 |
| 广　东 | 2 | 5 | 26 | 3 | 11 | 17 | 3 | 12 | 28 | 2 | 6 | 19 | 2 | 3 | 27 | 1 | 3 | 27 |
| 北　京 | 5 | 1 | 30 | 1 | 1 | 25 | 4 | 3 | 10 | 10 | 1 | 27 | 5 | 1 | 28 | 5 | 2 | 30 |
| 上　海 | 6 | 2 | 31 | 4 | 2 | 23 | 2 | 1 | 21 | 5 | 2 | 31 | 6 | 2 | 31 | 3 | 1 | 29 |
| 浙　江 | 4 | 6 | 25 | 5 | 5 | 15 | 6 | 8 | 20 | 4 | 3 | 16 | 4 | 7 | 30 | 6 | 7 | 28 |
| 山　东 | 3 | 11 | 17 | 6 | 23 | 8 | 7 | 18 | 11 | 3 | 10 | 17 | 3 | 10 | 19 | 4 | 10 | 19 |
| 天　津 | 12 | 3 | 14 | 14 | 6 | 16 | 11 | 2 | 23 | 8 | 4 | 14 | 15 | 4 | 23 | 9 | 4 | 3 |
| 重　庆 | 17 | 7 | 1 | 18 | 7 | 7 | 13 | 4 | 1 | 16 | 7 | 15 | 18 | 13 | 3 | 15 | 6 | 1 |
| 安　徽 | 10 | 16 | 3 | 11 | 15 | 5 | 16 | 25 | 13 | 7 | 9 | 2 | 7 | 18 | 1 | 19 | 22 | 6 |
| 湖　北 | 8 | 12 | 19 | 9 | 14 | 28 | 12 | 16 | 14 | 11 | 11 | 8 | 8 | 9 | 16 | 12 | 17 | 10 |
| 福　建 | 11 | 9 | 20 | 16 | 18 | 11 | 9 | 9 | 24 | 9 | 12 | 4 | 12 | 12 | 25 | 8 | 8 | 17 |
| 湖　南 | 14 | 10 | 10 | 13 | 16 | 24 | 14 | 11 | 29 | 6 | 8 | 3 | 13 | 27 | 11 | 17 | 18 | 5 |
| 辽　宁 | 7 | 14 | 27 | 10 | 13 | 21 | 5 | 6 | 16 | 13 | 22 | 28 | 10 | 14 | 26 | 11 | 12 | 25 |
| 四　川 | 9 | 19 | 16 | 8 | 12 | 10 | 8 | 20 | 9 | 14 | 21 | 25 | 9 | 22 | 21 | 10 | 14 | 4 |
| 陕　西 | 15 | 13 | 7 | 7 | 3 | 22 | 15 | 23 | 2 | 17 | 14 | 20 | 17 | 11 | 10 | 16 | 20 | 11 |
| 海　南 | 28 | 8 | 2 | 28 | 8 | 1 | 22 | 10 | 12 | 29 | 18 | 1 | 28 | 6 | 9 | 14 | 9 | 24 |
| 河　南 | 13 | 24 | 15 | 12 | 21 | 19 | 18 | 30 | 25 | 12 | 27 | 23 | 11 | 30 | 12 | 7 | 11 | 2 |
| 甘　肃 | 25 | 15 | 6 | 23 | 10 | 13 | 26 | 7 | 6 | 23 | 13 | 6 | 27 | 21 | 5 | 22 | 26 | 18 |
| 广　西 | 21 | 23 | 4 | 21 | 24 | 2 | 28 | 29 | 30 | 21 | 19 | 13 | 24 | 29 | 2 | 21 | 23 | 9 |
| 江　西 | 18 | 22 | 12 | 24 | 28 | 30 | 20 | 17 | 7 | 22 | 28 | 11 | 16 | 17 | 13 | 13 | 19 | 8 |
| 黑龙江 | 19 | 17 | 29 | 15 | 9 | 26 | 19 | 15 | 17 | 20 | 16 | 26 | 19 | 28 | 29 | 23 | 25 | 26 |
| 山　西 | 22 | 18 | 24 | 20 | 26 | 31 | 21 | 14 | 22 | 18 | 15 | 29 | 23 | 25 | 17 | 29 | 21 | 7 |
| 云　南 | 23 | 25 | 5 | 22 | 19 | 18 | 23 | 13 | 5 | 26 | 26 | 9 | 20 | 26 | 6 | 27 | 27 | 12 |
| 河　北 | 16 | 28 | 23 | 17 | 25 | 29 | 17 | 24 | 19 | 15 | 24 | 10 | 14 | 31 | 22 | 24 | 24 | 23 |
| 吉　林 | 20 | 20 | 28 | 19 | 20 | 27 | 27 | 28 | 27 | 19 | 20 | 29 | 21 | 19 | 24 | 20 | 16 | 13 |
| 贵　州 | 26 | 21 | 18 | 26 | 17 | 12 | 24 | 19 | 3 | 25 | 17 | 24 | 25 | 16 | 18 | 26 | 29 | 20 |
| 内蒙古 | 24 | 27 | 21 | 25 | 31 | 20 | 25 | 27 | 18 | 24 | 29 | 12 | 22 | 24 | 20 | 25 | 13 | 21 |
| 新　疆 | 29 | 31 | 9 | 27 | 27 | 3 | 29 | 26 | 4 | 27 | 30 | 7 | 26 | 23 | 7 | 28 | 28 | 31 |
| 西　藏 | 31 | 26 | 11 | 31 | 22 | 4 | 31 | 31 | 31 | 31 | 25 | 21 | 31 | 20 | 4 | 18 | 15 | 14 |
| 宁　夏 | 30 | 29 | 13 | 29 | 29 | 9 | 30 | 21 | 8 | 28 | 23 | 18 | 29 | 15 | 14 | 31 | 31 | 22 |
| 青　海 | 27 | 30 | 22 | 30 | 30 | 14 | 10 | 22 | 26 | 30 | 31 | 30 | 30 | 8 | 8 | 30 | 30 | 16 |

　　从表1-2和表1-4中可以看出，在实力指标排名中，江苏省位居第1名，广东省位列第2名，山东省和浙江省分列第3名和第4名。其中，实力指标排名高于综合指标排名的省份，按名

次差距（大于3）大小依次为河北省（16/24）、辽宁省（7/13）、四川省（9/14）、吉林省（20/25）、青海省（27/31）、山东省（3/6）和内蒙古自治区（24/27）等；实力指标排名低于综合指标排名的省份，按名次差距（大于3）大小依次为海南省（28/16）、重庆市（17/8）、甘肃省（25/18）、天津市（12/7）。其余省份实力指标排名与综合指标排名差距不大。

在知识创造实力方面，北京市位居第1名。江苏省、广东省分别位列第2名和第3名，前6名变化不大。知识创造实力排名高于其综合实力排名的省份按名次差距大小依次为陕西省（7/15）、北京市（1/5）和黑龙江省（15/19）；知识创造力排名低于其综合实力排名的省份按名次差距大小依次为江西省（24/18）、福建省（16/11）、山东省（6/3）和辽宁省（10/7）。其余省份的知识创造实力排名与其综合实力排名差距小于三位。

在知识获取实力方面，江苏省位居第1名。上海市和广东省分别位列第2名和第3名。知识获取实力排名高于其综合实力排名的省份按名次差距大小依次为青海省（10/27）、海南省（22/28）、上海市（2/6）、重庆市（13/17）；知识获取实力排名低于其综合实力排名的省份按名次差距大小依次为广西壮族自治区（28/21）、吉林省（27/20）、安徽省（16/10）、河南省（18/13）、湖北省（12/8）和山东省（7/3）。其余省份的知识获取实力排名与其综合实力排名差距小于四位。

在企业创新实力方面，江苏省位居第1名。广东省和山东省位居第2名和第3名。企业创新实力排名高于其综合实力排名的省份按名次差距大小依次为湖南省（6/14）、天津市（8/12）和山西省（18/22）；企业创新实力排名低于其综合实力排名的省份按名次差距大小依次为辽宁省（13/7）、北京市（10/5）、四川省（14/9）和江西省（22/18）。其余省份的企业创新实力排名与其综合实力排名差距小于四位。

在创新环境与管理方面，江苏省实力指标位居第1名。广东省和山东省分别位列第2名和第3名。创新环境与管理实力排名高于其综合实力排名的省份按名次差距大小依次为安徽省（7/10）、云南省（20/23）和新疆维吾尔自治区（26/29）；创新环境与管理实力排名低于其综合实力排名的省份按名次差距大小依次为天津市（15/12）、辽宁省（10/7）、广西壮族自治区（24/21）和青海省（30/27）。其余省份的创新环境实力排名与其综合实力排名差距小于三位。

在创新绩效方面，广东省实力指标位居第1名，江苏省和上海市分别位居第2名和第3名。创新绩效实力排名高于其综合实力排名的省份按名次差距大小依次为海南省（14/28）、西藏自治区（18/31）、河南省（7/13）和江西省（13/18）；创新绩效实力排名低于其综合实力排名的省份按名次差距大小依次为安徽省（19/10）、河北省（24/16）、山西省（29/22）、湖北省（12/8）、辽宁省（11/7）、黑龙江省（23/19）和云南省（27/23）。其余省份的创新绩效实力排名与其综合实力排名差距小于四位。

# 1.3 效率指标排名

在效率指标排名中，北京市和上海市位居前两名，天津市和江苏省分别位列第3名和第4名。从表1-2和表1-4中可以看出，除内蒙古自治区外，其余30省份的效率指标排名与其综合指标排名均有差异。效率指标排名高于其综合指标排名的省份按名次差距大小依次为海南省（8/16）、贵州省（21/26）、吉林省（20/25）、天津市（3/7）、黑龙江省（17/21）和山西省（18/22）；效率指标排名低于其综合指标排名的省份按名次差距大小依次为安徽省（16/9）、河南省（24/17）、山东省（11/6）、四川省（19/14）、广西壮族自治区（23/19）和河北省（28/24）。其余省份的效率指标排名与其综合实力指标排名差距小于四位。

在知识创造方面，北京市位居第1名，上海市和陕西省分别位列第2名和第3名。知识创造效率排名高于其综合效率排名的省份按名次差距大小依次为陕西省（3/13）、黑龙江省（9/17）、四川省（12/19）、云南省（19/25）、甘肃省（10/15）、贵州省（17/21）、新疆维吾尔自治区（27/31）和西藏自治区（22/26）；知识创造效率排名低于其综合效率排名的省份按名次差距大小依次为山东省（23/11）、福建省（18/9）、山西省（26/18）、广东省（11/5）、湖南省（16/10）、江西省（28/22）和内蒙古自治区（31/27）。其余省份知识创造效率指标排名与其综合效率排名差距不大。

在知识获取方面，上海市位居第1名，天津市和北京市分别位列第2名和第3名。知识获取效率排名高于其综合效率排名的省份按名次差距大小依次为云南省（13/25）、辽宁省（6/14）、甘肃省（7/15）、宁夏回族自治区（21/29）、青海省（22/30）、江西省（17/22）、新疆维吾尔自治区（26/31）、山西省（14/18）和河北省（24/28）；知识获取效率排名低于其综合效率排名的省份按名次差距大小依次为陕西省（23/13）、安徽省（25/16）、吉林省（28/20）、广东省（12/5）、山东省（18/11）、河南省（30/24）、广西壮族自治区（29/23）、西藏自治区（31/26）和湖北省（16/12）。其余省份知识获取的效率指标排名与其综合效率指标排名差距不大。

在企业创新方面，北京市位居第1名，上海市和浙江省分别位列第2名和第3名。企业创新效率排名高于其综合效率排名的省份按名次差距大小依次为安徽省（9/16）、宁夏回族自治区（23/29）、广西壮族自治区（19/23）和河北省（24/28）；企业创新效率排名低于其综合效率排名的省份按名次差距大小依次为海南省（18/8）、辽宁省（22/14）和江西省（28/22）。其余省份的企业创新效率排名与其综合效率排名变化幅度小于4。总体而言，各省企业创新的效率指标排名与其综合效率指标排名差距不大。

在创新环境与管理方面，北京市位居第1名，上海市和广东省分别位列第2名和第3名。创新环境与管理效率排名高于其综合效率排名的省份按名次差距大小依次为青海省（8/30）、宁夏回族自治区（15/29）、新疆维吾尔自治区（23/31）、西藏自治区（20/26）、贵州省（16/21）和江西省（17/22）；创新环境与管理效率排名低于其综合效率排名的省份按名次差距大小依次为黑龙江省（28/17）、湖南省（27/10）、山西省（25/18）、重庆市（13/7）、河南省（30/24）、甘肃省（21/15）和广西壮族自治区（29/13）。其余省份创新环境的效率指标排名与其综合效率指标排名差距小于四位。

在创新绩效方面，上海市位居第1名。北京市和广东省分别位列第2名和第3名。创新绩效效率排名高于其综合效率排名的省份按名次差距大小依次为内蒙古自治区（13/27）、河南省（11/24）、西藏自治区（15/26）、四川省（14/19）、河北省（24/28）和吉林省（16/20）；创新绩效效率排名低于其综合效率排名的省份按名次差距大小依次为甘肃省（26/15）、湖南省（18/10）、黑龙江（25/17）、贵州省（29/21）、陕西省（20/13）、安徽省（22/16）和湖北省（17/12）。其余省份创新绩效的效率指标排名与其综合效率指标的差距不大。

# 1.4 潜力指标排名

在潜力指标排名中，重庆市位居第1名，海南省和安徽省分别位列第2名和第3名。潜力指标排名高于其综合指标排名的省份按名次差距大小依次为新疆维吾尔自治区（9/28）、西藏自治区（11/29）、云南省（5/23）、宁夏回族自治区（13/30）、广西壮族自治区（4/19）、海南省（2/16）、甘肃省（6/18）；潜力指标排名低于其综合指标排名的省份按名次差距大小依次为北京市（30/3）、上海市（31/4）、广东省（26/2）、浙江省（25/5）。

在知识创造方面，海南省位居第1名，广西壮族自治区和新疆维吾尔自治区分别位列第2位和第3位。知识创造潜力排名高于其综合潜力排名的省份按名次差距大小依次为浙江省（15/25）、广东省（17/26）、山东省（8/17）、福建省（11/20）、上海市（23/31）、青海省（14/22）、西藏自治区（4/11）；知识创造潜力排名低于其综合潜力排名的省份按名次差距大小依次为江西省（30/12）、陕西省（22/7）、湖南省（24/10）、云南省（18/5）、湖北省（28/19）、甘肃省（13/6）和山西省（31/24）。其余省份的知识创造潜力排名与其综合潜力指标排名存在较大差距。

在知识获取方面，重庆市位居第1名，陕西省和贵州省分别位列第2位和第3位。知识获取潜力排名高于其综合潜力排名的省份按名次差距大小依次为北京市（10/30）、贵州省（3/18）、黑龙江省（17/29）、辽宁省（16/27）、上海市（21/31）；知识获取潜力低于其综合潜力排名的省份按名次差距大小依次为广西壮族自治区（30/4）、西藏自治区（31/11）、湖南省（29/10）、安徽省（13/3）、海南省（12/2）、河南省（25/15）、天津市（23/14）。其余省份的知识获取潜力排名与其综合潜力排名变化幅度小于7，在此不逐一列举，总体而言，各省知识获取的潜力排名与其综合潜力指标排名差异较大。

在企业创新方面，海南省位居第1名，安徽省和湖南省分别位列第2名和第3名。企业创新潜力排名高于其综合潜力排名的省份按名次差距大小依次为福建省（4/20）、河北省（10/23）、湖北省（8/19）、浙江省（16/25）、内蒙古自治区（12/21）、广东省（19/26）和湖南省（3/10）；企业创新潜力排名低于其综合潜力排名的省份按名次差距大小依次为重庆市（15/1）、陕西省（20/7）、西藏自治区（21/11）、四川省（25/16）、广西壮族自治区（13/4）、河南省（23/15）和青海省（30/22）。总体而言，各省企业创新的潜力排名与其综合潜力指标排名差异较大。

在创新环境与管理方面，安徽省位居全国第1名，广西壮族自治区和重庆市分别位列第2名和第3名。创新环境与管理潜力排名高于其综合潜力排名的省份按名次差距大小依次为青海省（8/22）和山西省（17/24）；创新环境与管理潜力排名低于其综合潜力排名的省份按名次差距大小依次为天津市（23/14）、江苏省（15/8）、海南省（9/2）浙江省（30/25）、福建省（25/10）和四川省（21/16）。其余省份创新环境的潜力指标排名与其综合潜力指标排名差距不大。

在创新绩效方面，重庆市位居第1名，海南省和天津市分别位列第2名和第3名。创新绩效潜力排名高于其综合潜力排名的省份按名次差距大小依次为山西省（7/24）、河南省（2/15）、四川省（4/16）、天津市（3/14）和湖北省（10/19）；创新绩效潜力排名低于其综合潜力排名的省份按名次差距大小依次为海南省（24/2）、新疆维吾尔自治区（31/9）、甘肃省（18/6）、宁夏回族自治区（22/13）、江苏省（15/8）和云南省（12/5）。其余省份创新绩效的潜力指标排名与其综合潜力指标排名差异不大。

# 1.5 其他重要指标排名

## 1. 各地区政府研发投入排名

2012年各地区政府研发投入水平如表1-5所示，排名前10位的地区依次是北京市、上海市、四川省、陕西省、江苏省、广东省、山东省、辽宁省、湖北省和浙江省。除山东省、辽宁省和湖北省名次稍有变化外，其他省市排名和2011年一致。

表1-5　2012年各地区政府研发投入　　　　　　　　（单位：亿元）

| 名　次 | 地　区 | 政府研发投入 | 名　次 | 地　区 | 政府研发投入 |
|---|---|---|---|---|---|
| 1 | 北　京 | 565.99 | 17 | 湖　南 | 37.01 |
| 2 | 上　海 | 225.76 | 18 | 重　庆 | 23.06 |
| 3 | 四　川 | 171.20 | 19 | 甘　肃 | 21.88 |
| 4 | 陕　西 | 161.83 | 20 | 云　南 | 21.77 |
| 5 | 江　苏 | 138.82 | 21 | 福　建 | 21.60 |
| 6 | 广　东 | 107.90 | 22 | 广　西 | 21.25 |
| 7 | 山　东 | 92.19 | 23 | 江　西 | 19.56 |
| 8 | 辽　宁 | 90.04 | 24 | 山　西 | 18.16 |
| 9 | 湖　北 | 82.99 | 25 | 内蒙古 | 11.81 |
| 10 | 浙　江 | 60.41 | 26 | 新　疆 | 10.67 |
| 11 | 安　徽 | 60.21 | 27 | 贵　州 | 8.90 |
| 12 | 天　津 | 58.07 | 28 | 海　南 | 4.61 |
| 13 | 黑龙江 | 55.45 | 29 | 宁　夏 | 4.15 |
| 14 | 河　南 | 42.71 | 30 | 青　海 | 3.51 |
| 15 | 吉　林 | 40.16 | 31 | 西　藏 | 1.24 |
| 16 | 河　北 | 38.49 | | | |

## 2. 各地区发明专利授权数排名

2012年各地区发明专利授权数如表1-6所示，排名前10位的地区依次是广东省、北京市、江苏省、浙江省、上海市、山东省、四川省、湖北省、陕西省和辽宁省。辽宁省名次变化较大，由上年的第8名下降至2012年的第10名。前十名省市和上年未有变化。

表1-6　2012年各地区发明专利授权数　　　　　　　　（单位：件）

| 名　次 | 地　区 | 发明专利授权数 | 名　次 | 地　区 | 发明专利授权数 |
|---|---|---|---|---|---|
| 1 | 广　东 | 22 153 | 17 | 黑龙江 | 2 418 |
| 2 | 北　京 | 20 140 | 18 | 河　北 | 1 933 |
| 3 | 江　苏 | 16 242 | 19 | 吉　林 | 1 583 |
| 4 | 浙　江 | 11 571 | 20 | 云　南 | 1 301 |
| 5 | 上　海 | 11 379 | 21 | 山　西 | 1 297 |
| 6 | 山　东 | 7 453 | 22 | 广　西 | 902 |
| 7 | 四　川 | 4 460 | 23 | 江　西 | 892 |
| 8 | 湖　北 | 4 050 | 24 | 甘　肃 | 704 |
| 9 | 陕　西 | 4 018 | 25 | 贵　州 | 635 |
| 10 | 辽　宁 | 3 973 | 26 | 内蒙古 | 569 |
| 11 | 湖　南 | 3 353 | 27 | 新　疆 | 456 |
| 12 | 天　津 | 3 326 | 28 | 海　南 | 396 |
| 13 | 河　南 | 3 182 | 29 | 宁　夏 | 140 |
| 14 | 安　徽 | 3 066 | 30 | 青　海 | 101 |
| 15 | 福　建 | 2 977 | 31 | 西　藏 | 57 |
| 16 | 重　庆 | 2 426 | | | |

## 3. 各地区国内论文数排名

2012年各地区国内论文数如表1-7所示，排名前10位的地区依次是北京市、江苏省、广东省、上海市、陕西省、浙江省、湖北省、山东省、四川省和河南省。新晋的河南省取代湖南省，位居第10名。

表1-7　2012年各地区国内论文数　　　　　（单位：篇）

| 名 次 | 地 区 | 国内论文数 | 名 次 | 地 区 | 国内论文数 |
|---|---|---|---|---|---|
| 1 | 北 京 | 68 840 | 17 | 天 津 | 12 406 |
| 2 | 江 苏 | 50 276 | 18 | 广 西 | 10 454 |
| 3 | 广 东 | 36 141 | 19 | 福 建 | 9 587 |
| 4 | 上 海 | 32 145 | 20 | 吉 林 | 9 448 |
| 5 | 陕 西 | 27 341 | 21 | 甘 肃 | 8 632 |
| 6 | 浙 江 | 26 447 | 22 | 山 西 | 7 771 |
| 7 | 湖 北 | 25 776 | 23 | 云 南 | 7 741 |
| 8 | 山 东 | 24 245 | 24 | 新 疆 | 7 041 |
| 9 | 四 川 | 21 872 | 25 | 江 西 | 6 941 |
| 10 | 河 南 | 21 152 | 26 | 贵 州 | 5 517 |
| 11 | 辽 宁 | 20 681 | 27 | 内蒙古 | 3 486 |
| 12 | 河 北 | 18 783 | 28 | 海 南 | 2 980 |
| 13 | 湖 南 | 18 774 | 29 | 宁 夏 | 2 061 |
| 14 | 安 徽 | 14 261 | 30 | 青 海 | 1 288 |
| 15 | 重 庆 | 13 973 | 31 | 西 藏 | 225 |
| 16 | 黑龙江 | 13 850 | | | |

## 4. 各地区国际论文数排名

2012年各地区国际论文数如表1-8所示，排名前10位的地区依次是北京市、江苏省、上海市、陕西省、浙江省、湖北省、广东省、辽宁省、山东省和四川省。前十名省份和上年相同。

表1-8　2012年各地区国际论文数　　　　　（单位：篇）

| 名 次 | 地 区 | 国际论文数 | 名 次 | 地 区 | 国际论文数 |
|---|---|---|---|---|---|
| 1 | 北 京 | 57 008 | 17 | 河 南 | 6 521 |
| 2 | 江 苏 | 27 946 | 18 | 福 建 | 5 078 |
| 3 | 上 海 | 27 672 | 19 | 河 北 | 4 699 |
| 4 | 陕 西 | 17 320 | 20 | 甘 肃 | 4 537 |
| 5 | 浙 江 | 16 149 | 21 | 江 西 | 2 899 |
| 6 | 湖 北 | 15 181 | 22 | 山 西 | 2 709 |
| 7 | 广 东 | 14 331 | 23 | 云 南 | 2 425 |
| 8 | 辽 宁 | 13 936 | 24 | 广 西 | 2 032 |
| 9 | 山 东 | 13 491 | 25 | 新 疆 | 932 |
| 10 | 四 川 | 12 119 | 26 | 内蒙古 | 816 |
| 11 | 湖 南 | 11 699 | 27 | 贵 州 | 767 |
| 12 | 黑龙江 | 11 141 | 28 | 海 南 | 368 |
| 13 | 吉 林 | 8 475 | 29 | 宁 夏 | 184 |
| 14 | 天 津 | 8 445 | 30 | 青 海 | 128 |
| 15 | 安 徽 | 7 620 | 31 | 西 藏 | 11 |
| 16 | 重 庆 | 6 525 | | | |

## 5. 各地区规模以上工业企业 R&D 经费内部支出总额排名

2012 年各地区规模以上工业企业 R&D 经费内部支出总额如表 1–9 所示，排名前 10 位的地区依次是江苏省、广东省、山东省、浙江省、上海市、辽宁省、湖北省、天津市、河南省和福建省。前十名省份和上年未有变化。

表 1–9　2012 年各地区规模以上工业企业 R&D 经费内部支出总额　（单位：亿元）

| 名次 | 地区 | 各地区规模以上工业企业 R&D 经费内部支出总额 | 名次 | 地区 | 各地区规模以上工业企业 R&D 经费内部支出总额 |
|---|---|---|---|---|---|
| 1 | 江苏 | 1 080.31 | 17 | 重庆 | 117.10 |
| 2 | 广东 | 1 077.86 | 18 | 山西 | 106.96 |
| 3 | 山东 | 905.60 | 19 | 陕西 | 92.60 |
| 4 | 浙江 | 588.61 | 20 | 黑龙江 | 90.62 |
| 5 | 上海 | 371.51 | 21 | 内蒙古 | 85.85 |
| 6 | 辽宁 | 289.46 | 22 | 广西 | 70.22 |
| 7 | 湖北 | 263.31 | 23 | 吉林 | 60.43 |
| 8 | 天津 | 255.87 | 24 | 云南 | 38.44 |
| 9 | 河南 | 248.97 | 25 | 甘肃 | 33.78 |
| 10 | 福建 | 238.17 | 26 | 贵州 | 31.51 |
| 11 | 湖南 | 229.09 | 27 | 新疆 | 27.34 |
| 12 | 安徽 | 208.98 | 28 | 宁夏 | 14.37 |
| 13 | 河北 | 198.09 | 29 | 青海 | 8.42 |
| 14 | 北京 | 197.34 | 30 | 海南 | 7.81 |
| 15 | 四川 | 142.23 | 31 | 西藏 | 0.53 |
| 16 | 陕西 | 119.28 | | | |

## 6. 各地区规模以上工业企业新产品销售收入排名

2012 年各地区规模以上工业企业新产品销售收入如表 1–10 所示，排名前 10 位的地区依次是江苏省、广东省、山东省、浙江省、上海市、湖南省、天津市、安徽省、湖北省和北京市。新晋的湖北省取代福建省，跻身前十，其他省份排名变化不大。

表 1–10　2012 年各地区规模以上工业企业新产品销售收入　（单位：亿元）

| 名次 | 地区 | 各地区规模以上工业企业新产品销售收入 | 名次 | 地区 | 各地区规模以上工业企业新产品销售收入 |
|---|---|---|---|---|---|
| 1 | 江苏 | 17 845.42 | 8 | 安徽 | 3 731.85 |
| 2 | 广东 | 15 402.85 | 9 | 湖北 | 3 698.41 |
| 3 | 山东 | 12 913.18 | 10 | 北京 | 3 317.63 |
| 4 | 浙江 | 11 283.97 | 11 | 福建 | 3 291.15 |
| 5 | 上海 | 7 399.91 | 12 | 辽宁 | 3 193.60 |
| 6 | 湖南 | 4 768.98 | 13 | 河南 | 2 576.20 |
| 7 | 天津 | 4 460.10 | 14 | 河北 | 2 457.66 |

续表

| 名　次 | 地　区 | 各地区规模以上工业<br>企业新产品销售收入 | 名　次 | 地　区 | 各地区规模以上工业<br>企业新产品销售收入 |
|---|---|---|---|---|---|
| 15 | 重　庆 | 2 429.92 | 24 | 黑龙江 | 565.51 |
| 16 | 吉　林 | 2 157.80 | 25 | 云　南 | 446.82 |
| 17 | 四　川 | 2 095.98 | 26 | 贵　州 | 383.28 |
| 18 | 江　西 | 1 287.13 | 27 | 新　疆 | 276.02 |
| 19 | 广　西 | 1 236.93 | 28 | 宁　夏 | 185.63 |
| 20 | 山　西 | 928.39 | 29 | 海　南 | 134.47 |
| 21 | 陕　西 | 871.59 | 30 | 青　海 | 10.38 |
| 22 | 甘　肃 | 595.42 | 31 | 西　藏 | 2.10 |
| 23 | 内蒙古 | 581.49 | | | |

### 7. 各地区教育经费支出排名

2012 年各地区教育经费支出如表 1-11 所示，排名前 10 位的地区依次是广东省、江苏省、山东省、浙江省、河南省、四川省、河北省、安徽省、湖南省和辽宁省。新晋的安徽省取代北京市，跻身前十，其他省份排名变化不大。

表 1-11　2012 年各地区教育经费支出　　　　　　　　（单位：亿元）

| 名　次 | 地　区 | 教育经费支出 | 名　次 | 地　区 | 教育经费支出 |
|---|---|---|---|---|---|
| 1 | 广　东 | 1 884.64 | 17 | 江　西 | 630.79 |
| 2 | 江　苏 | 1 588.21 | 18 | 广　西 | 593.85 |
| 3 | 山　东 | 1 372.79 | 19 | 山　西 | 549.49 |
| 4 | 浙　江 | 1 206.91 | 20 | 内蒙古 | 504.00 |
| 5 | 河　南 | 1 182.14 | 21 | 重　庆 | 503.95 |
| 6 | 四　川 | 1 024.41 | 22 | 黑龙江 | 483.82 |
| 7 | 河　北 | 844.79 | 23 | 新　疆 | 460.59 |
| 8 | 安　徽 | 817.20 | 24 | 贵　州 | 451.05 |
| 9 | 湖　南 | 798.76 | 25 | 吉　林 | 429.39 |
| 10 | 辽　宁 | 780.94 | 26 | 天　津 | 413.61 |
| 11 | 北　京 | 737.38 | 27 | 甘　肃 | 360.82 |
| 12 | 上　海 | 710.63 | 28 | 海　南 | 173.22 |
| 13 | 湖　北 | 684.40 | 29 | 青　海 | 155.25 |
| 14 | 陕　西 | 683.83 | 30 | 宁　夏 | 131.39 |
| 15 | 云　南 | 658.29 | 31 | 西　藏 | 82.61 |
| 16 | 福　建 | 634.48 | | | |

### 8. 各地区高新技术企业数排名

2012 年各地区高新技术企业数如表 1-12 所示，排名前 10 位的地区依次是广东省、江苏省、浙江省、山东省、上海市、河南省、四川省、湖南省、北京市和安徽省。北京市由上年的第 6 名降至 2012 年的第 9 名，新晋的安徽省取代辽宁省，跻身前十。

表 1-12　2012 年各地区高新技术企业数　　　　　　（单位：家）

| 名　次 | 地　区 | 高新技术企业数 | 名　次 | 地　区 | 高新技术企业数 |
|---|---|---|---|---|---|
| 1 | 广　东 | 5 059 | 17 | 吉　林 | 394 |
| 2 | 江　苏 | 4 598 | 18 | 陕　西 | 379 |
| 3 | 浙　江 | 2 143 | 19 | 重　庆 | 315 |
| 4 | 山　东 | 1 875 | 20 | 广　西 | 285 |
| 5 | 上　海 | 1 030 | 21 | 黑龙江 | 161 |
| 6 | 河　南 | 848 | 22 | 山　西 | 136 |
| 7 | 四　川 | 813 | 23 | 贵　州 | 135 |
| 8 | 湖　南 | 788 | 24 | 云　南 | 123 |
| 9 | 北　京 | 760 | 25 | 内蒙古 | 97 |
| 10 | 安　徽 | 744 | 26 | 甘　肃 | 87 |
| 11 | 辽　宁 | 738 | 27 | 海　南 | 50 |
| 12 | 福　建 | 692 | 28 | 青　海 | 27 |
| 13 | 湖　北 | 687 | 29 | 新　疆 | 25 |
| 14 | 江　西 | 602 | 30 | 宁　夏 | 19 |
| 15 | 天　津 | 587 | 31 | 西　藏 | 6 |
| 16 | 河　北 | 433 | | | |

## 9. 各地区第三产业增加值占 GDP 的比例排名

2012 年各地区第三产业增加值占 GDP 的比例如表 1-13 所示，排名前 10 位的地区依次是北京市、上海市、西藏自治区、贵州省、天津市、海南省、广东省、浙江省、江苏省和宁夏回族自治区。新晋的宁夏取代云南位居第 10 名，前九名省份排名与上年一致。

表 1-13　2012 年各地区第三产业增加值占 GDP 的比例　　　（单位：%）

| 名　次 | 地　区 | 第三产业增加值占 GDP 的比例（%） | 名　次 | 地　区 | 第三产业增加值占 GDP 的比例（%） |
|---|---|---|---|---|---|
| 1 | 北　京 | 76.46 | 17 | 湖　南 | 39.02 |
| 2 | 上　海 | 60.45 | 18 | 山　西 | 38.66 |
| 3 | 西　藏 | 53.89 | 19 | 辽　宁 | 38.07 |
| 4 | 贵　州 | 47.91 | 20 | 湖　北 | 36.23 |
| 5 | 天　津 | 46.99 | 21 | 新　疆 | 36.02 |
| 6 | 海　南 | 46.91 | 22 | 内蒙古 | 35.46 |
| 7 | 广　东 | 46.47 | 23 | 广　西 | 35.41 |
| 8 | 浙　江 | 45.24 | 24 | 河　北 | 35.31 |
| 8 | 江　苏 | 43.50 | 25 | 陕　西 | 34.66 |
| 10 | 宁　夏 | 41.96 | 26 | 江　西 | 34.64 |
| 11 | 云　南 | 41.09 | 27 | 四　川 | 34.53 |
| 12 | 黑龙江 | 40.47 | 28 | 青　海 | 32.97 |
| 13 | 甘　肃 | 40.17 | 29 | 吉　林 | 32.71 |
| 14 | 山　东 | 39.98 | 30 | 安　徽 | 32.70 |
| 15 | 重　庆 | 39.39 | 31 | 河　南 | 30.94 |
| 16 | 福　建 | 39.27 | | | |

### 10. 各地区每万元 GDP 工业污水排放量排名

2012 年各地区每万元 GDP 工业污水排放量如表 1-14 所示，单位污水排放量最多的前 10 个地区依次是广西壮族自治区、宁夏回族自治区、江西省、云南省、安徽省、广东省、湖南省、河南省、贵州省和福建省。浙江省、青海省、江苏省和湖北省的此项指标排名由上年的第 28 名、第 26 名、第 24 名和第 22 名，升至 2012 年的第 18 名、第 15 名、第 10 名和第 20 名。江苏省此项指标改善情况较好。

**表 1-14　2012 年各地区每万元 GDP 工业污水排放量**　　（单位：吨/万元）

| 名　次 | 地　区 | 每万元 GDP 工业污水排放量 | 名　次 | 地　区 | 每万元 GDP 工业污水排放量 |
|---|---|---|---|---|---|
| 1 | 天　津 | 6.42 | 17 | 四　川 | 11.88 |
| 2 | 内蒙古 | 6.45 | 18 | 浙　江 | 12.14 |
| 3 | 西　藏 | 6.68 | 19 | 新　疆 | 12.50 |
| 4 | 北　京 | 7.85 | 20 | 湖　北 | 12.81 |
| 5 | 陕　西 | 8.91 | 21 | 海　南 | 12.99 |
| 6 | 吉　林 | 9.42 | 22 | 福　建 | 13.01 |
| 7 | 山　东 | 9.58 | 23 | 贵　州 | 13.35 |
| 8 | 辽　宁 | 9.61 | 24 | 河　南 | 13.64 |
| 9 | 上　海 | 10.86 | 25 | 湖　南 | 13.73 |
| 10 | 江　苏 | 11.07 | 26 | 广　东 | 14.69 |
| 11 | 山　西 | 11.09 | 27 | 安　徽 | 14.78 |
| 12 | 甘　肃 | 11.12 | 28 | 云　南 | 14.94 |
| 13 | 河　北 | 11.51 | 29 | 江　西 | 15.54 |
| 14 | 重　庆 | 11.61 | 30 | 宁　夏 | 16.64 |
| 15 | 青　海 | 11.62 | 31 | 广　西 | 18.84 |
| 16 | 黑龙江 | 11.88 | | | |

### 11. 各地区每亿元 GDP 废气中主要污染物排放量排名

2012 年各地区每亿元 GDP 工业废气排放量如表 1-15 所示，单位废气排放量最多的前 10 个地区依次是宁夏回族自治区、新疆维吾尔自治区、山西省、贵州省、青海省、内蒙古、甘肃省、河北省、云南省和陕西省。广西该项指标排名由上年的第 23 名上升为 2012 年的第 16 名。

**表 1-15　2012 年各地区每亿元 GDP 废气中主要污染物排放量**　　（单位：吨/亿元）

| 名　次 | 地　区 | 每亿元 GDP 废气中主要污染物排放量 | 名　次 | 地　区 | 每亿元 GDP 废气中主要污染物排放量 |
|---|---|---|---|---|---|
| 1 | 北　京 | 18.92 | 6 | 江　苏 | 53.92 |
| 2 | 上　海 | 35.53 | 7 | 海　南 | 53.97 |
| 3 | 广　东 | 42.60 | 8 | 福　建 | 55.38 |
| 4 | 浙　江 | 48.71 | 9 | 湖　北 | 71.14 |
| 5 | 天　津 | 49.85 | 10 | 湖　南 | 71.90 |

| 名　次 | 地　区 | 每亿元 GDP 废气中主要污染物排放量 | 名　次 | 地　区 | 每亿元 GDP 废气中主要污染物排放量 |
|---|---|---|---|---|---|
| 11 | 四　川 | 76.21 | 22 | 陕　西 | 146.25 |
| 12 | 西　藏 | 78.60 | 23 | 云　南 | 155.90 |
| 13 | 山　东 | 83.64 | 24 | 河　北 | 163.24 |
| 14 | 吉　林 | 98.05 | 25 | 甘　肃 | 221.83 |
| 15 | 重　庆 | 99.01 | 26 | 内蒙古 | 229.01 |
| 16 | 广　西 | 99.89 | 27 | 青　海 | 230.41 |
| 17 | 安　徽 | 110.56 | 28 | 贵　州 | 277.15 |
| 18 | 辽　宁 | 113.55 | 29 | 山　西 | 298.58 |
| 19 | 江　西 | 116.01 | 30 | 新　疆 | 308.01 |
| 20 | 河　南 | 118.30 | 31 | 宁　夏 | 452.91 |
| 21 | 黑龙江 | 145.60 | | | |

# 第二章
## 决定创新能力强弱的因素分析

## 2.1 领先地区

### 1. 江苏省

自 2009 年以来，江苏省创新能力连续 6 年位居全国第 1 名。从指标层次看，潜力指标排名由 2013 年的第 11 名升至 2014 年的第 8 名，实力指标和效率指标排名与 2013 年一致，依次为第 1 名和第 4 名。从指标维度看，知识创造、知识获取、企业创新、创新环境和创新绩效排名依次为第 2 名、第 2 名、第 1 名、第 1 名和第 2 名。

在知识创造和知识获取基础指标中，江苏省"每亿元研发活动经费内部支出产生的发明专利申请数""发明专利申请数""外商投资企业年底注册资金中外资部分""规模以上工业企业购买国内技术经费支出"共 4 项基础指标位居全国第 1 名；

在企业创新基础指标中，江苏省"规模以上工业企业新产品销售收入""规模以上工业企业技术改造经费支出""每十万人平均外观设计专利申请数""外观设计专利申请数""规模以上工业企业有研发机构的企业数增长率""规模以上工业企业中有研发机构的企业占总企业数的比例""规模以上工业企业有研发机构的企业数""规模以上工业企业研发活动经费内部支出总额"共 8 项基础指标位居全国第 1 名。

在创新环境基础指标中，江苏省"规模以上工业企业研发经费内部支出额中获得金融机构贷款额""国家产业化计划项目当年落实资金""平均每项国家创新基金获得资金""6 岁及 6 岁以上人口中大专以上学历人口数（抽样数）""市场中介组织的发育和法律制度环境改善程度""政府与市场的关系"共 7 项基础指标位居全国第 1 名；在创新绩效基础中标中，江苏省"高技术产业就业人数占总就业人数的比例"位居全国第 1 名。

虽然江苏省大多数指标处于全国前列，仍有少数指标处于劣势地位，比如"规模以上工业企业平均 R&D 经费外部支出增长率""对教育的投资占 GDP 的比例""工业污水排放总量""电耗总量"等指标位居全国第 30 名，如何提高上述指标排名是江苏省进一步提升创新能力的关键。

### 2. 广东省

2014 年，广东省创新能力位居全国第 2 位。其中，创新绩效排名继续稳居全国第 1 名；知识创造和知识获取能力排名与 2013 年保持一致，分别为第 3 名和第 4 名；企业创新排名由 2013 年的第 2 名降至 2014 年的第 3 名，创新环境排名由上年的第 1 名降至 2014 年的第 3 名。

在知识创造基础指标中，广东省"发明专利授权数""研究与试验发展全时人员当量"两项指标继续位居全国第 1 名；企业创新基础指标中的"规模以上工业企业研发人员数"位居全国第 1 名；创新环境基础指标中的"高技术企业数""教育经费支出""进出口差额占工业企业主营业务收入的比重""进出口差额""国际互联网络用户数""电话用户数"共 6 项指标位居全国第 1 名；在创新绩效基础指标中，"高技术产业就业人数""出口额""高新技术产业主营业务收入占 GDP 的比重""高新技术产业主营业务收入""信息产业主营业务收入占 GDP 的比重""信息技术产业主营业务收入""第三产业增加值""地区 GDP"共 8 项指标位居全国第 1 名。

从排名靠后的指标看，广东省的"工业污水排放总量""电耗总量""每十万人作者异省科技论文数"位居全国第 31 名；"每十万人作者同省异单位科技论文数""国际互联网络用户数增长率"位居全国第 30 名；"作者异省科技论文数增长率""规模以上工业企业平均技术改造经费支出""规模以上工业企业平均研发经费外部支出增长率""第三产业增加值增长率"位居全国第 29 名；"地区 GDP 增长率"位居全国第 28 名；"高技术产业主营业务收入增长率""发明专利申请受理数增长率""对教育的投资增长率"位居全国第 27 名。

总的来说，广东省靠近沿海，有着天然的地理区位优势，加上相对完善的市场经济和国际开放度，使得广东省在进出口贸易和以信息技术为代表的高技术产业中占据领先地位。然而，在人均 GDP 不断提升之后，广东也面临进一步发展的瓶颈，多项指标增长率处于全国末位。因此，如何破除制约进一步发展的障碍成为广东未来经济发展的重点。

### 3. 北京市

2014 年，北京市创新能力位居全国第 3 位。从指标层次看，北京市效率指标排名位居全国第 1；从指标维度看，知识创造能力继续位居全国第 1 名；知识获取、企业创新、创新环境和创新绩效指标排名与 2013 年保持一致，分别是第 3 名、第 5 名、第 3 名和第 5 名。

在知识创造基础指标中，"国际论文数""每十万人平均发表的国内论文数""国内论文数""每百万人平均发明专利授权数""每十万人平均发明专利申请受理数""政府研发投入占 GDP 的比例""政府研发投入""每万人平均研究与试验发展全是人员当量"共 8 项指标位居全国第 1 名。

在知识获取基础指标中，"规模以上工业企业平均引进技术经费支出""技术市场交易金额（按流向）""高校和科研院所研发经费内部支出额中来自企业的资金""作者异国合作科技论文数""作者异省合作科技论文数""作者同省异单位科技论文数"共 6 项指标位居全国第 1 名。

在企业创新基础指标中，"规模以上工业企业平均研发经费外部支出""规模以上工业企业研发活动经费内部支出总额占销售收入的比例""规模以上工业企业就业人员中研发人员比重"共 3 项指标位居全国第 1 名。

在创新环境基础指标中，"高技术企业数占规模以上工业企业数比重""规模以上工业企业研发经费内部支出额中平均获得金融机构贷款额""6 岁及 6 岁以上人口中大专以上学历所占的比例""年度科普经费筹集额""每百人平均国际互联网络用户""每百人平均电话用户"共 6 项指标位居全国第 1 名。

在创新绩效基础指标中，"万元地区生产总值能耗（等价值）增长率""城镇登记失业率""第三产业增加值占 GDP 的比例"共 3 项指标位居全国第 1 名。

但是，北京市基础指标中的"进出口差额""工业污水排放总量增长率"位居全国第 31 名；"发明专利申请受理数增长率""研究与试验发展全时人员当量增长率""进出口差额占工业企业主营业务收入的比重""高技术企业数增长率""地区 GDP 增长率"位居全国第 30 名；"国际互联网络用户数增长率"位居全国第 29 名；"国际论文数增长率""居民消费水平增长率""城镇登记失业率增长率""高技术产业主营业务收入增长率"位居全国第 28 名。

总的来说，北京市的科研投入最大，研发投入占 GDP 的比重也最高，高等教育资源集中，科教优势明显，大批中小型创业企业遍地而生，集聚了大量的从事科研和技术开发的人才。然而，作为全国的首都和政治中心，资源集聚给北京带来优势的同时，也带来了人口聚集、交通拥堵、水资源短缺、雾霾等诸多社会性问题，也缺乏转化、消化创新成果的制造型企业，制约了本地创新能力的提升。但是，在大数据和移动互联网发展的浪潮下，北京应该学会"借力打力"，发挥好科学中心的优势地位。一方面，鼓励并大力发展高端装备制造业、现代服务业等符合北京区位发展特色的产业；另一方面，也要进一步盘活技术交易和技术转移，承担起全国、乃至全球科技创新源泉的重任。

### 4. 上海市

自 2009 年以来，上海市创新能力综合排名连续 6 年位居全国第 4 名。除企业创新排名由 2013 年的第 6 名升至 2014 年的第 5 名外，知识创造、知识获取、创新环境和创新绩效排名均与 2013 年一致，分别为第 4 名、第 1 名、第 5 名和第 3 名。

在知识获取能力基础指标中，"人均外商投资企业年底注册资金中外资部分""规模以上工业企业引进技术经费支出""规模以上工业企业平均购买国内技术经费支出"共 3 项指标位居全国第 1 名。

在企业创新能力基础指标中，"规模以上工业企业新产品销售收入占销售收入的比重"位居全国第 1 名；在创新环境基础指标中，"居民消费水平""市场中介组织的发育和法律制度环境""科技馆当年参观人数"共 3 项指标位居全国第 1 名。

在创新绩效基础指标中，"出口额占 GDP 的比重"位居全国第 1 名。但是，基础指标中的"作者异省科技论文数增长率""规模以上工业企业研发活动经费内部支出总额增长率""高技术企业数增长率""国际互联网络用户数增长率""地区 GDP 增长率""第三产业增加值增长率"位居全国第 31 名。

总之，上海市作为长三角地区的一颗璀璨明星，应充分挖掘其在国际市场上的地位和优势，进一步利用好外资和技术交易带来的知识溢出效应。同时，发挥上海自贸区的政策与制度优势，进一步挖掘资本、金融、创新、创业的潜力，为上海市经济转型发展注入新动力。

### 5. 浙江省

2008～2014 年，浙江省的创新能力综合排名连续 7 年位居全国第 5 位。知识创造和知识获取排名与 2013 年一致，分别为第 5 名和第 8 名；企业创新排名由 2013 年的第 3 名升至 2014 年的第 2 名；创新环境和创新绩效排名分别降至 2014 年的第 6 名和第 8 名。其中，在企业创新基础指标中，"每十万人平均实用新型专利申请数"和"实用新型专利申请数"位居全国第 1 名。

### 6. 山东省

2008～2014 年，山东省创新能力综合排名连续 7 年位居全国第 6 位。知识创造和企业创新能力排名与 2013 年一致，分别为第 8 名和第 4 名；知识获取、创新环境和创新绩效排名由 2013 年的第 10 名、第 6 名和第 8 名升至 2014 年的第 9 名、第 4 名和第 7 名。山东省的多项实力指标排名高于综合指标排名，其中，企业创新能力基础指标中，"规模以上工业企业研发经费外部支出"位居全国第 1 名。创新环境基础指标中的"对教育的投资占 GDP 的比例"位居全国第 31 名。

### 7. 天津市

2008～2014 年，天津市创新能力综合排名连续 7 年位居全国第 7 位。知识创造、知识获取、企业创新、创新环境和创新绩效排名与 2013 年均一致，分别为第 12 名、第 7 名、第 7 名、第 9 名和第 4 名。在创新绩效基础指标中，"地区 GDP 增长率""第三产业增加值增长率""人均 GDP 水平"共 3 项指标位居全国第 1 名。

京津冀协同发展，京津是"龙头"。天津市作为重要的一方，在区域功能定位上要与北京实现优势互补。承接好北京优秀的科研成果和人才流动，发挥好天津在技术开发和成果转化方面的优势，依托京津冀一体化和京津冀创新共同体的发展，实现科技、人才、金融、政策、品牌的深度融合，推动区域创新力和竞争力的进步。

### 8. 重庆市

2014 年，重庆市创新能力综合排名位居全国第 8 名。知识创造指标排名位居全国第 10 名，与上年一致；知识获取和企业创新排名由 2013 年的第 5 名和第 8 名降至 2014 年的第 6 名和第 10 名，创新环境和创新绩效排名由 2013 年的第 16 名和第 7 名升至 2014 年的第 14 名和第 5 名。在创新环境基础指标中，"国家产业化计划项目当年落实资金增长率"位居全国第 1 名；在创新绩效基础指标中，"出口额的增长率"位居全国第 1 名。

## 2.2 创新能力与经济发展、居民收入以及教育水平的关系

一个地区的创新能力与该地区的经济发展、居民收入及教育水平有着密切关系。从表 2 - 1 和图 2 - 1 可以看出，不论是反映经济发展水平的人均国内生产总值和城镇居民人均收入，还是反映教育水平的人口学历指标，创新能力领先的地区一般要高于相对落后的地区。这是地区历史积累和已有创新的结果，也是今后创新的基础和起点。这些因素在提升该区域创新能力中的作用有时甚至会高于科技的投入。

表 2 - 1　2012 年居民收入及教育水平

| 地　区 | 人均 GDP/（元/人） | 城镇居民平均每人全年家庭总收入/元 | 6 岁及 6 岁以上人口大专以上学历所占的比例（%） |
|---|---|---|---|
| 天　津 | 93 173 | 32 944 | 0.23 |
| 北　京 | 87 475 | 41 103 | 0.37 |
| 上　海 | 85 373 | 44 754 | 0.23 |
| 江　苏 | 68 347 | 32 519 | 0.15 |
| 内蒙古 | 63 886 | 24 791 | 0.12 |
| 浙　江 | 63 374 | 37 995 | 0.15 |
| 辽　宁 | 56 649 | 25 916 | 0.18 |
| 广　东 | 54 095 | 34 044 | 0.10 |
| 福　建 | 52 763 | 30 878 | 0.08 |
| 山　东 | 51 768 | 28 006 | 0.10 |
| 吉　林 | 43 415 | 21 660 | 0.09 |

续表

| 地　区 | 人均GDP/（元/人） | 城镇居民平均每人全年家庭总收入/元 | 6岁及6岁以上人口大专以上学历所占的比例（%） |
|---|---|---|---|
| 重　庆 | 38 914 | 24 811 | 0.10 |
| 湖　北 | 38 572 | 22 904 | 0.12 |
| 陕　西 | 38 564 | 22 606 | 0.11 |
| 河　北 | 36 584 | 21 899 | 0.06 |
| 宁　夏 | 36 394 | 21 902 | 0.09 |
| 黑龙江 | 35 711 | 19 368 | 0.10 |
| 新　疆 | 33 796 | 20 195 | 0.13 |
| 山　西 | 33 628 | 22 100 | 0.10 |
| 湖　南 | 33 480 | 22 805 | 0.07 |
| 青　海 | 33 181 | 19 747 | 0.10 |
| 海　南 | 32 377 | 22 810 | 0.10 |
| 河　南 | 31 499 | 21 897 | 0.07 |
| 四　川 | 29 608 | 22 328 | 0.10 |
| 江　西 | 28 800 | 21 150 | 0.08 |
| 安　徽 | 28 792 | 23 525 | 0.10 |
| 广　西 | 27 952 | 23 209 | 0.06 |
| 西　藏 | 22 936 | 20 224 | 0.04 |
| 云　南 | 22 195 | 23 000 | 0.07 |
| 甘　肃 | 21 978 | 18 498 | 0.09 |
| 贵　州 | 19 710 | 20 043 | 0.07 |

数据来源：中国统计年鉴2013. 北京：中国统计出版社。

备注：2012年两项指标有变动：①2011年的"6岁及6岁以上人口中大专及以上学历所占的比例"调整为2012年的"6岁及6岁以上人口中大专以上学历所占的比例"；②2011年的"城镇居民人均实际收入"调整为2012年的"城镇居民平均每人全年家庭总收入"。

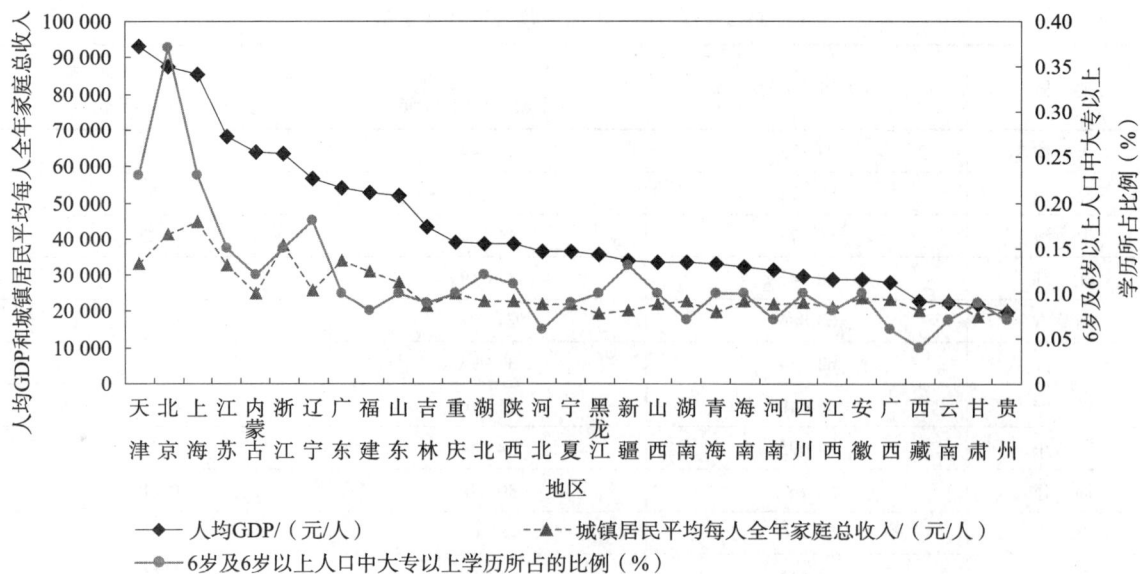

图2-1　2012年各地区经济发展、居民收入及教育水平

## 2.3　研发投入金额及投入强度

虽然一个地区的研发投入水平与创新能力之间的关系不是线性的，但二者之间有着密切关系。从各地区政府研发经费投入情况来看，除内蒙古自治区外，其余30个省市的政府研发经费投入较上年相比，均有不同程度的提高（表2-2）；从各地区企业研发经费支出金额来看，31个地区规模上工业企业研发经费中来自企业的支出额都较上年有不同程度的提高（表2-3）。从表2-4中能够看到，部分省市的政府研发经费投入占GDP的比重以及企业研发经费投入占销售收入的比重较2011年有所下降，绝大多数地区的政府研发投入强度和企业的研发投入强度均较上年有所加大（图2-2）。

表2-2　2011~2012年各地区政府研发经费投入情况

| 地区 | 政府研发经费投入 | | | 政府研发经费投入占全国比重（%） | | |
| --- | --- | --- | --- | --- | --- | --- |
| | 亿元 | | 增长率（%） | 2012 | 2011 | 变动率 |
| | 2012 | 2011 | | | | |
| 全　国 | 2221.40 | 1882.95 | 17.97 | | | |
| 北　京 | 565.99 | 497.85 | 13.69 | 25.48 | 26.44 | -0.96 |
| 上　海 | 225.76 | 175.93 | 28.32 | 10.16 | 9.34 | 0.82 |
| 四　川 | 171.20 | 150.13 | 14.03 | 7.71 | 7.97 | -0.26 |
| 陕　西 | 161.83 | 141.44 | 14.42 | 7.29 | 7.51 | -0.22 |
| 江　苏 | 138.82 | 117.60 | 18.04 | 6.25 | 6.25 | 0 |
| 广　东 | 107.90 | 94.19 | 14.56 | 4.86 | 5.00 | -0.14 |
| 山　东 | 92.19 | 72.06 | 27.94 | 4.15 | 3.83 | 0.32 |
| 辽　宁 | 90.04 | 82.25 | 9.47 | 4.05 | 4.37 | -0.32 |
| 湖　北 | 82.99 | 72.24 | 14.88 | 3.74 | 3.84 | -0.10 |
| 浙　江 | 60.41 | 52.68 | 14.67 | 2.72 | 2.80 | -0.08 |
| 安　徽 | 60.21 | 46.89 | 28.41 | 2.71 | 2.49 | 0.22 |
| 天　津 | 58.07 | 47.6 | 22.00 | 2.61 | 2.53 | 0.08 |
| 黑龙江 | 55.45 | 36.23 | 53.05 | 2.50 | 1.92 | 0.58 |
| 河　南 | 42.71 | 33.94 | 25.84 | 1.92 | 1.80 | 0.12 |
| 吉　林 | 40.16 | 33.47 | 19.99 | 1.81 | 1.78 | 0.03 |
| 河　北 | 38.49 | 32.44 | 18.65 | 1.73 | 1.72 | 0.01 |
| 湖　南 | 37.01 | 31.15 | 18.81 | 1.67 | 1.65 | 0.02 |
| 重　庆 | 23.06 | 20.14 | 14.50 | 1.03 | 1.07 | -0.04 |
| 甘　肃 | 21.88 | 17.15 | 27.58 | 0.98 | 0.91 | 0.07 |
| 云　南 | 21.77 | 17.54 | 24.12 | 0.98 | 0.93 | 0.05 |
| 福　建 | 21.60 | 18.31 | 17.97 | 0.97 | 0.97 | 0 |
| 广　西 | 21.25 | 17.20 | 23.55 | 0.96 | 0.91 | 0.05 |
| 江　西 | 19.56 | 18.66 | 4.82 | 0.88 | 0.99 | -0.11 |
| 山　西 | 18.16 | 15.65 | 16.04 | 0.82 | 0.83 | -0.01 |

续表

| 地　区 | 政府研发经费投入 | | | 政府研发经费投入占全国比重（%） | | |
|---|---|---|---|---|---|---|
| | 亿元 | | 增长率（%） | 2012 | 2011 | 变动率 |
| | 2012 | 2011 | | | | |
| 内蒙古 | 11.81 | 12.06 | -2.07 | 0.53 | 0.64 | -0.11 |
| 新　疆 | 10.67 | 8.81 | 21.11 | 0.48 | 0.47 | 0.01 |
| 贵　州 | 8.90 | 7.52 | 18.35 | 0.40 | 0.40 | 0 |
| 海　南 | 4.61 | 4.25 | 8.47 | 0.21 | 0.23 | -0.02 |
| 宁　夏 | 4.15 | 3.37 | 23.15 | 0.19 | 0.18 | 0.01 |
| 青　海 | 3.51 | 3.23 | 8.67 | 0.16 | 0.17 | -0.01 |
| 西　藏 | 1.24 | 0.97 | 27.84 | 0.06 | 0.05 | 0.01 |

数据来源：①中国科技统计年鉴2013. 北京：中国统计出版社。

②中国统计年鉴2013. 北京：中国统计出版社。

表2-3　2011~2012年各地区规模以上工业企业研发经费内部支出情况

| 地　区 | 企业研发经费投入 | | | 企业研发经费投入占全国比重（%） | | |
|---|---|---|---|---|---|---|
| | 亿元 | | 增长率（%） | 2012 | 2011 | 变动率 |
| | 2012 | 2011 | | | | |
| 全　国 | 7 130.66 | 5 993.82 | 18.97 | | | |
| 江　苏 | 1 080.31 | 899.89 | 20.05 | 15.15 | 15.01 | 0.14 |
| 广　东 | 1 007.86 | 899.44 | 12.05 | 14.13 | 15.01 | -0.88 |
| 山　东 | 905.60 | 743.13 | 21.86 | 12.70 | 12.40 | 0.30 |
| 浙　江 | 588.61 | 479.91 | 22.65 | 8.25 | 8.01 | 0.24 |
| 上　海 | 371.51 | 343.76 | 8.07 | 5.21 | 5.74 | -0.53 |
| 辽　宁 | 289.46 | 274.71 | 5.37 | 4.06 | 4.58 | -0.52 |
| 湖　北 | 263.31 | 210.76 | 24.93 | 3.69 | 3.52 | 0.17 |
| 天　津 | 255.87 | 210.78 | 21.39 | 3.59 | 3.52 | 0.07 |
| 河　南 | 248.97 | 213.72 | 16.49 | 3.49 | 3.57 | -0.08 |
| 福　建 | 238.17 | 194.40 | 22.52 | 3.34 | 3.24 | 0.10 |
| 湖　南 | 229.09 | 181.78 | 26.03 | 3.21 | 3.03 | 0.18 |
| 安　徽 | 208.98 | 162.83 | 28.34 | 2.93 | 2.72 | 0.21 |
| 河　北 | 198.09 | 158.62 | 24.88 | 2.78 | 2.65 | 0.13 |
| 北　京 | 197.34 | 164.85 | 19.71 | 2.77 | 2.75 | 0.02 |
| 四　川 | 142.23 | 104.47 | 36.14 | 2.00 | 1.74 | 0.26 |
| 陕　西 | 119.28 | 96.68 | 23.38 | 1.67 | 1.61 | 0.06 |
| 重　庆 | 117.10 | 94.40 | 24.05 | 1.64 | 1.57 | 0.07 |
| 山　西 | 106.96 | 89.59 | 19.39 | 1.50 | 1.49 | 0.01 |
| 江　西 | 92.60 | 76.98 | 20.29 | 1.30 | 1.28 | 0.02 |
| 黑龙江 | 90.62 | 83.80 | 8.14 | 1.27 | 1.40 | -0.13 |
| 内蒙古 | 85.85 | 70.16 | 22.36 | 1.20 | 1.17 | 0.03 |
| 广　西 | 70.22 | 58.68 | 19.67 | 0.98 | 0.98 | 0 |

| 地区 | 企业研发经费投入 | | | 企业研发经费投入占全国比重（%） | | |
| --- | --- | --- | --- | --- | --- | --- |
| | 亿元 | | 增长率（%） | 2012 | 2011 | 变动率 |
| | 2012 | 2011 | | | | |
| 吉　林 | 60.43 | 48.87 | 23.65 | 0.85 | 0.82 | 0.03 |
| 云　南 | 38.44 | 29.93 | 28.43 | 0.54 | 0.50 | 0.04 |
| 甘　肃 | 33.78 | 25.79 | 30.98 | 0.47 | 0.43 | 0.04 |
| 贵　州 | 31.51 | 27.52 | 14.50 | 0.44 | 0.46 | −0.02 |
| 新　疆 | 27.34 | 22.34 | 22.38 | 0.38 | 0.37 | 0.01 |
| 宁　夏 | 14.37 | 11.89 | 20.86 | 0.20 | 0.20 | 0 |
| 青　海 | 8.42 | 8.20 | 2.68 | 0.12 | 0.14 | −0.02 |
| 海　南 | 7.81 | 5.78 | 35.12 | 0.11 | 0.10 | 0.01 |
| 西　藏 | 0.53 | 0.16 | 231.25 | 0.00 | 0.00 | 0 |

数据来源：中国科技统计年鉴 2013. 北京：中国统计出版社。

**表 2 − 4　2011～2012 年地区政府与企业的研发投入水平**

| 地　区 | 政府研发投入占 GDP 的比例（%） | | | 规模以上工业企业 R&D 经费内部支出总额占销售收入的比例（%） | | |
| --- | --- | --- | --- | --- | --- | --- |
| | 2012 | 2011 | 变动率 | 2012 | 2011 | 变动率 |
| 江　苏 | 0.26 | 0.24 | 0.02 | 0.91 | 0.84 | 0.07 |
| 广　东 | 0.19 | 0.18 | 0.01 | 1.15 | 0.97 | 0.18 |
| 北　京 | 3.17 | 3.06 | 0.11 | 1.17 | 1.05 | 0.12 |
| 上　海 | 1.12 | 0.92 | 0.20 | 1.09 | 1.00 | 0.09 |
| 浙　江 | 0.17 | 0.16 | 0.01 | 1.02 | 0.87 | 0.15 |
| 山　东 | 0.18 | 0.16 | 0.02 | 0.77 | 0.74 | 0.03 |
| 天　津 | 0.45 | 0.42 | 0.03 | 1.08 | 1.00 | 0.08 |
| 重　庆 | 0.20 | 0.20 | 0 | 0.91 | 0.83 | 0.08 |
| 安　徽 | 0.35 | 0.31 | 0.04 | 0.72 | 0.65 | 0.07 |
| 湖　北 | 0.37 | 0.36 | 0.01 | 0.81 | 0.78 | 0.03 |
| 福　建 | 0.11 | 0.10 | 0.01 | 0.82 | 0.72 | 0.10 |
| 湖　南 | 0.17 | 0.16 | 0.01 | 0.82 | 0.71 | 0.11 |
| 辽　宁 | 0.36 | 0.37 | −0.01 | 0.60 | 0.64 | −0.04 |
| 四　川 | 0.72 | 0.71 | 0.01 | 0.45 | 0.35 | 0.10 |
| 陕　西 | 1.12 | 1.13 | −0.01 | 0.73 | 0.70 | 0.03 |
| 海　南 | 0.16 | 0.17 | −0.01 | 0.46 | 0.36 | 0.10 |
| 河　南 | 0.14 | 0.13 | 0.01 | 0.48 | 0.45 | 0.03 |
| 甘　肃 | 0.39 | 0.34 | 0.05 | 0.43 | 0.40 | 0.03 |
| 广　西 | 0.16 | 0.15 | 0.01 | 0.48 | 0.48 | 0 |
| 江　西 | 0.15 | 0.16 | −0.01 | 0.41 | 0.41 | 0 |
| 黑龙江 | 0.40 | 0.29 | 0.11 | 0.72 | 0.73 | −0.01 |
| 山　西 | 0.15 | 0.14 | 0.01 | 0.59 | 0.53 | 0.06 |

续表

| 地　区 | 政府研发投入占 GDP 的比例（%） | | | 规模以上工业企业 R&D 经费内部支出总额占销售收入的比例（%） | | |
|---|---|---|---|---|---|---|
| | 2012 | 2011 | 变动率 | 2012 | 2011 | 变动率 |
| 云　南 | 0.21 | 0.20 | 0.01 | 0.43 | 0.39 | 0.04 |
| 河　北 | 0.14 | 0.13 | 0.01 | 0.45 | 0.39 | 0.06 |
| 吉　林 | 0.32 | 0.30 | 0.02 | 0.30 | 0.29 | 0.01 |
| 贵　州 | 0.13 | 0.13 | 0 | 0.53 | 0.37 | 0.16 |
| 内蒙古 | 0.07 | 0.08 | -0.01 | 0.47 | 0.40 | 0.07 |
| 新　疆 | 0.14 | 0.13 | 0.01 | 0.36 | 0.33 | 0.03 |
| 西　藏 | 0.18 | 0.16 | 0.02 | 0.58 | 0.23 | 0.35 |
| 宁　夏 | 0.18 | 0.16 | 0.02 | 0.48 | 0.49 | -0.01 |
| 青　海 | 0.19 | 0.19 | 0 | 0.45 | 0.56 | -0.11 |

数据来源：中国统计年鉴 2013. 北京：中国统计出版社。

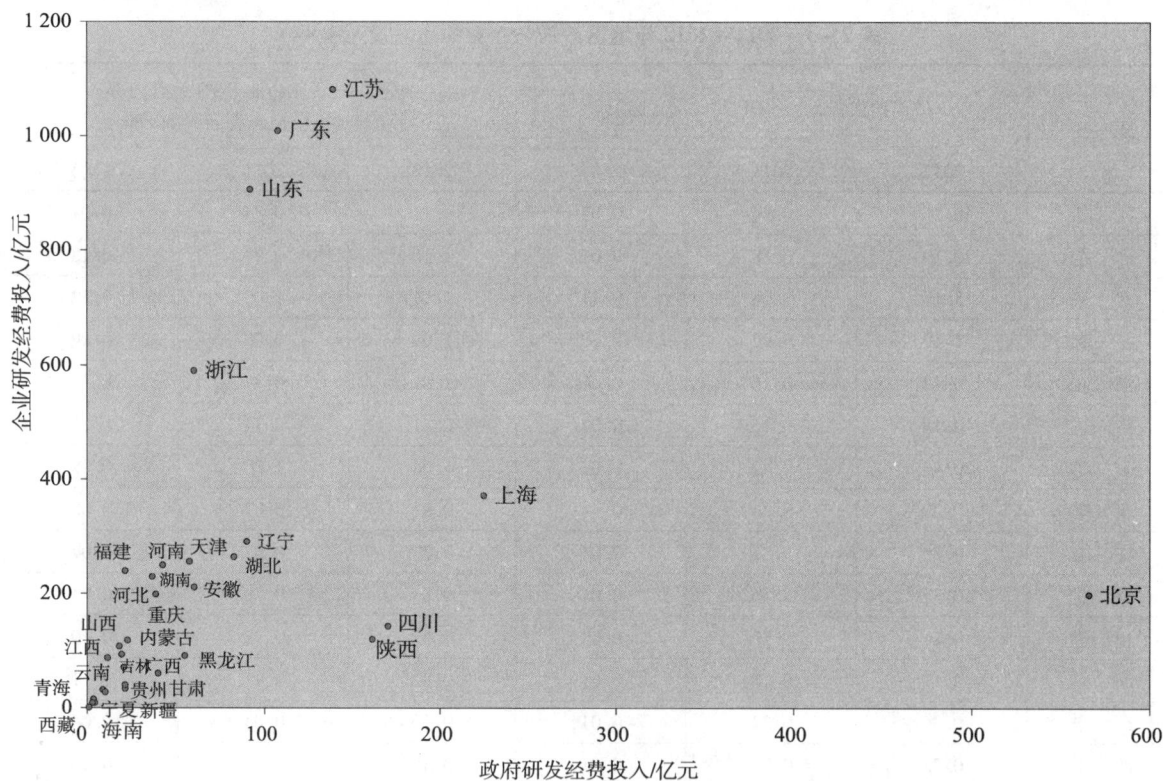

图 2-2　2012 年各地区研发活动经费投入水平及来源结构分布

## 1. 研发投入水平与来源结构

2012 年，全国政府研发活动经费投入比 2011 年增加了 17.97%，除内蒙古自治区外，其他 30 个地区的政府研发经费投入都较 2011 年有所提高。从图 2-2 可以看出，绝大多数地区处于图 2-2 中左下角的区域，即政府研发经费投入小于 100 亿元，企业研发投入小于 300 亿元的区域。除北京市、陕西省、四川省和西藏自治区外，其余 27 个省市的企业研发经费投入均超过其政府研发经费投入。企业研发经费投入大于 100 亿元的地区由 2011 年的 15 个升至为 2012 年的 18 个。江苏省、广东省、山东省、浙江省、上海市和辽宁省等创新能力领先的沿海地区，其研发投入仍然远远高于其他地区。2012 年，这 6 个地区企业研发经费投入占全国总量的 59.51%。与这种高投入相对应的是，以上六省市规模以上工业企业的资产总计排名也在全国前列。此外，在主营业务收入及利润总额排名上，江苏省、浙江省、山东省和广东省均列全国前 4 名，辽宁省和上海市的上述两项排名虽被河南省和河北省赶超，但仍居全国前列。

2012 年，江苏省仍然是全国研发投入总量最高的地区。其中，企业研发经费投入达 1 080.31 亿元，占全国的 15.15%，与此对应的企业创新能力处于绝对领先优势。北京市的研发经费投入结构较其他省份有所不同，政府研发经费投入远远超过企业研发投入，这跟北京市科教资源集中而制造业企业占比较低有关。浙江省的企业研发经费投入虽名列第 4，但是与前 3 名的差距是比较大的。四川省和陕西省政府研发经费投入在全国占比较上年有所下降，但是绝对值仍列第 3 名和第 4 名。

## 2. 研发投入强度

根据表 2 - 4，从政府研发投入占 GDP 的比重以及规模以上工业企业研发经费投入占其销售收入的比重来看，绝大多数地区的研发投入强度较上年有所加大，总体变动幅度较小。上海市仍是政府研发投入强度增幅最大的地区，增幅为 0.2 个百分点；企业研发投入强度增幅最大的地区是西藏，增幅为 0.35 个百分点，其次是广东省（0.18%）、贵州省（0.16%）、浙江省（0.15%）；下降幅度最大的地区是青海省，降幅为 0.11 个百分点。

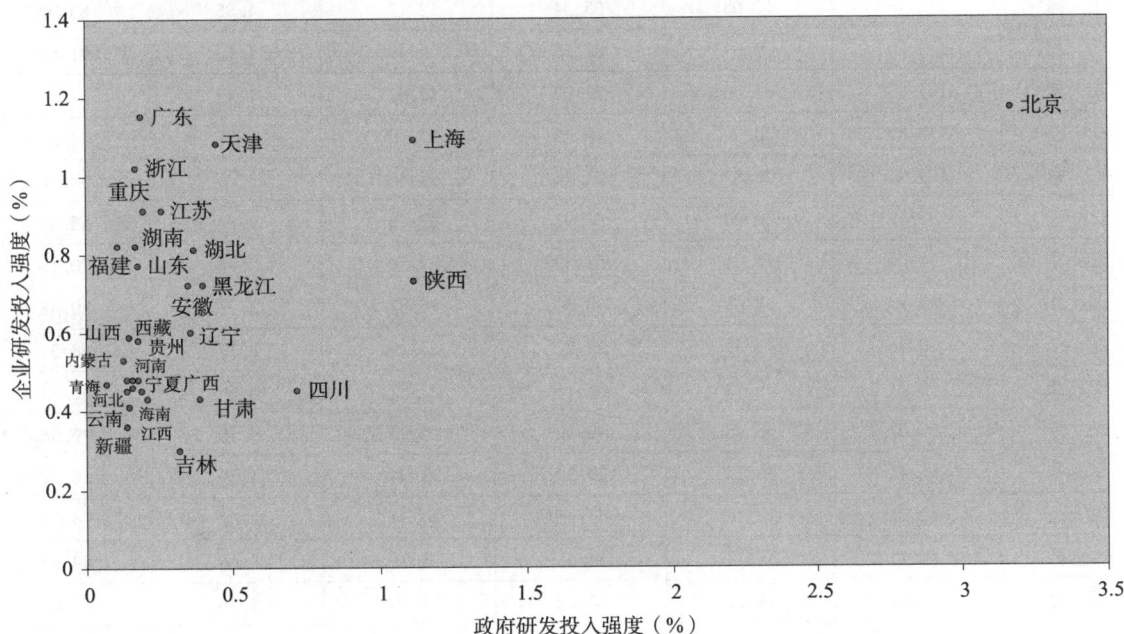

图 2 - 3　2012 年各地区研发投入强度结构（%）

2012 年，北京市的政府研发投入占 GDP 的比重由上年的 3.06% 升至 3.17%，仍位居全国第 1 名。上海市的政府研发投入强度为 1.12%，较上年提高 0.2 个百分点，陕西省研发投入强度较 2011 年下降至 1.12%，与上海持平。

从图 2 - 3 中可以看到，虽然绝大多数地区的企业研发强度较 2011 年有所提高，但仍低于 1.2%。对政府研发强度而言，除北京市、上海市、陕西省外，其余地区政府研发投入强度均在

1.12%以下。其中，政府研发投入强度在0.5%～1.12%之间的省份只有四川省，在0.3%～0.5%之间的省份数量是7个，其余20个地区的政府研发强度小于0.3%。

综观政府和企业研发投入与创新能力的排名可知，研发投入强度与研发能力之间是不能画等号的。决定一个地区创新能力强弱的，除了研发投入强度外，还与当地的产业基础和结构、高技术人才占比、劳动力资源、制度环境、政策导向等因素相关。

# 2.4　政府研发经费投入使用结构

2012年各地区政府研发经费投入的使用结构显示（表2-5和图2-4）：大多数地区政府研发经费投入的分配结构依次是科研院所、高校和企业，绝大部分研发资源分配在了高校和科研院所。尤其是科研院所，虽然经历了应用类院所的企业化转制，它们仍然在获得政府研发资源中占据主导地位。

表2-5　2012年各地区政府研发经费投入使用结构

| 地　区 | 政府研发投入/亿元 | 比重（%） | | | | |
|---|---|---|---|---|---|---|
| | | 高校 | 科研院所 | 规模以上工业企业 | 其他 | 高校和科研院所合计 |
| 北　京 | 565.99 | 16.43 | 74.36 | 2.44 | 6.77 | 90.79 |
| 上　海 | 225.76 | 17.68 | 65.34 | 12.13 | 4.85 | 83.02 |
| 四　川 | 171.20 | 9.64 | 82.18 | 6.44 | 1.74 | 91.82 |
| 陕　西 | 161.83 | 11.50 | 72.32 | 15.01 | 1.17 | 83.82 |
| 江　苏 | 138.82 | 28.09 | 49.45 | 15.89 | 6.57 | 77.54 |
| 广　东 | 107.90 | 28.82 | 25.46 | 30.46 | 15.26 | 54.28 |
| 山　东 | 92.19 | 20.20 | 34.91 | 32.06 | 12.83 | 55.11 |
| 辽　宁 | 90.04 | 17.51 | 52.59 | 27.14 | 2.76 | 70.10 |
| 湖　北 | 82.99 | 31.88 | 48.60 | 16.81 | 2.71 | 80.48 |
| 浙　江 | 60.41 | 43.31 | 25.23 | 23.29 | 8.17 | 68.54 |
| 安　徽 | 60.21 | 26.72 | 35.16 | 21.52 | 16.6 | 61.88 |
| 天　津 | 58.07 | 36.46 | 43.12 | 10.92 | 9.50 | 79.58 |
| 黑龙江 | 55.45 | 36.13 | 29.24 | 33.04 | 1.59 | 65.37 |
| 河　南 | 42.71 | 22.18 | 53.86 | 20.34 | 3.62 | 76.04 |
| 吉　林 | 40.16 | 35.17 | 54.52 | 5.71 | 4.60 | 89.69 |
| 河　北 | 38.49 | 14.22 | 68.82 | 11.70 | 5.26 | 83.04 |
| 湖　南 | 37.01 | 43.88 | 25.85 | 25.03 | 5.24 | 69.73 |
| 重　庆 | 23.06 | 33.60 | 40.67 | 20.59 | 5.14 | 74.27 |
| 甘　肃 | 21.88 | 17.84 | 67.86 | 9.11 | 5.19 | 85.7 |
| 云　南 | 21.77 | 17.42 | 63.48 | 10.15 | 8.95 | 80.9 |
| 福　建 | 21.60 | 22.30 | 37.00 | 30.64 | 10.06 | 59.3 |
| 广　西 | 21.25 | 22.36 | 46.78 | 15.72 | 15.14 | 69.14 |
| 江　西 | 19.56 | 25.34 | 41.10 | 24.23 | 9.33 | 66.44 |

续表

| 地 区 | 政府研发投入/亿元 | 比重（%） | | | | |
|---|---|---|---|---|---|---|
| | | 高校 | 科研院所 | 规模以上工业企业 | 其他 | 高校和科研院所合计 |
| 山 西 | 18.16 | 29.57 | 46.98 | 20.89 | 2.56 | 76.55 |
| 内蒙古 | 11.81 | 23.21 | 43.34 | 22.37 | 11.08 | 66.55 |
| 新 疆 | 10.67 | 21.52 | 55.81 | 8.68 | 13.99 | 77.33 |
| 贵 州 | 8.90 | 32.94 | 26.36 | 34.97 | 5.73 | 59.30 |
| 海 南 | 4.61 | 22.35 | 67.35 | 3.84 | 6.46 | 89.7 |
| 宁 夏 | 4.15 | 23.64 | 19.92 | 36.16 | 20.28 | 43.56 |
| 青 海 | 3.51 | 23.29 | 35.64 | 11.62 | 29.45 | 58.93 |
| 西 藏 | 1.24 | 18.61 | 64.36 | 4.40 | 12.63 | 82.97 |

数据来源：中国科技统计年鉴2013. 北京：中国统计出版社。

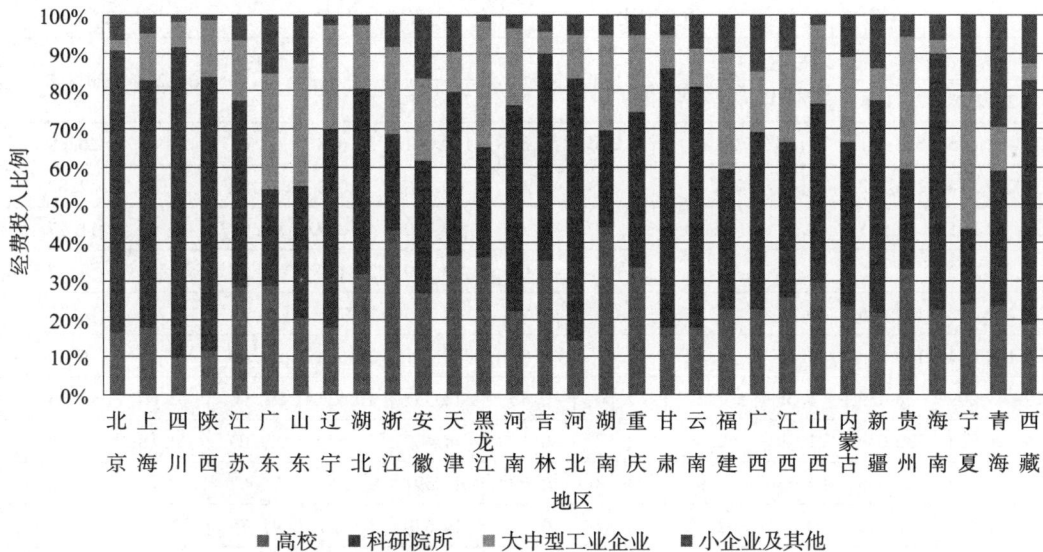

图2-4 2012年各地区投入政府研发使用结构（%）

其中，有11个地区的科研院所和高校获得的政府研发经费投入占政府研发经费投入的80%以上，北京市和四川省的比重更是高达90%以上，分别为90.79%和91.82%。四川省科研院所的比重最高，为82.18%，而湖南省高校的科研经费比重最高，高达44.88%。宁夏回族自治区的规模以上工业企业获得的政府研发投入比重最高，高达36.16%。除宁夏回族自治区、贵州省和广东省外，其他地区的规模以上工业企业获得的政府研发经费投入比重均低于高校和科研院所。

我国的这种政府研发经费投入结构，从大的角度说是符合国际发展趋势的。因为政府的资金应主要用于有较大外部性的基础研发活动，而不是直接用于企业的竞争性产品开发。但在一些地区如北京市、四川省，企业获得的政府研发经费太少也是事实。目前，我们国家支持企业创新能力的方式有限。但是，国家也在号召建立以企业为主体的创新体系，未来的研发投入可能会向企业倾斜。当然，政府研发投入结构也要和本地区经济发展水平、产业结构特征、资源禀赋优势相适应，实现资金投入效益的最大化。

## 2.5　从专利申请受理情况看创新能力分布

　　一般来讲，创新能力领先的地区在专利申请数量方面也具有领先优势。如表 2 - 6 所示，2012 年江苏省的专利申请受理数为 472 656 件，其中发明专利 110 091 件，分别占全国专利申请量的 25.07% 和 21.07%，远远超过其他省份。此外，浙江省、广东省、山东省、北京市和上海市的专利申请数量总和占到全国总量的 41.5%，发明专利申请量占全国的 42.87%。与 2011 年相比，专利申请总量占全国比重提高幅度最大的是江苏省，增幅为 1.51%；降低幅度最大的是上海市，降幅为 1.04%。发明专利申请量占全国比重较 2011 年提高幅度最大的是山东省，增幅为 1.38%，降幅最大的省份是广东省，降幅为 1.32%。

表 2 - 6　2011 ~ 2012 年各地区专利申请情况

| 地　区 | 三种专利 | | | | | | 发明专利 | | | | | |
| --- | --- | --- | --- | --- | --- | --- | --- | --- | --- | --- | --- | --- |
| | 专利数 | | | 占全国比重（%） | | | 专利数 | | | 占全国比重（%） | | |
| | 件 | | 增长率 | 2012 年 | 2011 年 | 变动率 | 件 | | 增长率 | 2012 年 | 2011 年 | 变动率 |
| | 2012 年 | 2011 年 | （%） | | | | 2012 年 | 2011 年 | （%） | | | |
| 江　苏 | 472 656 | 348 381 | 35.67 | 25.07 | 23.56 | 1.51 | 110 091 | 84 678 | 30.01 | 21.07 | 20.99 | 3.12 |
| 广　东 | 229 514 | 196 272 | 16.94 | 12.17 | 13.27 | -1.10 | 60 448 | 52012 | 16.22 | 11.57 | 12.89 | -1.32 |
| 北　京 | 92 305 | 77 955 | 18.41 | 4.90 | 5.27 | -0.37 | 52 720 | 45 057 | 17.01 | 10.09 | 11.17 | -1.08 |
| 上　海 | 82 682 | 80 215 | 3.08 | 4.38 | 5.42 | -1.04 | 37 139 | 32 142 | 15.55 | 7.11 | 7.97 | -0.86 |
| 浙　江 | 249 373 | 177 066 | 40.84 | 13.23 | 11.97 | 1.26 | 33 265 | 24 745 | 34.43 | 6.37 | 6.13 | 0.24 |
| 山　东 | 128 614 | 109 599 | 17.35 | 6.82 | 7.41 | -0.59 | 40 381 | 25 623 | 57.60 | 7.73 | 6.35 | 1.38 |
| 天　津 | 41 009 | 38 489 | 6.55 | 2.17 | 2.60 | -0.43 | 13 587 | 10 623 | 27.90 | 2.60 | 2.63 | -0.03 |
| 重　庆 | 38 924 | 32 039 | 21.49 | 2.06 | 2.17 | -0.11 | 11 402 | 8 839 | 29.00 | 2.18 | 2.19 | -0.01 |
| 安　徽 | 74 888 | 48 556 | 54.23 | 3.97 | 3.28 | 0.69 | 19 391 | 10 982 | 76.57 | 3.71 | 2.72 | 0.99 |
| 湖　北 | 51 316 | 42 510 | 20.72 | 2.72 | 2.87 | -0.15 | 14 640 | 10 327 | 41.76 | 2.80 | 2.56 | 0.24 |
| 福　建 | 42 773 | 32 325 | 32.32 | 2.27 | 2.19 | 0.08 | 8 492 | 6 896 | 23.14 | 1.63 | 1.71 | -0.08 |
| 湖　南 | 35 709 | 29 516 | 20.98 | 1.89 | 2.00 | -0.11 | 9 974 | 8 774 | 13.68 | 1.91 | 2.17 | -0.26 |
| 辽　宁 | 41 152 | 37 102 | 10.92 | 2.18 | 2.51 | 0.33 | 19 740 | 14 658 | 34.67 | 3.78 | 3.63 | 0.15 |
| 四　川 | 66 312 | 49 734 | 33.33 | 3.52 | 3.36 | 0.16 | 16 368 | 11 808 | 38.62 | 3.13 | 2.93 | 0.2 |
| 陕　西 | 43 608 | 32 227 | 35.32 | 2.31 | 2.18 | 0.13 | 17 043 | 13 037 | 30.73 | 3.26 | 3.23 | 0.03 |
| 海　南 | 1 824 | 1 489 | 22.50 | 0.10 | 0.10 | 0 | 865 | 732 | 18.17 | 0.17 | 0.18 | -0.01 |
| 河　南 | 43 442 | 34 076 | 27.49 | 2.30 | 2.30 | 0 | 10 910 | 8 833 | 23.51 | 2.09 | 2.19 | -0.10 |
| 甘　肃 | 8 261 | 5 287 | 56.25 | 0.44 | 0.36 | 0.08 | 3 265 | 2 105 | 55.11 | 0.62 | 0.52 | 0.10 |
| 广　西 | 13 610 | 8 106 | 67.90 | 0.72 | 0.55 | 0.17 | 6 511 | 2 757 | 136.16 | 1.25 | 0.68 | 0.57 |
| 江　西 | 12 458 | 9 673 | 28.79 | 0.66 | 0.65 | 0.01 | 3 023 | 2 796 | 8.12 | 0.58 | 0.69 | -0.11 |
| 黑龙江 | 30 610 | 23 432 | 30.63 | 1.62 | 1.58 | 0.04 | 7 068 | 5 063 | 39.6 | 1.35 | 1.25 | 0.1 |
| 山　西 | 16 786 | 12 769 | 31.46 | 0.89 | 0.86 | 0.03 | 5 417 | 4 602 | 17.71 | 1.04 | 1.14 | -0.1 |
| 云　南 | 9 260 | 7 150 | 29.51 | 0.49 | 0.48 | 0.01 | 3 324 | 2 796 | 18.88 | 0.64 | 0.69 | -0.05 |
| 河　北 | 23 241 | 17 595 | 32.09 | 1.23 | 1.19 | 0.04 | 6 108 | 4 651 | 31.33 | 1.17 | 1.15 | 0.02 |

续表

| 地 区 | 三种专利 | | | | | | 发明专利 | | | | | |
| | 专利数 | | | 占全国比重（%） | | | 专利数 | | | 占全国比重（%） | | |
| | 件 | | 增长率 | 2012年 | 2011年 | 变动率 | 件 | | 增长率 | 2012年 | 2011年 | 变动率 |
| | 2012年 | 2011年 | （%） | | | | 2012年 | 2011年 | （%） | | | |
| 吉 林 | 9 171 | 8 196 | 11.90 | 0.49 | 0.55 | −0.06 | 3 913 | 3 334 | 17.37 | 0.75 | 0.83 | −0.08 |
| 贵 州 | 11 296 | 8 351 | 35.27 | 0.60 | 0.56 | 0.04 | 3 103 | 2 358 | 31.59 | 0.60 | 0.58 | 0.02 |
| 内蒙古 | 4 732 | 3 841 | 23.20 | 0.25 | 0.26 | −0.01 | 1 492 | 1 267 | 17.76 | 0.29 | 0.31 | −0.02 |
| 新 疆 | 7 044 | 4 736 | 48.73 | 0.37 | 0.32 | 0.05 | 1 679 | 1 273 | 31.89 | 0.32 | 0.32 | 0 |
| 西 藏 | 170 | 263 | −35.36 | 0.01 | 0.02 | −0.01 | 81 | 101 | −19.8 | 0.02 | 0.03 | −0.01 |
| 宁 夏 | 1 985 | 1 079 | 83.97 | 0.11 | 0.07 | 0.04 | 846 | 442 | 91.4 | 0.16 | 0.11 | 0.05 |
| 青 海 | 844 | 732 | 15.30 | 0.04 | 0.05 | −0.01 | 298 | 204 | 46.08 | 0.06 | 0.05 | 0.01 |

数据来源：①中国科技统计年鉴2013. 北京：中国统计出版社。

②中国统计年鉴2013. 北京：中国统计出版社。

表2-7的数据反映出我国专利活动的另外一个特点，即在多数地区，不论是发明专利，还是三种专利，工业企业的专利申请在各地区全部专利申请中的份额都较低，但与2011年相比多数地区工业企业专利申请比重有所上升。规模以上工业企业中，三种专利申请量占本省的比重排前5位的地区有：宁夏回族自治区（46.05%）、湖南（45.38%）、广东（37.97%）、安徽（35.61%）、内蒙古自治区（34.87%），前3名省份与上年一致，比重超过30%的地区共有10个。发明专利申请量占本省的比重排前5位的地区有：广东（73.12%）、湖南（63.15%）、宁夏回族自治区（57.68%）、内蒙古自治区（51.61%）和福建省（49.39%）。其他地区的比重均在45%以下，而且创新领先的地区并不具有明显的优势，说明在中国的国家创新和区域创新系统内，大学和科研院所仍然占有重要的位置。

表2-7 2012年各地区规模以上工业企业专利申请情况

| 地 区 | 全部 | | 规模以上工业企业 | | | |
| | 数量/件 | | 数量/件 | | 占本省全部比重（%） | |
| | 三种专利 | 发明 | 三种专利 | 发明 | 三种专利 | 发明 |
| 江 苏 | 472 656 | 110 091 | 84 876 | 27 820 | 17.96 | 25.27 |
| 广 东 | 229 514 | 60 448 | 87 143 | 44 200 | 37.97 | 73.12 |
| 北 京 | 92 305 | 52 720 | 20 189 | 10 318 | 21.87 | 19.57 |
| 上 海 | 82 682 | 37 139 | 24 873 | 9 901 | 30.08 | 26.66 |
| 浙 江 | 249 373 | 33 265 | 68 003 | 12 844 | 27.27 | 38.61 |
| 山 东 | 128 614 | 40 381 | 34 689 | 12 202 | 26.97 | 30.22 |
| 天 津 | 41 009 | 13 587 | 13 173 | 5 195 | 32.12 | 38.24 |
| 重 庆 | 38 924 | 11 402 | 9 784 | 2 460 | 25.14 | 21.58 |
| 安 徽 | 74 888 | 19 391 | 26 665 | 8 147 | 35.61 | 42.01 |
| 湖 北 | 51 316 | 14 640 | 12 592 | 4 789 | 24.54 | 32.71 |
| 福 建 | 42 773 | 8 492 | 14 745 | 4 194 | 34.47 | 49.39 |
| 湖 南 | 35 709 | 9 974 | 16 204 | 6 299 | 45.38 | 63.15 |
| 辽 宁 | 41 152 | 19 740 | 9 958 | 4 113 | 24.20 | 20.84 |

续表

| 地　区 | 全部 | | 规模以上工业企业 | | | |
|---|---|---|---|---|---|---|
| | 数量/件 | | 数量/件 | | 占本省全部比重（%） | |
| | 三种专利 | 发明 | 三种专利 | 发明 | 三种专利 | 发明 |
| 四　川 | 66 312 | 16 368 | 13 443 | 4 316 | 20. 27 | 26. 37 |
| 陕　西 | 43 608 | 17 043 | 5 467 | 2 170 | 12. 54 | 12. 73 |
| 海　南 | 1 824 | 865 | 623 | 279 | 34. 16 | 32. 25 |
| 河　南 | 43 442 | 10 910 | 12 503 | 3 496 | 28. 78 | 32. 04 |
| 甘　肃 | 8 261 | 3 265 | 1713 | 544 | 20. 74 | 16. 66 |
| 广　西 | 13 610 | 6 511 | 3 025 | 1 333 | 22. 23 | 20. 47 |
| 江　西 | 12 458 | 3 023 | 3 015 | 1 135 | 24. 20 | 37. 55 |
| 黑龙江 | 30 610 | 7 068 | 3 690 | 1 356 | 12. 05 | 19. 19 |
| 山　西 | 16 786 | 5 417 | 3 765 | 1 390 | 22. 43 | 25. 66 |
| 云　南 | 9 260 | 3 324 | 2 404 | 1 066 | 25. 96 | 32. 07 |
| 河　北 | 23 241 | 6 108 | 7 841 | 2 631 | 33. 74 | 43. 07 |
| 吉　林 | 9 171 | 3 913 | 2 195 | 898 | 23. 93 | 22. 95 |
| 贵　州 | 11 296 | 3 103 | 2 794 | 1347 | 24. 73 | 43. 41 |
| 内蒙古 | 4 732 | 1 492 | 1 650 | 770 | 34. 87 | 51. 61 |
| 新　疆 | 7 044 | 1 679 | 1 776 | 377 | 25. 21 | 22. 45 |
| 西　藏 | 170 | 81 | 18 | 17 | 10. 59 | 20. 99 |
| 宁　夏 | 1 985 | 846 | 914 | 488 | 46. 05 | 57. 68 |
| 青　海 | 844 | 298 | 215 | 72 | 25. 47 | 24. 16 |

数据来源：中国科技统计年鉴 2013. 中国统计年鉴 2013. 北京：中国统计出版社。

# 第三章

## 排名变化幅度较大的地区

2014 年各省排名整体稳定，个别省份变化幅度较大。其中，上升幅度较大的省份有甘肃省、山西省和云南省，分别上升 7 位、4 位和 4 位；下降幅度最大的省份是内蒙古自治区，下降了 9 位。

### 1. 甘肃省（25→18）

2014 年，甘肃省是创新能力排名上升幅度最多的地区，由第 25 名上升到第 18 名，知识创造、企业创新、创新环境和创新绩效 4 项指标均较去年有所提升。其中，知识创造排名从第 24 名上升到第 21 名，主要是"国际论文数增长率""发明专利授权数增长率""发明专利申请受理数增长率""研究与试验发展全时人员当量增长率""政府研发投入"5 项指标排名分别上升了 10 位、9 位、8 位、4 位和 4 位；企业创新排名由 2013 年的第 18 名上升到今年的第 14 名，主要是"规模以上工业企业技术改造经费支出增长率""实用新型专利申请增长率""各地区规模以上工业企业技术改造经费支出""规模以上工业企业 R&D 人员增长率""各地区规模以上工业企业 R&D 经费内部支出总额增长率""每十万人平均外观设计专利申请数"6 项指标排名均上升了 22 位、9 位、8 位、4 位、4 位、4 位；创新环境排名由去年的第 30 名升至今年的第 22 名，主要原因是指标"进出口差额占工业总产值的比例"排名上升了 14 位；创新绩效排名由去年的第 29 名升至今年的第 27 名，主要是指标"高新技术产业产值增长率"排名上升了 5 位。知识获取排名未发生变化。近两年的对比情况如表 3 – 1 所示。

表 3 – 1　2013 ~ 2014 年甘肃省创新能力排名变化

| 年份 | 综合排名 | 知识创造 | 知识获取 | 企业创新 | 创新环境 | 创新绩效 |
|------|----------|----------|----------|----------|----------|----------|
| 2013 | 25 | 24 | 12 | 18 | 30 | 29 |
| 2014 | 18 | 21 | 12 | 14 | 22 | 27 |

### 2. 山西省（26→22）

2014 年，山西省的创新能力排名由 2013 年的第 26 名上升到第 22 名，企业创新、创新环境和创新绩效排名均有所上升。其中，企业创新排名由去年的第 19 名升至今年第 16 名，这主要是"各地区规模以上工业企业新产品销售收入占销售收入的比重""各地区规模以上工业企业技术改造经费支出增长率""各地区规模以上工业企业 R&D 经费外部支出增长率""各地区规模以上工业企业技术改造经费支出"4项指标排名分别上升了7位、5位、4位和4位；创新环境排名由去年的第31名升至今年的第25名，主要是"规模以上工业企业R&D活动获得金融机构贷款增长率""规模以上工业企业研发经费内部支出额中平均获得金融机构贷款额""科技馆数量""国家创新基金获得资金增长率""国家产业化计划项目当年落实资金增长率""规模以上工业企业R&D经费内部支出额中获得金融机构贷款额""6岁及6岁以上人口中大专以上学历人口数（抽样数）"7项指标分别上升了14位、13位、12位、11位、10位、7位和6位；创新绩效排名由去年的第24名升至今年的第23名，这主要是"高技术产业主营业务收入增长率""出口额的增长率""高技术产业就业人数占总就业人数的比例""高技术产业主营业务收入占GDP的比例""信息产业主营业务收入增长率"5项指标排名分别上升14位、13位、6位、5位和4位。另外，下降幅度比较大的指标有："城镇登记失业率增长率"排名下降了16位、"地区GDP增长率"下降了9位。知识创造和知识获取排名均下降了1位，与上升的指标相比，对于山西省总体创新能力排名影响不大。近两年的对比情况如表3-2所示。

表3-2　2013~2014年山西省创新能力排名变化

| 年份 | 综合排名 | 知识创造 | 知识获取 | 企业创新 | 创新环境 | 创新绩效 |
|---|---|---|---|---|---|---|
| 2013 | 26 | 29 | 20 | 19 | 31 | 24 |
| 2014 | 22 | 30 | 21 | 16 | 25 | 23 |

### 3. 云南省（27→23）

2014年，云南省的创新能力排名由2013年的第27名升至第23名，知识获取、创新环境和创新绩效排名均较去年有所提升。其中，知识获取排名由去年的第21名升至今年的第15名，这主要是"高校和科研院所研发经费内部支出额中来自企业资金增长率""高校和科研院所研发经费内部支出额中来自企业资金的比例""技术市场交易金额的增长率（按流向）""规模以上工业企业引进技术经费支出增长率""每百万人作者异国科技论文数"5项指标排名分别上升了16位、11位、9位、9位和6位；创新环境排名由去年第25名升至今年的第20名，这主要是"科技馆当年参观人数增长率""每百人平均国际互联网络用户""平均每项国家创新基金获得资金""每百人平均电话用户""电话用户数增长率"5项指标排名上升了23位、20位、16位、14位和11位；创新绩效排名由去年的第28名升至第26名，这主要是"人均GDP水平""高技术产业就业人数占总就业人数的比例"两项指标排名分别上升了11位和8位，"工业污水排放总量"和"废气中主要污染物排放量"排名均下降了14名。近两年的对比情况如表3-3所示。

表3-3　2013~2014年云南省创新能力排名变化

| 年份 | 综合排名 | 知识创造 | 知识获取 | 企业创新 | 创新环境 | 创新绩效 |
|---|---|---|---|---|---|---|
| 2013 | 27 | 23 | 21 | 26 | 25 | 28 |
| 2014 | 23 | 24 | 15 | 26 | 20 | 26 |

### 4. 内蒙古（18→27）

2014年，创新能力排名下降幅度最大的地区是内蒙古自治区，由2013年的第18名降至第27名，主要是其知识创造能力仍位居末位，知识获取、创新环境和创新绩效排名均较去年有大幅下降。其中，知识获取排名由去年的第9名降至第27名，这主要是"规模以上工业企业购买国内技术经费支出""作者异国科技论文数增长率""规模以上工业企业平均购买国内技术经费支出""规模以上工业企业引进技术经费支出""规模以上工业企业平均引进技术经费支出""外商投资企业年底注册资金中外资部分增长率"6项指标排名分别下降22位、21位、21位、17位、17位和16位；创新环境排名由去年的第18名降至第27名，主要是"科技馆当年参观人数增长率""高技术企业数增长率""国家产业化计划项目当年落实资金""电话用户数增长率""科技馆数量增长率""国家产业化计划项目当年落实资金增长率"6项指标分别排名分别下降了28位、23位、16位、15位、10位和9位；创新绩效排名由去年第16名降至第22名，这主要是"出口额的增长率""第三产业增加值增长率""地区GDP增长率""高技术产业主营业务收入占GDP的比重"4项指标排名分别下降了21位、11位、11位和9位，"废气中主要污染物排放量增长率"排名上升了6位。近两年的对比情况如表3-4所示。

表3-4 2013~2014年内蒙古自治区创新能力排名变化

| 年份 | 综合排名 | 知识创造 | 知识获取 | 企业创新 | 创新环境 | 创新绩效 |
|---|---|---|---|---|---|---|
| 2013 | 18 | 31 | 9 | 29 | 18 | 16 |
| 2014 | 27 | 31 | 27 | 28 | 27 | 22 |

## 5. 东北三省

东北地区在我国国民经济中占有十分重要的地位，在我国社会主义工业化初期，为建设独立完整的国民经济体系，推动我国工业化和城市化进程做出了历史性重大贡献。东北三省拥有丰富的自然资源和巨大的存量资产，积聚了众多关系国民经济命脉的战略产业和骨干企业，是我国重化工业的重要基地，也是重要的农副产品生产基地。

2003年，国家提出要实施东北地区等老工业基地振兴战略，旨在推进国企改革，发展多种所有制经济，优化产业结构和经济结构，提升自主创新能力，推动东北地区老工业基地全面振兴和国民经济平稳较快发展。经过十多年的努力，虽然振兴东北地区等老工业基地工作取得了重要的阶段性成果，然而东北三省的经济活力和创新能力却不断下滑。2012年东北三省国民生产总值占全国的比重为8.87%，相比2002年下降了2.46%。其中，2014年第一季度黑龙江省经济增速为4.1%，居全国末位；吉林、辽宁的经济增速也分别只有7%和7.4%，整个东北三省经济增速为全国四大经济板块中最低，意味着东北地区很可能成为国内经济"区域性塌陷"的一个样本①。

从创新能力排名看，东北三省也出现持续性下降的现象，辽宁省从2011年的第8名下降到2014年的第13名，吉林省从2011年第16名下降到2014年的第25名，黑龙江省从2009年的第17名下降到2014年的第21名。从指标层次看，东北三省创新能力下降主要归因于效率指标和潜力指标排名下降。其中，辽宁省效率指标从第7名下滑到第14名，潜力指标从第19名下滑到第27名；吉林省效率指标从第10名下降到第20名，潜力指标从第11名下降到第28名，下降幅度较大；黑龙江省效率指标从第9名下降到第17名，潜力指标从第26名下降到第29名。从指标维度看，企业创新能力和创新环境是东北三省的弱项。其中，辽宁省企业创新能力从第6

① 所谓"区域性塌陷"，是指在一定的区域内，由于区域性的产业结构问题、经济实力问题、政府负债问题或者金融市场动荡等多种原因，导致区域经济增长显著放缓、经济活力显著降低的现象。"区域性塌陷"与地区经济的发达程度并不完全同步，在经济发达地区也可能因为突发性的金融市场动荡而出现显著放缓。

名下降到第 20 名；吉林省知识创造能力从第 15 名到下降到第 26 名，知识获取能力从第 12 名下降到第 28 名，企业创新从第 12 名下降到第 24 名，创新环境从第 20 名下降到第 28 名；黑龙江省创新环境从第 17 名下降到第 30 名，创新绩效从第 19 名下降到第 25 名。

东北三省创新能力下降的主要是创新活力不足，既存在经济转型慢、产业结构偏重、市场观念落后等历史性的问题，也存在深层次的体制机制问题。在推进振兴东北战略实施过程中，东北三省需要依靠改革激发内生动力，激活市场和社会活力，提高政策执行力。同时，需要推进创新创业，打造区域经济"升级版"，在立足传统产业优势基础上，谋求新的增长点。此外，还要推动东北的农业现代化，借力东北亚的区位优势，以沿海经济带和沿边口岸带动开放、激活经济。

总之，东北的发展难题唯有依靠改革才能解决。诚如李克强总理所言："要靠改革激发上亿东北人的积极性，释放巨大的市场潜力和社会活力。要营造公平竞争的市场环境，让东北变成创新创业的新热土。"

# 第四章

# 区域创新驱动进程分析

创新驱动最早由迈克尔·波特提出，他以钻石理论为研究工具，以竞争优势来考察经济表现，并从竞争现象中分析经济的发展过程。从而提出国家经济发展的四个阶段：生产要素驱动（Factor – Driven）阶段、投资驱动（Investment – Driven）阶段、创新驱动（Innovation – Driven）阶段和富裕驱动（Wealth – Driven）阶段。图 4 – 1 是这四个阶段的关系链。前三个阶段是国家竞争优势的主要来源，一般伴随着经济上的繁荣而第四个阶段则是个转折点，可能由此开始衰退。

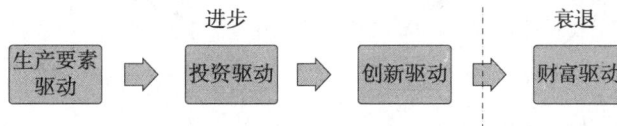

图 4 – 1  国家竞争力发展的四个阶段

这一区分，对一个国家和地区的经济发展阶段和需要的政策工具作了一个很好的概括，引起了全球各国政府和机构的注意。

我国提出到 2020 年建设成创新型国家，应该说，经济的发展也应该是创新驱动的。但上述几类驱动模式对应了不同的发展阶段，能否有客观的模式或方法对不同的国家或地区进行测量，是众多学者都很关注的问题。在提出创新型驱动的概念后，波特直接用人均 GDP 作为区分国家发展阶段的标志。我们认为，这种做法有直观性，但非常不科学。因为一个国家的GDP 发展水平，受到很多因素的影响。例如，中东国家由于拥有丰富的石油资源，人均 GDP很高，但其经济并不具有创新的特征。因此，我们需要更科学的方式对不同类型的经济驱动予以确定。

中国提出创新型国家的目标后，许多省市也提出了相应的发展战略，并提出要转成创新驱动的地区，如江苏省提出要在 2015 年率先成为创新型地区。但不同地区的发展阶段不一，不可能都在 2020 年成为创新型地区，肯定有一部分地区先进，一部分地区后进。为此，我们认为，有必要建立一个较科学的评价模式，以评估中国不同省份经济发展模式的类型。这一评价，应该有助于一个地区客观地为发展阶段定位进而找出适合省情的经济发展和创新政策，并有助于国家掌握全国进入创新型国家的步伐并进行有效的监控，进而获得有益的国家创新政策启示。

## 4.1　波特的经济发展阶段论

### 4.1.1　生产要素驱动阶段

这是经济发展的最初阶段，几乎所有的成功产业都是依赖基本的生产要素，这些生产要素可能是廉价的劳动力，也可能是某些丰富的自然资源例如煤炭、石油等。在这个阶段的钻石体系中，只有生产要素具有优势（见图4－2）。

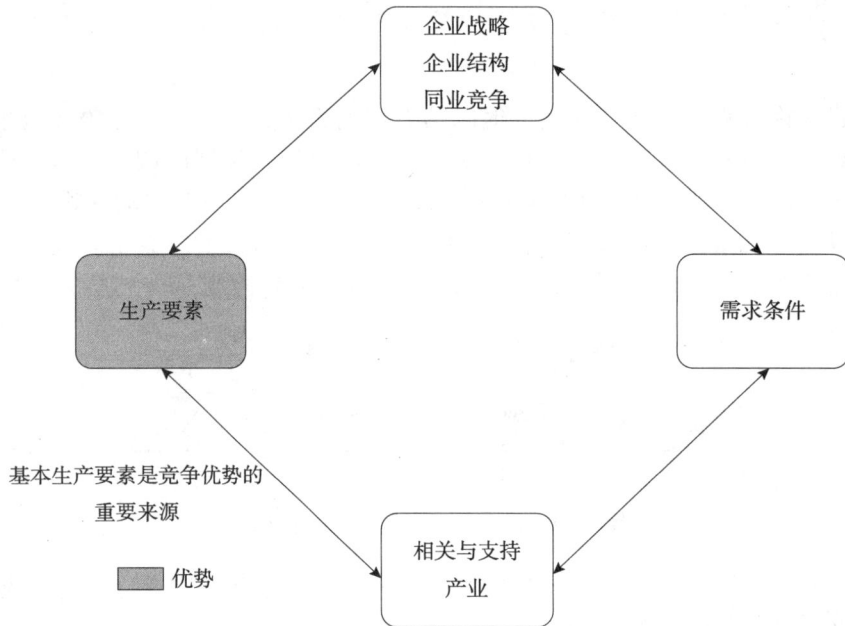

图4－2　生产要素驱动阶段的经济

生产要素驱动阶段具有如下特征：

1）在此阶段的本地企业，能够提供的差异化产品不多，所用的技术是广泛流传、容易取得的一般技术。企业本身能表现的技术主要是来自模仿，或是外商投资所引进的。而产业的优势主要来自于生产要素的低成本或地理位置的优势。

2）产品主要是满足消费者较低层次的消费需求，此阶段是以食品为特征的满足温饱阶段。

3）相关产业和上游产业缺乏国际竞争力，产业的向前关联、向后关联和旁侧效应不能体现出来，产业之间缺乏交流，交互作用不明显。

4）企业很少能与产品的最终顾客直接接触，海外市场的贸易机会也掌握在外国代理商手中。所以造成企业不具有国际竞争优势，基本上缺乏创新能力，没有能力参与国际竞争。

### 4.1.2　投资驱动阶段

在投资驱动阶段，国家竞争优势源自政府和企业积极投资的意愿和能力。生产要素、企业战略、企业结构和竞争环境等因素又较生产要素驱动阶段有了明显的改善（见图4－3）。

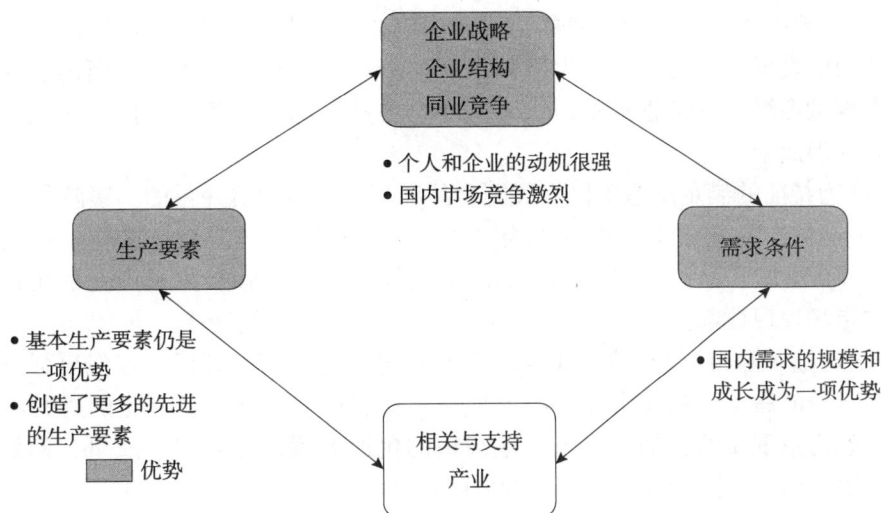

图4-3 投资驱动阶段的经济

1）竞争优势很大一部分来自从生产要素的改善。比如说：技术工人和专业人才的增加、企业开始建立国际营销渠道、教育和研究机构等生产要素创造机制的顺畅运行。

2）这个阶段所产生的竞争优势主要来自供给而非需求，能够在投资导向阶段脱颖而出的国家，大多数是国内市场需求较高的国家。

3）和生产要素驱动阶段相比，处在此阶段的国家，已经能在更广泛的产业和产业环节中竞争，而且有些产业已有较高的进入壁垒。在此阶段，相关产业和支持性产业通常还未发展，相关产业的生产几乎清一色来自外国技术、外国设备甚至外国零部件。

4）竞争优势还来自于企业战略、企业结构到竞争环境的一系列改善。

## 4.1.3 创新驱动阶段

许多产业已出现完整的钻石体系，钻石体系的所有关键要素不但发挥自己的功能，交互作用的效应也最强。该阶段的特征（图4-4）：

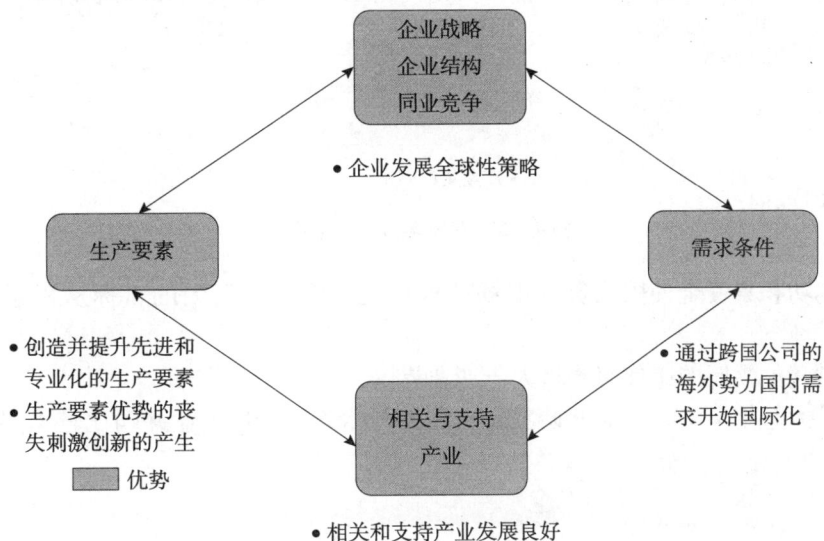

图4-4 创新驱动阶段的经济

1）依赖生产要素而形成竞争优势的情形越来越少。企业除了改善国外技术和生产方式外，本身也有创造力的表现。许多产业因为蓬勃出现的新厂商而加速改善和创新的步伐，重要的产业集群开始出现世界级的支持性产业。大环境中，更高级的基础建设、研究机构，与更具水平的大学体系也在形成中。

2）以食品为特征的满足温饱阶段发展到食品和其他物质消费并重的小康阶段。

3）下游产业的产品竞争力会带动上游、供应产业；同样的活动也可能是由上游延伸到下游。竞争优势在产业间扩散。这时，国家生产力的提高并非依赖极少数产业的出口表现，而是由各种类型的市场表现撑起。

4）企业会转战国际市场的差异化环节。它们的竞争虽然离不开成本，但更强调先进与高级的技术表现。竞争的焦点放在技术与产品差异上。受制造业发展的刺激，国内的精致化服务业也将国际化。政府最重要的影响力在于创造高级的生产要素，提升需求质量，例如，设定严格的产品标准、提高健康保险和环境保护等领域的水平。

## 4.1.4　财富驱动阶段

财富驱动阶段的驱动力量是所积累的财富。该阶段是一个转折点，经济可能由进步而走向衰退。这个阶段的主要特征是（图4-5）：

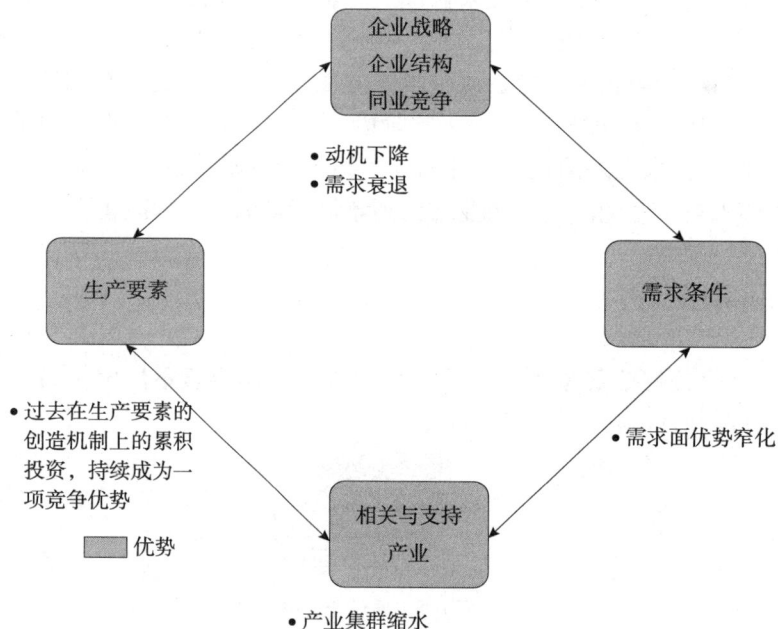

图4-5　财富驱动阶段的经济

1）过去成功积累资金使国内资本市场结构出现改变，投资人的目标从积累资本变成保留资金。

2）人们对其他领域的工作兴趣远大于产业界。

3）经济活力开始下降，企业开始丧失它们的国际竞争优势企业并购比较繁多。许多企业规模开始缩小。

## 4.2 《全球竞争力报告》中关于经济发展阶段的划分

自 1979 年以来，总部设在瑞士日内瓦的世界经济论坛每年发布一份全球竞争力报告。该报告将经济发展阶段分为了要素驱动（Factor – Driven）、效率驱动（Efficiency – Driven）、创新驱动（Innovation – Driven）3 个阶段。

要素驱动阶段是经济发展的第一个阶段，在这个阶段国家依靠它们具有的生产要素（主要是不熟练工人和自然资源）进行竞争。企业主要出售基本的产品和商品，依靠价格进行竞争，由于生产力的低下获得的回报也很低。在要素驱动阶段保持竞争优势主要依靠运转良好的制度，发达的基础设施，稳定的宏观经济环境，健康的、接受过基础教育的劳动力。

随着国家的发展进步，生产力将会提高，获得的回报增加，国家竞争力也会不断增强，国家的经济发展将脱离要素驱动阶段，进入效率驱动阶段。在这一阶段，国家必须开始发展更高效的生产流程并提高产品的质量。这时，竞争力的提升主要依靠：高等教育和培训，高效的商品市场，运转良好的劳动力市场，发达的金融市场，从现有技术中获利的能力，一个巨大的国内或国外市场。

最终国家经济发展会进入创新驱动的阶段，在这一阶段，只有能够生产新的、独特的产品的业务才能够继续生存。国家竞争力的主要来源为：不断地研发新的产品；利用复杂的生产流程制造新的、独特的产品。

《全球竞争力报告》在对全球主要国家经济发展阶段分类时，要使用两个指标。一个是市场汇率下的人均 GDP 水平，这个指标被认为是工资的代理变量，因为没有国际可比的工资数据（各阶段人均 GDP 的阈值如表 4 – 1 所示）；另一个是计算矿产商品出口额占总出口的比例，如果这个比例超过 70%，则认为这个国家的经济处于要素驱动的阶段，如图 4 – 6 所示。

**表 4 – 1　人均 GDP 阈值**

| 经济发展阶段 | 阶段一：要素驱动 | 阶段一到阶段二的过渡 | 阶段二：效率驱动 | 阶段二到阶段三的过渡 | 阶段三：创新驱动 |
|---|---|---|---|---|---|
| 人均 GDP 的阈值/美元 | <2 000 | 2 000 ~ 2 999 | 3 000 ~ 8 999 | 9 000 ~ 1 7000 | >17 000 |

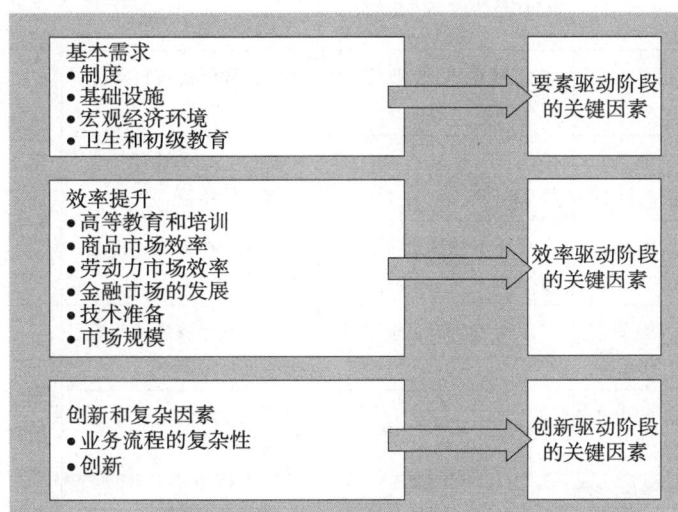

图 4 – 6　国家竞争力在不同经济发展阶段的决定因素

## 4.3　中国各省（自治区、直辖市）经济发展阶段的研究

从前文可知经济发展处于不同的阶段时，影响竞争优势的主要因素是不同的，因此在不同的经济发展阶段，促进经济发展应该采取的方法、重点关注的领域、需要的政策支持也是不同的。正确的判断所处的经济发展阶段对高效的促进经济发展来说至关重要。

本章在借鉴波特经济发展阶段论和《全球竞争力报告》中关于经济发展阶段评价指标的基础上，本研究建立了经济发展阶段评价指标体系，对我国各省（自治区、直辖市）的经济发展阶段进行研究，力争对我国各省（自治区、直辖市）所处的经济发展阶段做出正确的判断。

### 4.3.1　指标体系的建立

波特的经济发展阶段论给出了各个经济发展阶段的主要特征，但没有给出定量的指标，《全球创新能力报告》给出了经济发展阶段的判断标准，但只使用人均 GDP 和矿产商品出口占比两个指标来进行判断未免有些偏颇。

本研究将经济发展阶段划分为要素驱动阶段、要素驱动向投资驱动过渡阶段、投资驱动阶段、投资驱动向创新驱动过渡阶段、创新驱动阶段 5 个阶段。并建立了如下指标体系（见表 4 - 2）：

表 4 - 2　指标体系

|  | 指标名称 | 计算方法 | 数据来源 | 经济含义 |
|---|---|---|---|---|
| 指标 1 | 接受高等教育人口占比 | 每十万人中接受过大专及以上教育的人口占比 | 中国统计年鉴 | 反映生产要素的质量 |
| 指标 2 | 人均 GDP | GDP/人口数 | 中国统计年鉴 | 反映人力成本，人均 GDP 增长的过程就是成本优势消亡的过程 |
| 指标 3 | 固定资产投资额占 GDP 的比重 | 全社会固定资产投资额/GDP | 中国统计年鉴 | 反映政府和企业的投资意愿和能力 |
| 指标 4 | R&D 强度 | R&D 经费内部支出/GDP | 中国科技统计年鉴、中国统计年鉴 | 反映创新的动力 |
| 指标 5 | 非金属矿采选业总产值占 GDP 的比重 | 非金属矿采选业总产值/GDP | 中国工业经济统计年鉴、中国统计年鉴 | 典型的资源密集型产业，要素驱动阶段的经济这三个行业的总产值占 GDP 的比重较高 |
| 指标 6 | 黑色金属矿采选业总产值占 GDP 的比重 | 黑色金属矿采选业总产值/GDP | 中国工业经济统计年鉴、中国统计年鉴 | |
| 指标 7 | 煤炭开采和洗选业总产值占 GDP 的比重 | 煤炭开采和洗选业总产值/GDP | 中国工业经济统计年鉴、中国统计年鉴 | |
| 指标 8 | 纺织服装、鞋、帽制造业总产值占 GDP 的比重 | 纺织服装、鞋、帽制造业总产值/GDP | 中国工业经济统计年鉴、中国统计年鉴 | 典型的劳动力密集型产业，要素驱动阶段和投资驱动阶段的比重较高 |
| 指标 9 | 纺织业总产值占 GDP 的比重 | 纺织业总产值/GDP | 中国工业经济统计年鉴、中国统计年鉴 | |
| 指标 10 | 食品制造业总产值占 GDP 的比重 | 食品制造业总产值/GDP | 中国工业经济统计年鉴、中国统计年鉴 | |

续表

| | 指标名称 | 计算方法 | 数据来源 | 经济含义 |
|---|---|---|---|---|
| 指标11 | 黑色金属冶炼及压延加工业总产值占GDP的比重 | 黑色金属冶炼及压延加工业总产值/GDP | 中国工业经济统计年鉴、中国统计年鉴 | 典型的资本密集型产业，需要大量的投资，投资驱动阶段比重较高 |
| 指标12 | 有色金属冶炼及压延加工业总产值占GDP的比重 | 有色金属冶炼及压延加工业总产值/GDP | 中国工业经济统计年鉴、中国统计年鉴 | |
| 指标13 | 石油加工、炼焦及核燃料加工业总产值占GDP的比重 | 石油加工、炼焦及核燃料加工业总产值/GDP | 中国工业经济统计年鉴、中国统计年鉴 | |
| 指标14 | 通信设备、计算机及其他电子设备制造业总产值占GDP的比重 | 通信设备、计算机及其他电子设备制造业总产值/GDP | 中国工业经济统计年鉴、中国统计年鉴 | 典型的技术密集型产业，对创新能力要求较高，创新驱动阶段比重较高 |
| 指标15 | 医药制造业总产值占GDP的比重 | 医药制造业总产值/GDP | 中国工业经济统计年鉴、中国统计年鉴 | |

## 4.3.2　基于对应分析的经济发展阶段研究

### 1. 对应分析

对应分析又称为相应分析，也称R-Q分析。是因子分子基础发展起来的一种多元统计分析方法。它主要通过分析定性变量构成的列联表来揭示变量之间的关系。在因子分析中人们通常只是分析原始变量的因子结构，找出决定原始变量的公共因子，从而使问题的分析简化和清晰。这种研究对象是变量的因子分析称为R型因子分析。但是对于有些问题来说，我们还需要研究样品的结构，若对于样品进行因子分析，称为Q型因子分析。当我们对同一观测数据施加R和Q型因子分析，并分别保留两个公共因子，则是对应分析的初步。

对应分析的一般步骤：
1）获取对应分析数据；
2）建立列联表；
3）对应分析；
4）对应图并解释结果的意义。

### 2. 对应分析的数据获取

根据前文建立的指标体系，我们从《中国统计年鉴》和《中国工业经济统计年鉴》中获得了31个省及自治区、直辖市2010年的统计数据，由于西藏自治区的数据缺失严重，因此只对除西藏自治区外的30个省及自治区、直辖市进行对应分析。

以收集的数据进行简单的聚类分析发现，北京、上海、天津3个直辖市与其余的27个省及自治区、直辖市有着明显的区别，这3个直辖市由于土地面积、人口数量都相对比较少，经济发展的水平相对均衡；服务业的发达程度远高于其余的27个省及自治区、直辖市，而制造业经过几年的外迁几乎都只剩一个总部；教育资源、科技资源的集聚程度也不是其余27个省及自治区、直辖市可以相比的。对应分析对异常值是敏感的，将北京、上海、天津3个直辖市和其余的27个省及自治区、直辖市放在一起分析得到的结果可能是有失偏颇的，因此我们只对除北京、上海、天津、西藏外的27个省及自治区、直辖市进行多元对应分析。

### 3.对应分析的结果解读

对应分析是对定性变量进行分析的方法，因此需要将现有的定量变量定性化。本研究采用的方法是将数据按正态分布分为4个大类，由小到大分别被定义成1类、2类、3类、4类。

对指标1~指标15分别进行R型和Q型因子分析，并最终计算得出指标分类后的质心坐标及27个省及自治区、直辖市的质心坐标。指标1~指标15的分类情况见表4-3至表4-17，见表4-18。

表4-3　高等教育人口占比指标分类情况

|  | 离散后的类别 | 频率 | 质心坐标 | | |
|---|---|---|---|---|---|
|  |  |  | 维度1 | 维度2 | 象限 |
| 0.057 9~0.067 7 | 1 | 5 | -0.608 | -0.414 | 三 |
| 0.073 4~0.097 7 | 2 | 10 | 0.028 | 0.422 | 一 |
| 0.099 2~0.122 2 | 3 | 8 | -0.225 | 0.010 | 二 |
| 0.134 4~0.185 0 | 4 | 4 | 1.140 | -0.558 | 四 |

表4-4　人均GDP指标的分类情况

|  | 离散后的类别 | 频率 | 质心坐标 | | |
|---|---|---|---|---|---|
|  |  |  | 维度1 | 维度2 | 象限 |
| 19 710~22 195 | 1 | 3 | -0.801 | -1.545 | 三 |
| 27 952~38 914 | 2 | 16 | -0.407 | 0.298 | 二 |
| 43 415~51 768 | 3 | 2 | 0.303 | 0.965 | 一 |
| 52 763~68 347 | 4 | 6 | 1.385 | -0.344 | 四 |

权重6

表4-5　固定资产投资额占GDP的比重指标的分类情况

|  | 离散后的类别 | 频率 | 质心坐标 | | |
|---|---|---|---|---|---|
|  |  |  | 维度1 | 维度2 | 象限 |
| 0.328 6~0.570 8 | 1 | 3 | 2.505 | -0.796 | 四 |
| 0.625 0~0.739 8 | 2 | 9 | -0.025 | 1.001 | 二 |
| 0.747 8~0.834 4 | 3 | 10 | -0.494 | -0.820 | 三 |
| 0.878 8~0.994 7 | 4 | 5 | -0.469 | 0.316 | 二 |

权重6

表4-6　R&D强度指标的分类情况

|  | 离散后的类别 | 频率 | 质心坐标 | | |
|---|---|---|---|---|---|
|  |  |  | 维度1 | 维度2 | 象限 |
| 0.410 0~0.640 0 | 1 | 5 | -0.716 | -1.600 | 三 |
| 0.690 0~1.020 0 | 2 | 10 | -0.551 | 0.428 | 二 |
| 1.190 0~1.640 0 | 3 | 6 | 0.040 | 0.680 | 一 |
| 1.650 0~2.170 0 | 4 | 6 | 1.475 | -0.060 | 四 |

权重6

表4-7　非金属矿选采业总产值占GDP的比重指标的分类情况

| | 离散后的类别 | 频率 | 质心坐标 | | |
|---|---|---|---|---|---|
| | | | 维度1 | 维度2 | 象限 |
| 0.000 4~0.002 0 | 1 | 4 | -0.807 | -0.332 | 三 |
| 0.002 8~0.006 4 | 2 | 9 | 0.568 | -0.145 | 四 |
| 0.008 0~0.010 6 | 3 | 8 | -0.200 | -0.068 | 三 |
| 0.012 3~0.018 6 | 4 | 6 | -0.048 | 0.530 | 二 |

权重2

表4-8　黑色金属矿采选业总产值占GDP的比重指标的分类情况

| | 离散后的类别 | 频率 | 质心坐标 | | |
|---|---|---|---|---|---|
| | | | 维度1 | 维度2 | 象限 |
| 0.000 3~0.014 8 | 2 | 17 | 0.183 | -0.053 | 四 |
| 0.015 1~0.029 6 | 3 | 8 | -0.365 | -0.116 | 三 |
| 0.065 6~0.091 6 | 4 | 2 | -0.099 | 0.913 | 二 |

权重2

表4-9　煤炭开采和洗选业总产值占GDP的比重指标的分类情况

| | 离散后的类别 | 频率 | 质心坐标 | | |
|---|---|---|---|---|---|
| | | | 维度1 | 维度2 | 象限 |
| 0.000 0~0.060 4 | 2 | 20 | 0.172 | 0.053 | 一 |
| 0.075 9~0.180 6 | 3 | 5 | -0.520 | -0.120 | 三 |
| 0.239 0~0.561 8 | 4 | 2 | -0.424 | -0.225 | 三 |

权重2

表4-10　纺织服装、鞋、帽制造业总产值占GDP的比重指标的分类情况

| | 离散后的类别 | 频率 | 质心坐标 | | |
|---|---|---|---|---|---|
| | | | 维度1 | 维度2 | 象限 |
| 0.000 3~0.013 3 | 2 | 17 | -0.508 | -0.218 | 三 |
| 0.019 7~0.038 9 | 3 | 5 | 0.147 | 0.986 | 一 |
| 0.050 9~0.069 7 | 4 | 5 | 1.579 | -0.244 | 四 |

权重2

表4-11　纺织业总产值占GDP的比重指标的分类情况

| | 离散后的类别 | 频率 | 质心坐标 | | |
|---|---|---|---|---|---|
| | | | 维度1 | 维度2 | 象限 |
| 0.000 7~0.036 6 | 2 | 17 | -0.280 | -0.329 | 三 |
| 0.042 6~0.073 1 | 3 | 7 | -0.188 | 0.798 | 二 |
| 0.109 4~0.152 1 | 4 | 3 | 2.027 | 0.005 | 一 |

权重2

表 4 – 12　食品制造业总产值占 GDP 的比重指标的分类情况

| | 离散后的类别 | 频率 | 质心坐标 | | |
| --- | --- | --- | --- | --- | --- |
| | | | 维度 1 | 维度 2 | 象限 |
| 0.009 0 ~ 0.011 4 | 1 | 5 | 0.121 | − 0.387 | 四 |
| 0.012 6 ~ 0.023 3 | 2 | 8 | − 0.236 | − 0.745 | 三 |
| 0.024 5 ~ 0.034 1 | 3 | 10 | 0.082 | 0.371 | 一 |
| 0.040 8 ~ 0.052 8 | 4 | 4 | 0.116 | 1.046 | 一 |

权重 2

表 4 – 13　黑色金属冶炼及压延加工业总产值占 GDP 的比重指标的分类情况

| | 离散后的类别 | 频率 | 质心坐标 | | |
| --- | --- | --- | --- | --- | --- |
| | | | 维度 1 | 维度 2 | 象限 |
| 0.002 6 ~ 0.023 2 | 1 | 2 | − 0.741 | − 0.349 | 三 |
| 0.039 0 ~ 0.103 4 | 2 | 16 | − 0.003 | − 0.210 | 三 |
| 0.110 5 ~ 0.175 0 | 3 | 6 | 0.398 | 0.238 | 一 |
| 0.209 0 ~ 0.435 2 | 4 | 3 | − 0.285 | 0.877 | 二 |

权重 2

表 4 – 14　有色金属冶炼及压延加工业总产值占 GDP 的比重指标的分类情况

| | 离散后的类别 | 频率 | 质心坐标 | | |
| --- | --- | --- | --- | --- | --- |
| | | | 维度 1 | 维度 2 | 象限 |
| 0.001 1 ~ 0.002 4 | 1 | 2 | − 0.741 | − 0.349 | 三 |
| 0.011 9 ~ 0.072 3 | 2 | 15 | 0.347 | − 0.053 | 四 |
| 0.086 5 ~ 0.130 6 | 3 | 6 | − 0.191 | 0.173 | 二 |
| 0.152 0 ~ 0.283 1 | 4 | 4 | − 0.645 | 0.114 | 二 |

权重 2

表 4 – 15　石油加工、炼焦及核燃料加工业总产值占 GDP 的比重指标的分类情况

| | 离散后的类别 | 频率 | 质心坐标 | | |
| --- | --- | --- | --- | --- | --- |
| | | | 维度 1 | 维度 2 | 象限 |
| 0.005 1 | 1 | 1 | − 0.112 | − 0.026 | 三 |
| 0.014 3 ~ 0.073 9 | 2 | 16 | 0.240 | − 0.110 | 四 |
| 0.085 7 ~ 0.132 2 | 3 | 5 | − 0.128 | 0.767 | 二 |
| 0.175 3 ~ 0.223 0 | 4 | 5 | − 0.619 | − 0.411 | 三 |

权重 2

表 4 – 16　通信设备、计算机及其他电子设备制造业总产值占 GDP 的比重指标的分类情况

| | 离散后的类别 | 频率 | 质心坐标 | | |
| --- | --- | --- | --- | --- | --- |
| | | | 维度 1 | 维度 2 | 象限 |
| 0.000 0 ~ 0.056 6 | 2 | 20 | − 0.455 | − 0.052 | 三 |
| 0.061 8 ~ 0.139 5 | 3 | 5 | 0.790 | 0.550 | 一 |
| 0.296 9 ~ 0.390 7 | 4 | 2 | 2.572 | − 0.854 | 四 |

权重 3

表 4 - 17 医药制造业总产值占 GDP 的比重指标的分类情况

| 离散后的类别 | 频率 | 质心坐标 | | |
| --- | --- | --- | --- | --- |
| | | 维度1 | 维度2 | 象限 |
| 0.002 4 ~ 0.009 6 | 1 | 3 | − 0.230 | 0.150 | 二 |
| 0.010 3 ~ 0.026 3 | 2 | 15 | − 0.033 | − 0.077 | 三 |
| 0.027 5 ~ 0.041 5 | 3 | 6 | 0.160 | − 0.242 | 四 |
| 0.052 7 ~ 0.084 8 | 4 | 3 | 0.073 | 0.721 | 一 |
| 权重3 | | | | | |

表 4 - 18 各省（自治区、直辖市）的质心坐标汇总

| 地 区 | 维度 | | 地 区 | 维度 | | 地 区 | 维度 | |
| --- | --- | --- | --- | --- | --- | --- | --- | --- |
| | 1 | 2 | | 1 | 2 | | 1 | 2 |
| 安 徽 | − 0.373 | 0.713 | 黑龙江 | − 0.542 | 0.690 | 青 海 | − 0.611 | 0.244 |
| 福 建 | 0.763 | 0.936 | 湖 北 | 0.351 | 0.870 | 山 东 | 0.951 | 1.601 |
| 甘 肃 | − 0.747 | − 0.567 | 湖 南 | − 0.235 | 0.897 | 山 西 | − 0.658 | 0.804 |
| 广 东 | 2.385 | − 0.802 | 吉 林 | − 0.345 | 0.330 | 陕 西 | 0.031 | − 0.442 |
| 广 西 | − 0.552 | − 0.286 | 江 苏 | 2.760 | − 0.906 | 四 川 | − 0.024 | 0.920 |
| 贵 州 | − 0.774 | − 2.051 | 江 西 | − 0.386 | 0.231 | 新 疆 | − 0.795 | − 1.290 |
| 海 南 | − 0.939 | − 1.388 | 辽 宁 | 0.222 | 0.642 | 云 南 | − 0.882 | − 2.018 |
| 河 北 | − 0.421 | 1.185 | 内蒙古 | − 0.190 | − 1.254 | 浙 江 | 2.371 | − 0.680 |
| 河 南 | − 0.414 | 1.102 | 宁 夏 | − 0.835 | 0.546 | 重 庆 | − 0.112 | − 0.026 |

27 个省及自治区、直辖市的散点图如图 4 - 7 所示，由散点图可以看出 30 个省及自治区、直辖市被明显分为了 4 类：江苏、浙江、广东为第一类；山东、福建、湖北、辽宁为第二类；四川、河北、河南、湖南、安徽、山西、黑龙江、吉林、江西、重庆、青海、宁夏为第三类；陕西、内蒙古、广西、甘肃、新疆、海南、云南、贵州为第四类。

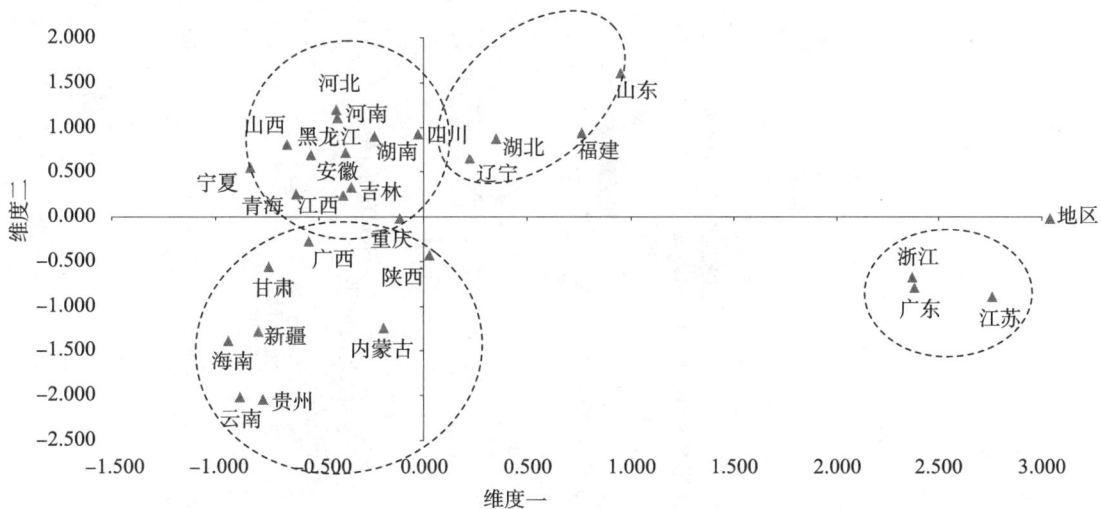

图 4 - 7 各省（自治区、直辖市）质心坐标散点图

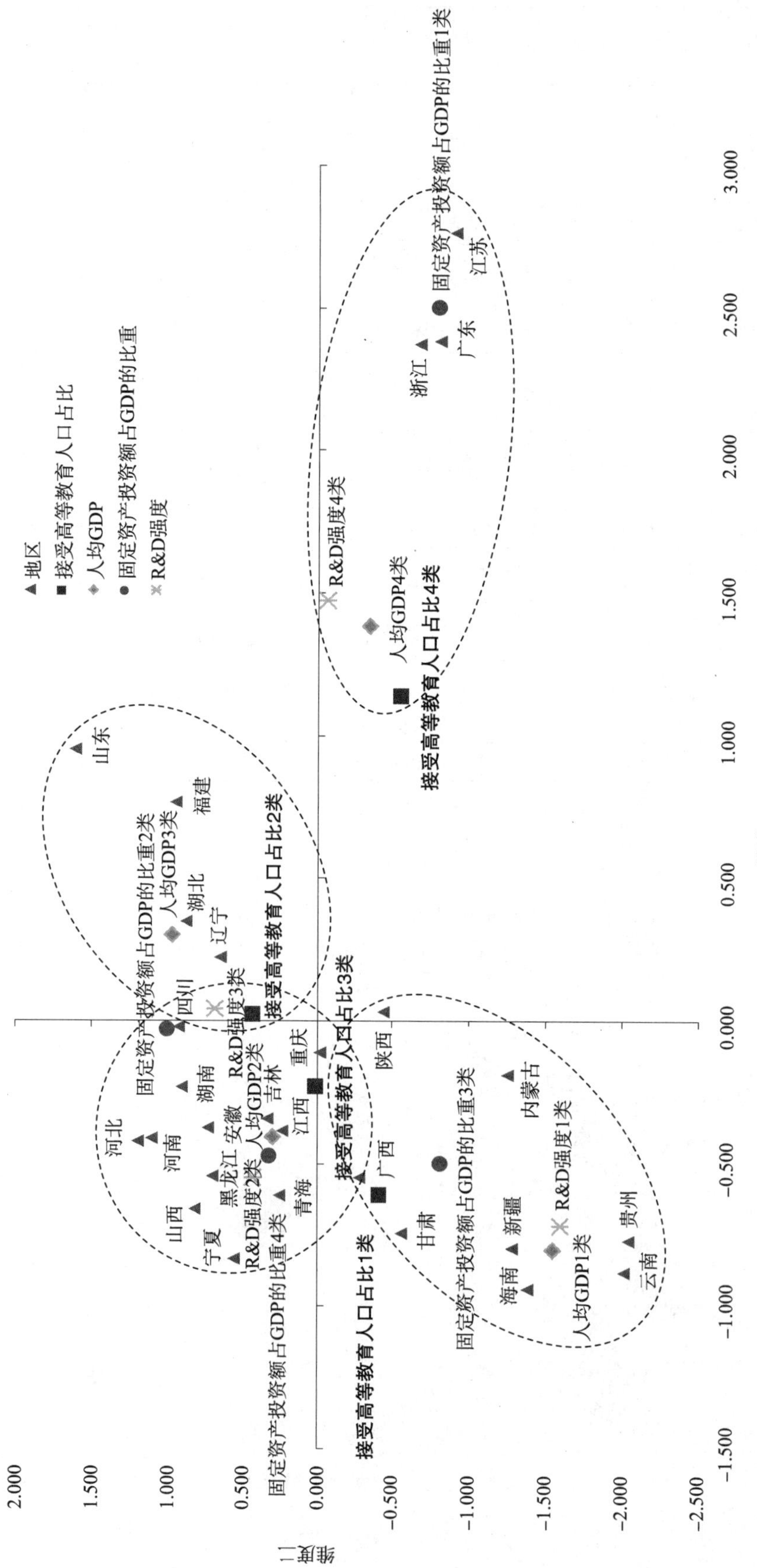

图 4 - 8　27 个省及自治区、直辖市和指标 1 ~ 4 的联合分布图

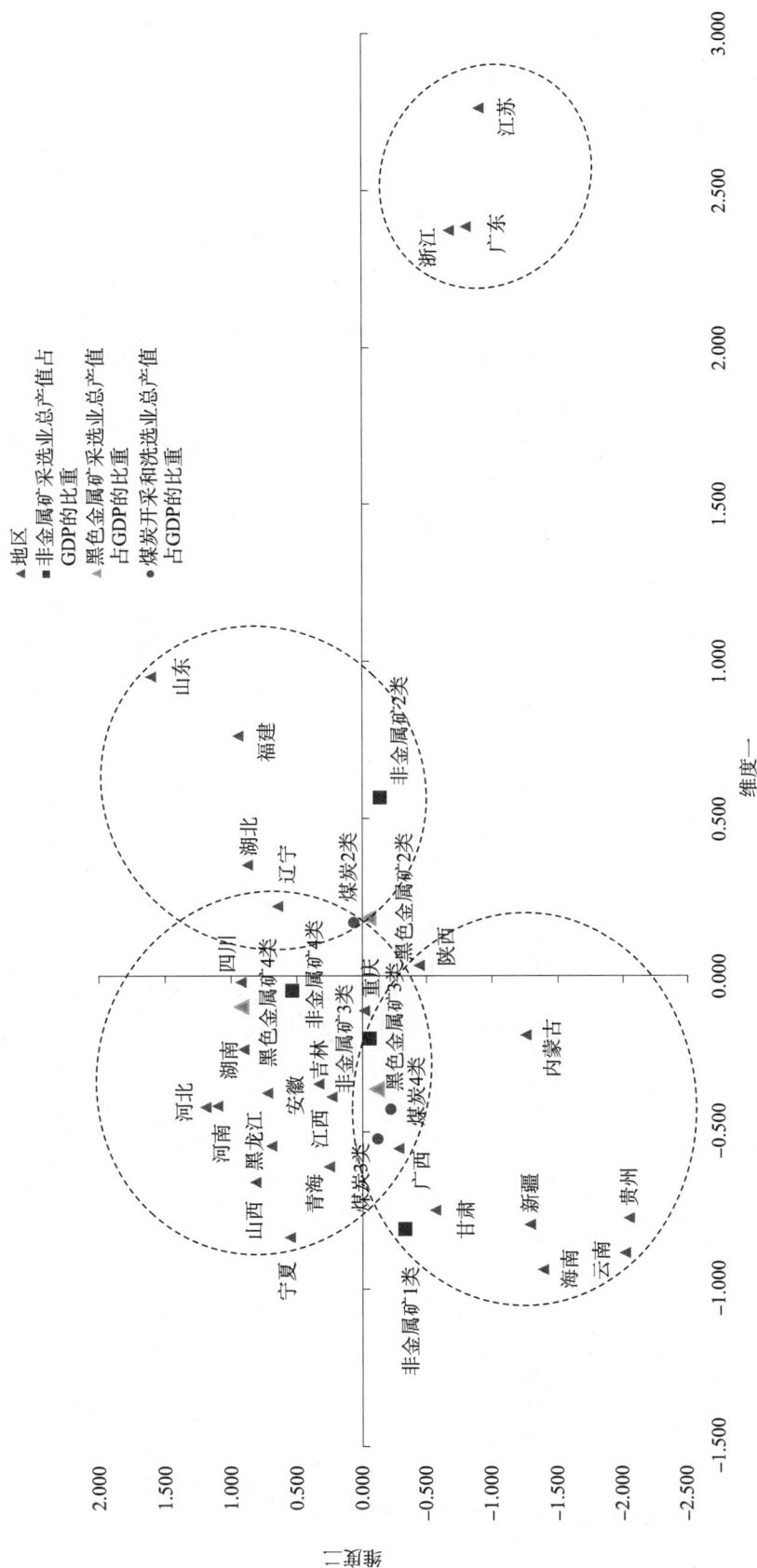

图 4－9　27 个省及自治区、直辖市和指标 5～7 的联合分布图

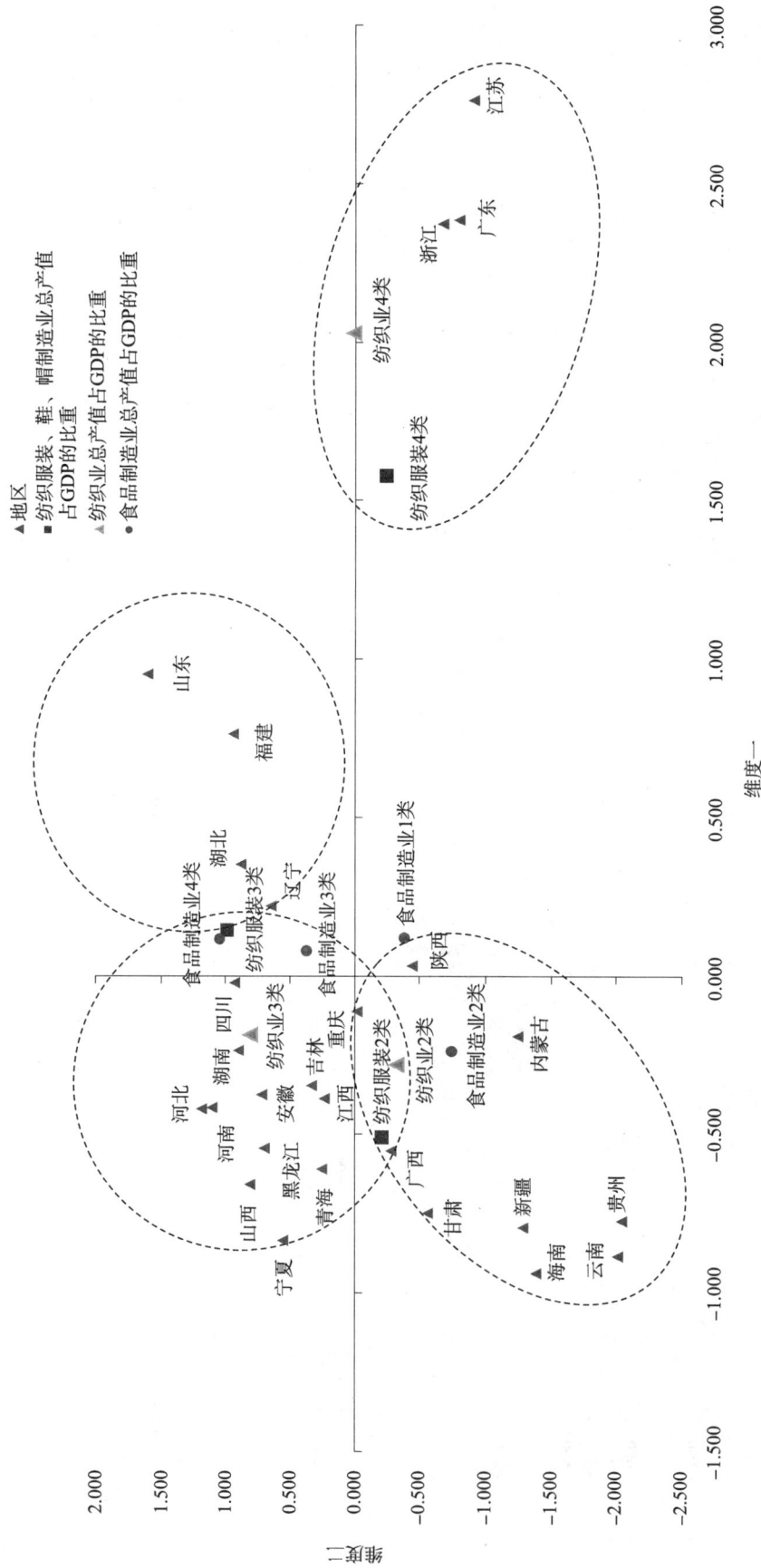

图 4-10　27 个省及自治区、直辖市利指标 8~10 的联合分布图

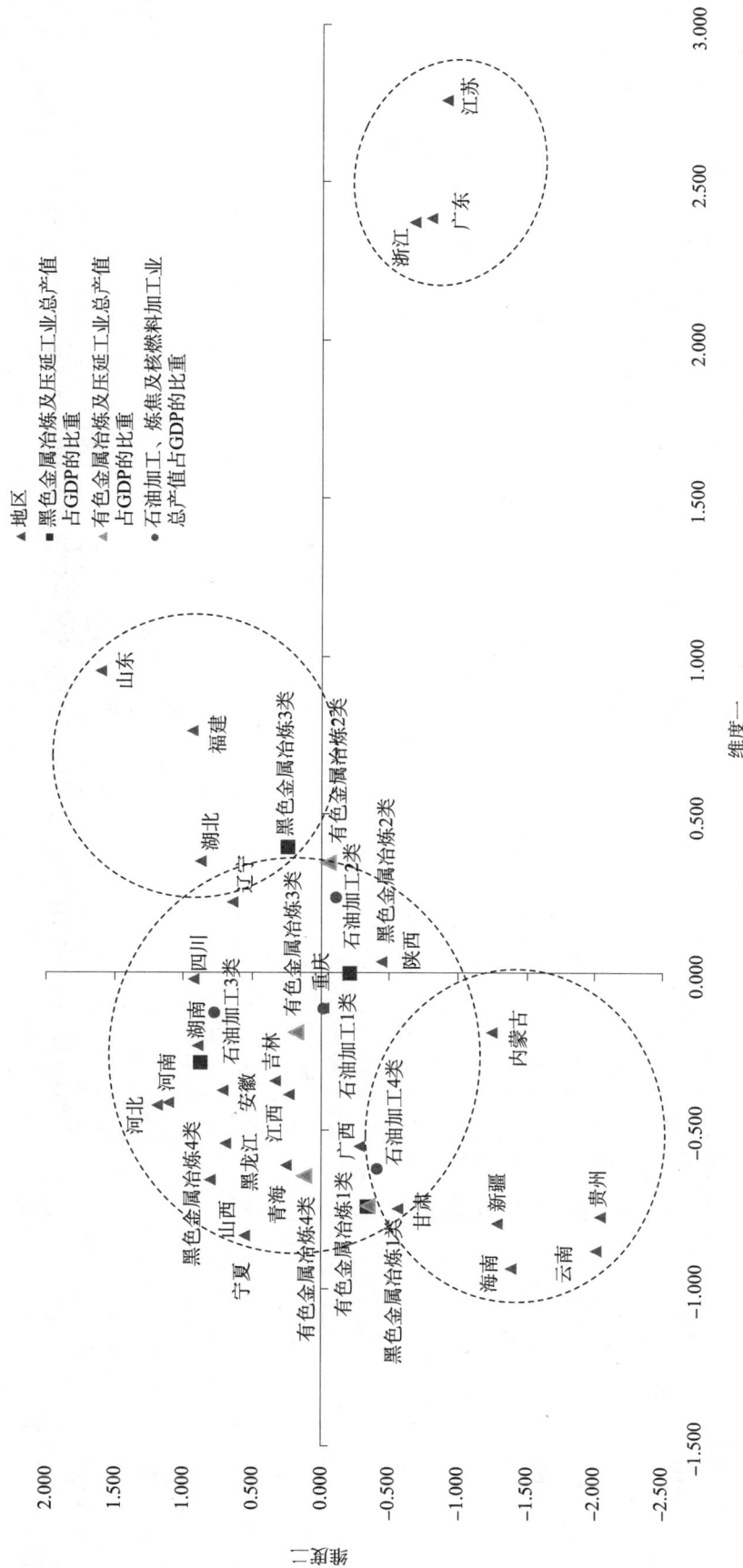

图 4-11 27 个省及自治区、直辖市和指标 11~13 的联合分布图

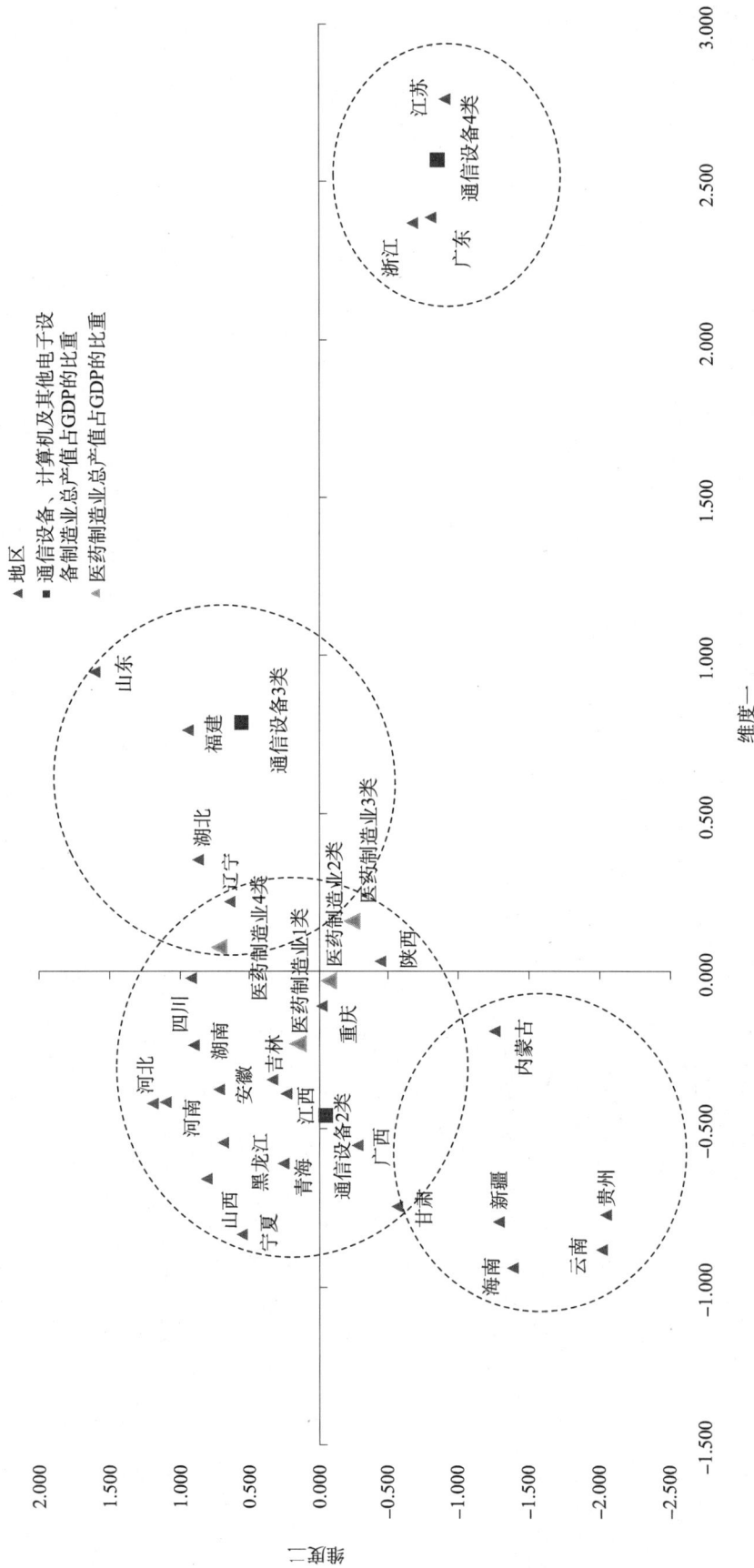

图 4 - 12　27 个省及自治区、直辖市和指标 14、指标 15 的联合分布图

图例：
▲ 地区
■ 通信设备，计算机及其他电子设备制造业总产值占 GDP 的比重
▲ 医药制造业总产值占 GDP 的比重

维度一

由于共有 27 个省及自治区、直辖市、15 个指标需要分析如将所有的省及自治区、直辖市、指标分类的点放入一张图中难以看清，故分成 5 个图来考虑。图 4-8 为 27 个省及自治区、直辖市和指标 1~4 的联合分布图；图 4-9 为 27 个省及自治区、直辖市和指标 4~7 的联合分布图；图 4-10 为 27 个省及自治区、直辖市和指标 8~10 的联合分布图；图 4-11 为 27 个省及自治区、直辖市和指标 11~13 的联合分布图；图 4-12 为 27 个省及自治区、直辖市和指标 14、指标 15 的联合分布图。

由图 4-8 至图 4-12 可以看出第三类和第四类省及自治区、直辖市具有较低的高等教育人口占比、人均 GDP 和 R&D 强度，这说明这两类省及自治区、直辖市经济发展阶段较为初级。考虑产业结构发现这两类省及自治区、直辖市的资源密集型产业产值占 GDP 的比重都很高，说明出售自然资源是两类省及自治区、直辖市获得收入的主要来源之一；这两类省劳动力密集型产业的占比都不高，但第三类省及自治区、直辖市的占比相对高一些；在资本密集型产业中，第四类省及自治区、直辖市除了石油加工、炼焦及核燃料加工业总产值的占比较高外，其余两个产业的占比都较低，而第三类省及自治区、直辖市资本密集型产业的占比很高；技术密集型产业产值占比两类省及自治区、直辖市都较低，第三类省及自治区、直辖市周围有通信设备的第二类点、医药制造业的第二类点和第三类点，同时由于医药制造业产值占比的前 3 名为吉林省、江西省、山东省，所以医药制造业的第四类点也落在第三类省及自治区、直辖市的周围，这说明在第三类省及自治区、直辖市的技术密集型产业比第四类省及自治区、直辖市份发达；固定资产投资额占 GDP 的比重方面，第四类省及自治区、直辖市为四类省及自治区、直辖市中倒数第二高的，而第三类省及自治区、直辖市是四类中最高的，这说明第三类省及自治区、直辖市的企业和政府的投资意愿十分强烈，而第四类省及自治区、直辖市的企业和政府的投资意愿不是很强烈。

综上所述，我们认为，第三类省及自治区、直辖市的投资意愿十分强烈，资本密集型产业产值占比很高，但技术密集型产业的发展还处于比较初级的阶段，因此第三类省及自治区、直辖市处于投资驱动型经济的阶段；第四类省及自治区、直辖市更多地依靠自然资源获得收益，同时第四类省及自治区、直辖市的资本密集型产业已经有了一定程度的发展，因此第四类省及自治区、直辖市应该处于由要素驱动型经济向投资驱动型经济过渡的阶段。与两年前相比，广西壮族自治区、甘肃省、云南省和贵州省从第三类省及自治区、直辖市回归到第四类省及自治区、直辖市范畴。但仔细分析，我们发现，上述地区在固定资产投资方面，投资增速均超越全国平均水平（表 4-19）。另外，上述地区在研发投入方面同样有较大的增速，比如云南省，2012 年政府研发投入为 21.77 亿元，相比 2010 年增长了 24.7%。为此，我们在划分经济增长阶段的时候，仍将广西壮族自治区、甘肃省、云南省和贵州省划分为投资驱动类型。

表 4-19 部分地区固定资产投资情况

| 地 区 | 固定资产投资额/亿元 | | | 固定资产投资额增长率（%） | |
|---|---|---|---|---|---|
| | 2010 | 2011 | 2012 | 2011 | 2012 |
| 全 国 | 278 121.90 | 311 485.10 | 374 694.70 | 11.99 | 20.29 |
| 云 南 | 5 528.70 | 6 191.00 | 7 831.10 | 11.98 | 26.49 |
| 广 西 | 7 057.60 | 7 990.70 | 9 808.60 | 13.22 | 22.75 |
| 甘 肃 | 3 158.30 | 3 965.80 | 5 145.00 | 25.57 | 29.73 |
| 贵 州 | 3 104.90 | 4 235.90 | 5 717.80 | 36.43 | 34.98 |

资料来源：中国统计年鉴 2011~2013。

第二类省及自治区、直辖市的高等教育人口占比、人均 GDP 和 R&D 强度三个指标在四类省及自治区、直辖市中排名第 2，企业和政府的投资意愿虽低于第三类省及自治区、直辖市，但高于第一类和第四类省及自治区、直辖市;在产业结构方面,技术密集型产业较为发达,仅低于第一类省及自治区、直辖市,劳动力密集型产业和资本密集型产业的占比也比较高,但资源密集型产业的占比排在倒数第2名。这说明第二类省及自治区、直辖市的经济比第三类省及自治区、直辖市更加发达,但还没有完全摆脱对投资的依赖,应该处于由投资驱动向创新驱动过渡的阶段。

第一类省及自治区、直辖市具有最高的高等教育人口占比、人均GDP和R&D强度,最低的固定资产投资额占比,最低的资源密集型产业产值占比,资源密集型产业的点没有落在第一类省及自治区、直辖市的周围,且具有最高的技术密集型产业的占比,这说明第一类省及自治区、直辖市更多地依靠新型的产品,复杂的工艺流程来获得自己的收益,投资对经济的拉动作用已经比较小了。综合几个方面的特点我们认为,第一类省及自治区、直辖市应该已经处于创新驱动的阶段了。

通过多元对应分析,我们将除北京市、天津市、上海市、西藏自治区外的27个省及自治区、直辖市分为了四类,但鉴于北京市、上海市和天津市的人均GDP已经达到了较高水平(表4-20),且工业化程度远高于其他地区,从指标上来说,这三个地区已经满足了创新型地区的条件,只是程度略有区别。

表4-20 2012年我国人均GDP排名前5的地区(超过10 000美元)

| 地 区 | GDP/亿元 | 常住人口/万 | 人均GDP/元 | 人均GDP/美元 |
|---|---|---|---|---|
| 天 津 | 12 893.88 | 1 413 | 93 173 | 14 760 |
| 北 京 | 17 879.4 | 2 069 | 87 475 | 13 857 |
| 上 海 | 20 181.72 | 2 380 | 85 373 | 13 524 |
| 江 苏 | 54 058.22 | 7 920 | 68 347 | 10 827 |
| 内蒙古 | 15 880.58 | 2 490 | 63 886 | 10 121 |

资料来源:根据国家统计局数据测算。

据此,我们给出了中国30个省及自治区、直辖市经济发展阶段的分类,如图4-13所示。

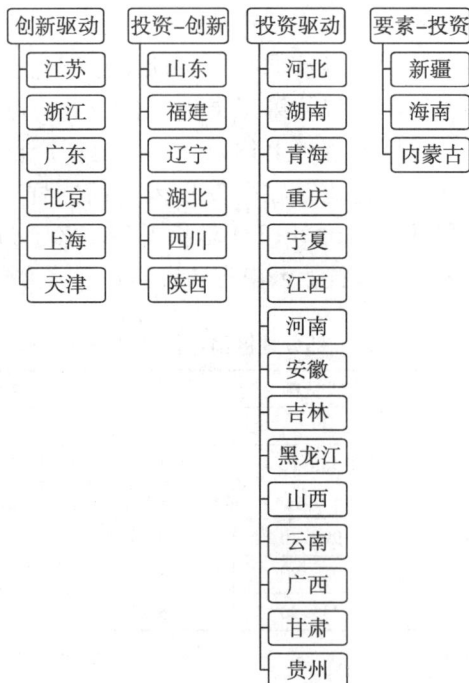

| 创新驱动 | 投资-创新 | 投资驱动 | 要素-投资 |
|---|---|---|---|
| 江苏 | 山东 | 河北 | 新疆 |
| 浙江 | 福建 | 湖南 | 海南 |
| 广东 | 辽宁 | 青海 | 内蒙古 |
| 北京 | 湖北 | 重庆 | |
| 上海 | 四川 | 宁夏 | |
| 天津 | 陕西 | 江西 | |
| | | 河南 | |
| | | 安徽 | |
| | | 吉林 | |
| | | 黑龙江 | |
| | | 山西 | |
| | | 云南 | |
| | | 广西 | |
| | | 甘肃 | |
| | | 贵州 | |

图4-13 各省及自治区、直辖市的经济发展阶段
注:由于数据有限,西藏自治区没有列入计算。

### 4.3.3 结果分析

根据上述的分析，我们有如下的基本结论：

1）江苏省、广东省、浙江省、北京市、上海市和天津市这6个地区已经基本进入了创新型地区，它们也是我国经济发展和创新发展最好的地区。

2）山东省、福建省、辽宁省、湖北省、四川省和陕西省这6个地区是正在从投资驱动向创新驱动转变的地区。

3）以重庆市等为代表的15个省及自治区、直辖市处于投资驱动的地区，总体而言说明我国仍然是投资驱动的发展模式。

4）新疆维吾尔自治区、海南省和内蒙古自治区仍然是要素—投资驱动的地区。西藏自治区由于数据有限没有进入计算，但应该也是要素—投资驱动的地区。

5）陕西省从投资驱动过渡到从投资向创新驱动转变的地区，山西省和黑龙江省从要素向投资驱动的地区过渡到投资驱动阶段。

上述分析是一个相对而言的结论，我们认为，经济增长的驱动类型不仅与经济发展水平是相关联的，而且与本地经济结构、产业结构、发展理念都有关系，并带有一定的地域特色。同时，发展阶段是一段时期，不是一年两年，也不是短时间内可以改变的。中国总体而言还没有进入创新型国家，但不排除一些省及自治区、直辖市率先成为创新型地区。有19个省及自治区、直辖市仍然是投资和要素驱动的阶段，因此，我国建设创新型国家任重道远。

## 4.4 结论与启示

中国在提高整个国家创新实力的过程中，一直是东部地区起着领先者的作用，但中央政府又担心其他地区落后太多，造成巨大的地区差距，相继提出了西部大开发、振兴东北老工业基地、中部崛起等战略。但对创新型国家建设而言，资源在哪一个地区会得到更大的回报呢？一个方法是强调竞争的方法，鼓励东中西的竞争，再通过要素成本的变化，实现增长极的转移，如东部的领航，已经形成巨大的创新溢出，促进了中西部的发展。再比如，近几年中部的经济增长速度已经超过东部，其中的一个原因是东部劳动力成本的上升以及由此带来的产业向中西部的转移。另一个方法是国家将更多的资源向中西部转移，促进中西部的快速发展。但这一模式的潜在危险是：中西部会更快地复制东部地区那种以加工制造、固定资产投资推动发展的模式，缺乏真正有创新内涵的增长动力，带来的是新一轮的投资驱动，造成更大的资源消耗和重复建设。

当前，有一个争论是，在全球经济增长缓慢的情形下，是加速投资以刺激经济增长还是利用竞争机制淘汰落后的产能，实现产业升级和创新？我们的看法是，单纯追求GDP的做法，并不利于经济的创新驱动。实现创新驱动，是要依靠科技和创新以及市场竞争机制，而不是依靠简单的投资。因此，在不同地区的经济发展中，如何形成一个有效的制度环境和机制，促进地区间的经济发展模式的变化，从整体上提高创新型国家建设的速度，是一个重要的时代命题。

# 第二篇

创新驱动与产业转型
升级

# 第五章

## 导 言

  产业转型升级是经济发展的内在趋势，是产业结构从低端向高端，生产要素从初级向高级，国际贸易从限制为主向开放为主，政府管理由管制为主向引导为主，发展目标从满足民生需要扩大到增强核心竞争力和节能环保安全等更多社会目标的阶段性演进过程。改革开放以来，我国经历了几轮产业转型升级，实现了诸多产业从无到有、从小到大、从封闭到开放的重大跨越。国际金融危机后，我国正在加快推动新一轮产业转型升级，总的方向应是在继续利用生产要素低成本优势的基础上，创新科技、人才、国际资源等生产要素组合，发展形成更具核心竞争力、更具就业包容性、更具国际开放性、更具区域差异性、更具绿色环保性的产业结构。十八大后，习近平总书记指出，"要推动经济持续健康发展，要求的是尊重经济规律、有质量、有效益、可持续的速度，要求的是在不断转变经济发展方式、不断优化经济结构中实现增长"。此后，李克强总理在 2013 年夏季达沃斯论坛开幕式的致辞中，掷地有声地说，"中国经济已经到了只有转型升级才能持续发展的关键阶段"。

## 5.1 产业转型升级是转变经济发展方式的必然选择

### 5.1.1 中国经济处于新经济的起点

  目前我国经济运行所处的大背景是"三期叠加"的阶段：首先是经济增长速度处在换档期，从过去的高速增长转换为中、高速增长；第二个是经济结构调整的阵痛期，短期内化解过剩产能、优化产业结构的调整可能有些痛苦；第三个是前期刺激政策消化期，尤其是 2008 年、2009 年为应对全球金融危机的冲击，曾经实施的宏观政策刺激的效果需要消化。

  近几年经济增长放缓，无论从经济供给还是需求上来讲，不是一个短周期现象，还有一些长周期趋势性因素。增长速度放缓期的背后逻辑、大的背景其实是和我国人口结构变化有联系的，人口老龄化趋势增强，经济供给、劳动力供给能支持的可持续增长率已经下降。中国改革开放 30 年来并行或先后释放出的人口红利、制度变革红利、全球化红利，都将并行或先后面临见顶回落的趋势。过去 20 年，我国总人口中劳动年龄人口占比增加，抚养比下降，农村青壮年劳动力大量转移到城镇工作，这样的变迁过程，是经济快速增长的一个重要推动力。但随着我国进入老龄化社会，人口红利将在 2015 年开始消退，人口结构变化将从社会平均消费率、投资需求、储蓄率、资产价格、货币信用扩张等多方面对经济产生广泛而深远的影响。同时，贫富差距的大幅扩大、高储蓄、房地产泡沫和信用扩张也是未来需要应对的挑战。

应对这些挑战，经济转型需要深度的结构改革，尤其是要平衡公平和效率、政府和市场、需求与供给等多方面关系，其中，产业的转型升级是关键。

## 5.1.2　制造业"大而不强"

近年来，我国及时抓住经济全球化发轫之初的大好机遇，充分发挥劳动力、土地、资源的低成本比较优势，主动承接发达国家和地区的制造业转移，通过出口以及相应投资拉动经济增长，逐步发展成为全球制造业大国和"世界工厂"。同时也要看到，当前我国制造业主要集中在低附加值的非核心部件加工制造和劳动密集型装配环节，在全球产业链上处于中低端，制造业"大而不强"的问题十分突出。

一是发展方式粗放。长期以来，我国制造业过于依赖物质资源投入，依靠土地、劳动力低成本优势，单位国内生产总值能耗接近于世界平均水平的3倍左右，资源能源消耗过多，环境污染严重，劳动者报酬占国内生产总值的比重每况愈下。

二是科技创新能力不强。在基础原材料、重大装备制造和关键核心技术等方面，与世界先进水平还存在较大差距。许多重要产业对外技术依存度高，许多核心技术受制于人。虽然很多产品标注为中国制造，但研发设计、关键部件和市场营销都在国外，只有加工、封装等劳动力密集型环节在国内。比如，每部手机售价的20%、计算机售价的30%、数控机床售价的40%，都要支付给国外专利持有者。

三是产品附加值不高。由于缺乏自主品牌，缺少知名品牌，我国90%左右的出口商品属于代工生产或者贴牌生产，产品增加值仅相当于日本的4.37%、美国的4.38%、德国的5.56%。实际上，这些问题由来已久，但一直没有得到很好解决。由于制造业日子好过，因而国内企业缺乏转型升级的动力和压力，习惯于在国际价值链低端恶性竞争。国家金融危机刺激下的外需萎缩使我国制造业产能过剩问题暴露无遗，标志着我国依靠出口加工制造业拉动经济增长的模式已经接近极限。在新一轮制造业国际格局不断演变的背景下，我国制造业要实现长期发展，就必须加快产业转型升级。

## 5.1.3　资源环境问题突出

推进产业转型升级要充分认识中国的资源环境问题。当前，我们面临的资源环境压力越来越大，必须要向着更加节约和更有效率地利用资源，特别是利用化石能源的方向转型，必须向更加重视环境价值和更快地提高环境保护标准的方向转型。过去粗放式的工业化道路，耗尽了我们的能量，经济总量占世界的份额也下降到5%左右，但人口却占全球的22%，工业发展过程中消耗了大量的资源。虽然中国的单位GDP能耗在下降，特别是2005年、2006年以来。但即便如此，由于中国的经济规模已经很大，如果继续通过耗费资源和能源走西方的工业化道路，问题将会越来越突出。

面对这些问题，中国的转型升级也处于一个进退维谷的困境，当前的中国仍然处于化石能源的巅峰时期，以煤炭、石油为代表的化石能源仍然是推动全世界工业化最重要的动力。从中国能源消耗的数据看，煤炭占70%，石油占到将近18%，天然气3.9%，清洁能源只有7.8%。不仅中国如此，美国能源消耗最多的也是煤，第二是天然气，第三是石油，第四是核能。因此，化石能源的时代没有过去，但化石能源时代的矛盾和问题已经越来越尖锐，压力越来越大，这是推动产业转型升级的一个重大背景。

## 5.2　推进产业转型升级的关键问题

### 5.2.1　要平衡好产业转型与经济增长的关系

改革开放以来，虽然中国经济发展速度快、经济总量大，但是创新能力、产业结构、发展质量的提升与发展速度、经济总量的提升之间存在较大落差，发展的协调性、可持续性和核心竞争力不强，必须更加突出加快转变经济发展方式。产业结构转型升级的实践表明，在转型升级过程中，当落后的生产力逐步淘汰，而新的生产力还没有形成，退的比进的还多之时就会影响发展速度，甚至降低发展速度。但加快推进产业结构转型升级，新的生产力就会早一些形成，竞争力就会增强，发展速度就会加快。

因此，加快转型升级需要找到转型升级与经济增长的平衡点。长期降低发展速度的转型不能叫成功的转型，保证合理的增长速度和增长质量，保持稳定发展速度，这种转型才是成功的转型，才具有可持续性。转变经济发展方式必须有一定的发展速度作支撑，但这种发展速度是有质量、有效益、可持续的速度，绝不能再追求传统模式下的发展速度。在这个过程中，可能一段时间发展速度会慢一些，但从长远看，暂时的"稍慢"是为了将来的"更好"和"更快"。发展宁可速度低一点，但也要质量好一点，要集中力量调结构、促创新、转方式，坚持"好"字优先，"快"在其中，争取又好又快，为更长时期又好又快发展打下坚实基础。

### 5.2.2　要处理好传统产业转型升级与新兴产业培育的关系

正确认识和妥善处理传统产业与新兴产业的关系，是转型升级的一个重要内容。如何加快传统产业的转型升级是加快转型升级面临的大问题。转型升级必须重视优势传统产业，为优势传统产业的转型升级提供稳定的政策支撑，为特色优势传统产业的壮大营造法制化、国际化的发展环境，集中资源扶持和培育特色传统产业集群，把特色传统产业集群建设与推进技术改造、技术创新、搭建公共服务平台、培育品牌、产业转移和节能降耗等有机结合，推动传统产业集群进一步由生产加工为主向生产加工、品牌营销、研发设计并重的产业集群发展，不断提升特色优势传统产业的核心竞争力。

要大力发展战略性新兴产业、高科技产业，通过优质增量稀释存量，提升"中国制造"的层次。通过推动传统特色产业更新改造、提升技术、建立品牌、加强研发、有序转移，加快向品牌化、高端化、时尚化、绿色化转型。厚积薄发的优势传统产业，一方面为构筑现代产业体系提供广阔的市场；另一方面传统产业也不断改造升级，通过培育品牌、技术改造和创新、节能减排等路径，以崭新的面貌融入现代产业体系的建设中，为现代产业体系注入新的活力。

推动经济转型升级，要处理好继承和创新的关系。"转型"是要立足已有的，充分利用现有的经济基础，不能简单地推倒重来或者另起炉灶；"升级"是要发展新兴的，通过创新、创造和发展模式的升级。通过转型升级促使传统产业焕发新活力，新兴产业实现新突破，通过经济结构调整优化、科技创新驱动发展和资源节约环境保护三者联动，打造中国经济升级版。

### 5.2.3　要正确认识经济发展与环境保护的关系

转型升级要把生态文明建设放在突出位置，融入经济建设、政治建设、文化建设、社会建设各方面和全过程，牢固树立尊重自然、顺应自然、保护自然的生态文明理念，加快形成节约资源和保护环境的空间格局、产业结构、生产方式、生活方式，优化开发方式，保护生态环境，发展生态经济，着力建设"美丽中国"，加快生态文明建设。转型升级要保护生态环境，实现绿色发展。经济发展、环境保护都是转型升级的内在要求。建设生态文明、打造"美丽中国"是关系人民福祉、关乎民族未来的长远大计。今天的一些污染情况与过去的发展路径、发展理念和发展方式有关，特别是治理落后于发展。严重地破坏环境以后再改就很难了，更不要说雾霾、地下水和土壤污染。

转型升级必须坚持发展经济与保护生态环境的有机统一，坚持经济建设和生态建设的有机统一。要在保护环境中发展经济，在经济发展中保护环境。要把保护生态环境放在重要位置，发展低碳、绿色、循环经济，高消耗、高污染、破坏资源环境的发展，既对不起子孙后代，也不能可持续发展。必须尊重经济发展规律、社会发展规律、自然规律和生态规律，努力以最小的资源环境代价谋求经济社会最大限度的发展，以最小的社会、经济成本保护自然资源和生态环境，坚持在科学发展中促进环境保护、在保护环境中实现新的发展，促进环境与经济良性互动和协调发展。

## 5.3　本报告研究的主要问题及章节安排

中国的产业升级必须放在中国国情的背景下进行分析。为此，必须从多个角度分析中国的产业升级。一是，必须兼顾传统产业和新兴产业，为此，我们选择了钢铁产业和生物医药产业，其中钢铁产业是以河北省为案例进行分析。二是，要考虑地方的实情，我们选择了广东作为一个案例区域，分析这一个地区的产业升级实践。三是，产业集群是中国产业发展的重要特色，为此，我们专门分析了服装产业集群在中国的升级状况。

第一，产业升级与中国发展模式密切相关。中国粗放式的发展模式，造成了中国产业发展中的低端产品泛滥，模仿成风的局面，河北钢铁是典型。从利润率、每吨钢能耗看，河北的钢铁高于全国的平均水平，但河北钢铁基本是低端的产业，造成的原因一是地方政府难以找到其他产业，而钢铁是河北的比较优势产业。拥有一定的资源和技术优势。而拉动河北钢铁需求模式的低端化，是造成钢铁产业升级慢的最重要原因。

第二，劳动力比较优势的存在降低了传统产业升级的步伐。在服装产业，中国有多个产业集群，但这些集群，大量的是没有自主品牌的企业，且这种品牌化的速度慢于集群规模的发展速度。这些产业集群基本上依靠代工或模仿生存，没有设计和全球营销能力，但劳动力比较优势的存在，使它们有成本优势。但这种模式，使企业难以实现产业升级。

第三，科技与产业升级。我们发现，在传统产业，科技在产业升级中的作用比较有限，只是近几年，在产业集群，在钢铁，我们看到了科技开始介入产业的升级。随着劳动力成本的上升，科技对产业升级作用更明显。这从广东的例子可明显看出：全球金融危机的到来，没有使广东降低对研究开发的投入，相反，广东是不断加大了对科技的投入。

第四，政府与市场。在这一长波的经济高速发展中，政府的出发点是 GDP 的快速发展，导致了中国制造成本不断上升，而地方政府的强势，导致了产业重组并没能有效地促进产业升级，反而是土地、能源的投资及消耗换来的经济总量的提升。

第五，中央和地方的关系。地方政府的增长方式是从提高 GDP 和解决就业的角度，不在乎产业是否升级。产业升级主要是从中央政府的角度考虑的，中央的主动与地方的被动是一个反差，对国家产业升级的宏大目标如何进行协调和配合是一个新挑战。每一个产业的发展，对当地的地方政府来说是合理的最优选择，但从全国来看，却是无效的投资浪费和大量的重复建设与产能过剩。存在的一个悖论是中央政府在乎外部性，地方政府不在乎外部性，是两级政府的博弈问题，这一问题需要新的政策工具来解决。

基于以上分析，本报告的主要内容安排如下：

第五章为导言。

第六章为中国区域产业升级指数。

第七章为广东省产业转型升级。以纺织服装、汽车制造和电子信息产业为例，介绍了广东省政府在推进产业升级中的作用。

第八章是钢铁产业的转型升级——以河北省为例。以河北省钢铁产业的发展为例，阐述了传统产业在转型升级过程中遇到的难题及解决思路。

第九章是全球价值链视角下区域服装产业集群的发展与升级。从产业集群的视角，分析了不同模式的服装产业集群转型升级之路。

第十章是中国生物制药产业的创新与升级。主要是从高新技术产业和战略性新兴产业的视角，阐述如何培育新的经济增长点，实现产业结构的转型。

第十一章是促进产业转型升级的政策建议。

# 第六章

## 中国区域产业转型升级指数

转型升级是从"十二五"规划开始提出的一个重要目标，但实施和推进过程有一定难度，缺乏明确的指标体系。主要的原因是缺乏相应的统计基础数据，比如对战略性新兴产业来说，就没有标准的统计口径；对服务业来说，现有的统计体系相对粗糙，在国家层面上没有将生产性服务业和生活性服务业区分开；不同行业的产业集中度和技术特性也有差异，很难统一测算。此外，经过几年的努力，中国的产业转型升级是否取得了成效，产业转型升级的速度究竟如何，我们不得而知。但是，要想有效地推进产业的转型升级，就必须在产业转型升级的指标衡量上花大力气，这样才能有考核的依据，转型升级才会有明确的努力方向。为此，本报告在梳理已有研究成果的基础上，构建了一套评价产业转型升级的指标体系，给出一个初步的研究结论，供大家参考。

## 6.1 指标体系构建

产业升级的正式研究始于20世纪90年代，包括全球价值链视角和产业结构调整两个思路。从全球价值链的视角看，产业升级指的是从低技术水平、低附加值状态向高新技术、高附加值状态的演变趋势。比如，Porter（1990）指出产业升级是通过产业间的要素转移，使资本和技术密集型产业获得充裕的资源禀赋，并依托该比较优势发展过程。Gereffi & Tam（1998）将产业升级定义为企业向高利润或资本与技术密集型实体发展的过程，其总结了产业升级的四种表现形式：在产品层面，产业升级表现为从简单产品向复杂产品的转化；在经济活动层面，产业升级表现为产品设计营销方向的发展，即从贴牌生产（OEM）到自主设计生产（ODM）再到自主品牌生产（OBM）的过程；在部门内部层面，产业升级是指产品与服务的高附加值化，以及供应链的前后向联系的加强；在部门间，产业升级表现为企业从生产低附加值的劳动密集型产品转向生产高附加值的技术密集型产品的过程。从产业结构调整的视角看，产业升级更多的是指产业结构的调整和产业结构不断升级的过程。

目前，国内外仍然缺乏一套完善的产业转型升级的评价体系。国内部分学者或机构曾经做过经济转型升级指数，如浙江工业大学开放创新发展研究院曾经做过区域经济转型升级指数，该评价体系涵盖了经济发展、民生改善、科技创新、产业结构、国际化水平、节能减排与环境保护7个方面。此外，国家统计局从结构优化、产业升级、质量效益、创新驱动、资源环境、民生改善6个方面构建了《经济转型升级监测指标体系》，其中，结构优化的衡量指标包括服务业增加值占 GDP 比重、居民消费率（即居民消费占 GDP 比重）和城镇化质量系数（即户籍城镇化率占常住人口城镇化率比重）三个方面；对产业升级的衡量则从高技术制造业增加值占工业增加值比重、文化及相关产业增加值占 GDP 比重两个方面展开。但是，上述指标体系的覆盖面更加宏观，包含经济、产业、民生等多个方面，考虑的指标相对宽泛。在国务院发布的《工业转型升级规划（2011~2015 年）》中明确提出，产业转型升级的重点任务包括增强自主创新能力、促进工业绿色低碳发展、实施质量和品牌战略、提升对外开放层次和水平等 8 个方面。为此，在综合已有研究成果的基础上，本报告试图从产业结构调整、创新能力提升和价值链升级三个维度测算区域产业转型升级的进程，具体的指标体系如表 6-1 所示。

表 6-1　中国区域产业转型升级指数指标体系

| 一级指标 | 二级指标 | 数据来源 |
|---|---|---|
| 产业结构调整 | 1. 第三产业占 GDP 比重 | 中国统计年鉴 |
| | 2. 高新技术产业占 GDP 比重 | 高新技术产业统计年鉴 |
| 创新能力提升 | 3. 研发经费强度 | 中国科技统计年鉴 |
| | 4. 研发人员强度 | |
| | 5. 新产品销售收入占全部销售收入的比重 | |
| | 6. 每千人研发人员拥有的授权发明专利数 | |
| | 7. 平均技术改造经费支出 | |
| | 8. 万元 GDP 能耗 | 中国统计年鉴 |
| | 9. 万元 GDP 工业污水排放量 | |
| | 10. 万元 GDP 废气主要污染物排放量 | |
| 价值链升级 | 11. 企业平均拥有的商标数 | 工业企业科技活动统计年鉴 |
| | 12. 企业平均参与制定的标准数 | |
| | 13. 按经营单位所在地进出口额占 GDP 的比重 | 中国统计年鉴 |

# 6.2　评价方法

中国区域转型升级指数的计算采用国际上流行的标杆分析法（Benchmarking），即洛桑国际竞争力评价采用的方法，其原理是：对被评价的对象给出一个基准值，并以此标准去衡量所有被评价的对象，从而发现彼此之间的差距，给出排序结果。

1. 基础指标数据处理

数据处理过程分为三步，首先，对数据进行标准化处理，使不同计量单位、性质的指标值标准化。标准化处理采用效用值法，其中，正效指标的处理公式为：

$$y_{ij} = \frac{x_{ij} - x_{i\min}}{x_{i\max} - x_{i\min}} \times 100$$

如设 $i$ 表示第 $i$ 项指标，$j$ 表示第 $j$ 个区域；$x_{ij}$ 表示 $i$ 指标 $j$ 区域的指标获取值；$y_{ij}$ 表示 $i$ 指标 $j$ 区域的指标效用值；$x_{i\max}$ 为该指标的最大值；$x_{i\min}$ 表示该指标的最小值。

负效指标指该指标其值愈大，则效用越低，如城镇登记失业率，对该指标的处理应采用如下方法：

$$y_{ij} = \frac{x_{imax} - x_{ij}}{x_{imax} - x_{imin}} \times 100$$

其次，加权求和，各项指标的权数是根据其重要程度决定的，体现了各项指标在经济效益综合值中作用的大小，本报告借鉴《世界竞争力报告》的做法，采用等权重的方式进行测算。

最后，将各维度指标值加总求和，转化成一个总指数，以衡量产业转型升级水平。

### 2. 中国区域产业转型升级指数增长计算方法

采用转型升级评价指标体系中的指标，利用 2009～2012 年指标数据，以 2009 年为基年（得分为 100），分别计算以后各年的转型升级指数与一级指标得分，与基年比较即可看出中国区域产业转型升级指数增长情况。

其中，基础指标的处理方法如下：

$$y_{ij} = 100 X_{ij}/X_{1j}$$

其中，$k = 1 \sim 3$ 是一级指标序号，$j = 1 \sim 13$ 为二级指标序号，$i = 1 \sim 4$ 是 2009～2012 年编号。由此，一级指标得分的计算公式为：

$$\overline{Y}_{ik} = \sum \beta_i y_{ij} ,$$

相应地，中国区域产业转型升级增长指数 $\overline{Y}_i$ 的计算公式为：

$$\overline{Y}_i = \sum_{k=1}^{3} \omega_k \overline{Y}_{ik}$$

其中，$\omega_k$ 是等权重的，等于 1/3。

# 6.3 评价结果

### 1. 2012 年转型升级指数得分

表 6-2 提供了 2012 年全国 30 个省及自治区、直辖市产业转型升级指数的得分与排名情况。北京市产业转型升级指数得分第一，上海、江苏、广东、天津和重庆紧随其后。排名落后的地区有内蒙古、河北、河南、新疆和青海。

表 6-2 2012 年中国区域产业转型升级指数

| 地 区 | 产业结构调整 | | 创新能力提升 | | 价值链升级 | | 转型升级指数 | |
|---|---|---|---|---|---|---|---|---|
| | 得分 | 排名 | 得分 | 排名 | 得分 | 排名 | 得分 | 排名 |
| 北 京 | 72.61 | 1 | 89.18 | 1 | 83.24 | 1 | 81.68 | 1 |
| 上 海 | 72.16 | 2 | 70.25 | 2 | 47.58 | 3 | 63.33 | 2 |
| 江 苏 | 61.97 | 4 | 56.95 | 4 | 39.02 | 6 | 52.65 | 3 |
| 广 东 | 67.06 | 3 | 51.71 | 6 | 38.52 | 7 | 52.43 | 4 |
| 天 津 | 48.69 | 5 | 65.20 | 3 | 33.64 | 11 | 49.18 | 5 |
| 重 庆 | 27.93 | 7 | 51.55 | 7 | 61.24 | 2 | 46.91 | 6 |
| 浙 江 | 28.58 | 6 | 55.55 | 5 | 36.33 | 9 | 40.15 | 7 |
| 山 东 | 27.36 | 9 | 45.97 | 10 | 35.00 | 10 | 36.11 | 8 |
| 海 南 | 23.37 | 11 | 43.01 | 13 | 40.80 | 5 | 35.73 | 9 |

续表

| 地 区 | 产业结构调整 | | 创新能力提升 | | 价值链升级 | | 转型升级指数 | |
|---|---|---|---|---|---|---|---|---|
| | 得分 | 排名 | 得分 | 排名 | 得分 | 排名 | 得分 | 排名 |
| 吉 林 | 14.86 | 17 | 43.83 | 12 | 40.99 | 4 | 33.23 | 10 |
| 福 建 | 27.66 | 8 | 42.62 | 14 | 23.78 | 19 | 31.35 | 11 |
| 湖 南 | 18.33 | 14 | 49.19 | 8 | 23.77 | 20 | 30.43 | 12 |
| 陕 西 | 13.64 | 20 | 48.25 | 9 | 29.16 | 13 | 30.35 | 13 |
| 贵 州 | 24.10 | 10 | 38.00 | 20 | 26.36 | 16 | 29.49 | 14 |
| 湖 北 | 16.71 | 16 | 42.40 | 16 | 26.57 | 14 | 28.56 | 15 |
| 安 徽 | 11.38 | 26 | 41.32 | 18 | 32.76 | 12 | 28.49 | 16 |
| 四 川 | 22.69 | 12 | 41.84 | 17 | 19.78 | 21 | 28.1 | 17 |
| 甘 肃 | 12.15 | 24 | 45.36 | 11 | 25.24 | 17 | 27.58 | 18 |
| 黑龙江 | 14.59 | 18 | 39.50 | 19 | 26.36 | 15 | 26.82 | 19 |
| 辽 宁 | 17.78 | 15 | 42.59 | 15 | 13.34 | 27 | 24.57 | 20 |
| 云 南 | 13.54 | 21 | 33.48 | 24 | 24.17 | 18 | 23.73 | 21 |
| 山 西 | 14.09 | 19 | 36.85 | 21 | 15.35 | 23 | 22.10 | 22 |
| 江 西 | 20.23 | 13 | 32.44 | 26 | 12.76 | 28 | 21.81 | 23 |
| 宁 夏 | 13.41 | 22 | 10.35 | 30 | 36.98 | 8 | 20.25 | 24 |
| 广 西 | 11.72 | 25 | 34.94 | 22 | 13.76 | 26 | 20.14 | 25 |
| 内蒙古 | 6.67 | 28 | 34.78 | 23 | 15.21 | 24 | 18.89 | 26 |
| 河 北 | 9.73 | 27 | 32.01 | 27 | 14.14 | 25 | 18.63 | 27 |
| 河 南 | 12.35 | 23 | 33.3 | 25 | 7.59 | 29 | 17.75 | 28 |
| 新 疆 | 5.58 | 29 | 26.46 | 28 | 15.60 | 22 | 15.88 | 29 |
| 青 海 | 4.3 | 30 | 18.97 | 29 | 0.11 | 30 | 7.79 | 30 |

注：由于部分数据无法获取，剔除了西藏自治区。

从产业结构调整看，北京、上海凭借在第三产业和高新技术产业方面的优势，指数得分远远超过其他地区，河北、内蒙古、新疆和青海则排名靠后，说明上述地区需要进一步调整产业结构，在改造传统产业的同时，大力发展服务业和高新技术产业，以此培育新的经济增长点，实现发展方式的转变。

从创新能力提升看，北京、上海、天津排名前三，江苏、浙江、广东紧随其后，说明上述地区在创新投入和产出方面具有更高的效率。新疆、青海、宁夏排名靠后，在未来的发展过程中，要提高创新投入和产出效率，发挥好科技创新在推动产业进步过程中的作用。

从价值链升级看，北京、重庆、上海排名前三，吉林、海南和江苏紧随其后。仔细分析基础指标排名，发现北京、上海、重庆的进出口额占 GDP 比重相对较高，而吉林、海南在商标、标准方面具有一定的优势。江西、河南、青海排名靠后，主要原因是平均产出相对较低。未来，应大力支持并鼓励企业参与制定行业标准和国际标准，同时提高产品质量，提升在国际市场上的地位。

## 2. 转型升级指数增长情况分析

表6-3至表6-6分别提供了2009~2012年中国区域产业结构调整指数、产业创新能力提升指数、产业价值链升级指数以及产业转型升级指数的增长情况。

表6-3　2009~2012年中国区域产业结构调整指数增长情况

| 地　区 | 2009 | 2010 | | 2011 | | 2012 | | 2009~2012 |
|---|---|---|---|---|---|---|---|---|
| | 得分 | 得分 | 排名 | 得分 | 排名 | 得分 | 排名 | 年均增速（%） |
| 重　庆 | 100 | 109.77 | 3 | 154.79 | 1 | 211.02 | 1 | 28.27 |
| 河　南 | 100 | 104.45 | 10 | 132.57 | 2 | 172.21 | 2 | 19.86 |
| 山　西 | 100 | 101.59 | 19 | 102.38 | 13 | 158.93 | 3 | 16.70 |
| 广　西 | 100 | 113.47 | 1 | 121.50 | 5 | 149.40 | 4 | 14.32 |
| 安　徽 | 100 | 108.92 | 5 | 125.06 | 4 | 143.75 | 5 | 12.86 |
| 海　南 | 100 | 112.18 | 2 | 110.25 | 9 | 139.28 | 6 | 11.68 |
| 湖　南 | 100 | 107.80 | 6 | 125.60 | 3 | 137.06 | 7 | 11.08 |
| 江　西 | 100 | 104.61 | 8 | 111.72 | 8 | 124.20 | 8 | 7.49 |
| 四　川 | 100 | 102.56 | 15 | 113.20 | 6 | 121.21 | 9 | 6.62 |
| 吉　林 | 100 | 104.19 | 11 | 112.55 | 7 | 119.02 | 10 | 5.98 |
| 青　海 | 100 | 104.54 | 9 | 90.51 | 29 | 118.59 | 11 | 5.85 |
| 山　东 | 100 | 101.69 | 18 | 105.45 | 12 | 115.17 | 12 | 4.82 |
| 河　北 | 100 | 109.55 | 4 | 108.01 | 10 | 112.90 | 13 | 4.13 |
| 江　苏 | 100 | 104.89 | 7 | 106.77 | 11 | 111.94 | 14 | 3.83 |
| 甘　肃 | 100 | 101.78 | 17 | 100.73 | 18 | 109.54 | 15 | 3.08 |
| 天　津 | 100 | 99.48 | 23 | 97.78 | 20 | 105.49 | 16 | 1.80 |
| 云　南 | 100 | 101.13 | 21 | 100.75 | 17 | 104.81 | 17 | 1.58 |
| 湖　北 | 100 | 97.60 | 24 | 96.59 | 23 | 104.17 | 18 | 1.37 |
| 浙　江 | 100 | 104.09 | 12 | 100.84 | 16 | 103.77 | 19 | 1.24 |
| 广　东 | 100 | 102.89 | 14 | 100.99 | 14 | 102.55 | 20 | 0.84 |
| 辽　宁 | 100 | 102.34 | 16 | 97.59 | 21 | 101.54 | 21 | 0.51 |
| 福　建 | 100 | 102.96 | 13 | 100.94 | 15 | 99.02 | 22 | -0.33 |
| 黑龙江 | 100 | 93.71 | 28 | 91.36 | 28 | 97.63 | 23 | -0.80 |
| 陕　西 | 100 | 99.73 | 22 | 94.27 | 24 | 97.59 | 24 | -0.81 |
| 上　海 | 100 | 101.41 | 20 | 96.68 | 22 | 96.32 | 25 | -1.24 |
| 北　京 | 100 | 97.28 | 25 | 91.60 | 27 | 90.83 | 26 | -3.15 |
| 贵　州 | 100 | 95.23 | 27 | 93.35 | 25 | 89.63 | 27 | -3.58 |
| 内蒙古 | 100 | 88.22 | 30 | 91.70 | 26 | 82.94 | 28 | -6.05 |
| 宁　夏 | 100 | 93.25 | 29 | 89.68 | 30 | 82.55 | 29 | -6.19 |
| 新　疆 | 100 | 96.02 | 26 | 98.04 | 19 | 74.10 | 30 | -9.51 |

　　首先，看产业结构调整指数的增长情况（表6-3）。2012年，重庆市产业结构调整指数得分211.02，与2009年相比，年均增速28.27%，排名全国第一，主要得益于高技术产业的快速发展；紧随其后的是河南省，年均增速19.86%；相对发达省份在产业结构调整速度方面并不突出，基础处于全国中下游水平，主要是发达地区的第三产业和高新技术产业已经达到了一个比较高的水平。也有部分省份指数得分出现了下降，如北京、上海，主要是因为高技术产业占GDP的比重出现了小幅下滑；内蒙古、新疆下滑的幅度相对较大，其第三产业占比、高技术产业占比均有不同程度的下降。未来仍需进一步发展服务业和高新技术产业，改变过去的要素驱动和投资驱动发展模式。

表6-4　2009~2012年中国区域产业创新能力提升指数增长情况

| 地　区 | 2009 | 2010 | | 2011 | | 2012 | | 2009~2012 |
| --- | --- | --- | --- | --- | --- | --- | --- | --- |
| | 得分 | 得分 | 排名 | 得分 | 排名 | 得分 | 排名 | 年均增速（%） |
| 安　徽 | 100 | 87.16 | 24 | 116.34 | 3 | 129.69 | 1 | 9.05 |
| 宁　夏 | 100 | 124.69 | 2 | 117.47 | 1 | 127.17 | 2 | 8.34 |
| 福　建 | 100 | 90.56 | 13 | 113.88 | 6 | 125.18 | 3 | 7.77 |
| 海　南 | 100 | 72.96 | 30 | 114.63 | 5 | 124.95 | 4 | 7.71 |
| 江　苏 | 100 | 88.68 | 18 | 112.27 | 11 | 124.04 | 5 | 7.45 |
| 云　南 | 100 | 96.47 | 9 | 116.66 | 2 | 123.42 | 6 | 7.27 |
| 甘　肃 | 100 | 85.27 | 26 | 116.28 | 4 | 123.15 | 7 | 7.19 |
| 河　北 | 100 | 89.61 | 16 | 111.75 | 14 | 122.61 | 8 | 7.03 |
| 新　疆 | 100 | 84.57 | 28 | 109.49 | 19 | 122.37 | 9 | 6.96 |
| 内蒙古 | 100 | 84.66 | 27 | 108.89 | 24 | 121.06 | 10 | 6.58 |
| 青　海 | 100 | 140.35 | 1 | 110.66 | 16 | 120.10 | 11 | 6.29 |
| 广　西 | 100 | 89.75 | 15 | 111.05 | 15 | 119.41 | 12 | 6.09 |
| 山　西 | 100 | 102.35 | 3 | 113.80 | 8 | 119.12 | 13 | 6.00 |
| 湖　北 | 100 | 88.22 | 22 | 112.37 | 9 | 118.91 | 14 | 5.94 |
| 河　南 | 100 | 88.58 | 20 | 112.00 | 12 | 118.45 | 15 | 5.81 |
| 浙　江 | 100 | 88.66 | 19 | 109.86 | 17 | 118.10 | 16 | 5.70 |
| 北　京 | 100 | 99.20 | 8 | 113.81 | 7 | 117.06 | 17 | 5.39 |
| 江　西 | 100 | 87.36 | 23 | 106.93 | 27 | 116.44 | 18 | 5.20 |
| 广　东 | 100 | 90.81 | 12 | 109.56 | 18 | 116.43 | 19 | 5.20 |
| 重　庆 | 100 | 85.54 | 25 | 111.91 | 13 | 116.37 | 20 | 5.18 |
| 四　川 | 100 | 101.44 | 4 | 109.47 | 20 | 116.37 | 21 | 5.18 |
| 山　东 | 100 | 89.76 | 14 | 109.44 | 21 | 116.01 | 22 | 5.07 |
| 陕　西 | 100 | 88.49 | 21 | 112.30 | 10 | 115.47 | 23 | 4.91 |
| 湖　南 | 100 | 94.06 | 10 | 106.75 | 28 | 115.08 | 24 | 4.79 |
| 天　津 | 100 | 100.02 | 6 | 108.28 | 25 | 114.58 | 25 | 4.64 |
| 上　海 | 100 | 99.93 | 7 | 109.04 | 23 | 114.28 | 26 | 4.55 |
| 辽　宁 | 100 | 93.18 | 11 | 109.15 | 22 | 112.99 | 27 | 4.16 |
| 吉　林 | 100 | 100.12 | 5 | 107.38 | 26 | 112.35 | 28 | 3.96 |
| 黑龙江 | 100 | 89.17 | 17 | 100.93 | 30 | 105.62 | 29 | 1.84 |
| 贵　州 | 100 | 84.55 | 29 | 104.09 | 29 | 104.99 | 30 | 1.64 |

其次，看产业创新能力提升指数的增长情况（表6-4）。我们发现，在创新能力方面，全国各地均出现了不同程度的提升。其中，安徽、宁夏、福建排名前三，年均增速分别达到9.05%、8.34%和7.77%。增速相对缓慢的是辽宁、吉林、黑龙江以及贵州。这一发现，印证了东北三省创新能力排名持续下滑的结论，虽然创新能力有所提升，但提升的速度远远落后其他地区。从这一角度讲，应完善创新环境，进一步激发企业创新活力。

表6-5　2009~2012年中国区域产业价值链升级指数增长情况

| 地　区 | 2009 | 2010 | | 2011 | | 2012 | | 2009~2012 |
|---|---|---|---|---|---|---|---|---|
| | 得分 | 得分 | 排名 | 得分 | 排名 | 得分 | 排名 | 年均增速（%） |
| 海　南 | 100 | 157.71 | 2 | 628.91 | 1 | 627.77 | 1 | 84.47 |
| 新　疆 | 100 | 147.40 | 4 | 280.57 | 2 | 289.92 | 2 | 42.59 |
| 重　庆 | 100 | 84.83 | 27 | 136.03 | 20 | 216.85 | 3 | 29.44 |
| 吉　林 | 100 | 83.53 | 29 | 197.80 | 3 | 208.84 | 4 | 27.82 |
| 安　徽 | 100 | 102.92 | 17 | 182.12 | 5 | 207.48 | 5 | 27.54 |
| 天　津 | 100 | 127.26 | 9 | 179.97 | 6 | 203.61 | 6 | 26.74 |
| 北　京 | 100 | 131.08 | 6 | 156.89 | 13 | 201.65 | 7 | 26.34 |
| 云　南 | 100 | 133.70 | 5 | 175.30 | 7 | 194.97 | 8 | 24.93 |
| 浙　江 | 100 | 304.74 | 1 | 166.82 | 9 | 189.80 | 9 | 23.81 |
| 河　南 | 100 | 107.28 | 16 | 154.32 | 14 | 187.31 | 10 | 23.27 |
| 青　海 | 100 | 83.74 | 28 | 191.30 | 4 | 174.73 | 11 | 20.45 |
| 内蒙古 | 100 | 127.58 | 8 | 146.91 | 17 | 168.21 | 12 | 18.93 |
| 贵　州 | 100 | 149.44 | 3 | 167.84 | 8 | 167.32 | 13 | 18.72 |
| 湖　南 | 100 | 107.57 | 15 | 161.56 | 11 | 165.28 | 14 | 18.23 |
| 河　北 | 100 | 100.16 | 19 | 150.98 | 15 | 164.30 | 15 | 18.00 |
| 宁　夏 | 100 | 111.69 | 11 | 120.54 | 25 | 160.34 | 16 | 17.04 |
| 湖　北 | 100 | 112.33 | 10 | 144.33 | 18 | 160.16 | 17 | 17.00 |
| 江　苏 | 100 | 97.11 | 21 | 161.49 | 12 | 157.80 | 18 | 16.42 |
| 甘　肃 | 100 | 108.14 | 12 | 134.19 | 21 | 157.60 | 19 | 16.37 |
| 山　西 | 100 | 108.10 | 13 | 124.10 | 24 | 154.81 | 20 | 15.68 |
| 陕　西 | 100 | 107.59 | 14 | 163.87 | 10 | 153.96 | 21 | 15.47 |
| 黑龙江 | 100 | 99.19 | 20 | 147.43 | 16 | 153.80 | 22 | 15.43 |
| 山　东 | 100 | 127.72 | 7 | 132.18 | 23 | 144.38 | 23 | 13.02 |
| 广　东 | 100 | 91.94 | 25 | 82.97 | 30 | 142.73 | 24 | 12.59 |
| 江　西 | 100 | 101.06 | 18 | 132.46 | 22 | 131.83 | 25 | 9.65 |
| 广　西 | 100 | 93.56 | 22 | 111.62 | 29 | 129.56 | 26 | 9.02 |
| 四　川 | 100 | 77.24 | 30 | 113.94 | 28 | 129.28 | 27 | 8.94 |
| 福　建 | 100 | 92.67 | 23 | 136.41 | 19 | 125.91 | 28 | 7.98 |
| 上　海 | 100 | 85.27 | 26 | 120.42 | 26 | 116.25 | 29 | 5.15 |
| 辽　宁 | 100 | 92.49 | 24 | 117.89 | 27 | 113.40 | 30 | 4.28 |

再次，看产业价值链升级指数增长情况（表6-5）。从指数增长情况看，各地区产业价值链提升指数都出现了较大幅度的提高，尤其是海南省，年均增速超过84%，远远超过其他地区，其次是新疆和重庆，年均增速分别达到42.59%和29.44%。增幅相对缓慢的省份有福建、上海和辽宁，价值链升级速度在5%左右。

表6-6　2009~2012年中国区域产业转型升级指数增长情况

| 地　区 | 2009 | 2010 | | 2011 | | 2012 | | 2009~2012 |
| --- | --- | --- | --- | --- | --- | --- | --- | --- |
| | 得分 | 得分 | 排名 | 得分 | 排名 | 得分 | 排名 | 年均增速（%） |
| 海　南 | 100 | 114.28 | 2 | 284.60 | 1 | 297.33 | 1 | 43.80 |
| 重　庆 | 100 | 93.38 | 30 | 134.25 | 5 | 181.42 | 2 | 21.96 |
| 新　疆 | 100 | 109.33 | 7 | 162.70 | 2 | 162.13 | 3 | 17.48 |
| 安　徽 | 100 | 99.67 | 16 | 141.18 | 3 | 160.31 | 4 | 17.04 |
| 河　南 | 100 | 100.10 | 14 | 132.96 | 6 | 159.32 | 5 | 16.80 |
| 吉　林 | 100 | 95.95 | 24 | 139.24 | 4 | 146.73 | 6 | 13.63 |
| 山　西 | 100 | 104.01 | 11 | 113.42 | 24 | 144.28 | 7 | 13.00 |
| 天　津 | 100 | 108.92 | 9 | 128.68 | 10 | 141.22 | 8 | 12.19 |
| 云　南 | 100 | 110.43 | 3 | 130.90 | 8 | 141.07 | 9 | 12.15 |
| 湖　南 | 100 | 103.14 | 12 | 131.30 | 7 | 139.14 | 10 | 11.64 |
| 青　海 | 100 | 109.54 | 6 | 130.82 | 9 | 137.80 | 11 | 11.28 |
| 浙　江 | 100 | 165.83 | 1 | 125.84 | 12 | 137.22 | 12 | 11.12 |
| 北　京 | 100 | 109.19 | 8 | 120.76 | 16 | 136.51 | 13 | 10.93 |
| 河　北 | 100 | 99.77 | 15 | 123.58 | 13 | 133.27 | 14 | 10.05 |
| 广　西 | 100 | 98.92 | 18 | 114.72 | 23 | 132.79 | 15 | 9.91 |
| 江　苏 | 100 | 96.89 | 22 | 126.84 | 11 | 131.26 | 16 | 9.49 |
| 甘　肃 | 100 | 98.40 | 20 | 117.06 | 19 | 130.10 | 17 | 9.17 |
| 湖　北 | 100 | 99.38 | 17 | 117.76 | 17 | 127.74 | 18 | 8.50 |
| 山　东 | 100 | 106.39 | 10 | 115.69 | 22 | 125.18 | 19 | 7.77 |
| 江　西 | 100 | 97.68 | 21 | 117.04 | 20 | 124.15 | 20 | 7.48 |
| 内蒙古 | 100 | 100.15 | 13 | 115.83 | 21 | 124.07 | 21 | 7.45 |
| 宁　夏 | 100 | 109.88 | 4 | 109.23 | 27 | 123.35 | 22 | 7.25 |
| 陕　西 | 100 | 98.60 | 19 | 123.48 | 14 | 122.34 | 23 | 6.95 |
| 四　川 | 100 | 93.74 | 29 | 112.20 | 26 | 122.24 | 24 | 6.94 |
| 贵　州 | 100 | 109.74 | 5 | 121.76 | 15 | 120.65 | 25 | 6.46 |
| 广　东 | 100 | 95.21 | 27 | 97.84 | 30 | 120.57 | 26 | 6.43 |
| 黑龙江 | 100 | 94.02 | 28 | 113.24 | 25 | 119.02 | 27 | 5.97 |
| 福　建 | 100 | 95.40 | 26 | 117.08 | 18 | 116.70 | 28 | 5.28 |
| 辽　宁 | 100 | 96.00 | 23 | 108.21 | 29 | 109.31 | 29 | 3.01 |
| 上　海 | 100 | 95.54 | 25 | 108.71 | 28 | 108.95 | 30 | 2.90 |

从综合增长情况看（表6-6），自2009年以来，全国各省及自治区、直辖市的产业转型升级均取得了一定成效，共有14个省及自治区、直辖市的产业升级速度超过10%。其中，产业转型升级速度最快的地区是海南省，2012年的指数得分是297.33，年均升级速度超过43.8%；其次是重庆市，年均增速为21.96%。产业升级速度较慢的地区有辽宁和上海，年均增速在3%左右。

总的来看，各地区的产业升级在产业结构调整、创新能力提升和价值链升级等方面都有不同程度的进步，整体取得了一定成效。但由于指标体系具有一定的局限性，本报告并不能分析出各地区具体每一个产业的转型升级情况，评价体系仍需不断完善。

# 第七章

## 广东省产业转型升级

广东作为地方经济的排头兵和出口导向型经济的典型代表，在转变经济发展方式和创新驱动发展的形势下，面临从依靠出口拉动到依靠内需拉动的巨大压力，面临从产业链低端向高端转移的迫切需求，面临从低附加值向高附加值提升的渴望。2008 年广东省提出"腾笼换鸟"的产业结构升级战略，经过近几年的努力，在纺织服装业等传统产业取得了一定成绩，在汽车制造业、电子信息产业取得快速发展。为此，本章以广东省纺织服装、汽车制造和电子信息产业的升级之路为例，分析地方政府在推动产业升级和转变经济发展方式中的作用。

## 7.1  广东省产业结构调整——基于偏离 – 份额分析法

现代产业理论认为，产业升级的核心是提高各产业的生产率，特别是通过提高优势产业的比重，带动整个社会劳动生产率的不断上升。Creamer（1943）提出的偏离 – 份额法（Shift – Share Analysis，SSA）是分析产业结构的重要工具，其基本思想是将特定区域在特定时期内的经济总量变动量分为三个分量，即份额分量（The National Growth Effect）、结构偏离分量（The Industrial Mix Effect）和竞争力偏离分量（The Competitive Effect），据此找出该区域具有相对竞争优势的产业部门，进而确定未来经济发展的合理方向和产业结构调整的原则（袁晓玲等，2008）。此后，Thirlwall（1967）和 Barff（1988，1991）在 Creamer 基础之上提出了的动态偏离分析法（Dynamic Shift – Share Analysis，DSSA），通过将所观察的时间段分成若干个时期，对每个时期进行结构分量系数计算，构成动态数据序列用以揭示产业结构变化的动态过程，被广泛应用于地区产业结构分析。在本章中，我们采用静态与动态偏离 – 份额相结合的方法计算广东省九大支柱产业的产业结构偏离系数，进而揭示广东省的产业调整与各产业升级的趋势。数据选自于 2005 ~ 2011 年的《广东统计年鉴》，以 2004 年为基期，对数据进行了预处理。编制主要产业产值统计表（表 7 – 1）。

表 7 – 1  广东省规模以上主要产业产值统计　　　　　　　　　　（单位：亿元）

| 产　　业 | 2004 | 2005 | 2006 | 2007 | 2008 | 2009 | 2010 |
|---|---|---|---|---|---|---|---|
| 电子信息业 | 8 099.81 | 9 686.049 | 11 553.6 | 12 830.87 | 14 302.42 | 15 267.38 | 18 093.58 |
| 电气机械及专用设备 | 4 210.65 | 5 179.064 | 6 430.019 | 8 154.972 | 8 975.533 | 9 460.81 | 11 501.18 |
| 石油及化学 | 2 761.05 | 32 26.532 | 4 010.785 | 4 843.41 | 5 693.342 | 5 810.371 | 7 411.875 |

续表

| 产 业 | 2004 | 2005 | 2006 | 2007 | 2008 | 2009 | 2010 |
|---|---|---|---|---|---|---|---|
| 纺织服装 | 1 804.19 | 2 118.611 | 2 463.006 | 2 919.547 | 3 373.687 | 3 887.231 | 48 22.708 |
| 食品饮料 | 1 382.95 | 1 611.557 | 1 816.073 | 2 278.001 | 2 777.646 | 3 210.969 | 3 675.073 |
| 建筑材料 | 1 086.37 | 1 267.379 | 1 673.225 | 2 123.213 | 2 609.27 | 2 922.126 | 3 673.784 |
| 森工造纸 | 716.77 | 827.448 3 | 992.431 1 | 1 257.052 | 1 587.007 | 1 593.492 | 2 066.855 |
| 医药 | 258.84 | 282.512 3 | 361.529 7 | 414.467 9 | 463.899 3 | 600.137 6 | 753.249 1 |
| 汽车及摩托车 | 1 051.24 | 1 339.596 | 1 794.114 | 2 469.313 | 2 725.94 | 3 461.124 | 4 227.366 |
| 规模以上工业总产值 | 29 554.92 | 35 411.57 | 43 406.84 | 52 995.78 | 60 865.2 | 66 302.36 | 80 759.7 |

根据表7-1数据，对广东省九大支柱产业的产业结构偏离系数的计算结果如下（见表7-2、表7-3）：

表7-2 静态偏离-份额分析法：广东工业九大支柱产业的产业结构偏离系数

| Ssa | 2004~2005 | 2005~2006 | 2006~2007 | 2007~2008 | 2008~2009 | 2009~2010 |
|---|---|---|---|---|---|---|
| 电子信息业 | -0.002 | -0.033 | -0.110 | -0.034 | -0.022 | -0.033 |
| 电气机械及专用设备 | 0.032 | 0.016 | 0.047 | -0.048 | -0.035 | -0.002 |
| 石油及化学 | -0.030 | 0.017 | -0.013 | 0.027 | -0.069 | 0.058 |
| 纺织服装 | -0.024 | -0.063 | -0.036 | 0.007 | 0.063 | 0.023 |
| 食品饮料 | -0.033 | -0.099 | 0.033 | 0.071 | 0.067 | -0.074 |
| 建筑材料 | -0.032 | 0.094 | 0.048 | 0.080 | 0.031 | 0.039 |
| 森工造纸 | -0.044 | -0.026 | 0.046 | 0.114 | -0.085 | 0.079 |
| 医药 | -0.107 | 0.054 | -0.074 | -0.029 | 0.204 | 0.037 |
| 汽车及摩托车 | 0.076 | 0.114 | 0.155 | -0.045 | 0.180 | 0.003 |

表7-3 动态偏离-份额分析法：广东工业九大支柱产业的产业结构偏离系数

| Dssa | 2004~2005 | 2005~2006 | 2006~2007 | 2007~2008 | 2008~2009 | 2009~2010 |
|---|---|---|---|---|---|---|
| 电子信息业 | -0.002 | -0.035 | -0.142 | -0.171 | -0.189 | -0.216 |
| 电气机械及专用设备 | 0.032 | 0.048 | 0.098 | 0.045 | 0.008 | 0.006 |
| 石油及化学 | -0.030 | -0.013 | -0.026 | 0.000 | -0.068 | -0.015 |
| 纺织服装 | -0.024 | -0.086 | -0.118 | -0.112 | -0.056 | -0.035 |
| 食品饮料 | -0.033 | -0.128 | -0.099 | -0.036 | 0.029 | -0.047 |
| 建筑材料 | -0.032 | 0.060 | 0.111 | 0.200 | 0.237 | 0.285 |
| 森工造纸 | -0.044 | -0.069 | -0.026 | 0.085 | -0.008 | 0.070 |
| 医药 | -0.107 | -0.059 | -0.129 | -0.154 | 0.019 | 0.056 |
| 汽车及摩托车 | 0.076 | 0.198 | 0.385 | 0.323 | 0.561 | 0.567 |

根据偏离-份额分析法，可以直观获悉，目前广东省的潜力产业高速发展，而传统支柱产业有所收缩。潜力产业包括医药、森工造纸以及汽车与摩托车制造三个产业，其中以汽车和摩

托车产业为近年产业结构调整和升级中最突出的典型代表，在产业升级过程中呈现快速增长，见图7-1。

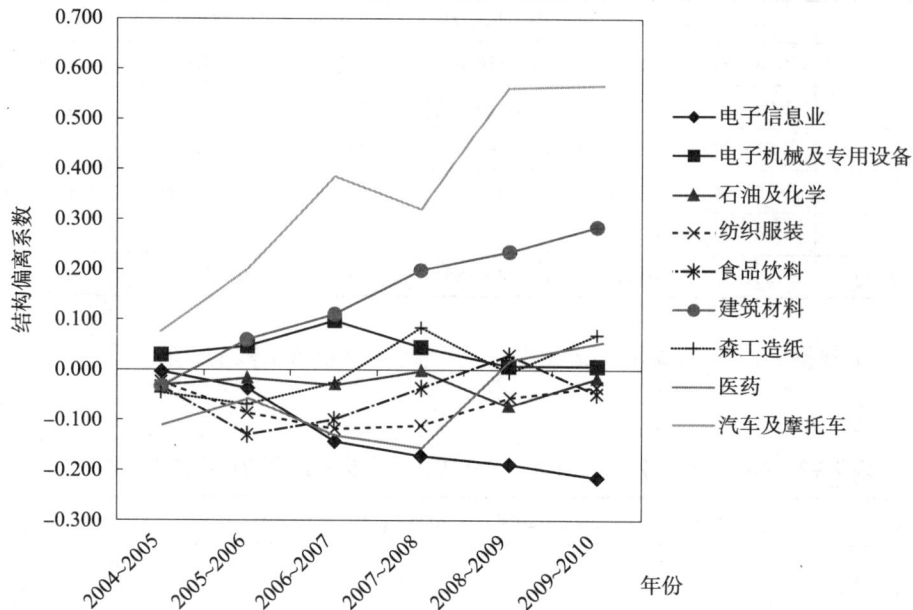

图7-1　基于动态偏离-份额分析法的广东省工业九大支柱产业的产业结构偏离系数趋势图

在产业结构方面，汽车与摩托车产业的各个时期动态结构分量系数均为大于0，而结构分量曲线呈向上发散，反映出汽车产业在产业结构上增速现象，表明该产业在广东省产业结构升级中处于优势；纺织业在2007年以前结构分量系数均小于零，结构分量曲线向下延伸（李岩，2009），反映出纺织服装业的产业结构份额被其他产业挤占。但是在2007年到2008年纺织业迎来拐点，虽然分量系数依旧小于零，然而在2008年之后形成倒U形的趋势，反映出该产业在产业结构中呈现复苏的迹象，也说明近年来广东省纺织业在产业升级中取得了一定的成就；建筑材料产业在2006年以后结构分量系数大于零且呈向上发散趋势，说明国内房地产市场的繁荣一定程度上帮助了建筑材料产业的增长，但是否意味着该行业得到了升级，还需要进一步的论证；另外，广东省的第一大高技术制造支柱产业——电子信息业，就该产业的总产值而言，虽然是逐年递增，但是占工业总产值的比重却在逐年下降，结构分量系数低于0且逐年下降，表明该行业在广东省工业中的优势地位在被逐步蚕食，转型升级迫在眉睫。

同时，本章对同为工业大省的江苏省的四大支柱产业，电子信息业、电气机械及专用设备、石油及化学以及交通运输设备制造业进行动态偏离-份额分析（表7-4，图7-2），分析结果如下：

表7-4　动态偏离-份额分析法：江苏工业四大支柱产业的产业结构偏离系数

| Dssa | 2004~2005 | 2005~2006 | 2006~2007 | 2007~2008 | 2008~2009 | 2009~2010 |
|---|---|---|---|---|---|---|
| 电子信息业 | -0.030 | -0.083 | -0.088 | -0.113 | -0.164 | -0.180 |
| 电气机械及专用设备 | 0.017 | 0.133 | 0.178 | 0.288 | 0.446 | 0.565 |
| 石油及化学 | 0.091 | 0.084 | 0.082 | 0.114 | 0.050 | 0.095 |
| 交通运输设备制造业 | -0.082 | -0.092 | 0.000 | 0.175 | 0.533 | 0.630 |

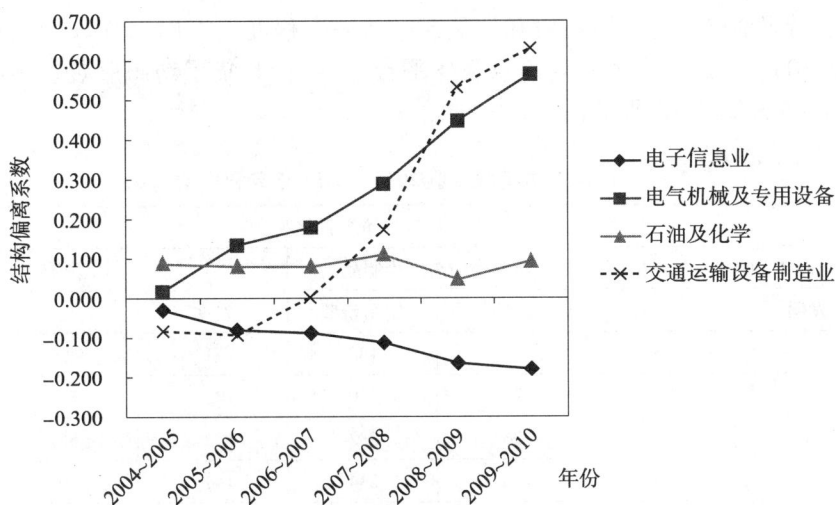

图7－2　基于动态偏离－份额分析法的江苏省工业四大支柱产业的产业结构偏离系数趋势图

从该分析中我们可以直观看出，江苏省的交通运输设备制造业从2006年、2007年以后呈现了很强的上升趋势，说明该产业得到了长足的进步；电气机械及专用设备制造业的结构分量系数均大于0，呈向上发散的趋势且增幅较大，说明该行业在江苏工业部门的产业结构中处于优势地位；江苏省电子信息业的结构分量系数呈现出与广东省相同的发展趋势，一定程度上说明电子信息业在全国范围内都面临转型与升级的问题。

总体来说，广东的产业升级取得了成绩。医药和汽车产业的快速发展，说明广东抓住了市场的机会，实现了产业的发展与市场需求的同步，但信息产业则在规模发展遇到挑战的时期，加大了研究开发的投入，产业的创新能力也在不断提升。

# 7.2　广东省产业升级的分行业分析

本节选取传统行业中的纺织服装业，潜力行业中的汽车制造业以及高技术产业中的电子信息制造业对广东省工业部门的转型升级进行更深一步的剖析，探讨在产业升级过程中的问题及启示。

## 7.2.1　纺织服装业

纺织服装业是广东省传统优势产业，在过去大量的民营企业依靠劳动力成本优势，通过OEM的方式迅速发展起来。虽然广东处于全国改革开放的最前沿，有着优越的地理位置，但其纺织服装业的发展仍没有摆脱中国劳动密集型产业发展的一般逻辑，产业发展处于全球价值链最低端，产品附加值低。在土地和劳动力成本优势逐渐消退之后，企业面临着巨大的经营困难，产业面临着发展瓶颈，地方政府也有产业结构调整和转型升级的压力。根据发达国家产业结构升级的经验，劳动密集型产业的转型升级需要企业进行技术改造，包括设备更新和工艺改进。当资本的投入和机器的使用不足以支撑企业发展的时候，需要通过品牌化策略提升产品的附加值。按照这一逻辑，本章将通过专利的分析和以纯服饰的案例解决广东纺织服装业的转型升级之路。

1）基于专利的分析。

纺织服装行业的专利申请情况反映了企业对新技术、新材料、新设计、新款式、新产品的拥有情况，代表着服饰产业的发展实力和发展潜力，一定程度上可以刻画该行业的升级（张华宝和胡俊荣，2010）。借助广东省专利信息服务平台①，我们收集了纺织服装业中相关领域的专利数据，如表7－5及图7－3所示。

**表7－5　广东省纺织服装业2004～2012年专利申请情况**　　　　（单位：件）

| 年　份 | 广东省纺织服装业 | | | | | | |
| --- | --- | --- | --- | --- | --- | --- | --- |
| | 服饰加工的工具与方法 | | 纺纱与纺织纤维制品 | | 所有 | | |
| | 发明 | 实用新型 | 发明 | 实用新型 | 发明 | 实用新型 | 外观 |
| 2004 | 2 | 28 | 40 | 182 | 71 | 420 | 120 |
| 2005 | 4 | 38 | 98 | 250 | 125 | 550 | 156 |
| 2006 | 4 | 31 | 96 | 232 | 132 | 567 | 425 |
| 2007 | 10 | 37 | 80 | 244 | 144 | 603 | 162 |
| 2008 | 7 | 38 | 101 | 247 | 156 | 655 | 133 |
| 2009 | 15 | 59 | 181 | 376 | 272 | 949 | 183 |
| 2010 | 14 | 66 | 187 | 423 | 308 | 922 | 190 |
| 2011 | 10 | 77 | 242 | 618 | 372 | 1 257 | 207 |
| 2012 | 29 | 80 | 265 | 613 | 448 | 1 445 | 358 |
| 总计 | 95 | 454 | 1290 | 3185 | 2028 | 7 368 | 1 934 |

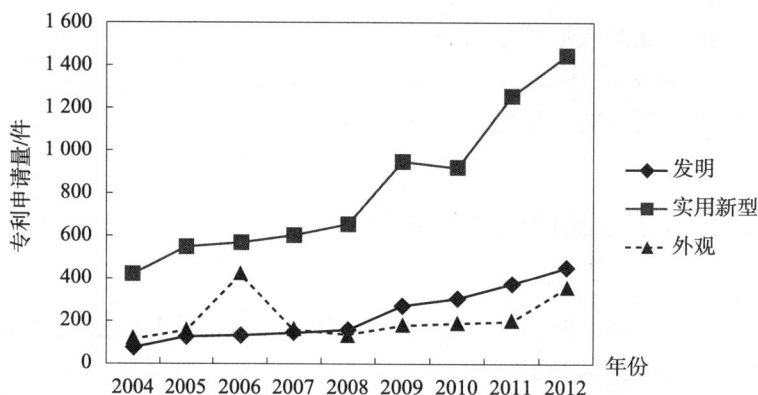

图7－3　广东省纺织服装业2004～2012年专利申请情况

可以发现，广东省纺织服装行业在专利的类型结构方面，主要以实用新型为主，外观设计与发明专利的申请量相对很低，除2006年外观专利的申请量与实用新型专利相近外，历年实用新型专利的申请量都在发明与外观设计专利申请量的3～4倍。这表明广东省纺织服装行业在服饰制作的新材料、新工艺、新方法上的原始创新能力不足。同时也反映广东省纺织服装行业在纺织服装产品的形状、图案、色彩或其结合所做出的富有美感并适于工业上应用的新设计上的创新也有很大的进步空间。

就专利技术领域的分布而言，广东省纺织服装业的专利有近50%来自于纺纱与纺织纤维制品，而服饰加工的工具与方法的专利申请量仅为5.8%，表明广东省服装制造企业对于制衣工艺与器械的创新严重不足，这也是阻碍广东省纺织服装业升级的重要因素。

---

① http：//www.gdzl.gov.cn，IPC分类码：A41 not A41G or A42 or A43 or A44B or C14 or D01 or D02 or D03 or D04 or D05 or D06 not D06N or 05 not 05－06.

在与纺织服装大省——江苏省的同时期同行业专利申请量的对比中可以发现（见表7－6），在服装、成衣类专利中，广东省远远落后于江苏省。江苏省2004～2012年纺织服装业的专利申请量达到193 135件，而其中发明专利的数量达到14 845件，高于实用新型的12 168件，从一定程度上表明江苏省纺织服装业的原始创新能力要优于广东省。在外观设计专利方面，广东省的申请量仅为江苏省的1.2%，纺织服装的自主设计环节要远远落后于江苏省。从专利技术领域的分布看，广东省在服饰加工的工具与方法的实用新型专利申请数量上要多于江苏省，但是该领域的发明专利却与江苏省有较大差距，表明广东省在服饰加工的工具、工艺和方法的原始创新方面与江苏省存在较大差距。在纺纱与纺织纤维制品中，虽然广东省纺织服装行业有近一半的专利申请来自于该领域，但仍然远远落后于江苏省，发明与实用新型专利的总数仅为江苏省的23.3%，说明在新型纺织材料、新型服装面料方面，广东省的创新水平跟江苏省相比还有一定的差距。

表7－6　江苏省纺织服装业2004～2012年累计专利申请情况　　　（单位：件）

| 年　份 | 江苏纺织 | | | | | | |
|---|---|---|---|---|---|---|---|
| | 服饰加工的工具与方法 | | 纺纱与纺织纤维制品 | | 所有 | | |
| | 发明 | 实用新型 | 发明 | 实用新型 | 发明 | 实用新型 | 外观 |
| 2004～2012 | 257 | 153 | 11 011 | 8 206 | 14 845 | 12 168 | 166 122 |

2）广东虎门"以纯"服饰的发展与升级。

由于长期依靠承接海外订单和习惯"来料加工"的发展方式，广东省纺织服装产业忽略了国内市场与自有品牌的建设。同时，长期的外贸模式也令广东省服装企业缺乏对国内市场的了解，进一步制约了行业的发展。

根据2012年年初广东省服装服饰行业协会的调查，接受问卷采访的企业中有83.33%选择"深化品牌建设"，许多观点认为广东省的服装业需要遵循"无牌—贴牌—创牌—名牌"的升级之路。然而，就广东省服装业目前的情况而言，建立品牌绝非转型的唯一出路。中国著名休闲服装品牌"以纯"是从广东省虎门镇成长起来的服装品牌，"以纯"的设计开发、品牌建设、销售渠道开拓以及对高质量的严格把控为广东省服装制造业的升级提供了宝贵经验。

"以纯"创立于1997年，其前身东越服装有限公司最初只是一家仅有20几台衣车、40多名员工的制衣小作坊。然而10几年间，它已快速成长并不断壮大成为中国休闲服装领域中的领军品牌之一。这种跨越式的升级发展，得益于以下4个方面：

首先，得益于"以纯"对国内市场营销渠道的开拓。本世纪之初时，对于国内很多服装企业来说，特许经营的营销模式还是一个比较新的概念。当时在国内服装企业中，大多数还停留于批发销售模式，而"以纯"的创立者郭东林却摒弃了在当时看来相当红火的批发模式，率先在东莞本地服装行业中采用特许经营的营销模式，并在全国各地开设"以纯"专卖店。来自全国各地批发"以纯"的客商转而成为"以纯"最早的一批特许加盟户，他们将"以纯"品牌带回当地开设专卖店。这种合作模式不仅让"以纯"在短时间内快速拓展市场，同时也让"以纯"对内地市场有了更充分的认识，克服了广东服装企业过度倚重外贸而不了解国内市场的弊病。此外，电子商务的发展对以传统零售模式为主的服装产业产生了较大的影响。然而，"以纯"为了保证加盟商的利益，在对待电子商务的态度上相对保守。虽然"以纯"也在淘宝网上进行销售，但是将淘宝渠道控制在公司总部，主要目的是希望借助电子商务渠道进行品牌传播和产品展示。

其次，"以纯"十分强调质量把控。"以纯"集团对内有着极其严格的质量管理体系，对每一道工序都严格把关，不允许不合格产品流入市场。在源头上，2002 年，"以纯"投资 300 多万元成立质量检测中心，属全国民营服装企业中的首例；2003 年，成立"以纯"质量检测中心，先后从美国、德国、日本、英国、瑞典等发达国家引进了耐光色牢度仪、pH 仪、保温仪、分光光度计、缩水试验仪等多台先进检测仪器，对产品的撕破强力、抗起毛球、耐磨、缩水率等 10 几个基本项目进行测试。2005 年，"以纯"成立全检中心，对出厂的每一件衣服进行人工检验，保证产品外在质量。除了在源头上把关以外，"以纯"更高度重视售后服务，关心顾客体验。2000 年，"以纯"专门设立了两条消费者咨询和投诉服务热线，一年 365 天解决消费者遇到的各种问题，即使是消费者个人原因造成的产品问题，公司也会尽量满足消费者需求，并及时反馈给消费者，并承担所有费用。

再次，在研发设计与品牌构建方面，"以纯"为广东省服装企业树立了榜样。"以纯"强调原创设计，在伦敦拥有独立的设计工作室；在品牌建设上，"以纯"借助明星效应和大型赛事活动进行品牌推广，比如在 2006 年世界杯上，"以纯"获得休闲类服装生产销售的中国独家代理权。

最后，发挥当地服装产业集群的优势。"以纯"所处的虎门镇建立了以供应链整合为基地的服装产业链，帮助了以自主设计和品牌建设为定位的"以纯"有足够的精力向微笑曲线的两端攀登。

## 7.2.2　汽车制造业

汽车制造业属于典型的资本密集型与技术密集型产业，近年来，我国的汽车产业正逐步从过去的合资模式走向自主创新的道路，广东省汽车制造业对工业产值的贡献也在逐年提高，是广东省三大潜力产业中发展最为快速的产业。

1）基于专利的分析。

本节分析了广东省汽车行业 2004~2012 年的专利申请量，如表 7-7、图 7-4 所示。我们发现，广东汽车产业申请的专利类型依然以实用新型为主，2004~2012 年实用新型专利的累计申请量为 6 558 件，是发明专利的近 2.6 倍，说明广东省汽车产业的技术突破集中在生产工艺方面，属于模仿型创新，关键设备与核心技术的自主创新不足；从技术领域的角度看，广东省汽车企业在控制系统和发动机这两个高技术含量的领域申请的专利较少；其中，在 2004~2012 年间，发动机与控制系统领域的发明专利的申请量占为 24.99%，实用新型专利申请量仅占所有实用新型专利量的 16.91%。在新能源汽车领域，广东省汽车产业专利增长相对较快，无论发明专利还是实用新型专利每年的申请量都稳定在 20 件以上。

表 7-7　广东省汽车产业 2004~2012 年专利申请情况　　　　　　（单位：件）

| 年　份 | 广东省汽车产业 | | | | | | | |
| --- | --- | --- | --- | --- | --- | --- | --- | --- |
| | 控制系统 | | 发动机 | | 新能源 | | 所有 | |
| | 发明 | 实用新型 | 发明 | 实用新型 | 发明 | 实用新型 | 发明 | 实用新型 |
| 2004 | 12 | 28 | 9 | 13 | 7 | 15 | 92 | 349 |
| 2005 | 23 | 32 | 20 | 25 | 8 | 10 | 141 | 390 |
| 2006 | 34 | 44 | 13 | 28 | 12 | 12 | 160 | 415 |
| 2007 | 33 | 56 | 31 | 32 | 13 | 15 | 198 | 469 |
| 2008 | 64 | 76 | 30 | 61 | 24 | 28 | 302 | 660 |

续表

| 年　份 | 广东省汽车产业 | | | | | | | |
| --- | --- | --- | --- | --- | --- | --- | --- | --- |
| | 控制系统 | | 发动机 | | 新能源 | | 所有 | |
| | 发明 | 实用新型 | 发明 | 实用新型 | 发明 | 实用新型 | 发明 | 实用新型 |
| 2009 | 46 | 84 | 17 | 47 | 19 | 22 | 315 | 791 |
| 2010 | 43 | 90 | 29 | 54 | 29 | 20 | 350 | 816 |
| 2011 | 66 | 133 | 45 | 96 | 20 | 34 | 456 | 1 118 |
| 2012 | 76 | 116 | 42 | 94 | 43 | 43 | 519 | 1 550 |
| 总计 | 397 | 659 | 236 | 450 | 175 | 199 | 2 533 | 6 558 |

数据来源：广东省专利信息服务平台。

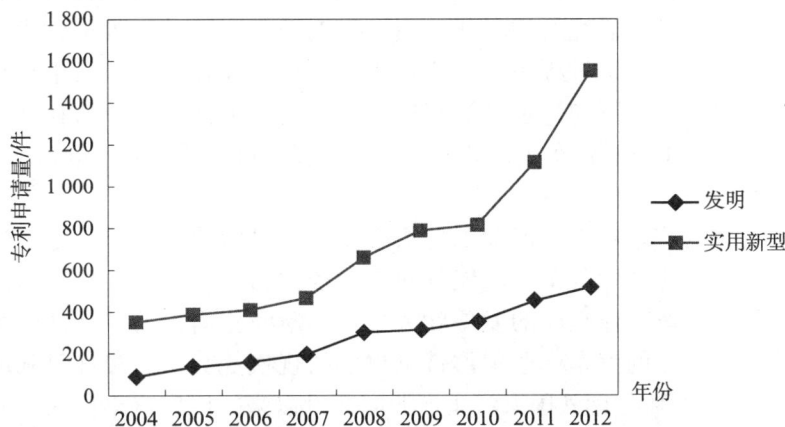

图 7-4　广东省汽车产业 2004~2012 年专利申请情况

表 7-8 提供了江苏省汽车产业在 2004~2012 年间的专利申请量，可以发现江苏省汽车行业无论在实用新型还是在发明专利的申请量上都要多于广东省，但是发明专利数量同样远远低于实用新型专利申请量，在一定程度上表明中国汽车产业的整体原创能力不足。

表 7-8　江苏省汽车产业 2004~2012 年专利申请情况　　　　　（单位：件）

| 年　份 | 江苏省汽车产业 | | | | | | | |
| --- | --- | --- | --- | --- | --- | --- | --- | --- |
| | 控制系统 | | 发动机 | | 新能源 | | 所有 | |
| | 发明 | 实用新型 | 发明 | 实用新型 | 发明 | 实用新型 | 发明 | 实用新型 |
| 2004~2012 | 541 | 1 108 | 683 | 1212 | 263 | 359 | 4 693 | 92 12 |

2）广汽集团的升级。

作为广东省最大的汽车制造商，成立于 1997 年 6 月的广州汽车集团股份有限公司（简称广汽集团），在近 20 年的发展中着眼于国内外市场，主动融入汽车工业全球化发展进程，积极参与国际汽车工业体系分工，与国际著名汽车公司的合作，有力推动广州汽车产业集群优化升级，帮助广东省部分地区脱离"三来一补"的加工贸易，向现代工业经济进行转型。当前，面对新能源汽车的快速发展，以及对高附加值的需求，广汽集团开始新一轮的升级。在这一轮升级过程中，广汽集团确立了发展节能与新能源汽车，深化本地产业链以及构建合资自主品牌的升级战略，全力推广普及混合动力技术，着手推进合资自主纯电动车研发，强化广东汽车业的核心竞争力，引领产业升级。

首先，新能源汽车的发展。在混合动力汽车领域，广汽集团凭借领先、成熟的油电混合双擎动力技术分别在 2010 年和 2012 年推出两代混合动力凯美瑞国产车型，随着混合动力技术被逐步认知，混合动力汽车的市场前景十分广阔。由此，广汽集团已经准备将更多全新混合动力车型投放进市场，并致力于通过提高整车和核心零部件国产化程度降低成本，全力推进混合动力汽车的产业化。在纯电动汽车领域，由于该领域的技术仍处于探索阶段，所以国内企业除了通过引进消化吸收国外先进技术以外，也可以通过调动国内科研力量进行技术攻关去追赶国外先进企业。按照上述逻辑，由广汽集团牵头，联合清华大学、湖南大学、中山大学、华南理工大学等高校，联合中国汽车技术中心、中国北方车辆研究所（201 所）等科研机构，以及比亚迪汽车有限公司、深圳比克电池有限公司、广州博捷电机有限公司、深圳航盛电子股份有限公司等广东境内电动汽车及零部件生产制造企业，共同发起电动汽车省部产学研创新联盟于 2009 年正式成立，是继汽车用高级钢板产学研创新联盟、汽车零部件产学研创新联盟之后的广东省第三个汽车行业省部产学研创新联盟，也是第 30 个广东省省部产学研创新联盟。该联盟整合了广东省内产业资源，国内外高校和研究所的科研力量，以电动汽车产品的批量化生产为目标，进行协同研发和产业化攻关。在这个过程中，广汽集团等整车企业在联盟成员中积极寻求合作，进行电动汽车的同步开发工作。例如汽车电池制造商深圳比克电池有限公司在加入联盟后，先后于 2009 年及 2010 年承接了电动汽车用锂离子动力电池安全可靠性研究、电动车用新型高性能锂离子电池及关键材料产业化等研究项目。

其次，广汽集团作为广东省汽车产业的龙头企业，通过深化本地产业链，带动了当地产业集群的升级。相比于纺织服装业的单一功能且同质性较强的"块状"集群，以广汽集团为龙头的汽车产业集群在广州汽车产业集团的发展壮大中，不断完善周边的零部件配套供应体系，从而为广州乃至整个华南地区的汽车产业集群带来更多的规模优势、资源优势和成本优势。以南沙汽车产业群为例，自 2004 年南沙国家汽车产业园建设以来，以广汽丰田为龙头的现代化汽车产业园迅速崛起，制度化和系统化的开发使广汽丰田零部件供应实现高度本地化，各车型产品的国产化率均达到 80% 以上。据 2012 年的数据显示，南沙区实现工业总产值 2 070.32 亿元，其中整车制造和汽车零部件及配件制造业实现产值 675.78 亿元，占全区工业产值的 33.54%。在汽车产业的拉动下，南沙区从落后的农业产业升级跨入了现代先进制造行业，推进了区域经济发展和城市化进程。

再次，广汽致力于构建合资自主品牌。在市场高速发展时期，车企可以通过合资的方式直接引进国外先进汽车制造商的成熟技术进行本地化生产，从而获得高增长。然而，在市场环境发生改变的情况下，这种发展模式就会遇到瓶颈。对广汽来说，近年来日系品牌的销量下滑，倒逼广汽将自主品牌汽车作为升级的突破口。借助过去合资过程中积累的过硬技术、制造工艺、成本控制、人才体系和品牌优势，通过对关键技术的消化吸收与创新，广汽初步构建起自主技术体系和品牌系列。比如，广汽乘用车于 2011 年年初推出传祺 GA5 轿车，与中高级轿车领域的雅阁、凯美瑞形成差异化竞争，弥补了日系品牌汽车销量下滑所带来的影响。通过合资获得技术的广汽传祺以国际品质为基础，推动广汽自主品牌成长为国际品牌，实现产品的升级。

此外，在加速升级的过程中，人才培育也被广汽集团列为核心战略。通过构建现代化人才培养体系和持续的标准化培训，广汽集团已经积累和培育了一批一流的研发人才和大批高水平的现代产业工人。

## 7.2.3　电子信息业

20 世纪 90 年代中期以来，广东省电子信息制造业快速发展，形成了配套齐全的电子信息产业集群，成为全球最重要的电子信息产业制造基地，同时产生出华为、中兴等具有较强自主研发能力和国际竞争力的跨国企业。但是，对于广东省整个电子信息产业的转型升级来说，仍离不开中小企业的参与。

1）中小型企业的转型发展。

目前，广东省电子信息制造业仍然存在着产业层次低，自主创新能力弱，出口加工模式占主导地位等问题。一方面，长期形成的加工组装生产模式使得广东省电子信息制造业对外依存度过大。2008 年金融危机的爆发引起电子信息产品出口锐减，一部分代工厂商破产倒闭；另一方面，研发投入的长期不足造成核心技术缺乏，多数产品仍停留在模仿与"山寨"的阶段，缺乏自主品牌。

2009 年以来，在市场驱动与政府引导下，广东省电子信息业的中小型企业进行了一定的升级。从 2004～2012 年的动态与静态偏离 – 份额分析结果来看（表 7 – 9），自 2010 年以来广东省电子信息业的产业结构偏离系数已从负数转为正数，说明该产业的增速超过了广东省工业部门的整体增速。虽然从累计贡献来看（即动态系数）仍小于 0，但是呈 U 字形趋势（图 7 – 5），在 2009～2010 年左右迎来了拐点，说明该产业得到了一定的升级。

表 7 - 9　偏离 – 份额分析法：广东省工业电子信息业的产业结构偏离系数

| 电子信息业 | 2004～2005 | 2005～2006 | 2006～2007 | 2007～2008 | 2008～2009 | 2009～2010 | 2010～2011 | 2011～2012 |
| --- | --- | --- | --- | --- | --- | --- | --- | --- |
| Ssa | – 0.002 3 | – 0.033 0 | – 0.110 4 | – 0.033 8 | – 0.021 9 | – 0.032 9 | 0.035 5 | 0.060 4 |
| Dssa | – 0.002 3 | – 0.035 2 | – 0.141 7 | – 0.170 7 | – 0.188 8 | – 0.215 6 | – 0.187 7 | – 0.138 6 |

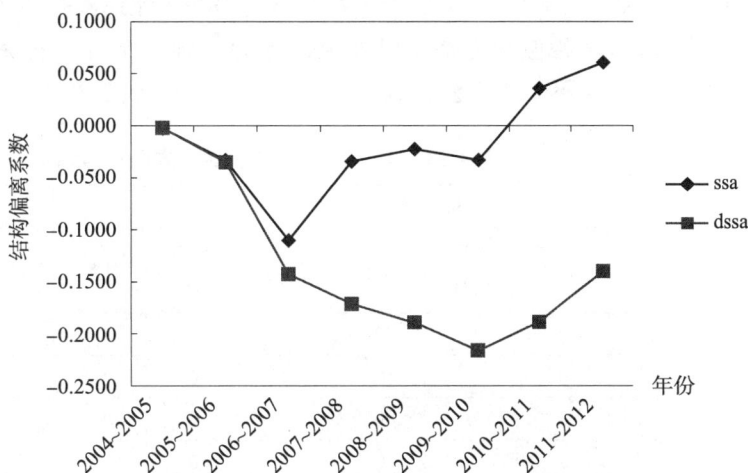

图 7 - 5　偏离 – 份额分析法：广东工业电子信息业的产业结构偏离系数

由于华为、中兴等大型企业的研发投入与产出增长相对平稳，所以产业结构系数的偏离在一定程度上得益于中小型企业的升级。以欧珀（OPPO）、魅族和金立三家中等规模的手机制造厂商为例，从它们 2004～2013 年的专利申请情况可以看出，2010 年之前，三家厂商的专利申请量十分有限且基本以外观设计为主，表明其缺乏自主核心技术，仅仅可以完成相对简单的产品设计。2011 年以来，三家手机制造商的专利申请有了长足的进步，而且以发明专利为主，外观设计专利的比重则非常低。例如广东欧珀移动通信有限公司在 2011 年的发明专利与实用新型专利申请数量分别为 68 件与 60 件，2012 年达到 928 件与 300 件，外观设计专利则从 2011 年的 18 件减少到 12 件。无独有偶，魅族和金立也有着同样的专利申请趋势。在一定程度上说明，上述企业实现了从掌握成熟的生产能力，到产品设计能力，再到基础研发能力的技术提升之路，这种从 OEM 到 ODM 再到 OBM 的转型升级逻辑，为广东省整个电子信息制造业从微笑曲线最低端向价值链高端转型提供了经验，见表 7 – 10。

表 7 – 10　2004 ~ 2013 年 OPPO、魅族、金立专利申请情况　　　（单位：件）

| 年份 | OPPO | | | 魅族 | | | 金立 | | |
|---|---|---|---|---|---|---|---|---|---|
| | 发明 | 实用新型 | 外观 | 发明 | 实用新型 | 外观 | 发明 | 实用新型 | 外观 |
| 2004 | 0 | 0 | 0 | 0 | 0 | 2 | 1 | 1 | 0 |
| 2005 | 0 | 0 | 3 | 0 | 0 | 0 | 0 | 0 | 0 |
| 2006 | 0 | 1 | 12 | 0 | 0 | 0 | 0 | 0 | 6 |
| 2007 | 4 | 2 | 3 | 1 | 0 | 0 | 0 | 0 | 0 |
| 2008 | 5 | 5 | 19 | 2 | 0 | 0 | 11 | 10 | 1 |
| 2009 | 7 | 10 | 28 | 0 | 0 | 0 | 0 | 0 | 0 |
| 2010 | 37 | 31 | 9 | 1 | 1 | 8 | 4 | 4 | 8 |
| 2011 | 68 | 60 | 18 | 8 | 3 | 18 | 11 | 13 | 9 |
| 2012 | 928 | 300 | 12 | 36 | 5 | 11 | 164 | 39 | 1 |
| 2013 | 898 | 125 | 18 | 50 | 4 | 13 | 160 | 48 | 17 |

产品转型是广东省电子信息制造业中小企业升级的另一特点。比如，OPPO 和魅族从生产 MP3 到生产智能手机的转变，虽然不排除模块化制造带来的复杂产品生产简单化的可能，但从企业申请的专利分布看（表 7 – 11），仍能发现企业的研发布局和技术积累。从表 7 – 11 中可以看出，在 2007 年 MP3 市场崩溃之后，以 MP3 为主打产品的 OPPO 和魅族开始了向手机制造商的转型升级。两家企业的升级轨迹相似，均是先以外观设计为基础，而后在熟练制造与技术引进及模仿的基础上进行自主研发与不断地工艺改进。

表 7 – 11　2004 ~ 2013 年 OPPO 和魅族在手机领域的专利申请情况　　　（单位：件）

| 年份 | OPPO | | | OPPO 手机单元 | | | 魅族 | | | 魅族手机单元 | | |
|---|---|---|---|---|---|---|---|---|---|---|---|---|
| | 发明 | 实用新型 | 外观 | 发明 | 实用新型 | 外观 | 发明 | 实用新型 | 外观 | 发明 | 实用新型 | 外观 |
| 2004 | 0 | 0 | 0 | 0 | 0 | 0 | 0 | 0 | 2 | 0 | 0 | 0 |
| 2005 | 0 | 0 | 3 | 0 | 0 | 0 | 0 | 0 | 0 | 0 | 0 | 0 |
| 2006 | 0 | 1 | 12 | 0 | 0 | 0 | 0 | 0 | 0 | 0 | 0 | 0 |
| 2007 | 4 | 2 | 3 | 3 | 0 | 0 | 1 | 0 | 0 | 0 | 0 | 0 |
| 2008 | 5 | 5 | 19 | 2 | 0 | 14 | 2 | 0 | 0 | 2 | 0 | 0 |
| 2009 | 7 | 10 | 28 | 2 | 2 | 19 | 0 | 0 | 0 | 0 | 0 | 0 |
| 2010 | 37 | 31 | 9 | 26 | 24 | 8 | 1 | 1 | 8 | 1 | 1 | 8 |
| 2011 | 68 | 60 | 18 | 62 | 52 | 17 | 8 | 3 | 18 | 8 | 3 | 18 |
| 2012 | 928 | 300 | 12 | 928 | 300 | 12 | 36 | 5 | 11 | 36 | 5 | 11 |
| 2013 | 898 | 125 | 18 | 863 | 124 | 18 | 50 | 4 | 13 | 50 | 4 | 13 |

数据来源：国家知识产权局。

2）鼓励中小型企业技术创新的政策。

通过以上分析，我们认为技术创新是推动广东省电子信息产业转型升级的可行之路。为此，广东省制定了一系列的举措来推动中小型企业进行技术创新与转型升级，具体措施可以归纳为以下三点：

首先，设立科技中小企业创新基金，为企业提供必要的资金支持，激发中小企业技术创新的热情。Westhead 和 Storey（1997）对英国科技中小企业的研究表明科技中小企业往往受困于资金匮乏从而阻碍创新，而技术含量越高领域的中小企业的这一问题则越发严重。为解决这一问题，广东省于 2005 年就成立了广东省科技型中小企业技术创新基金服务中心，并设立创新专项基金，用于重点支持初创期小企业创新项目、一般创新项目、重点创新项目和大学生科技创业项目等。目前，广东省已经建成了以省级创新专项资金为基础，带动地市县区设立本级创新基金，与国家创新基金形成国家、省、市三级一体的创新基金运作体系。此外，在创新基金的拉动作用下，大量社会资本，包括风险投资也开始关注中小型企业研发资金短缺的情况，并帮助部分中小企业摆脱资金短缺的困境。一大批得到创新基金支持的科技型中小企业，根据市场需求开发出的核心技术和创新产品赢得了资本市场的青睐，并推动广东省最终形成全社会重视创新、敢于创新的氛围，对广东省整体的产业转型升级产生了积极的影响。2012 年 2 月 1 日，广东省委、省政府出台《印发 2012 年扶持中小微企业发展的若干政策措施的通知》，将微型企业也纳入创新基金的扶持对象中，进一步加大对初创期（成立不足 3 年）企业的支持力度，助力全省广大中小微企业开展技术创新。

其次，广东省共选取了新型电子信息业在内 11 个产业作为重点发展的战略性新兴产业，并确定率先在新型电子信息、电动汽车和 LED 三大战略性新兴产业进行突破与升级。广东省以此依托企业建设国家重点实验室、国家工程中心等创新基地，支持企业积极承担或参与国家重大科技项目，使企业在这过程中成为了研究开发投入的主体、创新活动组织的主体和创新成果受益的主体，加快了技术进步和提高了自主创新能力。

再次，广东省政府还在不断完善科技中介体系的建设以及对企业的科技服务、配套服务。这方面的举措包括专门扶持检验检测、创新资源共享和科技成果转让等公共技术服务机构，加强对公共技术服务机构支持，壮大面向中小企业的服务机构和工作队伍。截至 2010 年年底[①]，广东省共有国家级高新区 9 个，省级以上高新区 20 个，国家火炬计划特色产业基地 28 家，技术创新专业镇 309 个，国家高新技术产业化基地 8 家以及科技企业孵化器 73 家。这些创新体系中的中介机构整合了产学研资等多方资源，吸纳了中国科学院深圳先进技术研究院、清华大学深圳研究生院等科研院所，中国联通、康佳等领先企业，以及同威创投、富基投资多家创投公司，在多种资源的整合下推动了电子信息业中小企业的发展与升级。此外，省科技厅还组织专家深入到中小企业密集的镇区、科技孵化器、科技园区进行辅导，通过培育技术创新能力，把技术创新作为企业从"广东制造"向"广东创造"转型升级的核心动力。

## 7.3　政府在产业升级中的作用

通过对广东省工业转型升级的分析，我们发现广东省正在经历围绕从加工制造向自主创新的转变，以创新驱动产业转型升级。在这个过程中，政府起到了不可替代的作用。

第一，不断提高研发投入，带动创新能力提升。2006 年以来，广东省的研发投入强度逐年递增，且增速很快。2011 年广东省研发强度达到 1.96，超过全国水平，2012 年超过 2%，达到发达国家水平（表 7 - 12）。在一定程度上说明，全球金融危机并未让外贸导向型的广东陷入简单的成本竞争，而是通过增加投入，以创新驱动发展方式转变。

---

① 《广东科技年鉴》（2011）。

表 7 - 12  2006～2012 年广东省研发投入强度与全国水平比较

| 年　份 | 研发投入强度（%） | |
|---|---|---|
| | 全国 | 广东 |
| 2006 | 1.42 | 1.19 |
| 2007 | 1.49 | 1.30 |
| 2008 | 1.54 | 1.41 |
| 2009 | 1.65 | 1.59 |
| 2010 | 1.76 | 1.76 |
| 2011 | 1.84 | 1.96 |
| 2012 | 1.98 | 2.17 |

第二，政府出台一系列政策措施来引导和扶持创新。在产业政策的指导下，广东省各级政府依托国家技术改造投资免税等优惠政策，引导传统产业采用国内外先进适用的新技术、新装备、新工艺对现有设备、生产工艺及辅助设施进行改造提升。同时设立了创新专项基金，尤其帮助中小微企业进行自主创新。例如，根据纺织业的行业特点，西樵镇政府帮助当地纺织企业进行融资，购置先进设备用以改进生产工艺，提高行业中的中小企业新产品开发能力，使数目庞大的中小企业形成合力来促进当地集群的升级。

第三，充分发挥产学研创新联盟在推动产业升级中的作用。广东省的纺织服装业、汽车制造业以及电子信息业都有对应的产学研创新联盟，将相关企业的技术人员与高校、研究院所的科研人员联合起来进行集中研究与开发，加快创新速度。此外，广东省重视建立行业创新平台和共性技术研发，更有效地推动行业技术进步，这一点极大地促进了大量中小型企业的创新。

第四，重视职业教育和产业工人培育。产业转型升级需要大量高素质的产业工人，产业工人的素质将直接影响到产品的质量和科技成果转化率，而且大量创新来源于一线工人的实践。因此，广东省十分重视产业工人的培养，职业技术教育迅猛发展。目前，广东共有各类职业技术学校所和培训机构近万个，全省职业教育和培训能力在年万人次以上。例如，广东纺织职业技术学院西樵校区的建立，为西樵纺织集群输送大量技术工人，广汽集团也通过自身培训积累了一批一流的技术研发人才，以及大批高水平的现代产业工人。

第五，重视自主品牌发展。在自主创新的基础上，广东省还强调企业自主品牌建设，这是简单外贸型经济模式升级的必经之路。但是，在强调自主品牌建设的同时，仍需要对产业特点及企业实力有深刻的认识，避免同质化的品牌战略。例如，以虎门镇服装业的发展经验来看，并非所有企业都适合品牌战略，而是以几个核心知名品牌，如"以纯"为基础打造全产业链集群，带动地区产业的整体升级。

# 7.4　结论与启示

一个外向型经济体，在国际金融危机、要素成本上升、劳动密集型产业转移的多重压力下，率先开启了产业转型之路。通过原创设计、质量把控和品牌建设，广东省纺织服装业逐步从传统的加工制造走向设计品牌道路；以广汽集团为龙头的汽车制造业，从深化产业链，完善产业配套和产业集群出发，在抓住新能源汽车发展契机的同时，致力于培育自主品牌，产业竞争力稳步提升；在电子信息制造业，通过鼓励创新带动了一批中小型企业转型发展。可以说，广东省的产业转型发展已经取得成效。同时，我们也要看到研发、品牌、产业集群以及现代产业工人的培育都是促进转型升级的关键要素，其产业升级的过程不是原来优势产业——信息产业——的深化，而是另一个产业——汽车——的出现与加强，但汽车产业的外生性高于信息产业。因此，广东的模式是产业整体性升级了但优势产业并没有更优。

# 第八章

## 钢铁产业的转型升级
### ——以河北省为例

近年来,在我国经济增速放缓,钢材需求增幅下滑的背景下,钢铁产能过剩矛盾日益突出;同时,高昂的进口矿成本进一步压缩赢利空间,使得钢铁行业进入微利甚至亏损阶段。十八大报告提出要大力推进生态文明建设,坚持节约优先、环保优先,倡导绿色发展和循环发展,钢铁行业作为"高投入,高污染"的典型代表亟须深入调整产业结构,加快技术改造。河北作为钢铁大省,如何加快产业结构调整和转型升级成为推进创新驱动发展的当务之急。

为此,本报告以河北钢铁产业为例,从一个典型地区的传统产业发展中看产业升级的动力与挑战,对理解我国当前产业升级及相关政策制定至关重要。

## 8.1 河北钢铁产业的发展现状

在过去的很多年里,钢铁行业是衡量一个国家或地区综合实力与工业水平的重要指标。河北省凭借其在自然资源、产业基础和地理位置等方面的优势,成为我国钢铁产业的第一大省,自2001年起钢铁产量连续多年位居全国首位。

从钢铁产量看,2012年河北省钢铁行业总产品达到了114 428.5万吨,约占全国总产量的1/4。其中,粗钢为18 048.38万吨,钢材为20 995.2万吨,生铁为16 350.23万吨相对于2011年,产量同比均有所增长,且高于全国平均水平(表8-1)。

表 8-1  2012 年全国主要省市钢铁生产情况

| 地区 | 钢材 | | 生铁 | | 粗钢 | |
|---|---|---|---|---|---|---|
| | 产量/万吨 | 累计同比增长(%) | 产量/万吨 | 累计同比增长(%) | 产量/万吨 | 累计同比增长(%) |
| 全 国 | 95 186.10 | 7.70 | 65 790.50 | 3.70 | 73 104.00 | 4.14 |
| 河 北 | 20 995.20 | 9.40 | 16 350.20 | 4.80 | 18 048.4 | 6.20 |
| 江 苏 | 10 989.20 | 9.80 | 5 871.90 | 8.40 | 7 419.7 | 8 |
| 山 东 | 7 817.90 | 8.90 | 6 013.10 | 3.70 | 5 957 | 2 |
| 辽 宁 | 5 916.10 | 0.40 | 5 311.20 | -2.10 | 5 177 | -2.60 |
| 天 津 | 5 708.60 | 12.10 | 1 974.60 | -5.80 | 2 124.2 | -7.50 |

续表

| 地区 | 钢材 | | 生铁 | | 粗钢 | |
|---|---|---|---|---|---|---|
| | 产量/万吨 | 累计同比增长（%） | 产量/万吨 | 累计同比增长（%） | 产量/万吨 | 累计同比增长（%） |
| 山　西 | 3 797.60 | 11.80 | 3 996.50 | 5.90 | 3 950.10 | 9.40 |
| 湖　北 | 3 558.40 | −2.90 | 2 407.10 | −3.40 | 2 806.70 | −4.40 |
| 河　南 | 3 481.40 | 5.70 | 2 116 | −0.20 | 2 215.80 | −7.50 |
| 浙　江 | 3 361.30 | 5.80 | 1 006.10 | 0.40 | 1 305.20 | −0.50 |
| 广　东 | 2 993 | 2.80 | 842 | −1.50 | 1 228.50 | −5.30 |

数据来源：2013 年钢铁行业分析报告。

从销售情况看，2012 年河北省钢铁行业销售收入为 11 468.28 亿元，占全国销售总额的 16.17%，居全国首位。销售收入排名较高的省份还有江苏省、山东省、辽宁省以及天津市，前五个省（自治区、直辖市）的累计销售收入占比达到了全行业的 51.27%（表 8−2）。

表 8−2　2012 年钢铁行业全国主要省市销售收入情况

| 地　区 | 累计销售收入/亿元 | 比重（%） | 销售收入同比增长（%） |
|---|---|---|---|
| 全　国 | 70 904.15 | 100.00 | 1.24 |
| 河北省 | 11 468.28 | 16.17 | −1.85 |
| 江苏省 | 9 725.90 | 13.72 | 7.02 |
| 山东省 | 5 756.30 | 8.12 | 4.87 |
| 辽宁省 | 5 395.20 | 7.61 | −4.55 |
| 天津市 | 4 005.20 | 5.65 | 7.59 |
| 湖北省 | 3 421.26 | 4.83 | −1.74 |
| 山西省 | 3 095.57 | 4.37 | 10.66 |
| 河南省 | 2 926.47 | 4.13 | −2.00 |
| 浙江省 | 2 428.03 | 3.42 | 0.70 |
| 四川省 | 2 286.80 | 3.23 | −1.89 |

数据来源：2013 年钢铁行业分析报告。

2012 年，河北省利润总额为 153.52 亿元，占全国的比重为 12.49%，低于销售收入占比。这表明河北省钢铁产品的附加值相对较低，高端产品占产量比重小，说明高端产品产能不足与总体产能过剩的结构性矛盾依然较为明显。

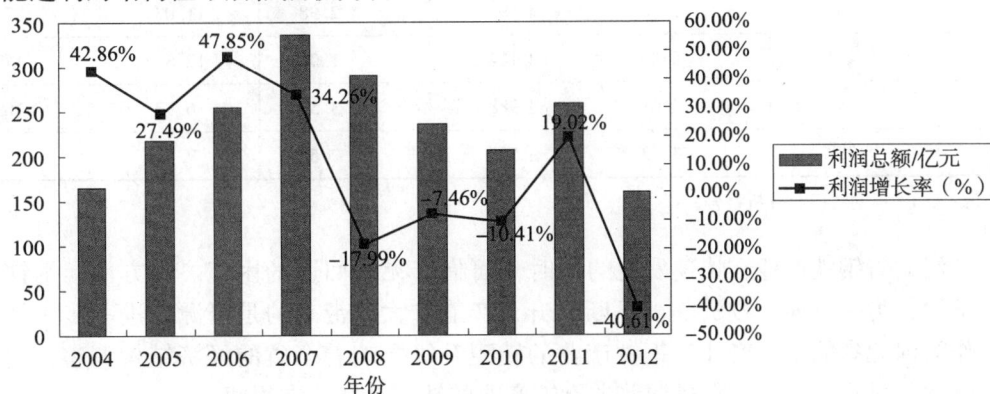

图 8−1　2004~2012 年河北省钢铁产业利润变化
数据来源：中国钢铁工业年鉴（2005~2013）。

表 8 – 3　2012 年钢铁产业全国主要省市盈利情况

| 地　区 | 2012 年利润总额/亿元 | 2011 年利润总额/亿元 | 2012 年利润比重/亿元 | 利润增长率（%） | 资金利润率（%） | 成本费用利润率（%） |
|---|---|---|---|---|---|---|
| 全　国 | 1 229.43 | 1 962 | 100 | −37 | 4.83 | 1.77 |
| 江苏省 | 258.68 | 356 | 21.04 | −27 | 8.02 | 2.75 |
| 天津市 | 167.83 | 151 | 13.65 | 11 | 9.20 | 4.37 |
| 河北省 | 153.52 | 258 | 12.49 | −41 | 4.26 | 1.38 |
| 河南省 | 140.18 | 151 | 11.40 | −7 | 18.03 | 5.07 |
| 上海市 | 130.42 | 66 | 10.61 | 97 | 16.62 | 6.50 |
| 山东省 | 123.95 | 169 | 10.08 | −27 | 6.75 | 2.21 |
| 浙江省 | 47.37 | 68 | 3.85 | −30 | 3.78 | 1.99 |
| 福建省 | 39.10 | 61 | 3.18 | −36 | 7.25 | 2.64 |
| 湖北省 | 29.28 | 97 | 2.38 | −70 | 2.46 | 0.82 |
| 安徽省 | 26.34 | 73 | 2.14 | −64 | 3.54 | 1.23 |

数据来源：2013 年钢铁行业分析报告。

　　从固定资产投资额看，2012 年河北省是钢铁行业固定资产累计额最高的省份，累计资产额达 9 571 亿元，占全国总资产的 16.85%，较 2011 年上升 6.72%（表 8 – 4）。

表 8 – 4　2012 年全国主要省市钢铁行业资产情况

| 地　区 | 企业单位数/家 | 企业数比重（%） | 累计资产总计/亿元 | 资产比重（%） | 累计资产总计同比增长（%） | 固定资产投资/亿元 |
|---|---|---|---|---|---|---|
| 全　国 | 11 028 | 100 | 56 809 | 100 | 5.76 | 5 167.13 |
| 江苏省 | 1 621 | 14.70 | 6 264 | 11.03 | −2.70 | 511.83 |
| 浙江省 | 1021 | 9.26 | 2 014 | 3.55 | 5.72 | 122.84 |
| 辽宁省 | 967 | 8.77 | 5 357 | 9.43 | 2.18 | 431.02 |
| 山东省 | 826 | 7.49 | 3 761 | 6.62 | 5.55 | 249.61 |
| 河北省 | 745 | 6.76 | 9 571 | 16.85 | 6.72 | 650.93 |
| 广东省 | 599 | 5.43 | 1 485 | 2.61 | 9.88 | 115.62 |
| 河南省 | 585 | 5.30 | 1 695 | 2.98 | 11.03 | 277.25 |
| 湖南省 | 574 | 5.20 | 1 114 | 1.96 | −12.81% | 177.61 |
| 四川省 | 442 | 4.01 | 1 988 | 3.50 | 6.72 | 169.43 |
| 安徽省 | 388 | 3.52 | 1 520 | 2.68 | 7.69 | 233.47 |

数据来源：2013 年钢铁行业分析报告。

　　由此，河北省钢铁产业在快速发展的同时，面临着无法回避的困境。一方面，钢铁产能过剩，利润下滑；另一方面，投资额度不断攀升，产能扩大，带来的是资源的进一步短缺和雾霾的频发。作为河北省的主导产业，钢铁产业的转型升级影响着全省的经济结构调整，也影响着京津冀一体化的进程。因此，促进河北省钢铁产业的转型升级迫在眉睫。

## 8.2　河北省钢铁产业发展面临的主要问题

河北钢铁企业先后经历了四次整合、重组，试图解决产业发展过程中长期存在的问题和矛盾。2008 年 6 月 30 日，由唐钢集团和邯钢集团联合组建而成的河北钢铁集团有限公司，规模是全国第 1，但利润却只有世界钢铁巨头德国蒂森克虏伯的 1/5，国内领头羊宝钢的 1/3。2011 年，河北省钢铁产业全部从业人员年平均人数为 54.09 万人，固定资产总额达 3 802.39 亿元，均居全国首位，但从全国及主要省市钢铁产业人均工业总产值和固定资产产出率来看，河北省劳动生产率高于全国平均水平，但仍落后于上海、天津、江苏等发达省市；固定资产产出率更是位居全国第 15 位（如图 8 - 2 和图 8 - 3 所示），"大而不强"成为河北钢铁产业当前面临的最大问题，具体表现如下：

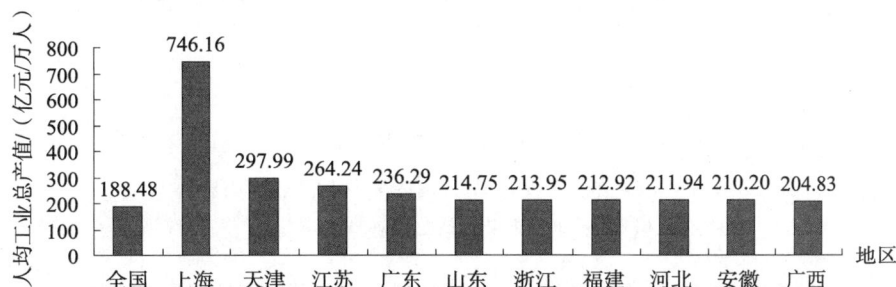

图 8 - 2　2011 年全国及主要省市钢铁产业人均工业总产值

数据来源：由中国工业经济年鉴（2012）数据计算所得。

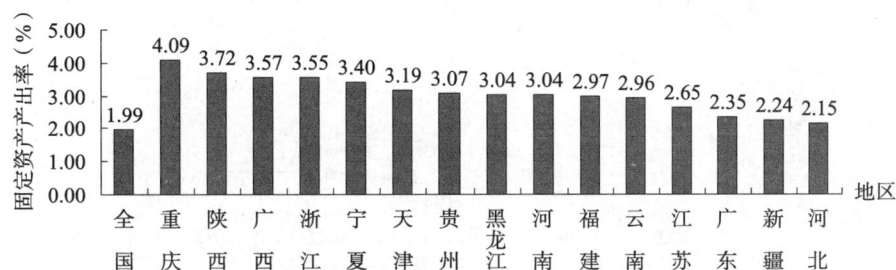

图 8 - 3　2011 年全国及主要省市固定资产产出率

数据来源：由中国工业经济年鉴（2012）数据计算所得。

第一，产业集中度低，企业布局分散。根据河北省钢铁协会统计数据显示，河北省境内的黑色冶炼及钢加工企业有近 500 家，年产 600 万吨以下的中小规模企业约占四成，其中大多为民营企业（赵松岭，杜晶晶，2012）。产业集中度偏低，加剧了钢铁行业内企业的无序竞争，布局分散使低水平重复建设严重。部分钢铁企业在钢铁产业建立初期形成的资源型布局和备战备荒型布局已经不能适应发展的需要。

第二，产品结构失衡，附加值低。河北省钢铁产品以粗钢为主，包括螺纹钢、线材、中小型材、焊接钢管、热轧带板、部分中厚板等在内的建筑钢材占全省钢材总量 60% 以上，而优质板带材、超薄热带、冷轧薄板等制造工业所需的高技术含量、高附加值的深加工产品品种少，开发滞后，产品质量不稳定。高端产品产能不足，与总体产能过剩的结构性矛盾依然较为明显。

第三，技术创新水平低，落后产能大量存在。2012 年河北省粗钢产量增幅比全国高出 3.07

个百分点，净增粗钢产量 1 048.84 万吨，约占全国粗钢净增量的一半，其中落后产能大量存在（王健，2013）。从国际经验看，产能利用率在 81% ~ 82% 之间是衡量工业产能是否过剩的临界点，75% 以下表明产能过剩严重，高于 85% 表示产能不足。2003 年到 2009 年 7 年间，我国钢铁行业的产能利用率一直在 75% ~ 85% 的区间调整；2010 年达到 90%，为最高水平。但 2011 年以来，在有效需求不足的情况下，钢铁行业产能过剩问题进一步显现，产能利用率处于较低水平（如图 8 - 4 所示）。工信部原材料司发布《2013 年钢铁工业经济运行情况》，报告显示我国已有炼钢产能近 10 亿吨，产能利用率仅 72%，而河北省钢铁产能利用率平均仅 63%，低于全国平均水平。

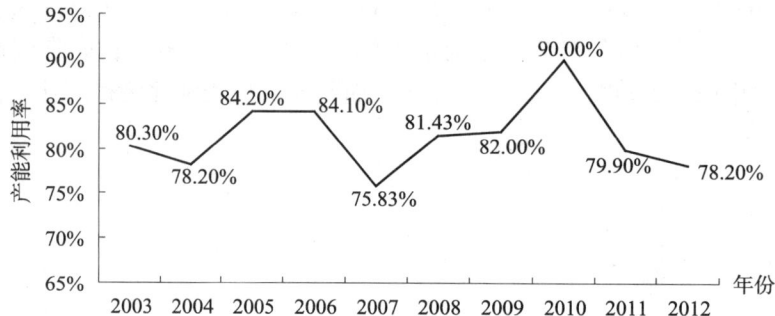

图 8 - 4 2003 ~ 2012 年全国钢铁产业产能利用率

数据来源：世经未来 http://www.wefore.com/。

产能过剩的根源在于创新不足。以专利申请情况为例，最近五年河北钢铁集团的专利申请量增长缓慢，低于首钢集团和宝钢集团（图 8 - 5）；从专利构成看，其发明专利较少，仅为专利总量的 26.24%，远低于首钢集团的 62.16%；此外，河北钢铁集团 70% 的专利集中在粗钢领域，专利质量不高，技术含量较少（冯建勋，2010）。

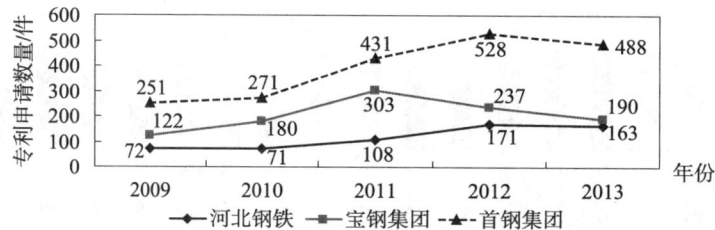

图 8 - 5 2009 ~ 2013 年三家大型钢铁集团专利申请量

数据来源：根据河北省知识产权公共信息平台数据整理。

表 8 - 5 三家大型钢铁集团专利构成分析

| 企业专利 | 发明专利 | | 实用新型 | | 外观设计 | | 专利总量/件 |
|---|---|---|---|---|---|---|---|
| | 数目/件 | 比例（%） | 数目/件 | 比例（%） | 数目/件 | 比例（%） | |
| 河北钢铁 | 153 | 26.24 | 429 | 73.58 | 1 | 0.17 | 583 |
| 宝钢集团 | 174 | 16.86 | 858 | 83.14 | 0 | 0.00 | 1032 |
| 首钢集团 | 1224 | 62.16 | 744 | 37.79 | 1 | 0.05 | 1969 |

数据来源：根据河北省知识产权公共信息平台数据整理。

另外，河北省钢铁工业在高效采选、钢铁冶炼、高端产品开发、废弃物综合利用技术等方面，同世界先进水平还存在很大的差距，这些都大大制约了河北省钢铁产业创新能力的提升，成为解决产能过剩问题的重要制约因素。

第四，资源支撑条件脆弱，环境污染严重。近年来，随着产量的快速膨胀，河北省钢铁产业遭遇铁矿石、焦炭、水电等多方面制约，其与资源、能源和环境之间的矛盾变得越来越尖锐。2012 年，河北省能源消费总量高达 3.02 亿吨标准煤，其中煤炭消费 2.71 亿吨，占能源消费总量的 89.6%，高于全国平均水平近 20 个百分点。全省由此带来的氮氧化物、二氧化硫排放量，高达 176.1 万吨和 134.1 万吨，分别居全国第 1 位和第 3 位。而河北省钢铁产业每年综合能耗接近 1 亿吨标准煤，电耗超过 900 亿千瓦时，均占全省能耗总量的 1/3。全省二氧化硫的排放量，26.6% 出自钢铁产业。烟粉尘排放量中，来自钢铁的占比更是高达四成。

河北省钢铁产业的整体污染控制技术水平仍然比较落后，达到环保要求的企业所占比例仍然偏低。2013 年 3 月环保部华北督察重点对河北的钢铁全面调查发现，该省 60% 的运行企业存在环保问题，70% 除尘设施运行不正常，八成企业生产废水违规排放（富宝钢铁网，2013）。而在河北省数百家民营地方性小企业中更是不乏环保投入较低甚至零投入的企业，据《中国经济和信息化》报道，这些小企业出于生产成本的考虑，估计有 30%~40% 没有开启环保设备，20%~30% 不坚持常用，甚至还有的企业根本就没有上任何环保设备，在加重对资源与环境的污染与破坏的同时，也制约着河北省钢铁产业的健康发展。

第五，地方政府的对产业的保护与支持。长期以来，在钢铁产业政策执行过程中，国家政策与地方利益存在深层次的矛盾，使得政策的执行力度都低于预期，这与地方政府的保护主义、现有的行政考核机制、分灶吃饭财税体制、当地人口就业和社会发展等因素有关，阻碍了市场环境的建立和政策的执行。

## 8.3　河北省推动钢铁产业发展的举措

### 8.3.1　加快产业整合

钢铁产业具有规模效应，产业重组历来是各级政府的重要举措。2009 年 9 月，河北省内以唐钢为核心的三大钢铁集团之间进行了钢铁企业重组，重组后的河北钢铁集团成为河北省钢铁产业的引领者。2010 年 11 月，河北省钢铁集团以"渐进式股权融合"的模式，与河北省 5 家民营钢铁企业签署了联合重组协议，截至 2012 年 8 月，河北钢铁集团已将省内 13 家民营钢铁企业联合重组，实现了规模经济，大大提高了产业集中度和竞争力。

如今，河北省钢铁行业形成了以国有的河北钢铁集团为主导、以民营钢铁企业为主体，优势互补、相互竞合的"双驾马车"拉动河北钢铁工业发展的局面。大型钢铁集团起到强有力的带动作用，而民营企业适应市场能力强，对市场变化能"迅速反应、马上应对"。同时，河北民营钢铁企业的机制灵活，产品成本低。比如德龙钢铁公司中厚宽钢带、国丰钢铁公司热轧板卷等成品成本一直位居全国同行业成本的最低位。这成为河北省钢铁行业在全行业亏损的境况下仍然能够保持盈利水平，逆势增长的重要原因。

### 8.3.2　调整产品结构

河北省钢铁企业坚持以市场需求为导向，以效益为中心，通过技术的消化吸收和现场操作能力的提升，积极开发新产品，推动产销衔接，加强标准的制定与推广，产品结构也随着市场需求变化不断进行适应性调整。2010 年和 2011 年,河北省重点钢铁企业新产品产值同比分别提高 9.54% 和 18%(如图 8－6 所示),普通型钢和一般性板带材的比重不断下降,高附加值的产品品种更加齐全;电工钢板取得零的突破,2011 年和 2012 年的产量分别达到 24.39 万吨和 62.08 万吨。

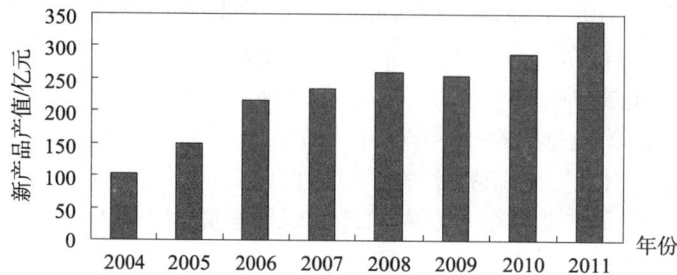

图 8－6　2004～2011 年河北省钢铁产业新产品产值
资料来源:中国钢铁工业年鉴(2005～2012)。

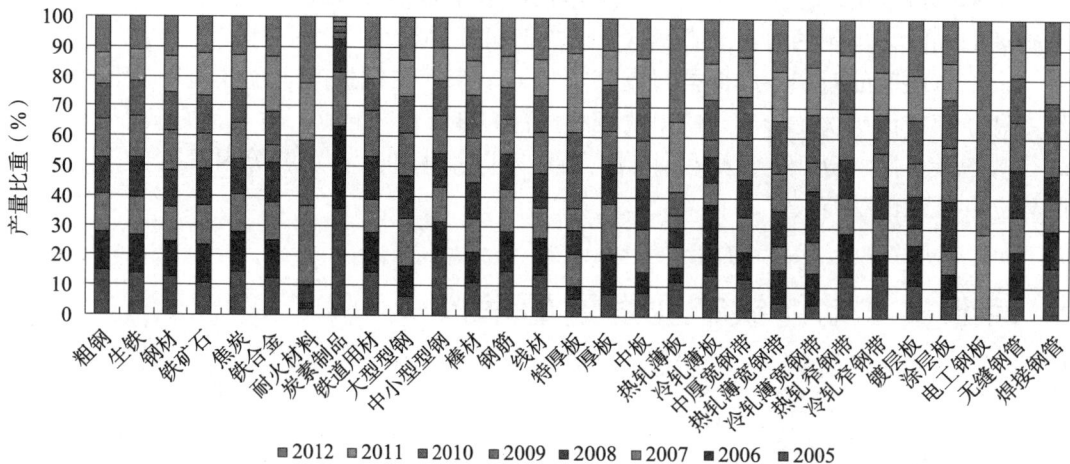

图 8－7　2005～2012 年河北省钢铁产业主要产品产量比重变化
资料来源:由中国钢铁工业年鉴(2006～2013)数据计算所得。

2011 年,河北钢铁集团四大精品基地建设成效显著,成功开发出汽车超深冲 IF 钢 DC07、高表面要求的汽车 05 面板、X100 管线钢等新产品 100 余个,新产品贡献率达 9.72%;邢钢不锈钢线材项目顺利投产,成为从超低碳、低碳、中碳、高碳到合金钢、不锈钢的全系列线材生产企业。此外,河北钢铁集团承钢的 HRB500 和 HRB600 高强钢筋研发、推广都走在了前面,并成为标准制定单位,对于推动我国和河北省普通钢材品种的优化升级发挥了巨大作用。同时,河北省钢铁集团核电用钢、海洋平台用钢、抗震钢筋,新兴铸管的高品质铸管、中钢邢机的高端轧辊等一批拳头产品的市场占有份额和竞争优势居全国领先地位。

## 8.3.3　改造生产工艺

自 2008 年以来,河北省科技厅、河北省自然科学基金委员会与唐钢共同设立河北省自然科学基金——钢铁联合研究基金,目的是将政府和企业的资金结合,用于培养钢铁行业的科技人才,面向产业需求开展研究,主要针对矿山开采、焦化工业新工艺和新装备、炼铁炼钢及轧钢原理与工艺、资源综合利用与节能减排等六大研究方向,共资助 52 小类项目,该基金资助项目的研究成果由项目承担者和唐钢共有。

2010 年，河北省科技厅联合河北钢铁集团设立了为期 5 年、每年 6 000 万元的河北省钢铁产业技术升级专项资金，重点支持绿色生产技术研究与应用、重大新产品开发、关键技术与装备研究及应用三类项目，进一步增强河北钢铁行业核心竞争力。3 年来专项资金共立项支持河北省 23 个钢铁产业升级项目，项目总投资超过 7 亿元。目前，河北省钢铁行业自主创新能力得到大幅度提升，在工艺技术、新产品开发和节能环保等方面涌现出一批具有自主知识产权的高水平成果。截至 2013 年年底，先后开发出新产品 500 多个，攻克汽车用钢等领域 200 多项关键技术，拥有 1 854 项自主知识产权，牵头制定 5 项国家产品标准，200 多个产品成功替代进口（王成应，2013）。

同时，河北省钢铁企业也不断加强与上下游企业的合作，提高工艺创新水平和装备水平。2013 年 10 月，河北钢铁集团与中国中冶签署了一份战略合作协议。一方面，中冶有巨大的建设市场需要河北钢铁的产品；另一方面，河北钢铁很多企业技术改造升级的任务巨大。此外，河北省与中国钢研科技集团在涿州建立国家冶金新材料基地，成功研发了一批精轧装备高端产品，使我国成为世界上第二个拥有该装备工业化生产技术的国家；曹妃甸结合首钢搬迁打造新一代可循环钢铁流程工艺技术的国家重大科技项目，采取集中全国钢铁企业院士专家智慧的方式，吸取了国外的一些经验，大大提升了中国和河北钢铁工业的技术装备水平。截至 2013 年 6 月末，河北钢铁尚在建设的工程多达 86 项，其中绝大部分为产业升级和环保技术改造。

# 8.3.4　淘汰落后产能

淘汰落后产能是技术改造和产业升级的必然。2007～2011 年，河北省大力推广应用各项先进节能减排技术。其中，钢铁工业企业单位产品能源消耗量的多项指标均有所下降，且明显低于全国平均水平（表 8-6）。

表 8-6　2007～2011 年河北省主要耗能工业企业单位产品能源消耗情况

| 指　标 | 2007 | 2008 | 2009 | 2010 | 2011 |
|---|---|---|---|---|---|
| 吨钢综合能耗/（千克标准煤/吨） | 608.23 | 604.58 | 565.43 | 562.49 | 571.81 |
| 吨钢耗电/（千瓦时/吨） | 346.91 | 388.63 | 391.58 | 405.07 | 419.67 |
| 炼铁工序单位能耗/（千克标准煤/吨） | 461.75 | 434.67 | 407.37 | 403.48 | 397.50 |
| 铁矿烧结工序单位能耗/（千克标准煤/吨） | — | 53.53 | 50.50 | 48.89 | 46.48 |
| 转炉炼钢工序单位能耗/（千克标准煤/吨） | 10.27 | 9.69 | 5.24 | 2.36 | — |
| 电炉炼钢工序单位能耗/（千克标准煤/吨） | 77.69 | 89.80 | 151.28 | 125.42 | 125.99 |
| 电炉炼钢综合电力消耗/（千瓦时/吨） | 359.25 | 423.20 | 583.98 | 505.61 | 430.65 |
| 轧钢工序单位能耗/（千克标准煤/吨） | 59.01 | 60.17 | 54.90 | 52.31 | 51.96 |
| 轧钢工序电力消耗/（千瓦时/吨） | 102.77 | 78.32 | 77.38 | 78.87 | 80.78 |
| 吨钢耗新水/（吨/吨） | 3.34 | 3.15 | 3.00 | 3.04 | 2.97 |

数据来源：河北省经济年鉴（2008～2012）。

2011 年，河北省共淘汰落后炼铁产能 860 万吨，落后炼钢产能 1 550 万吨，省重点钢铁企业吨钢综合能耗达到 602.43 千克标煤，同比下降 1.51 千克标煤；烧结、焦化、炼铁、炼钢、轧钢五大工序能耗全面下降，90% 的钢铁企业实现了负能炼钢；高炉煤气和焦炉煤气的利用率分别达 97.68% 和 99.69%，同比分别提高 1.07 和 0.92 个百分点；转炉吨钢回收煤气 87.34 立方米，同比提高 27.11%。吨钢耗新水同比下降 0.14 吨，外排废水总量同比减少 705 万吨，部分企业实现污水零排放，废水中的主要污染物和废气中的二氧化硫、烟尘含量也明显下降。

2012 年，河北钢铁集团—唐钢公司继续打造世界最清洁钢铁企业厂区治理，持续深化节能减排，自发电比例不断提高。其中，移动热风分布板式流化床煤调湿技术、钢铁企业低压余热蒸汽发电、钢渣改性气淬处理技术、唐钢清洁生产技术集成与应用等一批节能减排、清洁生产技术成果得到有效应用和创新突破。

2013 年，河北钢铁集团还与美国哈斯科集团签订协议，将利用哈斯科集团持有的"转炉煤气发酵法制乙醇专利使用权"，将生产过程中产生的大量转炉煤气，转化成清洁能源乙醇。项目建成后，日处理转炉煤气 65 万立方米，年产乙醇可达 3 万吨以上。

### 8.3.5　重视信息化建设

河北省钢铁企业积极开展集团业务运营模式和管理模式的变革，并逐步完善管理的配套系统，不断致力于企业信息化的建设，加快实现钢铁行业两化融合。在引进 ERP 等先进信息系统的同时大力发展电子商务，如 2011 年 9 月 16 日，时力科技与河北钢铁集团国际物流公司签约，共同推进河北钢铁集团电子交易中心与智能物流服务中心项目建设。通过这些平台，钢铁企业可以了解市场的发展现状和规律，并实现上下游产业链间的信息交流与共享（项贤国，2013）。此外，河北钢铁集团信息化建设工程自主研发与创新、科学构建冶金矿山战略性劳动定员定额管理运行体系、基于数字矿山技术的矿山生产精细化管理等多项成果荣获"2012 年冶金科学技术奖"和"2012 年冶金企业管理现代化创新成果"等奖项。

## 8.4　河北省钢铁产业升级发展分析

河北省钢铁产业的困境是粗放式发展的牺牲品，产生升级的落脚点是转变经济发展方式。从某种程度上讲，我国千篇一律的城市建设、寿命超短的建筑设计是钢铁产业发展的罪魁祸首。由此，未来的城镇化建设需要一个根本性的改变。

### 8.4.1　政府减少直接调控

政府应减少直接调控，将钢铁总量控制的重点从产能总量转到需求总量上。一方面，应严格下游行业钢材使用标准，切实减少浪费。加强主要行业钢材消耗管理，修订建筑用钢等标准，大规模推广三级钢筋、高强度结构钢；积极推动汽车轻量化、油船耐腐蚀钢等发展，减缓装备行业钢材需求增长；出台建筑物使用年限强制管理办法，强化建筑物质量管理，大幅延长建筑物寿命；规范和制止无序轮回拆建等。另一方面，可以推广钢材替代产品，加强废钢资源回收利用。鼓励下游行业广泛使用新材料、可再生材料替代钢材；结合城市矿产示范基地等建设，抓紧建立废钢资源回收流通体系；运用财政补贴、增值税退税等政策，支持废钢加工企业发展，降低对铁矿石和钢铁初级产品的依赖。同时，还应制定合理的贸易政策，综合运用出口配额、退税、关税、加工贸易管理等措施，合理引导下游制成品出口。

### 8.4.2　改变绩效考核机制

河北在钢铁产业具有比较优势，其产业的利润率、吨钢能耗指标都优于全国平均水平。从产业结构的角度，我们找不到一定要压缩河北钢铁产能的理由，但钢铁产业的环境外部性要求河北必须改变现有产业结构。京津冀雾霾天气频发表明华北已经承载不下如此大规模的钢铁产业，也说明从本地区 GDP 出发的发展模式不再适用，亟须转变经济发展方式。

政府应设计更多经济手段将外部成本内部化，形成全国统一的竞争市场，为钢铁产业整合营造良好的环境和氛围。通过政策和法律等手段，建立起钢铁产业强制性的能耗、资源、环保、技术、税收等多层次、综合性的市场准入标准和退出机制。例如，加快财税、政绩考核等改革，降低地方政府不顾效益、盲目上钢铁等"两高"项目的动力。更严格的环保标准是进一步淘汰钢铁落后产能的有效方式。同时，还可以发挥电力对钢铁调控的作用。钢铁行业率先试行能耗总量控制，综合考虑产能规模、能耗标准等设定企业能耗和电耗限额，对超额用电企业征收罚金，并将部分罚金留地方作为结构调整基金，调动地方积极性。

## 8.4.3　大力发展非钢类产业

河北省作为中国钢铁产业第一大省，过去只注重规模的扩大，却忽视了钢铁企业受地区市场容量、物流成本、环境容量等问题的制约。如今，其面临的各项问题并没有得到明显改善，产能过剩问题愈演愈烈，资源与环境的矛盾日益加剧，技术创新能力仍落后于国际和国内先进水平。可以说，包括河北省在内的我国钢铁产业正在为过去 10 多年的粗放式发展"埋单"。2012 年，受市场需求减弱、钢材价格大幅下跌，原燃材料价格居高不下，环保法规加大落地力度的影响，大中型钢铁企业首次出现 2000 年以来的全行业亏损，企业经营十分困难。目前，河北省正在加大对钢铁产业之外的其他产业的投资力度，例如，装备制造业已成为投资的主动力，2011 年，全省装备制造业完成投资 2461.3 亿元，同比增长 41.2%，对全省工业投资的贡献率达 43.0%，是拉动工业投资快速增长的主要因素。同时，河北省对第三产业和高新技术产业的投资也大幅增加，而对作为传统产业和高能耗产业的钢铁产业的投资则开始下降，如表 8-7 所示。可以说，钢铁产业正在进入深度调整期，优化钢铁产业结构，提升钢铁企业的竞争力和综合效益，促进河北省产业升级，已成为当前工作的重中之重。

表 8-7　2011 年部分行业固定资产投资（不含农户）及增速

| 行业 | 绝对值 | 比上年增长（%） |
|---|---|---|
| 制造业 | 6 117.80 | 29.00 |
| 其中：农副食品加工业 | 293.00 | 53.50 |
| 食品制造业 | 117.80 | 4.60 |
| 纺织业 | 290.30 | 46.80 |
| 石油加工、炼焦及核燃料加工业 | 137.10 | -18.00 |
| 化学原料及化学制品制造业 | 437.70 | 23.10 |
| 医药制造业 | 158.90 | 40.00 |
| 非金融矿物制品业 | 712.20 | 29.70 |
| 黑色金属冶炼及压延加工业 | 465.30 | -14.60 |
| 金属制品业 | 541.20 | 31.50 |
| 通用设备制造业 | 547.00 | 35.90 |
| 专业设备制造业 | 386.90 | 39.90 |
| 交通运输设备制造业 | 409.60 | 66.50 |

| 行业 | 绝对值 | 比上年增长（%） |
|---|---|---|
| 电气机械及器材制造业 | 469.80 | 50.20 |
| 通信设备、计算机及其他电子设备制造业 | 88.30 | 12.90 |
| 信息传输、计算机服务和软件业 | 78.60 | 104.00 |
| 金融业 | 19.20 | 61.60 |
| 科学研究、技术服务和地质勘查业 | 72.70 | 62.90 |

数据来源：河北省经济年鉴（2012）。

## 8.4.4　加大研发投入力度

河北省钢铁企业应着力提升管理水平，加大研发力度，加快自主创新，对采购、运输、生产、市场营销、产品研发等方面进行统一的规划，利用现有设备优化生产工艺，研发高技术、高附加值的产品，形成市场技术壁垒，阻止低质产品抢占市场，提高企业的议价能力和抵御市场波动风险的能力。同时，根据自身的优势进行细致的专业分工，使各个地区的优势产品融入整个产业链，以长远、发展的眼光处理企业淘汰落后中产生的税收、下岗职工安置等问题。

## 8.4.5　发挥大型国企的示范作用

河北省钢铁产业主要以国有企业为主，在产业整合，稳定市场秩序方面发挥了重要作用。区域内的大型企业，应实行强强合作，发挥自身优势，研发并制造高端产品，将目标市场定位于高端行业、大客户及国家重点工程上，不断提升产品的技术水平和附加值；采取省内及周边短距离销售模式，这样既有利于维持钢材价格稳定，降低物流成本，还能有效避免恶性价格竞争；建立贸易约束机制和激励机制，确保钢材市场稳定。同时，应该严格遵守法律法规，发挥模范带头作用。

## 8.4.6　完善和落实投融资政策

要切实贯彻和落实《钢铁产业发展政策》和《钢铁产业调整和振兴规划》等钢铁产业结构调整相关政策，实施有保有压的融资政策，在对钢铁企业发放信贷、审批证券市场上市融资时要以是否符合产业政策为依据。对不符合产业政策、未经审批或违规审批的项目、擅自改造或异地转移落后装备的钢铁企业，金融机构不应提供贷款和其他形式的授信。

加大对钢铁重点骨干企业的金融支持力度，拓宽优势钢铁企业的融资渠道，对符合环保、土地法律法规以及投资管理规定的钢铁投资项目，以及实施并购重组、技术革新的企业，在发行股票、企业债券、公司债以及银行贷款等方面给予支持。对越权审批的项目和产能过剩、技术落后的企业，严格实施融资限制等措施。通过这种信贷限制政策控制违背国家产业政策的产能建设，加快促进落后产能和落后企业的退出，进而优化钢铁产业组织结构和产品结构，促进产业集中度的提升。

## 8.5　结论与启示

　　河北省钢铁产业的发展是全国很多产业发展的缩影，是一个跟国家粗放式发展模式合拍的过程。可以说大批量低劣的建筑质量、城镇化建设，拉动了钢铁的需求，也是河北省钢铁现状升级乏力的主因。在现有的政府——市场关系下，钢铁行业污染的外部性问题很难理顺。此外，单个看河北的钢铁企业，利润率不亚于全国平均水平，包括能耗，但河北省有这么多钢铁企业，是个灾难，这是个深层次的问题：政府对企业外部性监管的失位，使环境问题外部性凸显。未来，政府需要加强公共管理的职能。通过政府公共管理，拉动产业的升级，是中国经济必需要解决的一个问题。在不唯 GDP 论英雄的考核体制下，未来的区域产业发展有待期许。

# 第九章

## 全球价值链视角下区域服装产业集群的发展与升级

服装产业，与其他轻工业一样，被认为是一个低技术，标准化的产业，进入门槛低，是一个典型的劳动密集型产业。作为全球化程度最高的传统产业以及最大的出口产业之一，由于其较低的生产加工成本，生产进入门槛不高以及个别企业的先发效应，带动了众多企业的跟进，对于偏向劳动密集型制造业的国家来说往往在国家发展初始阶段起到强大的推动作用（Adhikari，Weeratunge，2006）。

因此，中国应该在这一个产业取绝对的比较优势。在20世纪70年代，服装产业的第二次大转移过程中，从日本转移到中国的香港及台湾地区以及韩国，到90年代起，世界主要的纺织服装生产地转移至中国大陆和其他亚洲国家以及拉丁美洲一些国家。中国通过接收世界服装业制造环节的转移，在服装制造上迅速发展，经过十年便确立了服装制造环节的全球竞争优势，并通过服装业带动纺织业的发展，建立起纺织服装业完整的产业链，其纺织服装出口额占世界纺织服装贸易重要的位置。

有学者发现，在中国的轻工业存在着两个悖论：一是所有权的悖论，由于中国企业具有劳动力优势，中国企业理应占有优势，但却是跨国公司在这一产业占有优势。二是从全球产业链看，中国企业虽然制造能力强大，但在全球产业链中处在弱势的地位。因为一些亚洲的中间合同商一直在控制着与最终客户跨国公司的订单，降低了中国企业的学习能力（Dallas，Mark，2013）。

另外，有研究表明，FDI是一个促进技术转移的重要方式，尤其是集群的FDI，根据Thompson（2002）对香港在大陆服装产业的集群投资进行分析，集群的FDI可更有效地促进技术转移，因为他会带来纵向或横向的技术转移。纵向的是因为外资可带来更多的供应商，横向是因为同行的竞争有利于技术的溢出与学习。因此，中国一类的服装产业是FDI驱动的产业集群。从产业升级看，它应该有一个从OEM到ODM的发展路线，需要一个比内源型更高的制造平台。

当然，服装产业也是中国的传统产业，因此，中国也有着许多传统的产业集群。本章将对三类集群进行比较，并将具体分析更有利于产业升级的服装产业集群发展模式。一类是内源型服装产业集群，以浙江温州为代表；一类是OEM型，以福建晋江为代表；一类是以外商投资型，以广东虎门为代表。这三个区域的服装产业集群发展各有特色，但在发展过程中都遇到了产业升级的严重挑战。从分析结果来看，浙江温州与福建晋江的服装产业集群相比于广东虎门的服装产业集群具有更好的升级空间和潜力。

# 9.1 内源型的温州市服装产业集群

## 9.1.1 温州服装产业集群发展概况

### 1. 温州服装产业集群形成与演化

温州是我国服装重要的生产基地之一，温州服装从最初的起步到现在，可以分为三个阶段：20 世纪 80 年代主要采取"行商式"直接销售方式，棚架市场、马路市场成为连接销售商与服装生产商之间的桥梁；20 世纪 90 年代初，开始出现服装专业市场，如妙果寺服装批发市场；20 世纪 90 年代中期之后，服装市场开始向买方市场转变，一些有远见的服装企业整合资源，调整战略，转向品牌营销，于是出现了一批全国知名的服装品牌。

温州服装产业集群的发展始于 20 世纪 90 年代，1993 年温州市服装总产值不到 20 亿元，到 2012 年服装总产值达到 600 亿元，出口创汇 18 亿美元。2010 年，温州服装企业总数为 2 777 家，行业规模以上企业数量 313 家，行业产值超亿元的企业 26 家，超 10 亿元的企业 7 家；2011 年全市服装上市公司数量由 2 家增至 3 家，即报喜鸟、美特斯邦威和森马，同比之下，浙江省服装上市公司总数也只有 7 家。规模以上服装企业在发展过程中，开始了供应链构建、多元化拓展、跨地区、跨国投资和各种形式的资源经营和资本经营，逐渐向战略型和产业集团方向发展[1]（图 9 - 1）。

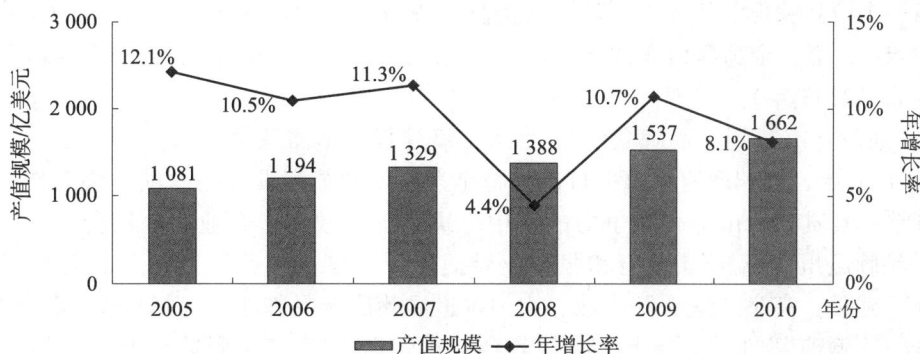

图 9 - 1 2005 ~ 2010 年温州服装产业产值情况

### 2. 温州服装产业集群发展模式

从温州服装产业集群的发展历程中可以发现，其发展模式具有不断变化以及多样化的特点，从最初的以"内源型"为发展起点，到与众多初步发展的服装企业一样进行 OEM 代工贴牌生产，维持了服装产业集群的稳定生产与经营，避免了自主研发所需的高额成本，进行一定程度上的资本积累，并通过向国外服装企业学习技术积累知识，开始了温州本土品牌的建设，并进行了多样化的经营模式，包括虚拟经营、工厂店直销等。

---

① 上海市纺织工业技术标准服务平台. 温州服装产业概况. http：//www.texbz.com/Literature/Literature_ newview.shtml? p = 80.

— 105 —

（1）内源发展阶段。

温州服装产业集群属于"内源型"产业集群。温州的经商传统导致了服装产业专业化集群的产生和发展，从"一村一品"、成千上万的家庭作坊，到后来发展的服装工厂及专业市场，温州服装产业集群以本地民间资本增值为诱因，依靠本地的资金、技术等生产要素，具有较强的地方根植性。温州服装产业集群在生产加工的产业链上还具有"两头在外"的特点。面料供应和销售两个环节在企业内部均没有，面料一般是由区域外部采购获得（如绍兴），而辅料一般在温州内部就能解决（温州拥有全国最大的纽扣、拉链产销基地）。

（2）OEM 阶段。

温州的服装产业作为传统产业之一，在发展初期制造工艺相对落后，还未有本土品牌，为了维持企业的生产与经营，温州的服装企业也踏上了 OEM 为国际服装品牌代工贴牌生产的道路。

从目前的效果看，OEM 的模式有助于产业集群学习国外的先进技术和管理，向品牌化转变。

由于温州服装产业初期发展的良好基础，生产加工能力符合国际品牌的代工要求，因此，温州服装企业在初期的 OEM 过程中，生产能力、管理方式、技术积累、人力资源等都有了实质性地突破。温州不少服装企业借助 OEM 是产品走出国门，庄吉、法派等企业已成为国外品牌 OEM 生产基地，通过与国际知名服装公司合作，实现高起点的国际规范化"嫁接"。

（3）品牌建设与营销阶段。

在经过贴牌生产使自身发展壮大后，温州服装产业开始涌现一批优秀的品牌企业。温州服装企业在经历了以数量型为主、数量型与质量型相结合的发展阶段后，将质量提升到品牌这一新高度，以品牌赢得声誉和竞争力。温州的服装企业在品牌建设与经营进行了多样化的尝试，在品牌形象的塑造方面具有很大成效，使得温州服装企业成为南北大中城市中的最为活跃的先锋力量，第一个请品牌形象代言人的是温州企业（1999 年），第一个开展品牌虚拟经营的是温州企业（2003 年），第一个高薪请来欧洲设计师的是温州企业（1992 年），第一个与国际大牌合资的是温州企业（2003 年）。

1）从"质量立市"到"品牌立市"，区域品牌建设的抱团理念。

从 90 年代开始，温州政府一直把打造品牌作为温州改革和发展的一项重要工作，作为提升温州市经济整体素质和城市综合竞争力的重中之重来抓，政府、企业、全社会联心联手，同心协力打造"品牌温州"。温州市政府和服装业界提出了"穿在温州"的口号，并积极推动"中国服装名城"建设，高举"瓯派"大旗，大力推进温州服装品牌战略（杨焕春，2006）。

2012 年，在政府部门的支持下，服装商会会长带队，60 多位服装企业老总抱团到甬杭取经，随后成立了温州服装电商联盟，通过线上和线下活动相结合的方式，开展各类与电子商务或网络营销相关的活动，帮助企业更好地抱团营销推广；将整合优质的电商运营官、大卖家主管、淘宝主管以及摄影机构、模特机构、物流体系等相关配套团体机构，组建专家顾问团等，以实现服装产业电子商务的最大利益化①。

"优衣派"。优衣派服饰控股有限公司由法派集团联合奥奔妮服饰、婉甸服饰、泰马鞋业和泰力实业等八家核心企业和十大创始人共同投资组建。应该说，优衣派服饰控股有限公司是国际金融危机大背景下的产物，也是温州名品购物中心项目催生的新生儿。优衣派自 2009 年 7 月 20 日正式启动以来，优选了一批温州特色行业品牌产品，通过政府行业企业的联合推进，以超常规的速度和方式进入终端市场，达到了提升温州区域品牌、优化温州产业结构和进一步拓展

---

① 浙江省温州市服装产业技术创新服务平台. 浙江省温州服装产业技术创新服务平台简介. http：//www.zjwzfzpt.com/Art/Art_ 10/Art_ 10_ 20. aspx.

温州名优产品销售市场的目的。

2）"侨贸"的外贸方式。

温州的服装外贸起步于 1995 年，外贸方式为独特的"侨贸"方式，80% 商会会员采用该种贸易方式。"侨贸"不同于一般的订单贸易方式，它交易方式简单，商务成本低，交易成本低。海外的温籍华侨主要分布在欧洲、中东等地，如意大利、法国、比利时、匈牙利、南非、迪拜等，他们一般拥有稳定的市场进入渠道。由于接近市场，这些温州籍的华侨能迅速获得市场信息，比如最新的流行信息（款式）等，并将这些信息以最快的方式反馈到温州的服装企业。温州的服装企业根据要求，能迅速对这些信息做出反应，组织生产。虽然产品品种多，款式翻新快，但温州服装企业的快速反应能力较强，部分企业还有一定的设计能力，能迅速配合生产，交货期一般为 2 ~ 3 个月，快则 1 个月。"侨贸"过程中无论交货还是付款，一般只订立口头协议，并不订立正式合同，也就是说"非契约化"，具有很强的"民间信用"的性质（朱庆荣，2010）。

3）工厂店直销。

面对目前大型商场门槛高，营运费用大；繁华区域店铺租金贵、规模小，难成气候；电商渠道低价销售对传统门店带来一定挑战的商业大环境下，温州服装企业的传统商业模式开始进行改变。大型商场终端服饰定价倍率 7 ~ 8 倍的现状，让消费者有着追求更佳性价比的需求（蔡小玲，2006）。本土自主品牌流行时尚感增强，走"工厂直销模式"，凭着高性价比的优势，能够吸引消费者。此外，类似的"工厂直销店模式"在意大利等服饰品牌强国已存在可以复制的成功经验。对温州企业来说，这一模式发展有进一步开拓的空间。工厂直销店在温州过去 10 年很常见，以清库存和产品展示为主。但在新商业形势下，工厂直销店迎来"新生命"：售品品类更丰富，每个品牌的分类都有产品，零售服务体验增强，折扣品和正价品齐备，时尚感和性价比并重。

### 3. 温州服装产业集群升级观察

（1）产学研合作。

服装产业这一传统产业作为温州的支柱产业之一，其技术水平的提高仅靠企业内部的知识扩散是不足够的，也是有限的。因此，近年来，温州的服装企业联合各相关的科研院校、行业协会等，通过产学研之间的合作交流，促进温州服装产业集群的升级。

2010 年，由温州服饰发展有限公司牵头，联合温州职业技术学院、温州腾旭服饰有限公司、温州市服装商会、温州大学、温州市质量技术监督检测院这 6 家单位整合温州服装产业现有设备、人才、场地、科技成果等资源，实行服装企业、科研院校、行业协会、检测机构等的强强联合，实现设备、人才和科技成果等资源的共享，以降低技术创新成本，提高创新能力，建立了浙江省温州服装产业区域技术创新服务平台，实现了产学研的强强联合。该技术创新平台的建立，为中小服装企业提供应用技术的开发研究、成果转化、产业孵化、技术咨询、标准研究和技术集成以及新技术、新工艺、新设备研究等方面的综合服务。提高温州中小服装企业的产品档次及在国内外市场上的核心竞争力，促进温州服装产业整体水平的提高（张进宝，2013）。

同年，温州服装商会携手北京大学人才竞争力工程浙江基地，在温州服装业界展开"2010年温州市服装产业综合普查暨北京大学人才竞争力工程温州服装行业试点工程"，浙江奥奔妮作为首批试点单位之一，正式成立"奥奔妮商学院"，为提高人才竞争力推出新举措（何海怀，2006）。

（2）供应链整合。

服装产业完整的供应链包括上游的纤维、棉花等原料的生产，经纱、布、染整直至中游的服装加工生产，到下游的销售。

温州服装产业集群本地企业主要集中于供应链上的中游和下游的位置。由于温州自古就属于资源贫地少人多的地区，服装的天然纺织原料（棉花、丝、麻、纤维等）的生产较少，导致面料生产链和后道洗染工序基本没有，因此温州服装企业发展所需的面料是由区域外获得（如绍兴、常熟等）。随着温州服装产业集聚效应的逐步显现，加上温州人在国内外的资源优势，将全国各地的精品面料汇聚到温州，吸引全国各地的知名品牌企业到温州面料市场找精品面料，使得温州成为全国知名的面料商品集聚地。而温州的面料商在其中是一个中介作用，形成"全国买、全国卖"的局面。

（3）与国外进行合作联盟。

温州服装企业与国外知名服装企业合作联盟最好的例子就是温州的夏梦和国际顶尖服装品牌公司意大利杰尼亚合资成立了"夏梦·意杰"服饰有限公司，合作生产"夏蒙"品牌服装。合资后，新公司聘请专业管理人员按照跨国公司的管理方法经营企业，产品质量和价位迅速提高，并进入杰尼亚全球营销网络进行销售。厦门现在的市场是全球杰尼亚的专卖店，产品制作中心在温州的龙湾，订单加工完成后从温州发往全世界五大洲的高级消费城市，而"夏梦"这个来自民营企业的品牌将可以通过国际知名品牌的渠道快速进入世界市场，在短时间内实现其国际化（佚名，晋江，2007）。

（4）抱团设境外营销公司。

近期欧盟市场需求依旧疲软，中东市场局势动荡不安，美国市场开始复苏。在这一大背景下，加上外贸加工订单受成本高涨的原因，导致服装产业利润微薄，温州外贸服装企业开拓美国市场走出不得不走的关键一步。

2013年8月，温州服装产业的10家企业抱团出资在美国洛杉矶成立实体营销公司"美国温格时装展示中心有限公司"，打造温州服装美国洛杉矶展示中心，直接把"店"开到美国二级经销商"门口"，赢得价格话语权。共计30家温州服装企业入驻这一平台（唐萍，2008）。

（5）产业升级成效。

目前国内本土服装品牌已经定局，但温州企业抢占先机，在国内市场上占据了一定地位，虽然受到国际品牌的打压从一线退到二线，但只是目标市场后退，是一种战略调整，并不意味规模和利润的改变。温州服装有中国名牌产品8个（法派西服、庄吉西服、报喜鸟西服、美特斯邦威羊毛衫、高邦衬衫、红黄蓝童装、乔治白衬衫、巴拉巴拉童装）、中国驰名商标10个（庄吉、报喜鸟、法派、森马、美特斯邦威、拜丽德、雪歌、SITTON、乔顿、香猫），比例居全国第1实力依然不可小觑[①]。

从温州服装的出口情况来看，10年间，温州服装及衣着附件出口从2004年的4.902亿美元增加到2013年的18亿美元，年增长率达13.89%，在2011年出口额最大，并且占全国服装及衣着附件的比重也最大。但是从数据中可以看到，温州服装及衣着附件出口额占全国比重却处于停滞不前的状态，比重也较低，10年的年均所占比重仅为1.12%（表9-1）。

---

① 赵强.服装企业应拒绝多元化发展．http：//industry. yidaba. com/fzfzpg/200911/19090843100110010000014332_2. shtml.

表 9 - 1　温州服装及衣着附件出口占全国比重

| 年　份 | 温州出口总额/亿美元 | 全国出口总额/亿美元 | 比重（%） |
| --- | --- | --- | --- |
| 2013 | 18 | 1 770.50 | 1.02 |
| 2012 | 18.62 | 1 591.40 | 1.17 |
| 2011 | 20.97 | 1 532.20 | 1.37 |
| 2010 | 15.77 | 1 294.80 | 1.22 |
| 2009 | 12.95 | 1 070.50 | 1.21 |
| 2008 | 12.29 | 1 197.90 | 1.03 |
| 2007 | 11.71 | 1 160.70 | 1.01 |
| 2006 | 11.20 | 951.90 | 1.18 |
| 2005 | 9.175 | 738.80 | 1.24 |
| 2004 | 4.902 | 616.10 | 0.80 |

数据来源：海关信息网数据整理。

　　总体而言，温州出口的服装产品以中低端为主，出口价格始终处于较低的水平，这种靠低成本、低价格、靠量的缺乏持久竞争力的扩张方式已经不适宜如今服装产业的进一步发展。

## 9.2　以"侨乡为中间商"的福建省晋江服装产业集群

### 9.2.1　晋江服装产业集群发展概况

#### 1. 晋江服装产业集群形成与演化

　　晋江纺织服装业起步于 20 世纪 80 年代初期，是晋江起步较早、发展较快的传统制造产业。晋江曾经是地瘠人贫、资源匮乏之地，"侨乡"一度成为晋江贫穷落后的代名词。人多地少，在家乡无法生计，许多人不得不漂洋过海、远走他乡。在这样的生存环境中，"十户人家九户侨"是晋江最富特色的人文现象，只有 100 万本地人口的晋江却拥有侨胞和港、澳、台同胞 200 多万人，号称"海内外 300 万晋江人"[①]。侨乡晋江充分利用"闲钱、闲房、闲人"和交通便捷等优势，办起了乡镇企业，通过嫁接和引进境外资金、技术和设备改变手工作坊生产方式，扩大了生产规模，提高了生产能力。

　　随着改革开放的深入，晋江开始进行完全以市场需求为导向的仿制生产，到 20 世纪 90 年代，晋江的服装产业生产规模不断变大，技术装备水平已居于国内领先地位，吸引了国际知名服装厂商来晋江下订单，陆续有不少厂商取得了为国际知名品牌做 OEM 资格。

　　20 世纪 90 年代开始，晋江服装产业阶段由 OEM 向 ODM 阶段转化。对于当时的晋江的服装企业来说，虽然 OEM 加工能够在一定程度上扩大企业规模，改善企业的设备、技术等，但是同时也意识到，随着我国的加工成本的不断升高，晋江服装企业接到的国外订单数量开始大量减少，继续走单纯贴牌加工路线的利润空间越来越小。因此，当地一些有实力的企业开始建设自

---

① 胡军华. 服装产业"双城记"：平湖与晋江的品牌差距. 第一财经日报. http://www.yicai.com/news/2011/07/958124.html.

已的品牌，对本土品牌的形象进行塑造，并开始自主研发新产品。同时通过产业集群与区域品牌的融合发展，实施区域品牌造势战略，迅速缩短与国际知名品牌差距，占领市场的主导权，为晋江的产品质量打下了坚实的基础，并进一步转变了晋江人的思想意识，激发了晋江人的品牌意识。

随着品牌意识的觉醒，到空前高涨的品牌运动，晋江纺织服装业走向了成熟的蓄势期，一部分优秀的服装企业开始打造自主品牌，向产品创新和产品经营这两个环节发展，加快企业的产业升级跳跃。2000～2004 年，晋江的各大服装品牌如劲霸、七匹狼、柒牌、九牧王、利郎、爱都等已成为国内知名品牌。

### 2. 晋江服装产业集群发展模式（OEM 与 ODM）

晋江的服装产业集群从大办服装企业到形成产业再到发展成产业集群，构成了整个纺织服装的地方生产系统。随着服装产业的发展，晋江服装企业主要包括两种类型的企业：以加工生产为主的中小企业（OEM 加工企业）和品牌制造企业（集群龙头企业）。

1）从"外源型"到"内源型"。

资源和基础的贫弱，迫使晋江的服装产业从起步阶段就反传统发展路径而行之，不是依托当地资源选择产业，而是借助外部资源发展产业，通过侨乡这一资源，引进设备、技术和原材料来组织商品生产，吸引四面八方的相关资源和要素向这里流动、集聚，在这里整合、加工。因此，在晋江服装产业发展初期以"外源型"起步，借助外部区域的资源和要素来发展本地区的服装产业。

在发展阶段，晋江更多依赖于自身蓬勃发展的民间动力，而对外来资本的吸引方面则相对有限。即便是最初的三来一补，也不是完全引进外资的模式，而是利用当地的华侨资金在这边投资，然后马上转变为当地的民营资本。随着民营资本的积累，晋江服装产业从家庭作坊发展到工业园区，逐渐形成上中下游不同产业链条上的企业，集化纤、织造、染整、成衣生产为一体的配套产业集群。自此，晋江产业集群凭借低成本的优势，从"外源型"转为"内源型"，整个纺织服装产业链条上的环节都在晋江本区域内完成。

2）配套产业链。

完整的配套产业链是晋江服装产业集群发展的另一大特点。纺织面料制造业、漂染印花行业、服装加工行业三者共同发展，形成集化纤、织造、染整、成衣生产为一体的配套产业集群。

在晋江服装产业集群发展过程中，为了提升产业技术发展水平，纺织业通过运用新技术开发新产品，引进先进的纺织设备，提高面料的质量；漂染业通过调整布局，建设漂染基地，引进先进纺织印染设备，推广应用新型工艺技术，引用网络现代化技术科学研制配方，并扶持龙头企业，形成漂染行业的规模效益；而服装生产加工作为链接上游和下游销售的中间环节，承担着服装成衣设计、生产，不断提高服装生产技术装备水平和技术开发能力，从产品结构、款式、面料和销售方式等方面进行不断调整。

目前晋江的陈埭镇、池店镇拥有鞋类企业 3 000 多家，产品覆盖运动鞋、休闲鞋、皮鞋和凉鞋等上百个品种。此外，还有专门为成品鞋生产进行配套生产的鞋面、鞋底、鞋楦、鞋带、鞋衬、鞋跟、鞋扣、商标印刷、皮革等专业企业 1 000 多家，同时，拥有物流、仓储、鞋样、制模设计、出口代理、管理咨询、法律咨询等专门为生产型企业提供产前、产中和产后服务的大量配套服务型企业。产业链相当完整集群内还拥有加工生产所需化工原料、鞋机、五金配件等原辅材料①。

---

① 李莞，姜国华. 晋江，品牌托起希望［N］. 中国纺织报，2012. 11. 14.

3）以低成本的 OEM 加工为发展优势。

于国内其他地方一样，"订单经济"造就了服装生产集群。在晋江服装产业集群的两类企业里，中小企业主要以加工生产，即 OEM 为主。这些 OEM 企业主要以劳动力优势、上、下游产品集群优势在价值链中从事产品制造环节，赚取加工利润。如晋江的亚礼得，这类企业主要以制鞋生产为主，工艺一流，主要做外加工生产（OEM），领导企业提供原料、按照它的生产要求进行产品生产，然后，将自己的产品贴上像耐克、安踏等品牌，进行销售。优点是，只做加工生产，不考虑产品设计、销售，赚取加工费用。

4）品牌塑造与营销。

10 年来，晋江服装业从以外贸代工为主实现了创建自主品牌的成功跨越，为闽派男装崛起立下汗马功劳，福建板块与浙江板块、广东板块共同构成国内品牌男装三分天下格局。

晋江服装产业集群中的龙头品牌制造企业注重品牌经营，如利郎、七匹狼、安踏、361 度、匹克等，有自己的销售渠道和产品设计室，参与产业链的全过程，得到了产业链每一环节的利润。在只有 107 万人口的福建小城晋江，却有 100 多个发源自当地的品牌，安踏、特步、361度、利郎、七匹狼、九牧王等，超过一半是驰名商标[①]。

以安踏、特步等为代表的运动休闲服饰企业风头正劲，近 10 年间，品牌的快速长大让人惊叹。尤其是到了近三四年，随着国内体育用品市场竞争的白热化，晋江板块各体育用品企业又争先恐后地纷纷上市，迅速做大做强，成为国内体育用品行业发展的最大亮点。

以七匹狼、九牧王、利郎、劲霸等为代表的男装服饰企业则在另一细分市场也快速发展着，收入规模上 10 位数、净利润上亿元的企业屡见不鲜（表 9 - 2）。

表 9 - 2　晋江三类服装企业主要企业品牌情况以及其上市情况

| 种　　类 | 品牌名称 | 是否上市 |
| --- | --- | --- |
| 纺织面料 | 福建凤竹纺织科技股份有限公司 | 是 |
| | 福建浔兴集团公司 | 是 |
| | 福联面料科技控股有限公司 | 是 |
| | 福兴集团有限公司 | 是 |
| | 福建百宏集团有限公司 | 是 |
| | 中国泰山科技集团控股 | 是 |
| | 晋江海东青贸易有限公司 | 是 |
| 男　装 | 利郎（中国）有限公司 | 是 |
| | 福建七匹狼实业股份有限公司 | 是 |
| | 九牧王股份有限公司 | 是 |
| | 福建柒牌集团有限公司 | 否 |
| | 劲霸男装有限公司 | 否 |
| | 玛莱特针织制衣有限公司 | 否 |
| | 富贵鸟集团公司 | 是 |
| | 虎都（中国）服饰有限公司 | 否 |

---

① 李莞，姜国华. 晋江，品牌托起希望 [N]. 中国纺织报，2012.11.14.

续表

| 种　类 | 品牌名称 | 是否上市 |
|---|---|---|
| 运 动 装 | 特步体育用品有限公司 | 是 |
| | 安踏体育用品有限公司 | 是 |
| | 华运（中国）控股有限公司 | 是 |
| | 361 度体育用品公司 | 是 |
| | 鸿星尔克集团 | 是 |
| | 金莱克（中国）体育用品有限公司 | 否 |
| | 乔丹体育股份有限公司 | 否 |
| | 德尔惠股份有限公司 | 是 |
| | 贵人鸟股份有限公司 | 是 |
| | 美克国际控股有限公司 | 是 |
| | 匹克体育用品有限公司 | 是 |
| | 浩沙国际有限公司 | 是 |

晋江服装品牌创建初期，大多走的是"央视广告 + 明星代言"的简单模式，这种模式在创牌初期，在迅速提升品牌影响力、知名度发挥了积极作用，并使企业获得了不菲的短期回报。

晋江系服装企业在销售渠道的布局上绕过北京、上海等一线城市，在中国二三线城市依靠当地经销商大量建立加盟店，走"农村包围城市"的道路，以较低的价格和可以接受的质量迅速占领跨国品牌和一线大牌一时无法顾及的中国基层市场。

据不完全统计，目前晋江品牌服装企业已先后在国内 70 多个大中城市建立了 6 万多个专卖店和销售点，其中七匹狼集团通过资本市场二次融资对专卖店实行全面改造，终端营销实现了由"卖产品"向"卖生活方式"的大跨越，标准形象店规模超过了 4 000 家，九牧王、利郎、劲霸、柒牌等品牌的专卖店数量也均超过了 2 000 家。另外，全市纺织服装业还先后与 50 多个国家和地区建立合作关系，销售市场从东南亚、东欧等地延伸至西欧、北美、中东和南非。

"品牌 = 明星代言 + 央视广告 + 渠道扩张"曾一度是晋江企业互相效仿的品牌营销模式，这种模式被一些业内人士认为，品牌的底蕴不足，同质化严重，这种缺失难以使消费者建立起长久的品牌忠诚度。而事实上，诸多晋江服装企业在品牌知名度迅速获得提升之后，再次通过转型升级实现持续发展，以自己的方式获得新的发展机会（曾小凤，蔡明宜，2013）。

### 3. 晋江服装产业集群升级观察

1）产品技术创新。

晋江市纺织服装业装备了大量具有国际水平甚至国际先进水平的技术设备，企业重视自主研发投入，全市规模以上纺织服装企业均自行配套产品研发机构，开发个性化产品抢占市场，规模以上纺织服装企业每年用于技术开发的经费占产品销售收入的比重均超过了 2.2%，服装品牌企业相继把设计中心往香港、上海乃至欧洲城市延伸，上游化纤、纺织、染整企业则相继推出了许多新产品、新工艺，如鑫华公司的竹碳纤维材料、过滤袋材料；维丰公司"涤纶纤维碱性染色工艺"、龙之族公司的"水性防水透湿涂层剂及耐低温涂层织物"、大发公司的"超细超薄高密化纤面料"。至 2011 年，有 4 家企业研发中心被确认为国家级技术中心（凤竹、浔兴、七匹狼、百宏）、6 家企业研发中心被确认为省级技术中心（福兴、浩沙、天守、鑫华、柒牌、劲霸）、2 家企业实验室获得国家级实验室认证认可（劲霸、凤竹），有 5 家企业参与国标标准制修订、5 家企业参与行业标准制修订，有 1 家企业获得泉州市质量奖称号（七匹狼）（张云辰，2013）。

2）品牌塑造的重新定位。

晋江服装品牌创建初期，大多走的是"央视广告＋明星代言"的简单模式，这种模式在创牌初期，在迅速提升品牌影响力、知名度发挥了积极作用，并使企业获得了不菲的短期回报。但是由于在生产、营销终端缺乏科学规划，导致部分企业因创牌陷入困境。

进入 21 世纪后，不少品牌企业开始通过引入知名品牌策划机构、聘请品牌营销职业经理人等方式，组织个性化品牌形象策划包装，建立规范化的品牌特许经营、生产物流组织模式，努力在提升文化内涵上做文章。通过加大自主研发投入，提高品牌附加值，增强企业核心竞争力。如七匹狼采用同类不同牌的方式，以一个主品牌主打，用副品牌做延伸，以适应不同类型不同需要的消费市场，将旗下的"七匹狼"定位为中高档，"与狼共舞"定位为时尚休闲，"马克华菲"定位为高档休闲，三者互补，使品牌的整体实力比单一品牌大。

此外，全市品牌企业大部分拥有自己的产品研发机构，七匹狼、浩沙这两家企业的产品研发中心分别先后被认定为国家级、省级技术中心，部分一线品牌企业还将研发中心设到了香港、上海、厦门等城市。据调查统计，如今晋江全市一线服装品牌企业每年用于技术开发的经费占产品销售收入的比重均达 3%～5%。

在营销渠道上也在做着很大的转变。随着品牌规模的不断扩张，部分一线品牌企业开始逐步由原来的重中间轻两头的橄榄形经营模式向重两头轻中间的哑铃形经营模式转变，把主要精力放在了产品研发体系创建和终端营销网络的铺设上，生产能力扩张开始逐步通过外派订单形式实现，由此带动外加工产值占企业总产值比例逐年增加。其中，七匹狼公司除休闲系列产品在本地生产外，其他系列产品基本都在外地下单生产，将重心转移到营销渠道上，从 2011 年起，即全面推进所有终端店面的升级换代。并在贵州、广西等地设立了子公司，在华东、华南、华北、华中、西南、西北等地区设立管理中心，加强渠道的扁平化，实现从服装生产商向渠道商品牌转型，着力各种终端零售渠道的掌控。九牧王、劲霸、柒牌等企业的外加产品占企业销售收入的比例均超过了 1/4[①]。

3）政府政策引导。

在人才培养上，2013 年 6 月，晋江市政府已经与东华大学、北京服装学院及福建海峡人才市场签订协议（王永仪，2011）。晋江市纺织鞋服人才培养与技术研发中心将加快信息平台建设，把信息平台建设成为服务于晋江纺织鞋服企业的供需信息中转站，进一步完善提升，为纺织鞋服企业提供更全面、更高效、更有质量的服务。

在品牌建设上，晋江市政府在推动企业品牌国际化上进行了政策引导。晋江市政府出台实施了《关于鼓励支持企业开展境外品牌运作的若干意见》，鼓励服装企业把握本轮全球经济下行机遇，低价并购国外服装品牌，利用自主品牌开拓国外市场空间。同时，正在策划于波兰等国外商品集散地设立晋江品牌鞋服集散中心，组织一批品牌服装企业抱团开拓国际市场。他们鼓励有实力的企业，把握近阶段欧贷危机机遇，借鉴安踏收购菲乐、七匹狼收购马克华菲的经验做法，面向欧洲二线品牌资源，更好地开辟国际市场。

针对外贸风险，晋江市政府引导创新市场营销方式。从政策层面，加大对拉丁美洲、非洲、大洋洲等新兴市场出口补助扶持力度，鼓励纺织服装企业拓展出口领域。2013 年，在晋江市政府今年出台的一系列扶持电子商务政策条款中，最高奖励可达 50 万元（马建会，2004）。除了政策扶持，晋江市政府还积极搭建平台。比如在今年的鞋博会上，晋江隆重推出首个"网上商城"，进军电商市场，数百家商铺入驻。

---

① 虎门镇党政办. 虎门镇经济社会发展概况. http：//www. humen. gov. cn/html/fujiaohui/xinwenzhongxin/fujiaohuitexinwen/2012/1116/9021. html.

## 9.3　以贸易起家的广州虎门服装产业集群

### 9.3.1　虎门服装产业集群发展概况

**1. 虎门服装产业集群形成与演化**

1）发展初期（1986～1990年）。

虎门自古是名商埠，虎门人素有务工经商的传统。改革开放20世纪70年代后期，虎门的个体私营经济逐步繁荣，虎门人凭借毗邻香港的地理优势和人缘关系，往返香港和沙头角，带回服装摆卖，服装市场渐生名气，逐渐发展成为珠三角一个颇具规模的服装市场①。

1986年东莞撤县建市，之后邓小平第一次南巡，东莞提出"农村工业化"的发展思路，经济社会发展和城市化进入新的阶段，虎门迎来产业发展的又一个高潮②。对于虎门的服装产业，成功扎根的港资企业进一步加快承接香港成衣制造业转移的速度，与香港"前店后厂"的关系逐步增强。同时，由于FDI的知识外溢效应，使一批从港资企业中培育的本地管理人才和产业工人成功建立了本地化的服装企业和家庭作坊式的服装加工个体户，承接港资企业转出的服装加工订单，从事服装个别环节的加工。因为邻近香港，加上一批港资服装企业的扎根，服装款式，尤其是女装款式跟上国际潮流，吸引珠三角及全国各地的服装采购者，成交活跃。

2）迅速成长期（1990～1997年）。

20世纪90年代中期，在中国整个经济发展的大背景下，在虎门镇政府的政策推动下，虎门的服装产业集群不断发展壮大。1993年11月，政府投资兴建的珠三角最大的专营服装的虎门富民商场开业，至1994年便实现营业额超10亿元。在其示范带动下，虎门建成大型专业服装批发商场18个，大中型布料市场6个，市场总面积30多万平方米③。从1996年开始，每年秋季，由镇政府出资，举办中国（虎门）国际服装交易会，之后，本地服装企业进一步发展，逐步超越港资服装加工企业，从无牌、贴牌到创牌，开始创建自有品牌。"松鹰"制衣公司王国宾依靠1989年的400元退伍复员费，用两台家用缝纫机创业，目前"松鹰"，已经成为"广东省著名商标"；东越时装公司的"以纯"，同为广东省品牌产品，已被评为全国最受消费者欢迎服装品牌、全国知名服装品牌，在全国开设超过3 000家加盟店。

3）提升时期（1998年～至今）。

1998年以后，虎门服装产业群进入到层次提升时期，虎门服装产业从橄榄型产业结构向哑铃型产业结构过渡。过去虎门服装是"两头小，中间大"。即服装生产、加工产业环节大，而服装研发、设计、服装后续整理、品牌营销等产业环节薄弱。近几年来，随着民营服装企业的发展壮大，还有政府与服装企业共同推动的"服装品牌战略"，来料加工占的比例越来越小，企业自主研发、设计、自主营销不断提高，产业链结构逐步向哑铃型转变。虎门目前拥有一支总数达数千人的服装设计师队伍，在设计开发上注意吸收国际上的最新流行元素和面料。他们紧随当今国际流行时尚，将港澳服装同欧美的流行元素融入到南国时装的设计里，从而在风格上形

---

① 虎门服装技术创新中心. 虎门服装创新服务中心简介. http：//www. newhumen. com/intro. asp.
② 华创证券. 单克隆抗体市场研究报告［R］. 北京：华创证券，2011.
③ http：//finance. qq. com/a/20111104/002662. htm.

成独特的南派服装，自成一体。现在，每天投放市场的新颖时装超万款。

### 2. 虎门服装产业集群发展模式

地域和劳动力的优势，使得虎门镇一开始直接嵌入全球价值链中，以"外源型"为发展起点，成为香港服装产业"三来一补"的理想加工基地，也促成了虎门镇成为的"中国女装名镇""中国童装名镇"的称号。

1）"外源型"为发展起点。

虎门在历史上因为林则徐的"虎门销烟"显赫于世，而今日，虎门已经成为国内外知名的"中国服装名城""中国女装名镇"。当时全国还没有成规模的服装生产基地，凭借着地理优势和产业先机，虎门从街边店铺发展到遍地工厂，在服装产业发展初期就嵌入全球服装产业价值链中，承接来自香港及东南亚产业转移，以 FDI 为高起点，成为"三来一补"的理想加工基地。虎门的数千家大中小型服装企业分布在镇区或者镇区四周，在 30 年的演变中逐渐从外贸主导的贸易中脱身而出，70%的产品供给内销，在中国工业化浪潮中走在前端。

2）从贸易到专业市场型集群网络。

20 世纪 80 年代虎门人利用该地区的市场需求、地理区位优势，发展成为珠三角一个颇具规模的服装和日用品市场。接着港商办起来料加工的制衣厂。1993 年邓小平"南方谈话"促进了虎门服装产业成长，服装机械、服装原料、织布、成品、运输、专业化市场等产业网络及包括为服装产业服务的支持体系在内的产业集群网络逐步建立起来，产、供、销一体化，促进了服装产业群的迅速扩张及服装产业链的进化与延伸，从服装用料生产、销售、服装织布机械（及其零配件）的销售与修理、电脑设计、印染、定型、包装、广告、服装营销、会计审计服务、法律服务、出口服务、金融服务、技术创新服务，构成了一个完整的地方生产系统，组成庞大的地方集群网络。这个集群网络主要有八个小集群组成：

一是生产企业集群：以服装生产为核心，全镇已形成织布、定型、拉链、漂染、刺绣等配套工厂近百家。

二是专业市场集群：自 1993 年富民时装城开业以来，虎门现已拥有大型专业服装批发市场 18 个，大中型布料市场 6 个，市场总面积 30 万平方米。

三是店铺集群：虎门镇专营服装的店铺已超过 8 000 间。

四是营业者集群：全镇 70 多万人中服装从业人员达 20 多万人，其中私营和个体经营业主超过 3 万人。

五是客户集群：每天 8 万～10 万客商形成了巨大的人流，使虎门服装不仅销往国内各地，还有近 1/3 远销欧美、亚太各国和港澳台地区。

六是运输集群：为了将生产商与贸易商集群的商品运往其他地区，由此派生出与之息息相关的联托运市场，从而形成运输业集群，虎门服装市场有配套完善的托运公司 30 多家，随时按南来北往的客商要求，通过海、陆、空不同渠道，把货物发运到全国及转运到世界各地。

七是配套集群：以服装生产为核心，全镇已形成织布、定型、拉链、漂染、刺绣等配套工厂近百家；并有上百家广告企划、文化传播、网络公司相继出现，为品牌经营和提升企业素质服务。

八是产品集群：以生产女装为主、男装为辅；休闲装为主、正装为辅；老少兼具、时尚流行。

九是劳务集群：由虎门劳务大市场、虎门人才智力开发中心、工会职业介绍所、达成职业介绍服务部、友联中介、虎门律师事务所、会计师事务所等机构形成的劳动服务中介组织群，为外地打工人员和专业人才及时提供用人信息和维权服务，使企业在发展中对人力资源的利用降低了成本，提高了安全度。虎门服装产业集群就是由上述八大集群组成的大集群。

3）服装产业服务体系与中介体系。

服装交易会。虎门从 1996 年开始举办每年一次的中国（虎门）国际服装交易会。1996～2003 年服交会总成交额达到 150 亿元，平均每届成交 19 亿元。近年来，虎门服装销售网络建设"虎门之窗"和"富民时装网"两个国际互联网站，虎门制衣企业也纷纷建起服装品牌商务主页，网上订单、网上专卖、网上销售。不少企业先后建立起了品牌专卖店营销网络。目前，"以纯"在全国的专卖店达到 1 800 多家，"灰鼠"在一年之内也发展到 600 多家，"松鹰"也在 2003 年形成了覆盖全国的品牌专卖店和专柜网络，同时也正式启动了国际化工程。

行业协会。虎门镇在 1996 年就成立了全国第一个镇级服装服饰行业协会，7 年来，协会先后组织镇内品牌企业以"虎门霓裳"的名义，参加了在美国洛杉矶、北京等地举办的服装节，组织会员到香港、意大利等地学习先进技术经验，让企业家拓宽视野，寻找自身差距。产业群还建立了各种市场管理网络，成立个体会、个体协会、民营商会、服装协会、设计师协会等。协会协助企业加强打假力度，对一些名牌商品的厂家被侵权事件，通过法律途径维护好企业的合法权益。

劳动力市场。虎门服装生产过程几乎全由外来工完成，当地人主要负责生产以外的经营活动。全镇 70 多万人中服装从业人员达 20 多万人，其中私营和个体经营业主超过 3 万人。由虎门劳务大市场、虎门人才智力开发中心、工会职业介绍所、达成职业介绍服务部、友联中介、虎门律师事务所、会计师事务所等机构形成的劳动服务中介组织群，为外地打工人员和专业人才及时提供用人信息和维权服务，规范劳动力市场，完善劳工使用制度，抓好劳务纠纷调解，为虎门服装产业发展降低了成本，提高了安全度。

3．虎门服装产业集群升级观察

1）创新交互体系建立。

虎门镇人民政府与中国纺织工业联合会、香港理工大学、浙江理工大学、新丝路等机构合作，投入 1.2 亿元建立"虎门服装创新服务中心"，由虎门服装技术创新中心、虎门富民服装商务中心、国家纺织面料虎门馆、中国纺织工业联合会检测中心虎门实验室、新丝路时尚发布中心、以纯集团服装展示中心、虎门电子商务示范基地、虎门服装设计中心、虎门服装培训中心、虎门服装品牌推广中心等十大平台组成。提供研发设计、质量检测、人才培训、创业孵化、品牌发布等公共服务。为虎门打造重大产业集聚区注入强劲动力，促进虎门服装服饰产业转型升级，逐渐形成了以企业为中心，与企业间纵向、企业间横向、大学和科研机构、科技服务机构四类的交互学习的结构框架[1]。

2）人才培养。

"虎门服装产业促进中心"由镇政府牵头，广东省服装协会、虎门服装装饰行业协会、虎门设计师协会、虎门威远高级职业中心联合举办，现已被广东省教育厅命名为"广东中等专业技术学校服装专业研究中心"，已经开设的专业有服装设计与营销、服装工程、生产管理、会计等，为虎门服装行业培育了大量实用型人才。"虎门服装技术创新中心"由广东省科技厅、东莞科技局、虎门镇政府和富民集团共同筹建，包括流行信息、人才支持、培训、技术和咨询五大中心，已经设立富民时装网、东莞市虚拟科学院虎门工作站、东莞企业信息化培训基地、虎门服装设计师商家会员俱乐部、中国时尚品牌流行趋势发布基地、虎门服装技术创新中心拓普服装设计学校等机构和组织，主要负责与服装产业有关的高新技术推广和配套技术服务的提供，同时还可根

①　http：//www.bioon.com/industry/drug/523931.shtml

据企业需求，帮助企业引进制衣设备、面料、辅料，为服装企业提供产品质量检测等。

3）区域品牌战略。

虎门镇早在 2005 年就注册了"虎门"商标，当时更多的是考虑避免"虎门服装"被人抢注，但一直没有在打造区域品牌方面取得较大的进展。近年来，为了推动"虎门服装"区域品牌的建设，虎门镇专门成立了"虎门服装"区域品牌发展领导小组。虎门服装这一区域品牌的设立对中小型企业的品牌培育起到了很大的促进作用，通过设立严格的准入标准，引导虎门服装品牌向高质量方向发展。

4）虎门服装产业集群升级的挑战。

虎门服装的档次较差，都处于中低档水平，品牌运作能力弱，虎门服装的注册商标超 5 万个，但全国驰名商标只有以纯一家。在全国叫得响的服装品牌也只有以纯一家。整个虎门 3 000 家做品牌的服装企业没有一家能跟上以纯步伐。虎门缺乏能够具有地区带动里的服装品牌，这和晋江、温州产生了鲜明的对比。

虎门镇内真正国内一线的品牌和一线的服装设计师数量还不多，还处于大量的 OEM 阶段，服装制造能力强，但创造能力弱，长期处于产业链的低端，产业前进步伐缓慢，而前文所说的从外贸转向内销的服装企业，其实也并没有太多动力来攻取高端市场。

# 9.4　三个产业集群升级的比较

选择这三个区域的服装产业集群进行对比，是因为这三个区域所代表的区域经济发展模式"温州模式""晋江模式""东莞模式"，具有很强的区域特点。综合以上三个地区产业集群的具体分析，其发展差异比较如表 9 - 3 所示：

表 9 - 3　三个区域的服装产业集群对比表

| 比较项 | 温州服装产业集群 | 晋江服装产业集群 | 虎门服装产业集群 |
| --- | --- | --- | --- |
| 发展历史 | 内源型，家庭作坊发展成为产业集群 | 外源型转为内源型，初期资源匮乏，借助外资源发展，各种要素的集聚，形成一体化配套产业集群 | 外源型，地理优势成为香港服装产业的"三来一补"的加工基地 |
| 定位 | 男装中高端市场；女装中端市场；休闲服中端市场 | 男装中高端市场；运动系列中端市场 | 女装中端市场，童装中端品牌 |
| 品牌 | 品牌意识较强，成名品牌较多 | 品牌意识很强，名牌知名度在国内高 | 品牌意识较弱，知名品牌较少 |
| 品牌塑造 | 区域品牌建设、虚拟经营、"侨贸"、工厂店直营等 | 明星代言＋央视广告＋渠道扩张 | 品牌专卖之路 |
| 产业供应链模式 | 无上游面料生产，外部获取；中下游供应链较为成熟 | 上游纺织面料制造、漂染印花环节、中游服装加工环节、下游销售环节都较为完善，形成集化纤、织造、染整、成衣生产为一体的配套产业集群 | 服装机械、服装原料、织布、成品、运输、专业化市场等产业网络建设完善，形成产、供、销一体化 |
| 产业升级方式 | 产学研合作、供应链整合、与国外高端品牌企业合资、政府与行业协会促进 | 产品技术创新、企业上市、拓展其他行业市场、盲目造牌到理性创牌、政府政策引导 | 创新交互体系建立、区域品牌战略、人才培养、政府引导 |
| 存在问题 | "侨贸"的外贸方式不适宜长久发展；缺乏上游产业链 | 模仿、跟风；库存；企业扎堆上市 | 企业生产规模小，知名品牌少；产品档次差，品牌运作能力弱；服装制造能力强，但创造能力弱 |

从三个地区的对比可以发现，虎门地区由于地缘优势和改革开放前沿，地方纺织服装产业集群是由全球价值链驱动下形成的；晋江以及温州则是依靠当地企业家精神和传统产业发展起来的。所以，虎门地方纺织服装产业集群不仅数量最多，而且在与全球价值链耦合中在初期是领先于温州和晋江；

而以"内源型"发展为主的温州和晋江，其产业集群往往在本地形成了较大规模的专业市场，更多是依靠国内市场，通过本地化和区域化来进行集群供应链式的整合，以最终达到融合于全球价值链中，来全面提高集群的竞争力。在服装产业集群的发展模式上，晋江和虎门都凭借较为完整的上中下游供应链，而温州的上游供应链缺乏，通过外部区域的获得，但其凭借市场的优势，吸引全国各地的知名品牌企业到温州面料市场找精品面料，使得温州成为全国知名的面料商品集聚地。此外，温州还通过信息化供应链管理方式，进行整个供应链的物料、订单、财务管理，紧密联系上中下游企业之间的沟通与协作。

在服装品牌塑造方面，温州和晋江优势突出，在产业发展过程中重视品牌的塑造，尤其是温州地区，运用多样化的品牌建设和营销方式，突破品牌发展瓶颈，因此温州和晋江的品牌知名度较高；虎门地区在服装制造方面优势很大，但在品牌培育方面较为落后，在全国有名的品牌也较少，营销力量较为薄弱，这也导致了虎门服装定位难以走出中低端市场的范畴。

在产业升级方式上，三个地区都借助了产学研合作、政府扶植以及区域品牌发展的战略来进行产业升级，温州地区注重与国际接轨，发展与国外知名品牌的合作，将品牌向国际化方向发展；晋江注重产品技术上的创新与突破，品牌走差异化路线；虎门注重对于集群内要素的升级与发展，对本地资源和要素进行整合，加强企业内部协作，提高人才水平。

# 9.5　结论与启示

通过以上分析可以看出，我国服装业整体上处于全球价值链附加值最低的环节，竞争力位次最低，大量外资企业的幕后主导营造了我国服装产业的表面繁荣，大多数本土企业还没有切入主流的全球价值链，国际竞争力非常脆弱。所以，服装产业不能再以出口数量多少论英雄。尽管中国服装出口额位居世界前列，尽管拥有国际知名的自主品牌是未来需要着重投资的目标，但是，需要加强认识的是，由于 OEM－ODM－OBM 升级通道越来越窄，从微观层次看 OBM 的意义是空洞的。全然从这条道路来谈产业升级可能过于随意，甚至是一厢情愿。

我国服装产业升级需要思考的基本问题是：

（1）制造环节是服装全球价值链中附加值最低的环节，存在一定的锁定现象，锁定在价值链这个最低环节。它遵循我国服装企业的比较优势，制造环节是切入全球价值链的最佳突破点。要实现 OBM 的长远目标，需要侧重"创新研发"与"品牌营销"这两项活动，它与贴牌生产管理者的既有能力差异比较大。在贴牌模式下成长的管理者，自创品牌所面临的挑战不只是要掌握包括创新研发、品牌营销以及市场机会等新活动，同时必须改变经营模式。贴牌时期，积极主动地进行超越代工所需的额外学习，有助于降低模式转换的限制。所以，中国服装企业要坚持同时走两条路：做强 OEM 和准备 OBM。

（2）服装产业基本是恶性竞争，拥挤在供应链的某些点上，链条缺乏走向高端的能力。服装零售企业普遍存在存货率高，销售季节过后降价幅度大等问题。因此越来越多的零售商在选择服装供应商时，一项重要的考察因素就是服装供应商的供应速度和灵活性，以迅速应对不可预见的市场需求，降低因产品脱销，季节降低和库存过时所造成的损失。服装供应商要在众多的竞争对手中胜出，提高竞争能力的有效途径就是要建立敏捷供应链，采用快速反应战略。

由于目前中国纺织服装行业处于快速发展过程中，未能根据市场调节来设计供应链的结构，从而致使某些链段产能过大，节点之间的比例关系失衡，使区域产业扁平化。产业扁平化会导致恶性竞争。因此，调整供应链的结构是今后一段时间提升中国纺织服装供应链竞争力的主要策略。

国内服装企业要加强对市场的敏感程度，迅速对最终客户的需求作出反应，营建完善的信息管理系统。由于服装产品的价值链是典型的买方驱动的价值链，在服装的价值链中，大量的零售商和品牌专卖店起核心作用，而服装出口企业作为全球价值链的关键部分，是链接国内外市场的主体，既是生产企业和下游供应商的排头兵，又是国外买方的供应商。因此，服装出口企业能够控制和改进，进而提高企业竞争力的是供应链的前端：原料供应，生产网络，出口渠道，营销网络。温州服装产业集群在这方面已经开始有所进步，开始推行 EPR、CAD、CAM 等信息管理系统，这些配套设备有利于准确把握市场动态，在产业集群内实现信息的共享，对整个纺织服装产业供应链的资源和信息进行整合。完善的供应链管理可以大大提高效率，降低综合成本。中国纺织服装供应链长期处于被整合的状态，供应商之间完全是竞争关系，缺乏有效沟通，具有明确的牛鞭效应。为此，打破牛鞭效应应该是中国纺织服装产业今后的着眼点。

（3）缺乏面向全球的产品开发能力。由于整个产业缺乏高端的要素，产业同质性高，仿制多，来料加工多，因此，从发展中国家看，中国的服装产业已经在一个较高的水平，但从全球看，这一个产业向高端升级的道路非常漫长。许多企业都遇到了升级和天花板，如李宁、雅戈尔。这与我国的轻设计，重制造，服装产业竞争无序有关。因此，在服装产业整合方面，要提高产业集中度，压缩落后的生产能力和企业，重点培养和扶持中高档、大规模服装生产企业，加强龙头企业对于区域产业集群的带头作用。

服装产业属于容易流动的产业，一些大的企业正把制造环节转移至东南亚其他国家，如NIKE公司等已经这样做了。它们在寻找新的低成本加工点。因此，仅靠低成本，总有一天会失去市场。因此，我们认为，服装产业需要从以下几个方面进行升级：

（1）重视研究开发，服装产业是一个消费品行业，中国企业需要从消费需求变化，时尚变化，寻找自己的创新点。必须告别传统的靠加工和模仿的模式。

（2）重视装备的更新的绿色制造。用劳动力的方式，农民工作为主体的产业，难以生产出高端的产品，中国企业需要加强对员工技能的投资，对技术装备的投资，实现劳动生产率的提高和产品质量的提升。

（3）重视品牌。中国消费者重视品牌，但青睐国外品牌。这背后是对中国企业在知识产权保护，品牌建设的不满。中国企业需要从更高的高度来看待品牌的建设。包括对设计环节，市场需求环节的深度发现。

（4）重视全球化发展。中国企业需要从全球角度看待服装产业的升级与创新。这包括从设计、制造、销售、营销多个角度着手一体化。再利用中国的成本优势，中国服装业才能真正走向升级的良性循环。

（5）重视产学研的合作。如果仅是制造业的成本出发，产学研合作是多余的。但从我们分析的案例中可以看出，品牌和升级，需要产学研合作，以发挥各自的优势，实现产业升级与创新。

# 第十章
## 中国生物制药产业的创新与升级

化学药已经是一个被西方企业垄断的产业，但是生物制药产业是一个新兴的产业。我国在许多新兴产业已经显示出快速追赶的能力，如风能与光伏，电子商务等，但在生物医药产业，我国追赶很早，但效果不尽如人意，尽管科学的突破不断出现，但产业的升级与创新困难重重。本文将对此加以分析。

生物制药产业在我国是一个受国家高度干预的产业。一是药品关系国计民生，国家对药品的制造和销售进行了严格的管制。二是生物制药产业又被政府认为需要大量发展的产业，为此，政府投入了大量的研究开发资金和人才，希望实现医药产业的追赶与跨越。因此，这一政府双重的产业能否实现升级创新，值得我们关注。

## 10.1  中国生物制药产业的发展

中国的生物制药产业起源于20世纪70年代公共研究机构的研发活动。此后，大学和公共科研机构初步以衍生企业形式建立了中国最早的生物制药企业。1986年，国家把发展生物技术领域的研究作为国家高技术研究和发展计划（"863"计划）的重点资助领域。从第7个五年计划开始，连续3个五年计划，生物技术都被列入国家科技攻关项目。这一阶段，由于政府对生物激素给予较大的支持和采取一系列有力措施，中国用了10多年的时间完成了世界上主要生物工程药品的产业化。当时，生物制药企业的创建者大多具有深厚的专业学术背景、拥有博士学位和长期的从业经验。因此，在学术界拥有紧密的联络，并以此开展企业与学术界的合作研究。1987年，第一个基因工程药物——干扰素α在中国获得批准。在此基础上，中国科学技术部在上海生物研究机构部署了以细菌为媒介重组人类干扰素α的研究尝试，历时八年时间，投资超过1 600万元，但是却以失败告终。1989年，科技部开展了另一项计划，由中国国际生物工程发展中心和北京科技委员会共同创办中国第一个生物制药企业——深圳科兴生物工程有限公司，历时6年，投资4 500万元进行生产设施建设和干扰素α–1b的申请注册工作，于1996年研发上市了中国第一个基因工程药物——干扰素α–1b。

经历了20余年的发展，我国当前生物药品市场70%以上被本土企业占据，跨国企业所占份额仅为30%。少数依靠化学仿制药起家的国内企业，如先声药业、中信国健、海正药业和江苏恒瑞医药等具备了一定的研发能力，在生物制药，尤其是单抗肿瘤药物方面，已开始从仿制药向研发药品转型。这些单抗肿瘤药物包括：中信国健的用于乳腺癌的重组her2人源化单抗和抗淋巴癌重组 CD20 人源化单抗、海正药业用于淋巴癌的重组抗 CD20 人源化单抗，以及华北制药的基因重组人血白蛋白等。此外，还有一批国内实力较强的中药和化学制药企业也纷纷投入巨资涉入生物制药产业。丽珠集团投资新建了单抗生物制药公司，天士力与法国 TRANSGENE 公司组建了天士力创世杰（天津）生物制药有限公司，其目标都在生物制剂领域。

在国家巨大的资金支持和部分优秀企业的研发努力下，我国生物制药产业取得了一定进展。一些传统制药企业借助长期的产业经验和渠道，对国内市场的消费者需求进行妥善挖掘，并借此开发创新工艺的仿制药品。此方式回避了周期长、投资高的生物技术研发，保留了仿制药品的成本优势，而且把握了消费者需求，将产业经验转化为盈利能力。优秀本土企业借此进行产业多样化研发，成功推出了"重磅药物"。例如，中信国健的益赛普（注射用重组人 II 型肿瘤坏死因子受体－抗体融合蛋白）和欣美格（注射用重组人白细胞介素－11）自 2005 年上市销售后，在 2006~2008 年之间的销售复合增长率达 77.8%，其中益赛普的利润目前已经达到 1 亿元左右。金赛药业的赛增（重组生长激素系列产品）、金扶宁（重组人粒细胞巨噬细胞刺激因子）具有较高的市场份额。其中，赛增系列药物自推出水针剂型新型产品后，市场份额由之前的前三甲迅速增长至 40% 以上，金赛药业 2009 年销售收入也较 2008 年增长 50%。百泰生物的泰欣生 2008 年上市半年，实现 5 000 万元销售金额，2009 年更是实现 1.6 亿元的销售额，让竞争对手默克雪兰诺一再修改其年度销售指标。

从生物制药的产品种类来看，在基因工程药物、抗体药物、疫苗、血液制品和诊断试剂五大类药物中，基因工程药物、抗体药物和疫苗药物是我国主要的生物医药产品，而基因工程重组蛋白、单克隆抗体药物和疫苗是生物制药产业中最具潜力的三大领域。在国家的大力支持下，截止 2010 年，我国已经批准上市 40 余种基因工程药物，包括重组疫苗 Hepatitis B 和其他类型的重组人类干扰素等。但是只有 4 种是在中国研制成功的，比美国和日本少很多。尽管如此，我国能够生产几乎所有的常用生物药品，主要包括促红细胞生成素、人粒细胞集落刺激因子、人生长激素、干扰素、白细胞介素－2 和重组人乙型肝炎疫苗几类。像 EPO、干扰素、生长激素、胰岛素等重要重组蛋白药物早已实现产业化。国内企业也能够生产几乎所用的常用疫苗，以甲型 H1N1 流感为例，我国是世界上第一个可以较大规模应用甲型 H1N1 流感疫苗的国家，其中华兰生物、长春长生、北京科兴、浙江天元、浙江延申等企业都获得了生产批文，且具有较高的生产能力。不同类别的基因工程药物生产企业如表 10－1 所示。

表 10－1　我国不同类别的基因工程药物生产企业

| 基因工程药物细分 | 特　点 | 代表企业 |
| --- | --- | --- |
| 促红细胞生成素 | 可治疗一般的贫血，手术后的贫血反应，尤其是癌症化疗后造血功能受到的损害 | 南京华欣药业生物公司、山东永铭、伟沃生物药业公司、沈阳三生、山东威海赛诺金、东阿阿胶下属公司阿华生物、上海复兴生物、成都地奥等 |
| 人粒细胞集落刺激因子 | 市场上见到的主要是 GM－CSF 和 G－CSF。可促进白细胞等细胞集落的增长，提高人体免疫能力，用于术后化疗。国内 CSF 系列的市场大于 EPO | G－CSF 有杭州九源和长春金赛投入生产，其他已进入和即将进入的有华药、上海三维等。GM－CSF 有厦门特宝、华药等 |
| 人生长激素 | 主要治疗垂体生长激素分泌障碍引起的侏儒症、烧伤及骨折后创伤性组织的恢复等。这种药市场不算大，但销售额一直保持稳定 | 目前国内有长春金赛、上海细胞所（上海复星投资）等几家在生产和开发 |

续表

| 基因工程药物细分 | 特　点 | 代表企业 |
|---|---|---|
| 干扰素 | 这是一种具有广谱抗病毒、肿瘤抑制功能的蛋白，可分为 α、β、λ 三种类型 | 国内已有 20 家从事开发与生产，最大的为深圳科兴，占国内市场份额 60% 左右，其他的有上海生物制品所、安徽安科等 |
| 白细胞介素 – 2 | 可用于癌症的治疗，刺激机体免疫力 | 中国军事医学科学院下属的研究所在这一药物的应用和研究上有较强的实力。目前生产这一产品的有长春生物制品研究所、长生、沈阳三生、北京四环、科兴、北京瑞德合通等 |
| 重组人乙型肝炎疫苗 | 可刺激免疫系统产生保护性抗体，阻止感染 | 主要由卫生部北京生物制品所下属的天坛生物技术公司生产。天坛生物是生物制药大型企业，而北京生物制品所在疫苗方面有很强的经验 |

资料来源：赛迪顾问 2011.02。

在抗体药物领域，中国的发展远远落后，但发展潜力巨大。虽然我国抗体药物市场还是外企占据优势地位，统计数据显示，2009 年罗氏仅美罗华和郝赛汀药物的销售收入就达到 6.5 亿美元。国产单抗药品中，中信国健治疗风湿性关节炎的药物益赛普增长较快。据 IMS 数据显示，国外同类产品恩利、伊纳西普 2009 年的销售额达到 58.63 亿美元、54.53 亿美元。而且百泰生物的泰欣生自 2008 年上市以来，2009 年就取得了 1.6 亿元人民币的好成绩。此外，2011 年上海赛金治疗中度及重度强直性脊柱炎的药物强克，以及中信国健抗移植排斥药物健尼哌获批上市，目前国内有多个单抗进入临床，未来产品逐渐丰富，国产单抗质优、价廉等优势将逐渐显现。但是在未来的 2～10 年外企全球销售额超过百亿美元的重磅单抗将过专利保护期，为国内的企业提供了绝佳的发展机遇。目前已经有多个企业海正药业、丽珠集团、一致药业、华北制药等通过自主研发、和外企合作等方式布局单抗行业，有望成为单抗行业第二个黄金发展五年的受益者。在科技部公布的 90 余家企业国家重点实验室建设计划名单，华药集团和上海张江生物技术有限公司代表了国内企业在抗体药物领域的最高技术及产业化水平①。

截至 2010 年年底，我国生物制药行业企业数达到 860 个，从业人员达到 13.91 万人，但规模均较小。行业内最大的 5 家上市企业（华兰生物、天坛生物、科华生物、双鹭药业、达安基因）2010 年营业收入共 40.72 亿元，仅占 3.8% 的市场份额。

根据 2010 年沪深 300 上市公司业绩数据，22 家生物制药行业上市公司营业收入②及净利润③合计分别为 1 323.64 亿元和 162.83 亿元④。其中，营业收入最高的为上海医药集团股份有限公司，营业收入和利润分别高达 374.11 亿元和 13.68 亿元，分别占 22 家合计的 28.26% 和 8.40%；其次是哈药集团、华北制药和云南白药，营业收入分别占 22 家生物制药企业的

① 在科技部先后两批公布的 92 家国家企业重点实验室中，生物制药领域企业有石药集团、上海药明康德、扬子江药业、华药集团和上海张江生物技术有限公司等。

② 营业收入是指企业在从事销售商品，提供劳务和让渡资产使用权等日常经营业务过程中所形成的经济利益的总流入。分为主营业务收入和其他业务收入。

③ 净利润（收益）是指在利润总额中按规定交纳了所得税后公司的利润留成，一般也称为税后利润或净收入。净利润的计算公式为：净利润 = 利润总额 × （1 – 所得税率），它是衡量一个企业经营效益的主要指标。

④ 由于统计方式不同，这里 22 家上市公司营业收入包含公司非生物医药产品和非主营业务收入等，因此收入合计超过前文中全国生物制药产业销售收入。

9.47%、7.77%和7.61%，如表10-2所示。

**表10-2　生物制药行业上市公司2010年营业情况**

| 序号 | 公司名称 | 股票代码 | 2010营业收入/亿元 | 净利润/亿元 |
|---|---|---|---|---|
| 1 | 上海医药集团股份有限公司 | 601607 | 374.11 | 13.68 |
| 2 | 哈药集团股份有限公司 | 600664 | 125.35 | 11.30 |
| 3 | 华北制药股份有限公司 | 600812 | 102.87 | 2.42 |
| 4 | 云南白药集团股份有限公司 | 000538 | 100.75 | 9.26 |
| 5 | 北京双鹤药业股份有限公司 | 600062 | 53.67 | 5.20 |
| 6 | 天津天士力制药股份有限公司 | 600535 | 46.52 | 4.50 |
| 7 | 浙江医药股份有限公司 | 600216 | 45.58 | 11.45 |
| 8 | 上海复星医药集团 | 600196 | 45.55 | 8.64 |
| 9 | 浙江海正药业股份有限公司 | 600267 | 45.45 | 3.66 |
| 10 | 健康元药业集团股份有限公司 | 600380 | 44.73 | 7.40 |
| 11 | 三九医药股份有限公司 | 000999 | 43.65 | 8.16 |
| 12 | 四川科伦药业股份有限公司 | 002422 | 40.26 | 6.61 |
| 13 | 深圳市海普瑞药业股份有限公司 | 002399 | 38.53 | 12.10 |
| 14 | 北京同仁堂股份有限公司 | 600085 | 38.24 | 3.43 |
| 15 | 江苏恒瑞医药股份有限公司 | 600276 | 37.44 | 7.24 |
| 16 | 浙江新和成股份有限公司 | 002001 | 34.45 | 11.00 |
| 17 | 康美药业股份有限公司 | 600518 | 33.09 | 7.16 |
| 18 | 山东东阿阿胶股份有限公司 | 000423 | 24.64 | 5.82 |
| 19 | 深圳信立泰药业股份有限公司 | 002294 | 12.98 | 3.55 |
| 20 | 华兰生物工程股份有限公司 | 002007 | 12.62 | 6.12 |
| 21 | 北京天坛生物制品股份有限公司 | 600161 | 12.02 | 1.75 |
| 22 | 吉林敖东药业集团股份有限公司 | 00623 | 11.13 | 12.38 |
| | 合计 | | 1 323.64 | 162.83 |

注：表中部分企业的主营业产品并非生物药品，营业收入额不完全代表生物药品营业收入额。

数据来源：2010年沪深300上市公司业绩数据。

可见，在我国本土生物制药企业中，具有明显产业带动效应的企业较少，具有研发能力的企业数量不多，本土企业的研发能力培育具有很大的发展空间。本土优秀企业尚与辉瑞、诺华等世界领先的生物制药企业在规模上有很大差距。

我国生物制药企业中，拥有完全自主知识产权的不多，而仿制药品企业、非研发企业或低端产品研发的企业较多，如东阿阿胶、哈药集团、丽珠集团、海王生物、复兴实业等。仿制药虽然可以快速地为企业带来利润，我国在研究开发方面与世界水平差距尚远。生物制药企业需遵循作为高技术产业的发展规律，将新产品研制开发与工艺技术改造作为企业发展的根本动力。日本有65%的生物技术公司从事生物医药研究。而国内制药产业的新药研发过程仍采用较为保守的学术工作方式，而且缺乏原创性，即使在科研院所和大学产生的研究成果，大部分未得到产业化应用。而且创新成果的市场转化率不高，离规模化、产业化还有相当的距离。

## 10.2　中国生物制药产业在全球的竞争力

生物制药（Biopharmaceuticals）是指利用生物体或生物过程生产药物的技术。主要阐述生物药物，特别是生物工程相关药物的研制原理、生产工艺、分离纯化、制剂和生物药品分析技术的应用学科。

### 10.2.1　产业规模

全球生物制药产业自20世纪90年代以来一直保持年均15%～30%的快速增长，大大高于全球制药行业年均不到10%的增长速度。但由于其受全球金融危机冲击较大，许多中小生物制药企业破产倒闭，导致生物制药产业在2008～2009年增长速度出现大幅下滑。在经历了2009～2010年的企稳回升阶段之后，2010年全球生物制药产业产值规模约为1 662亿美元，如图10－1所示。

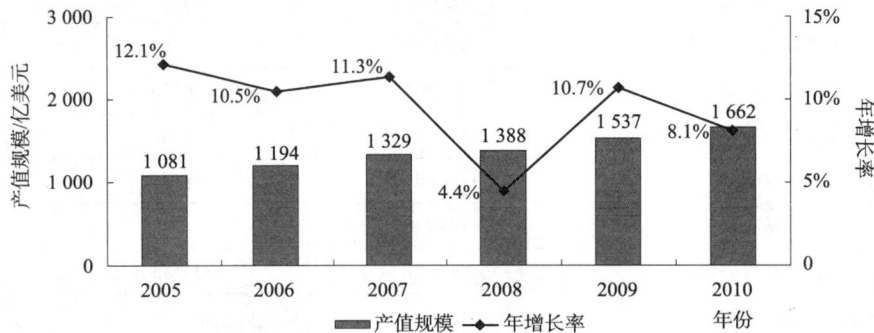

图10－1　2005～2010年全球生物医药产业市场规模及增长率

数据来源：中国生物医药产业研究报告①。

北美、欧洲和日本是世界药品三大市场。2010年，北美、欧洲和日本市场的药品销售额占全球药品销售总额的81.54%，三个地区的比重分别为38.67%、31.52%和11.35%；而除日本之外的亚洲、非洲和澳洲合计占全球的12.73%；拉丁美洲市场仅为5.72%。如图10－2所示。

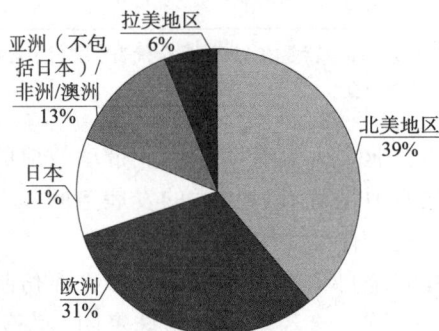

图10－2　2010年全球生物制药市场分布

数据来源：赛迪顾问②。

---

①　赛迪顾问. 中国生物医药产业研究报告2010～2011［R］. 北京：赛迪顾问，2011.
②　赛迪顾问. 战略性新兴产业之生物产业——生物产业发展特点与趋势2011［R］. 北京：赛迪顾问，2011.

2010 年，中国生物制药产业规模①达到 1 340 亿元，比 2009 年增长 16.3%，比 2006 年增长了 69.62%，销售收入和利润也均呈现较强的增长趋势。根据中经网数据，2011 年，中国生物制药产业销售收入为 1 515.47 亿元，利润超过 200 亿元。从图 10 - 3 可知，在 2006～2010 年，中国生物制药产业的销售收入均保持 14% 以上的增长率，利润保持在 25% 以上的增长率。

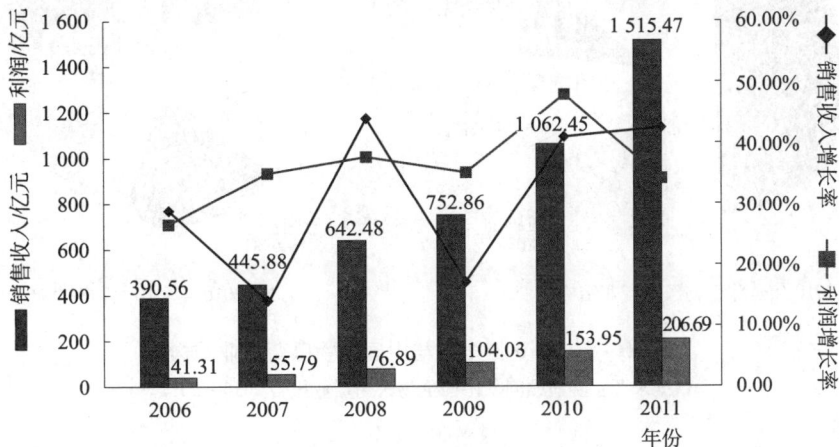

图 10 - 3　2006～2011 年中国生物制药产业销售收入、利润及增长率
数据来源：根据中国行业季度报告库 - 生物制药产业 2005～2011 年整理。

尽管如此，我国生物制药产业的规模占整个医药行业的比重仍然较小，与世界发达国家相比还有很大差距。2010 年，中国生物制药产业的比重仅占医药行业的 10% 左右（如图 10 - 4 所示）。生物制药行业的这种现象很大程度上源于企业研发能力、企业数量、投资能力的不足。

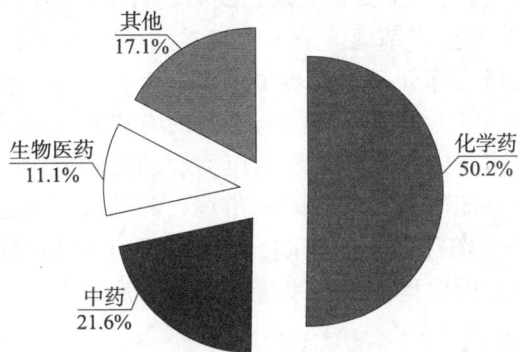

图 10 - 4　2010 年中国医药产业结构
数据来源：赛迪顾问。

## 10.2.2　产业细分

生物医药产业分为基因工程药物、抗体药物、血液制品、诊断试剂和疫苗五大类。2010 年，全球上述五大类生物医药所占比重分别为 49.4%、14.2%、9.0%、18.0% 和 9.4%；中国上述五大类生物医药所占比重分别为 44.9%，15.6%，8.0%，19.6% 和 11.9%。如图 10 - 5 所示。

---

① 表示产业内全部企业的产出规模或经营规模总量，即产业生产总值。销售收入指产业内企业主营业务收入。

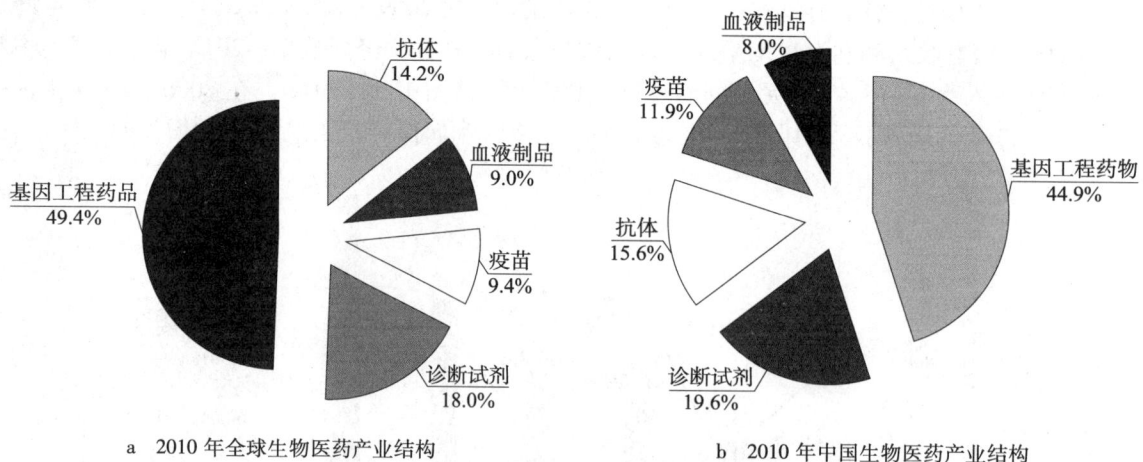

a 2010 年全球生物医药产业结构      b 2010 年中国生物医药产业结构

图 10 - 5 2010 年全球与中国生物医药产业结构

数据来源：赛迪顾问. 中国生物医药产业报告 2010～2011。

## 10.2.3 产业竞争者和领导者

目前，全球生物制药产业呈现集聚发展态势，主要分布在美国、欧洲、日本、印度、中国等地区。其中美、欧、日等发达国家占据主导地位，并占据产业格局的塔尖位置。医药产品分为专利药和非专利药。2010 年全球药品销售额中专利药约占 80%，非专利药占 20%；专利药主要在欧美等国家，规范市场①首仿药主要在美国、欧洲、日本和印度等地区；中国和印度是原料药和非规范市场②仿制药的主要生产基地。欧美、日本的仿制药企业近水楼台先得月，而印度、以色列等国由于政府大力支持，部分企业起步早、投入大，经过几十年拼搏，目前已跻身规范市场的非专利药供应商之列，成为世界主流医药市场的有机组成部分。而中国医药企业拥有广大的国内市场，因而并无将药品销往规范市场的压力、动力和能力，一直处于世界主流医药市场之外。但中国药品市场本身却不是一个封闭的市场，跨国公司通过进口、合资，现在甚至通过独资的方式，将自己的产品销往中国的医院，牢牢占据了中国医药市场的高端部分。所以，尽管中国医药行业在改革开放后取得了长足发展，但由于底子薄、起步晚，在国际竞争中仍处于"下风"位置。

## 10.3 产业发展与升级的制度环境

### 10.3.1 中国生物制药产业政策演化

政府在中国的生物制药产业中起到尤其重要的作用，生物制药产业的发展一直以来都受到

---

① 规范市场是对药品专利有严格保护的市场，在药品专利到期后，对仿制药也有非常严格的要求，要求仿制药跟专利药在疗效等方面完全一样。而且，规范市场对第一个仿制的企业也进行一定程度的保护，如规定有 6 个月的独占期、药品价格可以略低于专利药、限定仿制企业的家数等。

② 非规范市场是监管部门对市场仿制药的法律要求相对宽松的市场，仿制国外的非专利药甚至享有新药待遇。

中国政府的大力支持。例如，2001～2006 年，国家出台一系列政策规范我国制品和疫苗的市场；2006 年的国家中长期科学和技术发展规划纲要（2006～2020 年）提出了我国生物制药产业的重点方向；《生物产业发展"十一五"规划》和《"十二五"生物技术发展规划》和《生物医药产业发展"十二五"规划》对我国生物技术的发展和生物制药产业的发展提出了规划要求；与此同时，国家还出台了众多政策来规范生物医药产业细分领域的规范性。

政府对生物制药的产业发展起到了重要作用，体现在四个方面：政府的研发支持、鼓励产业化、知识产权保护、市场监管。

## 10.3.2　政府的研发支持

我国生物制药产业最初是由研究机构和大学衍生而来，而中国政府也在 20 世纪 70 年代就开始了对生物制药项目的资金支持。近 10 年来，国家自然科学基金委对生命科学领域面上项目的资助情况如表 10 - 3 所示。生命科学领域批准项目的资助总额从 2001 年的 2.7 亿元增长至 2011 年的 14 亿元；除 2007 年和 2010 年批准金额有所减少外，其他年份的批准金额增长率均在 14%以上，其中 2011 年增长率高达 97.44%，如图 10 - 6 所示。而 2009 年以前，生命科学批准项目金额占总金额的比重一直保持在 35% 左右，稳居基金资助的七大学科之首。2009 年，随着国家自然科学基金医学科学部从生命科学部划出，独立成为第八个科学处，国家对生物医药的研发支持更加细化。医学科学部主要资助针对机体细胞、组织、器官和系统器官的形态、结构、功能及发育异常以及疾病发生、发展、转归、诊断、治疗和预防等开展的基础研究和应用基础研究，其中医学科学八处为药物学、药理学细分。2011 年生命科学批准金额为 14.43 亿元，比重为 16.05%，而医学科学领域的金额高达 20.15 亿元，比重为 22.42%，二者合计占总面上项目总资助金额的 38.47%。可见，生物医药领域是国家科技资金投入的重点领域，资金投入力度日益增强。

表 10 - 3　国家自然科学基金委生物科学领域面上项目资助情况　（单位：万元）

| 年份 | 批准自主项目总金额 | 生命科学 | 增长率（%） | 占当年比重（%） |
|---|---|---|---|---|
| 2001 | 79 762 | 27 567 | — | 34.56 |
| 2002 | 115 631 | 39 166 | 42.08 | 33.87 |
| 2003 | 132 203 | 44 697 | 14.12 | 33.81 |
| 2004 | 167 516 | 60 525 | 35.41 | 36.13 |
| 2005 | 225 898 | 80 240 | 32.57 | 35.52 |
| 2006 | 268 595 | 96 347 | 20.07 | 35.87 |
| 2007 | 227 457 | 80 464 | - 16.49 | 35.38 |
| 2008 | 288 647 | 103 127 | 28.17 | 35.73 |
| 2009 | 330 516 | 118 128 | 14.55 | 35.74 |
| 2010 | 452 450 | 172 577 | 46.09 | 38.14 |
| 2011 | 898941 | 345 790 | 100.37 | 38.47 |

数据来源：国家自然科学基金委员会①。

---

① http：//www.nsfc.gov.cn/Portal0/default152.html.

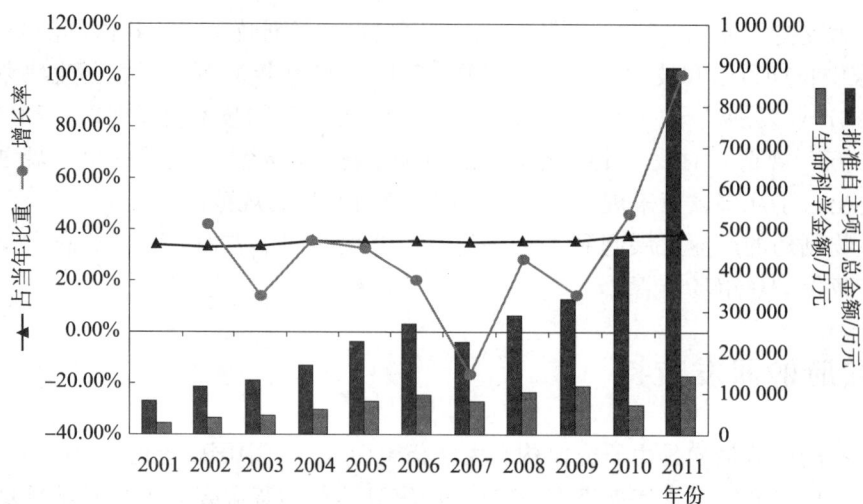

**图 10 - 6　2001～2011 年国家自然科学基金生物科学领域资助情况**

注：2010 年和 2011 年数据为生物科学部和医学科学部合计及其比重。

从生物制药领域资助项目的单位性质来看，高等院校和科研单位是基金资助的主体，前者所占比重逐年上升，由 2001 年的 74.05% 增长至 2011 年的 81.09%；而后者所占比重有所减少，由 2001 年的 23.59% 降低至 2011 年的 15.63%，如表 10 - 4 所示。

**表 10 - 4　国家自然科学基金委生物科学领域面上项目资助单位性质**　（单位：万元）

| 年份 | 高等院校（%） | 科研单位（%） | 其他（%） |
|---|---|---|---|
| 2001 | 74.05 | 23.59 | 2.36 |
| 2002 | 74.89 | 21.88 | 3.23 |
| 2003 | 77.41 | 19.79 | 2.80 |
| 2004 | 76.95 | 20.25 | 2.80 |
| 2005 | 77.64 | 19.25 | 3.11 |
| 2006 | 77.06 | 19.91 | 3.03 |
| 2007 | 77.26 | 19.55 | 3.19 |
| 2008 | 78.67 | 18.73 | 2.60 |
| 2009 | 80.72 | 16.40 | 2.88 |
| 2010 | 80.79 | 16.09 | 3.13 |
| 2011 | 81.09 | 15.63 | 3.28 |

数据来源：国家自然科学基金委员会，2010 年和 2011 年为生物科学部和医学科学部合计数据。

政府对生物制药企业的支持更多体现在促进生物制药新技术的产业化方面，7.3 节中会有更多介绍，而对企业研发的资助主要由对大学和科研机构的资助发展而来。我国相当多的生物企业都是由大学、公立研究机构或其科研人员创办的。因而一些企业的创新成果都是政府资助的结果。由于当时中国缺乏风险投资，因此，中央和地方政府的直接支持成为许多企业最初的发展资金，如深圳科兴、上实医药和天坛生物。

除了国家自然科学基金委资助的科学研究项目之外，政府科技项目也对生物制药领域的发展起到推动作用。例如，2011 年江苏省拨款 2.98 亿元支持生物医药建设，围绕生物医药领域的创新成果转化和产业化、支撑平台建设、技术攻关、人才培养与团队建设，立项支持 260 个项目，引导社会总投入达 32 亿元，希望在干细胞、小核酸技术、基因检测、高端医疗器械和生物医用材料等领域突破一批关键技术，在抗肿瘤、抗乙肝、抗甲型 H1N1 等领域开发出创新药物，形成新的增长点。依据生物医药"十二五"规划和国家重大新药创制专项"十二五"规划，国家对于重大创新药开发的资金扶持规模将从"十一五"时期的 66 亿元扩大到 105 亿元，如图 10－7 所示。首批 300 个中标项目预计也是年内宣布。单个药品开发项目的扶持资金规模从 100 万元至 1 000 万元不等，技术开发平台的扶持规模则从 1 000 万元至 6 000 万元不等。这些政策将促进企业和研究机构加大研发力度。

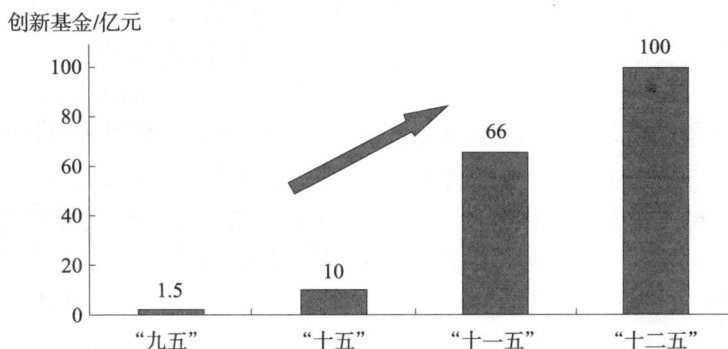

图 10－7 国家在"九五"到"十二五"期间生物产业投入的创新基金
数据来源：国家发改委、安信证券研究中心。

国家在"九五"到"十一五"期间生物产业投入的创新基金不断提高，在"十二五"期间我国将投入 100 亿元以上用于资助企业重大新药的创制，平均每个新药将获得 500 万～1 000 万元的项目资金。《生物产业发展"十一五"规划》提出，要通过组织实施九大专项，集中力量实现重点突破。在这九大专项中，生物医药占了 4 项，分别是：疫苗与诊断试剂专项、创新药物专项、现代中药专项和生物医学工程专项。

## 10.3.3 鼓励研发产业化

从 1985 年起，中国政府推出一系列的政策鼓励大学和公共科研机构成立衍生企业。因此，在有优惠待遇和激励的地区，一大批由研究主体衍生的生物制药企业发展起来。政府一方面减少对大学和科研机构的公共研发经费，另一方面减少研究机构的产业化与研究活动之间的差距。对于多数衍生企业，缺少资金支持成为很大的困难，尤其在产业发展每个阶段都需要大量研发投入的生物制药产业。在企业还没有风险资金投入的阶段，政府经费支持至关重要。科技部和国家发改委对衍生企业提供了资金支持，但是基于不同的立足点：科技部注重研发活动，而发改委侧重产业活动。此外，由于发改委比科技部拥有更多的资源和管理能力，因此也能够提供更多的资金。如今，生物医药振兴纳入到国家战略性新兴产业发展"十二五"规划，这意味着国内医药行业将迎来国家更多的政策和资金支持。如 2012 年云南省发改委对昭通重点生物制药企业下发了 150 万元专项发展资金①。很多衍生企业的成立都得益于允许高校和研究机构建立公司的新政策。一些还成为生物制药产业的主导企业，如沈阳三生制药、北京双鹭药业和安徽安科生物等都是由公共科研机构衍生企业发展而来的。

---

① http：//www. nsfc. gov. cn/Portal0/default152. htm.

# 10.4　中国生物医药产业与世界的差距

中国生物制药产业与世界先进国家的差距正在逐渐拉大。生物制药产业作为新兴产业，具有高投入、高风险、长周期、高回报且十分依赖基础研究的特点。由于全球生物制药产业兴起较晚，并且以科学研究为基础，对基础工业的要求和工业工艺的依赖性较低，因而，在20世纪80年代世界生物制药产业发展的最初阶段，中国与西方国家相比尚没有特别大的差距，有利于中国的追赶。而如今，中国生物制药产业与先进国家的差距正在逐渐拉大，主要表现在以下三方面：

首先，从产业整体规模来看，我国生物制药产业规模和企业盈利能力均与欧美发达国家有较大差距。2010年中国年销售排名前10位的上市制药企业年销售之和为209.9亿美元，净利润总和为7.5亿美元。相比之下，美国辉瑞一家企业2010年的销售额就达到678.1亿美元，净利润82.9亿美元，分别是国内前10名上市制药企业的3.2倍和11倍。此外，我国生物制药产业规模约占2011年GDP的2%，而美国生物医药产业占GDP的18%，产业规模达到4万亿美元，其生物制药产业早在2000年前后就形成了从研发到商业化产业模式的良性循环，并且对GDP的贡献率要高于其他产业的平均贡献率，并逐步发展为支柱产业。

第二，从企业盈利能力来看，我国生物制药企业规模小、利润低，在全球生物医药格局中，绝大多数生物制药企业进行仿制药的研发、生产和销售。仿制药生产可以避开昂贵的前期研发和临床试验环节，各国法律也逐步允许在专利保护期之内，对非专利所有者对生物药品进行仿制。因而，一旦专利药品过期，仿制药就会以价格优势迅速占领市场，这也决定了我国生物制药企业在竞争中面临众多的仿制药品厂商，缺少研发优势和专利保护优势，可以争夺的价值远远落后于拥有国际先进技术的生物制药研发企业。

Bioplan调查分析显示，全球生物仿制药企业分布较广，包括拉丁美洲、韩国和其他尚未将产品打入西方主流市场的地区。在全球近400家生物仿制药企业中，有超过30家在印度，14家在中国。许多制药企业希望有机会进入生物制药领域，但很多企业的产品还不能达到欧美发达国家的监管标准而进入这些市场。例如，目前已有十几个生物仿制药得到了欧盟的审批，但是FDA仍然没有审批通过任何生物仿制药。

第三，从研发能力来看，我国生物制药产业与世界先进水平相距尚远。国内制药企业产品中仿制药占压倒性份额，原创专利药很少。国内已经批准上市的382个不同规格的基因工程药物和疫苗中，只有21个属于原创，其余94.5%的产品均为仿制。规模小、利润率低，产品以仿制药为主，导致国内制药企业既没有能力也没有意愿投资昂贵的新药研发项目。2010年中国销售额排名前五位的生物制药上市企业研发投入总和为2.48亿元[①]，而同年诺华公司（Novartis）的药物研发费为72亿美元，是前者的数百倍，差距巨大。在中国5家最大的生物制药上市公司中，只有双鹭药业和达安基因的研发投入占营业收入的比重超过10%，其他3家（华兰生物、天坛生物和科华生物）的研发投入强度均低于5%。

随着生物制药企业向新兴市场国家的药物研发和生产转移，企业的全球专利布局十分重要。专利药物企业先在一国进行研发、实验和产品的商业化，成功之后并迅速向全球市场进行专利布局，从而最大限度的利用新兴市场国家现有的知识产权保护机制，保护自身利益，防止在技

---

① 这五家本土企业分别为：天坛生物、科华生物、双鹭药业、华兰生物、达安基因。2.48亿元人民币约合4 000万美元。

术转移和生产过程中受到利益损害。例如辉瑞在进入中国之后充分利用现有的法律法规保护自己的知识产权，截至 2011 年共提出 1 375 项专利申请。2010 年，生物医药企业在华专利申请 14 930 件，专利授权 3 865 件。其中，德国先灵公司、瑞士诺瓦提斯、美国惠氏、美国基因泰克公司、瑞士霍夫曼 – 拉罗奇等公司在华专利申请异常活跃，近 3 年的专利申请占其在华专利申请总量的比例分别达到 45%、41%、39%、51% 和 48%。国外公司在治疗性抗体领域优势尤为明显，在华授权专利有 1 449 件，相当于国内企业（932 件）的 1.6 倍。

第四，从专利看，中国差距更为明显。在 2002～2011 年的 10 年里，我国共批准生物制药领域专利 10 817 件。其中，中国专利 5 706 件，国外专利 4 960 件。我国生物制药产业批准的国外专利所占比重较大，约占专利总数的一半（图 10 – 8）。

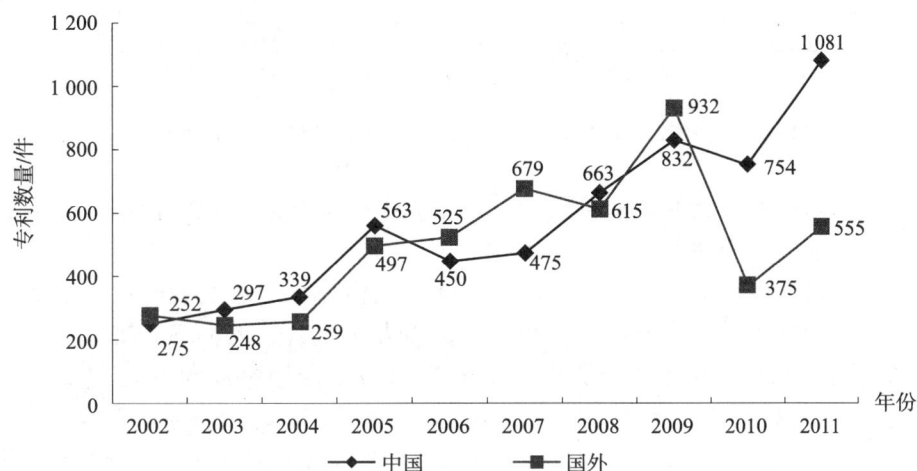

图 10 – 8　2002～2011 年按国别分生物制药产业授权专利数量

在不同类型的专利申请人中，企业申请人所占比重较大，无论是国内还是国际专利，企业参与专利申请的数量均占专利总数的 20% 以上。对于国外专利而言，企业申请人所占比重远远高于中国专利中企业申请人比重，并且历年均在 75% 以上，2007 年为最高，达到 83.90%。如表 10 –5 所示。

表 10 –5　我国生物制药产业专利中企业申请专利数量所占比重　　　　　（单位:%）

| 年份 | 2002 | 2003 | 2004 | 2005 | 2006 | 2007 | 2008 | 2009 | 2010 | 2011 | 合计 |
| --- | --- | --- | --- | --- | --- | --- | --- | --- | --- | --- | --- |
| 中国 | 58.33 | 34.01 | 30.97 | 29.84 | 21.56 | 21.47 | 24.43 | 32.57 | 30.77 | 28.31 | 29.64 |
| 国外 | 75.64 | 77.02 | 81.47 | 82.70 | 81.33 | 83.36 | 83.90 | 82.62 | 75.73 | 78.92 | 81.09 |

从企业参与申请的专利数量来看，外资企业申请人远多于本土企业。在 2002～2011 年的 10 年里，本土企业申请专利数量累计达到 1 691 件，而外资企业申请专利数量累计高达 4 022 件，是本土企业的 2.38 倍。本土企业申请专利数量从 2002 年的 147 件增长至 2011 年的 306 件，外资企业申请专利数量从 2002 年的 208 件增长至 2009 年的 770 件，之后两年虽有所回落，但仍高于本土企业专利申请数量，如图 10 –9 所示。

因此，一方面，面对全球领先生物制药企业的投资和研发布局，我国企业如果依旧以仿制药品为主导，将很难打入这些企业已经进入的市场，而即便在专利期满之后，我国企业生产的仿制药在这些市场仍面临众多的监管和竞争压力。另一方面，在本土市场上，国际领先的生物制药企业已经自 20 世纪 80 年代以来，开始了对中国市场的占领，并逐步布局生产和研发基地。

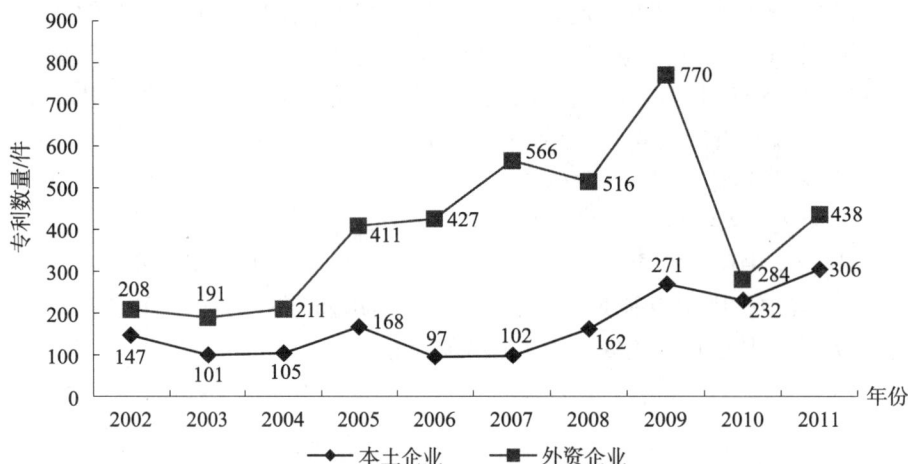

图 10 - 9　2002～2011 年本土企业和外资企业参与申请的专利数量

虽然在我国生物制药产业发展的最初阶段，外资企业的投资起到了积极作用，但这也造成了我国企业难以通过研发专利药品方式与外资企业抗衡。

在像生物制药这样以科学为基础的产业中，创新生物药物的研发是产业中主要的技术变革力量，但是创新技术并不会打破产业中优势企业的垄断地位，原因如下：第一，生物制药产业药物研发成本很高，跨国生物制药公司每年的研发经费约占销售额的 10% 以上，如罗氏公司 2011 年研发支出高达 88 亿美元，占全年销售收入的 19%[①]。高额的研发成本决定了后发国家和企业的高门槛，需要新进入企业具备核心技术和政府的大力支持和投入[②]。而中国企业无论是企业规模还是研发投入均与跨国企业差距巨大，生物制药产业的领先者优势很难被诸如中国的后发国家和企业打破。第二，按照价值链理论，即使新进入企业具有充足的研发资金和能力，其带来的技术变革仍然很难改变原有优势企业的领先地位。生物药品研发分为药物开发和临床试验两个阶段，在药物研发阶段，新进入企业在专注性和灵活性方面要优于原有优势企业，造成原有优势企业的技术落后和营业损失[③]，如百泰生物开发的泰欣生（尼妥珠单抗，Nimotuzumab）使得默克雪兰诺的相关产品销量有所减少。但原有优势企业具备雄厚的市场能力和资产（这些能力对临床试验和药物商品化至关重要），新进入企业的技术创新难以干扰其市场能力和资产，也难以打破优势企业在临床试验阶段和药物商品化阶段的优势。研究表明，在生物药品创新的两个阶段中，药物研发阶段会削弱企业实力，而临床试验和商品化阶段却增强企业的研发管理能力。第三，原有优势企业面对产业变化，可以快速调整技术路线，重新获得领先的技术能力，因而难以被新进入者追赶。原有优势企业作为产业代表垄断市场，新进入者一般凭借创新技术对产业带来的技术冲击对原有优势企业形成干扰。而随着进入者的增加，这种干扰相对减少，而原有优势企业可以凭借自身实力尽快调整，重新使用先前已获得的技术能力，快速获得竞争优势[④]。Rasmussen（2008）的研究表明，在科学密集的产业中，跨国企业充足的应用研究型经验可以带来众多战略优势，这些面向市场的经验有助于企业快速适应技术环境的变化。

---

① Niosi J. Catching up and leapfrogging in biopharmaceuticals The (slow) rise of emerging countries, Globelics 2011, Buenos Aires, Argentina.

② http：//www. bioon. com/industry/drug/523931. shtml

③ Niosi J. Catching up and leapfrogging in biopharmaceuticals The (slow) rise of emerging countries, Globelics 2011, Buenos Aires, Argentina.

④ http：//www. bioon. com/industry/drug/523931. shtml

## 10.5　结论与启示

作为一个国家高度干预的产业，我国对生物科技给予了很高的投入，单单国家自然科学基金投资给生物学科经费就达到了38%多。每年产生的SCI论文已经可以和美国媲美。但这一产业没有出现巨大的创新。一是中国企业的消化吸收能力很弱，企业的生产由于受到严格的管制，只具有很小的利润空间，使它们根本没有能力投入具有高风险的研究开发。二是企业没有能力投入大量的设备和人才，这方面的顶尖的人才都在高校或中国科学院。因此，国家经费投入的越多，人才就越往高校研究所聚集，形成了一个人才投向偏离创新中心的现象。

我国新兴产业的追赶与创新，不同产业的故事不一。在信息产业，我国形成了良好的追赶与创新的势头，其中出现了一大批具有国际竞争力的企业，如华为、联想等。但这一产业是一个竞争的，全球化的产业。相反，生物医药产业是一个缺乏市场化的产业。因此，要实现这一产业的升级，我们认为，需要从根本上改变这一个产业的生态体系。

（1）要确立企业是创新的主体，至关重要。中国多年来的政府扶持，使大学研究所越来越强，企业的创新能力没有得到有效提高。因此，中国需要重视市场牵引的创新。由于生物制药时间长。一味重视大学研究所科技能力的提升，不一定能够换来产业创新能力的提升。

（2）需要根本上改变生物制药产业规制模式。医药产品涉及百姓的健康与利益，因此，在鼓励创新与鼓励药品普及方面存在着矛盾。

最近几年，药物价格大幅度上涨，以至于普通病人无法承担。这都是市场监管不完善的体现。为了规范和监管药物市场，政府需要采取有效措施。但事实上，国家发改委采取的强制药物价格下降的政策，迫使制药企业降低定价，也消减了制药企业的利润。大大降低了企业的创新能力。

自2000年以来，中国的公立医院购买药材开始采用招标形式，加剧了制药企业利润下降的问题。首先，招标体系导致制药企业销售成本上涨。其次，诸如"原创药物"比"防治药物"可以采取更高售价这样的歧视政策显然更受制药巨头企业的欢迎。国外制药企业因此可以设定相对较高的售价，而本土制药企业却在低价药领域进行更激烈的竞争。

（3）完善税收政策。除了定价政策，中国的税收政策、药物注册体系和保健服务体系还有很多方面不利于生物制药产业的发展。例如，在企业所得税方面，《财政部、国家税务总局关于企业技术创新有关企业所得税优惠政策通知》规定，自获利年度起2年内免征企业所得税，免税期满后减按15%的税率征收企业所得税。考虑到生物制药企业研发周期约8~10年甚至更多，而且市场开发也较为困难，企业在初期利润甚微，该条款给企业带来的实际利益不大。"二免三减半"政策企业也同样难以享受。其次，对企业购进专利技术的优惠力度不够。我国生物制药产业的自主创新能力差，政府应该在积极促进其进行研发的同时，鼓励购进新技术，但除对技术转让收入免营业税外，对技术购入方的优惠力度不够。但是在国务院颁发的税收优惠办法或规定中，没有专门针对生物制药产业的内容，只能在促进科技进步或高技术产业等规定中，寻找符合生物制药产业的内容。生物制药产业需要的研发投入、固定资产投入非常高，以占其最主要市场份额的治疗性抗体来说，一般一个抗体产品的生产线需要3亿~5亿美元的投资，每克抗体生产成本在2 000~5 000美元。生物制药产业在研发阶段需要的投入也非常高，再加上处于发展的起步阶段，更需要专门针对该产业的具体税收政策扶持，引导资金的流向，降低投资风险。

《国家药品安全"十二五"规划》出台以来，国家食品药品监督管理局（SFDA）宣布启动仿制药一致性评价工作，计划在 2015 年前完成纳入国家基本药物目录、临床常用的仿制药的一致性评价，涉及品种有 500 多种。SFDA 还提出，对于未通过质量一致性评价的不予再注册，注销其药品批准证明文件。这些规范加强了我国仿制药品监管力度，也对原有仿制药管理规定进行了补充。例如，2006 年出台的《关于进一步规范药品名称管理的通知》和《药品说明书和标签管理规定》提出对仿制药不再批准商品名的规定和 2007 年修订的《药品注册管理办法》强调仿制药应与被仿药在安全性、有效性及质量上保持一致。但是，面对中国市场上生物仿制药的重要地位，国家并未出台专门针对于生物仿制药的明确的监管途径。

总体而言，我国政府对生物制药产业的支持日益完善，对基础研究资金投入逐年增长，并且加强对生物制药研发产业化的促进。但是，在政策鼓励研发方面，对生物制药产业的支持力度尚有不足：我国尚无对治疗特殊疾病药品的优惠政策；我国仅对固定资产投资的新增额有所优惠，并未对其他投资和研发增量扣除的规定；我国还未实行最小应纳税额制度，仅对部分技术转让所得、科学奖金免征个人所得税，并未有针对生物技术工资税的减免；我国风险资金投资机构尚不发达，还没有设置资本收益税，生物制药产业融资仍很困难，政府支持仍不足。

（4）审批制度要重视本土企业创新。

同时，我国的知识产权保护环境和市场监管环境还有所欠缺，需要政府更多的参与。我国生物医药市场仿制药猖獗的现状与知识产权保护力度不足密切相关，这在很大程度上削弱了企业自主研发的积极性。2002 年，国家出台了药品招标的政策，其中包括原研药和非原研药的不同定价政策，客观上大大有利于跨国制药公司，而限制了本国企业的发展，甚至对跨国公司根本没有在中国申请专利的药物也叫原研药。这完全是对跨国公司的一种超国民待遇。而面对跨国企业对本土企业的收购，政府更多考虑政绩，而忽略了对本土企业长远发展的规划，将正在成长中的企业股权廉价变卖给国外投资集团。如果企业被收购不能与科研机构形成互动，对国家基础学科会形成巨大的破坏，并且间接涉及了国家医疗领域的安全问题。而近年来颁布的一些药品政策，又大大压缩了国内生物制药企业的利润。如深圳市 2012 年 7 月 1 日开始执行的"医药分开"改革方案将大幅度控制公立医院的药品价格加成，控制我国药物市场恶性竞争的现状，尤其对仿制药利润有较大控制力度。

# 第十一章

## 促进产业转型升级的政策建议

当前中国经济进入新常态，产业结构转型升级的实质是加快转变经济发展方式，促进经济社会又好又快发展。推进产业转型升级，是推进经济结构调整、转变发展方式的重要举措。产业结构如何转型升级已成为中国经济能否顺利找到新动力的关键。在较长一段时间内，产业结构调整始终是政策聚集的重点。承认中国经济结构状况存在的历史合理性，并不意味着我们认为其不需要调整和变化。恰恰相反，客观认清发展形势才能更好地理解结构调整的紧迫性和必要性，才能更好地认识经济发展过程正在酝酿和累积推动结构调整的内在动力。而加快实现从"中国制造"到"中国创造"的转变，不是短期目标，而是长期任务。因此，在推动产业转型升级过程中，应正确处理以下问题。

## 11.1 关于中国产业升级的基本结论

1）总体来看，各地区的产业升级在产业结构调整、创新能力提升和价值链升级等方面都有不同程度的进步，整体取得了一定成效。因此，中国的产业升级步伐没有停滞，但应该看到，由于我国的产业发展，基于大规模引进和自主的渐进创新。因此，产业升级的速度不会太快。因为我们没有掌握产业的核心技术，在新兴产业领域发展也较平稳。中国从经济大国到强国之路不是一蹴而就，需要耐心。

2）一些典型的领跑省份，如广东，其产业升级过程是明显的，不存在人们认为的产业低端锁定现象。我们也要看到研发、品牌、产业集群以及现代产业工人的培育都是促进转型升级的关键要素，但其产业升级的过程不是原来优势产业——信息产业——的深化，而是另一个产业——汽车——的出现与加强，但信息产业的外生性高于汽车产业。因此，广东的模式是产业整体性升级了但优势产业并没有更优。广东省的产业转型发展已经取得成效。这值得我们高兴。

3）河北省钢铁产业的发展是全国很多传统产业发展的缩影，是一个跟国家粗放式发展模式合拍的过程。可以说大批量低劣的建筑质量、城镇化建设，拉动了钢铁的需求，也是河北省钢铁现状升级乏力的主因。在现有的政府——市场关系下，钢铁行业污染的外部性问题很难理顺。政府对企业外部性监管的失位，使环境问题外部性凸显。未来，政府需要加强公共管理的职能。通过政府公共管理，拉动产业的升级，是中国经济必须要解决的一个问题。在不唯 GDP 论英雄的考核体制下，未来的区域产业发展有待期许。

4）一些劳动密集的集群产业，出现了产业锁定的现象。如服装产业基本是恶性竞争，拥挤在供应链的某些点上，链条缺乏走向高端的能力。值得我们注意。

5）高技术产业的升级不容乐观。生物产业，作为一个国家高度干预的产业，我国对生物科技给予了很高的投入，单单国家自然科学基金投资给生物学科经费就达到了38%多。每年产生的SCI论文已经可以和美国媲美。但这一产业没有出现巨大的创新。一是中国企业的消化吸收能力很弱，企业的生产由于受到严格的管制，只具有很小的利润空间，使它们根本没有能力投入具有高风险的研究开发。二是企业没有能力投入大量的设备和人才，这方面的顶尖的人才都在高校或中国科学院。因此，国家经费投入到越多，人才就越往高校研究所聚集，形成了一个人才投向偏离创新中心的现象。因此，国家需要关注这样一个新现象：国家科技投入多但没有带来产业的升级，因为科技经济两张皮存在，强大的科研能力难以转化为产业的创新能力。

6）在传统产业，科技的产业升级的作用比较有限，只是近几年，在产业集群，在钢铁，我们看到了科技开始介入产业的升级。随着劳动力成本的上升，科技对产业升级作用更明显。这从广东的例子可明显看出：全球金融危机的到来，没有使广东降低对研究开发的投入，相反，广东是不断加大了对科技的投入。

# 11.2　政策建议

1）加强政府的公共管理职能，推进传统产业转型升级。

我们从钢铁、服装、电子等产业的发展可以看出，在以GDP导向，粗放式增长的模式下，中国的产业取得了快速的进步，产能的扩张。

一个政府，具有两个职能：推动经济发展的职能，推进社会发展的职能。两个职能是相互交叉的。但长期以来，中国政府注重了发展经济的职能，并把公共管理的职能退居在第二位，使一些外部性的问题越演越烈。河北的钢铁升级慢是这一问题的最好说明：政府对钢铁产业的外部性给予足够的重视，尽管每一个地区的钢铁产业的发展似乎都是合理的。但积累起来是一个灾难。这就需要一个政府部门能够从公共利益出发进行调节。如给出一个对钢铁生产过程中的降低排污的量表，作为钢铁产业入门和再生产的条件。这一对污染的公共管理政策会迫使企业采用更先进的生产流程和方法。其次，政府可以通过提高相关的产品的质量标准，通过政府采购的形式促进相关产业升级。我国大量的产品，质量标准定得过低，使企业有了竞争中的成本优势，但却使企业没有了产业升级的压力。许多地方政府为了本地企业的竞争力，也降低了相关的产业标准。我们认为，提高相关产业的技术标准，产品标准，是发挥政府公共管理的另一个重要手段，以使产业形成产业升级的压力。

2）发挥好地方科技投入对产业升级的重要作用。

我国的科技投入，一般重视高技术，忽视传统产业的科技进步。许多地方，尽管没有发展高技术产业的能力，但为了获得中央政府的支持，支持国家的战略，包括获得国家项目的配套，政府对专利申请与维护的补贴政策，使许多地方政府失去了支持本地产业进步的能力。

我们认为，地方政府需要发挥更大的自主权，把科技与地方的需求更有效地结合在一起。

同时，要建立"产学研用"相结合的战略联盟和利益共同体。鼓励设立创新投资基金，增加政府引导资金的投入，推广知识产权质押贷款，加快发展科技保险，创新金融服务业化融资。引导企业不断加大科技投入，切实推进科技成果转化。

3）培育新兴产业，形成新的经济增长点。

目前，我国制造业正处于工业化中期，许多产业都面临着革命性的突破。要瞄准世界科技前沿和产业发展方向，努力培育新的经济增长点。切实支持和发展新能源、新材料、第三代移动通信、生物育种、生物医药等战略性新兴产业，努力形成新的经济增长点。大力扶持技术密集、知识密集、高附加值、高加工度产业，促进产业集群的生成和发展。大力发展节能环保产业。把节能减排作为重要抓手，加快发展太阳能、风能等可再生能源，加快开发洁净煤、智能电网、新能源汽车、碳捕捉等技术，促进循环经济、绿色经济和低碳经济发展。

4）统筹安排产业转移与区域经济协调发展。

转型升级必须与区域结构协调发展相结合，这是关系到能否实现全面转型升级的大问题。加快转型升级必须紧紧抓住产业结构不合理、城乡发展不协调、区域发展不平衡三大问题；统筹东中西、协调南北方，构建各具特色、协调联动的区域发展格局。要探索完善统筹发展机制，着力优化产业发展布局，打造东部、中部、西部地区经济发展新引擎。鼓励东部地区与西部地区共建产业园区。坚持大中小城市和小城镇协调发展，促进城镇化和新农村建设良性互动。增强大城市辐射带动能力，提高中小城市综合承载能力，加强县城和中心镇基础设施建设，促进农村人口向小城镇集聚。在配套措施上，落实财政超收分成、公共管理支出补助、生态补偿、加大扶贫力度等政策措施，实现城乡一体化发展。

5）发挥政府和市场的双轮驱动作用。

十八届三中全会明确提出，经济体制改革是全面深化改革的重点，核心问题是处理好政府和市场的关系，使市场在资源配置中起决定性作用和更好发挥政府作用。在推进转型升级的过程中，从决策到实践要始终按照"政府引导、市场运作"的方针，充分发挥政府政策和市场机制的"双轮驱动"作用，构建产业转移升级的一揽子政策体系。既充分发挥市场配置资源的决定性作用，又积极发挥政府的引导作用，也强化企业主体的作用，形成转型升级的合力。

转型升级是一项系统工程，单靠市场一方很难完成，政府应当有所为，要切实转变政府职能，从"干预"转向"服务"，要着力于制定完善的政策、提供公共服务和进行产业引导，提升地区的软硬条件，改善和提高服务水平，妥善处理好产业转移和转型升级的关系，为企业的转型升级创造一个平等竞争的经济环境，安全、安定的政治环境，公平、公正的法律环境，创业、营商的社会环境，进一步激发各类市场主体的活力和创造力，增创转型升级新优势。

总体来说，转型升级是形势所逼，我们的经济发展存在结构性问题，转型升级的必要性和紧迫性逐步增强；转型升级是机遇所在，学会互联网时代的生存法则，抓住新工业革命的机遇，借此推动产业转型升级，才有可能在未来经济发展中取得有利的地位。

## 参 考 文 献

[1] 蔡小玲. 厦门与杰尼亚的"跨国联姻". 服装时报，2009 - 12 - 8.

[2] 河海怀. 生产业务外包和特许连锁加盟相结合——以温州中小企业虚拟经营为例. 企业经济，2006，07.

[3] 李岩. 广东省制造业产业升级的实证分析——基于动态偏离份额法. 技术经济与管理研究，2009，3：106 - 109.

[4] 冯建勋. 河北省钢铁产业创新与知识产权现状分析研究. 河北科技大学，2010.

[5] 马建会. 产业集群成长机理研究. 暨南大学，2004.

[6] 唐萍. 我国产业集群现状与应采取的对策——以福建晋江鞋业为例. 现代农业，2008，02.

[7] 王永仪，魏衡，魏清泉. 广东虎门镇服装加工产业集群发展研究. 经济地理，2011，1.

[8] 王成应. 河北钢铁（000709）集团自主知识产权达1854项. 河北经济日报，2013 - 12 - 28.

[9] 王健. 河北钢铁产能迷雾. 中国经济和信息化，2013，5：46 - 51.

[10] 项贤国. 河北省钢铁行业电子商务发展研究. 合作经济与科技，2013，12：8 - 10.

[11] 杨焕春. 温州服装品牌策略的研究. 企业活力，2006，6：42 - 43.

[12] 佚名. 晋江：和谐是城市最美的风景. 人民日报海外版，2007 - 12 - 7（8）.

[13] 袁晓玲，张宝山，杨万平，2008. 动态偏离 - 份额分析法在区域经济中的应用，经济经纬，2008，1：55 - 58.

［14］张华宝，胡俊荣，2010. 基于专利的广东省服饰行业竞争情报研究，现代情报，2010 年第 30 卷第 6 期，120－122.

［15］张进宝. 10 家企业抱团设境外营销公司. 温州日报，2013－9－6.

［16］朱庆荣. 奥奔妮成立商学院. 温州日报，2010－9－6.

［17］赵松岭，杜晶晶. 河北省钢铁业发展策略探析. 金融数学与研究，2012，3：59－60.

［18］曾小凤、蔡明宣. 晋江纺织鞋服人才培养与技术信息平台启动. 晋江经济报，2013－6－24.

［19］张云辰. 晋江专项政策扶持电商发展. 晋江经济报，2013－5－9.

［20］Adhikari, R. & Weeratunge, C. 2006. Chapter 4：textiles and clothing sector in South Asia：coping with post－quota challenges. South Asian Yearbook of Trade and Development 2006 （109－145）. New Delhi, India：CENTAD.

［21］Barff, R. A. & PRENTICE III, L. K. 1988. Dynamic Shift - Share Analysis. Growth and change, 19 （2）：1－10.

［22］Barff, R. Shift－share analysis as a linear model. Environment and Planning A, 1991, 23：421－431.

［23］Creamer, D. （1943）. Shifts of manufacturing industries. Industrial Location and National Resources：85－104.

［24］Dallas, Mark. Manufacturing Paradoxes：Foreign Ownership, Governance, and Value Chains in China's Light Industries, World Development, 2013, 57：47－62.

［25］Rasmussen, B. Creating and capturing value in the biopharmaceutical sector. PhD Dissertation, Victoria University, 2008.

［26］Thirlwall, A. P. A measure of the 'proper distribution of industry'. Oxford Economic Papers, 1967：46－58.

［27］Thompson, Edmund. Clustering of Foreign Direct Investment and Enhanced Technology Transfer：Evidence from Hong Kong Garment Firms in China, World Development, 2002, 30 （5）：873－889.

［28］Westhead, P. & Storey, D. J. Financial constraints on the growth of high technology small firms in the United Kingdom. Applied Financial Economics, 1997, 7 （2）：197－201.

# 第三篇

## 区域创新能力分省（自治区、直辖市）报告

▶ 第十二章　各地区创新能力分析

# 第十二章

## 各地区创新能力分析

## 12.1 北京市

北京是我国的首都、直辖市和国家中心城市，是全国的政治、文化、科教和国际交往中心。2012 年年末北京市常住人口数 2 069 万人，全年地区生产总值 17 879.4 亿元，同比增长 7.73%，人均 GDP 为 87 475 元，位居全国第 2 位。2012 年三次产业结构之比为 0.8∶22.7∶76.5。高技术产业主营业务收入 3 569.9 亿元，占 GDP 的比重为 19.97%。

北京市 2014 年创新能力排名与上年持平，位于第 3 位。知识创造综合能力、知识获取综合能力、企业创新综合能力、创新环境综合能力、创新绩效综合能力排名分别为第 1 位、第 3 位、第 6 位、第 2 位和第 6 位。基于雄厚的教育资源和对全国各地高素质人才的吸引，北京市的知识创造指标又一次荣登榜首，但企业创新能力及创新绩效水平稍显薄弱，与上年度相比均下滑 1 位。变化较大的具体指标有：产业国际竞争力指标排名上升 17 位；规模以上工业企业研发经费外部支出增长率以及规模以上工业企业有研发机构的企业数增长率均下滑 10 位。

北京作为全国创新资源最密集的地区，有条件、有义务发挥先导和示范作用；在深入开展中关村国家自主创新示范区政策先行先试的基础上，加快探索和推进创新型城市建设进程。近年来，北京市在诸多科技创新专项项目上取得了进展，不断推进科技振兴产业工程，引领产业结构优化升级；实施全面对接工程，大幅提高创新能力；强化科技支撑民生工程，推动科技成果惠及人民；全力推进中关村国家自主创新示范区建设。2014 年，北京市为了强化其科技创新中心的城市战略地位，制定了"北京科技创新行动计划"，力图在科技体制改革上取得重要突破，建立主要由市场决定技术创新项目、经费分配和成果评价的机制；进一步完善以企业为主体的技术创新体系；突出科技支撑经济发展方式转变的作用。

北京的创新体系的特点是：知识创新能力强，企业创新能力稍弱，服务业创新能力强，制造业创新能力弱。北京的创新模式正在转型之中。北京市应以中关村国家自主创新示范区建设为契机，将政府的调控引导作用和市场配置科技资源的基础作用结合起来，加快推进以企业为主体、市场为导向、产学研用相结合的技术创新体系建设。实现北京进入新一轮创新的高潮。

表 12－1　北京市创新能力综合指标

| 指标名称 | 2014 年综合指标 | | 2014 年分项指标排名 | | |
|---|---|---|---|---|---|
| | 指标值 | 排 名 | 实 力 | 效 率 | 潜 力 |
| 综合值 | 50.11 | 3 | 5 | 1 | 30 |
| 1　知识创造综合指标 | 68.84 | 1 | 1 | 1 | 25 |
| 1.1　研究开发投入综合指标 | 81.17 | 1 | 1 | 1 | 19 |
| 1.2　专利综合指标 | 62.17 | 1 | 3 | 1 | 29 |
| 1.3　科研论文综合指标 | 57.51 | 1 | 1 | 12 | 26 |
| 2　知识获取综合指标 | 46.01 | 3 | 4 | 3 | 10 |
| 2.1　科技合作综合指标 | 57.76 | 1 | 1 | 28 | 17 |
| 2.2　技术转移综合指标 | 44.27 | 2 | 5 | 2 | 15 |
| 2.3　外资企业投资综合指标 | 38.51 | 4 | 6 | 3 | 8 |
| 3　企业创新综合指标 | 41.98 | 6 | 10 | 1 | 27 |
| 3.1　企业研究开发投入综合指标 | 47.13 | 5 | 14 | 1 | 22 |
| 3.2　设计能力综合指标 | 32.56 | 5 | 7 | 4 | 22 |
| 3.3　技术提升能力综合指标 | 35.8 | 4 | 8 | 3 | 25 |
| 3.4　新产品销售收入综合指标 | 47.25 | 8 | 10 | 2 | 26 |
| 4　创新环境综合指标 | 50.71 | 2 | 5 | 1 | 28 |
| 4.1　创新基础设施综合指标 | 52.69 | 1 | 12 | 1 | 3 |
| 4.2　市场环境综合指标 | 60.4 | 3 | 5 | 2 | 28 |
| 4.3　劳动者素质综合指标 | 48.44 | 1 | 8 | 1 | 27 |
| 4.4　金融环境综合指标 | 45.83 | 2 | 5 | 1 | 16 |
| 4.5　创业水平综合指标 | 46.18 | 3 | 9 | 1 | 30 |
| 5　创新绩效综合指标 | 48.55 | 6 | 5 | 2 | 30 |
| 5.1　宏观经济综合指标 | 49.95 | 5 | 13 | 2 | 30 |
| 5.2　产业结构综合指标 | 40.16 | 4 | 6 | 3 | 29 |
| 5.3　产业国际竞争力综合指标 | 19.37 | 9 | 9 | 6 | 26 |
| 5.4　就业综合指标 | 47.5 | 6 | 3 | 4 | 27 |
| 5.5　可持续发展与环保综合指标 | 85.77 | 3 | 3 | 3 | 27 |

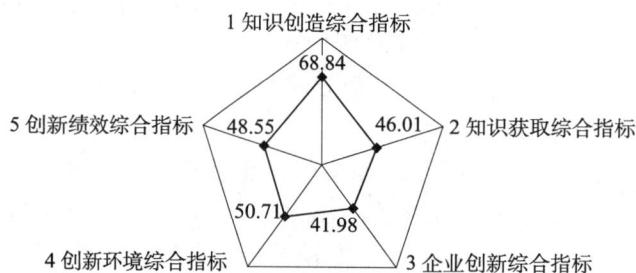

图 12－1　北京市创新能力蛛网图

| 排名 | 指标 |
|---|---|
| 5 | 11101 研究与试验发展全时人员当量 235 492.9 人年 |
| 1 | 11102 每万人平均研究与试验发展全时人员当量 113.8 人年/万人 |
| 30 | 11103 研究与试验发展全时人员当量增长率 4.73 % |
| 1 | 11201 政府研发投入 565.99 亿元 |
| 1 | 11202 政府研发投入占GDP的比例 3.17% |
| 11 | 11203 政府研发投入增长率 21.22% |
| 3 | 12101 发明专利申请受理数 52 720 件 |
| 1 | 12102 每十万人平均发明专利申请受理数 254.77 件/十万人 |
| 30 | 12103 发明专利申请受理数增长率 16.16% |
| 11 | 12104 每亿元研发活动经费内部支出产生的发明专利申请数 49.58 件/亿元 |
| 2 | 12201 发明专利授权数 20 140 件 |
| 1 | 12202 每百万人平均发明专利授权数 973.28 件/百万人 |
| 23 | 12203 发明专利授权数增长率 28.13% |
| 3 | 12204 每亿元研发活动经费内部支出产生的发明专利授权数 18.94 件/亿元 |
| 1 | 13101 国内论文数 68 840 篇 |
| 1 | 13102 每十万人平均发表的国内论文数 332.67 篇/十万人 |
| 27 | 13103 国内论文数量增长率 5.49% |
| 1 | 13201 国际论文数 57 008 篇 |
| 5 | 13202 每十万人平均发表的国际论文数 4.24 篇/十万人 |
| 28 | 13203 国际论文数增长率 2.89% |

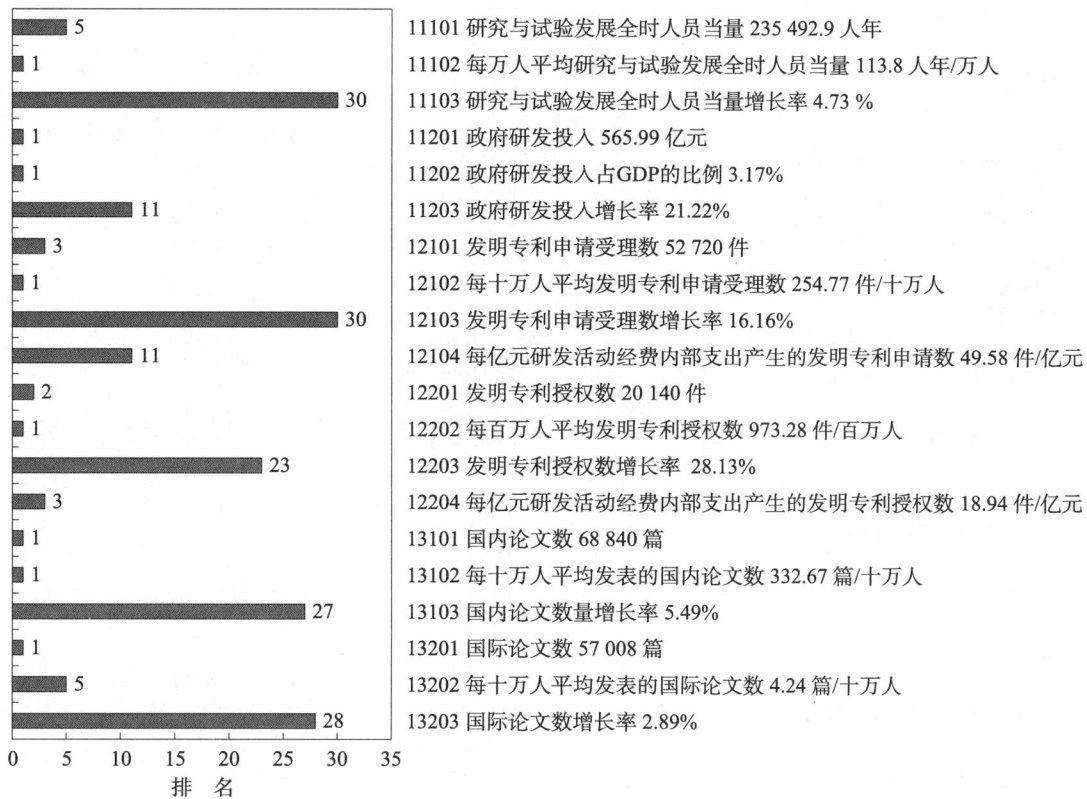

图 12－2　北京市知识创造能力基础指标

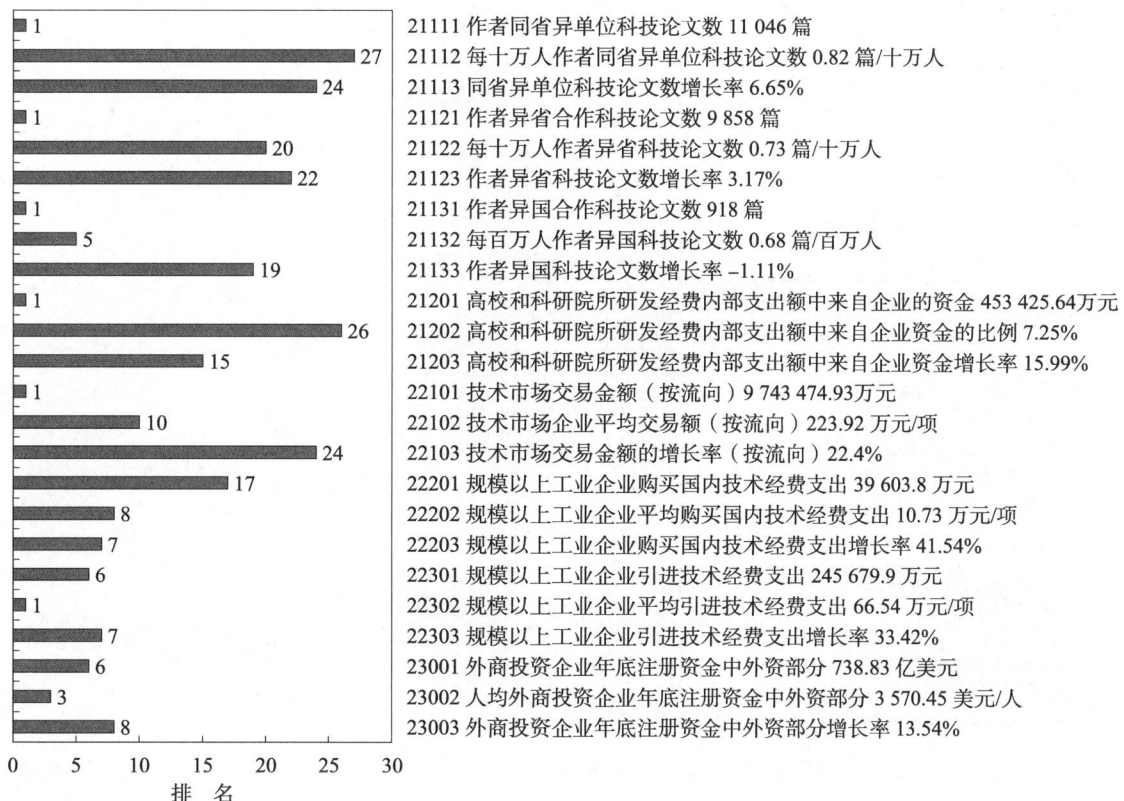

| 排名 | 指标 |
|---|---|
| 1 | 21111 作者同省异单位科技论文数 11 046 篇 |
| 27 | 21112 每十万人作者同省异单位科技论文数 0.82 篇/十万人 |
| 24 | 21113 同省异单位科技论文数增长率 6.65% |
| 1 | 21121 作者异省合作科技论文数 9 858 篇 |
| 20 | 21122 每十万人作者异省科技论文数 0.73 篇/十万人 |
| 22 | 21123 作者异省科技论文数增长率 3.17% |
| 1 | 21131 作者异国合作科技论文数 918 篇 |
| 5 | 21132 每百万人作者异国科技论文数 0.68 篇/百万人 |
| 19 | 21133 作者异国科技论文数增长率 −1.11% |
| 1 | 21201 高校和科研院所研发经费内部支出额中来自企业的资金 453 425.64万元 |
| 26 | 21202 高校和科研院所研发经费内部支出额中来自企业资金的比例 7.25% |
| 15 | 21203 高校和科研院所研发经费内部支出额中来自企业资金增长率 15.99% |
| 1 | 22101 技术市场交易金额（按流向）9 743 474.93万元 |
| 10 | 22102 技术市场企业平均交易额（按流向）223.92 万元/项 |
| 24 | 22103 技术市场交易金额的增长率（按流向）22.4% |
| 17 | 22201 规模以上工业企业购买国内技术经费支出 39 603.8 万元 |
| 8 | 22202 规模以上工业企业平均购买国内技术经费支出 10.73 万元/项 |
| 7 | 22203 规模以上工业企业购买国内技术经费支出增长率 41.54% |
| 6 | 22301 规模以上工业企业引进技术经费支出 245 679.9 万元 |
| 1 | 22302 规模以上工业企业平均引进技术经费支出 66.54 万元/项 |
| 7 | 22303 规模以上工业企业引进技术经费支出增长率 33.42% |
| 6 | 23001 外商投资企业年底注册资金中外资部分 738.83 亿美元 |
| 3 | 23002 人均外商投资企业年底注册资金中外资部分 3 570.45 美元/人 |
| 8 | 23003 外商投资企业年底注册资金中外资部分增长率 13.54% |

图 12－3　北京市知识获取能力基础指标

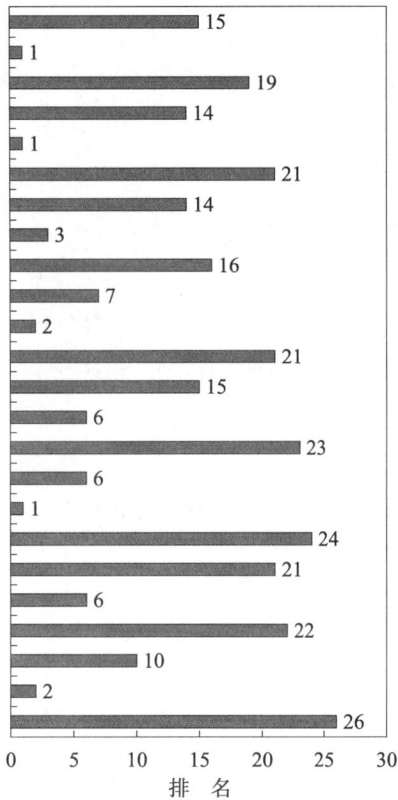

31101 规模以上工业企业研发人员数 7.55 万人
31102 规模以上工业企业就业人员中研发人员比重 6.43%
31103 规模以上工业企业研发人员增长率 12.52%
31201 规模以上工业企业研发活动经费内部支出总额 197.34 亿元
31202 规模以上工业企业研发活动经费内部支出总额占销售收入的比例 1.17%
31203 规模以上工业企业研发活动经费内部支出总额增长率 21.3%
31301 规模以上工业企业有研发机构的企业数 595 个
31302 规模以上工业企业中有研发机构的企业占总企业数的比例 16.12%
31303 规模以上工业企业有研发机构的企业数增长率 7.69 %
32101 实用新型专利申请数 32 609 件
32102 每十万人平均实用新型专利申请数 157.58 件/十万人
32103 实用新型专利申请增长率 25.77%
32201 外观设计专利申请数 6 976 件
32202 每十万人平均外观设计专利申请数 33.71 件/十万人
32203 外观设计专利申请增长率 7.93%
33101 规模以上工业企业研发经费外部支出 21.79 亿元
33102 规模以上工业企业平均研发经费外部支出 59.03 万元/个
33103 规模以上工业企业研发经费外部支出增长率 11.86%
33201 规模以上工业企业技术改造经费支出 705 515.3 万元
33202 规模以上工业企业平均技术改造经费支出 1.91 百万元/个
33203 规模以上工业企业技术改造经费支出增长率 -8.3%
34001 规模以上工业企业新产品销售收入 3 317.63 亿元
34002 规模以上工业企业新产品销售收入占销售收入的比重 19.62%
34003 规模以上工业企业新产品销售收入增长率 10.48%

图 12-4　北京市企业创新能力基础指标

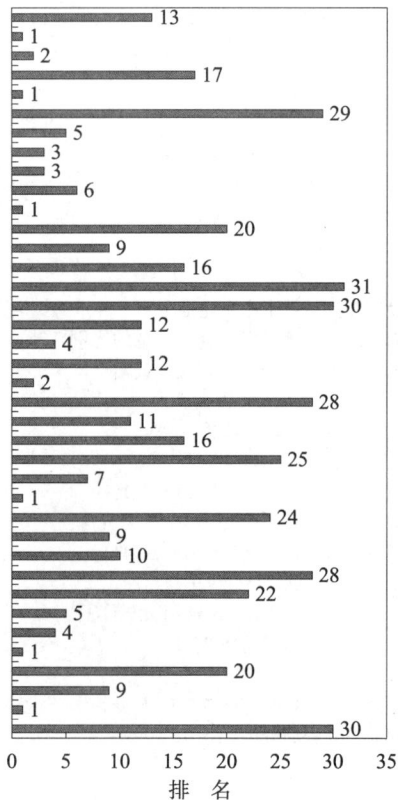

41111 电话用户数 4 151.02 万户
41112 每百人平均电话用户 200.6 户/百人
41113 电话用户数增长率 16.61%
41121 国际互联网络用户数 1 458 万户
41122 每百人平均国际互联网络用户 70.46 人/百人
41123 国际互联网络用户数增长率 9.41%
41211 科技馆数量 19 个
41213 科技馆数量增长率 58.33%
41311 科技馆当年参观人数 414.57 万人次
41313 科技馆当年参观人数增长率 112.18%
41321 年度科普经费筹集额 202 819.36 万元
41323 年度科普经费筹集额增长率 -0.66%
42101 政府与市场的关系 8.95
42103 政府与市场的关系改善程度 -2.08%
42201 进出口差额 -317.85 亿美元
42202 进出口差额占工业企业主营业务收入的比重 -11.46%
42203 进出口差额增长率 9.05%
42301 市场中介组织的发育和法律制度环境 16.27
42303 市场中介组织的发育和法律制度环境改善程度 14.34%
42401 居民消费水平 30 349.52 元
42403 居民消费水平增长率 6.58%
43101 教育经费支出 737.38 亿元
43102 对教育的投资占GDP的比例 4.12%
43103 对教育的投资的增长率 15.86%
43201 6岁及6岁以上人口中大专以上学历人口数（抽样数）6 143 人
43202 6岁及6岁以上人口中大专以上学历所占的比例 0.37%
43203 6岁及6岁以上人口中大专以上学历人口增长率 8.26%
44111 国家创新基金获得资金 21 576 万元
44112 平均每项国家创新基金获得资金 66.18 万元/项
44113 国家创新基金获得资金增长率 0.97%
44121 国家产业化计划项目当年落实资金 120 081.7 万元
44123 国家产业化计划项目当年落实资金增长率 48.69%
44201 规模以上工业企业研发经费内部支出额中获得金融机构贷款额 49 977.4 万元
44202 规模以上工业企业研发经费内部支出额中平均获得金融机构贷款额 13.54 万元/个
44203 规模以上工业企业研发活动获得金融机构贷款增长率 3.69%
45001 高技术企业数 760 家
45002 高技术企业数占规模以上工业企业数比重 20.59%
45003 高技术企业数增长率 -4.31%

图 12-5　北京市创新环境基础指标

| 排名 | 指标 |
|---|---|
| 13 | 51001 地区GDP 17 879.4 亿元 |
| 2 | 51002 人均GDP水平 87 475 元/人 |
| 30 | 51003 地区GDP增长率 7.73% |
| 5 | 52101 第三产业增加值 13 669.93 亿元 |
| 1 | 52102 第三产业增加值占GDP的比例 76.46% |
| 27 | 52103 第三产业增加值增长率 14.42% |
| 8 | 52201 信息产业主营业务收入 2 545.5 亿元 |
| 6 | 52202 信息产业主营业务收入占GDP的比重 14.24% |
| 26 | 52203 信息产业主营业务收入增长率 3.66% |
| 7 | 52301 高技术产业主营业务收入 3 569.9 亿元 |
| 5 | 52302 高技术产业主营业务收入占GDP的比重 19.97% |
| 28 | 52303 高技术产业主营业务收入增长率 3.55% |
| 9 | 53001 出口额 213.47 亿美元 |
| 9 | 53002 出口额占GDP的比重 7.28% |
| 26 | 53003 出口额的增长率 −13.6% |
| 1 | 54101 城镇登记失业率 1.27% |
| 28 | 54102 城镇登记失业率增长率 7.52% |
| 10 | 54201 高技术产业就业人数 28.26 万人 |
| 17 | 54202 高技术产业就业人数占总就业人数的比例 3.94% |
| 26 | 54203 高技术产业就业人数增长率 5.05% |
| 2 | 55102 万元地区生产总值能耗（等价值）0.46 吨标准煤/万元 |
| 1 | 55103 万元地区生产总值能耗（等价值）增长率 −6.94% |
| 10 | 55201 电耗总量 874.28 亿千瓦小时 |
| 2 | 55202 每万元GDP电耗总量 488.99 千瓦小时/万元 |
| 5 | 55203 电耗总量增长率 7.35% |
| 14 | 55301 工业污水排放总量 140 273.72 万吨 |
| 4 | 55302 每万元GDP工业污水排放量 7.85 吨/万元 |
| 31 | 55303 工业污水排放总量增长率 182.69% |
| 3 | 55401 废气中主要污染物排放量 33.82 万吨 |
| 1 | 55402 每亿元GDP废气中主要污染物排放量 18.92 吨/亿元 |
| 6 | 55403 废气中主要污染物排放量增长率 3.68% |

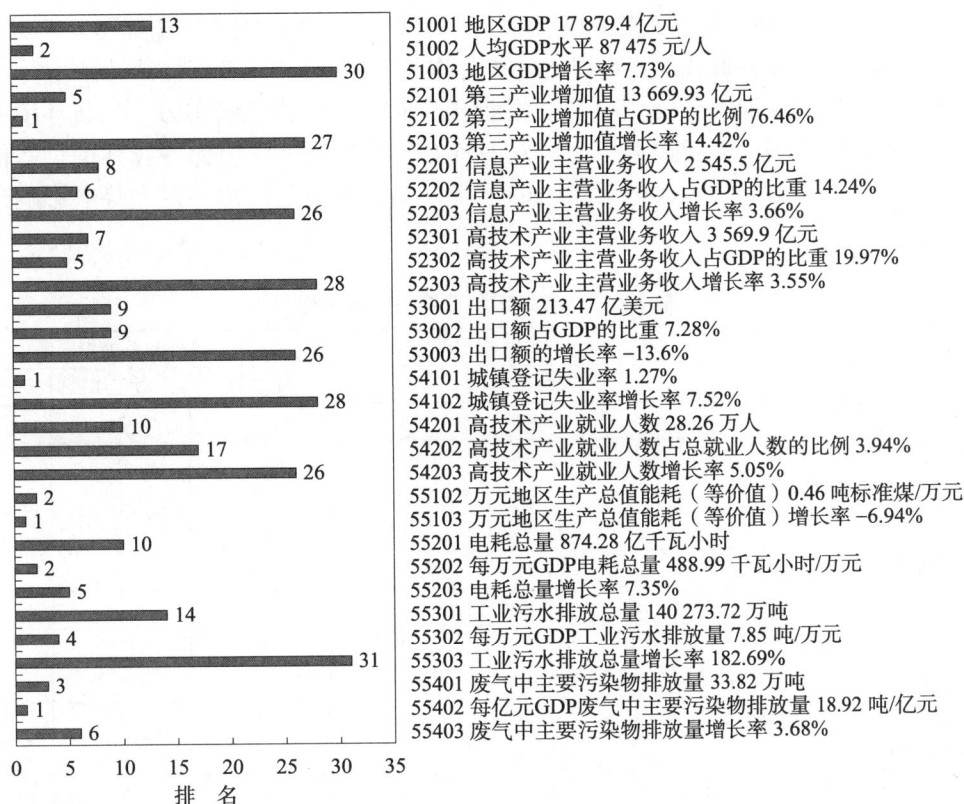

图 12 −6　北京市创新绩效基础指标

## 12.2　天津市

2012 年，天津市常住人口数 1 413 万人，实现 GDP 12 893.88 亿元，同比增长 13.85%，增速位居全国第 1 位，人均 GDP 为 93 173 元，位居全国第 1 位。2012 年三次产业结构之比为 1.3∶51.7∶47.0。其中，高技术产业主营业务收入 3 526.9 亿元，占 GDP 的比重为 27.35%，位居全国第 4 位。

天津市 2014 年创新能力排名与上年持平，位于第 7 位。知识创造综合能力、知识获取综合能力、企业创新综合能力、创新环境与管理、创新绩效排名分别为第 12 位、第 7 位、第 7 位、第 9 位和第 4 位，五类指标排名与上年比均没有变化。可以看出，天津市的教育资源及人才资源相对匮乏，知识创造不足，国内及国际论文数均位列全国中下游。细分指标中，变化较大的是技术提升能力综合指标，与上年比上升了 11 位；以及上升了 9 位的就业综合指数。其他变化较大的指标有：技术市场交易金额的增长率下降了 19 位，规模以上工业企业新产品销售收入增长率上升了 11 位；规模以上工业企业研发活动获得金融机构贷款增长率下降了 20 位。

近年来，天津市大力实施创新驱动发展战略，加快发展科技型中小企业，促进经济持续健康发展，自主创新能力得到显著提升。2013 年上半年组织实施了第八批 20 项自主创新产业化重大项目，累计达 160 项；天津市科技型中小企业蓬勃发展，截止到 2013 年 6 月底，全市科技型中小企业累计达到 4.25 万家，占全市企业总数的比重达到 20%。科技小巨人企业累计达到 2 132 家，遴选科技小巨人领军企业重点培育企业达到 212 家。此外，天津市还借助首都资源扩大开放合作，开展了

"百家院所进天津"等活动，发布了支持国家级科研院所来津发展政策的实施细则，吸引中科院科研院所入驻天津，采取多种形式加强京津的科技合作与联合，力推京津冀协同发展。

　　总体看来天津市创新能力较强，稳居全国前列。依靠雄厚的基础实力，创新环境有较好的改善，创业势头保持较好，高新技术产业也发展良好，这些为天津市保持较强的创新能力和潜力奠定了基础。但也要看到，天津创新活力的下降，知识创造与产出不足，势必影响未来的创新增长势头。

表 12-2　天津市创新能力综合指标

| 指标名称 | 2014 年综合指标 | | 2014 年分项指标排名 | | |
| --- | --- | --- | --- | --- | --- |
| | 指标值 | 排名 | 实力 | 效率 | 潜力 |
| 综合值 | 36.61 | 7 | 12 | 3 | 14 |
| 1　知识创造综合指标 | 23.98 | 12 | 14 | 6 | 16 |
| 　1.1　研究开发投入综合指标 | 32.19 | 5 | 13 | 3 | 2 |
| 　1.2　专利综合指标 | 17.15 | 19 | 12 | 12 | 31 |
| 　1.3　科研论文综合指标 | 21.19 | 28 | 14 | 19 | 29 |
| 2　知识获取综合指标 | 32.82 | 7 | 11 | 2 | 23 |
| 　2.1　科技合作综合指标 | 45.05 | 6 | 9 | 5 | 9 |
| 　2.2　技术转移综合指标 | 21.23 | 10 | 13 | 6 | 27 |
| 　2.3　外资企业投资综合指标 | 32.34 | 6 | 9 | 2 | 21 |
| 3　企业创新综合指标 | 40.28 | 7 | 8 | 4 | 14 |
| 　3.1　企业研究开发投入综合指标 | 46.12 | 6 | 11 | 2 | 11 |
| 　3.2　设计能力综合指标 | 31.19 | 6 | 12 | 3 | 17 |
| 　3.3　技术提升能力综合指标 | 21.81 | 15 | 15 | 11 | 27 |
| 　3.4　新产品销售收入综合指标 | 52.83 | 7 | 7 | 5 | 13 |
| 4　创新环境综合指标 | 29.87 | 9 | 15 | 4 | 23 |
| 　4.1　创新基础设施综合指标 | 14.49 | 26 | 28 | 12 | 29 |
| 　4.2　市场环境综合指标 | 59.99 | 4 | 6 | 3 | 22 |
| 　4.3　劳动者素质综合指标 | 29.76 | 14 | 23 | 6 | 6 |
| 　4.4　金融环境综合指标 | 16.25 | 11 | 11 | 10 | 13 |
| 　4.5　创业水平综合指标 | 28.84 | 11 | 15 | 4 | 27 |
| 5　创新绩效综合指标 | 52.74 | 4 | 9 | 4 | 3 |
| 　5.1　宏观经济综合指标 | 68.65 | 2 | 20 | 1 | 1 |
| 　5.2　产业结构综合指标 | 35.5 | 6 | 10 | 5 | 7 |
| 　5.3　产业国际竞争力综合指标 | 25.88 | 5 | 7 | 4 | 10 |
| 　5.4　就业综合指标 | 46.26 | 8 | 17 | 11 | 5 |
| 　5.5　可持续发展与环保综合指标 | 87.42 | 2 | 4 | 2 | 17 |

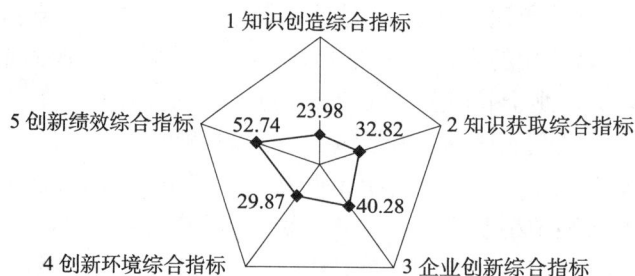

图 12-7　天津市创新能力蛛网图

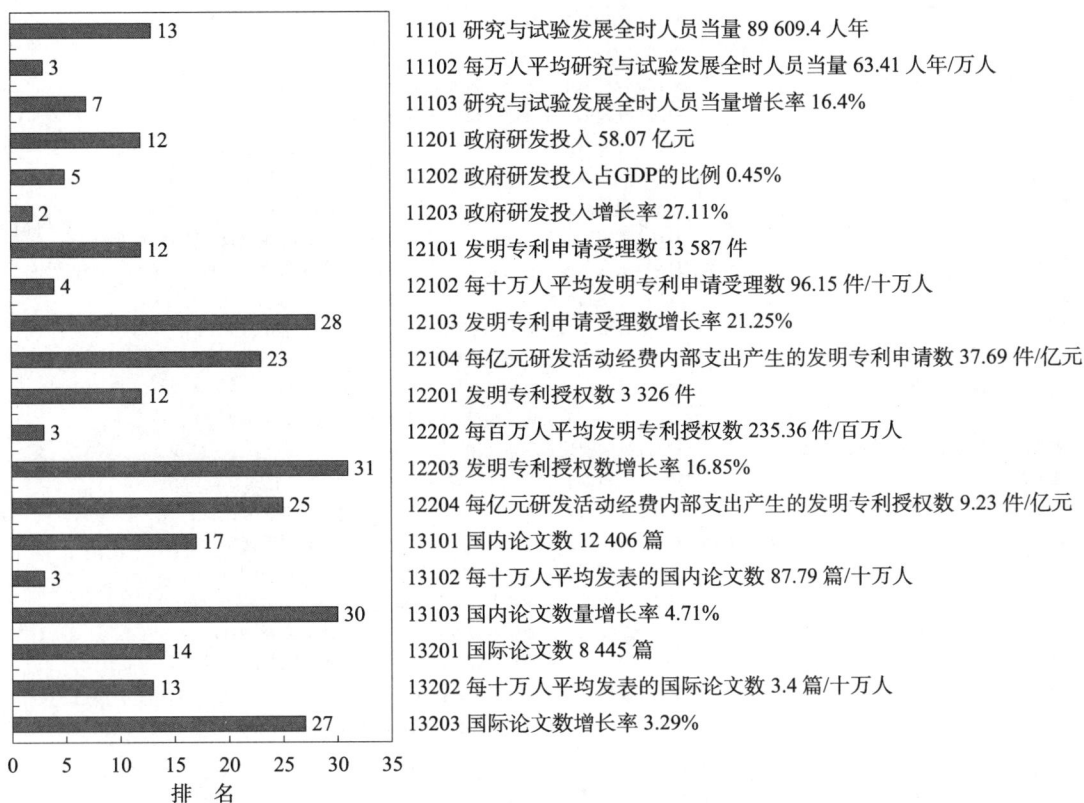

图 12-8　天津市知识创造能力基础指标

（排名指标）

- 11101 研究与试验发展全时人员当量 89 609.4 人年 ……13
- 11102 每万人平均研究与试验发展全时人员当量 63.41 人年/万人 ……3
- 11103 研究与试验发展全时人员当量增长率 16.4% ……7
- 11201 政府研发投入 58.07 亿元 ……12
- 11202 政府研发投入占GDP的比例 0.45% ……5
- 11203 政府研发投入增长率 27.11% ……2
- 12101 发明专利申请受理数 13 587 件 ……12
- 12102 每十万人平均发明专利申请受理数 96.15 件/十万人 ……4
- 12103 发明专利申请受理数增长率 21.25% ……28
- 12104 每亿元研发活动经费内部支出产生的发明专利申请数 37.69 件/亿元 ……23
- 12201 发明专利授权数 3 326 件 ……12
- 12202 每百万人平均发明专利授权数 235.36 件/百万人 ……3
- 12203 发明专利授权数增长率 16.85% ……31
- 12204 每亿元研发活动经费内部支出产生的发明专利授权数 9.23 件/亿元 ……25
- 13101 国内论文数 12 406 篇 ……17
- 13102 每十万人平均发表的国内论文数 87.79 篇/十万人 ……3
- 13103 国内论文数量增长率 4.71% ……30
- 13201 国际论文数 8 445 篇 ……14
- 13202 每十万人平均发表的国际论文数 3.4 篇/十万人 ……13
- 13203 国际论文数增长率 3.29% ……27

排 名（0 5 10 15 20 25 30 35）

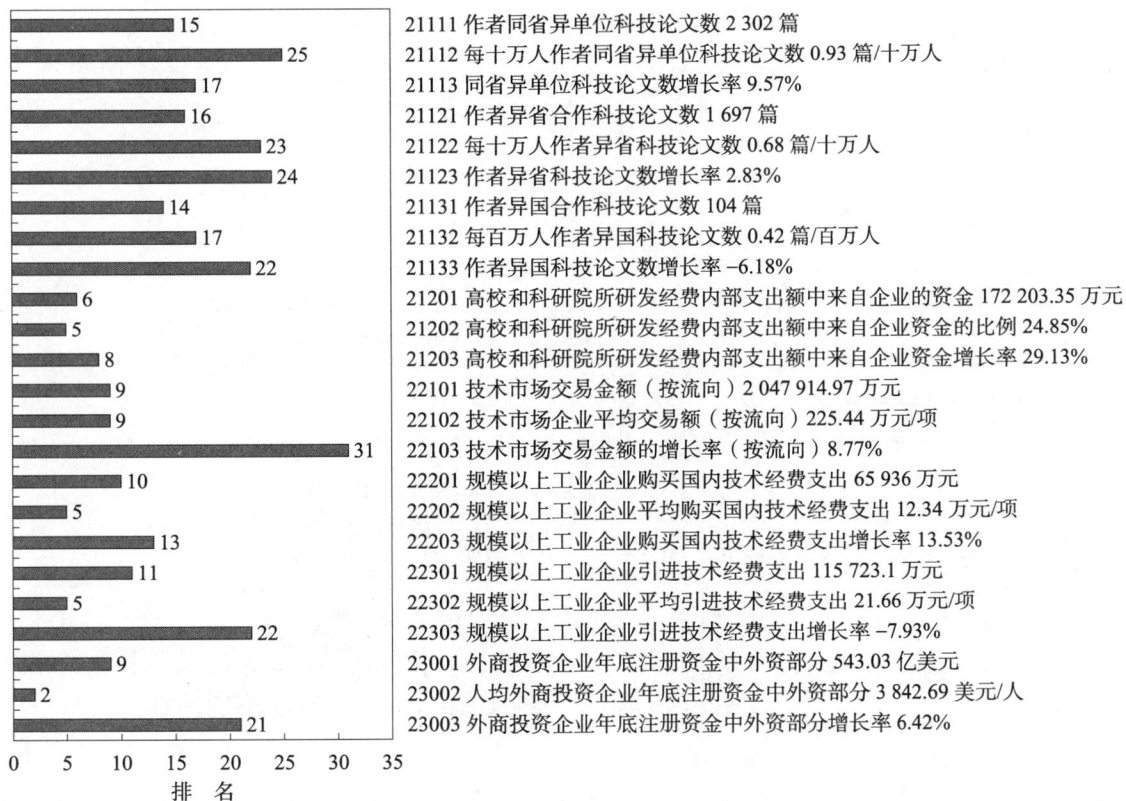

图 12-9　天津市知识获取能力基础指标

- 21111 作者同省异单位科技论文数 2 302 篇 ……15
- 21112 每十万人作者同省异单位科技论文数 0.93 篇/十万人 ……25
- 21113 同省异单位科技论文数增长率 9.57% ……17
- 21121 作者异省合作科技论文数 1 697 篇 ……16
- 21122 每十万人作者异省科技论文数 0.68 篇/十万人 ……23
- 21123 作者异省科技论文数增长率 2.83% ……24
- 21131 作者异国合作科技论文数 104 篇 ……14
- 21132 每百万人作者异国科技论文数 0.42 篇/百万人 ……17
- 21133 作者异国科技论文数增长率 -6.18% ……22
- 21201 高校和科研院所研发经费内部支出额中来自企业的资金 172 203.35 万元 ……6
- 21202 高校和科研院所研发经费内部支出额中来自企业资金的比例 24.85% ……5
- 21203 高校和科研院所研发经费内部支出额中来自企业资金增长率 29.13% ……8
- 22101 技术市场交易金额（按流向）2 047 914.97 万元 ……9
- 22102 技术市场企业平均交易额（按流向）225.44 万元/项 ……9
- 22103 技术市场交易金额的增长率（按流向）8.77% ……31
- 22201 规模以上工业企业购买国内技术经费支出 65 936 万元 ……10
- 22202 规模以上工业企业平均购买国内技术经费支出 12.34 万元/项 ……5
- 22203 规模以上工业企业购买国内技术经费支出增长率 13.53% ……13
- 22301 规模以上工业企业引进技术经费支出 115 723.1 万元 ……11
- 22302 规模以上工业企业平均引进技术经费支出 21.66 万元/项 ……5
- 22303 规模以上工业企业引进技术经费支出增长率 -7.93% ……22
- 23001 外商投资企业年底注册资金中外资部分 543.03 亿美元 ……9
- 23002 人均外商投资企业年底注册资金中外资部分 3 842.69 美元/人 ……2
- 23003 外商投资企业年底注册资金中外资部分增长率 6.42% ……21

排 名（0 5 10 15 20 25 30 35）

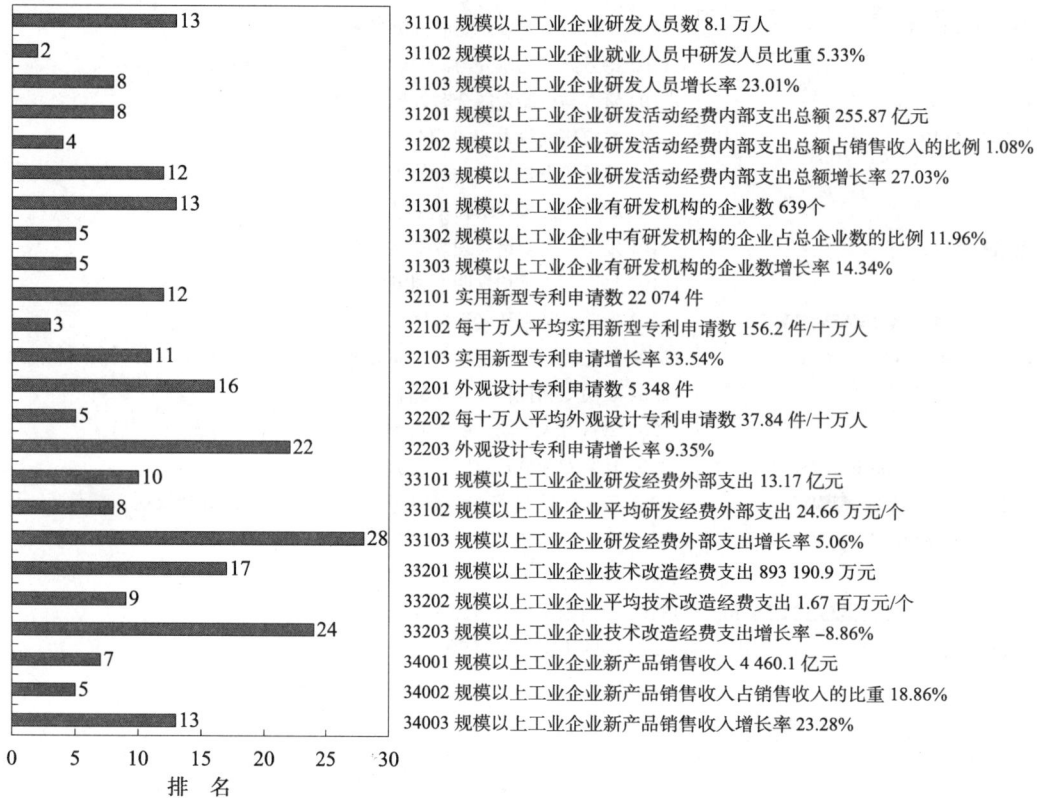

31101 规模以上工业企业研发人员数 8.1 万人
31102 规模以上工业企业就业人员中研发人员比重 5.33%
31103 规模以上工业企业研发人员增长率 23.01%
31201 规模以上工业企业研发活动经费内部支出总额 255.87 亿元
31202 规模以上工业企业研发活动经费内部支出总额占销售收入的比例 1.08%
31203 规模以上工业企业研发活动经费内部支出总额增长率 27.03%
31301 规模以上工业企业有研发机构的企业数 639 个
31302 规模以上工业企业中有研发机构的企业占总企业数的比例 11.96%
31303 规模以上工业企业有研发机构的企业数增长率 14.34%
32101 实用新型专利申请数 22 074 件
32102 每十万人平均实用新型专利申请数 156.2 件/十万人
32103 实用新型专利申请增长率 33.54%
32201 外观设计专利申请数 5 348 件
32202 每十万人平均外观设计专利申请数 37.84 件/十万人
32203 外观设计专利申请增长率 9.35%
33101 规模以上工业企业研发经费外部支出 13.17 亿元
33102 规模以上工业企业平均研发经费外部支出 24.66 万元/个
33103 规模以上工业企业研发经费外部支出增长率 5.06%
33201 规模以上工业企业技术改造经费支出 893 190.9 万元
33202 规模以上工业企业平均技术改造经费支出 1.67 百万元/个
33203 规模以上工业企业技术改造经费支出增长率 −8.86%
34001 规模以上工业企业新产品销售收入 4 460.1 亿元
34002 规模以上工业企业新产品销售收入占销售收入的比重 18.86%
34003 规模以上工业企业新产品销售收入增长率 23.28%

图 12 – 10　天津市企业创新能力基础指标

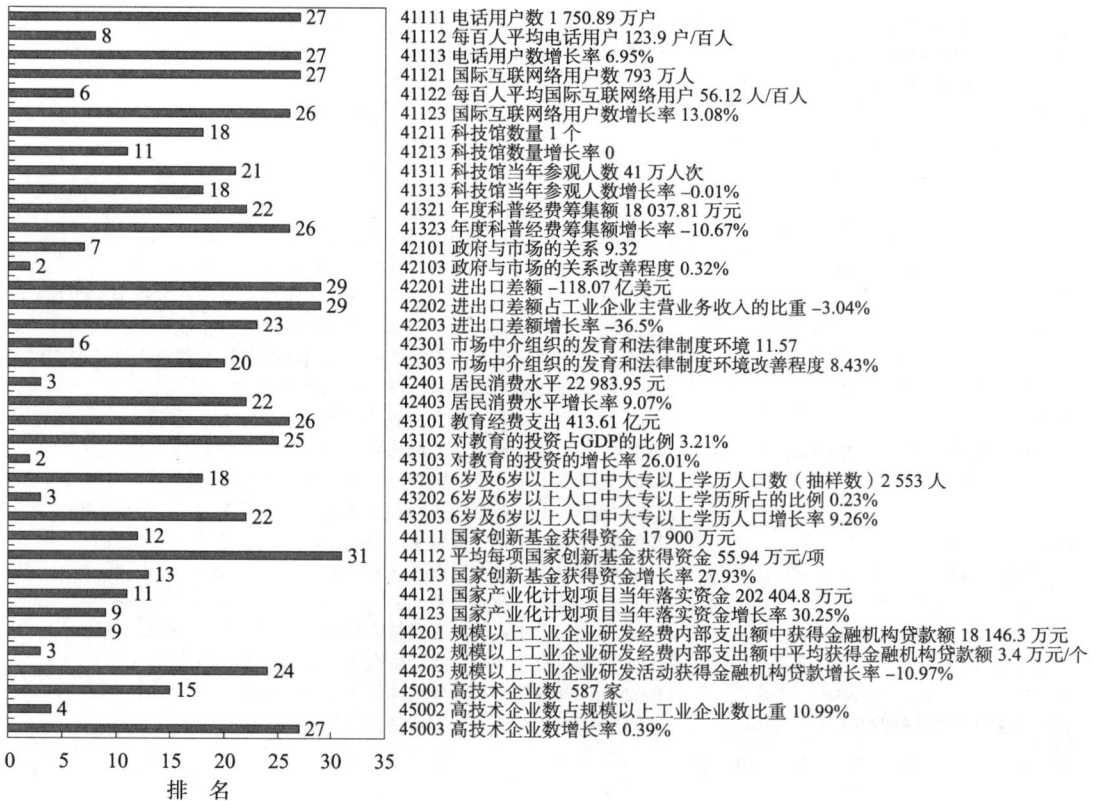

41111 电话用户数 1 750.89 万户
41112 每百人平均电话用户 123.9 户/百人
41113 电话用户数增长率 6.95%
41121 国际互联网络用户数 793 万人
41122 每百人平均国际互联网络用户 56.12 人/百人
41123 国际互联网络用户数增长率 13.08%
41211 科技馆数量 1 个
41213 科技馆数量增长率 0
41311 科技馆当年参观人数 41 万人次
41313 科技馆当年参观人数增长率 −0.01%
41321 年度科普经费筹集额 18 037.81 万元
41323 年度科普经费筹集额增长率 −10.67%
42101 政府与市场的关系 9.32
42103 政府与市场的关系改善程度 0.32%
42201 进出口差额 −118.07 亿美元
42202 进出口差额占工业企业主营业务收入的比重 −3.04%
42203 进出口差额增长率 −36.5%
42301 市场中介组织的发育和法律制度环境 11.57
42303 市场中介组织的发育和法律制度环境改善程度 8.43%
42401 居民消费水平 22 983.95 元
42403 居民消费水平增长率 9.07%
43101 教育经费支出 413.61 亿元
43102 对教育的投资占GDP的比例 3.21%
43103 对教育的投资的增长率 26.01%
43201 6岁及6岁以上人口中大专以上学历人口数（抽样数）2 553 人
43202 6岁及6岁以上人口中大专以上学历所占的比例 0.23%
43203 6岁及6岁以上人口中大专以上学历人口增长率 9.26%
44111 国家创新基金获得资金 17 900 万元
44112 平均每项国家创新基金获得资金 55.94 万元/项
44113 国家创新基金获得资金增长率 27.93%
44121 国家产业化计划项目当年落实资金 202 404.8 万元
44123 国家产业化计划项目当年落实资金增长率 30.25%
44201 规模以上工业企业研发经费内部支出额中获得金融机构贷款额 18 146.3 万元
44202 规模以上工业企业研发经费内部支出额中平均获得金融机构贷款额 3.4 万元/个
44203 规模以上工业企业研发活动获得金融机构贷款增长率 −10.97%
45001 高技术企业数 587 家
45002 高技术企业数占规模以上工业企业数比重 10.99%
45003 高技术企业数增长率 0.39%

图 12 – 11　天津市创新环境基础指标

| 排名 | 指标 |
|---|---|
| 20 | 51001 地区GDP 12 893.88 亿元 |
| 1 | 51002 人均GDP水平 93 173 元/人 |
| 1 | 51003 地区GDP增长率 13.85% |
| 14 | 52101 第三产业增加值 6 058.46 亿元 |
| 5 | 52102 第三产业增加值占GDP的比例 46.99% |
| 1 | 52103 第三产业增加值增长率 23.39% |
| 7 | 52201 信息产业主营业务收入 2 719.9 亿元 |
| 4 | 52202 信息产业主营业务收入占GDP的比重 21.09% |
| 14 | 52203 信息产业主营业务收入增长率 34.27% |
| 8 | 52301 高技术产业主营业务收入 3 526.9 亿元 |
| 4 | 52302 高技术产业主营业务收入占GDP的比重 27.35% |
| 14 | 52303 高技术产业主营业务收入增长率 24.24% |
| 7 | 53001 出口额 328.14 亿美元 |
| 4 | 53002 出口额占GDP的比重 15.52% |
| 10 | 53003 出口额的增长率 0.81% |
| 19 | 54101 城镇登记失业率 3.6% |
| 1 | 54102 城镇登记失业率增长率 0% |
| 9 | 54201 高技术产业就业人数 29.56 万人 |
| 4 | 54202 高技术产业就业人数占总就业人数的比例 10.23% |
| 9 | 54203 高技术产业就业人数增长率 17.12% |
| 10 | 55102 万元地区生产总值能耗（等价值）0.71 吨标准煤/万元 |
| 3 | 55103 万元地区生产总值能耗（等价值）增长率 -4.28% |
| 5 | 55201 电耗总量 722.48 亿千瓦小时 |
| 4 | 55202 每万元GDP电耗总量 560.33 千瓦小时/万元 |
| 13 | 55203 电耗总量增长率 10.62% |
| 6 | 55301 工业污水排放总量 82 813.16 万吨 |
| 1 | 55302 每万元GDP工业污水排放量 6.42 吨/万元 |
| 23 | 55303 工业污水排放总量增长率 34.58% |
| 5 | 55401 废气中主要污染物排放量 64.28 万吨 |
| 5 | 55402 每亿元GDP废气中主要污染物排放量 49.85 吨/亿元 |
| 24 | 55403 废气中主要污染物排放量增长率 12.61% |

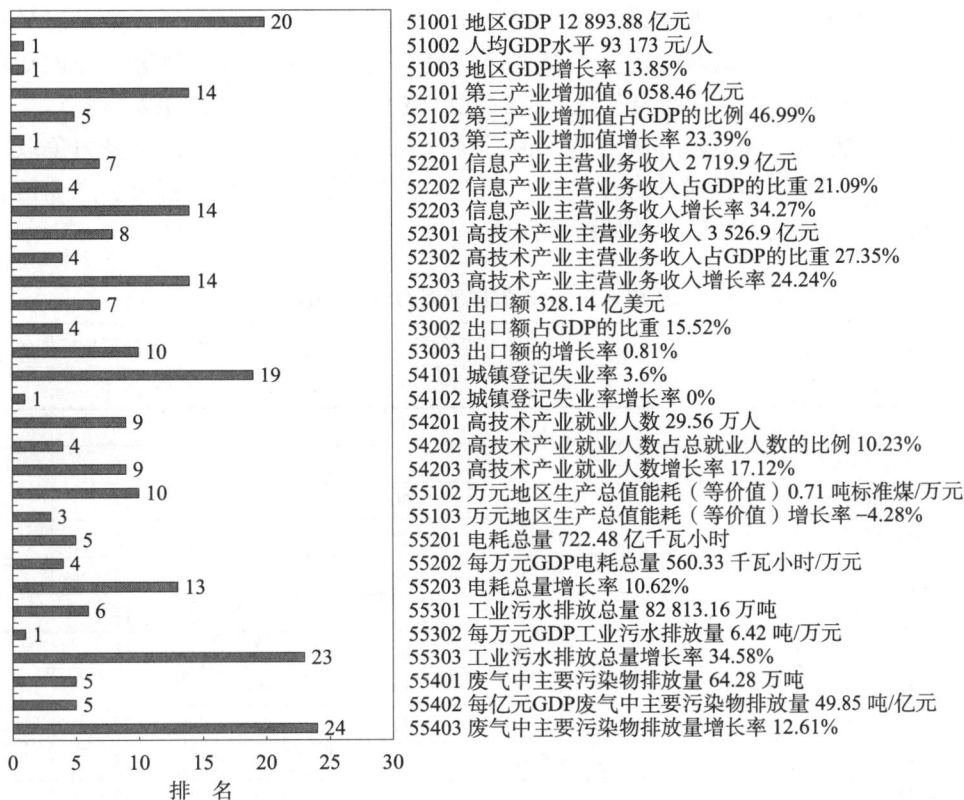

图 12 - 12  天津市创新绩效基础指标

## 12.3  山西省

山西省地处华北西部的黄土高原东翼，2012 年全省常住人口数 3 611 万人，居全国第 18 位，实现地区生产总值 12 112.83 亿元，居全国第 22 位，比 2011 年增长 10.14%；人均 GDP 达到 33 628元，位居全国第 19 位。2012 年三次产业结构之比为 5.8 : 55.6 : 38.7，第二产业比重仍居全国前列。其中，高技术产业主营业务收入 621.5 亿元，占 GDP 的比重为 5.13%。

2014 年，山西省创新能力综合排名由上年的 26 位上升至 22 位。在各项综合指标中，就业和技术提升能力综合指标排在前 10 位，其他各项基础指标基本仍排名全国 15 位以后。创新实力、创新效率和创新潜力的排名分别为第 22 位、第 18 位和第 14 位，均比上年有所上升。山西省在提升本地企业创新能力和改善创新环境方面的举措已初见成效，企业创新能力和创新环境指标分别比上年上升 3 位和 6 位，至第 16 位和第 25 位，创新绩效也上升至第 23 位；知识创造和知识获取指标均比上年下降 1 位，外商投资企业年底注册资金中外资部分和同省异单位科技论文数增长率等指标还有待进一步提高。

近年来，山西省积极推进“以煤为基、多元发展”的产业结构战略转型。为增强高校服务山西转型跨越发展和国家资源型经济转型综合配套改革试验区建设的能力，提升高校科技创新和人才支撑能力，2013 年山西省教育厅安排政府债券资金 4 亿元实施“高校‘131’领军人才工程”“山西省高校创新基地建设”“高校大学生创新平台建设”“高校重点学科大型仪器设备建设”和“高校改善基本办学条件建设”5 个项目。作为山西省转型综改区建设的重大项目，山西省大力推进山西科技创新城的建设，对于提升全省科技创新能力、实现转型发展具有非常重要的示范引领作用。同时，山西省还全力打造煤层气、新材料和耐火材料等产业创新链和技术战略联盟，探索长效稳定的产学研合作机制，共同突破产业发展的技术瓶颈。

山西省的创新能力综合排名有所上升，但仍维持在全国中下游水平，要努力争取国家资源对本省转型跨越的支持，加强对外合作，进一步搞好协同创新，抓好创新链、产业链、市场需求的有机衔接，借助科技创新助推转型跨越发展。

表 12 - 3　山西省创新能力综合指标

| 指标名称 | 2014 年综合指标 | | 2014 年分项指标排名 | | |
|---|---|---|---|---|---|
| | 指标值 | 排名 | 实力 | 效率 | 潜力 |
| 综合值 | 21.2 | 22 | 22 | 18 | 24 |
| 1　知识创造综合指标 | 10.86 | 30 | 20 | 26 | 31 |
| 　1.1　研究开发投入综合指标 | 5.18 | 30 | 20 | 21 | 31 |
| 　1.2　专利综合指标 | 11.23 | 27 | 20 | 25 | 24 |
| 　1.3　科研论文综合指标 | 21.5 | 26 | 22 | 23 | 15 |
| 2　知识获取综合指标 | 17.47 | 21 | 21 | 14 | 22 |
| 　2.1　科技合作综合指标 | 27.66 | 20 | 21 | 13 | 19 |
| 　2.2　技术转移综合指标 | 17.22 | 13 | 19 | 7 | 18 |
| 　2.3　外资企业投资综合指标 | 10.02 | 21 | 25 | 22 | 18 |
| 3　企业创新综合指标 | 19.64 | 16 | 18 | 15 | 22 |
| 　3.1　企业研究开发投入综合指标 | 15 | 24 | 18 | 18 | 28 |
| 　3.2　设计能力综合指标 | 10.03 | 20 | 19 | 18 | 15 |
| 　3.3　技术提升能力综合指标 | 38.04 | 3 | 12 | 2 | 10 |
| 　3.4　新产品销售收入综合指标 | 18.41 | 24 | 20 | 24 | 14 |
| 4　创新环境综合指标 | 21.75 | 25 | 23 | 25 | 17 |
| 　4.1　创新基础设施综合指标 | 17.17 | 21 | 18 | 23 | 10 |
| 　4.2　市场环境综合指标 | 42.37 | 18 | 24 | 21 | 8 |
| 　4.3　劳动者素质综合指标 | 23.63 | 23 | 18 | 17 | 20 |
| 　4.4　金融环境综合指标 | 13.21 | 15 | 24 | 9 | 8 |
| 　4.5　创业水平综合指标 | 12.36 | 27 | 22 | 28 | 19 |
| 5　创新绩效综合指标 | 32.99 | 23 | 29 | 21 | 7 |
| 　5.1　宏观经济综合指标 | 24.08 | 25 | 22 | 19 | 21 |
| 　5.2　产业结构综合指标 | 20.23 | 14 | 22 | 21 | 5 |
| 　5.3　产业国际竞争力综合指标 | 9.7 | 19 | 20 | 20 | 12 |
| 　5.4　就业综合指标 | 47.46 | 7 | 14 | 6 | 7 |
| 　5.5　可持续发展与环保综合指标 | 63.49 | 27 | 27 | 27 | 23 |

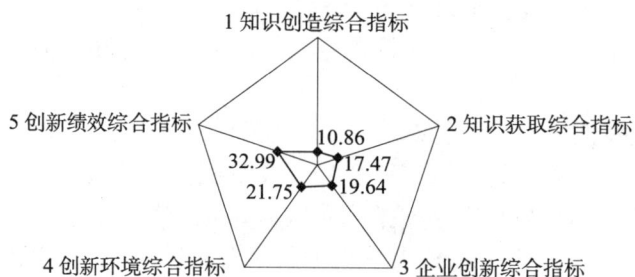

图 12 - 13　山西省创新能力蛛网图

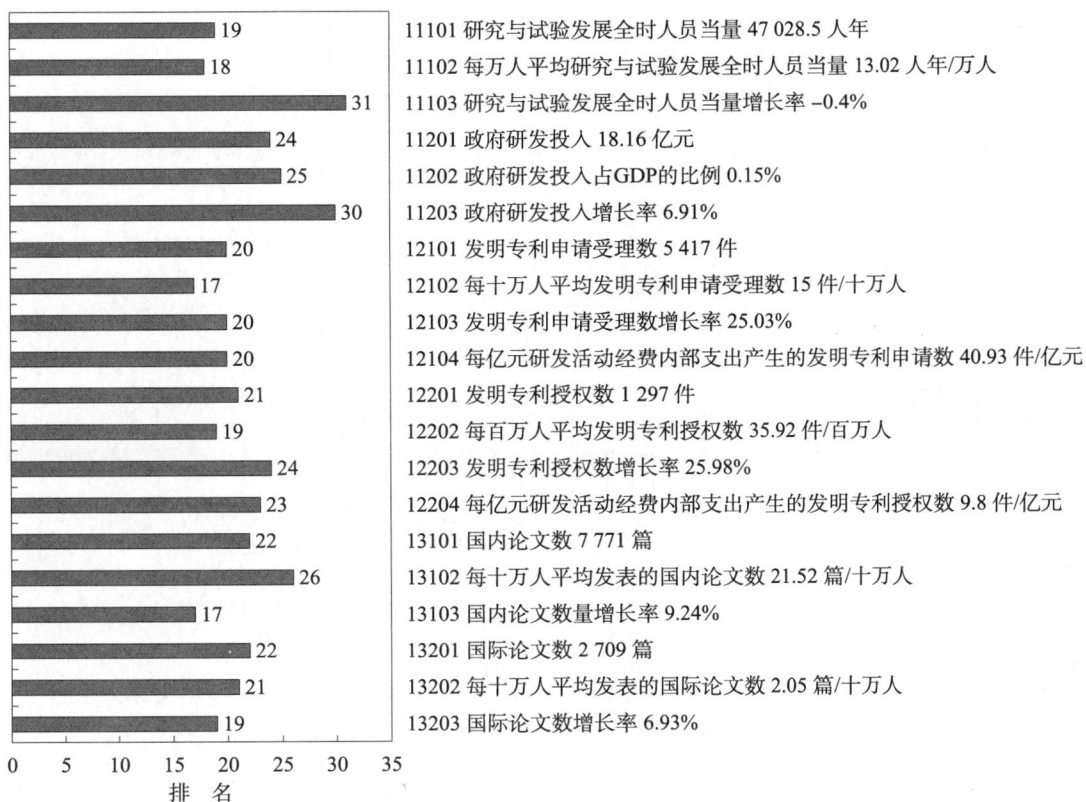

| 指标 | 排名 |
|---|---|
| 11101 研究与试验发展全时人员当量 47 028.5 人年 | 19 |
| 11102 每万人平均研究与试验发展全时人员当量 13.02 人年/万人 | 18 |
| 11103 研究与试验发展全时人员当量增长率 -0.4% | 31 |
| 11201 政府研发投入 18.16 亿元 | 24 |
| 11202 政府研发投入占GDP的比例 0.15% | 25 |
| 11203 政府研发投入增长率 6.91% | 30 |
| 12101 发明专利申请受理数 5 417 件 | 20 |
| 12102 每十万人平均发明专利申请受理数 15 件/十万人 | 17 |
| 12103 发明专利申请受理数增长率 25.03% | 20 |
| 12104 每亿元研发活动经费内部支出产生的发明专利申请数 40.93 件/亿元 | 20 |
| 12201 发明专利授权数 1 297 件 | 21 |
| 12202 每百万人平均发明专利授权数 35.92 件/百万人 | 19 |
| 12203 发明专利授权数增长率 25.98% | 24 |
| 12204 每亿元研发活动经费内部支出产生的发明专利授权数 9.8 件/亿元 | 23 |
| 13101 国内论文数 7 771 篇 | 22 |
| 13102 每十万人平均发表的国内论文数 21.52 篇/十万人 | 26 |
| 13103 国内论文数量增长率 9.24% | 17 |
| 13201 国际论文数 2 709 篇 | 22 |
| 13202 每十万人平均发表的国际论文数 2.05 篇/十万人 | 21 |
| 13203 国际论文数增长率 6.93% | 19 |

图 12－14　山西省知识创造能力基础指标

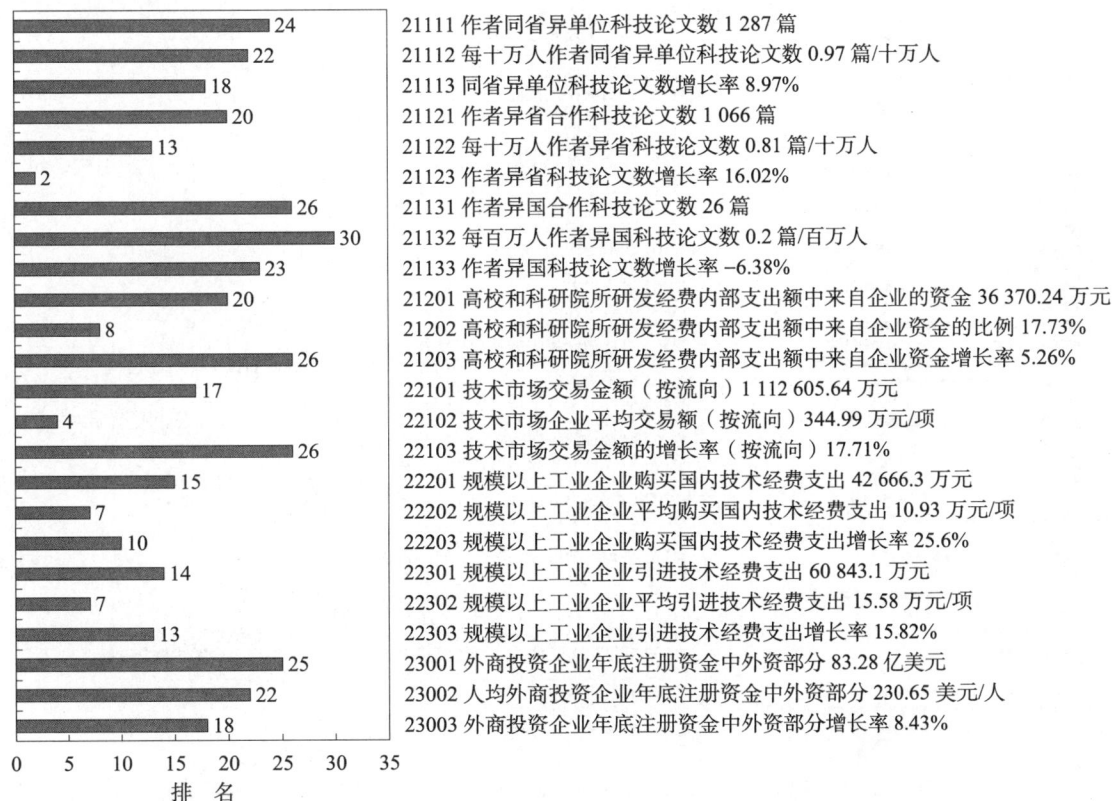

| 指标 | 排名 |
|---|---|
| 21111 作者同省异单位科技论文数 1 287 篇 | 24 |
| 21112 每十万人作者同省异单位科技论文数 0.97 篇/十万人 | 22 |
| 21113 同省异单位科技论文数增长率 8.97% | 18 |
| 21121 作者异省合作科技论文数 1 066 篇 | 20 |
| 21122 每十万人作者异省科技论文数 0.81 篇/十万人 | 13 |
| 21123 作者异省科技论文数增长率 16.02% | 2 |
| 21131 作者异国合作科技论文数 26 篇 | 26 |
| 21132 每百万人作者异国科技论文数 0.2 篇/百万人 | 30 |
| 21133 作者异国科技论文数增长率 -6.38% | 23 |
| 21201 高校和科研院所研发经费内部支出额中来自企业的资金 36 370.24 万元 | 20 |
| 21202 高校和科研院所研发经费内部支出额中来自企业资金的比例 17.73% | 8 |
| 21203 高校和科研院所研发经费内部支出额中来自企业资金增长率 5.26% | 26 |
| 22101 技术市场交易金额（按流向）1 112 605.64 万元 | 17 |
| 22102 技术市场企业平均交易额（按流向）344.99 万元/项 | 4 |
| 22103 技术市场交易金额的增长率（按流向）17.71% | 26 |
| 22201 规模以上工业企业购买国内技术经费支出 42 666.3 万元 | 15 |
| 22202 规模以上工业企业平均购买国内技术经费支出 10.93 万元/项 | 7 |
| 22203 规模以上工业企业购买国内技术经费支出增长率 25.6% | 10 |
| 22301 规模以上工业企业引进技术经费支出 60 843.1 万元 | 14 |
| 22302 规模以上工业企业平均引进技术经费支出 15.58 万元/项 | 7 |
| 22303 规模以上工业企业引进技术经费支出增长率 15.82% | 13 |
| 23001 外商投资企业年底注册资金中外资部分 83.28 亿美元 | 25 |
| 23002 人均外商投资企业年底注册资金中外资部分 230.65 美元/人 | 22 |
| 23003 外商投资企业年底注册资金中外资部分增长率 8.43% | 18 |

图 12－15　山西省知识获取能力基础指标

31101 规模以上工业企业研发人员数 4.41 万人　19
31102 规模以上工业企业就业人员中研发人员比重 2.05%　26
31103 规模以上工业企业研发人员增长率 3.14%　30
31201 规模以上工业企业研发活动经费内部支出总额 106.96 亿元　18
31202 规模以上工业企业研发活动经费内部支出总额占销售收入的比例 0.59%　16
31203 规模以上工业企业研发活动经费内部支出总额增长率 19.7%　26
31301 规模以上工业企业有研发机构的企业数 161 个　23
31302 规模以上工业企业中有研发机构的企业占总企业数的比例 4.12%　28
31303 规模以上工业企业有研发机构的企业数增长率 -3.91%　27
32101 实用新型专利申请数 6 735 件　19
32102 每十万人平均实用新型专利申请数 18.65 件/十万人　19
32103 实用新型专利申请增长率 29.18%　17
32201 外观设计专利申请数 4 634 件　17
32202 每十万人平均外观设计专利申请数 12.83 件/十万人　16
32203 外观设计专利申请增长率 31.14%　9
33101 规模以上工业企业研发经费外部支出 9.29 亿元　18
33102 规模以上工业企业平均研发经费外部支出 23.78 万元/个　9
33103 规模以上工业企业研发经费外部支出增长率 27.22%　11
33201 规模以上工业企业技术改造经费支出 1 607 370.6 万元　9
33202 规模以上工业企业平均技术改造经费支出 4.12 百万元/个　3
33203 规模以上工业企业技术改造经费支出增长率 9.59%　8
34001 规模以上工业企业新产品销售收入 928.39 亿元　20
34002 规模以上工业企业新产品销售收入占销售收入的比重 5.12%　24
34003 规模以上工业企业新产品销售收入增长率 21.79%　14

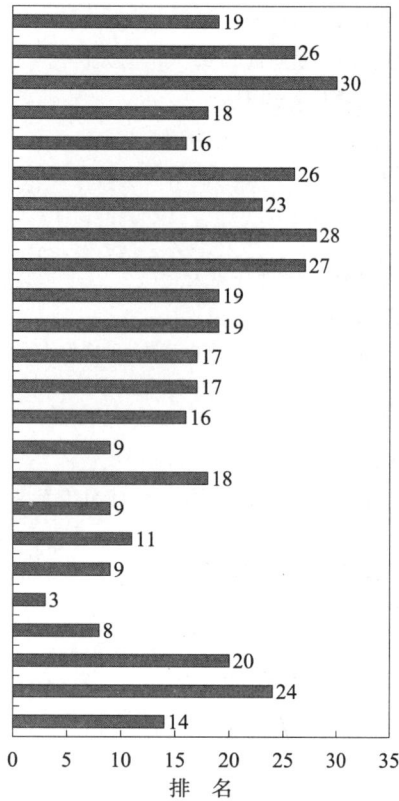

图 12 - 16　山西省企业创新能力基础指标

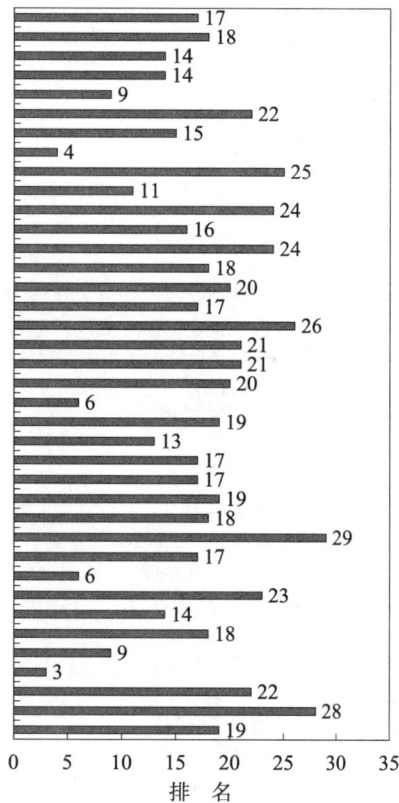

41111 电话用户数 3 466.4 万户　17
41112 每百人平均电话用户 96 户/百人　18
41113 电话用户数增长率 10.2%　14
41121 国际互联网用户数 1 589 万人　14
41122 每百人平均国际互联网络用户 44.01 人/百人　9
41123 国际互联网用户数增长率 16.84%　22
41211 科技馆数量 4 个　15
41213 科技馆数量增长率 33.33%　4
41311 科技馆当年参观人数 23.7 万人次　25
41313 科技馆当年参观人数增长率 26.87%　11
41321 年度科普经费筹集额 15 471.06 万元　24
41323 年度科普经费筹集额增长率 12.15%　16
42101 政府与市场的关系 6.54　24
42103 政府与市场的关系改善程度 -2.68%　18
42201 进出口差额 -0.03 亿美元　20
42202 进出口差额占工业企业主营业务收入的比重 0%　17
42203 进出口差额增长率 -62.96%　26
42301 市场中介组织的发育和法律制度环境 5.55　21
42303 市场中介组织的发育和法律制度环境改善程度 6.12%　21
42401 居民消费水平 10 828.99 元　20
42403 居民消费水平增长率 12.56%　6
43101 教育经费支出 549.49 亿元　19
43102 对教育的投资占GDP的比例 4.54%　13
43103 对教育的投资的增长率 18.6%　17
43201 6岁及6岁以上人口中大专以上学历人口数（抽样数）2 707 人　17
43202 6岁及6岁以上人口中大专以上学历人口所占的比例 0.1%　19
43203 6岁及6岁以上人口中大专以上学历人口增长率 11.57%　18
44111 国家创新基金获得资金 3 835 万元　29
44112 平均每项国家创新基金获得资金 62.87 万元/项　17
44113 国家创新基金获得资金增长率 60.32%　23
44121 国家产业化计划项目当年落实资金 110 641.8 万元　14
44123 国家产业化计划项目当年落实资金增长率 23.21%　18
44201 规模以上工业企业研发经费内部支出额中获得金融机构贷款额 9 786 万元　9
44202 规模以上工业企业研发经费内部支出额中平均获得金融机构贷款额 2.51 万元/个　3
44203 规模以上工业企业研发活动获得金融机构贷款增长率 411.15%　22
45001 高技术企业数 136 家　28
45002 高技术企业数占规模以上工业企业数比重 3.48%　19
45003 高技术企业数增长率 3.56%

图 12 - 17　山西省创新环境基础指标

| 指标 | 排名 |
|---|---|
| 51001 地区GDP 12 112.83 亿元 | 22 |
| 51002 人均GDP水平 33 628 元/人 | 19 |
| 51003 地区GDP增长率 10.14% | 21 |
| 52101 第三产业增加值 4 682.95 亿元 | 19 |
| 52102 第三产业增加值占GDP的比例 38.66% | 18 |
| 52103 第三产业增加值增长率 18.37% | 10 |
| 52201 信息产业主营业务收入 446.2 亿元 | 18 |
| 52202 信息产业主营业务收入占GDP的比重 3.68% | 18 |
| 52203 信息产业主营业务收入增长率 147.45% | 4 |
| 52301 高技术产业主营业务收入 621.5 亿元 | 21 |
| 52302 高技术产业主营业务收入占GDP的比重 5.13% | 21 |
| 52303 高技术产业主营业务收入增长率 67.41% | 2 |
| 53001 出口额 22.15 亿美元 | 20 |
| 53002 出口额占GDP的比重 1.11% | 20 |
| 53003 出口额的增长率 0.31% | 12 |
| 54101 城镇登记失业率 3.33% | 14 |
| 54102 城镇登记失业率增长率 3.05% | 17 |
| 54201 高技术产业就业人数 14.77 万人 | 20 |
| 54202 高技术产业就业人数占总就业人数的比例 3.39% | 19 |
| 54203 高技术产业就业人数增长率 20.37% | 6 |
| 55102 万元地区生产总值能耗（等价值）1.76 吨标准煤/万元 | 29 |
| 55103 万元地区生产总值能耗（等价值）增长率 −3.55% | 15 |
| 55201 电耗总量 1 765.79 亿千瓦时 | 22 |
| 55202 每万元GDP电耗总量 1 457.78 千瓦小时/万元 | 27 |
| 55203 电耗总量增长率 10.13% | 11 |
| 55301 工业污水排放总量 134 298.48 万吨 | 13 |
| 55302 每万元GDP工业污水排放量 11.09 吨/万元 | 11 |
| 55303 工业污水排放总量增长率 30.96% | 19 |
| 55401 废气中主要污染物排放量 361.66 万吨 | 28 |
| 55402 每亿元GDP废气中主要污染物排放量 298.58 吨/亿元 | 29 |
| 55403 废气中主要污染物排放量增长率 21.81% | 29 |

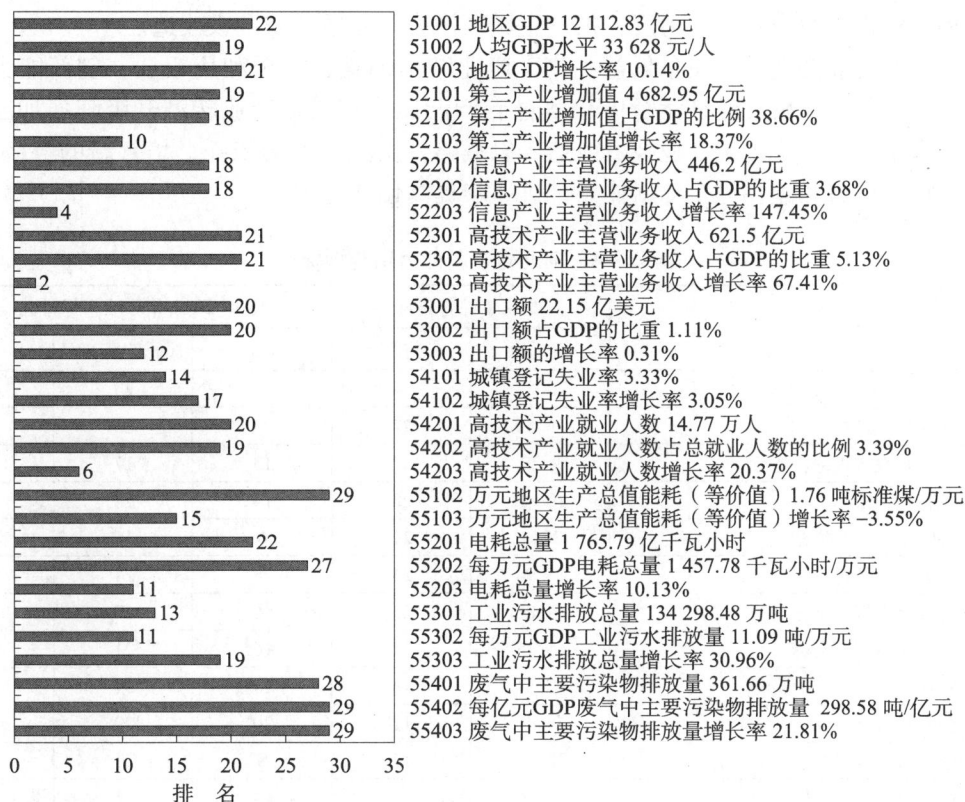

图 12 - 18　山西省创新绩效基础指标

# 12.4　河北省

河北省地处中国东部沿海，环绕北京、天津，区位优势独特，是全国唯一兼有海滨、平原、湖泊、丘陵、山地、高原的省份。2012 年，全省常住人口数 7 288 万人，实现 GDP 26 575.01 亿元，同比增长 9.63%，人均 GDP 为 36 584 元，位居全国第 15 位。2012 年三次产业结构之比为 12.0∶52.7∶35.3。其中，高技术产业主营业务收入 1204.5 亿元，占 GDP 的比重为 4.53%。

2014 年，河北省的综合创新能力处于全国中下游水平，比去年下降 2 位，居全国第 24 位。其中，知识创造综合指标、知识获取综合指标、企业创新综合指标、创新环境综合指标、创新绩效综合指标的排名分别为第 27 位、第 24 位、第 17 位、第 26 位、第 24 位。创新实力、创新效率、创新潜力的指标排名分别是第 30 位、第 23 位、第 23 位。在基础指标上，如"每亿元研发活动经费内部支出产生的发明专利申请数""教育投资增长率""废气中主要污染物排放量"等指标仍处于全国下游水平，亟待提高。

从发展趋势看，环渤海地区正在成为中国最具潜力的新的增长极，河北省沿海地区率先发展全面提速，成为带动全省转型升级的新引擎；京津冀协同发展上升为国家战略，为河北省在区域经济中发挥比较优势、推动融合对接提供历史性机遇。此外，河北省也大力推进国家光伏规模化应用示范省建设，启动新能源汽车推广应用工程，实施海洋产业振兴工程，推动卫星导航、遥感数据应用等空间信息技术产业化。此外，河北省正致力于抓好压钢、减煤、治企、控车、降尘等重点工作，继续实施钢铁、水泥、电力、玻璃等行业大气污染治理攻坚行动，加大制药企业和医疗机构污染物治理力度，推进主城区污染企业搬迁与升级改造。

目前，河北省经济发展的质量效益不高、产业结构偏重、资源利用粗放、创新能力不足等深层次问题尚未根本解决；经济运行中化解过剩产能压力空前、产业转型升级阵痛加剧等问题日益凸显。未来，应加快传统产业技术改造，以战略性新兴产业为依托，培育新的经济增长点，推进经济结构性调整和建立健全创新体系，进一步提高创新能力。

**表 12 - 4　河北省创新能力综合指标**

| 指标名称 | 2014 年综合指标 | | 2014 年分项指标排名 | | |
|---|---|---|---|---|---|
| | 指标值 | 排名 | 实力 | 效率 | 潜力 |
| 综合值 | 20.88 | 24 | 30 | 23 | 23 |
| 1　知识创造综合指标 | 13.59 | 27 | 25 | 23 | 29 |
| 1.1　研究开发投入综合指标 | 9.79 | 27 | 13 | 17 | 29 |
| 1.2　专利综合指标 | 10.48 | 28 | 14 | 28 | 18 |
| 1.3　科研论文综合指标 | 27.4 | 21 | 6 | 15 | 23 |
| 2　知识获取综合指标 | 15.94 | 24 | 24 | 24 | 19 |
| 2.1　科技合作综合指标 | 24.86 | 25 | 16 | 27 | 26 |
| 2.2　技术转移综合指标 | 11.18 | 21 | 16 | 21 | 12 |
| 2.3　外资企业投资综合指标 | 12.81 | 18 | 13 | 31 | 16 |
| 3　企业创新综合指标 | 19.44 | 17 | 20 | 29 | 10 |
| 3.1　企业研究开发投入综合指标 | 20.97 | 17 | 8 | 21 | 13 |
| 3.2　设计能力综合指标 | 9.68 | 21 | 14 | 31 | 23 |
| 3.3　技术提升能力综合指标 | 17.87 | 19 | 14 | 22 | 13 |
| 3.4　新产品销售收入综合指标 | 25.48 | 17 | 10 | 22 | 9 |
| 4　创新环境综合指标 | 21.46 | 26 | 18 | 19 | 22 |
| 4.1　创新基础设施综合指标 | 18.91 | 15 | 13 | 24 | 26 |
| 4.2　市场环境综合指标 | 37.05 | 28 | 15 | 24 | 25 |
| 4.3　劳动者素质综合指标 | 21.45 | 26 | 14 | 19 | 26 |
| 4.4　金融环境综合指标 | 11.76 | 21 | 17 | 23 | 19 |
| 4.5　创业水平综合指标 | 18.1 | 22 | 18 | 20 | 10 |
| 5　创新绩效综合指标 | 31.13 | 24 | 17 | 24 | 23 |
| 5.1　宏观经济综合指标 | 34.34 | 18 | 16 | 10 | 25 |
| 5.2　产业结构综合指标 | 12.94 | 25 | 18 | 29 | 24 |
| 5.3　产业国际竞争力综合指标 | 10.47 | 18 | 17 | 23 | 16 |
| 5.4　就业综合指标 | 37.4 | 19 | 17 | 25 | 13 |
| 5.5　可持续发展与环保综合指标 | 60.53 | 29 | 16 | 28 | 11 |

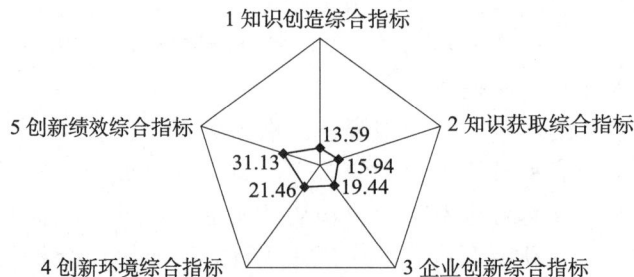

图 12 - 19　河北省创新能力蛛网图

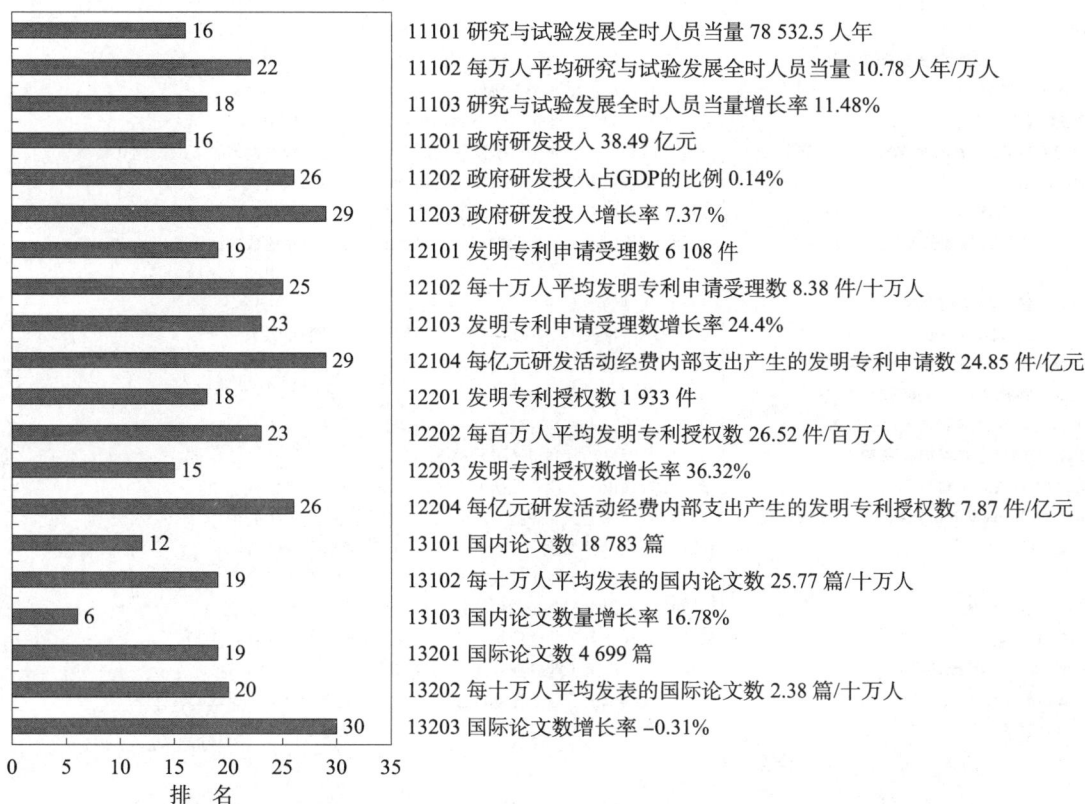

| 代码 | 指标 |
|---|---|
| 11101 | 研究与试验发展全时人员当量 78 532.5 人年 |
| 11102 | 每万人平均研究与试验发展全时人员当量 10.78 人年/万人 |
| 11103 | 研究与试验发展全时人员当量增长率 11.48% |
| 11201 | 政府研发投入 38.49 亿元 |
| 11202 | 政府研发投入占GDP的比例 0.14% |
| 11203 | 政府研发投入增长率 7.37 % |
| 12101 | 发明专利申请受理数 6 108 件 |
| 12102 | 每十万人平均发明专利申请受理数 8.38 件/十万人 |
| 12103 | 发明专利申请受理数增长率 24.4% |
| 12104 | 每亿元研发活动经费内部支出产生的发明专利申请数 24.85 件/亿元 |
| 12201 | 发明专利授权数 1 933 件 |
| 12202 | 每百万人平均发明专利授权数 26.52 件/百万人 |
| 12203 | 发明专利授权数增长率 36.32% |
| 12204 | 每亿元研发活动经费内部支出产生的发明专利授权数 7.87 件/亿元 |
| 13101 | 国内论文数 18 783 篇 |
| 13102 | 每十万人平均发表的国内论文数 25.77 篇/十万人 |
| 13103 | 国内论文数量增长率 16.78% |
| 13201 | 国际论文数 4 699 篇 |
| 13202 | 每十万人平均发表的国际论文数 2.38 篇/十万人 |
| 13203 | 国际论文数增长率 –0.31% |

图 12－20　河北省知识创造能力基础指标

| 代码 | 指标 |
|---|---|
| 21111 | 作者同省异单位科技论文数 4 176 篇 |
| 21112 | 每十万人作者同省异单位科技论文数 2.11 篇/十万人 |
| 21113 | 同省异单位科技论文数增长率 12.99% |
| 21121 | 作者异省合作科技论文数 2 130 篇 |
| 21122 | 每十万人作者异省科技论文数 1.08 篇/十万人 |
| 21123 | 作者异省科技论文数增长率 4.23% |
| 21131 | 作者异国合作科技论文数 64 篇 |
| 21132 | 每百万人作者异国科技论文数 0.32 篇/百万人 |
| 21133 | 作者异国科技论文数增长率 5.03% |
| 21201 | 高校和科研院所研发经费内部支出额中来自企业的资金 31 313.12 万元 |
| 21202 | 高校和科研院所研发经费内部支出额中来自企业资金的比例 8.19% |
| 21203 | 高校和科研院所研发经费内部支出额中来自企业资金增长率 2.83% |
| 22101 | 技术市场交易金额（按流向）1 152 464.87 万元 |
| 22102 | 技术市场企业平均交易额（按流向）189.83 万元/项 |
| 22103 | 技术市场交易金额的增长率（按流向）85.52% |
| 22201 | 规模以上工业企业购买国内技术经费支出 26 052.5万元 |
| 22202 | 规模以上工业企业平均购买国内技术经费支出 2.11 万元/项 |
| 22203 | 规模以上工业企业购买国内技术经费支出增长率 -13.4% |
| 22301 | 规模以上工业企业引进技术经费支出 94 747 万元 |
| 22302 | 规模以上工业企业平均引进技术经费支出 7.67 万元/项 |
| 22303 | 规模以上工业企业引进技术经费支出增长率 17.39% |
| 23001 | 外商投资企业年底注册资金中外资部分 188.95 亿美元 |
| 23002 | 人均外商投资企业年底注册资金中外资部分 259.28 美元/人 |
| 23003 | 外商投资企业年底注册资金中外资部分增长率 10.2% |

图 12－21　河北省知识获取能力基础指标

| 排名 | 指标 |
|---|---|
| 11 | 31101 规模以上工业企业研发人员数 8.55 万人 |
| 20 | 31102 规模以上工业企业就业人员中研发人员比重 2.39% |
| 12 | 31103 规模以上工业企业研发人员增长率 16.71% |
| 13 | 31201 规模以上工业企业研发活动经费内部支出总额 198.09 亿元 |
| 24 | 31202 规模以上工业企业研发活动经费内部支出总额占销售收入的比例 0.45% |
| 14 | 31203 规模以上工业企业研发活动经费内部支出总额增长率 26.11% |
| 11 | 31301 规模以上工业企业有研发机构的企业数 693 个 |
| 21 | 31302 规模以上工业企业中有研发机构的企业占总企业数的比例 5.61% |
| 3 | 31303 规模以上工业企业有研发机构的企业数增长率 19.07% |
| 17 | 32101 实用新型专利申请数 13 635 件 |
| 18 | 32102 每十万人平均实用新型专利申请数 18.71 件/十万人 |
| 24 | 32103 实用新型专利申请增长率 22.97% |
| 20 | 32201 外观设计专利申请数 3 498 件 |
| 22 | 32202 每十万人平均外观设计专利申请数 4.8 件/十万人 |
| 19 | 32203 外观设计专利申请增长率 15.43% |
| 16 | 33101 规模以上工业企业研发经费外部支出 9.77 亿元 |
| 25 | 33102 规模以上工业企业平均研发经费外部支出 7.9 万元/个 |
| 6 | 33103 规模以上工业企业研发经费外部支出增长率 43.01% |
| 7 | 33201 规模以上工业企业技术改造经费支出 1 704 756.1 万元 |
| 15 | 33202 规模以上工业企业平均技术改造经费支出 1.38 百万元/个 |
| 19 | 33203 规模以上工业企业技术改造经费支出增长率 –5.14% |
| 14 | 34001 规模以上工业企业新产品销售收入 2 457.66 亿元 |
| 22 | 34002 规模以上工业企业新产品销售收入占销售收入的比重 5.63% |
| 9 | 34003 规模以上工业企业新产品销售收入增长率 29.46% |

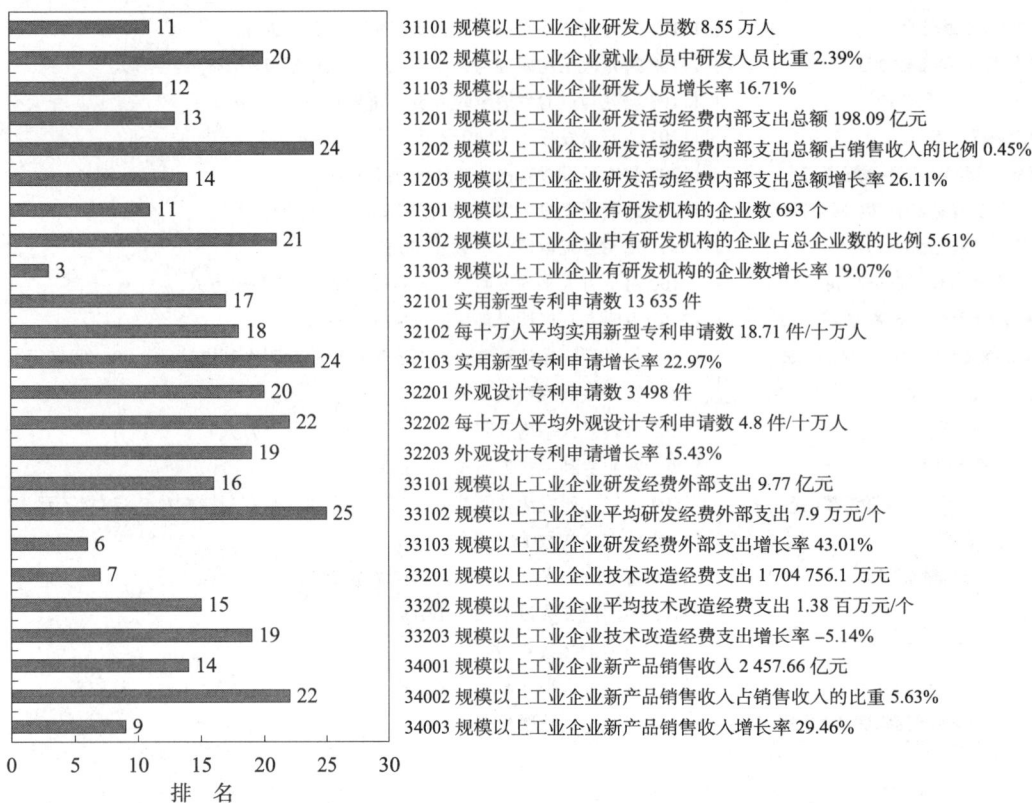

图 12 – 22　河北省企业创新能力基础指标

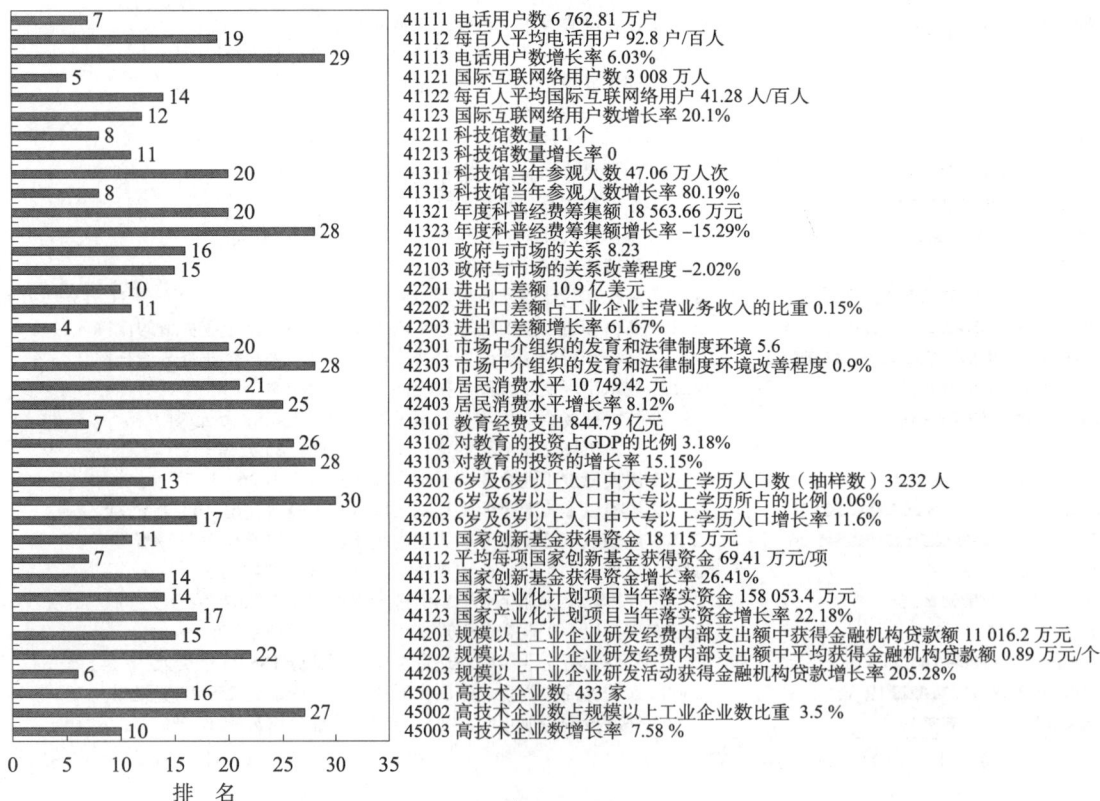

| 排名 | 指标 |
|---|---|
| 7 | 41111 电话用户数 6 762.81 万户 |
| 19 | 41112 每百人平均电话用户 92.8 户/百人 |
| 29 | 41113 电话用户数增长率 6.03% |
| 5 | 41121 国际互联网络用户数 3 008 万人 |
| 14 | 41122 每百人平均国际互联网络用户 41.28 人/百人 |
| 12 | 41123 国际互联网络用户数增长率 20.1% |
| 8 | 41211 科技馆数量 11 个 |
| 11 | 41213 科技馆数量增长率 0 |
| 20 | 41311 科技馆当年参观人数 47.06 万人次 |
| 8 | 41313 科技馆当年参观人数增长率 80.19% |
| 20 | 41321 年度科普经费筹集额 18 563.66 万元 |
| 28 | 41323 年度科普经费筹集额增长率 –15.29% |
| 16 | 42101 政府与市场的关系 8.23 |
| 15 | 42103 政府与市场的关系改善程度 –2.02% |
| 10 | 42201 进出口差额 10.9 亿美元 |
| 11 | 42202 进出口差额占工业企业主营业务收入的比重 0.15% |
| 4 | 42203 进出口差额增长率 61.67% |
| 20 | 42301 市场中介组织的发育和法律制度环境 5.6 |
| 28 | 42303 市场中介组织的发育和法律制度环境改善程度 0.9% |
| 21 | 42401 居民消费水平 10 749.42 元 |
| 25 | 42403 居民消费水平增长率 8.12% |
| 7 | 43101 教育经费支出 844.79 亿元 |
| 26 | 43102 对教育的投资占GDP的比例 3.18% |
| 28 | 43103 对教育的投资的增长率 15.15% |
| 13 | 43201 6岁及6岁以上人口中大专以上学历人口数（抽样数）3 232 人 |
| 30 | 43202 6岁及6岁以上人口中大专以上学历所占的比例 0.06% |
| 17 | 43203 6岁及6岁以上人口中大专以上学历人口增长率 11.6% |
| 11 | 44111 国家创新基金获得资金 18 115 万元 |
| 7 | 44112 平均每项国家创新基金获得资金 69.41 万元/项 |
| 14 | 44113 国家创新基金获得资金增长率 26.41% |
| 14 | 44121 国家产业化计划项目当年落实资金 158 053.4 万元 |
| 17 | 44123 国家产业化计划项目当年落实资金增长率 22.18% |
| 15 | 44201 规模以上工业企业研发经费内部支出额中获得金融机构贷款额 11 016.2 万元 |
| 22 | 44202 规模以上工业企业研发经费内部支出额中平均获得金融机构贷款额 0.89 万元/个 |
| 6 | 44203 规模以上工业企业研发活动获得金融机构贷款增长率 205.28% |
| 16 | 45001 高技术企业数 433 家 |
| 27 | 45002 高技术企业数占规模以上工业企业数比重 3.5% |
| 10 | 45003 高技术企业数增长率 7.58% |

图 12 – 23　河北省创新环境基础指标

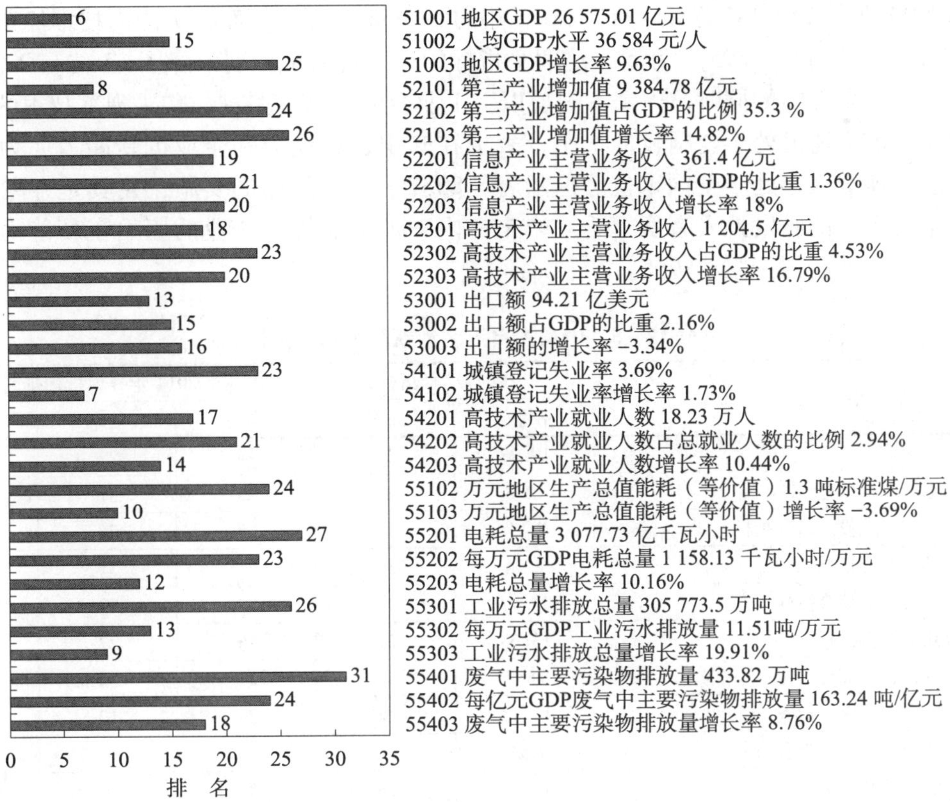
6
15
25
8
24
26
19
21
20
18
23
20
13
15
16
23
7
17
21
14
24
10
27
23
12
26
13
9
31
24
18
0 5 10 15 20 25 30 35
排　名
51001 地区GDP 26 575.01 亿元
51002 人均GDP水平 36 584 元/人
51003 地区GDP增长率 9.63%
52101 第三产业增加值 9 384.78 亿元
52102 第三产业增加值占GDP的比例 35.3 %
52103 第三产业增加值增长率 14.82%
52201 信息产业主营业务收入 361.4 亿元
52202 信息产业主营业务收入占GDP的比重 1.36%
52203 信息产业主营业务收入增长率 18%
52301 高技术产业主营业务收入 1 204.5 亿元
52302 高技术产业主营业务收入占GDP的比重 4.53%
52303 高技术产业主营业务收入增长率 16.79%
53001 出口额 94.21 亿美元
53002 出口额占GDP的比重 2.16%
53003 出口额的增长率 −3.34%
54101 城镇登记失业率 3.69%
54102 城镇登记失业率增长率 1.73%
54201 高技术产业就业人数 18.23 万人
54202 高技术产业就业人数占总就业人数的比例 2.94%
54203 高技术产业就业人数增长率 10.44%
55102 万元地区生产总值能耗（等价值）1.3 吨标准煤/万元
55103 万元地区生产总值能耗（等价值）增长率 −3.69%
55201 电耗总量 3 077.73 亿千瓦小时
55202 每万元GDP电耗总量 1 158.13 千瓦小时/万元
55203 电耗总量增长率 10.16%
55301 工业污水排放总量 305 773.5 万吨
55302 每万元GDP工业污水排放量 11.51吨/万元
55303 工业污水排放总量增长率 19.91%
55401 废气中主要污染物排放量 433.82 万吨
55402 每亿元GDP废气中主要污染物排放量 163.24 吨/亿元
55403 废气中主要污染物排放量增长率 8.76%

图 12－24　河北省创新绩效基础指标

## 12.5　内蒙古自治区

2012 年，内蒙古自治区（以下简称内蒙古）常住人口数 2 490 万人，全年地区生产总值 15 880.58亿元，同比增长 11.46%，人均 GDP 为 63 886 元，位居全国第 5 位，三次产业结构之比为 9.1∶55.4∶35.5。其中，高技术产业主营业务收入 273.1 亿元，占 GDP 的比重为 1.72%。

2014 年，内蒙古自治区提出新时期科技工作将围绕“12336”开展，即围绕去年提出的“8337”发展思路这一中心，突出推进“科技计划与项目管理”和“科技投入与经费管理”两项改革，实施实用技术成果转化、重点领域关键技术攻关、科技创新平台载体建设三大工程，强化政策、制度、人才三个方面保障，深化部区会商、四级联动、院（校）地合作、区域合作、厅际合作以及国际科技合作六个方面的合作。围绕“8337”发展思路，内蒙古在促进科技与金融深度融合方面取得了突出的成就，金融环境综合指标由去年的全国第 19 位上升到第 13 位，2012 年规模以上工业企业研发经费内部支出额中获得金融机构贷款额达到 12 178.1 万元，位居全国第 13 位，增幅为 665.73%，位居全国第 2 位，较之 2011 年这两项指标分别上升了 13 位和 27 位。有了金融体系的支持，内蒙古规模以上工业企业有研发机构的企业数增长率由 2011 年的－16.42%增长到 2012 年的 13.12%，排名上升了 18 位，而企业创新的各项指标也有不同程度的增长，其中企业研究开发投入综合指标的排名上升了 5 位。

但是，同时需要注意的是，内蒙古今年的知识获取综合指标排名下降了 18 位，其中技术转移综合指标的排名由去年的第 1 位下降至今年的第 14 位。内蒙古规模以上工业企业引进技术经费支出由 2011 年的 249 865 万元下降到 2012 年的 19 656.1 万元，而购买国内技术经费支出也由 208 931.2 万元下降到 10 695.2 万元，这两个指标的全国排名也分别下降了 17 位与 22 位。这表明在设置自有研发部门的同时，内蒙古规模以上工业企业削减了引进与购买现有技术的规模。

内蒙古的创新能力处于全国较低水平，表现在知识创造能力和企业创新能力尤为不足，其知识创造能力连续多年处于全国末位。但随着"8337"发展思路的实施，尤其是金融与科技的结合使内蒙古企业的研发投入有所上升。未来，内蒙古仍需提高企业的原始创新能力，促进本地经济从投资驱动向创新驱动转变。

表 12 - 5　内蒙古自治区创新能力综合指标

| 指标名称 | 2014 年综合指标 | | 2014 年分项指标排名 | | |
|---|---|---|---|---|---|
| | 指标值 | 排名 | 实力 | 效率 | 潜力 |
| 综合值 | 19.23 | 27 | 24 | 27 | 21 |
| 1　知识创造综合指标 | 10.8 | 31 | 25 | 31 | 20 |
| 1.1　研究开发投入综合指标 | 8.97 | 28 | 25 | 26 | 26 |
| 1.2　专利综合指标 | 7.54 | 30 | 26 | 31 | 14 |
| 1.3　科研论文综合指标 | 20.97 | 29 | 27 | 29 | 9 |
| 2　知识获取综合指标 | 13.68 | 27 | 25 | 27 | 18 |
| 2.1　科技合作综合指标 | 18.7 | 30 | 27 | 30 | 7 |
| 2.2　技术转移综合指标 | 17.17 | 14 | 20 | 10 | 4 |
| 2.3　外资企业投资综合指标 | 7.29 | 26 | 20 | 13 | 28 |
| 3　企业创新综合指标 | 13.61 | 28 | 24 | 29 | 12 |
| 3.1　企业研究开发投入综合指标 | 17.19 | 21 | 21 | 27 | 12 |
| 3.2　设计能力综合指标 | 5.7 | 27 | 27 | 27 | 24 |
| 3.3　技术提升能力综合指标 | 14.52 | 23 | 25 | 15 | 7 |
| 3.4　新产品销售收入综合指标 | 14.69 | 28 | 23 | 29 | 12 |
| 4　创新环境综合指标 | 21.37 | 27 | 22 | 24 | 20 |
| 4.1　创新基础设施综合指标 | 18.48 | 16 | 20 | 15 | 13 |
| 4.2　市场环境综合指标 | 44.73 | 14 | 15 | 12 | 11 |
| 4.3　劳动者素质综合指标 | 23.26 | 24 | 21 | 21 | 9 |
| 4.4　金融环境综合指标 | 14.14 | 13 | 20 | 8 | 10 |
| 4.5　创业水平综合指标 | 6.23 | 31 | 25 | 29 | 29 |
| 5　创新绩效综合指标 | 34.05 | 22 | 25 | 13 | 21 |
| 5.1　宏观经济综合指标 | 47.36 | 8 | 15 | 5 | 14 |
| 5.2　产业结构综合指标 | 11.14 | 28 | 21 | 29 | 20 |
| 5.3　产业国际竞争力综合指标 | 3.97 | 28 | 23 | 24 | 29 |
| 5.4　就业综合指标 | 35.79 | 22 | 27 | 24 | 15 |
| 5.5　可持续发展与环保综合指标 | 72 | 18 | 24 | 10 | 26 |

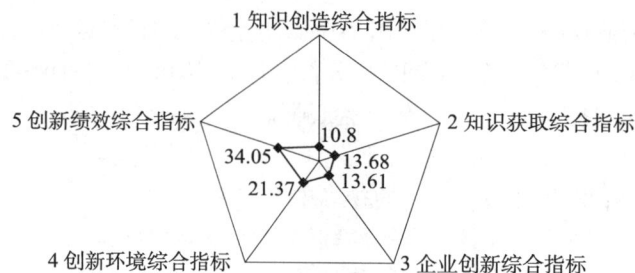

图 12 - 25　内蒙古自治区创新能力蛛网图

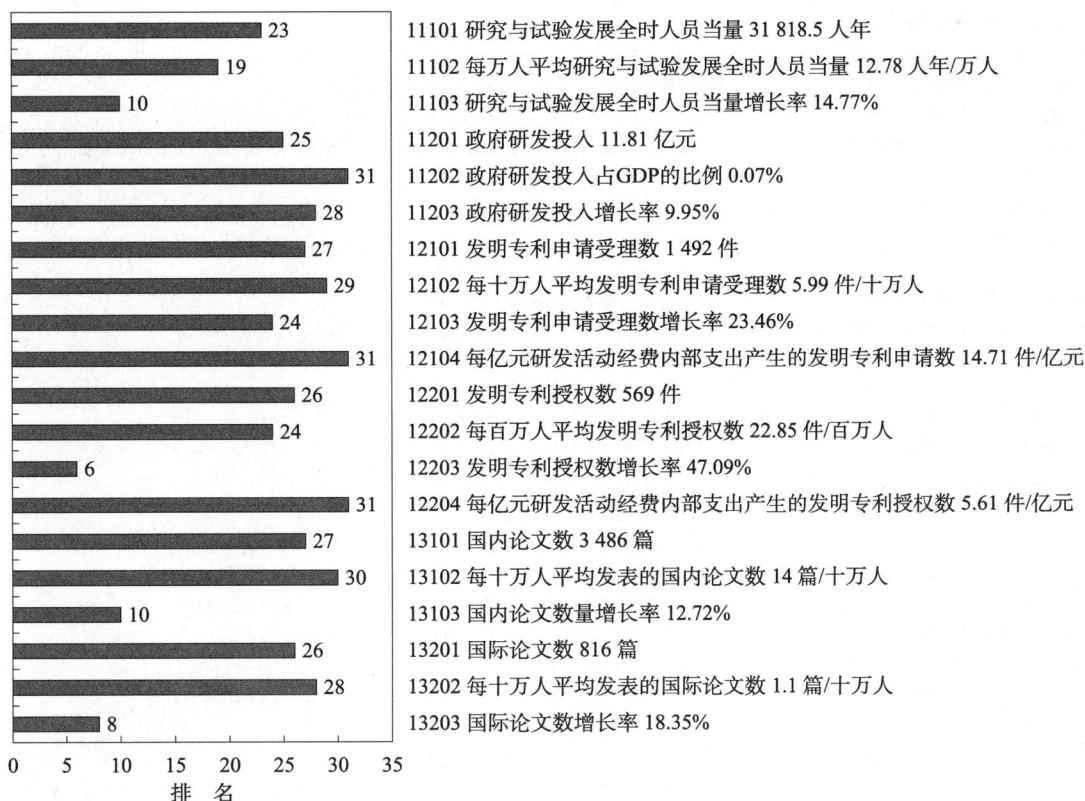

11101 研究与试验发展全时人员当量 31 818.5 人年
11102 每万人平均研究与试验发展全时人员当量 12.78 人年/万人
11103 研究与试验发展全时人员当量增长率 14.77%
11201 政府研发投入 11.81 亿元
11202 政府研发投入占GDP的比例 0.07%
11203 政府研发投入增长率 9.95%
12101 发明专利申请受理数 1 492 件
12102 每十万人平均发明专利申请受理数 5.99 件/十万人
12103 发明专利申请受理数增长率 23.46%
12104 每亿元研发活动经费内部支出产生的发明专利申请数 14.71 件/亿元
12201 发明专利授权数 569 件
12202 每百万人平均发明专利授权数 22.85 件/百万人
12203 发明专利授权数增长率 47.09%
12204 每亿元研发活动经费内部支出产生的发明专利授权数 5.61 件/亿元
13101 国内论文数 3 486 篇
13102 每十万人平均发表的国内论文数 14 篇/十万人
13103 国内论文数量增长率 12.72%
13201 国际论文数 816 篇
13202 每十万人平均发表的国际论文数 1.1 篇/十万人
13203 国际论文数增长率 18.35%

图 12 – 26　内蒙古自治区知识创造能力基础指标

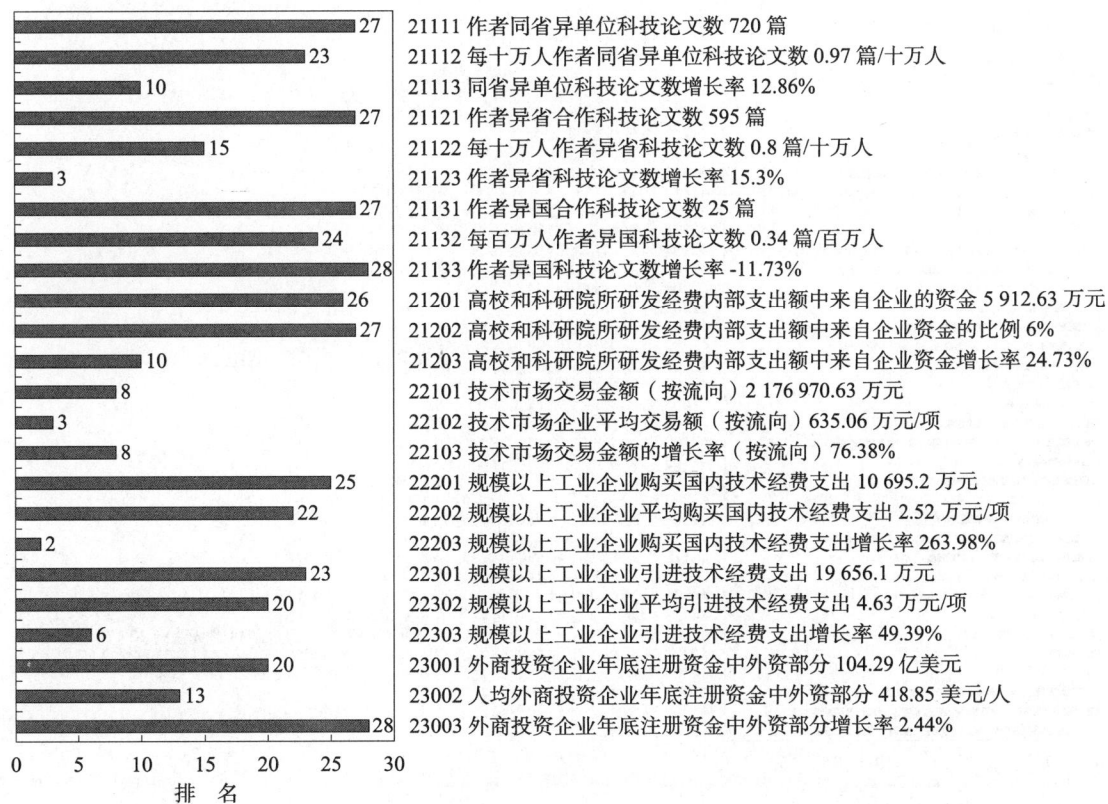

21111 作者同省异单位科技论文数 720 篇
21112 每十万人作者同省异单位科技论文数 0.97 篇/十万人
21113 同省异单位科技论文数增长率 12.86%
21121 作者异省合作科技论文数 595 篇
21122 每十万人作者异省科技论文数 0.8 篇/十万人
21123 作者异省科技论文数增长率 15.3%
21131 作者异国合作科技论文数 25 篇
21132 每百万人作者异国科技论文数 0.34 篇/百万人
21133 作者异国科技论文数增长率 -11.73%
21201 高校和科研院所研发经费内部支出额中来自企业的资金 5 912.63 万元
21202 高校和科研院所研发经费内部支出中来自企业资金的比例 6%
21203 高校和科研院所研发经费内部支出中来自企业资金增长率 24.73%
22101 技术市场交易金额（按流向）2 176 970.63 万元
22102 技术市场企业平均交易额（按流向）635.06 万元/项
22103 技术市场交易金额的增长率（按流向）76.38%
22201 规模以上工业企业购买国内技术经费支出 10 695.2 万元
22202 规模以上工业企业平均购买国内技术经费支出 2.52 万元/项
22203 规模以上工业企业购买国内技术经费支出增长率 263.98%
22301 规模以上工业企业引进技术经费支出 19 656.1 万元
22302 规模以上工业企业平均引进技术经费支出 4.63 万元/项
22303 规模以上工业企业引进技术经费支出增长率 49.39%
23001 外商投资企业年底注册资金中外资部分 104.29 亿美元
23002 人均外商投资企业年底注册资金中外资部分 418.85 美元/人
23003 外商投资企业年底注册资金中外资部分增长率 2.44%

图 12 – 27　内蒙古自治区知识获取能力基础指标

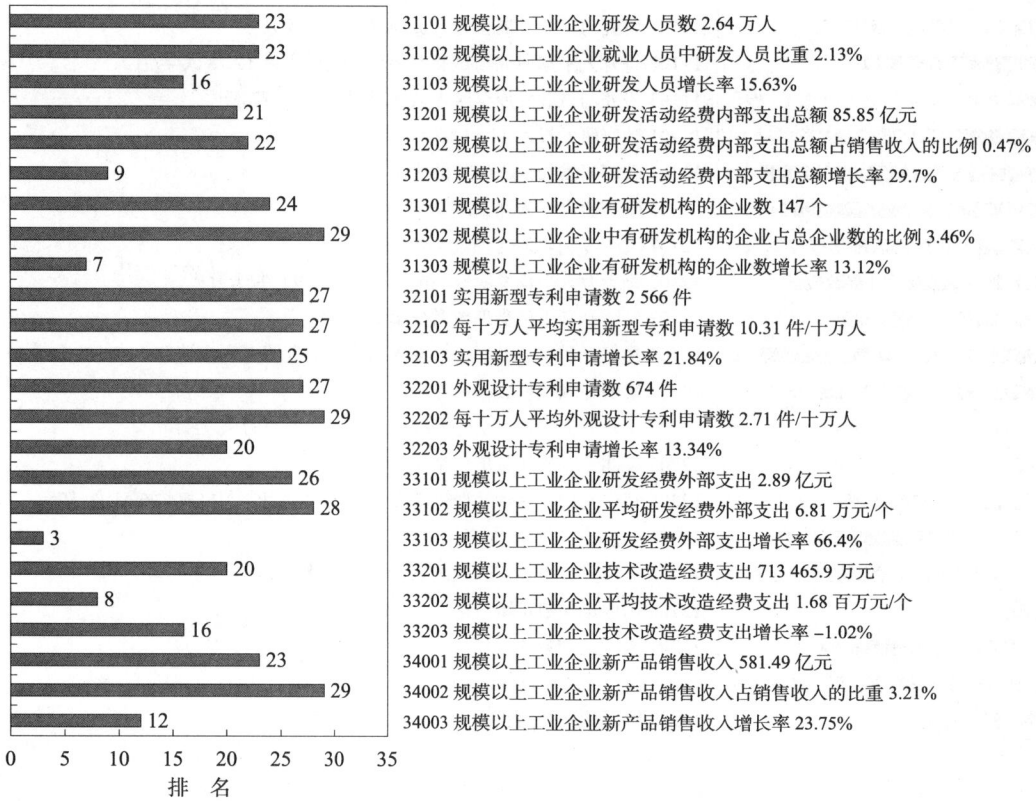

図 12-28　内蒙古自治区企业创新能力基础指标

31101 规模以上工业企业研发人员数 2.64 万人 —— 23
31102 规模以上工业企业就业人员中研发人员比重 2.13% —— 23
31103 规模以上工业企业研发人员增长率 15.63% —— 16
31201 规模以上工业企业研发活动经费内部支出总额 85.85 亿元 —— 21
31202 规模以上工业企业研发活动经费内部支出总额占销售收入的比例 0.47% —— 22
31203 规模以上工业企业研发活动经费内部支出总额增长率 29.7% —— 9
31301 规模以上工业企业有研发机构的企业数 147 个 —— 24
31302 规模以上工业企业中有研发机构的企业占总企业数的比例 3.46% —— 29
31303 规模以上工业企业有研发机构的企业数增长率 13.12% —— 7
32101 实用新型专利申请数 2 566 件 —— 27
32102 每十万人平均实用新型专利申请数 10.31 件/十万人 —— 27
32103 实用新型专利申请增长率 21.84% —— 25
32201 外观设计专利申请数 674 件 —— 27
32202 每十万人平均外观设计专利申请数 2.71 件/十万人 —— 29
32203 外观设计专利申请增长率 13.34% —— 20
33101 规模以上工业企业研发经费外部支出 2.89 亿元 —— 26
33102 规模以上工业企业平均研发经费外部支出 6.81 万元/个 —— 28
33103 规模以上工业企业研发经费外部支出增长率 66.4% —— 3
33201 规模以上工业企业技术改造经费支出 713 465.9 万元 —— 20
33202 规模以上工业企业平均技术改造经费支出 1.68 百万元/个 —— 8
33203 规模以上工业企业技术改造经费支出增长率 -1.02% —— 16
34001 规模以上工业企业新产品销售收入 581.49 亿元 —— 23
34002 规模以上工业企业新产品销售收入占销售收入的比重 3.21% —— 29
34003 规模以上工业企业新产品销售收入增长率 23.75% —— 12

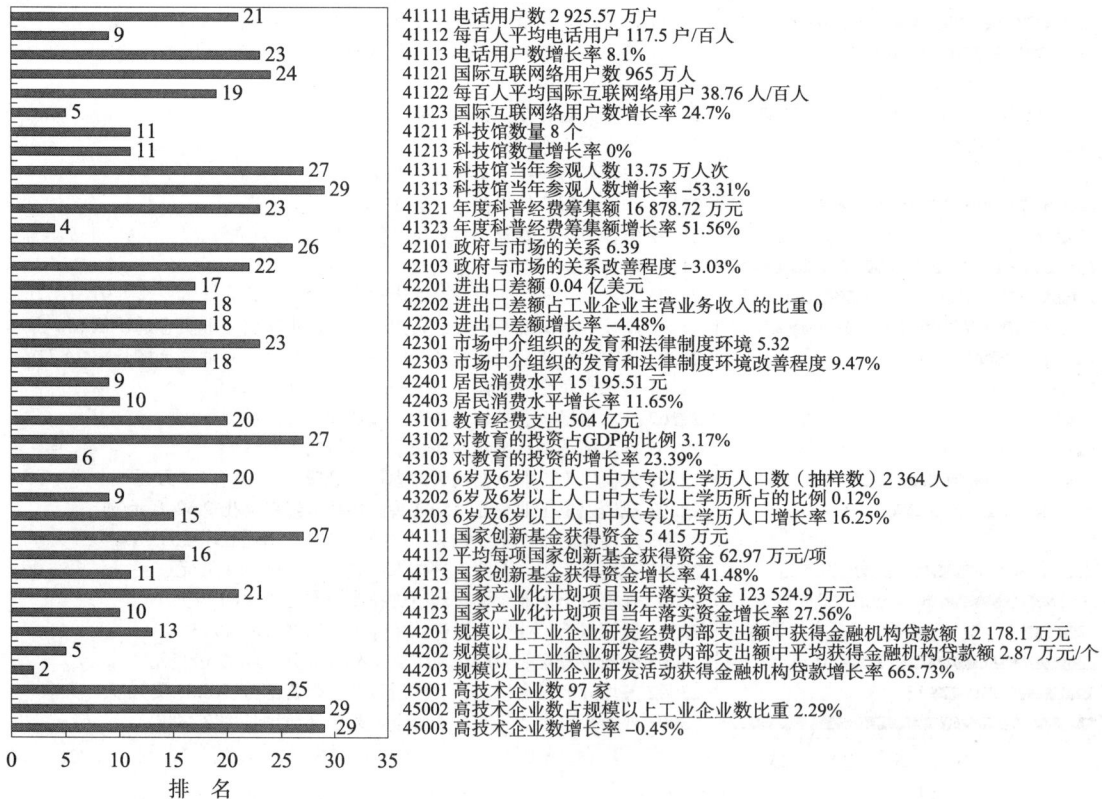

図 12-29　内蒙古自治区创新环境基础指标

41111 电话用户数 2 925.57 万户 —— 21
41112 每百人平均电话用户 117.5 户/百人 —— 9
41113 电话用户数增长率 8.1% —— 23
41121 国际互联网络用户数 965 万人 —— 24
41122 每百人平均国际互联网络用户 38.76 人/百人 —— 19
41123 国际互联网络用户数增长率 24.7% —— 5
41211 科技馆数量 8 个 —— 11
41213 科技馆数量增长率 0% —— 11
41311 科技馆当年参观人数 13.75 万人次 —— 27
41313 科技馆当年参观人数增长率 -53.31% —— 29
41321 年度科普经费筹集额 16 878.72 万元 —— 23
41323 年度科普经费筹集额增长率 51.56% —— 4
42101 政府与市场的关系 6.39 —— 26
42103 政府与市场的关系改善程度 -3.03% —— 22
42201 进出口差额 0.04 亿美元 —— 17
42202 进出口差额占工业企业主营业务收入的比重 0 —— 18
42203 进出口差额增长率 -4.48% —— 18
42301 市场中介组织的发育和法律制度环境 5.32 —— 23
42303 市场中介组织的发育和法律制度环境改善程度 9.47% —— 18
42401 居民消费水平 15 195.51 元 —— 9
42403 居民消费水平增长率 11.65% —— 10
43101 教育经费支出 504 亿元 —— 20
43102 对教育的投资占GDP的比例 3.17% —— 27
43103 对教育的投资的增长率 23.39% —— 6
43201 6岁及6岁以上人口中大专以上学历人口数（抽样数）2 364 人 —— 20
43202 6岁及6岁以上人口中大专以上学历所占的比例 0.12% —— 9
43203 6岁及6岁以上人口中大专以上学历增长率 16.25% —— 15
44111 国家创新基金获得资金 5 415 万元 —— 27
44112 平均每项国家创新基金获得资金 62.97 万元/项 —— 16
44113 国家创新基金获得资金增长率 41.48% —— 11
44121 国家产业化计划项目当年落实资金 123 524.9 万元 —— 21
44123 国家产业化计划项目当年落实资金增长率 27.56% —— 10
44201 规模以上工业企业研发经费内部支出额中获得金融机构贷款额 12 178.1 万元 —— 13
44202 规模以上工业企业研发经费内部支出额中平均获得金融机构贷款额 2.87 万元/个 —— 5
44203 规模以上工业企业研发活动获得金融机构贷款增长率 665.73% —— 2
45001 高技术企业数 97 家 —— 25
45002 高技术企业数占规模以上工业企业数比重 2.29% —— 29
45003 高技术企业数增长率 -0.45% —— 29

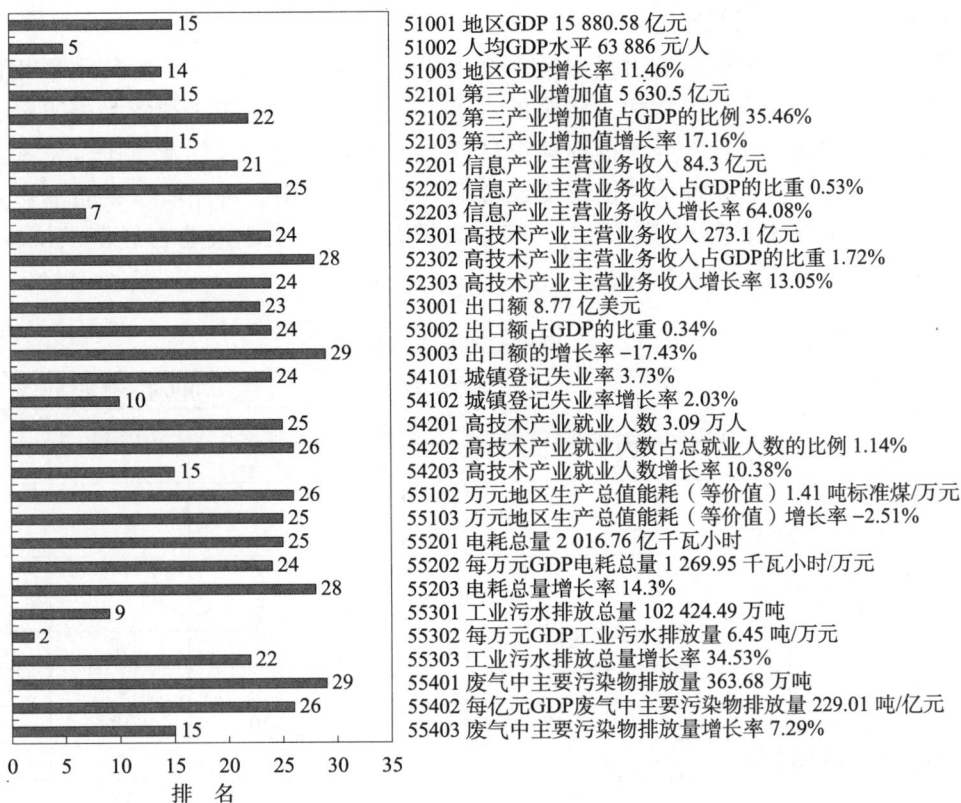

图 12 - 30　内蒙古自治区创新绩效基础指标

左侧条形图对应指标（排名数值）：

- 51001 地区GDP 15 880.58 亿元
- 51002 人均GDP水平 63 886 元/人
- 51003 地区GDP增长率 11.46%
- 52101 第三产业增加值 5 630.5 亿元
- 52102 第三产业增加值占GDP的比例 35.46%
- 52103 第三产业增加值增长率 17.16%
- 52201 信息产业主营业务收入 84.3 亿元
- 52202 信息产业主营业务收入占GDP的比重 0.53%
- 52203 信息产业主营业务收入增长率 64.08%
- 52301 高技术产业主营业务收入 273.1 亿元
- 52302 高技术产业主营业务收入占GDP的比重 1.72%
- 52303 高技术产业主营业务收入增长率 13.05%
- 53001 出口额 8.77 亿美元
- 53002 出口额占GDP的比重 0.34%
- 53003 出口额的增长率 −17.43%
- 54101 城镇登记失业率 3.73%
- 54102 城镇登记失业率增长率 2.03%
- 54201 高技术产业就业人数 3.09 万人
- 54202 高技术产业就业人数占总就业人数的比例 1.14%
- 54203 高技术产业就业人数增长率 10.38%
- 55102 万元地区生产总值能耗（等价值）1.41 吨标准煤/万元
- 55103 万元地区生产总值能耗（等价值）增长率 −2.51%
- 55201 电耗总量 2 016.76 亿千瓦小时
- 55202 每万元GDP电耗总量 1 269.95 千瓦小时/万元
- 55203 电耗总量增长率 14.3%
- 55301 工业污水排放总量 102 424.49 万吨
- 55302 每万元GDP工业污水排放量 6.45 吨/万元
- 55303 工业污水排放总量增长率 34.53%
- 55401 废气中主要污染物排放量 363.68 万吨
- 55402 每亿元GDP废气中主要污染物排放量 229.01 吨/亿元
- 55403 废气中主要污染物排放量增长率 7.29%

## 12.6　辽宁省

辽宁省是我国传统的工业基地之一，2012 年全省常住人口数 4 389 万人，实现 GDP 24 846.41 亿元，同比增长 9.55%，人均 GDP 为 56 649 元，位居全国第 7 位。三次产业结构之比为 8.7∶53.2∶38.1，第三产业比重稳步提高。其中，高技术产业主营业务收入 2 214.1 亿元，占 GDP 的比重为 8.91%。

2014 年辽宁省创新能力排名从第 11 位下降至第 13 位。从指标体系评价的维度看，知识创造、知识获取、企业创新、创新环境和创新绩效的排名分别是第 13 名、第 5 名、第 20 名、第 12 名和第 15 名，其中企业创新下降了 6 位。从评价体系的层次看，辽宁省的创新效率指标下降了 4 位，居全国第 14 名。从基础指标排名看，企业研发人员的比重、研发经费内部支出额增长率、企业专利申请量、研发经费外部支出额、企业技术改造经费支出等指标均出现了明显的下滑，未来应加大力度推动企业创新能力提升。

2014 年 1 月，辽宁省通过了自主创新促进条例，从成果转化、创新平台、创新人才、创新保障、法律责任五个方面进行了阐述。其中，在创新平台方面，条例提出"国有企业应当根据盈利情况逐步增加科技研发投入经费。"在成果转化方面，条例指出"高等学校、科学技术研究开发机构和企业按照国家有关规定，可以采取知识产权入股、科技成果折股或者收益分成、股权奖励、股权出售、股票期权等方式对科学技术人员和经营管理人员进行股权和分红激励，促进自主创新成果转化与产业化"。在创新人才方面，条例提出"支持企业、科研机构和高等学校根据高新技术产业发展和传统产业转型升级需求，共建实习、实验基地，联合培养科研生产岗位急需的专业技术人才和技能型人才"。

从整体上看，辽宁省的创新能力仍保持在全国中上游水平，但与全国整体水平相比，出现了小幅回落。虽然整体实力仍保持相对较高的水平，但创新的效率相比往年大幅下降，创新活力出现下降趋势。因此，辽宁省应该重视培育良好的创新环境与创新创业氛围，发挥其作为东北老工业基地的传统优势，在推动传统重工业转型升级的过程中，进一步重视企业研发投入和外部研发合作，加强技术转移水平。同时，辽宁省需要强化高技术产业在经济发展中的作用，在经济结构调整过程中实现创新驱动发展。

表 12 – 6　辽宁省创新能力综合指标

| 指标名称 | 2014 年综合指标 | | 2014 年分项指标排名 | | |
|---|---|---|---|---|---|
| | 指标值 | 排名 | 实力 | 效率 | 潜力 |
| 综合值 | 27.19 | 13 | 7 | 14 | 27 |
| 1　知识创造综合指标 | 22.49 | 13 | 10 | 13 | 21 |
| 1.1　研究开发投入综合指标 | 21.51 | 11 | 10 | 10 | 16 |
| 1.2　专利综合指标 | 20.23 | 14 | 8 | 15 | 21 |
| 1.3　科研论文综合指标 | 28.96 | 19 | 9 | 9 | 28 |
| 2　知识获取综合指标 | 34.97 | 5 | 5 | 6 | 16 |
| 2.1　科技合作综合指标 | 50.84 | 3 | 5 | 3 | 24 |
| 2.2　技术转移综合指标 | 19.72 | 11 | 10 | 12 | 26 |
| 2.3　外资企业投资综合指标 | 34.5 | 5 | 5 | 5 | 11 |
| 3　企业创新综合指标 | 18.53 | 20 | 13 | 22 | 28 |
| 3.1　企业研究开发投入综合指标 | 20.19 | 18 | 9 | 17 | 27 |
| 3.2　设计能力综合指标 | 12.16 | 17 | 16 | 15 | 27 |
| 3.3　技术提升能力综合指标 | 12.79 | 25 | 13 | 28 | 26 |
| 3.4　新产品销售收入综合指标 | 24.95 | 19 | 12 | 18 | 20 |
| 4　创新环境综合指标 | 26.81 | 12 | 10 | 14 | 26 |
| 4.1　创新基础设施综合指标 | 25.11 | 12 | 9 | 9 | 22 |
| 4.2　市场环境综合指标 | 47.55 | 10 | 9 | 11 | 17 |
| 4.3　劳动者素质综合指标 | 37.63 | 7 | 7 | 11 | 21 |
| 4.4　金融环境综合指标 | 8.28 | 26 | 18 | 26 | 22 |
| 4.5　创业水平综合指标 | 15.47 | 24 | 11 | 24 | 28 |
| 5　创新绩效综合指标 | 36.19 | 15 | 11 | 12 | 25 |
| 5.1　宏观经济综合指标 | 43.79 | 10 | 7 | 7 | 26 |
| 5.2　产业结构综合指标 | 17.39 | 17 | 11 | 17 | 21 |
| 5.3　产业国际竞争力综合指标 | 14.49 | 13 | 8 | 12 | 18 |
| 5.4　就业综合指标 | 30.21 | 28 | 19 | 27 | 23 |
| 5.5　可持续发展与环保综合指标 | 75.06 | 14 | 23 | 8 | 3 |

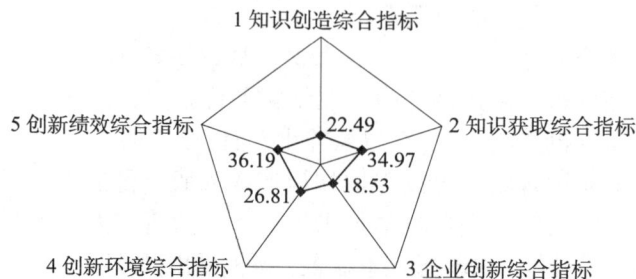

图 12 – 31　辽宁省创新能力蛛网图

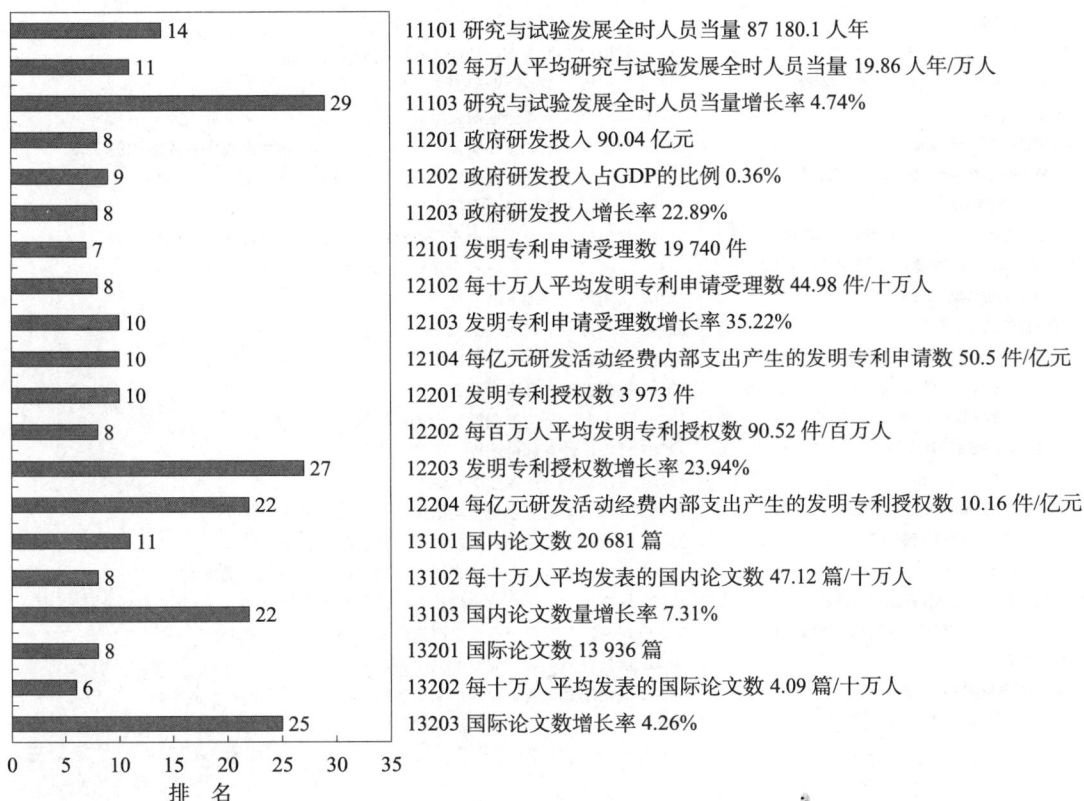

图 12-32 辽宁省知识创造能力基础指标

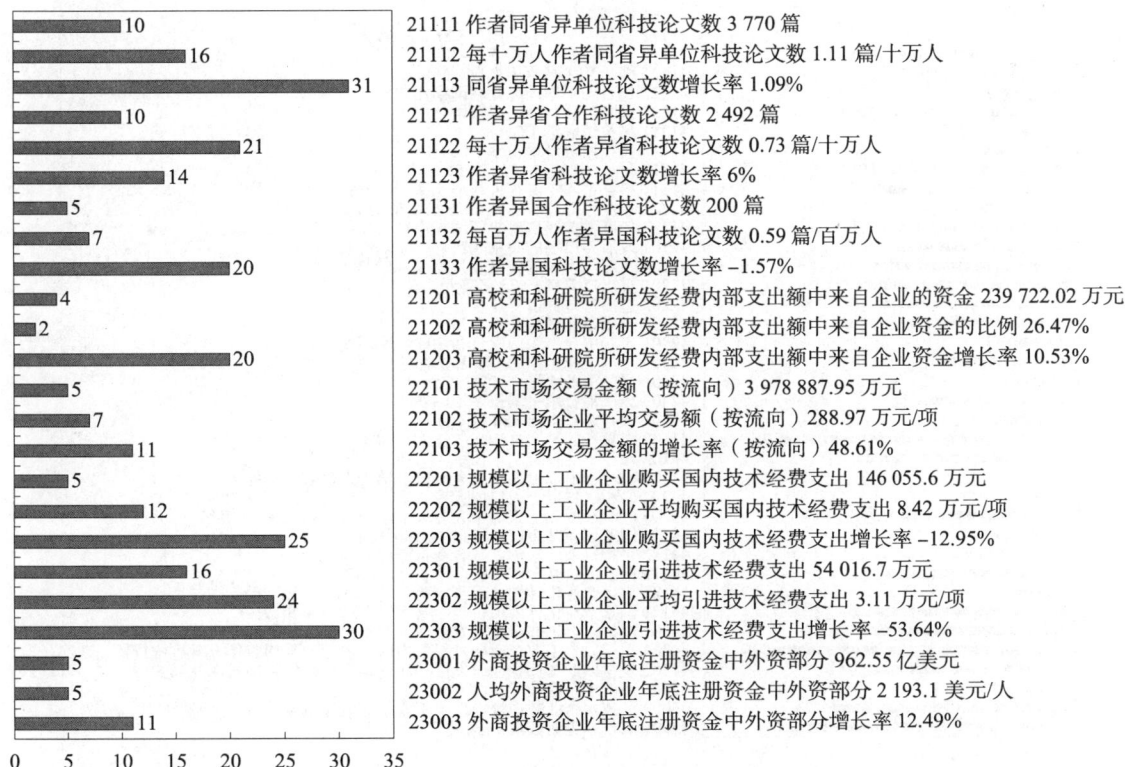

图 12-33 辽宁省知识获取能力基础指标

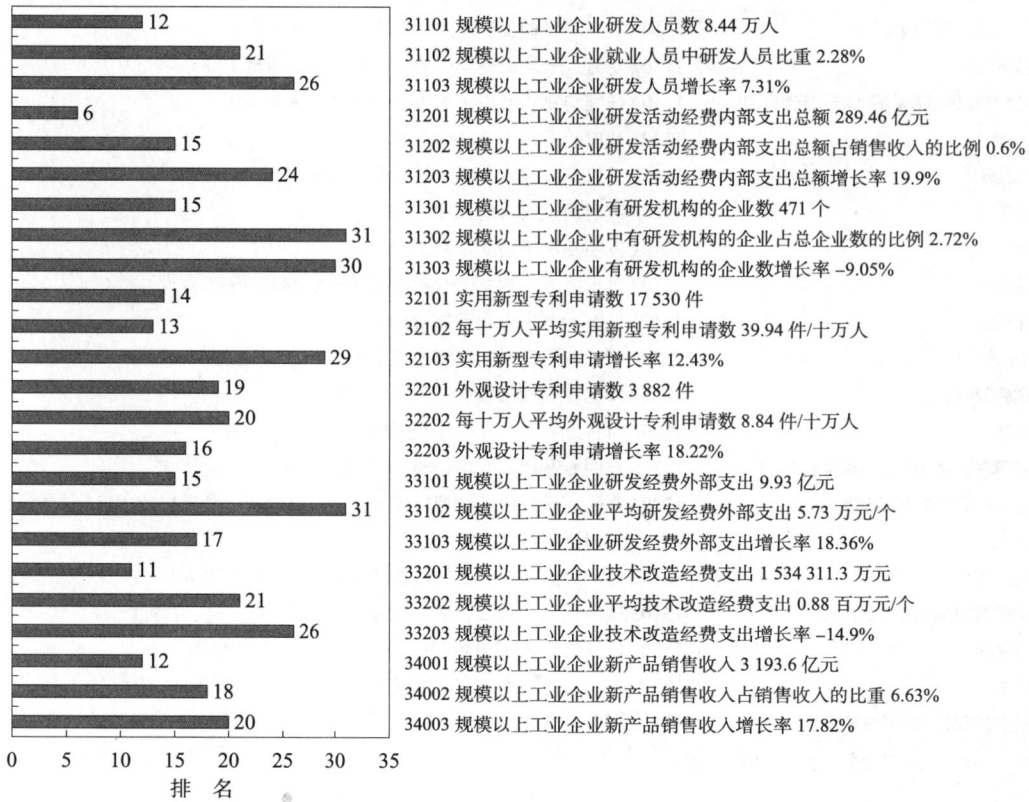

图 12 - 34　辽宁省企业创新能力基础指标

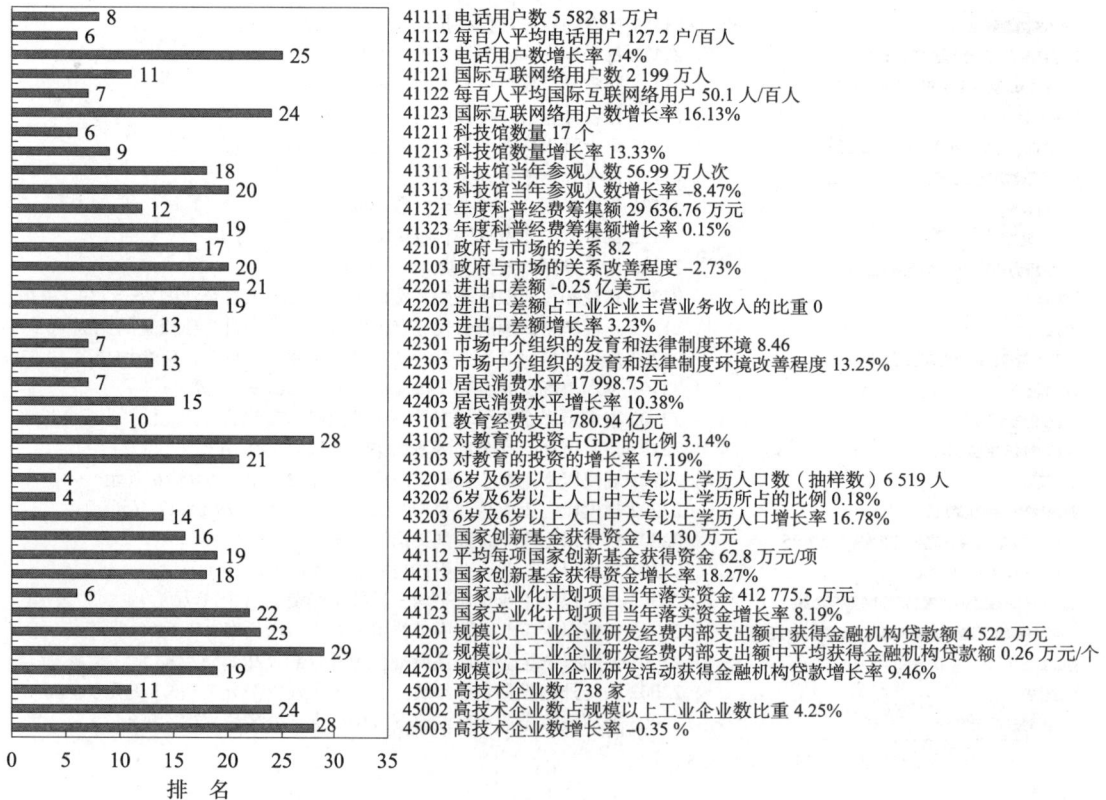

| 指标 | 排名 |
| --- | --- |
| 31101 规模以上工业企业研发人员数 8.44 万人 | 12 |
| 31102 规模以上工业企业就业人员中研发人员比重 2.28% | 21 |
| 31103 规模以上工业企业研发人员增长率 7.31% | 26 |
| 31201 规模以上工业企业研发活动经费内部支出总额 289.46 亿元 | 6 |
| 31202 规模以上工业企业研发活动经费内部支出总额占销售收入的比例 0.6% | 15 |
| 31203 规模以上工业企业研发活动经费内部支出总额增长率 19.9% | 24 |
| 31301 规模以上工业企业有研发机构的企业数 471 个 | 15 |
| 31302 规模以上工业企业中有研发机构的企业占总企业数的比例 2.72% | 31 |
| 31303 规模以上工业企业有研发机构的企业数增长率 -9.05% | 30 |
| 32101 实用新型专利申请数 17 530 件 | 14 |
| 32102 每十万人平均实用新型专利申请数 39.94 件/十万人 | 13 |
| 32103 实用新型专利申请增长率 12.43% | 29 |
| 32201 外观设计专利申请数 3 882 件 | 19 |
| 32202 每十万人平均外观设计专利申请数 8.84 件/十万人 | 20 |
| 32203 外观设计专利申请增长率 18.22% | 16 |
| 33101 规模以上工业企业研发经费外部支出 9.93 亿元 | 15 |
| 33102 规模以上工业企业平均研发经费外部支出 5.73 万元/个 | 31 |
| 33103 规模以上工业企业研发经费外部支出增长率 18.36% | 17 |
| 33201 规模以上工业企业技术改造经费支出 1 534 311.3 万元 | 11 |
| 33202 规模以上工业企业平均技术改造经费支出 0.88 百万元/个 | 21 |
| 33203 规模以上工业企业技术改造经费支出增长率 -14.9% | 26 |
| 34001 规模以上工业企业新产品销售收入 3 193.6 亿元 | 12 |
| 34002 规模以上工业企业新产品销售收入占销售收入的比重 6.63% | 18 |
| 34003 规模以上工业企业新产品销售收入增长率 17.82% | 20 |

图 12 - 35　辽宁省创新环境基础指标

| 指标 | 排名 |
| --- | --- |
| 41111 电话用户数 5 582.81 万户 | 8 |
| 41112 每百人平均电话用户 127.2 户/百人 | 6 |
| 41113 电话用户数增长率 7.4% | 25 |
| 41121 国际互联网络用户数 2 199 万人 | 11 |
| 41122 每百人平均国际互联网络用户 50.1 人/百人 | 7 |
| 41123 国际互联网络用户数增长率 16.13% | 24 |
| 41211 科技馆数量 17 个 | 6 |
| 41213 科技馆数量增长率 13.33% | 9 |
| 41311 科技馆当年参观人数 56.99 万人次 | 18 |
| 41313 科技馆当年参观人数增长率 -8.47% | 20 |
| 41321 年度科普经费筹集额 29 636.76 万元 | 12 |
| 41323 年度科普经费筹集额增长率 0.15% | 19 |
| 42101 政府与市场的关系 8.2 | 17 |
| 42103 政府与市场的关系改善程度 -2.73% | 20 |
| 42201 进出口差额 -0.25 亿美元 | 21 |
| 42202 进出口差额占工业企业主营业务收入的比重 0 | 19 |
| 42203 进出口差额增长率 3.23% | 13 |
| 42301 市场中介组织的发育和法律制度环境 8.46 | 7 |
| 42303 市场中介组织的发育和法律制度环境改善程度 13.25% | 13 |
| 42401 居民消费水平 17 998.75 元 | 7 |
| 42403 居民消费水平增长率 10.38% | 15 |
| 43101 教育经费支出 780.94 亿元 | 10 |
| 43102 对教育的投资占GDP的比例 3.14% | 28 |
| 43103 对教育的投资的增长率 17.19% | 21 |
| 43201 6岁及6岁以上人口中大专以上学历人口数（抽样数）6 519 人 | 4 |
| 43202 6岁及6岁以上人口中大专以上学历所占的比例 0.18% | 4 |
| 43203 6岁及6岁以上人口中大专以上学历人口增长率 16.78% | 14 |
| 44111 国家创新基金获得资金 14 130 万元 | 16 |
| 44112 平均每项国家创新基金获得资金 62.8 万元/项 | 19 |
| 44113 国家创新基金获得资金增长率 18.27% | 18 |
| 44121 国家产业化计划项目当年落实资金 412 775.5 万元 | 6 |
| 44123 国家产业化计划项目当年落实资金增长率 8.19% | 22 |
| 44201 规模以上工业企业研发经费内部支出额中获得金融机构贷款额 4 522 万元 | 23 |
| 44202 规模以上工业企业研发经费内部支出额中平均获得金融机构贷款额 0.26 万元/个 | 29 |
| 44203 规模以上工业企业研发活动获得金融机构贷款增长率 9.46% | 19 |
| 45001 高技术企业数 738 家 | 11 |
| 45002 高技术企业数占规模以上工业企业数比重 4.25% | 24 |
| 45003 高技术企业数增长率 -0.35 % | 28 |

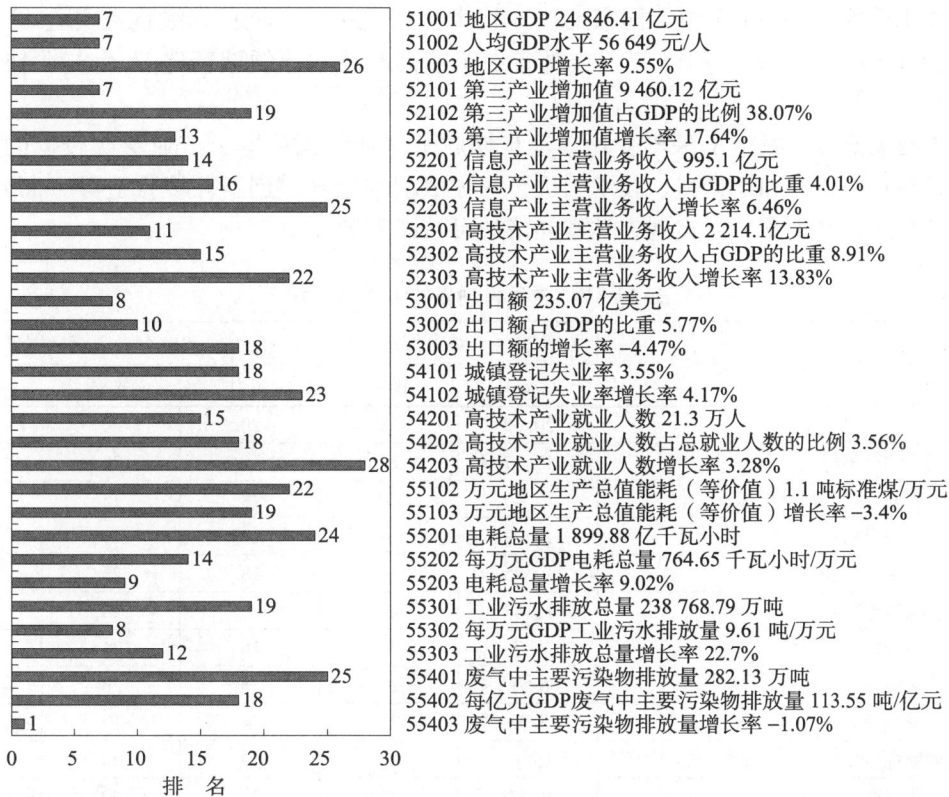

図 12 - 36　辽宁省创新绩效基础指标

51001 地区GDP 24 846.41 亿元
51002 人均GDP水平 56 649 元/人
51003 地区GDP增长率 9.55%
52101 第三产业增加值 9 460.12 亿元
52102 第三产业增加值占GDP的比例 38.07%
52103 第三产业增加值增长率 17.64%
52201 信息产业主营业务收入 995.1 亿元
52202 信息产业主营业务收入占GDP的比重 4.01%
52203 信息产业主营业务收入增长率 6.46%
52301 高技术产业主营业务收入 2 214.1亿元
52302 高技术产业主营业务收入占GDP的比重 8.91%
52303 高技术产业主营业务收入增长率 13.83%
53001 出口额 235.07 亿美元
53002 出口额占GDP的比重 5.77%
53003 出口额的增长率 -4.47%
54101 城镇登记失业率 3.55%
54102 城镇登记失业率增长率 4.17%
54201 高技术产业就业人数 21.3 万人
54202 高技术产业就业人数占总就业人数的比例 3.56%
54203 高技术产业就业人数增长率 3.28%
55102 万元地区生产总值能耗（等价值）1.1 吨标准煤/万元
55103 万元地区生产总值能耗（等价值）增长率 -3.4%
55201 电耗总量 1 899.88 亿千瓦小时
55202 每万元GDP电耗总量 764.65 千瓦小时/万元
55203 电耗总量增长率 9.02%
55301 工业污水排放总量 238 768.79 万吨
55302 每万元GDP工业污水排放量 9.61 吨/万元
55303 工业污水排放总量增长率 22.7%
55401 废气中主要污染物排放量 282.13 万吨
55402 每亿元GDP废气中主要污染物排放量 113.55 吨/亿元
55403 废气中主要污染物排放量增长率 -1.07%

# 12.7　吉林省

吉林省位于我国东北地区的中部，总面积为 18.74 万平方公里，占全国土地总面积的 2%。2012 年，全省常住人口数 2 750 万人，全年实现地区生产总值 12 688.35 亿元，同比增长 11.97%；人均 GDP 为 43 415 元，位居全国第 11 位。三次产业结构之比为 11.8∶53.4∶34.8。其中，高技术产业主营业务收入 1 138.7 亿元，占 GDP 的比重为 8.97%。

从指标变化情况来看，2014 年吉林省创新能力较去年退步了 2 名，分析退步的原因主要表现在创新环境综合指标滑落了 4 位，知识获取综合指标下滑 2 位，创新绩效综合指标下滑 1 位。尤其是在金融环境和创业水平指标上出现较大的退步，分别下滑 12 位和 7 位。但是，与此同时也应该看到，吉林省在技术提升能力和创新基础设施方面也有了较大的进步，分别进步了 13 位和 6 位。规模以上企业购买国内技术经费支出增长率、规模以上企业科研人员增长率、研发经费外部支出增长率均处于全国前 5 位的水平，尤其值得一提的是，吉林省在绿色可持续发展方面在全国树立了非常好的榜样，每万元 GDP 耗电量和污水排放量的指标表现都处于全国领先位置。

近年来，吉林省以构建产学研协同创新机制、培育壮大具有吉林特色和高技术特征的支柱产业、增强综合实力和核心竞争力为总目标，深入实施创新驱动战略，加快科技创新和科技成果转化及产业化，强化企业自主创新主体地位，聚焦大院大所、聚焦重点产业、聚焦园区基地，加快建设新型产业技术创新体系。组织实施了第五批重大科技攻关项目，"双十工程"重大科技攻关项目，投入总经费 300 亿元。目前，吉林省已组建完成院士工作站 14 个，省级科技创新中心（工程技术研究中心）117 个，国家工程（技术）研究中心 5 个；省级重点实验 48 个，国家级重点实验室 14 个。此外，2013 年，吉林省在工业高新技术等领域新建 16 个产业技术创新战略联盟。

吉林省的经济结构发生了深刻变化，逐步摆脱了产业结构单一、产业层次较低的状况。未来，吉林需要对本土的知识创造、技术引进、人才吸引与培养、创新环境打造等方面同时发力，系统构建良好的创新生态，以实现吉林省经济的可持续发展。

表 12 - 7　吉林省创新能力综合指标

| 指标名称 | 2014 年综合指标 | | 2014 年分项指标排名 | | |
|---|---|---|---|---|---|
| | 指标值 | 排名 | 实力 | 效率 | 潜力 |
| 综合值 | 20.69 | 25 | 20 | 20 | 28 |
| 1　知识创造综合指标 | 15.17 | 26 | 19 | 20 | 27 |
| 1.1　研究开发投入综合指标 | 15.65 | 20 | 18 | 15 | 21 |
| 1.2　专利综合指标 | 12.29 | 26 | 19 | 19 | 28 |
| 1.3　科研论文综合指标 | 19.95 | 30 | 18 | 26 | 18 |
| 2　知识获取综合指标 | 12.82 | 28 | 27 | 28 | 27 |
| 2.1　科技合作综合指标 | 25.1 | 24 | 16 | 21 | 30 |
| 2.2　技术转移综合指标 | 6.51 | 29 | 28 | 28 | 10 |
| 2.3　外资企业投资综合指标 | 8.33 | 25 | 24 | 17 | 24 |
| 3　企业创新综合指标 | 16.15 | 24 | 19 | 20 | 29 |
| 3.1　企业研究开发投入综合指标 | 10.99 | 29 | 23 | 30 | 19 |
| 3.2　设计能力综合指标 | 4.52 | 28 | 24 | 21 | 30 |
| 3.3　技术提升能力综合指标 | 21.23 | 16 | 17 | 13 | 3 |
| 3.4　新产品销售收入综合指标 | 25.69 | 16 | 16 | 13 | 30 |
| 4　创新环境综合指标 | 21.27 | 28 | 21 | 19 | 24 |
| 4.1　创新基础设施综合指标 | 20.24 | 13 | 15 | 13 | 12 |
| 4.2　市场环境综合指标 | 42.36 | 13 | 19 | 15 | 16 |
| 4.3　劳动者素质综合指标 | 16.79 | 29 | 25 | 26 | 23 |
| 4.4　金融环境综合指标 | 6.55 | 27 | 25 | 25 | 31 |
| 4.5　创业水平综合指标 | 20.44 | 20 | 17 | 10 | 25 |
| 5　创新绩效综合指标 | 35.7 | 16 | 20 | 16 | 13 |
| 5.1　宏观经济综合指标 | 35.54 | 15 | 21 | 11 | 10 |
| 5.2　产业结构综合指标 | 10.37 | 29 | 23 | 26 | 27 |
| 5.3　产业国际竞争力综合指标 | 6.39 | 24 | 22 | 22 | 24 |
| 5.4　就业综合指标 | 41.34 | 16 | 24 | 13 | 9 |
| 5.5　可持续发展与环保综合指标 | 84.86 | 4 | 5 | 4 | 2 |

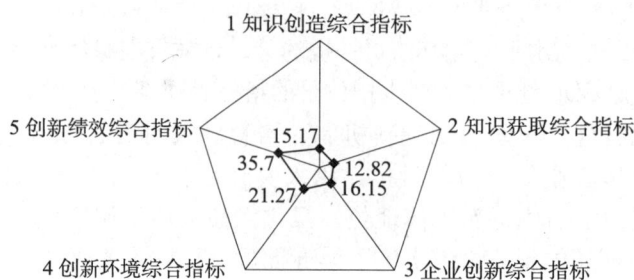

图 12 - 37　吉林省创新能力蛛网图

11101 研究与试验发展全时人员当量 49 960.7 人年 — 18

11102 每万人平均研究与试验发展全时人员当量 18.16 人年/万人 — 12

11103 研究与试验发展全时人员当量增长率 13.07% — 13

11201 政府研发投入 40.16 亿元 — 15

11202 政府研发投入占GDP的比例 0.32% — 11

11203 政府研发投入增长率 15.13% — 22

12101 发明专利申请受理数 3 913 件 — 21

12102 每十万人平均发明专利申请受理数 14.23 件/十万人 — 18

12103 发明专利申请受理数增长率 22.33% — 26

12104 每亿元研发活动经费内部支出产生的发明专利申请数 35.64 件/亿元 — 24

12201 发明专利授权数 1 583 件 — 19

12202 每百万人平均发明专利授权数 57.56 件/百万人 — 14

12203 发明专利授权数增长率 23.35% — 28

12204 每亿元研发活动经费内部支出产生的发明专利授权数 14.42 件/亿元 — 11

13101 国内论文数 9 448 篇 — 20

13102 每十万人平均发表的国内论文数 34.35 篇/十万人 — 11

13103 国内论文数量增长率 6.89% — 24

13201 国际论文数 8 475 篇 — 13

13202 每十万人平均发表的国际论文数 3.09 篇/十万人 — 15

13203 国际论文数增长率 8.09% — 18

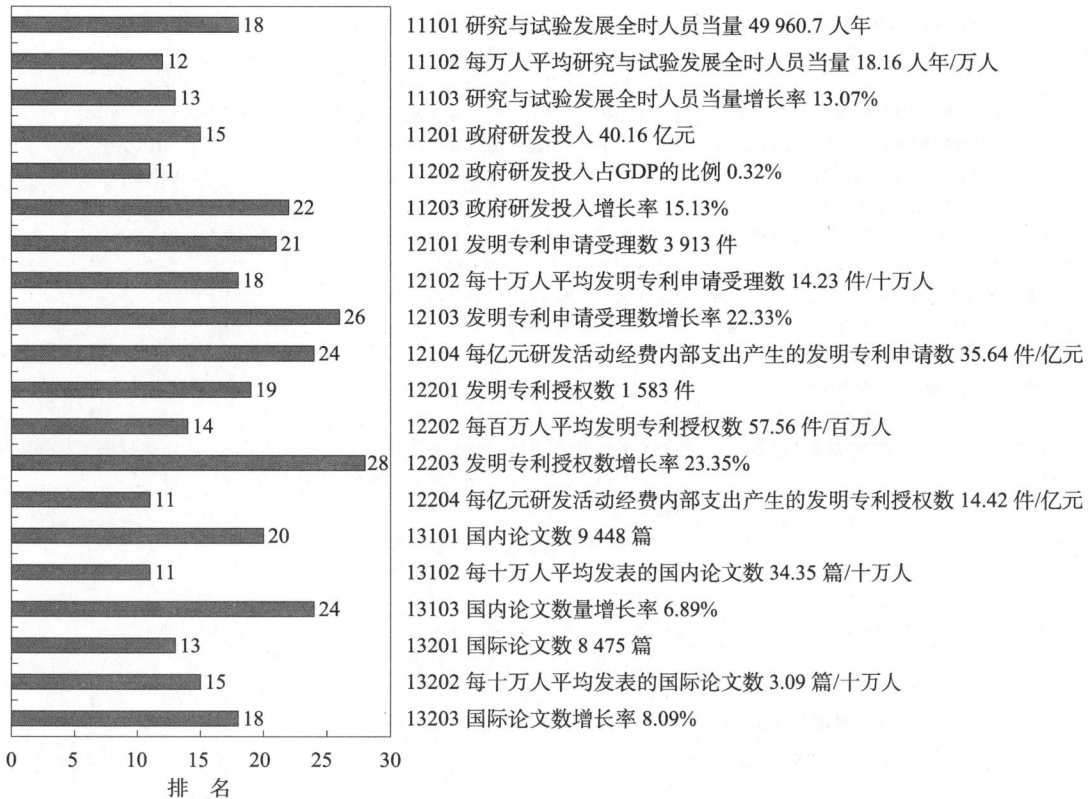

图 12-38 吉林省知识创造能力基础指标

21111 作者同省异单位科技论文数 2 244 篇 — 16

21112 每十万人作者同省异单位科技论文数 0.82 篇/十万人 — 28

21113 同省异单位科技论文数增长率 3.8% — 28

21121 作者异省合作科技论文数 1 350 篇 — 18

21122 每十万人作者异省科技论文数 0.49 篇/十万人 — 30

21123 作者异省科技论文数增长率 4.31% — 17

21131 作者异国合作科技论文数 98 篇 — 16

21132 每百万人作者异国科技论文数 0.36 篇/百万人 — 22

21133 作者异国科技论文数增长率 -9.26% — 26

21201 高校和科研院所研发经费内部支出额中来自企业的资金 63 149.33 万元 — 15

21202 高校和科研院所研发经费内部支出额中来自企业资金的比例 13.89 % — 15

21203 高校和科研院所研发经费内部支出额中来自企业资金增长率 11.74% — 19

22101 技术市场交易金额（按流向）462 966.12 万元 — 26

22102 技术市场企业平均交易额（按流向）143.51 万元/项 — 24

22103 技术市场交易金额的增长率（按流向）33.11% — 20

22201 规模以上工业企业购买国内技术经费支出 9 440.8 万元 — 26

22202 规模以上工业企业平均购买国内技术经费支出 1.79 万元/项 — 27

22203 规模以上工业企业购买国内技术经费支出增长率 112.81% — 5

22301 规模以上工业企业引进技术经费支出 22 334.9 万元 — 20

22302 规模以上工业企业平均引进技术经费支出 4.23 万元/项 — 21

22303 规模以上工业企业引进技术经费支出增长率 -40.63% — 29

23001 外商投资企业年底注册资金中外资部分 87.05 亿美元 — 24

23002 人均外商投资企业年底注册资金中外资部分 316.49 美元/人 — 17

23003 外商投资企业年底注册资金中外资部分增长率 5.16% — 24

图 12-39 吉林省知识获取能力基础指标

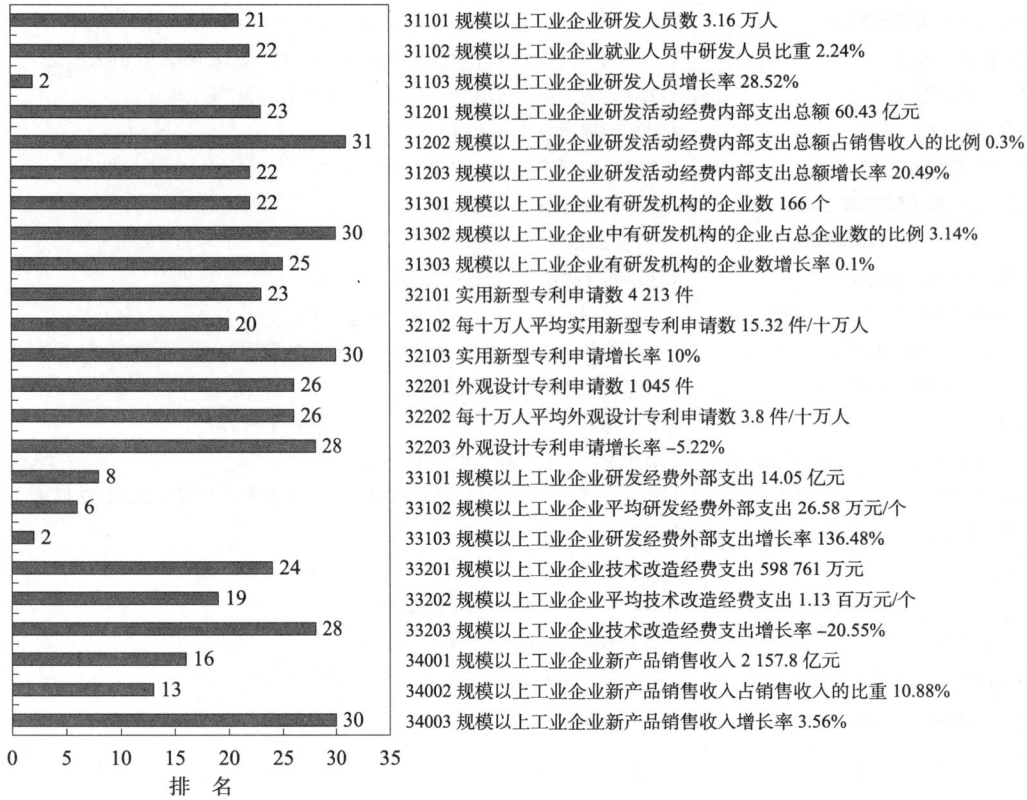

图 12－40　吉林省企业创新能力基础指标

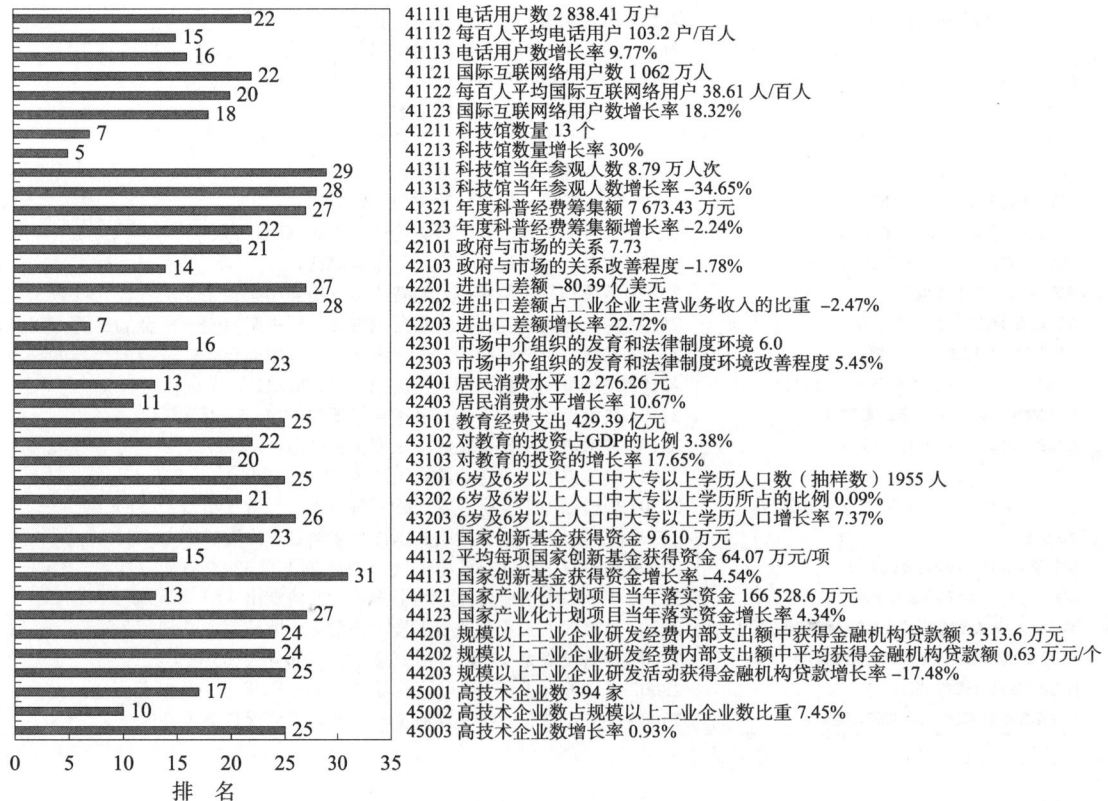

| 编号 | 指标 | 排名 |
|---|---|---|
| 31101 | 规模以上工业企业研发人员数 3.16 万人 | 21 |
| 31102 | 规模以上工业企业就业人员中研发人员比重 2.24% | 22 |
| 31103 | 规模以上工业企业研发人员增长率 28.52% | 2 |
| 31201 | 规模以上工业企业研发活动经费内部支出总额 60.43 亿元 | 23 |
| 31202 | 规模以上工业企业研发活动经费内部支出总额占销售收入的比例 0.3% | 31 |
| 31203 | 规模以上工业企业研发活动经费内部支出总额增长率 20.49% | 22 |
| 31301 | 规模以上工业企业有研发机构的企业数 166 个 | 22 |
| 31302 | 规模以上工业企业中有研发机构的企业占总企业数的比例 3.14% | 30 |
| 31303 | 规模以上工业企业有研发机构的企业数增长率 0.1% | 25 |
| 32101 | 实用新型专利申请数 4 213 件 | 23 |
| 32102 | 每十万人平均实用新型专利申请数 15.32 件/十万人 | 20 |
| 32103 | 实用新型专利申请增长率 10% | 30 |
| 32201 | 外观设计专利申请数 1 045 件 | 26 |
| 32202 | 每十万人平均外观设计专利申请数 3.8 件/十万人 | 26 |
| 32203 | 外观设计专利申请增长率 –5.22% | 28 |
| 33101 | 规模以上工业企业研发经费外部支出 14.05 亿元 | 8 |
| 33102 | 规模以上工业企业平均研发经费外部支出 26.58 万元/个 | 6 |
| 33103 | 规模以上工业企业研发经费外部支出增长率 136.48% | 2 |
| 33201 | 规模以上工业企业技术改造经费支出 598 761 万元 | 24 |
| 33202 | 规模以上工业企业平均技术改造经费支出 1.13 百万元/个 | 19 |
| 33203 | 规模以上工业企业技术改造经费支出增长率 –20.55% | 28 |
| 34001 | 规模以上工业企业新产品销售收入 2 157.8 亿元 | 16 |
| 34002 | 规模以上工业企业新产品销售收入占销售收入的比重 10.88% | 13 |
| 34003 | 规模以上工业企业新产品销售收入增长率 3.56% | 30 |

图 12－41　吉林省创新环境基础指标

| 编号 | 指标 | 排名 |
|---|---|---|
| 41111 | 电话用户数 2 838.41 万户 | 22 |
| 41112 | 每百人平均电话用户 103.2 户/百人 | 15 |
| 41113 | 电话用户数增长率 9.77% | 16 |
| 41121 | 国际互联网络用户数 1 062 万人 | 22 |
| 41122 | 每百人平均国际互联网络用户 38.61 人/百人 | 20 |
| 41123 | 国际互联网络用户数增长率 18.32% | 18 |
| 41211 | 科技馆数量 13 个 | 7 |
| 41213 | 科技馆数量增长率 30% | 5 |
| 41311 | 科技馆当年参观人数 8.79 万人次 | 29 |
| 41313 | 科技馆当年参观人数增长率 –34.65% | 28 |
| 41321 | 年度科普经费筹集额 7 673.43 万元 | 27 |
| 41323 | 年度科普经费筹集额增长率 –2.24% | 22 |
| 42101 | 政府与市场的关系 7.73 | 21 |
| 42103 | 政府与市场的关系改善程度 –1.78% | 14 |
| 42201 | 进出口差额 –80.39 亿美元 | 27 |
| 42202 | 进出口差额占工业企业主营业务收入的比例 –2.47% | 28 |
| 42203 | 进出口差额增长率 22.72% | 7 |
| 42301 | 市场中介组织的发育和法律制度环境 6.0 | 16 |
| 42303 | 市场中介组织的发育和法律制度环境改善程度 5.45% | 23 |
| 42401 | 居民消费水平 12 276.26 元 | 13 |
| 42403 | 居民消费水平增长率 10.67% | 11 |
| 43101 | 教育经费支出 429.39 亿元 | 25 |
| 43102 | 对教育的投资占GDP的比例 3.38% | 22 |
| 43103 | 对教育的投资的增长率 17.65% | 20 |
| 43201 | 6岁及6岁以上人口中大专以上学历人口数（抽样数）1955 人 | 25 |
| 43202 | 6岁及6岁以上人口中大专以上学历所占的比例 0.09% | 21 |
| 43203 | 6岁及6岁以上人口中大专以上学历人口增长率 7.37% | 26 |
| 44111 | 国家创新基金获得资金 9 610 万元 | 23 |
| 44112 | 平均每项国家创新基金获得资金 64.07 万元/项 | 15 |
| 44113 | 国家创新基金获得资金增长率 –4.54% | 31 |
| 44121 | 国家产业化计划项目当年落实资金 166 528.6 万元 | 13 |
| 44123 | 国家产业化计划项目当年落实资金增长率 4.34% | 27 |
| 44201 | 规模以上工业企业研发经费内部支出额中获得金融机构贷款额 3 313.6 万元 | 24 |
| 44202 | 规模以上工业企业研发经费内部支出额中平均获得金融机构贷款额 0.63 万元/个 | 24 |
| 44203 | 规模以上工业企业研发活动获得金融机构贷款增长率 –17.48% | 25 |
| 45001 | 高技术企业数 394 家 | 17 |
| 45002 | 高技术企业数占规模以上工业企业数比重 7.45% | 10 |
| 45003 | 高技术企业数增长率 0.93% | 25 |

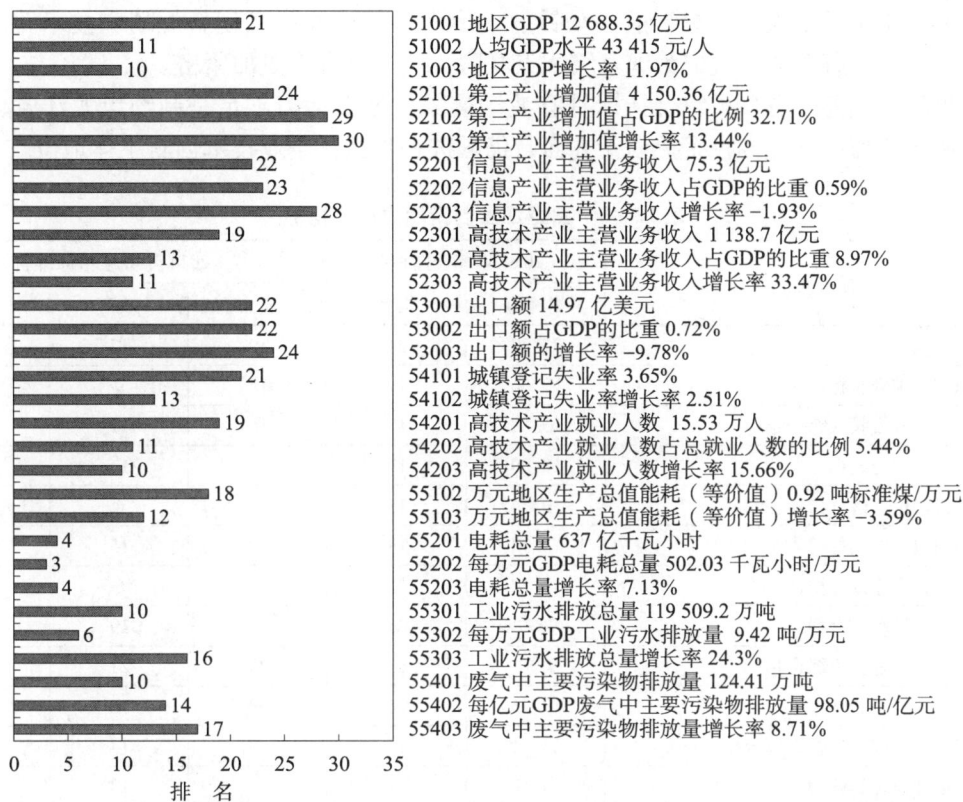

图 12-42　吉林省创新绩效基础指标

## 12.8　黑龙江省

黑龙江省位于我国东北北部，总面积为 47.3 万平方公里，占全国土地总面积的 4.9%。2012 年，全省常住人口数 3 834 万人，全年地区生产总值 13 691.58 亿元，同比增长 10.03%，人均 GDP 为 35 711 元，位居全国第 17 位。2012 年三次产业结构之比为 15.4∶44.1∶40.5。高技术产业主营业务收入 524.2 亿元，占 GDP 的比重为 3.83%。

从统计指标上来看，2014 年黑龙江创新能力综合排名下降 2 位，居全国第 21 位。知识获取、企业创新、创新环境指标排名分别下降到第 19 名，第 21 名和第 30 名，主要体现在论文合作数、技术市场交易额、企业研发经费投入、研发人员占比、专利申请量和新产品销售收入等指标的下降。另外，黑龙江省的知识创造和创新绩效指标分别提升了 5 位和 1 位。主要体现在政府研发投入、论文产出效率等指标的提升。

近两年，黑龙江实施创新型企业培育行动，加快提升企业技术创新能力。其中，2013 年支持企业新组建 89 个省级工程技术研究中心、10 个企业院士工作站，全省企业研发机构达到 472 个，国家级工程技术研究中心达到 7 家。在培养创新环境方面，黑龙江省实施科技园区建设行动，创新创业环境不断优化，已集聚国内外各类科技创新机构 143 个、研发项目 148 个、产业项目 122 个、高端人才 2 400 余名，2013 年新培育和孵化科技型中小企业 525 家，新认定（复审）高新技术企业 152 家、高新技术产品 547 项，全省高新技术企业总数达到 635 家。此外，黑龙江省实施了产业技术创新战略联盟建设行动，新组建了卫星导航服务和石油钻采装备产业技术创新战略联盟，制定了石墨、卫星导航、马铃薯、冷水鱼等产业技术创新规划和技术路线图，石墨、冷水鱼、马铃薯3个联盟成为国家级试点联盟，产学研合作更加紧密。

整体来看，黑龙江省各项综合指标具有波动迹象，创新活力不足是制约黑龙江省创新能力大幅提高的主要原因，尤其在企业创新方面，仍需进一步强化企业技术创新主体地位。

表 12 - 8　黑龙江省创新能力综合指标

| 指标名称 | 2014 年综合指标 | | 2014 年分项指标排名 | | |
|---|---|---|---|---|---|
| | 指标值 | 排名 | 实力 | 效率 | 潜力 |
| 综合值 | 21.22 | 21 | 19 | 17 | 29 |
| 1　知识创造综合指标 | 19.66 | 17 | 15 | 9 | 26 |
| 　1.1　研究开发投入综合指标 | 15.69 | 19 | 16 | 11 | 24 |
| 　1.2　专利综合指标 | 18.09 | 17 | 17 | 14 | 22 |
| 　1.3　科研论文综合指标 | 30.74 | 15 | 12 | 4 | 20 |
| 2　知识获取综合指标 | 18.93 | 19 | 19 | 15 | 17 |
| 　2.1　科技合作综合指标 | 42.52 | 8 | 13 | 6 | 6 |
| 　2.2　技术转移综合指标 | 7.77 | 26 | 25 | 19 | 30 |
| 　2.3　外资企业投资综合指标 | 9.61 | 22 | 23 | 21 | 20 |
| 3　企业创新综合指标 | 18.25 | 21 | 20 | 16 | 26 |
| 　3.1　企业研究开发投入综合指标 | 23.31 | 15 | 19 | 14 | 26 |
| 　3.2　设计能力综合指标 | 16.18 | 14 | 17 | 13 | 5 |
| 　3.3　技术提升能力综合指标 | 22.05 | 13 | 19 | 9 | 11 |
| 　3.4　新产品销售收入综合指标 | 12.03 | 29 | 24 | 27 | 28 |
| 4　创新环境综合指标 | 19.09 | 30 | 19 | 28 | 29 |
| 　4.1　创新基础设施综合指标 | 16.55 | 24 | 16 | 20 | 18 |
| 　4.2　市场环境综合指标 | 36.19 | 30 | 16 | 17 | 31 |
| 　4.3　劳动者素质综合指标 | 20.16 | 28 | 17 | 24 | 28 |
| 　4.4　金融环境综合指标 | 11.12 | 23 | 22 | 16 | 12 |
| 　4.5　创业水平综合指标 | 11.44 | 28 | 21 | 25 | 26 |
| 5　创新绩效综合指标 | 30.49 | 25 | 23 | 25 | 26 |
| 　5.1　宏观经济综合指标 | 25.97 | 21 | 17 | 17 | 23 |
| 　5.2　产业结构综合指标 | 13.79 | 24 | 20 | 23 | 18 |
| 　5.3　产业国际竞争力综合指标 | 2.59 | 30 | 24 | 25 | 30 |
| 　5.4　就业综合指标 | 29.45 | 29 | 30 | 29 | 21 |
| 　5.5　可持续发展与环保综合指标 | 80.64 | 8 | 9 | 11 | 1 |

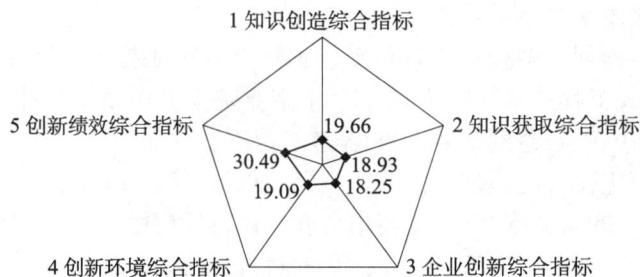

图 12 - 43　黑龙江省创新能力蛛网图

| 排名 | 指标 |
|---|---|
| 17 | 11101 研究与试验发展全时人员当量 65 117.7 人年 |
| 14 | 11102 每万人平均研究与试验发展全时人员当量 16.98 人年/万人 |
| 24 | 11103 研究与试验发展全时人员当量增长率 7.18% |
| 13 | 11201 政府研发投入 55.45 亿元 |
| 6 | 11202 政府研发投入占GDP的比例 0.4% |
| 23 | 11203 政府研发投入增长率 14.73% |
| 17 | 12101 发明专利申请受理数 7 068 件 |
| 15 | 12102 每十万人平均发明专利申请受理数 18.44 件/十万人 |
| 17 | 12103 发明专利申请受理数增长率 26.15% |
| 13 | 12104 每亿元研发活动经费内部支出产生的发明专利申请数 48.42 件/亿元 |
| 17 | 12201 发明专利授权数 2 418 件 |
| 13 | 12202 每百万人平均发明专利授权数 63.07 件/百万人 |
| 20 | 12203 发明专利授权数增长率 31.61% |
| 7 | 12204 每亿元研发活动经费内部支出产生的发明专利授权数 16.57 件/亿元 |
| 16 | 13101 国内论文数 13 850 篇 |
| 10 | 13102 每十万人平均发表的国内论文数 36.12 篇/十万人 |
| 26 | 13103 国内论文数量增长率 5.77% |
| 12 | 13201 国际论文数 11 141 篇 |
| 2 | 13202 每十万人平均发表的国际论文数 5.04 篇/十万人 |
| 23 | 13203 国际论文数增长率 4.97% |

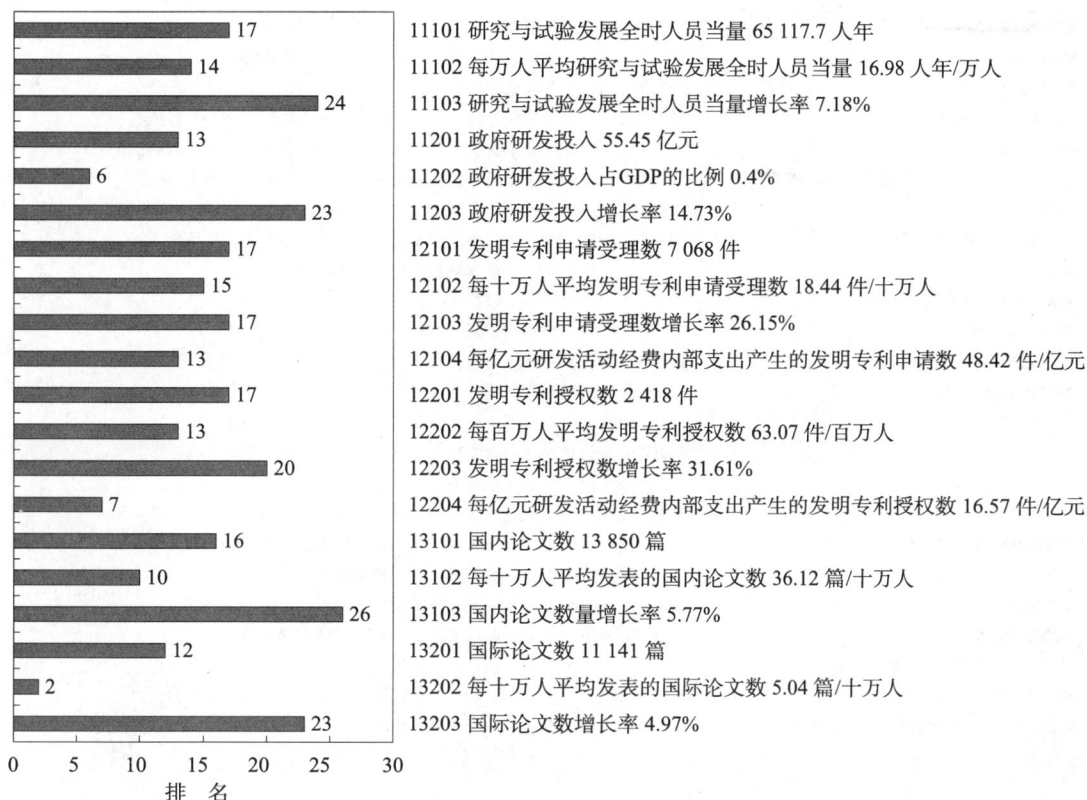

图 12 - 44　黑龙江省知识创造能力基础指标

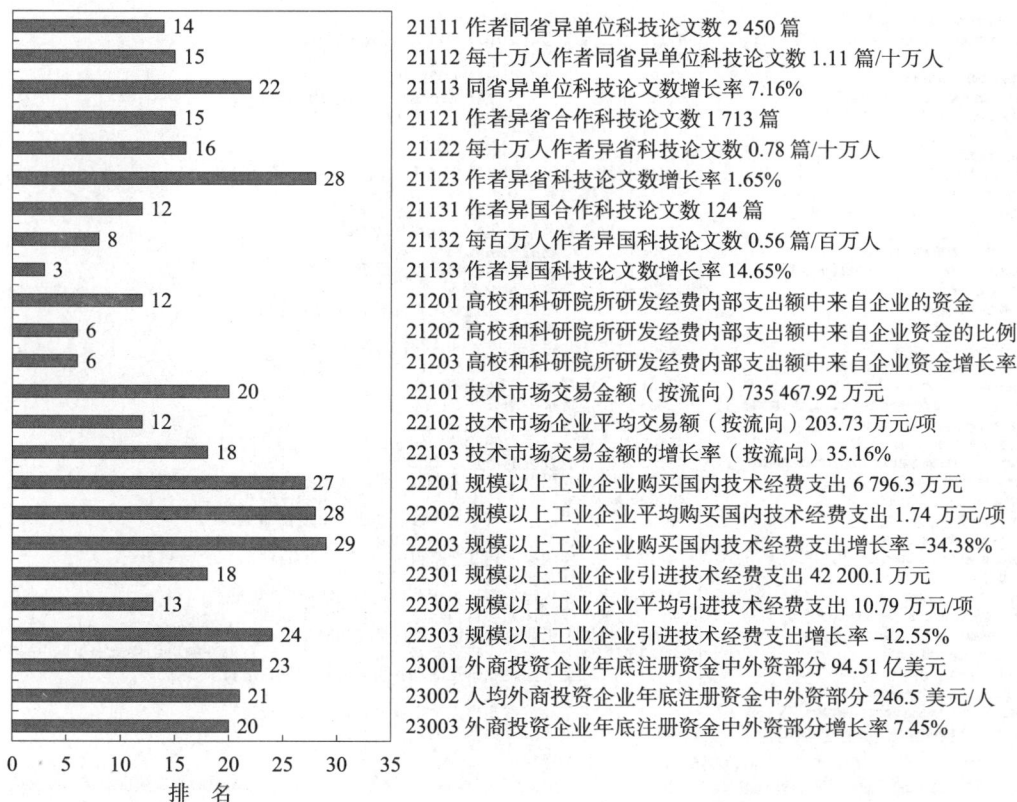

| 排名 | 指标 |
|---|---|
| 14 | 21111 作者同省异单位科技论文数 2 450 篇 |
| 15 | 21112 每十万人作者同省异单位科技论文数 1.11 篇/十万人 |
| 22 | 21113 同省异单位科技论文数增长率 7.16% |
| 15 | 21121 作者异省合作科技论文数 1 713 篇 |
| 16 | 21122 每十万人作者异省科技论文数 0.78 篇/十万人 |
| 28 | 21123 作者异省科技论文数增长率 1.65% |
| 12 | 21131 作者异国合作科技论文数 124 篇 |
| 8 | 21132 每百万人作者异国科技论文数 0.56 篇/百万人 |
| 3 | 21133 作者异国科技论文数增长率 14.65% |
| 12 | 21201 高校和科研院所研发经费内部支出额中来自企业的资金 |
| 6 | 21202 高校和科研院所研发经费内部支出额中来自企业资金的比例 |
| 6 | 21203 高校和科研院所研发经费内部支出额中来自企业资金增长率 |
| 20 | 22101 技术市场交易金额（按流向）735 467.92 万元 |
| 12 | 22102 技术市场企业平均交易额（按流向）203.73 万元/项 |
| 18 | 22103 技术市场交易金额的增长率（按流向）35.16% |
| 27 | 22201 规模以上工业企业购买国内技术经费支出 6 796.3 万元 |
| 28 | 22202 规模以上工业企业平均购买国内技术经费支出 1.74 万元/项 |
| 29 | 22203 规模以上工业企业购买国内技术经费支出增长率 -34.38% |
| 18 | 22301 规模以上工业企业引进技术经费支出 42 200.1 万元 |
| 13 | 22302 规模以上工业企业平均引进技术经费支出 10.79 万元/项 |
| 24 | 22303 规模以上工业企业引进技术经费支出增长率 -12.55% |
| 23 | 23001 外商投资企业年底注册资金中外资部分 94.51 亿美元 |
| 21 | 23002 人均外商投资企业年底注册资金中外资部分 246.5 美元/人 |
| 20 | 23003 外商投资企业年底注册资金中外资部分增长率 7.45% |

图 12 - 45　黑龙江省知识获取能力基础指标

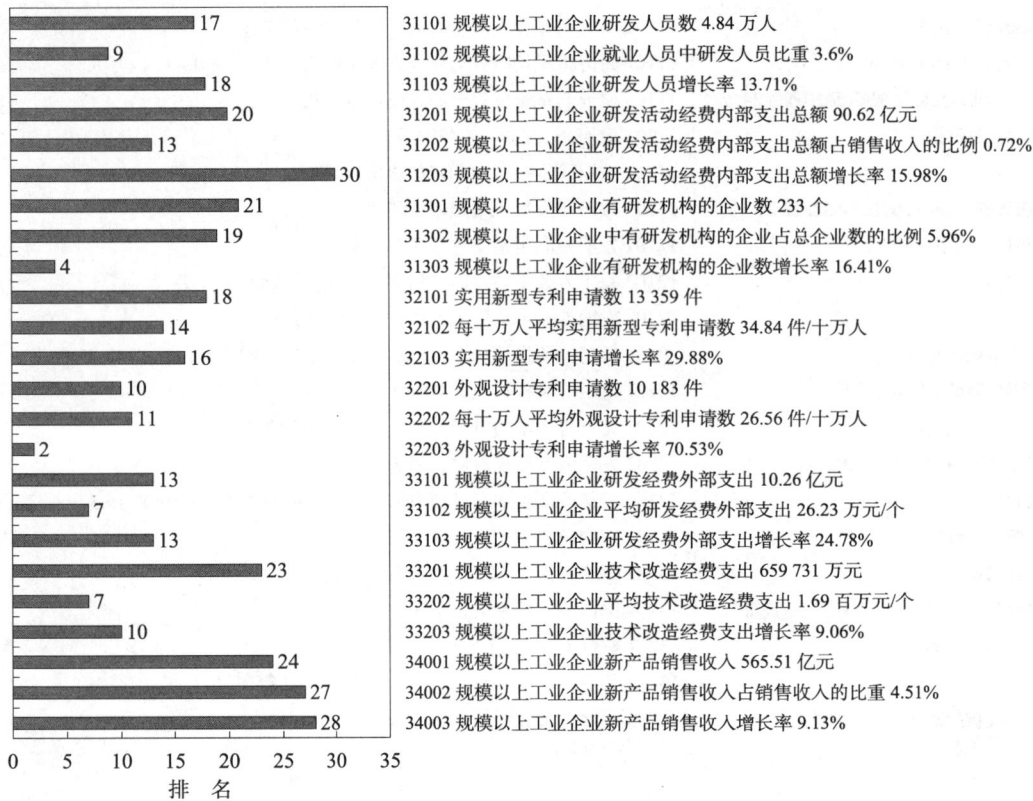

31101 规模以上工业企业研发人员数 4.84 万人　17
31102 规模以上工业企业就业人员中研发人员比重 3.6%　9
31103 规模以上工业企业研发人员增长率 13.71%　18
31201 规模以上工业企业研发活动经费内部支出总额 90.62 亿元　20
31202 规模以上工业企业研发活动经费内部支出总额占销售收入的比例 0.72%　13
31203 规模以上工业企业研发活动经费内部支出总额增长率 15.98%　30
31301 规模以上工业企业有研发机构的企业数 233 个　21
31302 规模以上工业企业中有研发机构的企业占总企业数的比例 5.96%　19
31303 规模以上工业企业有研发机构的企业数增长率 16.41%　4
32101 实用新型专利申请数 13 359 件　18
32102 每十万人平均实用新型专利申请数 34.84 件/十万人　14
32103 实用新型专利申请增长率 29.88%　16
32201 外观设计专利申请数 10 183 件　10
32202 每十万人平均外观设计专利申请数 26.56 件/十万人　11
32203 外观设计专利申请增长率 70.53%　2
33101 规模以上工业企业研发经费外部支出 10.26 亿元　13
33102 规模以上工业企业平均研发经费外部支出 26.23 万元/个　7
33103 规模以上工业企业研发经费外部支出增长率 24.78%　13
33201 规模以上工业企业技术改造经费支出 659 731 万元　23
33202 规模以上工业企业平均技术改造经费支出 1.69 百万元/个　7
33203 规模以上工业企业技术改造经费支出增长率 9.06%　10
34001 规模以上工业企业新产品销售收入 565.51 亿元　24
34002 规模以上工业企业新产品销售收入占销售收入的比重 4.51%　27
34003 规模以上工业企业新产品销售收入增长率 9.13%　28

图 12 - 46　黑龙江省企业创新能力基础指标

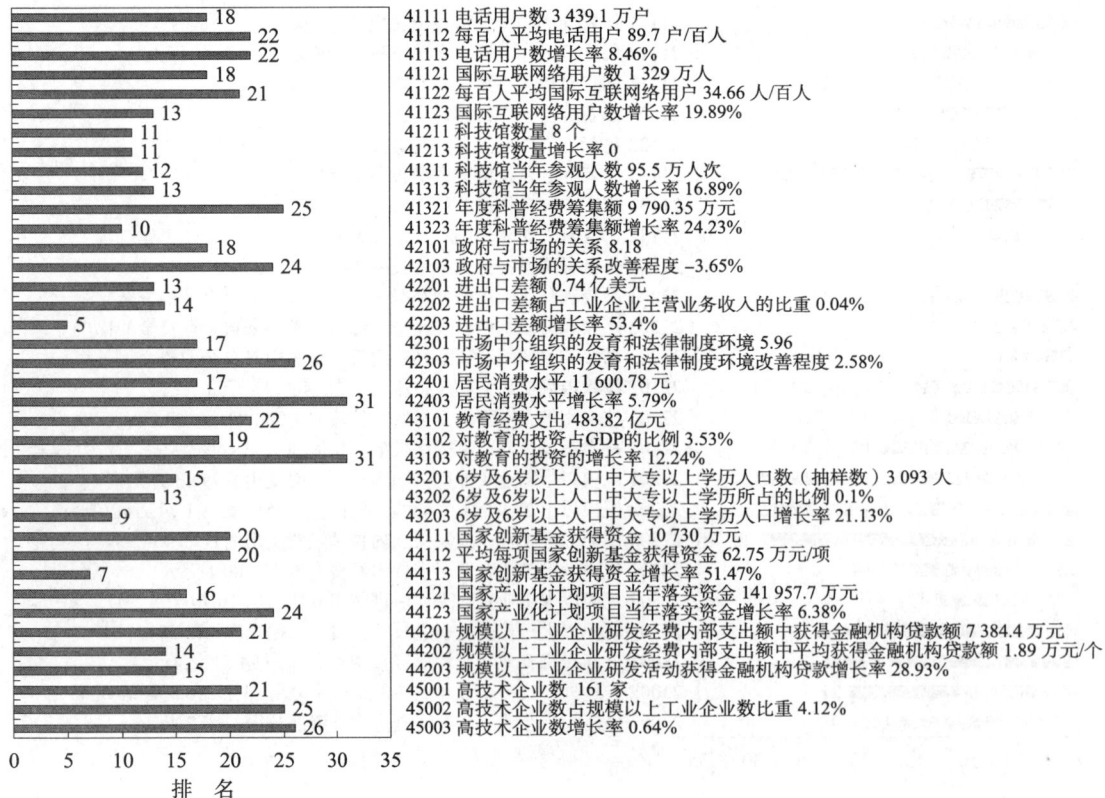

41111 电话用户数 3 439.1 万户　18
41112 每百人平均电话用户 89.7 户/百人　22
41113 电话用户数增长率 8.46%　22
41121 国际互联网络用户数 1 329 万人　18
41122 每百人平均国际互联网络用户 34.66 人/百人　21
41123 国际互联网络用户数增长率 19.89%　13
41211 科技馆数量 8 个　11
41213 科技馆数量增长率 0　11
41311 科技馆当年参观人数 95.5 万人次　12
41313 科技馆当年参观人数增长率 16.89%　13
41321 年度科普经费筹集额 9 790.35 万元　25
41323 年度科普经费筹集额增长率 24.23%　10
42101 政府与市场的关系 8.18　18
42103 政府与市场的关系改善程度 -3.65%　24
42201 进出口差额 0.74 亿美元　13
42202 进出口差额占工业企业主营业务收入的比重 0.04%　14
42203 进出口差额增长率 53.4%　5
42301 市场中介组织的发育和法律制度环境 5.96　17
42303 市场中介组织的发育和法律制度环境改善程度 2.58%　26
42401 居民消费水平 11 600.78 元　17
42403 居民消费水平增长率 5.79%　31
43101 教育经费支出 483.82 亿元　22
43102 对教育的投资占GDP的比例 3.53%　19
43103 对教育的投资的增长率 12.24%　31
43201 6岁及6岁以上人口中大专以上学历人口数（抽样数）3 093 人　15
43202 6岁及6岁以上人口中大专以上学历所占的比例 0.1%　13
43203 6岁及6岁以上人口中大专以上学历人口增长率 21.13%　9
44111 国家创新基金获得资金 10 730 万元　20
44112 平均每项国家创新基金获得资金 62.75 万元/项　20
44113 国家创新基金获得资金增长率 51.47%　7
44121 国家产业化计划项目当年落实资金 141 957.7 万元　16
44123 国家产业化计划项目当年落实资金增长率 6.38%　24
44201 规模以上工业企业研发经费内部支出额中获得金融机构贷款额 7 384.4 万元　21
44202 规模以上工业企业研发经费内部支出额中平均获得金融机构贷款额 1.89 万元/个　14
44203 规模以上工业企业研发活动获得金融机构贷款增长率 28.93%　15
45001 高技术企业数 161 家　21
45002 高技术企业数占规模以上工业企业数比重 4.12%　25
45003 高技术企业数增长率 0.64%　26

图 12 - 47　黑龙江省创新环境基础指标

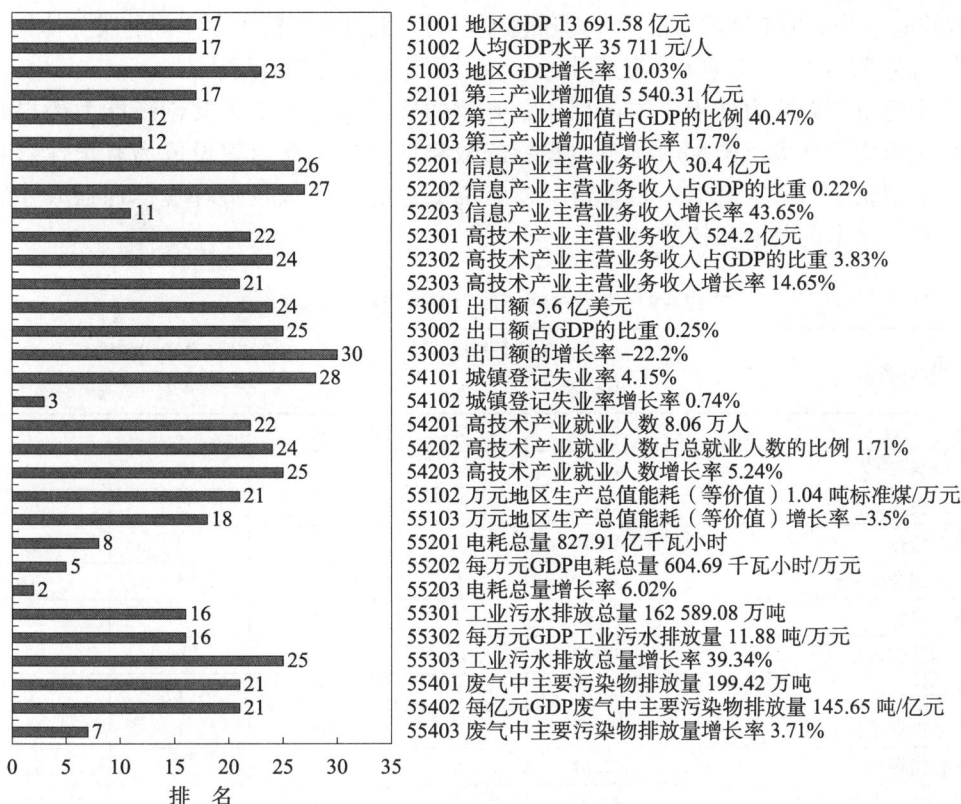

图 12 – 48　黑龙江省创新绩效基础指标

## 12.9　上海市

2012 年年末上海市常住人口数 2 380 万人，全年地区生产总值 20 181.72 亿元，同比增长 7.46%，人均 GDP 为 85 373 元，位居全国第 3 位。2012 年三次产业结构之比由上年的 0.7:41.3:58.0 调整为 0.6:38.9:60.4，第一、第二产业比重均有所下降，服务业比重继续扩大，产业结构持续优化。高技术产业主营业务收入 7 051.6 亿元，占 GDP 的比重为 34.94%。

2014 年，上海市的创新能力综合指标位列第四，与上年持平。知识创造综合能力、知识获取综合能力、企业创新综合能力、创新环境和创新绩效排名分别为第 4 位、第 1 位、第 5 位、第 5 位和第 3 位。其中，企业创新综合能力上升 1 位，基于企业研发投入各项指标的增长。在知识获取方面，上海市一直处于领先地位，说明其开放的体制环境有利于知识和技术的流动与传播。2014 年变化较大的指标有：技术市场企业平均交易额有所增加，由第 14 位上升为第 12 位；创新环境指数中金融环境指标大幅上升，其中规模以上工业企业 R&D 经费内部支出额中获得金融机构贷款增长率、平均获得金融机构贷款额、获得金融机构贷款额排名分别上升了 23、13、9 位，说明了上海市金融业的发展优势为创新提供了良好的环境。

近年来，上海市秉承科技引领发展，以实施"创新伙伴计划"为载体，聚焦智能制造、数字服务、生物医学、绿色能源四大领域，开展平台建设和创新活动。上海国际科技合作工作紧贴时代发展要求，坚持开拓交流渠道与深化现有合作并重，促进上海与先进国家和地区在创新创业、技术转移与产业合作等领域的合作与交流。自贸区的成立、张江国家自主创新示范区及紫竹高新技术产业开发区的建设进一步为创新增添了活力。对于创业公司，上海市还提供了完善的服务体系。其中，科技金融渐成规模，政策服务惠及科技型中小企业，中介服务日趋活跃。

总体来看，上海市创新能力处于全国前列，其开放的宏观经济环境为其创新能力的提升创造了先发优势。全球化的环境及国家创新驱动发展的战略催生了上海市建设成为有全球影响力的科技创新中心的愿景。为了实现这一目标，上海市需要进一步开放投资环境，加强人才的国际流动，推动知识、技术的获取和转移。

表 12 – 9　上海市创新能力综合指标

| 指标名称 | 2014 年综合指标 | | 2014 年分项指标排名 | | |
|---|---|---|---|---|---|
| | 指标值 | 排名 | 实力 | 效率 | 潜力 |
| 综合值 | 46.59 | 4 | 6 | 2 | 31 |
| 1　知识创造综合指标 | 40.86 | 4 | 4 | 2 | 23 |
| 1.1　研究开发投入综合指标 | 43.84 | 2 | 4 | 2 | 6 |
| 1.2　专利综合指标 | 40.16 | 4 | 4 | 2 | 30 |
| 1.3　科研论文综合指标 | 36.29 | 6 | 3 | 5 | 30 |
| 2　知识获取综合指标 | 60.94 | 1 | 2 | 1 | 21 |
| 2.1　科技合作综合指标 | 37.83 | 10 | 3 | 24 | 20 |
| 2.2　技术转移综合指标 | 60.61 | 1 | 2 | 1 | 28 |
| 2.3　外资企业投资综合指标 | 78.51 | 1 | 3 | 1 | 14 |
| 3　企业创新综合指标 | 42.81 | 5 | 5 | 2 | 31 |
| 3.1　企业研究开发投入综合指标 | 38.05 | 7 | 5 | 5 | 31 |
| 3.2　设计能力综合指标 | 30.08 | 7 | 6 | 5 | 28 |
| 3.3　技术提升能力综合指标 | 34.25 | 6 | 5 | 5 | 22 |
| 3.4　新产品销售收入综合指标 | 61.76 | 4 | 5 | 1 | 23 |
| 4　创新环境综合指标 | 38.46 | 5 | 6 | 2 | 31 |
| 4.1　创新基础设施综合指标 | 47.32 | 2 | 7 | 2 | 27 |
| 4.2　市场环境综合指标 | 72.63 | 1 | 1 | 1 | 12 |
| 4.3　劳动者素质综合指标 | 32.08 | 12 | 11 | 4 | 31 |
| 4.4　金融环境综合指标 | 12.96 | 18 | 10 | 24 | 20 |
| 4.5　创业水平综合指标 | 27.3 | 13 | 5 | 5 | 31 |
| 5　创新绩效综合指标 | 55.03 | 3 | 3 | 1 | 29 |
| 5.1　宏观经济综合指标 | 49.58 | 6 | 11 | 3 | 31 |
| 5.2　产业结构综合指标 | 43.57 | 3 | 4 | 2 | 31 |
| 5.3　产业国际竞争力综合指标 | 64.88 | 2 | 3 | 1 | 9 |
| 5.4　就业综合指标 | 36.06 | 21 | 6 | 19 | 26 |
| 5.5　可持续发展与环保综合指标 | 81.08 | 6 | 11 | 7 | 5 |

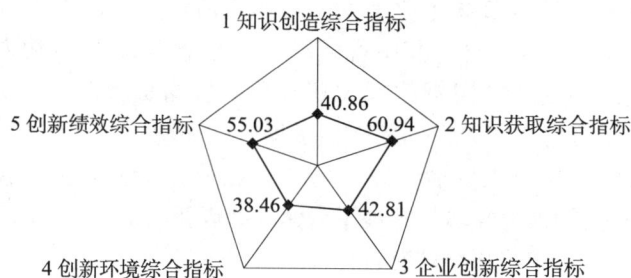

图 12 – 49　上海市创新能力蛛网图

| 排名 | 指标 |
|---|---|
| 6 | 11101 研究与试验发展全时人员当量 153 361.30人年 |
| 2 | 11102 每万人平均研究与试验发展全时人员当量 64.43 人年/万人 |
| 23 | 11103 研究与试验发展全时人员当量增长率 7.31% |
| 2 | 11201 政府研发投入 225.76 亿元 |
| 3 | 11202 政府研发投入占GDP的比例 1.12% |
| 4 | 11203 政府研发投入增长率 25.71% |
| 5 | 12101 发明专利申请受理数 37 139 件 |
| 2 | 12102 每十万人平均发明专利申请受理数 156.02 件/十万人 |
| 29 | 12103 发明专利申请受理数增长率 18.71% |
| 8 | 12104 每亿元研发活动经费内部支出产生的发明专利申请数 54.66 件/亿元 |
| 5 | 12201 发明专利授权数 11 379 件 |
| 2 | 12202 每百万人平均发明专利授权数 478.02 件/百万人 |
| 30 | 12203 发明专利授权数增长率 22.77% |
| 6 | 12204 每亿元研发活动经费内部支出产生的发明专利授权数 16.75 件/亿元 |
| 4 | 13101 国内论文数 32 145 篇 |
| 2 | 13102 每十万人平均发表的国内论文数 135.04 篇/十万人 |
| 14 | 13103 国内论文数量增长率 9.98% |
| 3 | 13201 国际论文数 27 672 篇 |
| 3 | 13202 每十万人平均发表的国际论文数 4.8 篇/十万人 |
| 31 | 13203 国际论文数增长率 −1.38% |

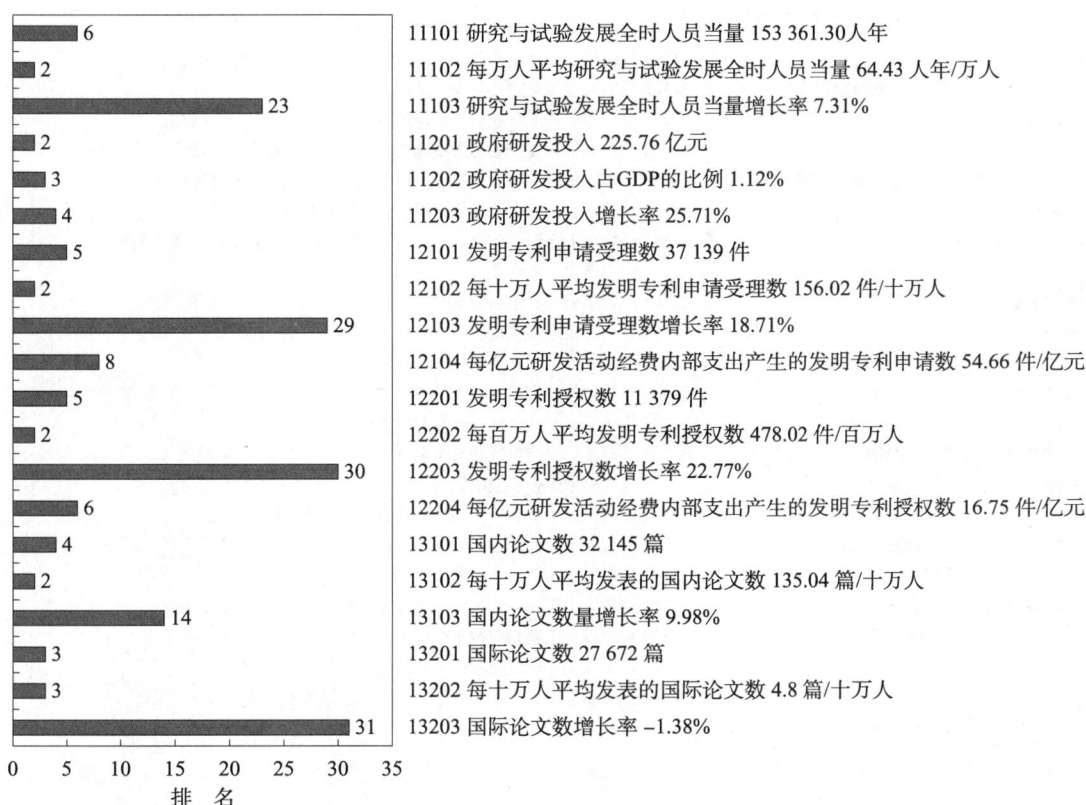

图 12−50　上海市知识创造能力基础指标

| 排名 | 指标 |
|---|---|
| 5 | 21111 作者同省异单位科技论文数 5 066 篇 |
| 26 | 21112 每十万人作者同省异单位科技论文数 0.88 篇/十万人 |
| 25 | 21113 同省异单位科技论文数增长率 6.42% |
| 7 | 21121 作者异省合作科技论文数 3 027 篇 |
| 29 | 21122 每十万人作者异省科技论文数 0.53 篇/十万人 |
| 31 | 21123 作者异省科技论文数增长率 −1.12% |
| 2 | 21131 作者异国合作科技论文数 416 篇 |
| 2 | 21132 每百万人作者异国科技论文数 0.72 篇/百万人 |
| 16 | 21133 作者异国科技论文数增长率 0 |
| 5 | 21201 高校和科研院所研发经费内部支出额中来自企业的资金 232 512.69 万元 |
| 21 | 21202 高校和科研院所研发经费内部支出额中来自企业资金的比例 9.58% |
| 14 | 21203 高校和科研院所研发经费内部支出额中来自企业资金增长率 16.03% |
| 4 | 22101 技术市场交易金额（按流向）4 085 672.88 万元 |
| 23 | 22102 技术市场企业平均交易额（按流向）146.67 万元/项 |
| 29 | 22103 技术市场交易金额的增长率（按流向）14.95% |
| 2 | 22201 规模以上工业企业购买国内技术经费支出 282 947.70 万元 |
| 1 | 22202 规模以上工业企业平均购买国内技术经费支出 28.95 万元/项 |
| 21 | 22203 规模以上工业企业购买国内技术经费支出增长率 −6.47% |
| 1 | 22301 规模以上工业企业引进技术经费支出 583 135.30 万元 |
| 2 | 22302 规模以上工业企业平均引进技术经费支出 59.67 万元/项 |
| 18 | 22303 规模以上工业企业引进技术经费支出增长率 −0.05% |
| 3 | 23001 外商投资企业年底注册资金中外资部分 2 033.57 亿美元 |
| 1 | 23002 人均外商投资企业年底注册资金中外资部分 8 542.87 美元/人 |
| 14 | 23003 外商投资企业年底注册资金中外资部分增长率 10.49% |

图 12−51　上海市知识获取能力基础指标

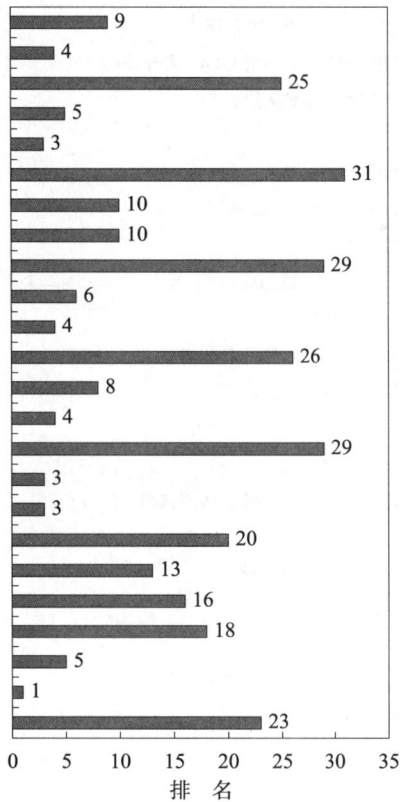

| 排名 | 指标 |
|---|---|
| 9 | 31101 规模以上工业企业研发人员数 10.83 万人 |
| 4 | 31102 规模以上工业企业就业人员中研发人员比重 4.17% |
| 25 | 31103 规模以上工业企业研发人员增长率 8.54% |
| 5 | 31201 规模以上工业企业研发活动经费内部支出总额 371.51 亿元 |
| 3 | 31202 规模以上工业企业研发活动经费内部支出总额占销售收入的比例 1.09% |
| 31 | 31203 规模以上工业企业研发活动经费内部支出总额增长率 14.48% |
| 10 | 31301 规模以上工业企业有研发机构的企业数 740 个 |
| 10 | 31302 规模以上工业企业中有研发机构的企业占总企业数的比例 7.57% |
| 29 | 31303 规模以上工业企业有研发机构的企业数增长率 −8.42% |
| 6 | 32101 实用新型专利申请数 33 166 件 |
| 4 | 32102 每十万人平均实用新型专利申请数 139.33 件/十万人 |
| 26 | 32103 实用新型专利申请增长率 18.25% |
| 8 | 32201 外观设计专利申请数 12 377 件 |
| 4 | 32202 每十万人平均外观设计专利申请数 51.99 件/十万人 |
| 29 | 32203 外观设计专利申请增长率 −8.99% |
| 3 | 33101 规模以上工业企业研发经费外部支出 38.52 亿元 |
| 3 | 33102 规模以上工业企业平均研发经费外部支出 39.42 万元/个 |
| 20 | 33103 规模以上工业企业研发经费外部支出增长率 16.64% |
| 13 | 33201 规模以上工业企业技术改造经费支出 1 298 447.10 万元 |
| 16 | 33202 规模以上工业企业平均技术改造经费支出 1.33 百万元/个 |
| 18 | 33203 规模以上工业企业技术改造经费支出增长率 −4.43% |
| 5 | 34001 规模以上工业企业新产品销售收入 7 399.91 亿元 |
| 1 | 34002 规模以上工业企业新产品销售收入占销售收入的比重 21.70% |
| 23 | 34003 规模以上工业企业新产品销售收入增长率 14.60% |

图 12 − 52　上海市企业创新能力基础指标

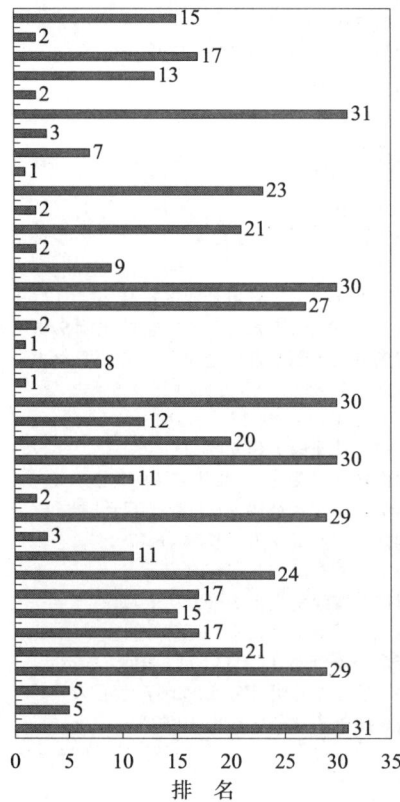

| 排名 | 指标 |
|---|---|
| 15 | 41111 电话用户数 3 968.18 万户 |
| 2 | 41112 每百人平均电话用户 166.70 户/百人 |
| 17 | 41113 电话用户数增长率 9.75% |
| 13 | 41121 国际互联网络用户数 1 606 万人 |
| 2 | 41122 每百人平均国际互联网络用户 67.47 人/百人 |
| 31 | 41123 国际互联网络用户数增长率 7.53% |
| 3 | 41211 科技馆数量 26 个 |
| 7 | 41213 科技馆数量增长率 18.18% |
| 1 | 41311 科技馆当年参观人数 468.95 万人次 |
| 23 | 41313 科技馆当年参观人数增长率 −13.9% |
| 2 | 41321 年度科普经费筹集额 90 394.7 万元 |
| 21 | 41323 年度科普经费筹集额增长率 −1.30% |
| 2 | 42101 政府与市场的关系 9.75 |
| 9 | 42103 政府与市场的关系改善程度 −1.12% |
| 30 | 42201 进出口差额 −125.58 亿美元 |
| 27 | 42202 进出口差额占工业企业主营业务收入的比重 −2.25% |
| 2 | 42203 进出口差额增长率 607.91% |
| 1 | 42301 市场中介组织的发育和法律制度环境 19.89 |
| 8 | 42303 市场中介组织的发育和法律制度环境改善程度 16.04% |
| 1 | 42401 居民消费水平 36 892.86 元 |
| 30 | 42403 居民消费水平增长率 6.01% |
| 12 | 43101 教育经费支出 710.63 亿元 |
| 20 | 43102 对教育的投资占GDP的比例 3.52% |
| 30 | 43103 对教育的投资的增长率 12.90% |
| 11 | 43201 6岁及6岁以上人口中大专以上学历人口数（抽样数）4 392 人 |
| 2 | 43202 6岁及6岁以上人口中大专以上学历所占的比例 0.23% |
| 29 | 43203 6岁及6岁以上人口中大专以上学历人口增长率 1.47% |
| 3 | 44111 国家创新基金获得资金 35 579 万元 |
| 11 | 44112 平均每项国家创新基金获得资金 65.77 万元/项 |
| 24 | 44113 国家创新基金获得资金增长率 6.19% |
| 17 | 44121 国家产业化计划项目当年落实资金 140 737.8 万元 |
| 15 | 44123 国家产业化计划项目当年落实资金增长率 23.16% |
| 17 | 44201 规模以上工业企业研发经费内部支出中获得金融机构贷款额 9 898.4 万元 |
| 21 | 44202 规模以上工业企业研发经费内部支出中平均获得金融机构贷款额 1.01 万元/个 |
| 29 | 44203 规模以上工业企业研发活动获得金融机构贷款增长率 −50.15% |
| 5 | 45001 高技术企业数 1 030 家 |
| 5 | 45002 高技术企业数占规模以上工业企业数比重 10.54% |
| 31 | 45003 高技术企业数增长率 −4.56% |

图 12 − 53　上海市创新环境基础指标

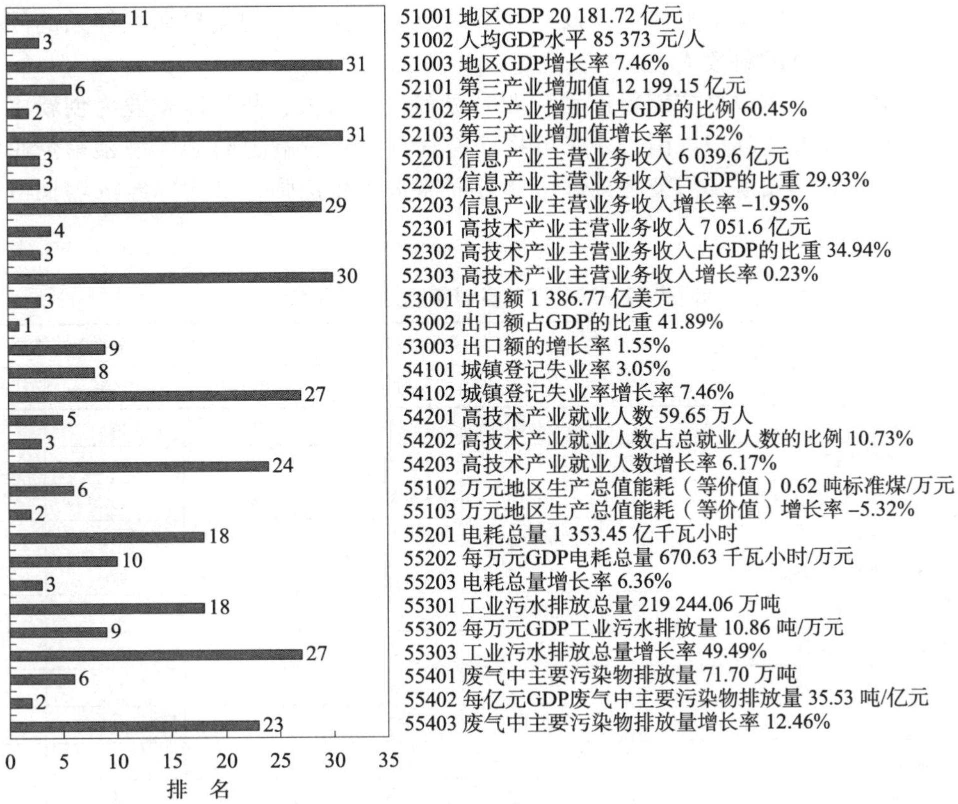

11
3
31
6
2
31
3
3
29
4
3
30
3
1
9
8
27
5
3
24
6
2
18
10
3
18
9
27
6
2
23
51001 地区GDP 20 181.72 亿元
51002 人均GDP水平 85 373 元/人
51003 地区GDP增长率 7.46%
52101 第三产业增加值 12 199.15 亿元
52102 第三产业增加值占GDP的比例 60.45%
52103 第三产业增加值增长率 11.52%
52201 信息产业主营业务收入 6 039.6 亿元
52202 信息产业主营业务收入占GDP的比重 29.93%
52203 信息产业主营业务收入增长率 –1.95%
52301 高技术产业主营业务收入 7 051.6 亿元
52302 高技术产业主营业务收入占GDP的比重 34.94%
52303 高技术产业主营业务收入增长率 0.23%
53001 出口额 1 386.77 亿美元
53002 出口额占GDP的比重 41.89%
53003 出口额的增长率 1.55%
54101 城镇登记失业率 3.05%
54102 城镇登记失业率增长率 7.46%
54201 高技术产业就业人数 59.65 万人
54202 高技术产业就业人数占总就业人数的比例 10.73%
54203 高技术产业就业人数增长率 6.17%
55102 万元地区生产总值能耗（等价值）0.62 吨标准煤/万元
55103 万元地区生产总值能耗（等价值）增长率 –5.32%
55201 电耗总量 1 353.45 亿千瓦小时
55202 每万元GDP电耗总量 670.63 千瓦小时/万元
55203 电耗总量增长率 6.36%
55301 工业污水排放总量 219 244.06 万吨
55302 每万元GDP工业污水排放量 10.86 吨/万元
55303 工业污水排放总量增长率 49.49%
55401 废气中主要污染物排放量 71.70 万吨
55402 每亿元GDP废气中主要污染物排放量 35.53 吨/亿元
55403 废气中主要污染物排放量增长率 12.46%
0 5 10 15 20 25 30 35
排 名


图 12－54　上海市创新绩效基础指标

## 12. 10　江苏省

2012 年，江苏省常住人口数达到 7 920 万人，全年实现地区生产总值 54 058. 22 亿元，同比增长 10. 13%，人均 GDP 为 68 347 元，位居全国第 4 位。2012 年三次产业结构之比为 6. 3∶50. 2∶43. 5。其中，高技术产业主营业务收入 22 863. 6 亿元，占 GDP 的比重为 42. 29%，两项指标均居全国第 2 位。

2014 年，江苏省创新能力综合排名连续 6 年列全国第 1 位，继续领跑全国。其中，知识创造能力、知识获取能力、企业创新能力、创新环境和创新绩效 5 个分指标的排名分别为第 2 位、第 2 位、第 1 位、第 1 位和第 2 位，创新环境再次跃升为全国第一，说明江苏省创新环境进一步优化。从基础指标排名看，除创新基础设施综合指标有所下降外，创新环境的各分项指标排名均有所上升，其中金融环境综合指标跃升为第 1 位。变化较大的基础指标有：每十万人平均发表的论文数由 7. 46 篇上升为 63. 48 篇；平均每项创新基金获得资金由第 9 位上升到第 1 位，由 68. 73 万元上升为 94. 56 万元；出口额增长率由第 17 位上升到第 6 位。

江苏省作为创新型省份，深入实施创新驱动发展战略，扎实推进科技创新工程。为进一步统筹配置创新资源，加快完善产业发展体系，2013 年 12 月 6 日，江苏省产业技术研究院成立。研究院包括总院及专业性研究所，采取会员制及联盟的方式，以“服务与引领”的宗旨定位。“服务”即面向中小企业创新需求，支撑企业创新发展；“引领”即面向产业转型发展需求，组织开展产业共性技术、前沿技术的集成攻关和协同创新。产业技术研究院的成立有效地缓解了中小企业创新缺乏产业技术服务体系以及产业升级缺乏共性技术的支撑研发体系的问题，并有效地调动起江苏省丰富的科教资源。

　　江苏省政府十分注重以科技创新推动产业升级和经济增长，坚持以企业为创新主体，为科技成果转化创造了良好的环境氛围，未来可将培养具有国际影响力的创新型领军企业作为发展目标。另外，在可持续发展及污染物排放限制方面需进一步加强，平衡好经济增长与生态保护的关系。

表 12 - 10　江苏省创新能力综合指标

| 指标名称 | 2014 年综合指标 | | 2014 年分项指标排名 | | |
| --- | --- | --- | --- | --- | --- |
| | 指标值 | 排名 | 实力 | 效率 | 潜力 |
| 综合值 | 58.86 | 1 | 1 | 4 | 8 |
| 1　知识创造综合指标 | 49.34 | 2 | 2 | 4 | 6 |
| 1.1　研究开发投入综合指标 | 39.12 | 3 | 3 | 5 | 10 |
| 1.2　专利综合指标 | 60.92 | 2 | 1 | 3 | 6 |
| 1.3　科研论文综合指标 | 46.64 | 3 | 2 | 16 | 11 |
| 2　知识获取综合指标 | 55.59 | 2 | 1 | 5 | 15 |
| 2.1　科技合作综合指标 | 53.47 | 2 | 2 | 8 | 29 |
| 2.2　技术转移综合指标 | 43.79 | 3 | 1 | 11 | 9 |
| 2.3　外资企业投资综合指标 | 66.03 | 2 | 1 | 4 | 13 |
| 3　企业创新综合指标 | 70.8 | 1 | 1 | 5 | 5 |
| 3.1　企业研究开发投入综合指标 | 76.62 | 1 | 1 | 3 | 8 |
| 3.2　设计能力综合指标 | 79.23 | 1 | 1 | 2 | 6 |
| 3.3　技术提升能力综合指标 | 45.55 | 1 | 1 | 16 | 18 |
| 3.4　新产品销售收入综合指标 | 76.18 | 1 | 1 | 8 | 11 |
| 4　创新环境综合指标 | 52.12 | 1 | 1 | 5 | 15 |
| 4.1　创新基础设施综合指标 | 25.5 | 11 | 6 | 10 | 28 |
| 4.2　市场环境综合指标 | 65.56 | 2 | 4 | 8 | 1 |
| 4.3　劳动者素质综合指标 | 47.74 | 2 | 2 | 20 | 19 |
| 4.4　金融环境综合指标 | 58.39 | 1 | 1 | 2 | 21 |
| 4.5　创业水平综合指标 | 63.41 | 2 | 2 | 6 | 12 |
| 5　创新绩效综合指标 | 61.94 | 2 | 2 | 5 | 15 |
| 5.1　宏观经济综合指标 | 72.71 | 1 | 2 | 4 | 22 |
| 5.2　产业结构综合指标 | 65.98 | 2 | 2 | 4 | 12 |
| 5.3　产业国际竞争力综合指标 | 50.12 | 3 | 2 | 3 | 6 |
| 5.4　就业综合指标 | 55.79 | 3 | 2 | 15 | 17 |
| 5.5　可持续发展与环保综合指标 | 65.08 | 25 | 28 | 9 | 14 |

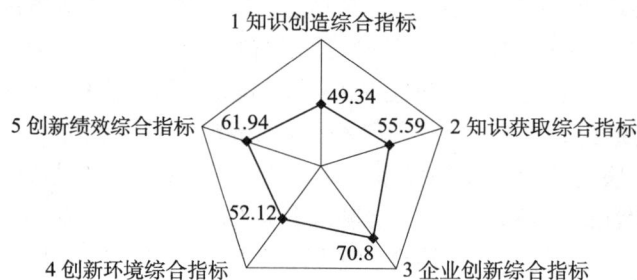

图 12 - 55　江苏省创新能力蛛网图

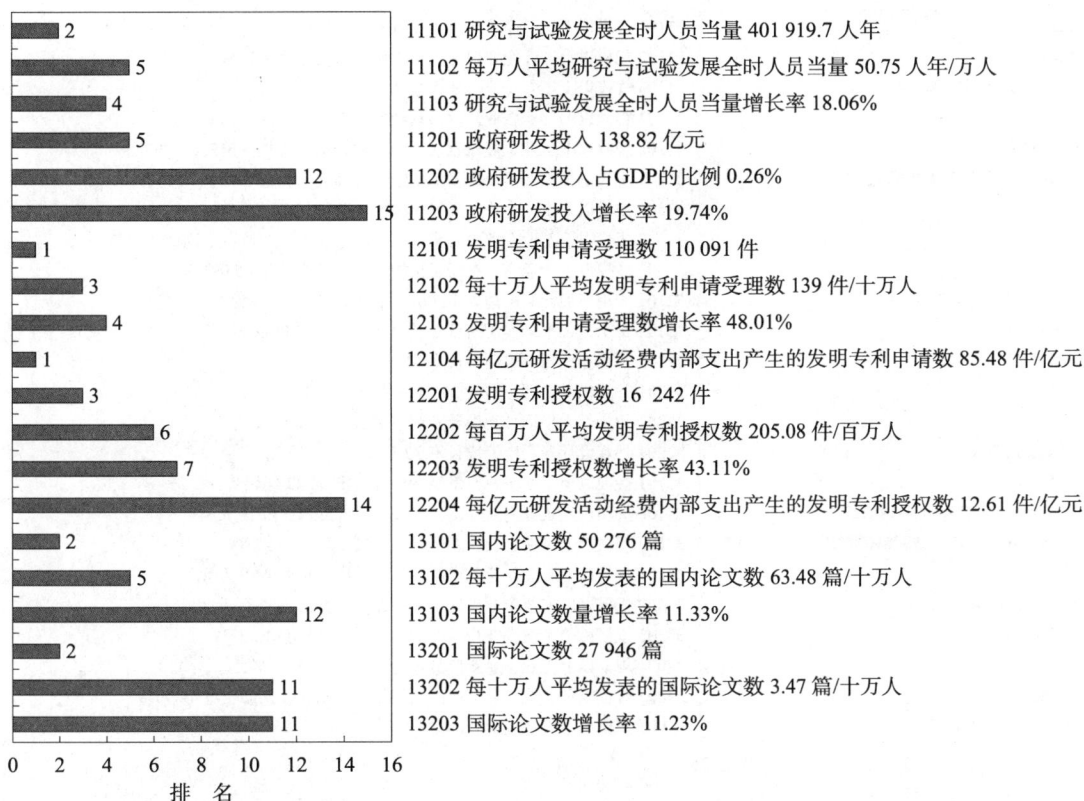

| 编号 | 指标 | 排名 |
|---|---|---|
| 11101 | 研究与试验发展全时人员当量 401 919.7 人年 | 2 |
| 11102 | 每万人平均研究与试验发展全时人员当量 50.75 人年/万人 | 5 |
| 11103 | 研究与试验发展全时人员当量增长率 18.06% | 4 |
| 11201 | 政府研发投入 138.82 亿元 | 5 |
| 11202 | 政府研发投入占GDP的比例 0.26% | 12 |
| 11203 | 政府研发投入增长率 19.74% | 15 |
| 12101 | 发明专利申请受理数 110 091 件 | 1 |
| 12102 | 每十万人平均发明专利申请受理数 139 件/十万人 | 3 |
| 12103 | 发明专利申请受理数增长率 48.01% | 4 |
| 12104 | 每亿元研发活动经费内部支出产生的发明专利申请数 85.48 件/亿元 | 1 |
| 12201 | 发明专利授权数 16 242 件 | 3 |
| 12202 | 每百万人平均发明专利授权数 205.08 件/百万人 | 6 |
| 12203 | 发明专利授权数增长率 43.11% | 7 |
| 12204 | 每亿元研发活动经费内部支出产生的发明专利授权数 12.61 件/亿元 | 14 |
| 13101 | 国内论文数 50 276 篇 | 2 |
| 13102 | 每十万人平均发表的国内论文数 63.48 篇/十万人 | 5 |
| 13103 | 国内论文数量增长率 11.33% | 12 |
| 13201 | 国际论文数 27 946 篇 | 2 |
| 13202 | 每十万人平均发表的国际论文数 3.47 篇/十万人 | 11 |
| 13203 | 国际论文数增长率 11.23% | 11 |

图 12 - 56　江苏省知识创造能力基础指标

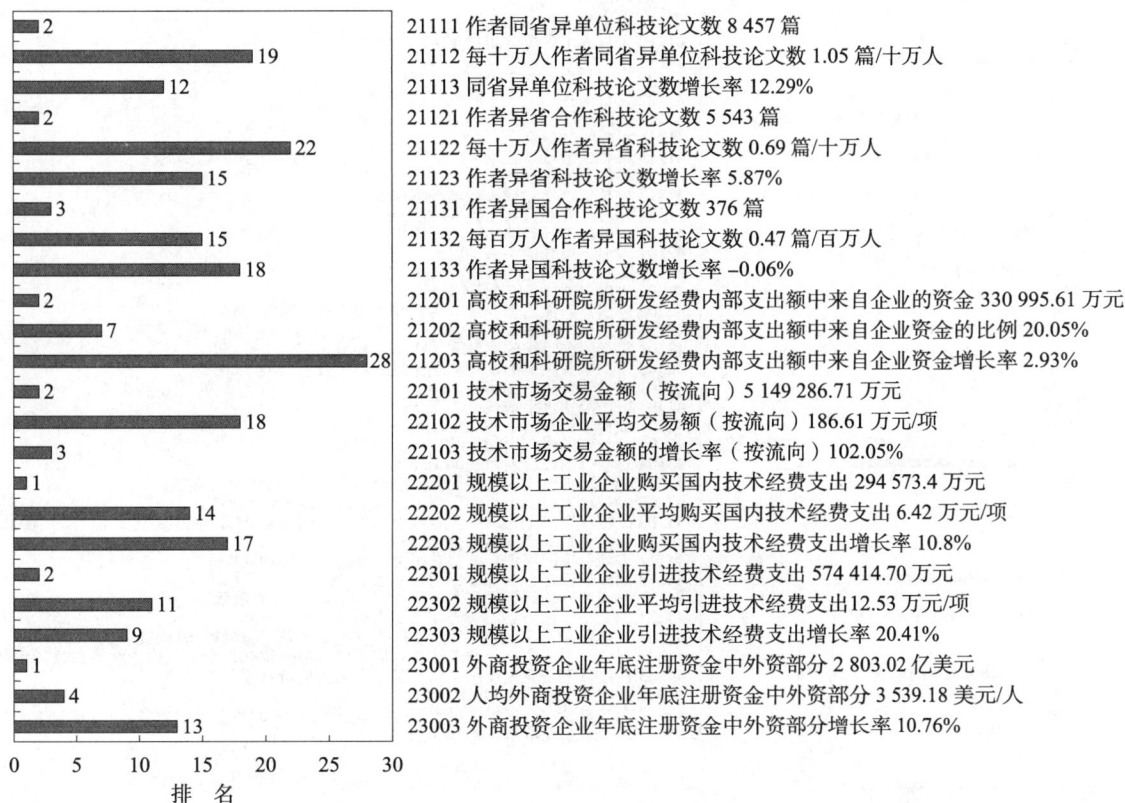

| 编号 | 指标 | 排名 |
|---|---|---|
| 21111 | 作者同省异单位科技论文数 8 457 篇 | 2 |
| 21112 | 每十万人作者同省异单位科技论文数 1.05 篇/十万人 | 19 |
| 21113 | 同省异单位科技论文数增长率 12.29% | 12 |
| 21121 | 作者异省合作科技论文数 5 543 篇 | 2 |
| 21122 | 每十万人作者异省科技论文数 0.69 篇/十万人 | 22 |
| 21123 | 作者异省科技论文数增长率 5.87% | 15 |
| 21131 | 作者异国合作科技论文数 376 篇 | 3 |
| 21132 | 每百万人作者异国科技论文数 0.47 篇/百万人 | 15 |
| 21133 | 作者异国科技论文数增长率 -0.06% | 18 |
| 21201 | 高校和科研院所研发经费内部支出额中来自企业的资金 330 995.61 万元 | 2 |
| 21202 | 高校和科研院所研发经费内部支出额中来自企业资金的比例 20.05% | 7 |
| 21203 | 高校和科研院所研发经费内部支出额中来自企业资金增长率 2.93% | 28 |
| 22101 | 技术市场交易金额（按流向）5 149 286.71 万元 | 2 |
| 22102 | 技术市场企业平均交易额（按流向）186.61 万元/项 | 18 |
| 22103 | 技术市场交易金额的增长率（按流向）102.05% | 3 |
| 22201 | 规模以上工业企业购买国内技术经费支出 294 573.4 万元 | 1 |
| 22202 | 规模以上工业企业平均购买国内技术经费支出 6.42 万元/项 | 14 |
| 22203 | 规模以上工业企业购买国内技术经费支出增长率 10.8% | 17 |
| 22301 | 规模以上工业企业引进技术经费支出 574 414.70 万元 | 2 |
| 22302 | 规模以上工业企业平均引进技术经费支出 12.53 万元/项 | 11 |
| 22303 | 规模以上工业企业引进技术经费支出增长率 20.41% | 9 |
| 23001 | 外商投资企业年底注册资金中外资部分 2 803.02 亿美元 | 1 |
| 23002 | 人均外商投资企业年底注册资金中外资部分 3 539.18 美元/人 | 4 |
| 23003 | 外商投资企业年底注册资金中外资部分增长率 10.76% | 13 |

图 12 - 57　江苏省知识获取能力基础指标

| 排名 | 指标 |
|---|---|
| 2 | 31101 规模以上工业企业研发人员数 44.80 万人 |
| 3 | 31102 规模以上工业企业就业人员中研发人员比重 4.21% |
| 14 | 31103 规模以上工业企业研发人员增长率 16.32% |
| 1 | 31201 规模以上工业企业研发活动经费内部支出总额 1 080.31 亿元 |
| 7 | 31202 规模以上工业企业研发活动经费内部支出总额占销售收入的比例 0.91% |
| 19 | 31203 规模以上工业企业研发活动经费内部支出总额增长率 22.58% |
| 1 | 31301 规模以上工业企业有研发机构的企业数 14 660 个 |
| 1 | 31302 规模以上工业企业中有研发机构的企业占总企业数的比例 31.97% |
| 1 | 31303 规模以上工业企业有研发机构的企业数增长率 65.09% |
| 2 | 32101 实用新型专利申请数 107 091 件 |
| 5 | 32102 每十万人平均实用新型专利申请数 135.22 件/十万人 |
| 5 | 32103 实用新型专利申请增长率 41.99% |
| 1 | 32201 外观设计专利申请数 255 474 件 |
| 1 | 32202 每十万人平均外观设计专利申请数 322.57 件/十万人 |
| 8 | 32203 外观设计专利申请增长率 32.19% |
| 4 | 33101 规模以上工业企业研发经费外部支出 36.83 亿元 |
| 23 | 33102 规模以上工业企业平均研发经费外部支出 8.03 万元/个 |
| 30 | 33103 规模以上工业企业研发经费外部支出增长率 −8.81% |
| 1 | 33201 规模以上工业企业技术改造经费支出 7 178 934.9 万元 |
| 11 | 33202 规模以上工业企业平均技术改造经费支出 1.57 百万元/个 |
| 5 | 33203 规模以上工业企业技术改造经费支出增长率 12.82% |
| 1 | 34001 规模以上工业企业新产品销售收入 17 845.42 亿元 |
| 8 | 34002 规模以上工业企业新产品销售收入占销售收入的比重 14.96% |
| 11 | 34003 规模以上工业企业新产品销售收入增长率 25.35% |

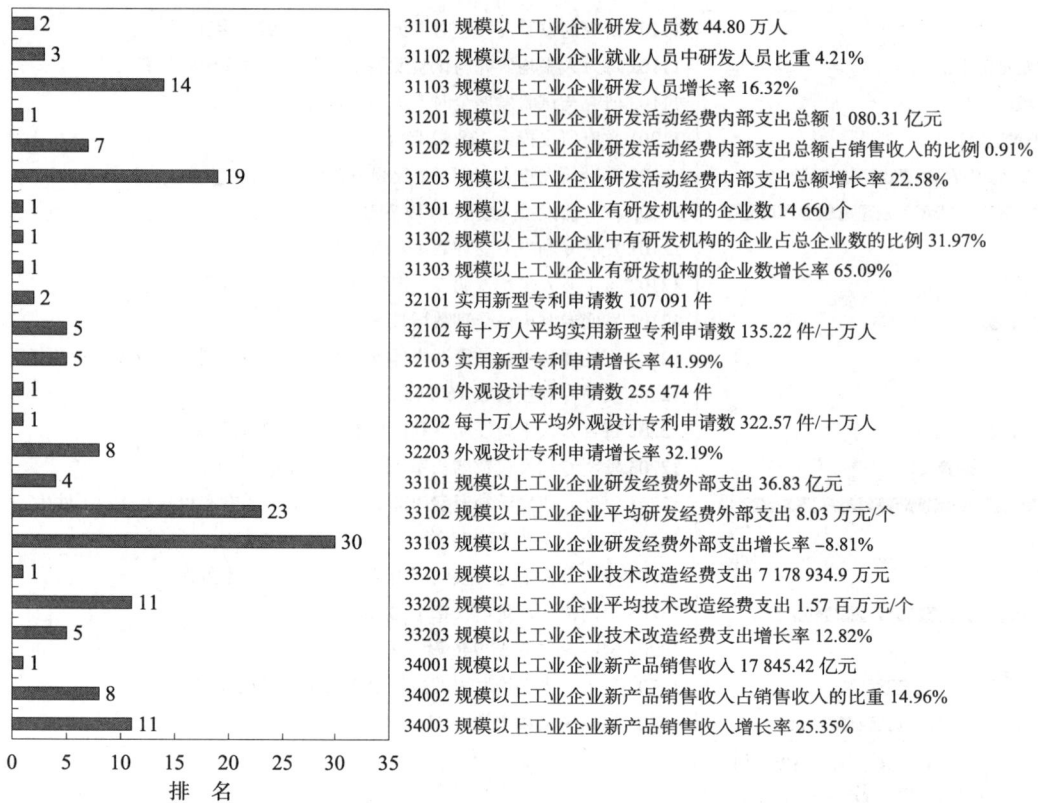

图 12-58　江苏省企业创新能力基础指标

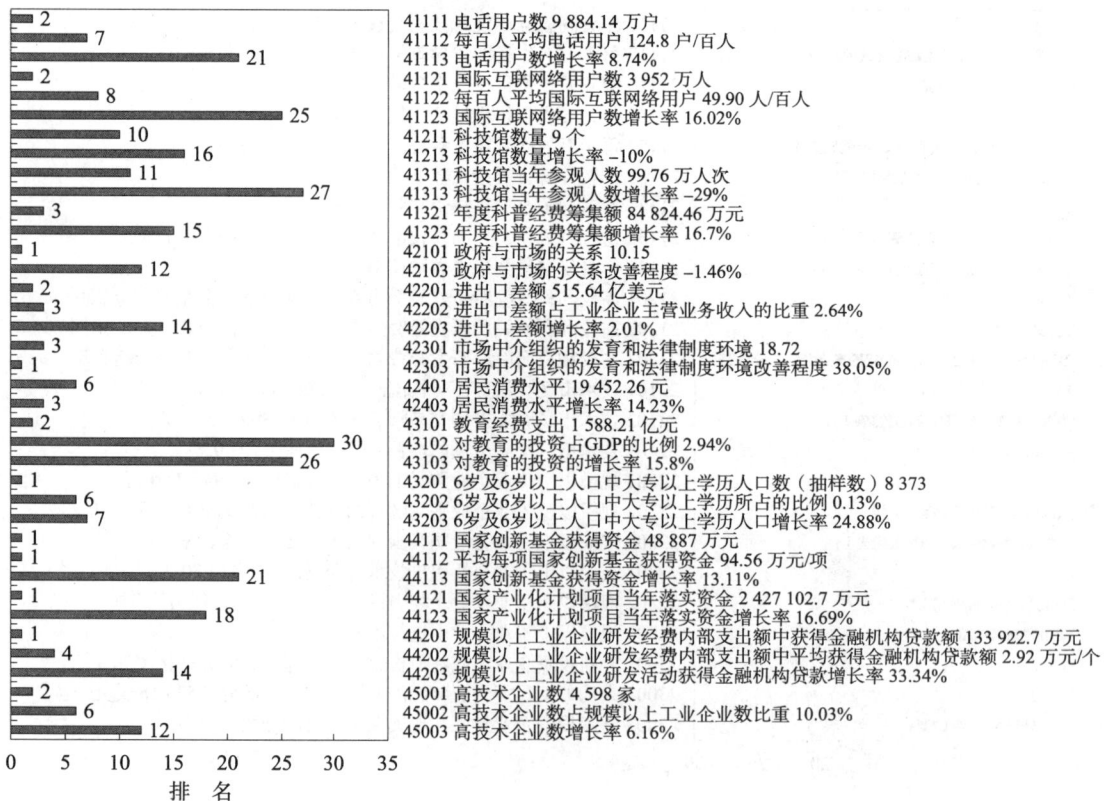

| 排名 | 指标 |
|---|---|
| 2 | 41111 电话用户数 9 884.14 万户 |
| 7 | 41112 每百人平均电话用户 124.8 户/百人 |
| 21 | 41113 电话用户数增长率 8.74% |
| 2 | 41121 国际互联网络用户数 3 952 万人 |
| 8 | 41122 每百人平均国际互联网络用户 49.90 人/百人 |
| 25 | 41123 国际互联网络用户数增长率 16.02% |
| 10 | 41211 科技馆数量 9 个 |
| 16 | 41213 科技馆数量增长率 −10% |
| 11 | 41311 科技馆当年参观人数 99.76 万人次 |
| 27 | 41313 科技馆当年参观人数增长率 −29% |
| 3 | 41321 年度科普经费筹集额 84 824.46 万元 |
| 15 | 41323 年度科普经费筹集额增长率 16.7% |
| 1 | 42101 政府与市场的关系 10.15 |
| 12 | 42103 政府与市场的关系改善程度 −1.46% |
| 2 | 42201 进出口差额 515.64 亿美元 |
| 3 | 42202 进出口差额占工业企业主营业务收入的比重 2.64% |
| 14 | 42203 进出口差额增长率 2.01% |
| 3 | 42301 市场中介组织的发育和法律制度环境 18.72 |
| 1 | 42303 市场中介组织的发育和法律制度环境改善程度 38.05% |
| 6 | 42401 居民消费水平 19 452.26 元 |
| 3 | 42403 居民消费水平增长率 14.23% |
| 2 | 43101 教育经费支出 1 588.21 亿元 |
| 30 | 43102 对教育的投资占GDP的比例 2.94% |
| 26 | 43103 对教育的投资的增长率 15.8% |
| 1 | 43201 6岁及6岁以上人口中大专以上学历人口数（抽样数）8 373 |
| 6 | 43202 6岁及6岁以上人口中大专以上学历所占的比例 0.13% |
| 7 | 43203 6岁及6岁以上人口中大专以上学历人口增长率 24.88% |
| 1 | 44111 国家创新基金获得资金 48 887 万元 |
| 21 | 44112 平均每项国家创新基金获得资金 94.56 万元/项 |
| 1 | 44113 国家创新基金获得资金增长率 13.11% |
| 18 | 44121 国家产业化计划项目当年落实资金 2 427 102.7 万元 |
| 1 | 44123 国家产业化计划项目当年落实资金增长率 16.69% |
| 4 | 44201 规模以上工业企业研发经费内部支出额中获得金融机构贷款额 133 922.7 万元 |
| 14 | 44202 规模以上工业企业研发经费内部支出额中平均获得金融机构贷款额 2.92 万元/个 |
| 2 | 44203 规模以上工业企业研发活动获得金融机构贷款增长率 33.34% |
| 6 | 45001 高技术企业数 4 598 家 |
| 12 | 45002 高技术企业数占规模以上工业企业数比重 10.03% |
| | 45003 高技术企业数增长率 6.16% |

图 12-59　江苏省创新环境基础指标

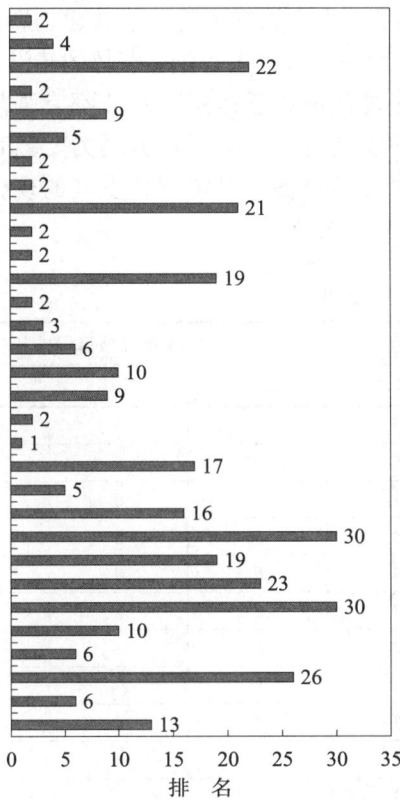

| 代码 | 指标 | 排名 |
|---|---|---|
| 51001 | 地区GDP 54 058.22亿元 | 2 |
| 51002 | 人均GDP水平 68 347元/人 | 4 |
| 51003 | 地区GDP增长率 10.13% | 22 |
| 52101 | 第三产业增加值 23 517.98亿元 | 2 |
| 52102 | 第三产业增加值占GDP的比例 43.5% | 9 |
| 52103 | 第三产业增加值增长率 20.11% | 5 |
| 52201 | 信息产业主营业务收入 17 483亿元 | 2 |
| 52202 | 信息产业主营业务收入占GDP的比重 32.34% | 2 |
| 52203 | 信息产业主营业务收入增长率 16.22% | 21 |
| 52301 | 高技术产业主营业务收入 22 863.6亿元 | 2 |
| 52302 | 高技术产业主营业务收入占GDP的比重 42.29% | 2 |
| 52303 | 高技术产业主营业务收入增长率 18.92% | 19 |
| 53001 | 出口额 2 046.70亿美元 | 2 |
| 53002 | 出口额占GDP的比重 23.08% | 3 |
| 53003 | 出口额的增长率 3.84% | 6 |
| 54101 | 城镇登记失业率 3.14% | 10 |
| 54102 | 城镇登记失业率增长率 1.97% | 9 |
| 54201 | 高技术产业就业人数 248.61万人 | 2 |
| 54202 | 高技术产业就业人数占总就业人数的比例 | 1 |
| 54203 | 高技术产业就业人数增长率 10.17% | 17 |
| 55102 | 万元地区生产总值能耗（等价值）0.6吨标准煤/万元 | 5 |
| 55103 | 万元地区生产总值能耗(等价值)增长率 −3.52% | 16 |
| 55201 | 电耗总量 4 580.90亿千瓦小时 | 30 |
| 55202 | 每万元GDP电耗总量 847.4千瓦小时/万元 | 19 |
| 55203 | 电耗总量增长率 11.61% | 23 |
| 55301 | 工业污水排放总量 598 210.95万吨 | 30 |
| 55302 | 每万元GDP工业污水排放量 11.07吨/万元 | 10 |
| 55303 | 工业污水排放总量增长率 15.32% | 6 |
| 55401 | 废气中主要污染物排放量 291.48万吨 | 26 |
| 55402 | 每亿元GDP废气中主要污染物排放量 53.92吨 | 6 |
| 55403 | 废气中主要污染物排放量增长率 7.09% | 13 |

图 12-60 江苏省创新绩效基础指标

## 12.11 浙江省

2012年浙江省常住人口数为5 477万人，全年实现地区生产总值34 665.33亿元，同比增长7.98%，人均GDP为63 374元，位居全国第6位。2012年三次产业结构之比为4.8∶50.0∶45.2。其中，高技术产业主营业务收入3 976.9亿元，占GDP的比重为11.47%。

2014年，浙江省创新能力仍位居全国第5名。其中知识创造能力、知识获取能力、企业创新能力、创新环境和创新绩效5个分指标的排名分别为第5位、第8位、第2位、第6位和第8位。五项大类指标中有变化的是：企业创新综合指数上升1位，创新环境综合指标和创新绩效综合指标均下滑2位。中小型企业的不断涌现及深厚的浙商文化底蕴为浙江省的企业创新带来了活力，其企业创新综合指数位于全国领先地位。浙江省在人才吸引和知识创造方面也取得了一定的进步，科研论文综合指数上升8位，每十万人发表的国内论文数排名上升了13位；研究与试验发展全时人员当量增长率上升了5位。其他变化较大的具体指标有：技术市场交易金额增长率上升21位，居民消费水平增长率下降15名。

2013年5月，浙江省委做出了坚持创新驱动发展战略，加快推进创新型省份建设的决定。创新驱动发展战略的提出，就是要推动浙江省由"要素驱动"向"创新驱动"转变，力图解决其经济增长过多依赖低端产业、低成本劳动力以及资源环境消耗的问题。浙江省积极吸引海归来浙落户创业；大力推动高等教育朝着社会需求、市场需求的方向改革，深入实施"高水平大学建设工程"；扎实推进科技与金融紧密结合，加快形成多元化、多层次、多渠道的科技创新投融资体系；

鼓励企业"引进来，走出去"，更好地利用国内外创新资源；大力引进大院名校共建创新载体，支持中国科学院宁波材料所、浙江清华长三角研究院、浙江大学国际校区等创新载体的建设和发展。

总体来看，浙江省拥有较好的创新创业氛围，无论国有企业还是民营企业都有强烈的创新冲动，但相对匮乏的科技、教育资源使得支撑创新的科技供给能力不足。劳动力受教育程度不高，技能型人才较少；草根企业家较多，能驾驭全球化市场经济、引领创新发展的现代企业家较少。因此，人才的引进和储备成为浙江省创新能力提升的关键。

表 12-11　浙江省创新能力综合指标

| 指标名称 | 2014 年综合指标 | | 2014 年分项指标排名 | | |
|---|---|---|---|---|---|
| | 指标值 | 排名 | 实力 | 效率 | 潜力 |
| 综合值 | 41.46 | 5 | 4 | 6 | 25 |
| 1　知识创造综合指标 | 33.01 | 5 | 5 | 5 | 15 |
| 1.1　研究开发投入综合指标 | 30.86 | 7 | 6 | 6 | 12 |
| 1.2　专利综合指标 | 34.75 | 5 | 5 | 8 | 19 |
| 1.3　科研论文综合指标 | 33.83 | 9 | 6 | 8 | 24 |
| 2　知识获取综合指标 | 31.11 | 8 | 6 | 8 | 20 |
| 2.1　科技合作综合指标 | 44.03 | 7 | 6 | 4 | 28 |
| 2.2　技术转移综合指标 | 18.09 | 12 | 8 | 24 | 13 |
| 2.3　外资企业投资综合指标 | 31.18 | 7 | 4 | 8 | 15 |
| 3　企业创新综合指标 | 56.24 | 2 | 4 | 3 | 16 |
| 3.1　企业研究开发投入综合指标 | 56.92 | 3 | 4 | 4 | 16 |
| 3.2　设计能力综合指标 | 70.64 | 2 | 2 | 1 | 12 |
| 3.3　技术提升能力综合指标 | 22.03 | 14 | 4 | 30 | 24 |
| 3.4　新产品销售收入综合指标 | 68.77 | 3 | 4 | 3 | 15 |
| 4　创新环境综合指标 | 36.72 | 6 | 4 | 7 | 30 |
| 4.1　创新基础设施综合指标 | 29.63 | 8 | 5 | 6 | 31 |
| 4.2　市场环境综合指标 | 57.77 | 6 | 3 | 6 | 27 |
| 4.3　劳动者素质综合指标 | 38.45 | 5 | 4 | 14 | 29 |
| 4.4　金融环境综合指标 | 24.54 | 5 | 4 | 14 | 30 |
| 4.5　创业水平综合指标 | 33.21 | 5 | 3 | 15 | 18 |
| 5　创新绩效综合指标 | 43.01 | 8 | 6 | 7 | 28 |
| 5.1　宏观经济综合指标 | 49.53 | 7 | 4 | 6 | 29 |
| 5.2　产业结构综合指标 | 25.29 | 10 | 5 | 10 | 23 |
| 5.3　产业国际竞争力综合指标 | 24.41 | 7 | 4 | 8 | 20 |
| 5.4　就业综合指标 | 44.23 | 11 | 5 | 12 | 20 |
| 5.5　可持续发展与环保综合指标 | 71.6 | 20 | 25 | 15 | 7 |

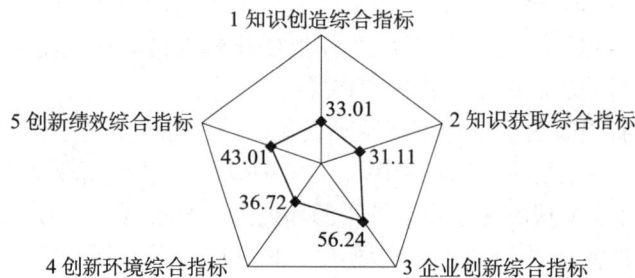

图 12-61　浙江省创新能力蛛网图

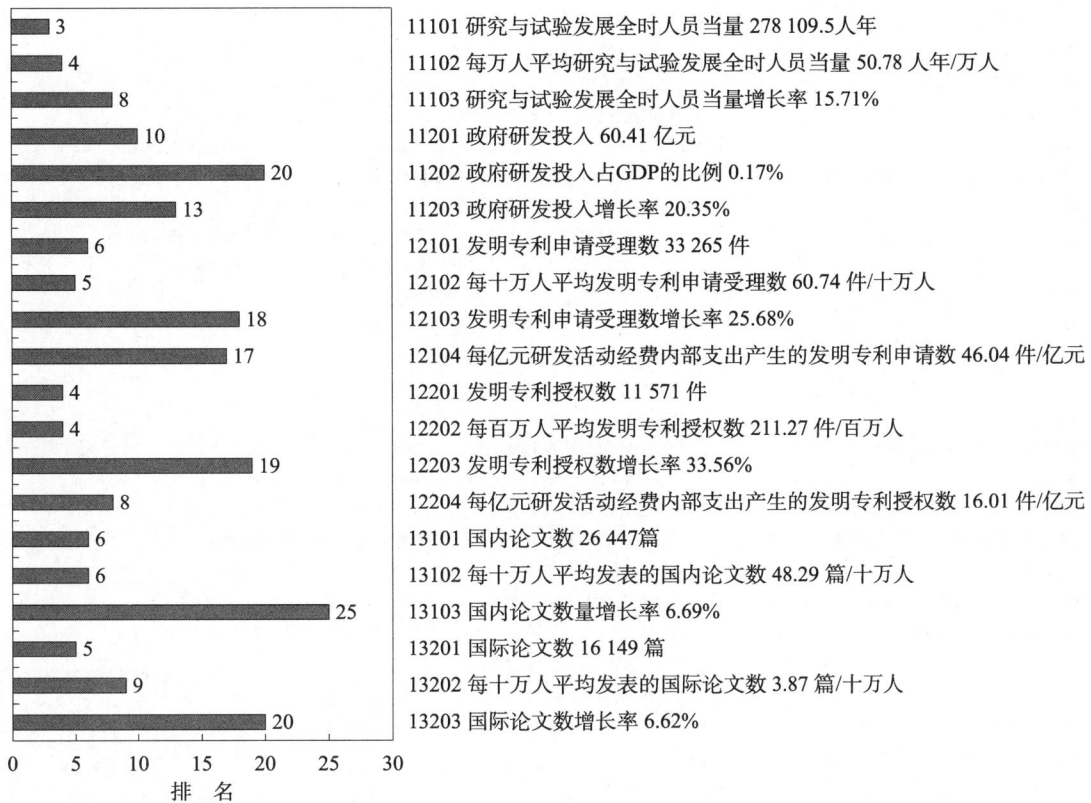

图 12－62　浙江省知识创造能力基础指标

| 排名 | 指标 |
|---|---|
| 3 | 11101 研究与试验发展全时人员当量 278 109.5人年 |
| 4 | 11102 每万人平均研究与试验发展全时人员当量 50.78 人年/万人 |
| 8 | 11103 研究与试验发展全时人员当量增长率 15.71% |
| 10 | 11201 政府研发投入 60.41 亿元 |
| 20 | 11202 政府研发投入占GDP的比例 0.17% |
| 13 | 11203 政府研发投入增长率 20.35% |
| 6 | 12101 发明专利申请受理数 33 265 件 |
| 5 | 12102 每十万人平均发明专利申请受理数 60.74 件/十万人 |
| 18 | 12103 发明专利申请受理数增长率 25.68% |
| 17 | 12104 每亿元研发活动经费内部支出产生的发明专利申请数 46.04 件/亿元 |
| 4 | 12201 发明专利授权数 11 571 件 |
| 4 | 12202 每百万人平均发明专利授权数 211.27 件/百万人 |
| 19 | 12203 发明专利授权数增长率 33.56% |
| 8 | 12204 每亿元研发活动经费内部支出产生的发明专利授权数 16.01 件/亿元 |
| 6 | 13101 国内论文数 26 447篇 |
| 6 | 13102 每十万人平均发表的国内论文数 48.29 篇/十万人 |
| 25 | 13103 国内论文数量增长率 6.69% |
| 5 | 13201 国际论文数 16 149 篇 |
| 9 | 13202 每十万人平均发表的国际论文数 3.87 篇/十万人 |
| 20 | 13203 国际论文数增长率 6.62% |

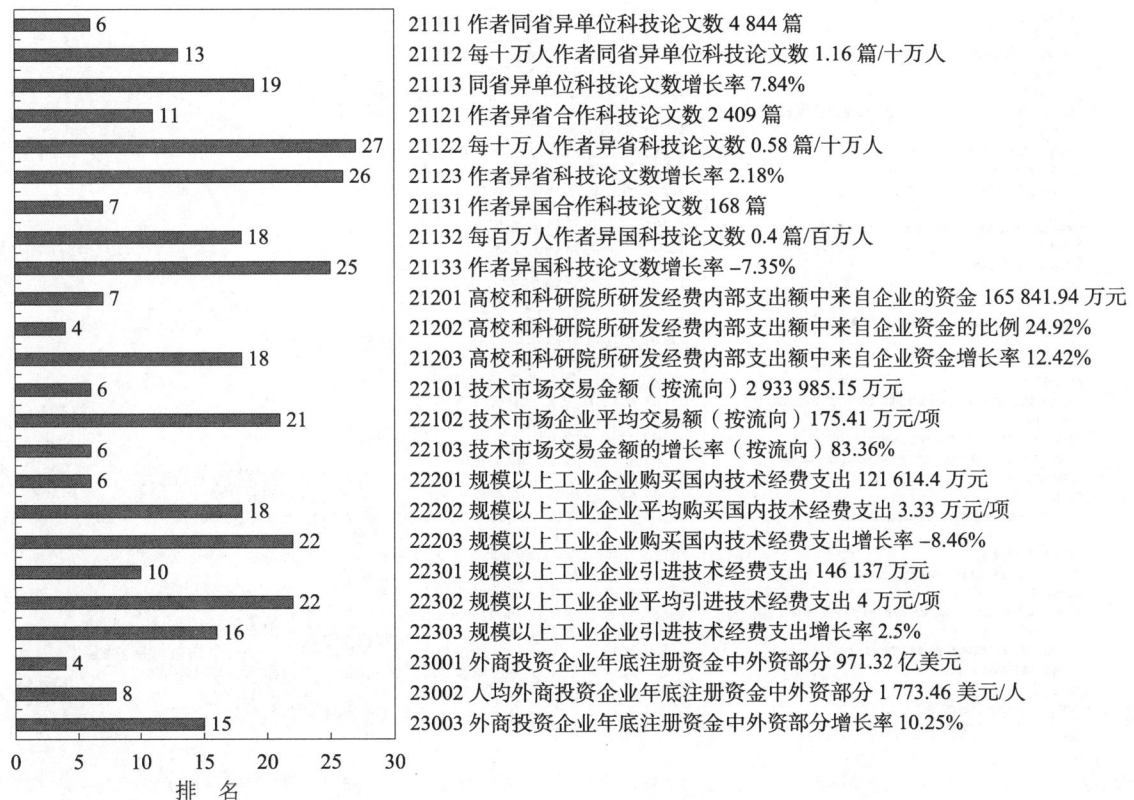

图 12－63　浙江省知识获取能力基础指标

| 排名 | 指标 |
|---|---|
| 6 | 21111 作者同省异单位科技论文数 4 844 篇 |
| 13 | 21112 每十万人作者同省异单位科技论文数 1.16 篇/十万人 |
| 19 | 21113 同省异单位科技论文数增长率 7.84% |
| 11 | 21121 作者异省合作科技论文数 2 409 篇 |
| 27 | 21122 每十万人作者异省科技论文数 0.58 篇/十万人 |
| 26 | 21123 作者异省科技论文数增长率 2.18% |
| 7 | 21131 作者异国合作科技论文数 168 篇 |
| 18 | 21132 每百万人作者异国科技论文数 0.4 篇/百万人 |
| 25 | 21133 作者异国科技论文数增长率 –7.35% |
| 7 | 21201 高校和科研院所研发经费内部支出额中来自企业的资金 165 841.94 万元 |
| 4 | 21202 高校和科研院所研发经费内部支出额中来自企业资金的比例 24.92% |
| 18 | 21203 高校和科研院所研发经费内部支出额中来自企业资金增长率 12.42% |
| 6 | 22101 技术市场交易金额（按流向）2 933 985.15 万元 |
| 21 | 22102 技术市场企业平均交易额（按流向）175.41 万元/项 |
| 6 | 22103 技术市场交易金额的增长率（按流向）83.36% |
| 6 | 22201 规模以上工业企业购买国内技术经费支出 121 614.4 万元 |
| 18 | 22202 规模以上工业企业平均购买国内技术经费支出 3.33 万元/项 |
| 22 | 22203 规模以上工业企业购买国内技术经费支出增长率 –8.46% |
| 10 | 22301 规模以上工业企业引进技术经费支出 146 137 万元 |
| 22 | 22302 规模以上工业企业平均引进技术经费支出 4 万元/项 |
| 16 | 22303 规模以上工业企业引进技术经费支出增长率 2.5% |
| 4 | 23001 外商投资企业年底注册资金中外资部分 971.32 亿美元 |
| 8 | 23002 人均外商投资企业年底注册资金中外资部分 1 773.46 美元/人 |
| 15 | 23003 外商投资企业年底注册资金中外资部分增长率 10.25% |

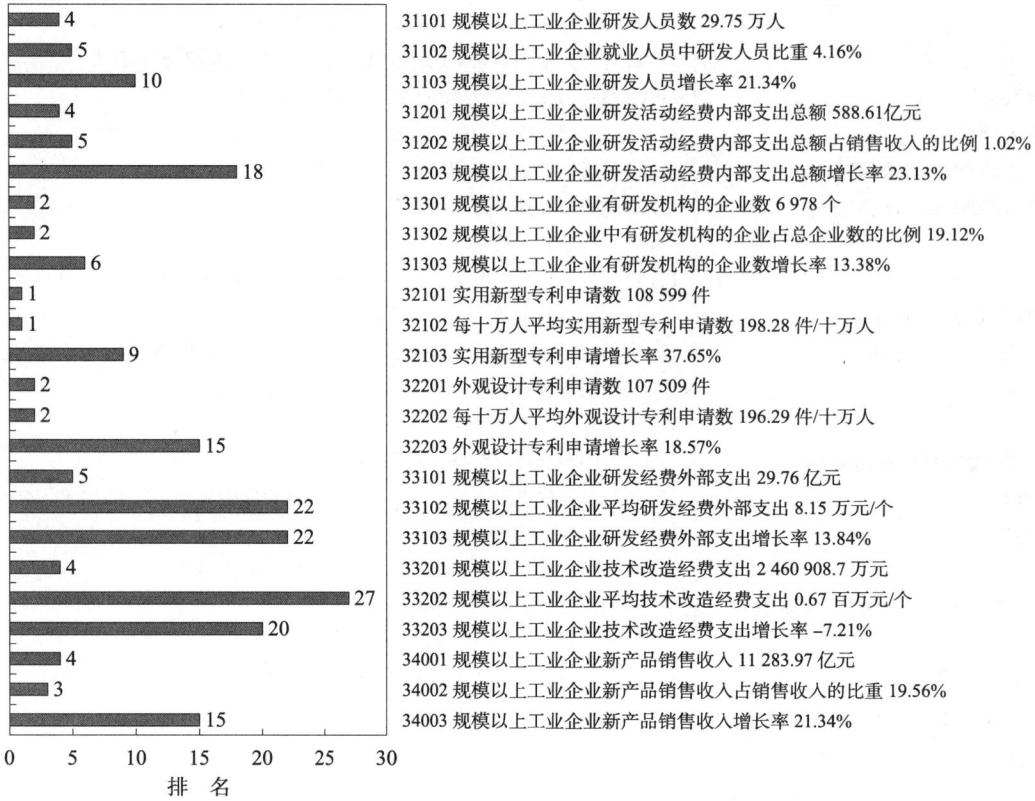

| 排名 | 指标 |
|---|---|
| 4 | 31101 规模以上工业企业研发人员数 29.75 万人 |
| 5 | 31102 规模以上工业企业就业人员中研发人员比重 4.16% |
| 10 | 31103 规模以上工业企业研发人员增长率 21.34% |
| 4 | 31201 规模以上工业企业研发活动经费内部支出总额 588.61亿元 |
| 5 | 31202 规模以上工业企业研发活动经费内部支出总额占销售收入的比例 1.02% |
| 18 | 31203 规模以上工业企业研发活动经费内部支出总额增长率 23.13% |
| 2 | 31301 规模以上工业企业有研发机构的企业数 6 978 个 |
| 2 | 31302 规模以上工业企业中有研发机构的企业占总企业数的比例 19.12% |
| 6 | 31303 规模以上工业企业有研发机构的企业数增长率 13.38% |
| 1 | 32101 实用新型专利申请数 108 599 件 |
| 1 | 32102 每十万人平均实用新型专利申请数 198.28 件/十万人 |
| 9 | 32103 实用新型专利申请增长率 37.65% |
| 2 | 32201 外观设计专利申请数 107 509 件 |
| 2 | 32202 每十万人平均外观设计专利申请数 196.29 件/十万人 |
| 15 | 32203 外观设计专利申请增长率 18.57% |
| 5 | 33101 规模以上工业企业研发经费外部支出 29.76 亿元 |
| 22 | 33102 规模以上工业企业平均研发经费外部支出 8.15 万元/个 |
| 22 | 33103 规模以上工业企业研发经费外部支出增长率 13.84% |
| 4 | 33201 规模以上工业企业技术改造经费支出 2 460 908.7 万元 |
| 27 | 33202 规模以上工业企业平均技术改造经费支出 0.67 百万元/个 |
| 20 | 33203 规模以上工业企业技术改造经费支出增长率 –7.21% |
| 4 | 34001 规模以上工业企业新产品销售收入 11 283.97 亿元 |
| 3 | 34002 规模以上工业企业新产品销售收入占销售收入的比重 19.56% |
| 15 | 34003 规模以上工业企业新产品销售收入增长率 21.34% |

图12－64　浙江省企业创新能力基础指标

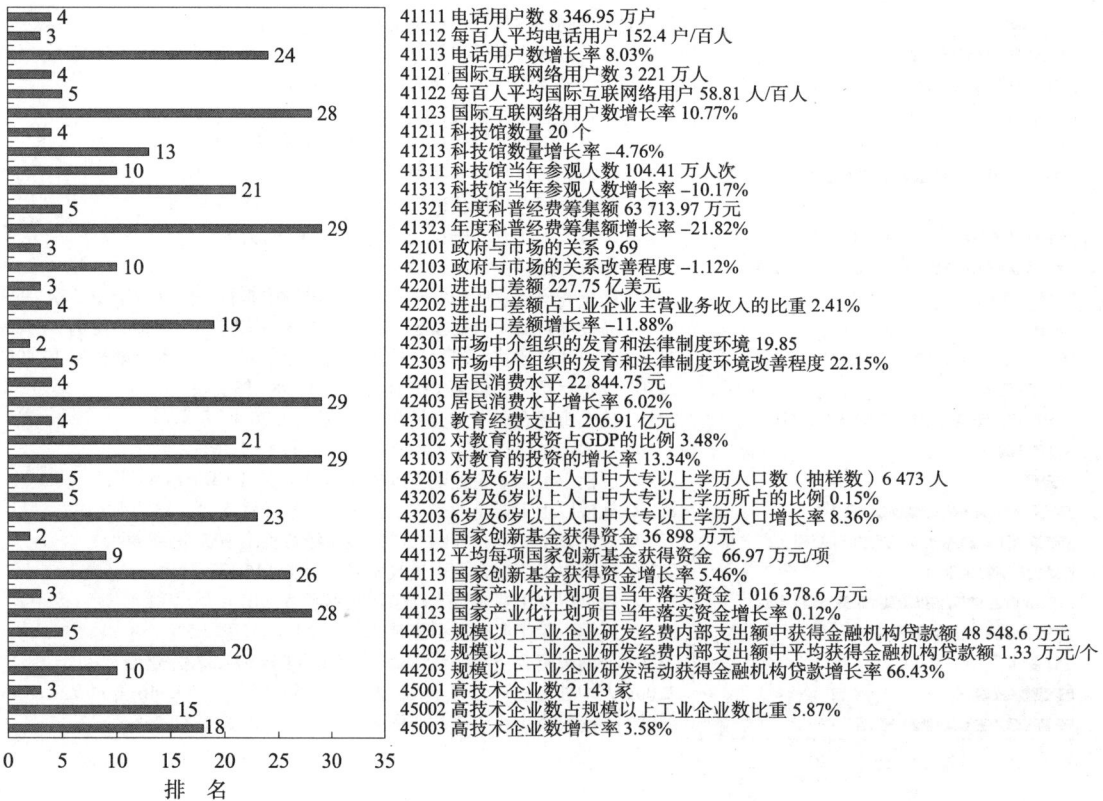

| 排名 | 指标 |
|---|---|
| 4 | 41111 电话用户数 8 346.95 万户 |
| 3 | 41112 每百人平均电话用户 152.4 户/百人 |
| 24 | 41113 电话用户数增长率 8.03% |
| 4 | 41121 国际互联网络用户数 3 221 万人 |
| 5 | 41122 每百人平均国际互联网络用户 58.81 人/百人 |
| 28 | 41123 国际互联网络用户数增长率 10.77% |
| 4 | 41211 科技馆数量 20 个 |
| 13 | 41213 科技馆数量增长率 –4.76% |
| 10 | 41311 科技馆当年参观人数 104.41 万人次 |
| 21 | 41313 科技馆当年参观人数增长率 –10.17% |
| 5 | 41321 年度科普经费筹集额 63 713.97 万元 |
| 29 | 41323 年度科普经费筹集额增长率 –21.82% |
| 3 | 42101 政府与市场的关系 9.69 |
| 10 | 42103 政府与市场的关系改善程度 –1.12% |
| 3 | 42201 进出口差额 227.75 亿美元 |
| 4 | 42202 进出口差额占工业企业主营业务收入的比重 2.41% |
| 19 | 42203 进出口差额增长率 –11.88% |
| 2 | 42301 市场中介组织的发育和法律制度环境 19.85 |
| 5 | 42303 市场中介组织的发育和法律制度环境改善程度 22.15% |
| 4 | 42401 居民消费水平 22 844.75 元 |
| 29 | 42403 居民消费水平增长率 6.02% |
| 4 | 43101 教育经费支出 1 206.91 亿元 |
| 21 | 43102 对教育的投资占GDP的比例 3.48% |
| 29 | 43103 对教育的投资的增长率 13.34% |
| 5 | 43201 6岁及6岁以上人口中大专以上学历人口数（抽样数）6 473 人 |
| 5 | 43202 6岁及6岁以上人口中大专以上学历所占的比例 0.15% |
| 23 | 43203 6岁及6岁以上人口中大专以上学历人口增长率 8.36% |
| 2 | 44111 国家创新基金获得资金 36 898 万元 |
| 9 | 44112 平均每项国家创新基金获得资金 66.97 万元/项 |
| 26 | 44113 国家创新基金获得资金增长率 5.46% |
| 3 | 44121 国家产业化计划项目当年落实资金 1 016 378.6 万元 |
| 28 | 44123 国家产业化计划项目当年落实资金增长率 0.12% |
| 5 | 44201 规模以上工业企业研发经费内部支出额中获得金融机构贷款额 48 548.6 万元 |
| 20 | 44202 规模以上工业企业研发经费内部支出额中平均获得金融机构贷款额 1.33 万元/个 |
| 10 | 44203 规模以上工业企业研发活动获得金融机构贷款增长率 66.43% |
| 3 | 45001 高技术企业数 2 143 家 |
| 15 | 45002 高技术企业数占规模以上工业企业数比重 5.87% |
| 18 | 45003 高技术企业数增长率 3.58% |

图12－65　浙江省创新环境基础指标

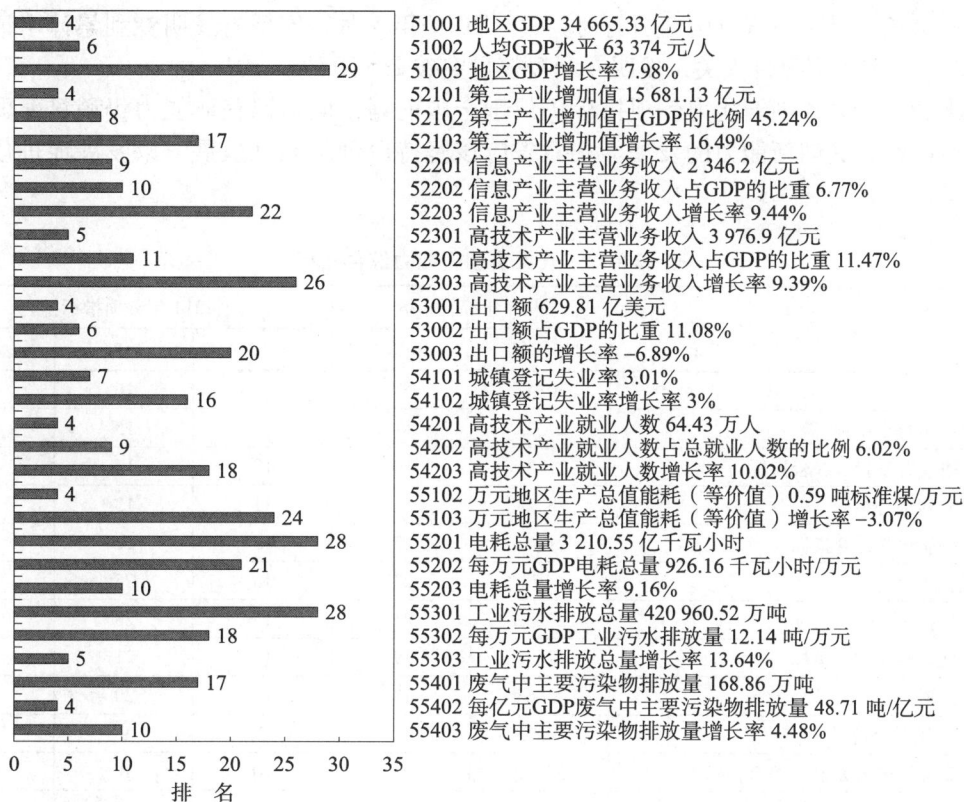

| 编号 | 指标 |
|---|---|
| 51001 | 地区GDP 34 665.33亿元 |
| 51002 | 人均GDP水平 63 374元/人 |
| 51003 | 地区GDP增长率 7.98% |
| 52101 | 第三产业增加值 15 681.13亿元 |
| 52102 | 第三产业增加值占GDP的比例 45.24% |
| 52103 | 第三产业增加值增长率 16.49% |
| 52201 | 信息产业主营业务收入 2 346.2亿元 |
| 52202 | 信息产业主营业务收入占GDP的比重 6.77% |
| 52203 | 信息产业主营业务收入增长率 9.44% |
| 52301 | 高技术产业主营业务收入 3 976.9亿元 |
| 52302 | 高技术产业主营业务收入占GDP的比重 11.47% |
| 52303 | 高技术产业主营业务收入增长率 9.39% |
| 53001 | 出口额 629.81亿美元 |
| 53002 | 出口额占GDP的比重 11.08% |
| 53003 | 出口额的增长率 -6.89% |
| 54101 | 城镇登记失业率 3.01% |
| 54102 | 城镇登记失业率增长率 3% |
| 54201 | 高技术产业就业人数 64.43万人 |
| 54202 | 高技术产业就业人数占总就业人数的比例 6.02% |
| 54203 | 高技术产业就业人数增长率 10.02% |
| 55102 | 万元地区生产总值能耗（等价值）0.59吨标准煤/万元 |
| 55103 | 万元地区生产总值能耗（等价值）增长率 -3.07% |
| 55201 | 电耗总量 3 210.55亿千瓦小时 |
| 55202 | 每万元GDP电耗总量 926.16千瓦小时/万元 |
| 55203 | 电耗总量增长率 9.16% |
| 55301 | 工业污水排放总量 420 960.52万吨 |
| 55302 | 每万元GDP工业污水排放量 12.14吨/万元 |
| 55303 | 工业污水排放总量增长率 13.64% |
| 55401 | 废气中主要污染物排放量 168.86万吨 |
| 55402 | 每亿元GDP废气中主要污染物排放量 48.71吨/亿元 |
| 55403 | 废气中主要污染物排放量增长率 4.48% |

图 12-66　浙江省创新绩效基础指标

# 12.12　安徽省

　　2012 年，安徽省常住人口数达到 5 988 万人，全年实现地区生产总值 17 212.05 亿元，同比增长 12.1%，人均 GDP 为 28 792 元，位居全国第 26 位。2012 年三次产业结构之比为 12.7∶54.6∶32.7。其中，高技术产业主营业务收入 1 460 亿元，占 GDP 的比重为 8.48%。

　　2014 年，安徽省创新能力排名与上年持平，位于第 9 名。知识创造能力、知识获取能力、企业创新能力、创新环境和创新绩效排名分别为第 11 位、第 22 位、第 8 位、第 7 位和第 17 位。五大类指标中，安徽的知识获取能力相对薄弱，长期居于全国中下游，应促进科技合作交流，拓展技术交易市场，加强知识和技术的转移。变化较大的具体指标有：高校和科研院所研发经费内部支出额中来自企业资金增长率上升了 16 位，规模以上工业企业技术改造经费支出增长率下降了 17 位；规模以上工业企业研发活动获得金融机构贷款增长率上升了 18 位；平均每项国家创新基金获得资金排名上升 15 位。

　　基于创新驱动发展战略及建设创新型省份的目标，安徽省致力于一系列配套政策的制定，包括支持自主创新能力建设、国家重点新产品研发后补助、鼓励科技人员创新创业、扶持高层次科技人才团队来皖创新创业、大型科学仪器设备资源共享共用补助、市县创新能力评价六个配套实施细则；并决定省财政每年安排 10 亿元加快创新型省份建设专项资金、建立自主创新能力建设联席会议制度。为进一步发挥合芜蚌自主创新综合试验区的示范带动作用，加快区域创新体系建设，在配套政策的激励下，安徽省取得了一系列的创新成果，发明专利申请量以年均

66%的高速增长，增速一直位居全国前列。截至2014年5月，安徽省发明专利累计申请量已达到101 392件，突破十万件大关，发明专利授权量突破1.5万件。

总体来看，安徽省创新能力各项指标仍位于全国前列，但知识获取能力仍稍显薄弱，创新绩效也相对制约了其创新能力的发展。安徽省应该坚持以创新驱动发展，以发展促进创新，形成持续的良性循环。

表 12 – 12　安徽省创新能力综合指标

| 指标名称 | 2014 年综合指标 | | 2014 年分项指标排名 | | |
|---|---|---|---|---|---|
| | 指标值 | 排名 | 实力 | 效率 | 潜力 |
| 综合值 | 30.47 | 9 | 10 | 16 | 3 |
| 1　知识创造综合指标 | 24.32 | 11 | 11 | 15 | 5 |
| 1.1　研究开发投入综合指标 | 21.81 | 10 | 12 | 14 | 11 |
| 1.2　专利综合指标 | 28.28 | 7 | 11 | 13 | 2 |
| 1.3　科研论文综合指标 | 21.41 | 27 | 15 | 20 | 25 |
| 2　知识获取综合指标 | 17 | 22 | 16 | 25 | 13 |
| 2.1　科技合作综合指标 | 26.82 | 21 | 15 | 23 | 10 |
| 2.2　技术转移综合指标 | 12.93 | 19 | 15 | 21 | 25 |
| 2.3　外资企业投资综合指标 | 12.68 | 19 | 16 | 20 | 12 |
| 3　企业创新综合指标 | 36.13 | 8 | 7 | 9 | 2 |
| 3.1　企业研究开发投入综合指标 | 37.59 | 8 | 10 | 8 | 2 |
| 3.2　设计能力综合指标 | 38.03 | 4 | 5 | 9 | 1 |
| 3.3　技术提升能力综合指标 | 20.46 | 17 | 7 | 19 | 20 |
| 3.4　新产品销售收入综合指标 | 43.86 | 10 | 8 | 9 | 3 |
| 4　创新环境综合指标 | 32.82 | 7 | 7 | 18 | 1 |
| 4.1　创新基础设施综合指标 | 36.42 | 5 | 1 | 18 | 11 |
| 4.2　市场环境综合指标 | 37.41 | 27 | 13 | 23 | 30 |
| 4.3　劳动者素质综合指标 | 36.43 | 8 | 10 | 15 | 4 |
| 4.4　金融环境综合指标 | 20.05 | 9 | 8 | 7 | 15 |
| 4.5　创业水平综合指标 | 33.82 | 4 | 10 | 18 | 1 |
| 5　创新绩效综合指标 | 35.19 | 17 | 19 | 22 | 6 |
| 5.1　宏观经济综合指标 | 31.2 | 19 | 14 | 26 | 9 |
| 5.2　产业结构综合指标 | 17.02 | 18 | 16 | 22 | 9 |
| 5.3　产业国际竞争力综合指标 | 7.96 | 21 | 16 | 19 | 22 |
| 5.4　就业综合指标 | 46.01 | 9 | 23 | 7 | 6 |
| 5.5　可持续发展与环保综合指标 | 73.77 | 15 | 17 | 22 | 19 |

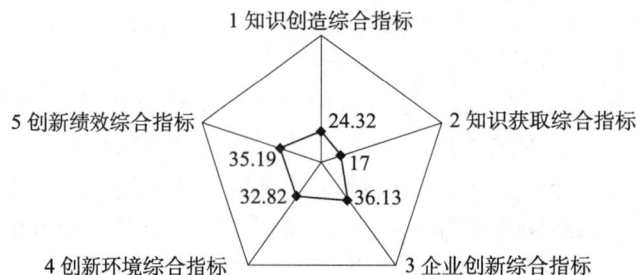

图 12 – 67　安徽省创新能力蛛网图

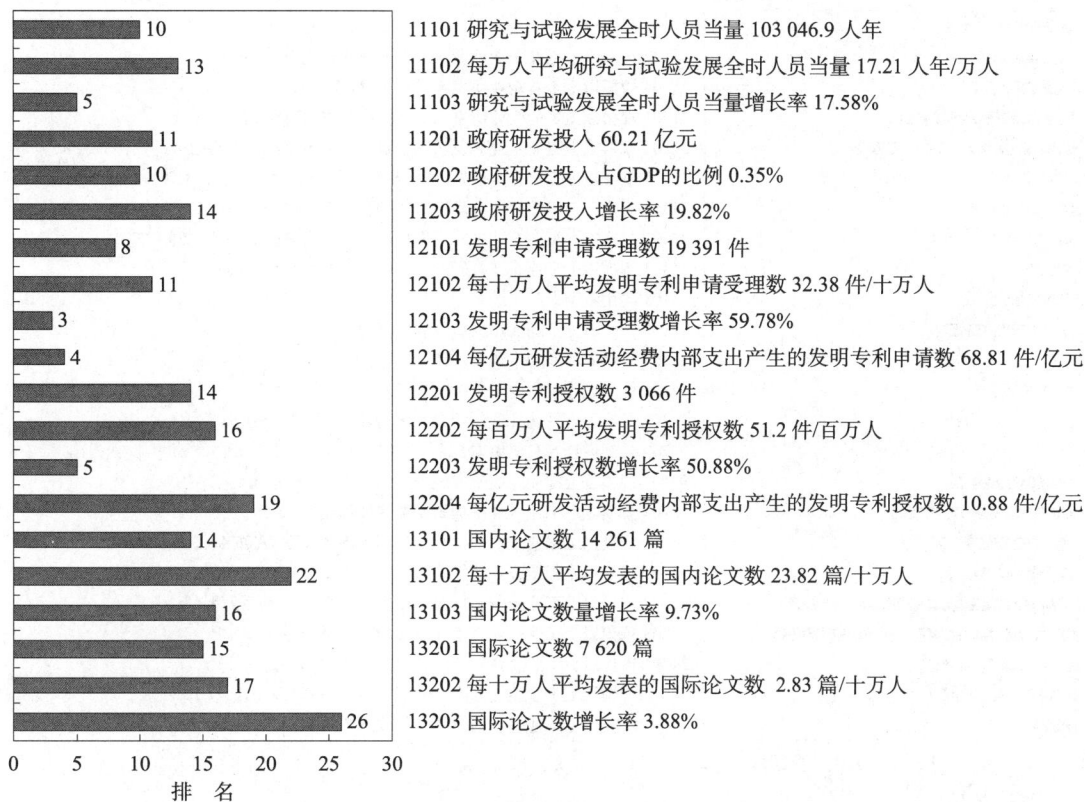

| 指标编号 | 指标名称 | 排名 |
|---|---|---|
| 11101 | 研究与试验发展全时人员当量 103 046.9 人年 | 10 |
| 11102 | 每万人平均研究与试验发展全时人员当量 17.21 人年/万人 | 13 |
| 11103 | 研究与试验发展全时人员当量增长率 17.58% | 5 |
| 11201 | 政府研发投入 60.21 亿元 | 11 |
| 11202 | 政府研发投入占GDP的比例 0.35% | 10 |
| 11203 | 政府研发投入增长率 19.82% | 14 |
| 12101 | 发明专利申请受理数 19 391 件 | 8 |
| 12102 | 每十万人平均发明专利申请受理数 32.38 件/十万人 | 11 |
| 12103 | 发明专利申请受理数增长率 59.78% | 3 |
| 12104 | 每亿元研发活动经费内部支出产生的发明专利申请数 68.81 件/亿元 | 4 |
| 12201 | 发明专利授权数 3 066 件 | 14 |
| 12202 | 每百万人平均发明专利授权数 51.2 件/百万人 | 16 |
| 12203 | 发明专利授权数增长率 50.88% | 5 |
| 12204 | 每亿元研发活动经费内部支出产生的发明专利授权数 10.88 件/亿元 | 19 |
| 13101 | 国内论文数 14 261 篇 | 14 |
| 13102 | 每十万人平均发表的国内论文数 23.82 篇/十万人 | 22 |
| 13103 | 国内论文数量增长率 9.73% | 16 |
| 13201 | 国际论文数 7 620 篇 | 15 |
| 13202 | 每十万人平均发表的国际论文数 2.83 篇/十万人 | 17 |
| 13203 | 国际论文数增长率 3.88% | 26 |

图 12－68　安徽省知识创造能力基础指标

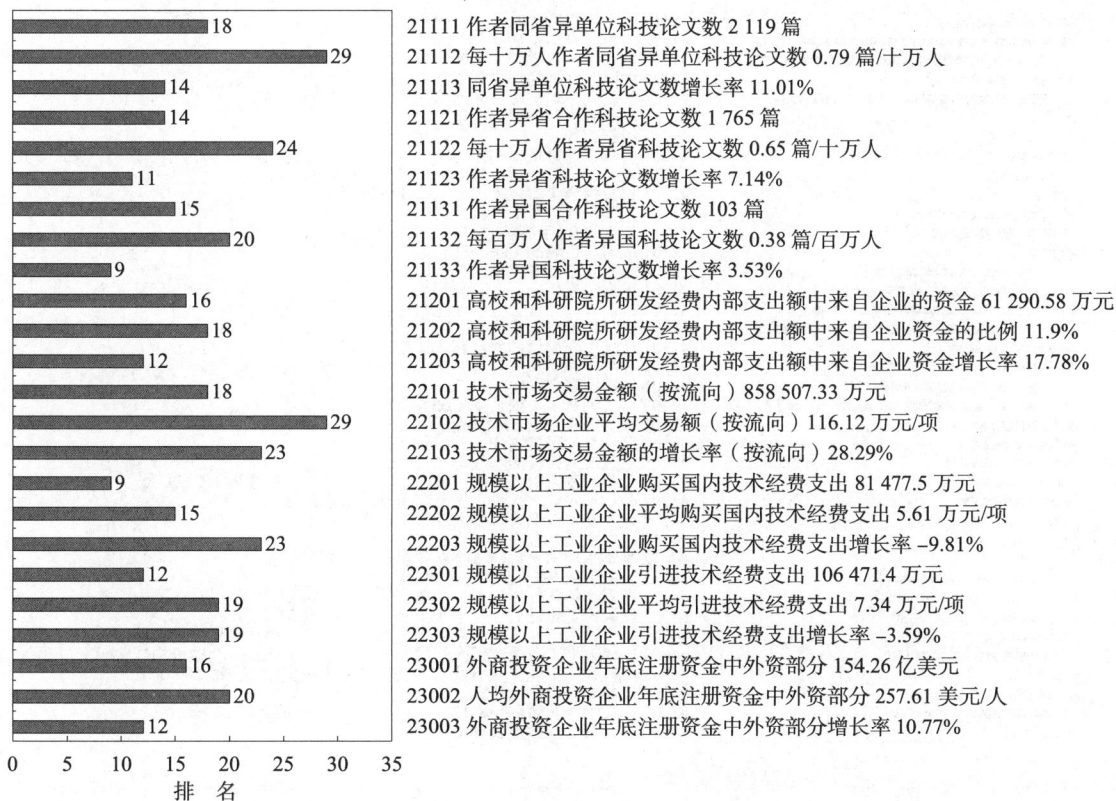

| 指标编号 | 指标名称 | 排名 |
|---|---|---|
| 21111 | 作者同省异单位科技论文数 2 119 篇 | 18 |
| 21112 | 每十万人作者同省异单位科技论文数 0.79 篇/十万人 | 29 |
| 21113 | 同省异单位科技论文数增长率 11.01% | 14 |
| 21121 | 作者异省合作科技论文数 1 765 篇 | 14 |
| 21122 | 每十万人作者异省科技论文数 0.65 篇/十万人 | 24 |
| 21123 | 作者异省科技论文数增长率 7.14% | 11 |
| 21131 | 作者异国合作科技论文数 103 篇 | 15 |
| 21132 | 每百万人作者异国科技论文数 0.38 篇/百万人 | 20 |
| 21133 | 作者异国科技论文数增长率 3.53% | 9 |
| 21201 | 高校和科研院所研发经费内部支出额中来自企业的资金 61 290.58 万元 | 16 |
| 21202 | 高校和科研院所研发经费内部支出额中来自企业资金的比例 11.9% | 18 |
| 21203 | 高校和科研院所研发经费内部支出额中来自企业资金增长率 17.78% | 12 |
| 22101 | 技术市场交易金额（按流向）858 507.33 万元 | 18 |
| 22102 | 技术市场企业平均交易额（按流向）116.12 万元/项 | 29 |
| 22103 | 技术市场交易金额的增长率（按流向）28.29% | 23 |
| 22201 | 规模以上工业企业购买国内技术经费支出 81 477.5 万元 | 9 |
| 22202 | 规模以上工业企业平均购买国内技术经费支出 5.61 万元/项 | 15 |
| 22203 | 规模以上工业企业购买国内技术经费支出增长率 –9.81% | 23 |
| 22301 | 规模以上工业企业引进技术经费支出 106 471.4 万元 | 12 |
| 22302 | 规模以上工业企业平均引进技术经费支出 7.34 万元/项 | 19 |
| 22303 | 规模以上工业企业引进技术经费支出增长率 –3.59% | 19 |
| 23001 | 外商投资企业年底注册资金中外资部分 154.26 亿美元 | 16 |
| 23002 | 人均外商投资企业年底注册资金中外资部分 257.61 美元/人 | 20 |
| 23003 | 外商投资企业年底注册资金中外资部分增长率 10.77% | 12 |

图 12－69　安徽省知识获取能力基础指标

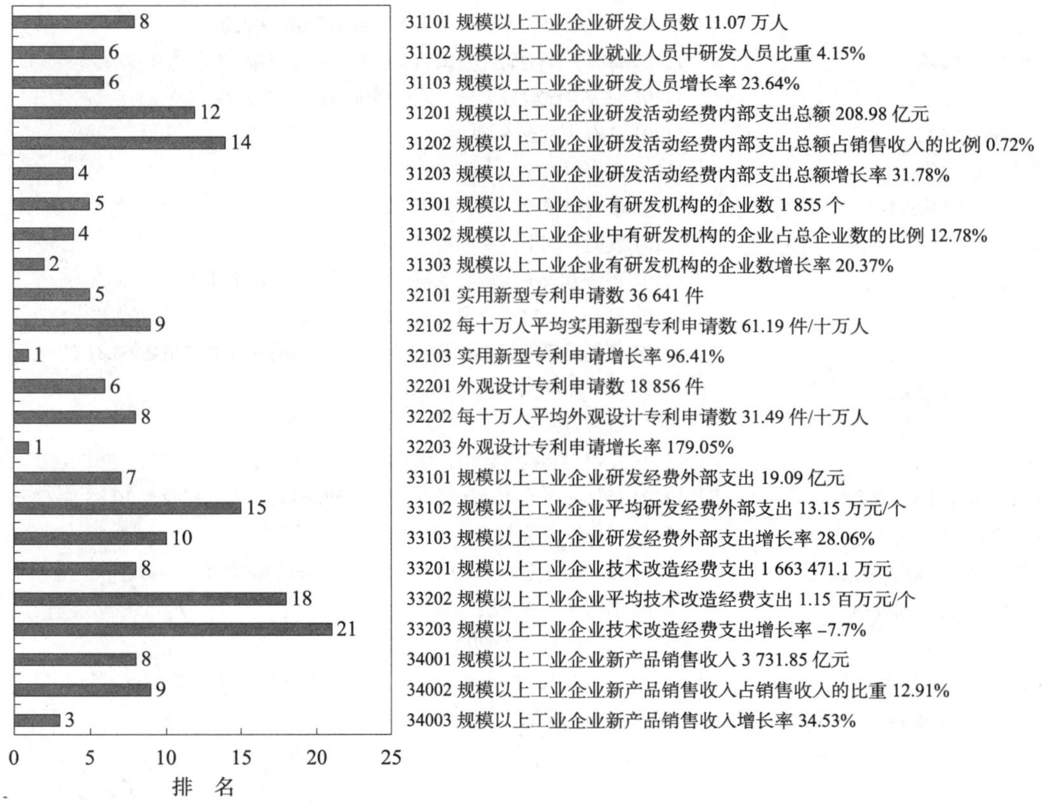
8 31101 规模以上工业企业研发人员数 11.07 万人
6 31102 规模以上工业企业就业人员中研发人员比重 4.15%
6 31103 规模以上工业企业研发人员增长率 23.64%
12 31201 规模以上工业企业研发活动经费内部支出总额 208.98 亿元
14 31202 规模以上工业企业研发活动经费内部支出总额占销售收入的比例 0.72%
4 31203 规模以上工业企业研发活动经费内部支出总额增长率 31.78%
5 31301 规模以上工业企业有研发机构的企业数 1 855 个
4 31302 规模以上工业企业中有研发机构的企业占总企业数的比例 12.78%
2 31303 规模以上工业企业有研发机构的企业数增长率 20.37%
5 32101 实用新型专利申请数 36 641 件
9 32102 每十万人平均实用新型专利申请数 61.19 件/十万人
1 32103 实用新型专利申请增长率 96.41%
6 32201 外观设计专利申请数 18 856 件
8 32202 每十万人平均外观设计专利申请数 31.49 件/十万人
1 32203 外观设计专利申请增长率 179.05%
7 33101 规模以上工业企业研发经费外部支出 19.09 亿元
15 33102 规模以上工业企业平均研发经费外部支出 13.15 万元/个
10 33103 规模以上工业企业研发经费外部支出增长率 28.06%
8 33201 规模以上工业企业技术改造经费支出 1 663 471.1 万元
18 33202 规模以上工业企业平均技术改造经费支出 1.15 百万元/个
21 33203 规模以上工业企业技术改造经费支出增长率 -7.7%
8 34001 规模以上工业企业新产品销售收入 3 731.85 亿元
9 34002 规模以上工业企业新产品销售收入占销售收入的比重 12.91%
3 34003 规模以上工业企业新产品销售收入增长率 34.53%
0 5 10 15 20 25
排 名

图 12－70 安徽省企业创新能力基础指标

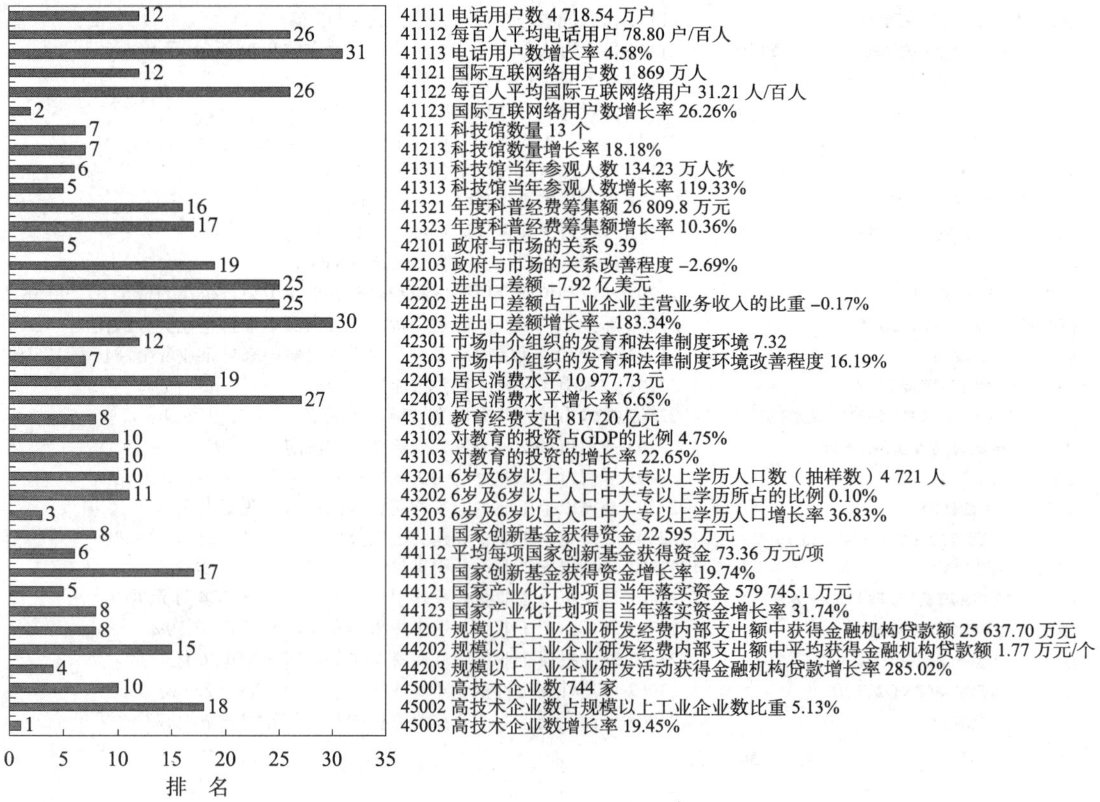
12 41111 电话用户数 4 718.54 万户
26 41112 每百人平均电话用户 78.80 户/百人
31 41113 电话用户数增长率 4.58%
12 41121 国际互联网络用户数 1 869 万人
26 41122 每百人平均国际互联网络用户 31.21 人/百人
2 41123 国际互联网络用户数增长率 26.26%
7 41211 科技馆数量 13 个
7 41213 科技馆数量增长率 18.18%
6 41311 科技馆当年参观人数 134.23 万人次
5 41313 科技馆当年参观人数增长率 119.33%
16 41321 年度科普经费筹集额 26 809.8 万元
17 41323 年度科普经费筹集额增长率 10.36%
5 42101 政府与市场的关系 9.39
19 42103 政府与市场的关系改善程度 -2.69%
25 42201 进出口差额 -7.92 亿美元
25 42202 进出口差额占工业企业主营业务收入的比重 -0.17%
30 42203 进出口差额增长率 -183.34%
12 42301 市场中介组织的发育和法律制度环境 7.32
7 42303 市场中介组织的发育和法律制度环境改善程度 16.19%
19 42401 居民消费水平 10 977.73 元
27 42403 居民消费水平增长率 6.65%
8 43101 教育经费支出 817.20 亿元
10 43102 对教育的投资占GDP的比例 4.75%
10 43103 对教育的投资的增长率 22.65%
10 43201 6岁及6岁以上人口中大专以上学历人口数（抽样数）4 721 人
11 43202 6岁及6岁以上人口中大专以上学历所占的比例 0.10%
3 43203 6岁及6岁以上人口中大专以上学历人口增长率 36.83%
8 44111 国家创新基金获得资金 22 595 万元
6 44112 平均每项国家创新基金获得资金 73.36 万元/项
17 44113 国家创新基金获得资金增长率 19.74%
5 44121 国家产业化计划项目当年落实资金 579 745.1 万元
8 44123 国家产业化计划项目当年落实资金增长率 31.74%
8 44201 规模以上工业企业研发经费内部支出额中获得金融机构贷款额 25 637.70 万元
15 44202 规模以上工业企业研发经费内部支出额中平均获得金融机构贷款额 1.77 万元/个
4 44203 规模以上工业企业研发活动获得金融机构贷款增长率 285.02%
10 45001 高技术企业数 744 家
18 45002 高技术企业数占规模以上工业企业数比重 5.13%
1 45003 高技术企业数增长率 19.45%
0 5 10 15 20 25 30 35
排 名

图 12－71 安徽省创新环境基础指标

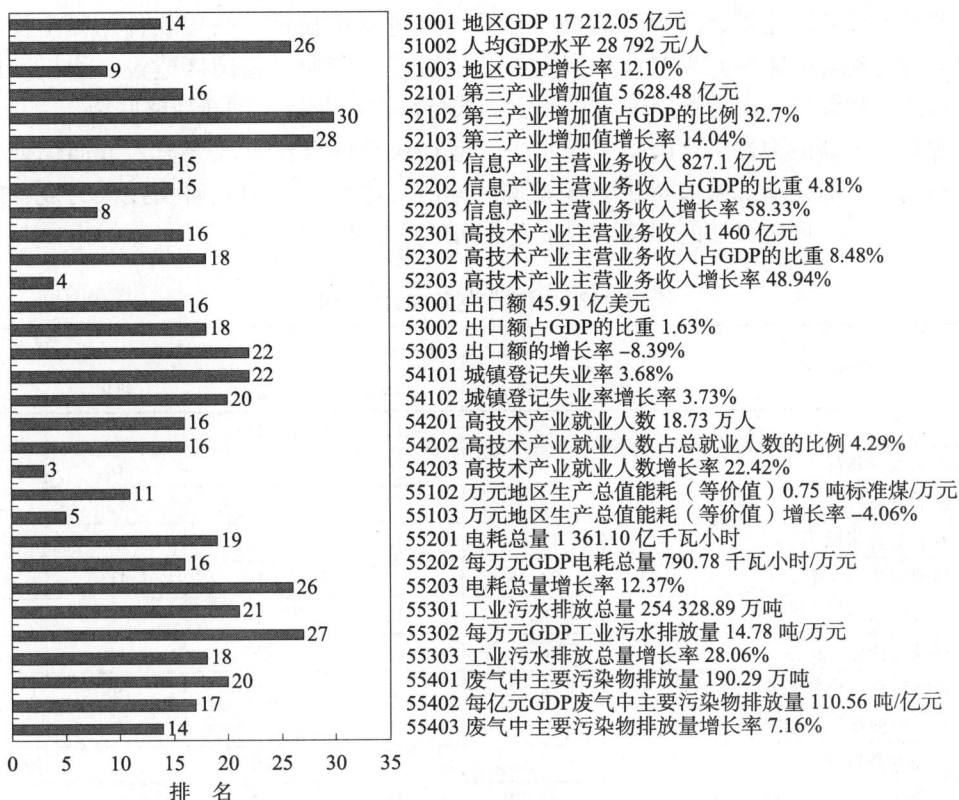

| 编号 | 指标 |
|---|---|
| 51001 | 地区GDP 17 212.05 亿元 |
| 51002 | 人均GDP水平 28 792 元/人 |
| 51003 | 地区GDP增长率 12.10% |
| 52101 | 第三产业增加值 5 628.48 亿元 |
| 52102 | 第三产业增加值占GDP的比例 32.7% |
| 52103 | 第三产业增加值增长率 14.04% |
| 52201 | 信息产业主营业务收入 827.1 亿元 |
| 52202 | 信息产业主营业务收入占GDP的比重 4.81% |
| 52203 | 信息产业主营业务收入增长率 58.33% |
| 52301 | 高技术产业主营业务收入 1 460 亿元 |
| 52302 | 高技术产业主营业务收入占GDP的比重 8.48% |
| 52303 | 高技术产业主营业务收入增长率 48.94% |
| 53001 | 出口额 45.91 亿美元 |
| 53002 | 出口额占GDP的比重 1.63% |
| 53003 | 出口额的增长率 -8.39% |
| 54101 | 城镇登记失业率 3.68% |
| 54102 | 城镇登记失业率增长率 3.73% |
| 54201 | 高技术产业就业人数 18.73 万人 |
| 54202 | 高技术产业就业人数占总就业人数的比例 4.29% |
| 54203 | 高技术产业就业人数增长率 22.42% |
| 55102 | 万元地区生产总值能耗（等价值）0.75 吨标准煤/万元 |
| 55103 | 万元地区生产总值能耗（等价值）增长率 -4.06% |
| 55201 | 电耗总量 1 361.10 亿千瓦小时 |
| 55202 | 每万元GDP电耗总量 790.78 千瓦小时/万元 |
| 55203 | 电耗总量增长率 12.37% |
| 55301 | 工业污水排放总量 254 328.89 万吨 |
| 55302 | 每万元GDP工业污水排放量 14.78 吨/万元 |
| 55303 | 工业污水排放总量增长率 28.06% |
| 55401 | 废气中主要污染物排放量 190.29 万吨 |
| 55402 | 每亿元GDP废气中主要污染物排放量 110.56 吨/亿元 |
| 55403 | 废气中主要污染物排放量增长率 7.16% |

图 12-72　安徽省创新绩效基础指标

## 12.13　福建省

福建省位于我国东南沿海，连接长江三角洲和珠江三角洲，与台湾隔海相望，是中国大陆重要的出海口，也是中国与世界交往的重要窗口和基地。2012 年，全省常住人口数 3 748 万人，全年实现地区生产总值 19 701.78 亿元，同比增长 11.45%，人均 GDP 为 52 763 元，位居全国第 9 位。2012 年三次产业结构之比为 9.0:51.7:39.3。高技术产业主营业务收入 3 229.4 亿元，占 GDP 的比重为 16.39%，位居全国第 8 位。

2014 年，福建省创新能力处于全国中上游水平，比去年下降 1 位，居全国第 11 位。其中，知识创造、知识获取及创新绩效综合指标较去年小幅提升，创新环境较去年下滑次位较多，从第 10 位降到第 17 位。在三级指标上，"技术转移综合指标""外资企业投资综合指标""宏观经济综合指标"及"产业国际竞争力综合指标"等指标均继续排名全国前十，反映出福建省对参与国际竞争、加大企业研究开发投入等多方面的持续重视；另外，"市场环境综合指标""劳动者素质综合指标""金融环境综合指标"等指标下降较多，表明福建省在极力推动地方经济发展的过程中面临高素质人才大量流失，以及获得国家创新基金和计划项目的数量越来越少等实际问题。

近两年，福建省努力构建由市场决定技术创新的项目安排、经费分配和成果评价机制，不断推进应用型技术研发机构市场化、企业化改革，支持企业研发机构建设。其中，新增高新技术企业 113 家、省级以上企业技术中心 41 家、重点实验室和工程技术研究中心 223 个。同时，加快高新技术产业园区建设，着力突破核心技术，促进新型显示、高端软件、稀土及化工新材料、新型动力电池等战略性新兴产业集聚发展。推进海洋产业示范园区建设，积极发展海洋生物医药、海洋工程装备、邮轮游艇等新兴产业，扶持海洋产业技术创新战略联盟。

福建省总的创新能力保持全国中上游水平，但在科技的合作及教育投入方面仍处于中下游水平，说明福建省的创新源泉有待进一步挖掘。同时，应该继续加大研发投入力度，鼓励发明创造以及科研产出，创造灵活的环境以利于企业间的技术合作。

**表 12 - 13　福建省创新能力综合指标**

| 指标名称 | 2014 年综合指标 | | 2014 年分项指标排名 | | |
|---|---|---|---|---|---|
| | 指标值 | 排名 | 实力 | 效率 | 潜力 |
| 综合值 | 28.8 | 11 | 11 | 9 | 20 |
| 1　知识创造综合指标 | 19.88 | 16 | 16 | 18 | 11 |
| 1.1　研究开发投入综合指标 | 18.93 | 13 | 15 | 12 | 17 |
| 1.2　专利综合指标 | 18.56 | 16 | 15 | 23 | 8 |
| 1.3　科研论文综合指标 | 24.45 | 24 | 19 | 18 | 16 |
| 2　知识获取综合指标 | 26.3 | 10 | 9 | 9 | 24 |
| 2.1　科技合作综合指标 | 26.61 | 23 | 22 | 14 | 16 |
| 2.2　技术转移综合指标 | 28.52 | 7 | 7 | 9 | 11 |
| 2.3　外资企业投资综合指标 | 24.4 | 9 | 8 | 7 | 22 |
| 3　企业创新综合指标 | 28.7 | 11 | 9 | 12 | 4 |
| 3.1　企业研究开发投入综合指标 | 35.12 | 10 | 8 | 11 | 5 |
| 3.2　设计能力综合指标 | 20.67 | 10 | 11 | 10 | 8 |
| 3.3　技术提升能力综合指标 | 14.95 | 22 | 14 | 27 | 6 |
| 3.4　新产品销售收入综合指标 | 36.8 | 12 | 11 | 11 | 10 |
| 4　创新环境综合指标 | 25.28 | 17 | 12 | 12 | 25 |
| 4.1　创新基础设施综合指标 | 26.01 | 9 | 11 | 8 | 25 |
| 4.2　市场环境综合指标 | 44.21 | 15 | 8 | 10 | 26 |
| 4.3　劳动者素质综合指标 | 16.55 | 30 | 19 | 30 | 30 |
| 4.4　金融环境综合指标 | 18.2 | 10 | 7 | 12 | 29 |
| 4.5　创业水平综合指标 | 21.42 | 19 | 12 | 22 | 11 |
| 5　创新绩效综合指标 | 41.91 | 10 | 8 | 8 | 17 |
| 5.1　宏观经济综合指标 | 43.96 | 9 | 12 | 9 | 15 |
| 5.2　产业结构综合指标 | 24.65 | 11 | 8 | 7 | 26 |
| 5.3　产业国际竞争力综合指标 | 25.25 | 6 | 6 | 5 | 15 |
| 5.4　就业综合指标 | 38.64 | 17 | 15 | 22 | 16 |
| 5.5　可持续发展与环保综合指标 | 77.02 | 11 | 14 | 17 | 13 |

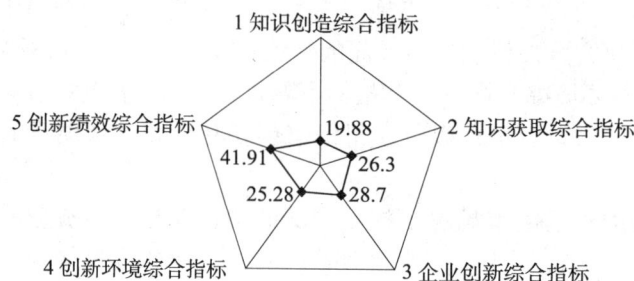

图 12 - 73　福建省创新能力蛛网图

| 编号 | 指标 | 值 |
|---|---|---|
| 9 | 11101 研究与试验发展全时人员当量 | 114 492.2 人年 |
| 7 | 11102 每万人平均研究与试验发展全时人员当量 | 30.55 人年/万人 |
| 3 | 11103 研究与试验发展全时人员当量增长率 | 19.19% |
| 21 | 11201 政府研发投入 | 21.6 亿元 |
| 30 | 11202 政府研发投入占GDP的比例 | 0.11% |
| 20 | 11203 政府研发投入增长率 | 15.72% |
| 16 | 12101 发明专利申请受理数 | 8 492 件 |
| 13 | 12102 每十万人平均发明专利申请受理数 | 22.66 件/十万人 |
| 13 | 12103 发明专利申请受理数增长率 | 31.02% |
| 27 | 12104 每亿元研发活动经费内部支出产生的发明专利申请数 | 31.34 件/亿元 |
| 15 | 12201 发明专利授权数 | 2 977 件 |
| 10 | 12202 每百万人平均发明专利授权数 | 79.43 件/百万人 |
| 4 | 12203 发明专利授权数增长率 | 51.97% |
| 18 | 12204 每亿元研发活动经费内部支出产生的发明专利授权数 | 10.99 件/亿元 |
| 19 | 13101 国内论文数 | 9 587 篇 |
| 20 | 13102 每十万人平均发表的国内论文数 | 25.58篇/十万人 |
| 13 | 13103 国内论文数量增长率 | 10.18% |
| 18 | 13201 国际论文数 | 5 078 篇 |
| 14 | 13202 每十万人平均发表的国际论文数 | 3.13篇/十万人 |
| 14 | 13203 国际论文数增长率 | 9.39% |

排 名

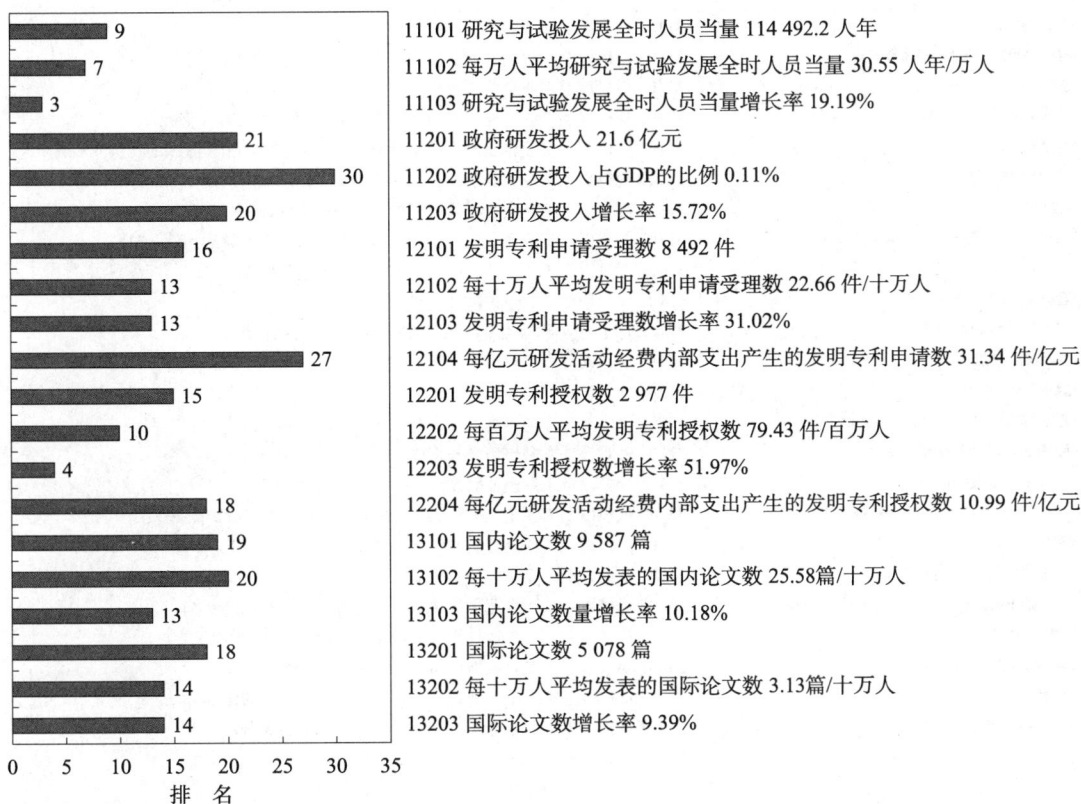

图 12-74  福建省知识创造能力基础指标

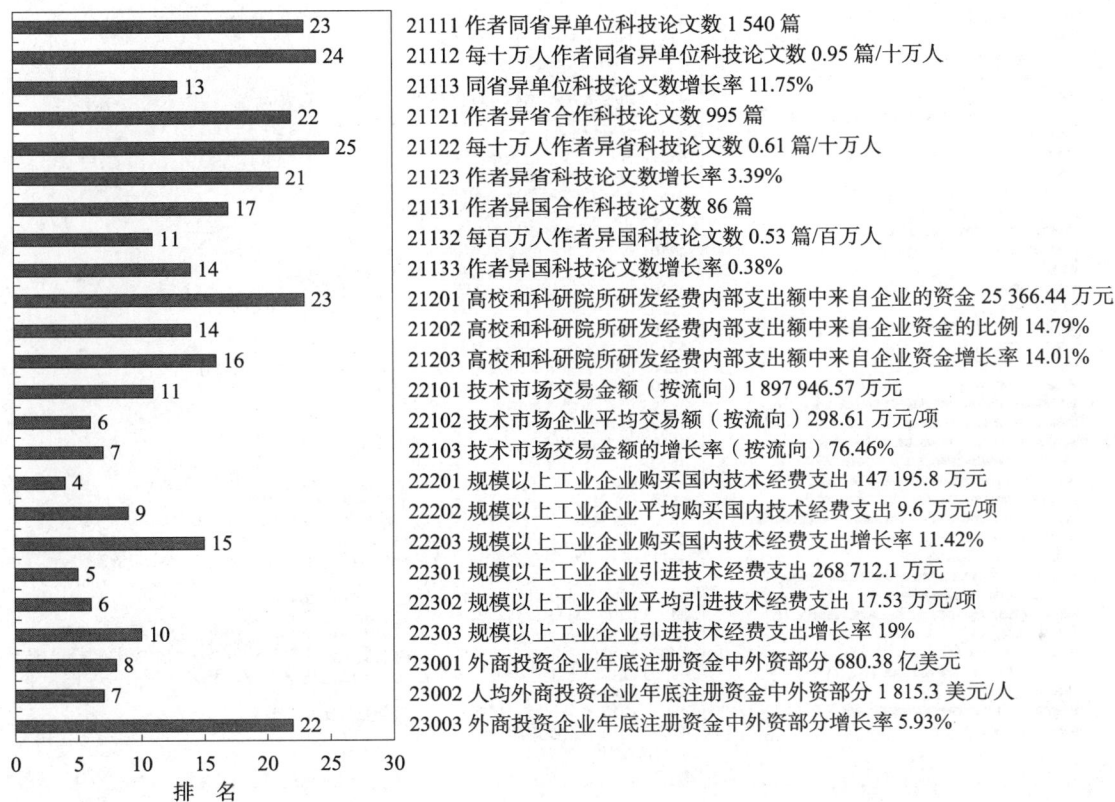

| 编号 | 指标 | 值 |
|---|---|---|
| 23 | 21111 作者同省异单位科技论文数 | 1 540 篇 |
| 24 | 21112 每十万人作者同省异单位科技论文数 | 0.95 篇/十万人 |
| 13 | 21113 同省异单位科技论文数增长率 | 11.75% |
| 22 | 21121 作者异省合作科技论文数 | 995 篇 |
| 25 | 21122 每十万人作者异省科技论文数 | 0.61 篇/十万人 |
| 21 | 21123 作者异省科技论文数增长率 | 3.39% |
| 17 | 21131 作者异国合作科技论文数 | 86 篇 |
| 11 | 21132 每百万人作者异国科技论文数 | 0.53 篇/百万人 |
| 14 | 21133 作者异国科技论文数增长率 | 0.38% |
| 23 | 21201 高校和科研院所研发经费内部支出额中来自企业的资金 | 25 366.44 万元 |
| 14 | 21202 高校和科研院所研发经费内部支出额中来自企业资金的比例 | 14.79% |
| 16 | 21203 高校和科研院所研发经费内部支出额中来自企业资金增长率 | 14.01% |
| 11 | 22101 技术市场交易金额（按流向） | 1 897 946.57 万元 |
| 6 | 22102 技术市场企业平均交易额（按流向） | 298.61 万元/项 |
| 7 | 22103 技术市场交易金额的增长率（按流向） | 76.46% |
| 4 | 22201 规模以上工业企业购买国内技术经费支出 | 147 195.8 万元 |
| 9 | 22202 规模以上工业企业平均购买国内技术经费支出 | 9.6 万元/项 |
| 15 | 22203 规模以上工业企业购买国内技术经费支出增长率 | 11.42% |
| 5 | 22301 规模以上工业企业引进技术经费支出 | 268 712.1 万元 |
| 6 | 22302 规模以上工业企业平均引进技术经费支出 | 17.53 万元/项 |
| 10 | 22303 规模以上工业企业引进技术经费支出增长率 | 19% |
| 8 | 23001 外商投资企业年底注册资金中外资部分 | 680.38 亿美元 |
| 7 | 23002 人均外商投资企业年底注册资金中外资部分 | 1 815.3 美元/人 |
| 22 | 23003 外商投资企业年底注册资金中外资部分增长率 | 5.93% |

排 名

图 12-75  福建省知识获取能力基础指标

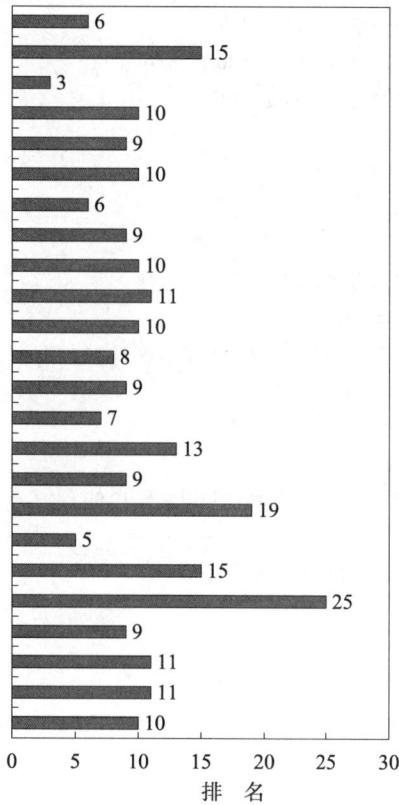

图12-76　福建省企业创新能力基础指标

|  |  |
|---|---|
| 31101 | 规模以上工业企业研发人员数 12.07 万人 |
| 31102 | 规模以上工业企业就业人员中研发人员比重 3.02% |
| 31103 | 规模以上工业企业研发人员增长率 26.53% |
| 31201 | 规模以上工业企业研发活动经费内部支出总额 238.17 亿元 |
| 31202 | 规模以上工业企业研发活动经费内部支出总额占销售收入的比例 0.82% |
| 31203 | 规模以上工业企业研发活动经费内部支出总额增长率 29.23% |
| 31301 | 规模以上工业企业有研发机构的企业数 1 182 个 |
| 31302 | 规模以上工业企业中有研发机构的企业占总企业数的比例 7.71% |
| 31303 | 规模以上工业企业有研发机构的企业数增长率 12.17% |
| 32101 | 实用新型专利申请数 22 081 件 |
| 32102 | 每十万人平均实用新型专利申请数 58.91 件/十万人 |
| 32103 | 实用新型专利申请增长率 39.61% |
| 32201 | 外观设计专利申请数 12 200 件 |
| 32202 | 每十万人平均外观设计专利申请数 32.55 件/十万人 |
| 32203 | 外观设计专利申请增长率 20.49% |
| 33101 | 规模以上工业企业研发经费外部支出 14.03 亿元 |
| 33102 | 规模以上工业企业平均研发经费外部支出 9.15 万元/个 |
| 33103 | 规模以上工业企业研发经费外部支出增长率 48.18% |
| 33201 | 规模以上工业企业技术改造经费支出 1 138 833.1 万元 |
| 33202 | 规模以上工业企业平均技术改造经费支出 0.74 百万元/个 |
| 33203 | 规模以上工业企业技术改造经费支出增长率 9.17% |
| 34001 | 规模以上工业企业新产品销售收入 3 291.15 亿元 |
| 34002 | 规模以上工业企业新产品销售收入占销售收入的比重 11.27% |
| 34003 | 规模以上工业企业新产品销售收入增长率 26.01% |

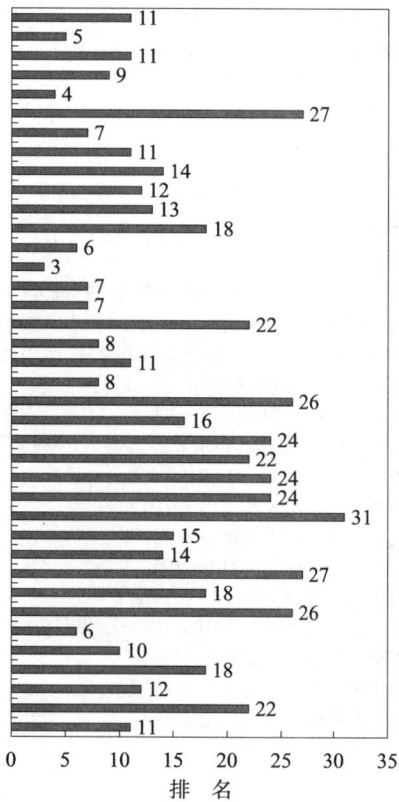

图12-77　福建省创新环境基础指标

|  |  |
|---|---|
| 41111 | 电话用户数 5 101.03 万户 |
| 41112 | 每百人平均电话用户 136.1 户/百人 |
| 41113 | 电话用户数增长率 10.86% |
| 41121 | 国际互联网络用户数 2 280 万人 |
| 41122 | 每百人平均国际互联网络用户 60.83 人/百人 |
| 41123 | 国际互联网络用户数增长率 12.34% |
| 41211 | 科技馆数量 13 个 |
| 41213 | 科技馆数量增长率 0% |
| 41311 | 科技馆当年参观人数 78.93 万人次 |
| 41313 | 科技馆当年参观人数增长率 23.23% |
| 41321 | 年度科普经费筹集额 29 629.79 万元 |
| 41323 | 年度科普经费筹集额增长率 10.16% |
| 42101 | 政府与市场的关系 9.35 |
| 42103 | 政府与市场的关系改善程度 -0.21% |
| 42201 | 进出口差额 43.42 亿美元 |
| 42202 | 进出口差额占工业企业主营业务收入的比重 0.91% |
| 42203 | 进出口差额增长率 -25.4% |
| 42301 | 市场中介组织的发育和法律制度环境 8.3 |
| 42303 | 市场中介组织的发育和法律制度环境改善程度 15.12% |
| 42401 | 居民消费水平 16 143.87 元 |
| 42403 | 居民消费水平增长率 6.96% |
| 43101 | 教育经费支出 634.48 亿元 |
| 43102 | 对教育的投资占GDP的比例 3.22% |
| 43103 | 对教育的投资的增长率 16.95% |
| 43201 | 6岁及6岁以上人口中大专以上学历人口数（抽样数）2 262 人 |
| 43202 | 6岁及6岁以上人口中大专以上学历所占的比例 0.08% |
| 43203 | 6岁及6岁以上人口中大专以上人口增长率 -13.13% |
| 44111 | 国家创新基金获得资金 14 543 万元 |
| 44112 | 平均每项国家创新基金获得资金 64.64 万元/项 |
| 44113 | 国家创新基金获得资金增长率 3.95% |
| 44121 | 国家产业化计划项目当年落实资金 133 263.9 万元 |
| 44123 | 国家产业化计划项目当年落实资金增长率 4.72% |
| 44201 | 规模以上工业企业研发经费内部支出额中获得金融机构贷款额 38 004.5 万元 |
| 44202 | 规模以上工业企业研发经费内部支出额中平均获得金融机构贷款额 2.48 万元/个 |
| 44203 | 规模以上工业企业研发活动获得金融机构贷款增长率 15.63% |
| 45001 | 高技术企业数 692 家 |
| 45002 | 高技术企业数占规模以上工业企业数比重 4.51% |
| 45003 | 高技术企业数增长率 6.58% |

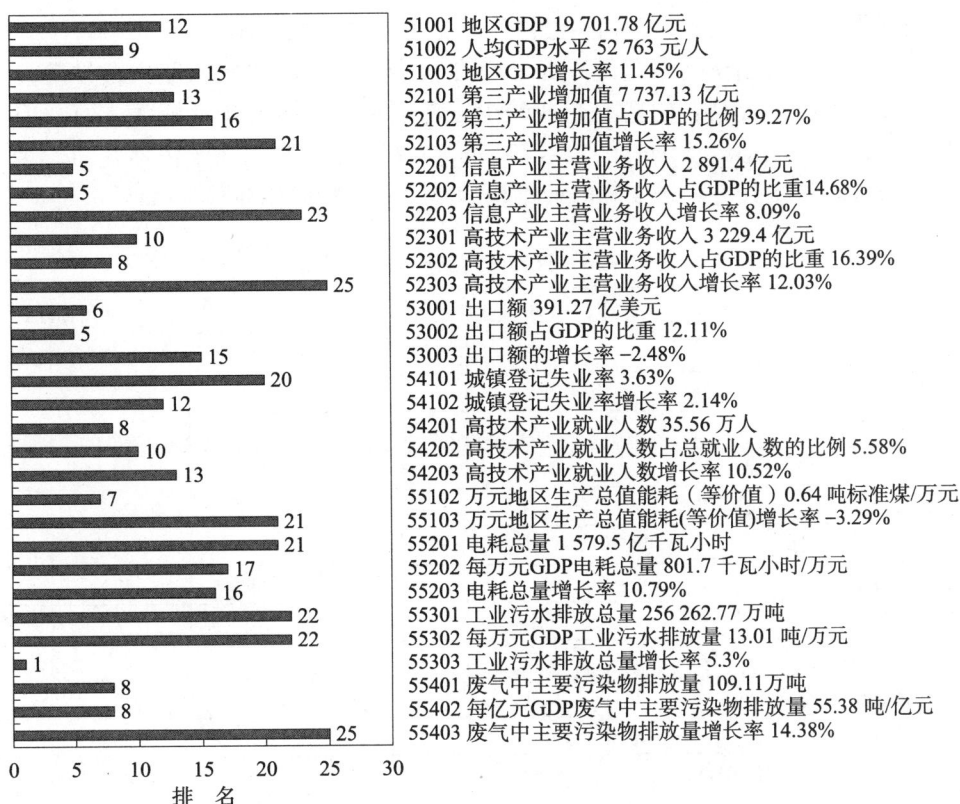

51001 地区GDP 19 701.78 亿元
51002 人均GDP水平 52 763 元/人
51003 地区GDP增长率 11.45%
52101 第三产业增加值 7 737.13 亿元
52102 第三产业增加值占GDP的比例 39.27%
52103 第三产业增加值增长率 15.26%
52201 信息产业主营业务收入 2 891.4 亿元
52202 信息产业主营业务收入占GDP的比重14.68%
52203 信息产业主营业务收入增长率 8.09%
52301 高技术产业主营业务收入 3 229.4 亿元
52302 高技术产业主营业务收入占GDP的比重 16.39%
52303 高技术产业主营业务收入增长率 12.03%
53001 出口额 391.27 亿美元
53002 出口额占GDP的比重 12.11%
53003 出口额的增长率 -2.48%
54101 城镇登记失业率 3.63%
54102 城镇登记失业率增长率 2.14%
54201 高技术产业就业人数 35.56 万人
54202 高技术产业就业人数占总就业人数的比例 5.58%
54203 高技术产业就业人数增长率 10.52%
55102 万元地区生产总值能耗（等价值）0.64 吨标准煤/万元
55103 万元地区生产总值能耗(等价值)增长率 -3.29%
55201 电耗总量 1 579.5 亿千瓦小时
55202 每万元GDP电耗总量 801.7 千瓦小时/万元
55203 电耗总量增长率 10.79%
55301 工业污水排放总量 256 262.77 万吨
55302 每万元GDP工业污水排放量 13.01 吨/万元
55303 工业污水排放总量增长率 5.3%
55401 废气中主要污染物排放量 109.11万吨
55402 每亿元GDP废气中主要污染物排放量 55.38 吨/亿元
55403 废气中主要污染物排放量增长率 14.38%

图 12 - 78　福建省创新绩效基础指标

## 12.14　江西省

　　江西省位于长江中下游南岸，中国东南部。东临浙江、福建，南连广东，西接湖南，北毗湖北、安徽而共接长江。2012 年年末，全省常住人口数 4 504 万人，全年实现地区生产总值 12 948.88亿元，同比增长 10.95%，人均 GDP 为 28 800 元，位居全国第 25 位。2012 年三次产业结构之比为 11.7∶53.6∶34.6。高技术产业主营业务收入 1 856.7 亿元，占 GDP 的比重为 14.34%，位居全国第 10 位。

　　2014 年，江西省创新能力与去年持平，排名全国第 20 位。其中，知识创造综合指标、知识获取综合指标、企业创新综合指标、创新环境综合指标、创新绩效综合指标的排名分别为第 25 位、第 17 位、第 27 位、第 18 位、第 14 位。另外，江西省的创新实力、创新效率、创新潜力指标分别排名第 18 位、第 22 位、第 12 位。江西省还属于经济欠发达地区，创新驱动、加快发展的任务很重。

　　江西省坚持强化创新驱动，加快产业转型升级，努力构建全方位、宽领域、多层次的开放体系。深入实施工业强省战略，重点培育航空、先进装备制造、新一代信息技术、锂电及电动汽车、新能源、新材料、生物和新医药等战略性新兴产业。在促进传统产业改造升级方面，运用先进适用技术和高新技术改造提升传统产业，鼓励优势龙头企业兼并重组。认真落实全省化解产能过剩工作方案，逐步化解钢铁、水泥等产能相对过剩行业存量产能。按照"做强南昌、做大九江、昌九一体、龙头昂起"的要求，江西省大力打造南昌核心增长极，推进九江沿江开放开发，加快建设共青先导区和南昌临空经济区，全力推进昌九一体化。

从总体上看，江西省创新能力建设方面还存在很多不足，高层次领军人才缺乏，人才集聚能力较弱；研发投入有待提高，创新型企业较少。特别地，江西省矿产资源丰富，但仍停留在以资源换技术，以要素驱动经济增长的发展阶段，产品附加值低的问题依然突出。为此，江西省需要进一步推动经济增长方式转变和产业结构调整，提升整体创新能力。

表 12-14　江西省创新能力综合指标

| 指标名称 | 2014 年综合指标 | | 2014 年分项指标排名 | | |
|---|---|---|---|---|---|
| | 指标值 | 排名 | 实力 | 效率 | 潜力 |
| 综合值 | 21.86 | 20 | 18 | 22 | 12 |
| 1　知识创造综合指标 | 11.57 | 29 | 24 | 28 | 30 |
| 1.1　研究开发投入综合指标 | 4.71 | 31 | 22 | 27 | 30 |
| 1.2　专利综合指标 | 8.16 | 29 | 23 | 28 | 23 |
| 1.3　科研论文综合指标 | 32.13 | 13 | 23 | 14 | 8 |
| 2　知识获取综合指标 | 19.26 | 17 | 20 | 17 | 7 |
| 2.1　科技合作综合指标 | 29.49 | 19 | 24 | 9 | 13 |
| 2.2　技术转移综合指标 | 6.53 | 28 | 27 | 26 | 17 |
| 2.3　外资企业投资综合指标 | 21.14 | 12 | 10 | 12 | 5 |
| 3　企业创新综合指标 | 14.78 | 25 | 22 | 28 | 11 |
| 3.1　企业研究开发投入综合指标 | 8.95 | 30 | 20 | 29 | 30 |
| 3.2　设计能力综合指标 | 9.07 | 23 | 20 | 22 | 14 |
| 3.3　技术提升能力综合指标 | 11.16 | 28 | 23 | 24 | 14 |
| 3.4　新产品销售收入综合指标 | 26.84 | 14 | 18 | 21 | 2 |
| 4　创新环境综合指标 | 25.18 | 18 | 16 | 17 | 13 |
| 4.1　创新基础设施综合指标 | 12.11 | 30 | 19 | 29 | 21 |
| 4.2　市场环境综合指标 | 41.44 | 21 | 18 | 22 | 14 |
| 4.3　劳动者素质综合指标 | 26.28 | 18 | 15 | 18 | 13 |
| 4.4　金融环境综合指标 | 13.58 | 14 | 14 | 11 | 25 |
| 4.5　创业水平综合指标 | 32.51 | 7 | 14 | 9 | 5 |
| 5　创新绩效综合指标 | 36.22 | 14 | 13 | 19 | 8 |
| 5.1　宏观经济综合指标 | 24.57 | 24 | 19 | 25 | 19 |
| 5.2　产业结构综合指标 | 19.85 | 15 | 17 | 14 | 8 |
| 5.3　产业国际竞争力综合指标 | 14.14 | 14 | 15 | 14 | 4 |
| 5.4　就业综合指标 | 45.02 | 10 | 11 | 8 | 11 |
| 5.5　可持续发展与环保综合指标 | 77.53 | 10 | 6 | 21 | 20 |

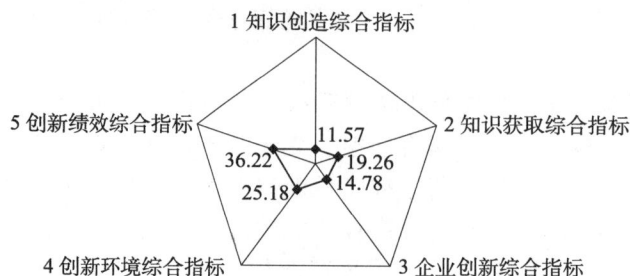

图 12-79　江西省创新能力蛛网图

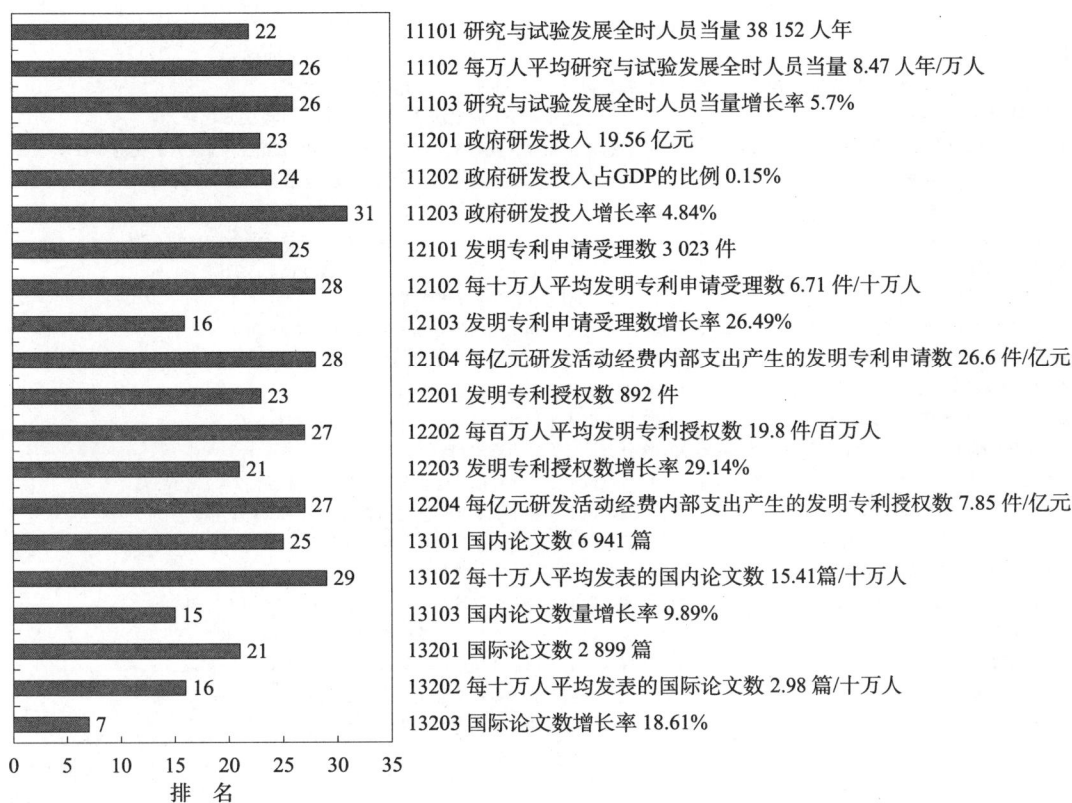

| 指标编号 | 指标 | 排名 |
|---|---|---|
| 11101 | 研究与试验发展全时人员当量 38 152 人年 | 22 |
| 11102 | 每万人平均研究与试验发展全时人员当量 8.47 人年/万人 | 26 |
| 11103 | 研究与试验发展全时人员当量增长率 5.7% | 26 |
| 11201 | 政府研发投入 19.56 亿元 | 23 |
| 11202 | 政府研发投入占GDP的比例 0.15% | 24 |
| 11203 | 政府研发投入增长率 4.84% | 31 |
| 12101 | 发明专利申请受理数 3 023 件 | 25 |
| 12102 | 每十万人平均发明专利申请受理数 6.71 件/十万人 | 28 |
| 12103 | 发明专利申请受理数增长率 26.49% | 16 |
| 12104 | 每亿元研发活动经费内部支出产生的发明专利申请数 26.6 件/亿元 | 28 |
| 12201 | 发明专利授权数 892 件 | 23 |
| 12202 | 每百万人平均发明专利授权数 19.8 件/百万人 | 27 |
| 12203 | 发明专利授权数增长率 29.14% | 21 |
| 12204 | 每亿元研发活动经费内部支出产生的发明专利授权数 7.85 件/亿元 | 27 |
| 13101 | 国内论文数 6 941 篇 | 25 |
| 13102 | 每十万人平均发表的国内论文数 15.41篇/十万人 | 29 |
| 13103 | 国内论文数量增长率 9.89% | 15 |
| 13201 | 国际论文数 2 899 篇 | 21 |
| 13202 | 每十万人平均发表的国际论文数 2.98 篇/十万人 | 16 |
| 13203 | 国际论文数增长率 18.61% | 7 |

图 12－80 江西省知识创造能力基础指标

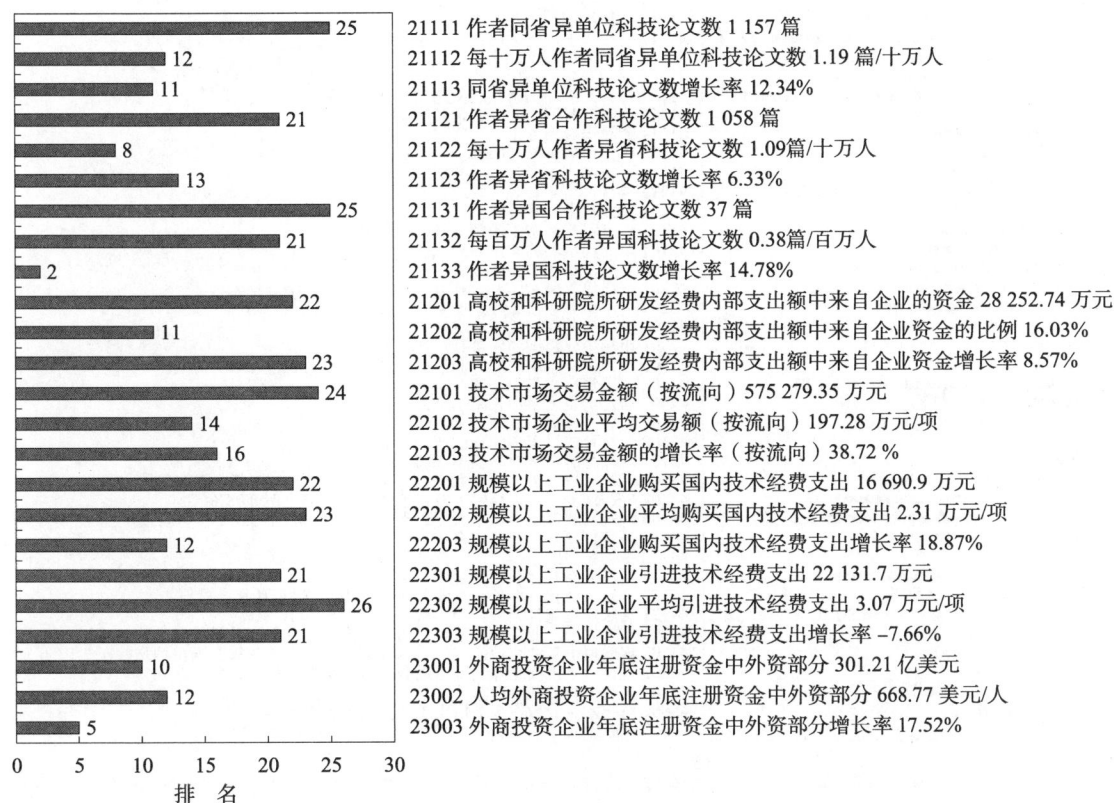

| 指标编号 | 指标 | 排名 |
|---|---|---|
| 21111 | 作者同省异单位科技论文数 1 157 篇 | 25 |
| 21112 | 每十万人作者同省异单位科技论文数 1.19 篇/十万人 | 12 |
| 21113 | 同省异单位科技论文数增长率 12.34% | 11 |
| 21121 | 作者异省合作科技论文数 1 058 篇 | 21 |
| 21122 | 每十万人作者异省科技论文数 1.09篇/十万人 | 8 |
| 21123 | 作者异省科技论文数增长率 6.33% | 13 |
| 21131 | 作者异国合作科技论文数 37 篇 | 25 |
| 21132 | 每百万人作者异国科技论文数 0.38篇/百万人 | 21 |
| 21133 | 作者异国科技论文数增长率 14.78% | 2 |
| 21201 | 高校和科研院所研发经费内部支出额中来自企业的资金 28 252.74 万元 | 22 |
| 21202 | 高校和科研院所研发经费内部支出额中来自企业资金的比例 16.03% | 11 |
| 21203 | 高校和科研院所研发经费内部支出额中来自企业资金增长率 8.57% | 23 |
| 22101 | 技术市场交易金额（按流向）575 279.35 万元 | 24 |
| 22102 | 技术市场企业平均交易额（按流向）197.28 万元/项 | 14 |
| 22103 | 技术市场交易金额的增长率（按流向）38.72 % | 16 |
| 22201 | 规模以上工业企业购买国内技术经费支出 16 690.9 万元 | 22 |
| 22202 | 规模以上工业企业平均购买国内技术经费支出 2.31 万元/项 | 23 |
| 22203 | 规模以上工业企业购买国内技术经费支出增长率 18.87% | 12 |
| 22301 | 规模以上工业企业引进技术经费支出 22 131.7 万元 | 21 |
| 22302 | 规模以上工业企业平均引进技术经费支出 3.07 万元/项 | 26 |
| 22303 | 规模以上工业企业引进技术经费支出增长率 -7.66% | 21 |
| 23001 | 外商投资企业年底注册资金中外资部分 301.21 亿美元 | 10 |
| 23002 | 人均外商投资企业年底注册资金中外资部分 668.77 美元/人 | 12 |
| 23003 | 外商投资企业年底注册资金中外资部分增长率 17.52% | 5 |

图 12－81 江西省知识获取能力基础指标

| 排名 | 指标 |
|---|---|
| 20 | 31101 规模以上工业企业研发人员数 3.4 万人 |
| 28 | 31102 规模以上工业企业就业人员中研发人员比重 1.66% |
| 29 | 31103 规模以上工业企业研发人员增长率 4.08% |
| 19 | 31201 规模以上工业企业研发活动经费内部支出总额 92.6 亿元 |
| 29 | 31202 规模以上工业企业研发活动经费内部支出总额占销售收入的比例 0.41% |
| 28 | 31203 规模以上工业企业研发活动经费内部支出总额增长率 16.47% |
| 18 | 31301 规模以上工业企业有研发机构的企业数 303 个 |
| 27 | 31302 规模以上工业企业中有研发机构的企业占总企业数的比例 4.2% |
| 23 | 31303 规模以上工业企业有研发机构的企业数增长率 3.2% |
| 20 | 32101 实用新型专利申请数 6 132 件 |
| 24 | 32102 每十万人平均实用新型专利申请数 13.61 件/十万人 |
| 15 | 32103 实用新型专利申请增长率 30.62% |
| 21 | 32201 外观设计专利申请数 3 303 件 |
| 21 | 32202 每十万人平均外观设计专利申请数 7.33 件/十万人 |
| 10 | 32203 外观设计专利申请增长率 30.34% |
| 19 | 33101 规模以上工业企业研发经费外部支出 8.86 亿元 |
| 17 | 33102 规模以上工业企业平均研发经费外部支出 12.28 万元/个 |
| 14 | 33103 规模以上工业企业研发经费外部支出增长率 23.85% |
| 25 | 33201 规模以上工业企业技术改造经费支出 537 752.5 万元 |
| 24 | 33202 规模以上工业企业平均技术改造经费支出 0.75 百万元/个 |
| 14 | 33203 规模以上工业企业技术改造经费支出增长率 –0.59% |
| 18 | 34001 规模以上工业企业新产品销售收入 1 287.13 亿元 |
| 21 | 34002 规模以上工业企业新产品销售收入占销售收入的比重 5.71% |
| 2 | 34003 规模以上工业企业新产品销售收入增长率 40.46% |

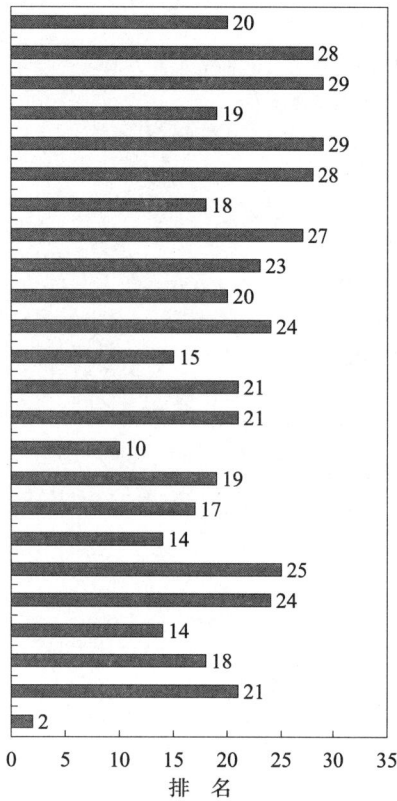

图 12 – 82　江西省企业创新能力基础指标

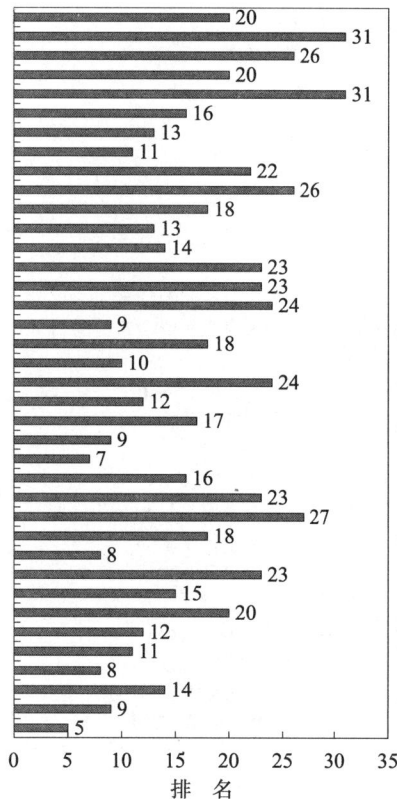

| 排名 | 指标 |
|---|---|
| 20 | 41111 电话用户数 3 229.32 万户 |
| 31 | 41112 每百人平均电话用户 71.7 户/百人 |
| 26 | 41113 电话用户数增长率 7.16% |
| 20 | 41121 国际互联网络用户数 1 267 万人 |
| 31 | 41122 每百人平均国际互联网络用户 28.13 人/百人 |
| 16 | 41123 国际互联网络用户数增长率 19.38% |
| 13 | 41211 科技馆数量 6 个 |
| 11 | 41213 科技馆数量增长率 0 |
| 22 | 41311 科技馆当年参观人数 40.34 万人次 |
| 26 | 41313 科技馆当年参观人数增长率 –27.45% |
| 18 | 41321 年度科普经费筹集额 21 974.04 万元 |
| 13 | 41323 年度科普经费筹集额增长率 19.95% |
| 14 | 42101 政府与市场的关系 8.51 |
| 23 | 42103 政府与市场的关系改善程度 –3.51% |
| 23 | 42201 进出口差额 –3.74 亿美元 |
| 24 | 42202 进出口差额占工业企业主营业务收入的比重 –0.1% |
| 9 | 42203 进出口差额增长率 18.33% |
| 18 | 42301 市场中介组织的发育和法律制度环境 5.9 |
| 10 | 42303 市场中介组织的发育和法律制度环境改善程度 15.23% |
| 24 | 42401 居民消费水平 10 572.93 元 |
| 12 | 42403 居民消费水平增长率 10.53% |
| 17 | 43101 教育经费支出 630.79 亿元 |
| 9 | 43102 对教育的投资占GDP的比例 4.87% |
| 7 | 43103 对教育的投资的增长率 23.36% |
| 16 | 43201 6岁及6岁以上人口中大专以上学历人口数（抽样数）2 846 人 |
| 23 | 43202 6岁及6岁以上人口中大专以上学历所占的比例 0.08% |
| 27 | 43203 6岁及6岁以上人口中大专以上学历人口增长率 5.3% |
| 18 | 44111 国家创新基金获得资金 11 860 万元 |
| 8 | 44112 平均每项国家创新基金获得资金 67.77 万元/项 |
| 23 | 44113 国家创新基金获得资金增长率 8.67% |
| 15 | 44121 国家产业化计划项目当年落实资金 149 589.5 万元 |
| 20 | 44123 国家产业化计划项目当年落实资金增长率 10.51% |
| 12 | 44201 规模以上工业企业研发经费内部支出额中获得金融机构贷款额 15 650.6 万元 |
| 11 | 44202 规模以上工业企业研发经费内部支出额中平均获得金融机构贷款额 2.17 万元/个 |
| 8 | 44203 规模以上工业企业研发活动获得金融机构贷款增长率 162.78% |
| 14 | 45001 高技术企业数 602 家 |
| 9 | 45002 高技术企业数占规模以上工业企业数比重 8.34% |
| 5 | 45003 高技术企业数增长率 11.23% |

图 12 – 83　江西省创新环境基础指标

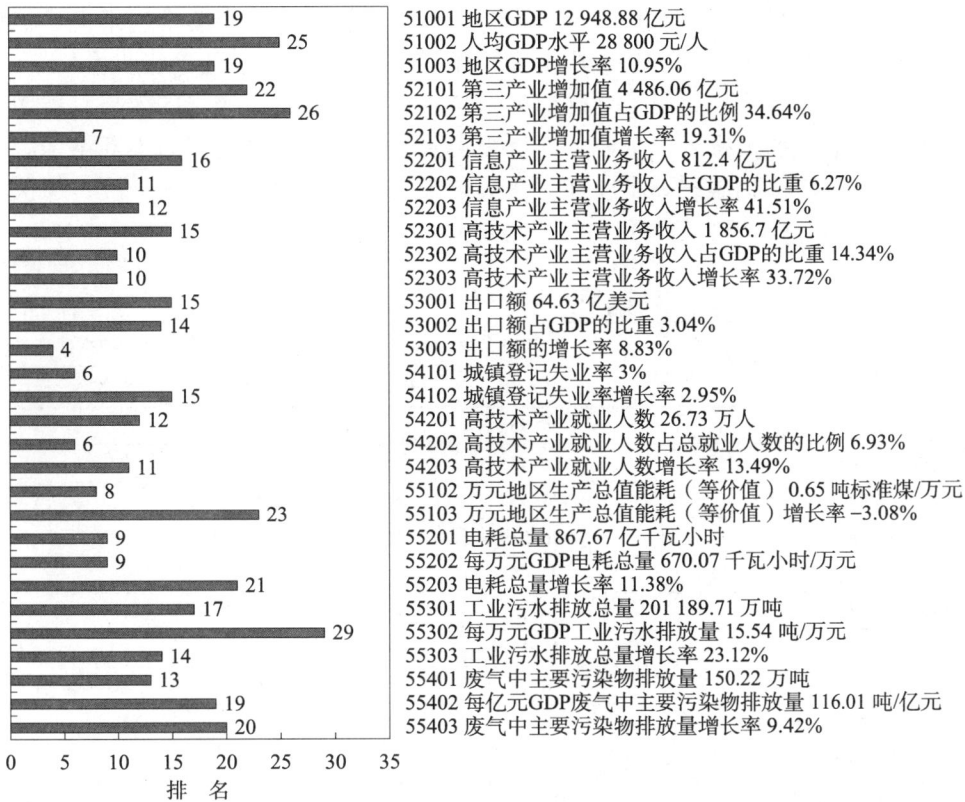

| 编号 | 指标 |
|---|---|
| 51001 | 地区GDP 12 948.88亿元 |
| 51002 | 人均GDP水平 28 800元/人 |
| 51003 | 地区GDP增长率 10.95% |
| 52101 | 第三产业增加值 4 486.06亿元 |
| 52102 | 第三产业增加值占GDP的比例 34.64% |
| 52103 | 第三产业增加值增长率 19.31% |
| 52201 | 信息产业主营业务收入 812.4亿元 |
| 52202 | 信息产业主营业务收入占GDP的比重 6.27% |
| 52203 | 信息产业主营业务收入增长率 41.51% |
| 52301 | 高技术产业主营业务收入 1 856.7亿元 |
| 52302 | 高技术产业主营业务收入占GDP的比重 14.34% |
| 52303 | 高技术产业主营业务收入增长率 33.72% |
| 53001 | 出口额 64.63亿美元 |
| 53002 | 出口额占GDP的比重 3.04% |
| 53003 | 出口额的增长率 8.83% |
| 54101 | 城镇登记失业率 3% |
| 54102 | 城镇登记失业率增长率 2.95% |
| 54201 | 高技术产业就业人数 26.73万人 |
| 54202 | 高技术产业就业人数占总就业人数的比例 6.93% |
| 54203 | 高技术产业就业人数增长率 13.49% |
| 55102 | 万元地区生产总值能耗（等价值） 0.65吨标准煤/万元 |
| 55103 | 万元地区生产总值能耗（等价值）增长率 -3.08% |
| 55201 | 电耗总量 867.67亿千瓦小时 |
| 55202 | 每万元GDP电耗总量 670.07千瓦小时/万元 |
| 55203 | 电耗总量增长率 11.38% |
| 55301 | 工业污水排放总量 201 189.71万吨 |
| 55302 | 每万元GDP工业污水排放量 15.54吨/万元 |
| 55303 | 工业污水排放总量增长率 23.12% |
| 55401 | 废气中主要污染物排放量 150.22万吨 |
| 55402 | 每亿元GDP废气中主要污染物排放量 116.01吨/亿元 |
| 55403 | 废气中主要污染物排放量增长率 9.42% |

图 12 - 84　江西省创新绩效基础指标

## 12.15　山东省

2012年，山东省常住人口数达到9 685万人，全年地区生产总值为50 013.24亿元，同比增长9.76%，人均GDP为51 768元，位居全国第10位。2012年三次产业结构之比为8.6∶51.5∶40.0。其中，高技术产业主营业务收入7 729.2亿元，占GDP的比重为15.45%，位居全国第9位。

2014年，山东省的综合创新能力与去年持平，继续排名全国第6位。在各项指标中，知识创造综合指标、知识获取综合指标、企业创新综合指标、创新环境综合指标、创新绩效综合指标的排名分别为第25位、第17位、第27位、第18位、第14位。大部分监测指标都处在全国中上游水平，其中，"市场环境综合指标""就业综合指标"上升位次较多；"科研论文综合指标"和"可持续发展与环保综合指标"排名20位后。

山东省深入实施"两区一圈一带"发展战略，发挥东部地区龙头带动作用，加快发展蓝色经济、高效生态经济，构建经济紧密型和一体化发展的省会城市群经济圈，加快建设西部经济隆起带，增强区域发展活力和动力。2013年，围绕轻工、纺织、机械、化工、冶金、建材等六大传统行业，山东省出台了转型升级指导计划，启动实施结构调整重点项目394个，总投资529亿元。山东省不断加强企业创新平台建设，新培育滨州亚光等6家国家级技术创新示范企业、九阳家电等5家国家级工业设计中心。通过努力，山东能源集团、魏桥集团再次入围年度世界500强，46家企业入围年度中国企业500强。其中，浪潮集团"面向互联网应用的服务器核心软硬件研发"、济南二机床"汽车车身大型智能冲压生产线"、天岳先进材料"大尺寸碳化硅单晶衬底"等一批关键技术实现了重大突破。作为农业大省，山东省持续推进千亿斤粮食产能建设，实施"渤海粮仓"科技工程和耕地质量提升计划，努力实现粮食生产稳步增长。

山东省的综合创新能力稳定居于全国前列，科技投入带动经济增长的效果日益明显。近年来，通过不断加大企业研发投入，企业创新能力得到有效提升，创新活力不断增强。但在能源利用效率和环境约束方面仍需进一步增强；在基础研究方面也应加大投入力度，加快淘汰落后产能和传统产业升级工作，落实循环经济发展战略。

表 12 - 15　山东省创新能力综合指标

| 指标名称 | 2014 年综合指标 | | 2014 年分项指标排名 | | |
|---|---|---|---|---|---|
| | 指标值 | 排名 | 实力 | 效率 | 潜力 |
| 综合值 | 37.93 | 6 | 3 | 11 | 17 |
| 1　知识创造综合指标 | 28.13 | 8 | 6 | 23 | 8 |
| 1.1　研究开发投入综合指标 | 31.46 | 6 | 5 | 13 | 3 |
| 1.2　专利综合指标 | 26.53 | 9 | 6 | 24 | 13 |
| 1.3　科研论文综合指标 | 24.64 | 22 | 8 | 25 | 27 |
| 2　知识获取综合指标 | 26.33 | 9 | 7 | 18 | 11 |
| 2.1　科技合作综合指标 | 33.15 | 15 | 11 | 18 | 14 |
| 2.2　技术转移综合指标 | 23.13 | 9 | 6 | 20 | 29 |
| 2.3　外资企业投资综合指标 | 23.6 | 10 | 7 | 11 | 9 |
| 3　企业创新综合指标 | 44.66 | 4 | 3 | 10 | 17 |
| 3.1　企业研究开发投入综合指标 | 49.83 | 4 | 3 | 12 | 14 |
| 3.2　设计能力综合指标 | 29.82 | 8 | 4 | 7 | 25 |
| 3.3　技术提升能力综合指标 | 34.67 | 5 | 2 | 23 | 12 |
| 3.4　新产品销售收入综合指标 | 56.05 | 5 | 3 | 12 | 16 |
| 4　创新环境综合指标 | 39.07 | 4 | 3 | 10 | 19 |
| 4.1　创新基础设施综合指标 | 33.63 | 6 | 4 | 7 | 20 |
| 4.2　市场环境综合指标 | 44.92 | 13 | 7 | 16 | 21 |
| 4.3　劳动者素质综合指标 | 41.43 | 4 | 3 | 29 | 14 |
| 4.4　金融环境综合指标 | 44.31 | 3 | 2 | 3 | 24 |
| 4.5　创业水平综合指标 | 31.06 | 8 | 4 | 20 | 13 |
| 5　创新绩效综合指标 | 44.15 | 7 | 4 | 10 | 19 |
| 5.1　宏观经济综合指标 | 59.66 | 4 | 3 | 10 | 24 |
| 5.2　产业结构综合指标 | 31.84 | 7 | 3 | 12 | 16 |
| 5.3　产业国际竞争力综合指标 | 19.66 | 8 | 5 | 11 | 14 |
| 5.4　就业综合指标 | 43.27 | 13 | 8 | 18 | 14 |
| 5.5　可持续发展与环保综合指标 | 66.31 | 24 | 29 | 6 | 9 |

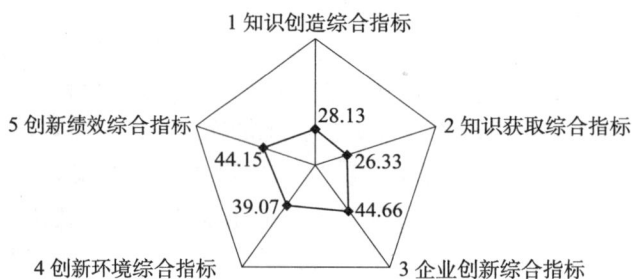

图 12 - 85　山东省创新能力蛛网图

| 排名 | 指标 |
|---|---|
| 4 | 11101 研究与试验发展全时人员当量 254 012.8 人年 |
| 8 | 11102 每万人平均研究与试验发展全时人员当量 26.23 人年/万人 |
| 12 | 11103 研究与试验发展全时人员当量增长率 13.17% |
| 7 | 11201 政府研发投入 92.19 亿元 |
| 17 | 11202 政府研发投入占GDP的比例 0.18% |
| 1 | 11203 政府研发投入增长率 28.52% |
| 4 | 12101 发明专利申请受理数 40 381 件 |
| 9 | 12102 每十万人平均发明专利申请受理数 41.69 件/十万人 |
| 11 | 12103 发明专利申请受理数增长率 35.21% |
| 21 | 12104 每亿元研发活动经费内部支出产生的发明专利申请数 39.58 件/亿元 |
| 6 | 12201 发明专利授权数 7 453 件 |
| 11 | 12202 每百万人平均发明专利授权数 76.95 件/百万人 |
| 12 | 12203 发明专利授权数增长率 39.22% |
| 30 | 12204 每亿元研发活动经费内部支出产生的发明专利授权数 7.3 件/亿元 |
| 8 | 13101 国内论文数 24 245 篇 |
| 21 | 13102 每十万人平均发表的国内论文数 25.03 篇/十万人 |
| 23 | 13103 国内论文数量增长率 7.19% |
| 9 | 13201 国际论文数 13 491 篇 |
| 19 | 13202 每十万人平均发表的国际论文数 2.46 篇/十万人 |
| 24 | 13203 国际论文数增长率 4.75% |

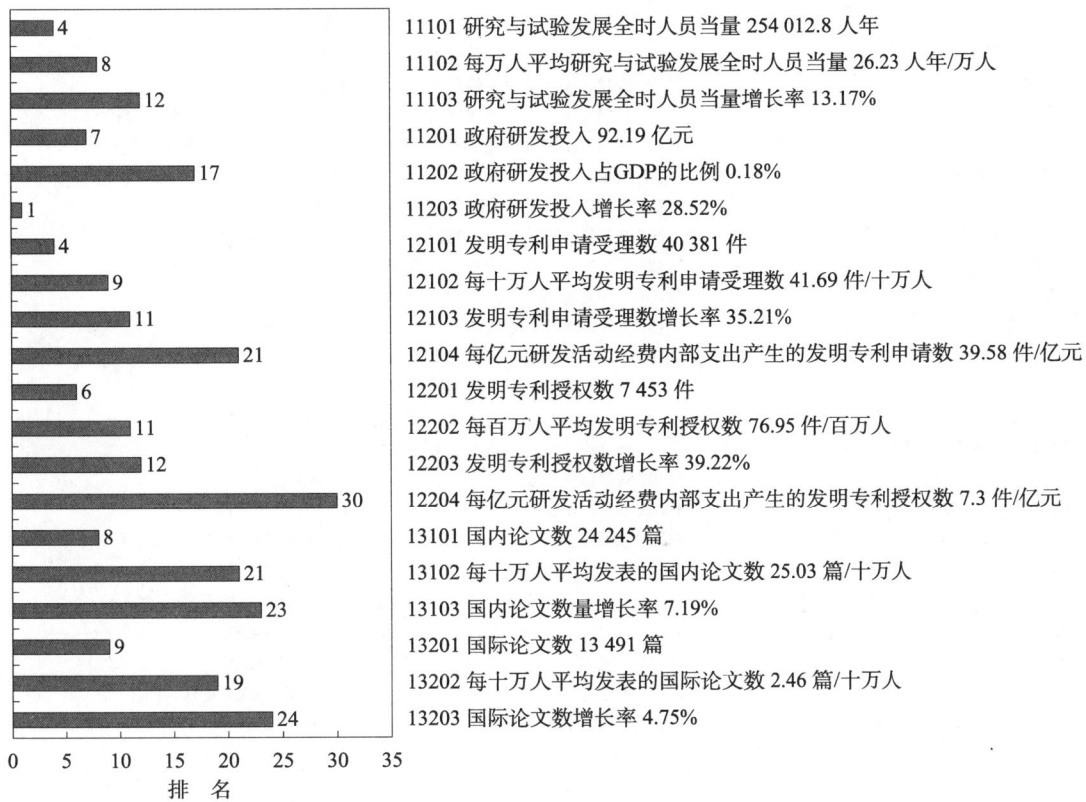

图 12-86　山东省知识创造能力基础指标

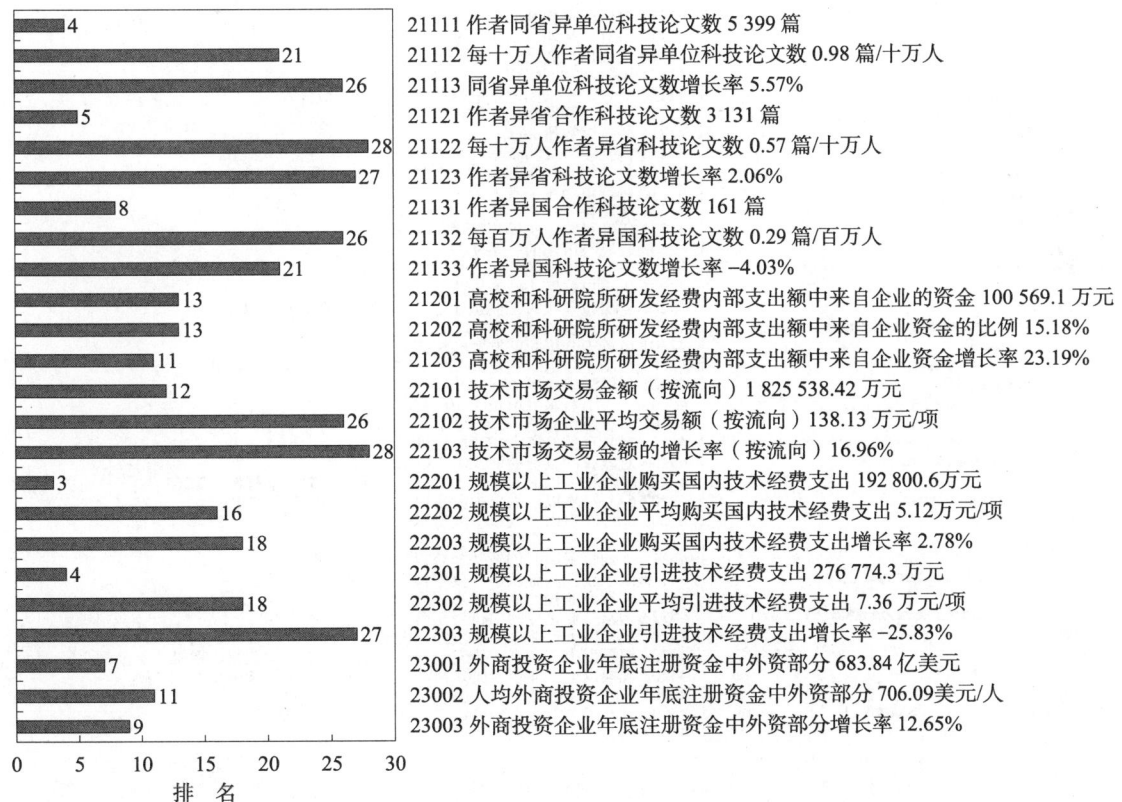

| 排名 | 指标 |
|---|---|
| 4 | 21111 作者同省异单位科技论文数 5 399 篇 |
| 21 | 21112 每十万人作者同省异单位科技论文数 0.98 篇/十万人 |
| 26 | 21113 同省异单位科技论文数增长率 5.57% |
| 5 | 21121 作者异省合作科技论文数 3 131 篇 |
| 28 | 21122 每十万人作者异省科技论文数 0.57 篇/十万人 |
| 27 | 21123 作者异省科技论文数增长率 2.06% |
| 8 | 21131 作者异国合作科技论文数 161 篇 |
| 26 | 21132 每百万人作者异国科技论文数 0.29 篇/百万人 |
| 21 | 21133 作者异国科技论文数增长率 -4.03% |
| 13 | 21201 高校和科研院所研发经费内部支出额中来自企业的资金 100 569.1 万元 |
| 13 | 21202 高校和科研院所研发经费内部支出额中来自企业资金的比例 15.18% |
| 11 | 21203 高校和科研院所研发经费内部支出额中来自企业资金增长率 23.19% |
| 12 | 22101 技术市场交易金额（按流向）1 825 538.42 万元 |
| 26 | 22102 技术市场企业平均交易额（按流向）138.13 万元/项 |
| 28 | 22103 技术市场交易金额的增长率（按流向）16.96% |
| 3 | 22201 规模以上工业企业购买国内技术经费支出 192 800.6 万元 |
| 16 | 22202 规模以上工业企业平均购买国内技术经费支出 5.12万元/项 |
| 18 | 22203 规模以上工业企业购买国内技术经费支出增长率 2.78% |
| 4 | 22301 规模以上工业企业引进技术经费支出 276 774.3 万元 |
| 18 | 22302 规模以上工业企业平均引进技术经费支出 7.36 万元/项 |
| 27 | 22303 规模以上工业企业引进技术经费支出增长率 -25.83% |
| 7 | 23001 外商投资企业年底注册资金中外资部分 683.84 亿美元 |
| 11 | 23002 人均外商投资企业年底注册资金中外资部分 706.09美元/人 |
| 9 | 23003 外商投资企业年底注册资金中外资部分增长率 12.65% |

图 12-87　山东省知识获取能力基础指标

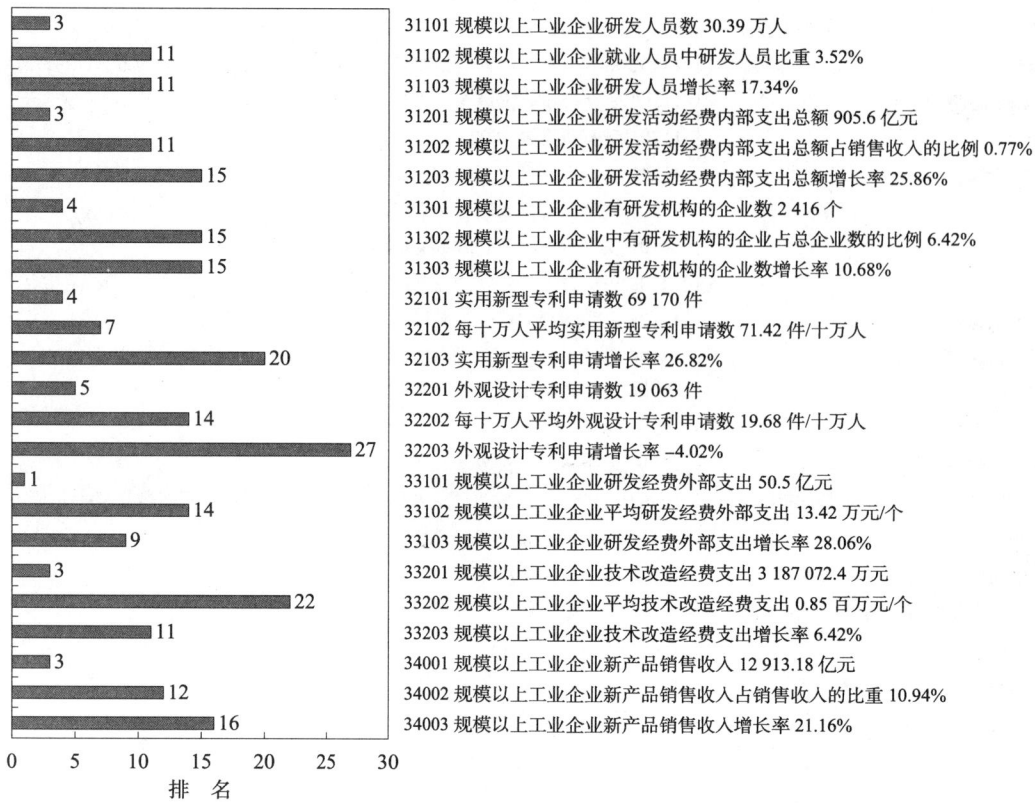

| 排名 | 指标 |
|---|---|
| 3 | 31101 规模以上工业企业研发人员数 30.39 万人 |
| 11 | 31102 规模以上工业企业就业人员中研发人员比重 3.52% |
| 11 | 31103 规模以上工业企业研发人员增长率 17.34% |
| 3 | 31201 规模以上工业企业研发活动经费内部支出总额 905.6 亿元 |
| 11 | 31202 规模以上工业企业研发活动经费内部支出总额占销售收入的比例 0.77% |
| 15 | 31203 规模以上工业企业研发活动经费内部支出总额增长率 25.86% |
| 4 | 31301 规模以上工业企业有研发机构的企业数 2 416 个 |
| 15 | 31302 规模以上工业企业中有研发机构的企业占总企业数的比例 6.42% |
| 15 | 31303 规模以上工业企业有研发机构的企业数增长率 10.68% |
| 4 | 32101 实用新型专利申请数 69 170 件 |
| 7 | 32102 每十万人平均实用新型专利申请数 71.42 件/十万人 |
| 20 | 32103 实用新型专利申请增长率 26.82% |
| 5 | 32201 外观设计专利申请数 19 063 件 |
| 14 | 32202 每十万人平均外观设计专利申请数 19.68 件/十万人 |
| 27 | 32203 外观设计专利申请增长率 –4.02% |
| 1 | 33101 规模以上工业企业研发经费外部支出 50.5 亿元 |
| 14 | 33102 规模以上工业企业平均研发经费外部支出 13.42 万元/个 |
| 9 | 33103 规模以上工业企业研发经费外部支出增长率 28.06% |
| 3 | 33201 规模以上工业企业技术改造经费支出 3 187 072.4 万元 |
| 22 | 33202 规模以上工业企业平均技术改造经费支出 0.85 百万元/个 |
| 11 | 33203 规模以上工业企业技术改造经费支出增长率 6.42% |
| 3 | 34001 规模以上工业企业新产品销售收入 12 913.18 亿元 |
| 12 | 34002 规模以上工业企业新产品销售收入占销售收入的比重 10.94% |
| 16 | 34003 规模以上工业企业新产品销售收入增长率 21.16% |

图 12 – 88　山东省企业创新能力基础指标

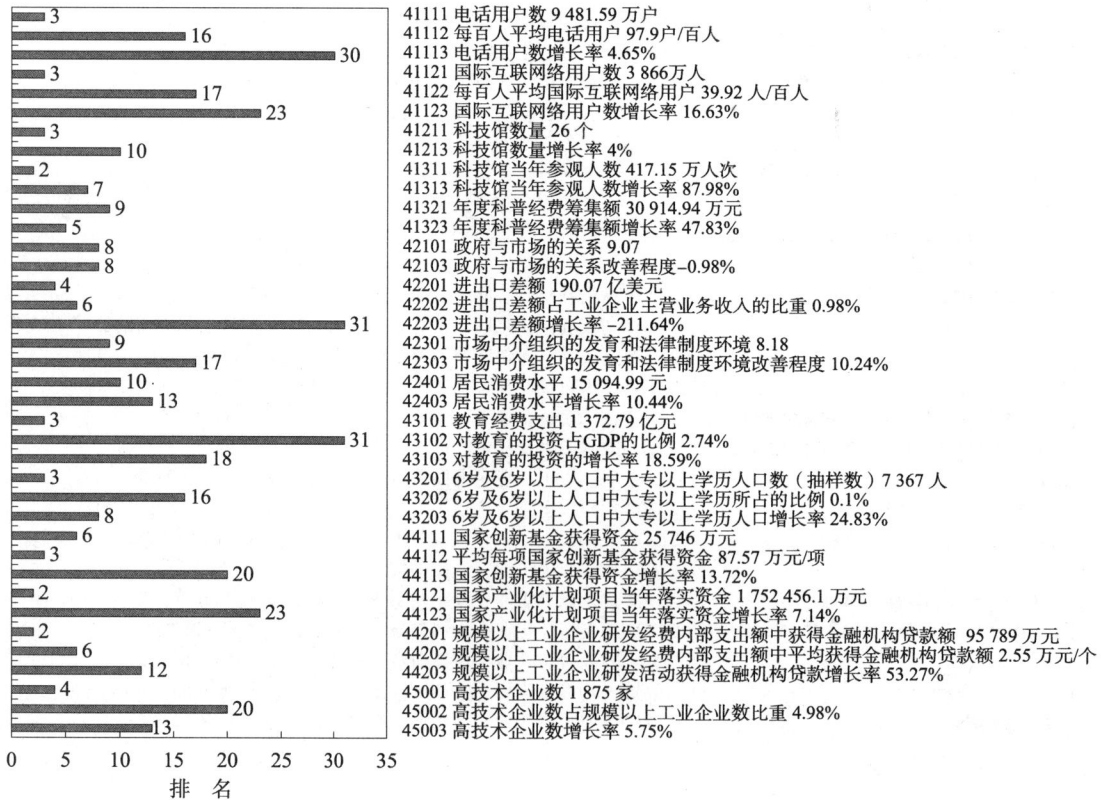

| 排名 | 指标 |
|---|---|
| 3 | 41111 电话用户数 9 481.59 万户 |
| 16 | 41112 每百人平均电话用户 97.9 户/百人 |
| 30 | 41113 电话用户数增长率 4.65% |
| 3 | 41121 国际互联网络用户数 3 866 万人 |
| 17 | 41122 每百人平均国际互联网络用户 39.92 人/百人 |
| 23 | 41123 国际互联网络用户数增长率 16.63% |
| 3 | 41211 科技馆数量 26 个 |
| 10 | 41213 科技馆数量增长率 4% |
| 2 | 41311 科技馆当年参观人数 417.15 万人次 |
| 7 | 41313 科技馆当年参观人数增长率 87.98% |
| 9 | 41321 年度科普经费筹集额 30 914.94 万元 |
| 5 | 41323 年度科普经费筹集额增长率 47.83% |
| 8 | 42101 政府与市场的关系 9.07 |
| 8 | 42103 政府与市场的关系改善程度 –0.98% |
| 4 | 42201 进出口差额 190.07 亿美元 |
| 6 | 42202 进出口差额占工业企业主营业务收入的比重 0.98% |
| 31 | 42203 进出口差额增长率 –211.64% |
| 9 | 42301 市场中介组织的发育和法律制度环境 8.18 |
| 17 | 42303 市场中介组织的发育和法律制度环境改善程度 10.24% |
| 10 | 42401 居民消费水平 15 094.99 元 |
| 13 | 42403 居民消费水平增长率 10.44% |
| 3 | 43101 教育经费支出 1 372.79 亿元 |
| 31 | 43102 对教育的投资占GDP的比例 2.74% |
| 18 | 43103 对教育的投资的增长率 18.59% |
| 3 | 43201 6岁及6岁以上人口中大专以上学历人口数（抽样数）7 367 人 |
| 16 | 43202 6岁以上人口中大专以上学历所占的比例 0.1% |
| 8 | 43203 6岁及6岁以上人口中大专以上学历人口增长率 24.83% |
| 6 | 44111 国家创新基金获得资金 25 746 万元 |
| 3 | 44112 平均每项国家创新基金获得资金 87.57 万元/项 |
| 20 | 44113 国家创新基金获得资金增长率 13.72% |
| 2 | 44121 国家产业化计划项目当年落实资金 1 752 456.1 万元 |
| 23 | 44123 国家产业化计划项目当年落实资金增长率 7.14% |
| 2 | 44201 规模以上工业企业研发经费内部支出中获得金融机构贷款额 95 789 万元 |
| 6 | 44202 规模以上工业企业研发经费内部支出额平均获得金融机构贷款额 2.55 万元/个 |
| 12 | 44203 规模以上工业企业研发活动获得金融机构贷款增长率 53.27% |
| 4 | 45001 高技术企业数 1 875 家 |
| 20 | 45002 高技术企业数占规模以上工业企业数比重 4.98% |
| 13 | 45003 高技术企业数增长率 5.75% |

图 12 – 89　山东省创新环境基础指标

| 编号 | 指标 |
|---|---|
| 3 | 51001 地区GDP 50 013.24 亿元 |
| 10 | 51002 人均GDP水平 51 768 元/人 |
| 24 | 51003 地区GDP增长率 9.76% |
| 3 | 52101 第三产业增加值 19 995.81 亿元 |
| 14 | 52102 第三产业增加值占GDP的比例 39.98% |
| 9 | 52103 第三产业增加值增长率 18.61% |
| 4 | 52201 信息产业主营业务收入 4 384.2 亿元 |
| 9 | 52202 信息产业主营业务收入占GDP的比重 8.77% |
| 19 | 52203 信息产业主营业务收入增长率 21.57% |
| 3 | 52301 高技术产业主营业务收入 7 729.2 亿元 |
| 9 | 52302 高技术产业主营业务收入占GDP的比重 15.45% |
| 15 | 52303 高技术产业主营业务收入增长率 22.58% |
| 5 | 53001 出口额 604.89 亿美元 |
| 8 | 53002 出口额占GDP的比重 7.37% |
| 14 | 53003 出口额的增长率 -2.31% |
| 14 | 54101 城镇登记失业率 3.33% |
| 5 | 54102 城镇登记失业率增长率 1.66% |
| 3 | 54201 高技术产业就业人数 67.49 万人 |
| 8 | 54202 高技术产业就业人数占总就业人数的比例 6.08% |
| 16 | 54203 高技术产业就业人数增长率 10.21% |
| 14 | 55102 万元地区生产总值能耗（等价值）0.86 吨标准煤/万元 |
| 29 | 55103 万元地区生产总值能耗（等价值）增长率 -3.77% |
| 13 | 55201 电耗总量 3 794.55 亿千瓦小时 |
| 7 | 55202 每万元GDP电耗总量 758.71 千瓦小时/万元 |
| 29 | 55203 电耗总量增长率 8.87% |
| 7 | 55301 工业污水排放总量 479 100.25 万吨 |
| 11 | 55302 每万元GDP工业污水排放量 9.58 吨/万元 |
| 30 | 55303 工业污水排放总量增长率 21.81% |
| 13 | 55401 废气中主要污染物排放量 418.3 万吨 |
| 22 | 55402 每亿元GDP废气中主要污染物排放量 83.64 吨/亿元 |
| | 55403 废气中主要污染物排放量增长率 11.56% |

排　名

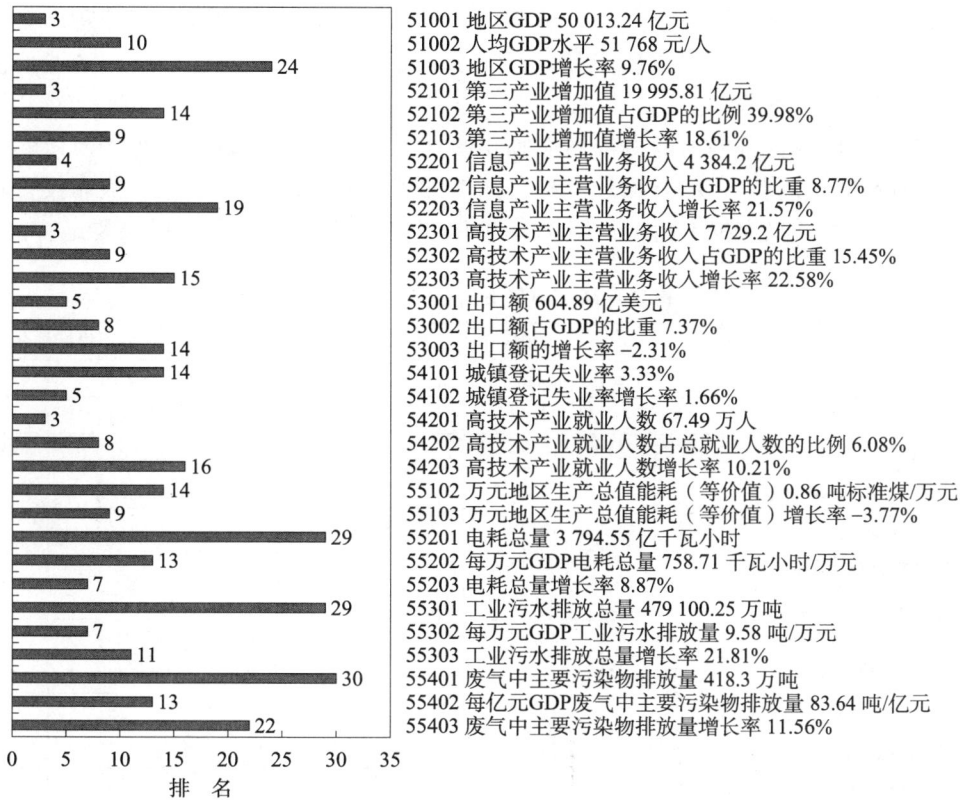

图 12 - 90　山东省创新绩效基础指标

## 12. 16　河南省

2012 年，河南省常住人口数为 9 406 万人，实现地区生产总值 29 599. 31 亿元，同比增长 10. 15%，人均 GDP 为 31 499 元，位居全国第 23 位。2012 年三次产业结构之比为 12. 7∶56. 3∶30. 9。其中，高技术产业主营业务收入 3 257. 8 亿元，占 GDP 的比重为 11. 01%。

2014 年，综合创新能力处于全国中游水平，比去年下降 1 位，居全国第 17 位。各项指标中，知识创造综合指标、知识获取综合指标、企业创新综合指标、创新环境综合指标、创新绩效综合指标的排名分别为第 18 位、第 26 位、第 22 位、第 16 位、第 9 位。另外，创新实力、创新效率、创新潜力指标分别排名第 26 位、第 24 位、第 15 位。从指标排名看，河南省创新能力仍有待提高。

为实施创新驱动发展战略，增强自主创新能力，推进经济结构战略性调整，为中原经济区建设提供强大动力和支撑，2013 年，河南省发布《关于加快自主创新体系建设促进创新驱动发展的指导意见》（以下简称意见）。意见指出到 2015 年，自主创新体系基本建立。全社会研发投入占地区生产总值的比重达 1. 6%；大中型工业企业平均研发投入占主营业务收入比例提高到 1. 5%；科技进步贡献率达 50%；高新技术产业增加值占工业增加值的比重达 25%；发明专利拥有量突破 1 万件。到 2020 年，基本形成要素完备、配置高效、协调发展、充满活力的自主创新体系。全社会研发投入占地区生产总值的比重达 2. 5%；科技进步贡献率达 60%；高新技术产业增加值占工业增加值的比重达 33%；发明专利年授权量进入全国前 10 名。在促进传统产业优化升级方面，实施传统产业技术创新工程，完善新技术新工艺新产品的应用推广机制，提升传统产业创新发展能力。积极引导企业充分利用高新技术、信息技术对产业生产流程、工艺和产品层次进行提升改造；围绕产业研发新产品、新技术、新工艺，拉长产业链，向产业价值高端发展，提升传统产业市场竞争力。

　　总的说来，河南省提升创新能力依然面临很多困难和挑战。人口多，底子薄依然是其典型特征，部分行业产能过剩、依赖资源开发和初加工的地方及企业仍很困难。依靠投资拉动经济增长的粗放型发展方式没有根本扭转，创新能力相对较弱，未来仍有很长的路要走。

表 12 - 16　河南省创新能力综合指标

| 指标名称 | 2014 年综合指标 | | 2014 年分项指标排名 | | |
|---|---|---|---|---|---|
| | 指标值 | 排名 | 实力 | 效率 | 潜力 |
| 综合值 | 24.33 | 17 | 26 | 24 | 15 |
| 1　知识创造综合指标 | 19.49 | 18 | 7 | 21 | 19 |
| 1.1　研究开发投入综合指标 | 16.34 | 17 | 10 | 20 | 20 |
| 1.2　专利综合指标 | 15.49 | 23 | 9 | 27 | 16 |
| 1.3　科研论文综合指标 | 33.78 | 10 | 5 | 13 | 13 |
| 2　知识获取综合指标 | 13.79 | 26 | 7 | 30 | 25 |
| 2.1　科技合作综合指标 | 23.82 | 27 | 6 | 25 | 21 |
| 2.2　技术转移综合指标 | 7.85 | 25 | 17 | 29 | 31 |
| 2.3　外资企业投资综合指标 | 10.72 | 20 | 6 | 26 | 19 |
| 3　企业创新综合指标 | 17.72 | 22 | 14 | 27 | 23 |
| 3.1　企业研究开发投入综合指标 | 21.65 | 16 | 10 | 20 | 21 |
| 3.2　设计能力综合指标 | 14.45 | 15 | 11 | 17 | 16 |
| 3.3　技术提升能力综合指标 | 11.92 | 26 | 13 | 31 | 29 |
| 3.4　新产品销售收入综合指标 | 19.84 | 22 | 11 | 26 | 21 |
| 4　创新环境综合指标 | 25.81 | 16 | 10 | 30 | 12 |
| 4.1　创新基础设施综合指标 | 17.33 | 20 | 6 | 28 | 16 |
| 4.2　市场环境综合指标 | 40.45 | 24 | 12 | 30 | 13 |
| 4.3　劳动者素质综合指标 | 33.82 | 9 | 15 | 27 | 16 |
| 4.4　金融环境综合指标 | 12.28 | 20 | 18 | 19 | 11 |
| 4.5　创业水平综合指标 | 25.14 | 16 | 17 | 23 | 6 |
| 5　创新绩效综合指标 | 42.26 | 9 | 18 | 11 | 2 |
| 5.1　宏观经济综合指标 | 35.34 | 16 | 13 | 23 | 20 |
| 5.2　产业结构综合指标 | 26.22 | 9 | 14 | 19 | 2 |
| 5.3　产业国际竞争力综合指标 | 19.19 | 10 | 11 | 13 | 2 |
| 5.4　就业综合指标 | 61.01 | 2 | 12 | 1 | 1 |
| 5.5　可持续发展与环保综合指标 | 69.53 | 22 | 13 | 19 | 6 |

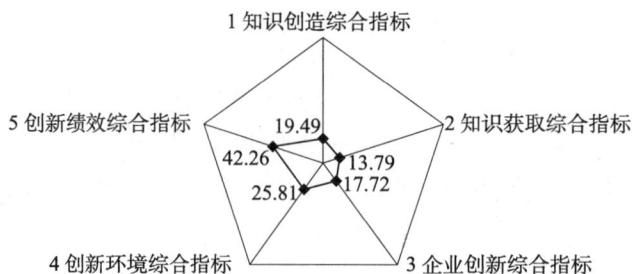

图 12 - 91　河南省创新能力蛛网图

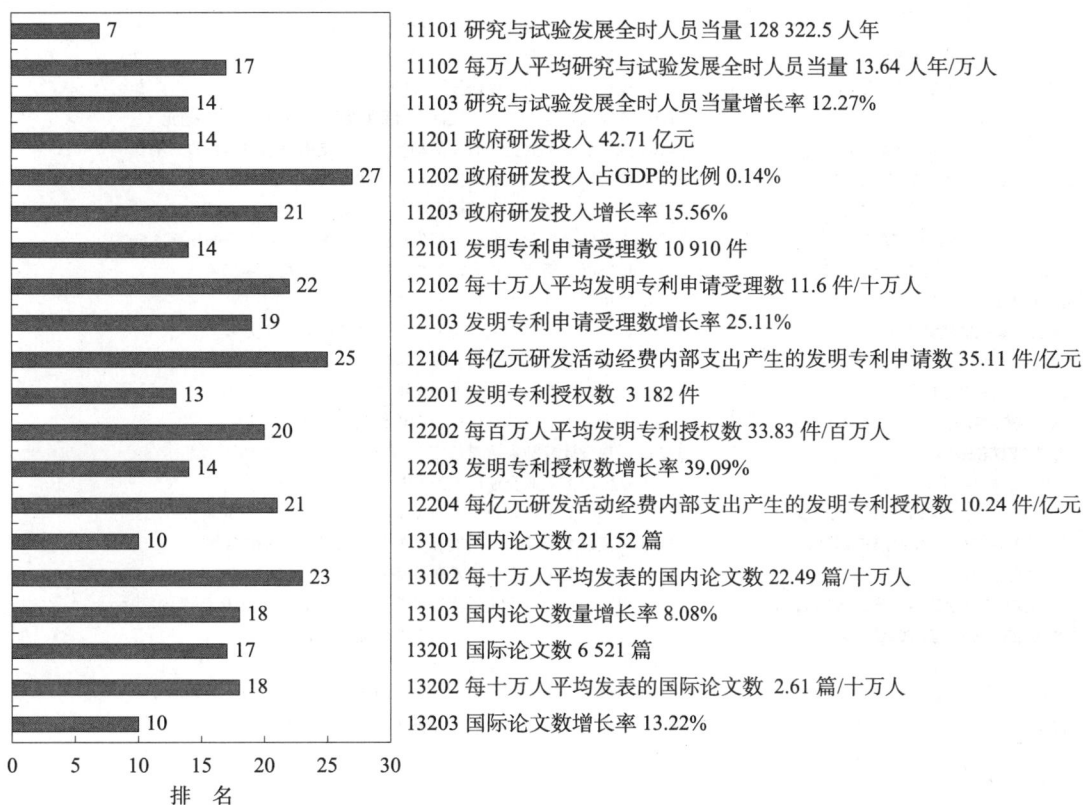

图 12 – 92　河南省知识创造能力基础指标

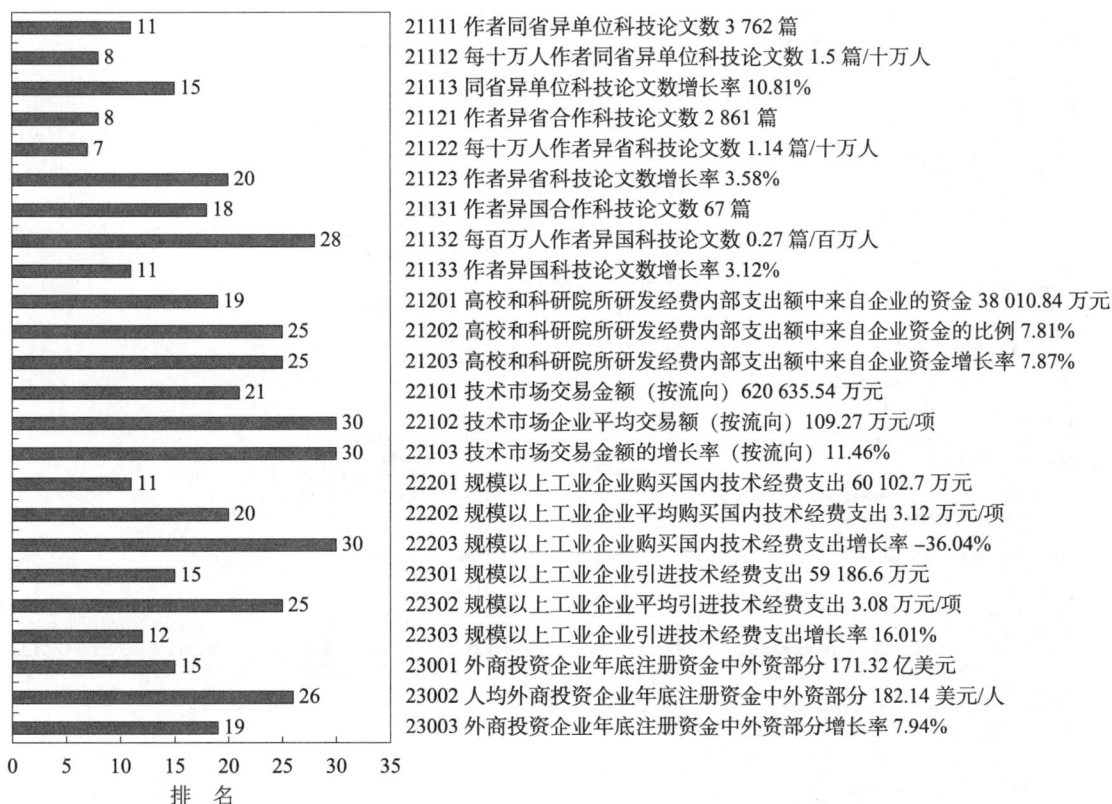

河南省知识创造能力基础指标条形图数据：

- 11101 研究与试验发展全时人员当量 128 322.5 人年 —— 7
- 11102 每万人平均研究与试验发展全时人员当量 13.64 人年/万人 —— 17
- 11103 研究与试验发展全时人员当量增长率 12.27% —— 14
- 11201 政府研发投入 42.71 亿元 —— 14
- 11202 政府研发投入占GDP的比例 0.14% —— 27
- 11203 政府研发投入增长率 15.56% —— 21
- 12101 发明专利申请受理数 10 910 件 —— 14
- 12102 每十万人平均发明专利申请受理数 11.6 件/十万人 —— 22
- 12103 发明专利申请受理数增长率 25.11% —— 19
- 12104 每亿元研发活动经费内部支出产生的发明专利申请数 35.11 件/亿元 —— 25
- 12201 发明专利授权数 3 182 件 —— 13
- 12202 每百万人平均发明专利授权数 33.83 件/百万人 —— 20
- 12203 发明专利授权数增长率 39.09% —— 14
- 12204 每亿元研发活动经费内部支出产生的发明专利授权数 10.24 件/亿元 —— 21
- 13101 国内论文数 21 152 篇 —— 10
- 13102 每十万人平均发表的国内论文数 22.49 篇/十万人 —— 23
- 13103 国内论文数量增长率 8.08% —— 18
- 13201 国际论文数 6 521 篇 —— 17
- 13202 每十万人平均发表的国际论文数 2.61 篇/十万人 —— 18
- 13203 国际论文数增长率 13.22% —— 10

图 12 – 93　河南省知识获取能力基础指标

河南省知识获取能力基础指标条形图数据：

- 21111 作者同省异单位科技论文数 3 762 篇 —— 11
- 21112 每十万人作者同省异单位科技论文数 1.5 篇/十万人 —— 8
- 21113 同省异单位科技论文数增长率 10.81% —— 15
- 21121 作者异省合作科技论文数 2 861 篇 —— 8
- 21122 每十万人作者异省科技论文数 1.14 篇/十万人 —— 7
- 21123 作者异省科技论文数增长率 3.58% —— 20
- 21131 作者异国合作科技论文数 67 篇 —— 18
- 21132 每百万人作者异国科技论文数 0.27 篇/百万人 —— 28
- 21133 作者异国科技论文数增长率 3.12% —— 11
- 21201 高校和科研院所研发经费内部支出额中来自企业的资金 38 010.84 万元 —— 19
- 21202 高校和科研院所研发经费内部支出额中来自企业资金的比例 7.81% —— 25
- 21203 高校和科研院所研发经费内部支出额中来自企业资金增长率 7.87% —— 25
- 22101 技术市场交易金额（按流向）620 635.54 万元 —— 21
- 22102 技术市场企业平均交易额（按流向）109.27 万元/项 —— 30
- 22103 技术市场交易金额的增长率（按流向）11.46% —— 30
- 22201 规模以上工业企业购买国内技术经费支出 60 102.7 万元 —— 11
- 22202 规模以上工业企业平均购买国内技术经费支出 3.12 万元/项 —— 20
- 22203 规模以上工业企业购买国内技术经费支出增长率 –36.04% —— 30
- 22301 规模以上工业企业引进技术经费支出 59 186.6 万元 —— 15
- 22302 规模以上工业企业平均引进技术经费支出 3.08 万元/项 —— 25
- 22303 规模以上工业企业引进技术经费支出增长率 16.01% —— 12
- 23001 外商投资企业年底注册资金中外资部分 171.32 亿美元 —— 15
- 23002 人均外商投资企业年底注册资金中外资部分 182.14 美元/人 —— 26
- 23003 外商投资企业年底注册资金中外资部分增长率 7.94% —— 19

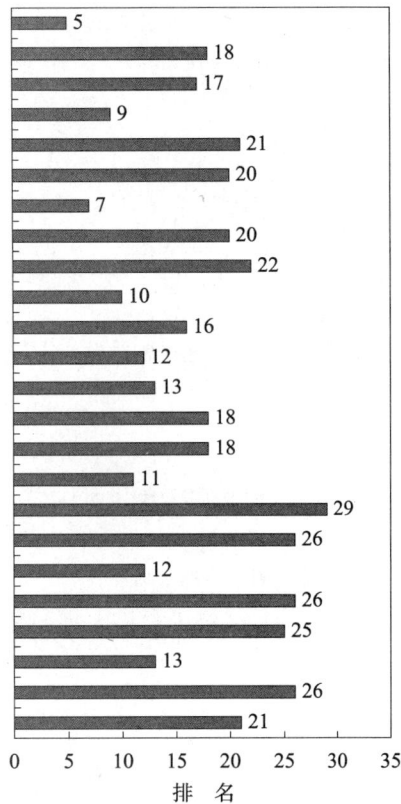

31101 规模以上工业企业研发人员数 14.08 万人
31102 规模以上工业企业就业人员中研发人员比重 2.53%
31103 规模以上工业企业研发人员增长率 13.79%
31201 规模以上工业企业研发活动经费内部支出总额 248.97 亿元
31202 规模以上工业企业研发活动经费内部支出总额占销售收入的比例 0.48%
31203 规模以上工业企业研发活动经费内部支出总额增长率 21.55%
31301 规模以上工业企业有研发机构的企业数 1 089 个
31302 规模以上工业企业中有研发机构的企业占总企业数的比例 5.66%
31303 规模以上工业企业有研发机构的企业数增长率 4.16%
32101 实用新型专利申请数 23 594 件
32102 每十万人平均实用新型专利申请数 25.08 件/十万人
32103 实用新型专利申请增长率 32.08%
32201 外观设计专利申请数 8 938 件
32202 每十万人平均外观设计专利申请数 9.5 件/十万人
32203 外观设计专利申请增长率 17.33%
33101 规模以上工业企业研发经费外部支出 11.97 亿元
33102 规模以上工业企业平均研发经费外部支出 6.22 万元/个
33103 规模以上工业企业研发经费外部支出增长率 8.63%
33201 规模以上工业企业技术改造经费支出 1 366 002.1 万元
33202 规模以上工业企业平均技术改造经费支出 0.71 百万元/个
33203 规模以上工业企业技术改造经费支出增长率 –12.72 %
34001 规模以上工业企业新产品销售收入 2 576.2 亿元
34002 规模以上工业企业新产品销售收入占销售收入的比重 4.93%
34003 规模以上工业企业新产品销售收入增长率 16.36%

图 12 - 94　河南省企业创新能力基础指标

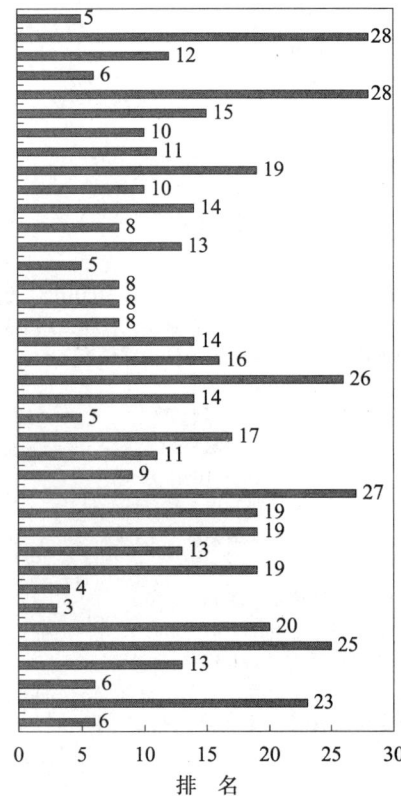

41111 电话用户数 7 082.72 万户
41112 每百人平均电话用户 75.3 户/百人
41113 电话用户数增长率 10.82%
41121 国际互联网络用户数 2 856 万人
41122 每百人平均国际互联网络用户 30.36 人/百人
41123 国际互联网络用户数增长率 19.65%
41211 科技馆数量 9 个
41213 科技馆数量增长率 0%
41311 科技馆当年参观人数 50.99 万人次
41313 科技馆当年参观人数增长率 35.97%
41321 年度科普经费筹集额 27 202.74 万元
41323 年度科普经费筹集额增长率 30.23%
42101 政府与市场的关系 8.62
42103 政府与市场的关系改善程度 –0.81%
42201 进出口差额 37.06 亿美元
42202 进出口差额占工业企业主营业务收入的比重 0.43%
42203 进出口差额增长率 21.08%
42301 市场中介组织的发育和法律制度环境 6.07
42303 市场中介组织的发育和法律制度环境改善程度 10.36%
42401 居民消费水平 10 380.34 元
42403 居民消费水平增长率 10.39%
43101 教育经费支出 1 182.14 亿元
43102 对教育的投资占GDP的比例 3.99%
43103 对教育的投资的增长率 21.49%
43201 6岁及6岁以上人口中大专以上学历人口数（抽样数）4798 人
43202 6岁及6岁以上人口中大专以上学历所占的比例 0.07%
43203 6岁及6岁以上人口中大专以上学历人口增长率 9.86%
44111 国家创新基金获得资金 10 846 万元
44112 平均每项国家创新基金获得资金 64.95 万元/项
44113 国家创新基金获得资金增长率 13.81%
44121 国家产业化计划项目当年落实资金 586 733.8 万元
44123 国家产业化计划项目当年落实资金增长率 51.78%
44201 规模以上工业企业研发经费内部支出额中获得金融机构贷款额 9 011.3 万元
44202 规模以上工业企业研发经费内部支出额中平均获得金融机构贷款额 0.47 万元/个
44203 规模以上工业企业研发活动获得金融机构贷款增长率 46.54%
45001 高技术企业数 848 家
45002 高技术企业数占规模以上工业企业数比重 4.41%
45003 高技术企业数增长率 9.83%

图 12 - 95　河南省创新环境基础指标

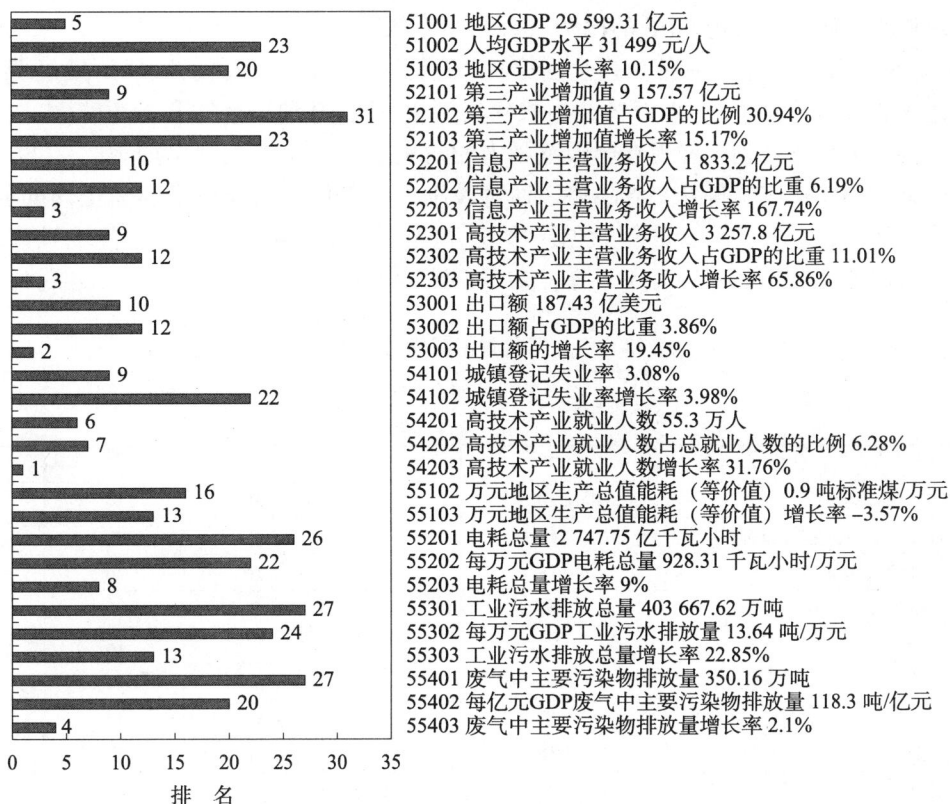

| 编号 | 指标 |
|---|---|
| 51001 | 地区GDP 29 599.31亿元 |
| 51002 | 人均GDP水平 31 499元/人 |
| 51003 | 地区GDP增长率 10.15% |
| 52101 | 第三产业增加值 9 157.57亿元 |
| 52102 | 第三产业增加值占GDP的比例 30.94% |
| 52103 | 第三产业增加值增长率 15.17% |
| 52201 | 信息产业主营业务收入 1 833.2亿元 |
| 52202 | 信息产业主营业务收入占GDP的比重 6.19% |
| 52203 | 信息产业主营业务收入增长率 167.74% |
| 52301 | 高技术产业主营业务收入 3 257.8亿元 |
| 52302 | 高技术产业主营业务收入占GDP的比重 11.01% |
| 52303 | 高技术产业主营业务收入增长率 65.86% |
| 53001 | 出口额 187.43亿美元 |
| 53002 | 出口额占GDP的比重 3.86% |
| 53003 | 出口额的增长率 19.45% |
| 54101 | 城镇登记失业率 3.08% |
| 54102 | 城镇登记失业率增长率 3.98% |
| 54201 | 高技术产业就业人数 55.3万人 |
| 54202 | 高技术产业就业人数占总就业人数的比例 6.28% |
| 54203 | 高技术产业就业人数增长率 31.76% |
| 55102 | 万元地区生产总值能耗（等价值）0.9吨标准煤/万元 |
| 55103 | 万元地区生产总值能耗（等价值）增长率 −3.57% |
| 55201 | 电耗总量 2 747.75亿千瓦小时 |
| 55202 | 每万元GDP电耗总量 928.31千瓦小时/万元 |
| 55203 | 电耗总量增长率 9% |
| 55301 | 工业污水排放总量 403 667.62万吨 |
| 55302 | 每万元GDP工业污水排放量 13.64吨/万元 |
| 55303 | 工业污水排放总量增长率 22.85% |
| 55401 | 废气中主要污染物排放量 350.16万吨 |
| 55402 | 每亿元GDP废气中主要污染物排放量 118.3吨/亿元 |
| 55403 | 废气中主要污染物排放量增长率 2.1% |

图12-96 河南省创新绩效基础指标

## 12.17 湖北省

湖北省，位于中国中部、长江中游、洞庭湖以北。2012年，全省常住人口数5 779万人，全年地区生产总值22 659.38亿元，同比增长11.25%，人均GDP为38 572元，位居全国第13位。2012年三次产业结构之比为12.8:50.3:36.9。其中，高技术产业主营业务收入2 027.3亿元，占GDP的比重为8.95%。

湖北省作为诞生了我国第一家科技企业孵化器的省份，目前孵化器已经成为湖北科教、企业、资本、政府等多种资源的融合器。依托孵化器与创新服务平台，2013年6月湖北省启动"科技促进大学生创业就业"专项行动，通过"计划项目牵引、创新平台承载、孵化服务培育、创业投资引导"，扶持一批大学生科技创业，力促万名以上大学生就业。经过一年的实践获得了一定的进展。通过孵化大学生创业，湖北省的高技术企业的数量从2012年的544家增长到687家，增幅为9.68%，位于全国第7位。创业水平综合指标也由2013年的全国第22位上升到2014年的第15位。在依托丰富的孵化经验促进创业创新的同时，湖北省还鼓励企业通过技术转移的方式促进创新发展。目前湖北省规模以上工业企业平均引进技术经费支出为12.87万元/项，排名全国第10位，规模以上工业企业引进技术经费支出增长率达到50.19%，排名全国第5位，这两项指标的排名较之去年分别上升了16位和8位。这也促使湖北省技术转移综合指标由去年的21位上升至今年的15位。

然而，作为我国传统的教育大省，湖北省本年度的知识创造综合指标排名下降2位，其中科研论文综合指标的降幅最大，下降了6位。例如，国际论文数由17 684篇下降至15 181篇。

另一方面，政府的研发投入占 GDP 的比例（0.37%）仅与去年（0.36%）持平，政府研发投入的金额（82.99 亿元）也下降一位位列全国第 9。但是湖北省高校和科研院所研发经费内部支出额中来自企业资金增长率达到 12.73%，由去年的第 25 位上升到今年的第 17 位。

　　总体而言，湖北省的创新能力在全国范围内相对先进，今年进入全国前 10 名。依托丰富的高校科研资源，湖北省实施科技兴省战略，通过鼓励大学生创业以及以企业为主体的创新活动。目前湖北省逐步构建了较为理想的创业创新环境，但是同时注意的是，作为传统教育大省的湖北省在知识创造环节的排名今年有所下降，知识创造能力的增长放缓。

表 12－17　湖北省创新能力综合指标

| 指标名称 | 2014 年综合指标 | | 2014 年分项指标排名 | | |
|---|---|---|---|---|---|
| | 指标值 | 排名 | 实力 | 效率 | 潜力 |
| 综合值 | 28.82 | 10 | 8 | 12 | 19 |
| 1　知识创造综合指标 | 20.75 | 15 | 9 | 14 | 28 |
| 1.1　研究开发投入综合指标 | 19.06 | 12 | 9 | 9 | 23 |
| 1.2　专利综合指标 | 18.67 | 15 | 10 | 20 | 15 |
| 1.3　科研论文综合指标 | 28.26 | 20 | 7 | 7 | 31 |
| 2　知识获取综合指标 | 22.22 | 14 | 12 | 16 | 14 |
| 2.1　科技合作综合指标 | 35.86 | 11 | 8 | 11 | 31 |
| 2.2　技术转移综合指标 | 17.16 | 15 | 11 | 14 | 8 |
| 2.3　外资企业投资综合指标 | 15.78 | 15 | 12 | 14 | 10 |
| 3　企业创新综合指标 | 27.98 | 12 | 11 | 11 | 8 |
| 3.1　企业研究开发投入综合指标 | 36.27 | 9 | 7 | 9 | 9 |
| 3.2　设计能力综合指标 | 16.47 | 13 | 9 | 12 | 20 |
| 3.3　技术提升能力综合指标 | 9.97 | 29 | 18 | 29 | 30 |
| 3.4　新产品销售收入综合指标 | 39.38 | 11 | 9 | 10 | 8 |
| 4　创新环境综合指标 | 32.3 | 8 | 8 | 9 | 16 |
| 4.1　创新基础设施综合指标 | 42.23 | 3 | 3 | 4 | 17 |
| 4.2　市场环境综合指标 | 42.14 | 20 | 12 | 20 | 19 |
| 4.3　劳动者素质综合指标 | 29.69 | 15 | 9 | 22 | 22 |
| 4.4　金融环境综合指标 | 21.38 | 7 | 6 | 6 | 26 |
| 4.5　创业水平综合指标 | 26.05 | 15 | 13 | 16 | 7 |
| 5　创新绩效综合指标 | 36.53 | 13 | 12 | 17 | 10 |
| 5.1　宏观经济综合指标 | 37.72 | 12 | 9 | 13 | 18 |
| 5.2　产业结构综合指标 | 18.32 | 16 | 13 | 16 | 19 |
| 5.3　产业国际竞争力综合指标 | 12.19 | 15 | 14 | 16 | 7 |
| 5.4　就业综合指标 | 38.2 | 18 | 26 | 20 | 10 |
| 5.5　可持续发展与环保综合指标 | 76.23 | 12 | 20 | 14 | 12 |

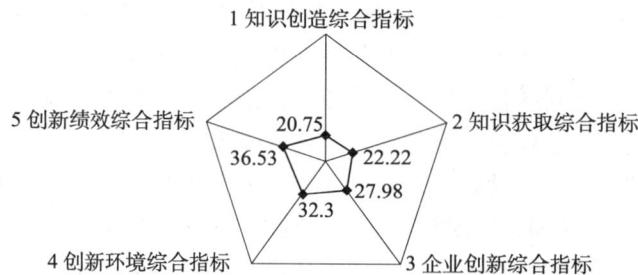

图 12－97　湖北省创新能力蛛网图

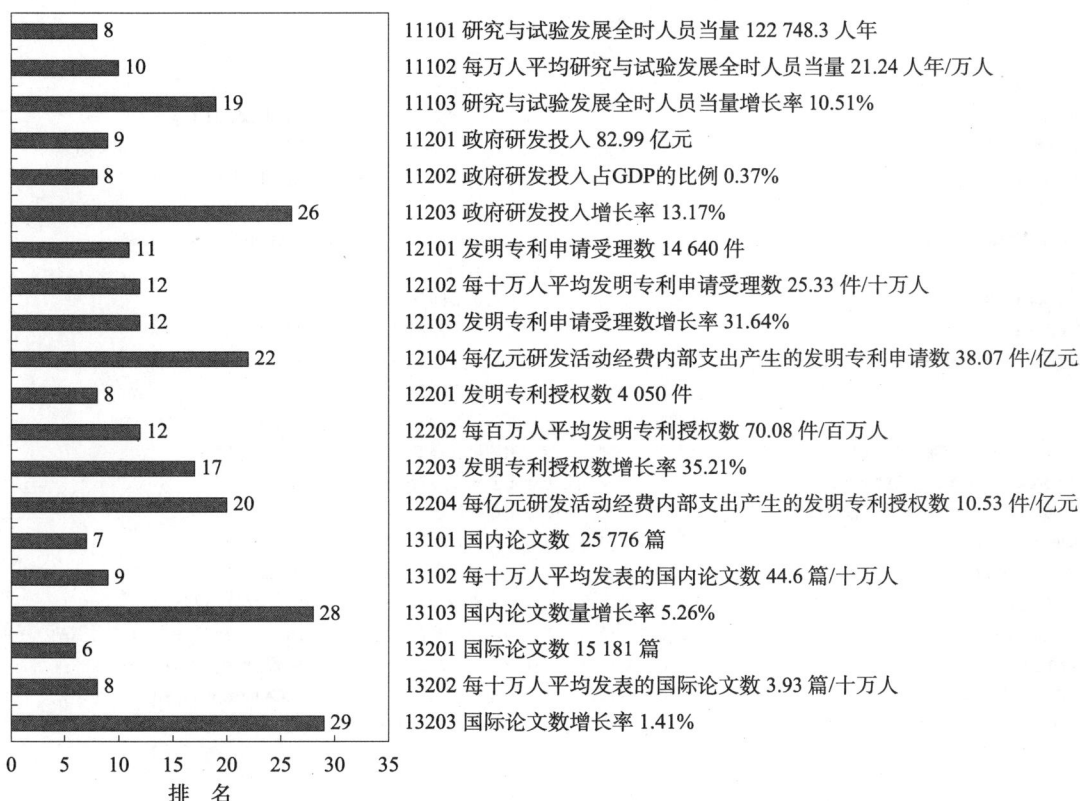

图 12－98　湖北省知识创造能力基础指标

| 编号 | 指标 | 排名 |
|---|---|---|
| 11101 | 研究与试验发展全时人员当量 122 748.3 人年 | 8 |
| 11102 | 每万人平均研究与试验发展全时人员当量 21.24 人年/万人 | 10 |
| 11103 | 研究与试验发展全时人员当量增长率 10.51% | 19 |
| 11201 | 政府研发投入 82.99 亿元 | 9 |
| 11202 | 政府研发投入占GDP的比例 0.37% | 8 |
| 11203 | 政府研发投入增长率 13.17% | 26 |
| 12101 | 发明专利申请受理数 14 640 件 | 11 |
| 12102 | 每十万人平均发明专利申请受理数 25.33 件/十万人 | 12 |
| 12103 | 发明专利申请受理数增长率 31.64% | 12 |
| 12104 | 每亿元研发活动经费内部支出产生的发明专利申请数 38.07 件/亿元 | 22 |
| 12201 | 发明专利授权数 4 050 件 | 8 |
| 12202 | 每百万人平均发明专利授权数 70.08 件/百万人 | 12 |
| 12203 | 发明专利授权数增长率 35.21% | 17 |
| 12204 | 每亿元研发活动经费内部支出产生的发明专利授权数 10.53 件/亿元 | 20 |
| 13101 | 国内论文数 25 776 篇 | 7 |
| 13102 | 每十万人平均发表的国内论文数 44.6 篇/十万人 | 9 |
| 13103 | 国内论文数量增长率 5.26% | 28 |
| 13201 | 国际论文数 15 181 篇 | 6 |
| 13202 | 每十万人平均发表的国际论文数 3.93 篇/十万人 | 8 |
| 13203 | 国际论文数增长率 1.41% | 29 |

图 12－98　湖北省知识创造能力基础指标

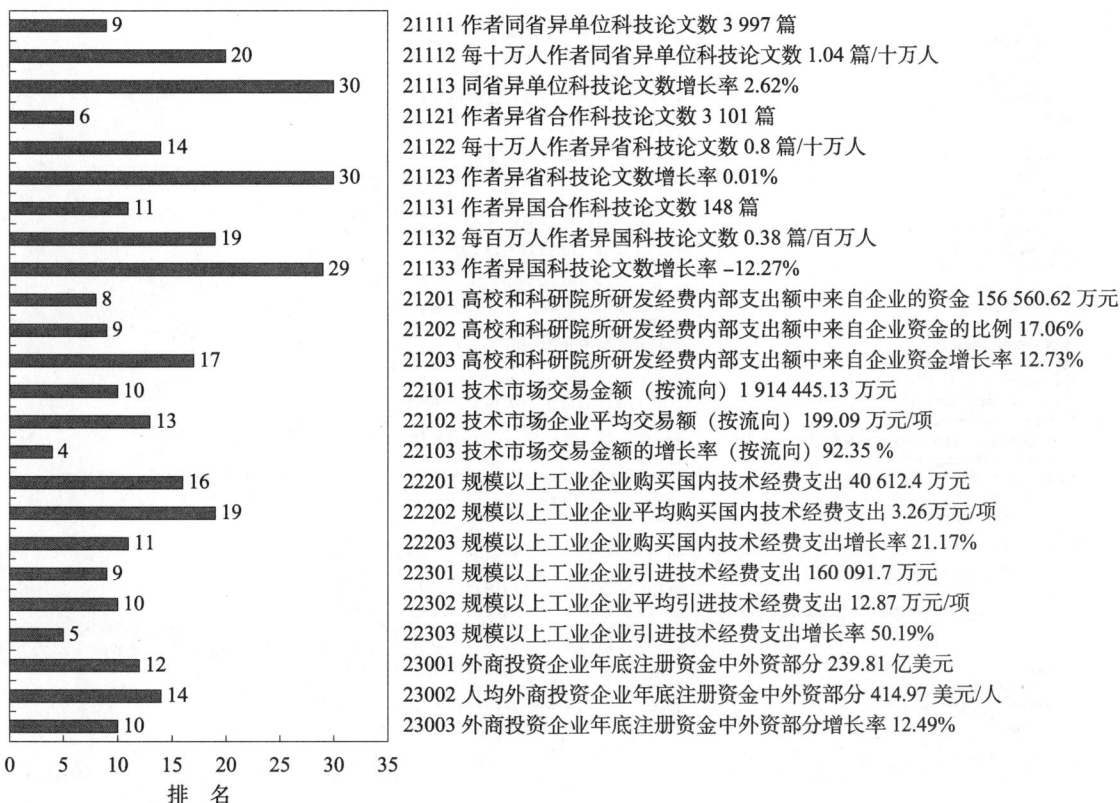

| 编号 | 指标 | 排名 |
|---|---|---|
| 21111 | 作者同省异单位科技论文数 3 997 篇 | 9 |
| 21112 | 每十万人作者同省异单位科技论文数 1.04 篇/十万人 | 20 |
| 21113 | 同省异单位科技论文数增长率 2.62% | 30 |
| 21121 | 作者异省合作科技论文数 3 101 篇 | 6 |
| 21122 | 每十万人作者异省科技论文数 0.8 篇/十万人 | 14 |
| 21123 | 作者异省科技论文数增长率 0.01% | 30 |
| 21131 | 作者异国合作科技论文数 148 篇 | 11 |
| 21132 | 每百万人作者异国科技论文数 0.38 篇/百万人 | 19 |
| 21133 | 作者异国科技论文数增长率 –12.27% | 29 |
| 21201 | 高校和科研院所研发经费内部支出额中来自企业的资金 156 560.62 万元 | 8 |
| 21202 | 高校和科研院所研发经费内部支出额中来自企业资金的比例 17.06% | 9 |
| 21203 | 高校和科研院所研发经费内部支出额中来自企业资金增长率 12.73% | 17 |
| 22101 | 技术市场交易金额（按流向）1 914 445.13 万元 | 10 |
| 22102 | 技术市场企业平均交易额（按流向）199.09 万元/项 | 13 |
| 22103 | 技术市场交易金额的增长率（按流向）92.35 % | 4 |
| 22201 | 规模以上工业企业购买国内技术经费支出 40 612.4 万元 | 16 |
| 22202 | 规模以上工业企业平均购买国内技术经费支出 3.26 万元/项 | 19 |
| 22203 | 规模以上工业企业购买国内技术经费支出增长率 21.17% | 11 |
| 22301 | 规模以上工业企业引进技术经费支出 160 091.7 万元 | 9 |
| 22302 | 规模以上工业企业平均引进技术经费支出 12.87 万元/项 | 10 |
| 22303 | 规模以上工业企业引进技术经费支出增长率 50.19% | 5 |
| 23001 | 外商投资企业年底注册资金中外资部分 239.81 亿美元 | 12 |
| 23002 | 人均外商投资企业年底注册资金中外资部分 414.97 美元/人 | 14 |
| 23003 | 外商投资企业年底注册资金中外资部分增长率 12.49% | 10 |

图 12－99　湖北省知识获取能力基础指标

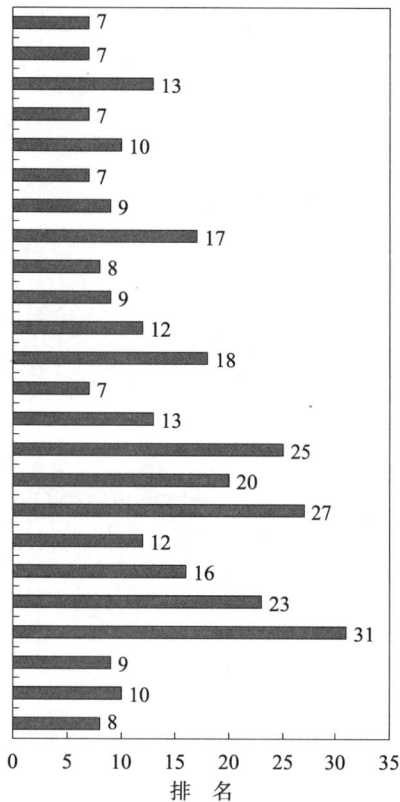

| 排名 | 指标 |
|---|---|
| 7 | 31101 规模以上工业企业研发人员数 11.26 万人 |
| 7 | 31102 规模以上工业企业就业人员中研发人员比重 3.96% |
| 13 | 31103 规模以上工业企业研发人员增长率 16.36% |
| 7 | 31201 规模以上工业企业研发活动经费内部支出总额 263.31 亿元 |
| 10 | 31202 规模以上工业企业研发活动经费内部支出总额占销售收入的比例 0.81% |
| 7 | 31203 规模以上工业企业研发活动经费内部支出总额增长率 30.75% |
| 9 | 31301 规模以上工业企业有研发机构的企业数 763 个 |
| 17 | 31302 规模以上工业企业中有研发机构的企业占总企业数的比例 6.13% |
| 8 | 31303 规模以上工业企业有研发机构的企业增长率 12.6% |
| 9 | 32101 实用新型专利申请数 24 078 件 |
| 12 | 32102 每十万人平均实用新型专利申请数 41.66 件/十万人 |
| 18 | 32103 实用新型专利申请增长率 28.33% |
| 7 | 32201 外观设计专利申请数 12 598 件 |
| 13 | 32202 每十万人平均外观设计专利申请数 21.8 件/十万人 |
| 25 | 32203 外观设计专利申请增长率 5.11% |
| 20 | 33101 规模以上工业企业研发经费外部支出 8.65 亿元 |
| 27 | 33102 规模以上工业企业平均研发经费外部支出 6.95 万元/个 |
| 12 | 33103 规模以上工业企业研发经费外部支出增长率 26.38% |
| 16 | 33201 规模以上工业企业技术改造经费支出 1 004 621.3 万元 |
| 23 | 33202 规模以上工业企业平均技术改造经费支出 0.81 百万元/个 |
| 31 | 33203 规模以上工业企业技术改造经费支出增长率 −29.98% |
| 9 | 34001 规模以上工业企业新产品销售收入 3 698.41 亿元 |
| 10 | 34002 规模以上工业企业新产品销售收入占销售收入的比重 11.44% |
| 8 | 34003 规模以上工业企业新产品销售收入增长率 29.85% |

图 12 - 100　湖北省企业创新能力基础指标

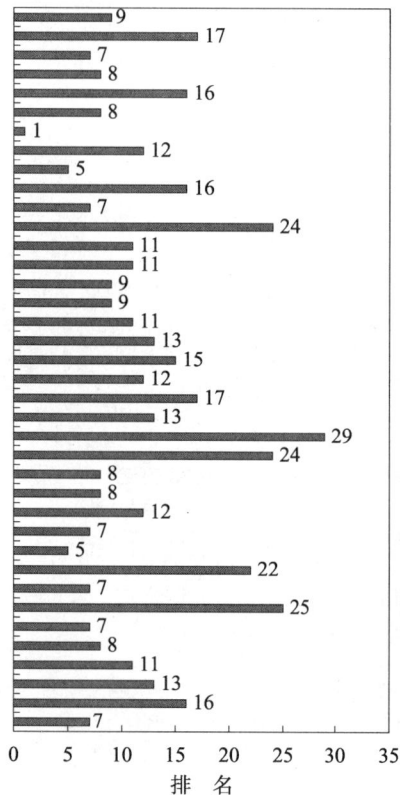

| 排名 | 指标 |
|---|---|
| 9 | 41111 电话用户数 5 576.74 万户 |
| 17 | 41112 每百人平均电话用户 96.5 户/百人 |
| 7 | 41113 电话用户数增长率 11.55% |
| 8 | 41121 国际互联网络用户数 2 309 万人 |
| 16 | 41122 每百人平均国际互联网络用户 39.96 人/百人 |
| 8 | 41123 国际互联网络用户数增长率 21.68% |
| 1 | 41211 科技馆数量 61 个 |
| 12 | 41213 科技馆数量增长率 −1.61% |
| 5 | 41311 科技馆当年参观人数 208.28 万人次 |
| 16 | 41313 科技馆当年参观人数增长率 0.04% |
| 7 | 41321 年度科普经费筹集额 42 160.6 万元 |
| 24 | 41323 年度科普经费筹集额增长率 −8.67% |
| 11 | 42101 政府与市场的关系 8.67 |
| 11 | 42103 政府与市场的关系改善程度 −1.25% |
| 9 | 42201 进出口差额 14.07 亿美元 |
| 9 | 42202 进出口差额占工业企业主营业务收入的比重 0.27% |
| 11 | 42203 进出口差额增长率 9.6% |
| 13 | 42301 市场中介组织的发育和法律制度环境 7.15 |
| 15 | 42303 市场中介组织的发育和法律制度环境改善程度 11.37% |
| 12 | 42401 居民消费水平 12 283 元 |
| 17 | 42403 居民消费水平增长率 9.67% |
| 13 | 43101 教育经费支出 684.4 亿元 |
| 29 | 43102 对教育的投资占GDP的比例 3.02% |
| 24 | 43103 对教育的投资的增长率 16.12% |
| 8 | 43201 6岁及6岁以上人口中大专以上学历人口数（抽样数）5514 人 |
| 8 | 43202 6岁及6岁以上人口中大专以上学历所占的比例 0.12% |
| 12 | 43203 6岁及6岁以上人口中大专以上学历人口增长率 17.54% |
| 7 | 44111 国家创新基金获得资金 24 617 万元 |
| 5 | 44112 平均每项国家创新基金获得资金 74.15 万元/项 |
| 22 | 44113 国家创新基金获得资金增长率 9.68% |
| 7 | 44121 国家产业化计划项目当年落实资金 393 349.1 万元 |
| 25 | 44123 国家产业化计划项目当年落实资金增长率 6.23% |
| 7 | 44201 规模以上工业企业研发经费内部支出额中获得金融机构贷款额 31 381.8 万元 |
| 8 | 44202 规模以上工业企业研发经费内部支出额中平均获得金融机构贷款额 2.52 万元/个 |
| 11 | 44203 规模以上工业企业研发活动获得金融机构贷款增长率 59.57% |
| 13 | 45001 高技术企业数 687 家 |
| 16 | 45002 高技术企业数占规模以上工业企业数比重 5.52% |
| 7 | 45003 高技术企业数增长率 9.68% |

图 12 - 101　湖北省创新环境基础指标

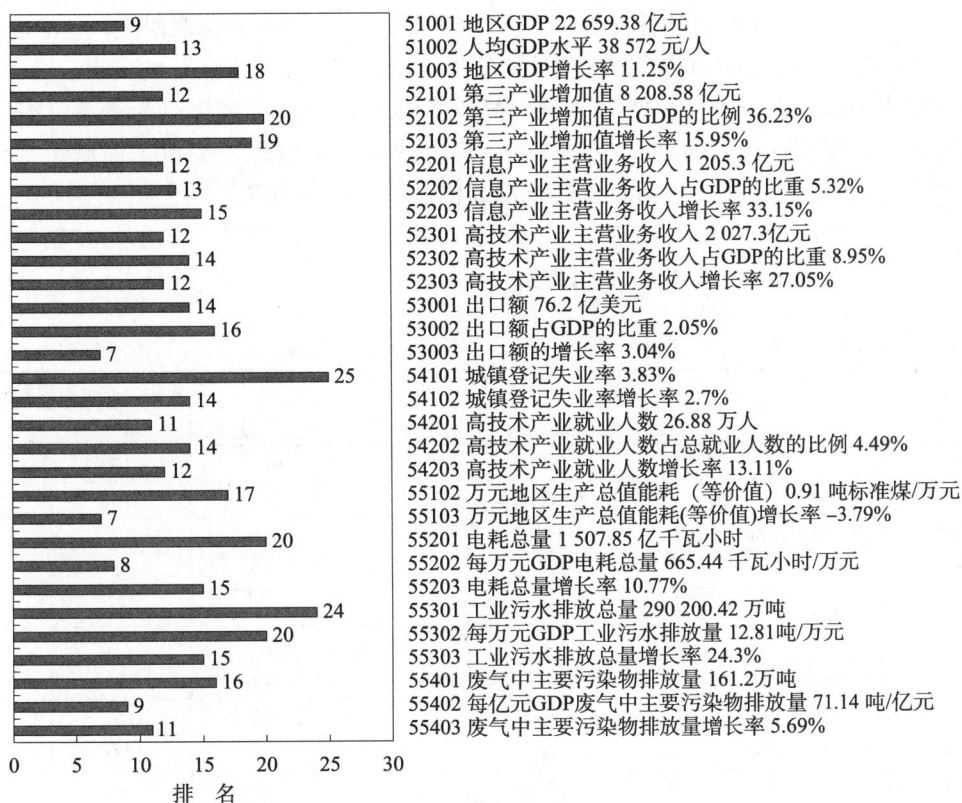

各数据标注如下：

- 51001 地区GDP 22 659.38 亿元
- 51002 人均GDP水平 38 572 元/人
- 51003 地区GDP增长率 11.25%
- 52101 第三产业增加值 8 208.58 亿元
- 52102 第三产业增加值占GDP的比例 36.23%
- 52103 第三产业增加值增长率 15.95%
- 52201 信息产业主营业务收入 1 205.3 亿元
- 52202 信息产业主营业务收入占GDP的比重 5.32%
- 52203 信息产业主营业务收入增长率 33.15%
- 52301 高技术产业主营业务收入 2 027.3亿元
- 52302 高技术产业主营业务收入占GDP的比重 8.95%
- 52303 高技术产业主营业务收入增长率 27.05%
- 53001 出口额 76.2 亿美元
- 53002 出口额占GDP的比重 2.05%
- 53003 出口额的增长率 3.04%
- 54101 城镇登记失业率 3.83%
- 54102 城镇登记失业率增长率 2.7%
- 54201 高技术产业就业人数 26.88 万人
- 54202 高技术产业就业人数占总就业人数的比例 4.49%
- 54203 高技术产业就业人数增长率 13.11%
- 55102 万元地区生产总值能耗（等价值）0.91 吨标准煤/万元
- 55103 万元地区生产总值能耗(等价值)增长率 –3.79%
- 55201 电耗总量 1 507.85 亿千瓦小时
- 55202 每万元GDP电耗总量 665.44 千瓦小时/万元
- 55203 电耗总量增长率 10.77%
- 55301 工业污水排放总量 290 200.42 万吨
- 55302 每万元GDP工业污水排放量 12.81吨/万元
- 55303 工业污水排放总量增长率 24.3%
- 55401 废气中主要污染物排放量 161.2万吨
- 55402 每亿元GDP废气中主要污染物排放量 71.14 吨/亿元
- 55403 废气中主要污染物排放量增长率 5.69%

图 12 – 102　湖北省创新绩效基础指标

## 12.18　湖南省

湖南省素有"湖广熟，天下足"之誉，是著名的"鱼米之乡"，也是中西部地区中经济发展最活跃的省区之一，其文化产业更是走在全国的前列。2012 年，全省常住人口数 6 639 万人，全年地区生产总值 22 154.23 亿元，同比增长 11.26%，人均 GDP 为 33 480 元，位居全国第 20 位。2012 年三次产业结构之比为 13.6∶47.4∶39.0。其中，高技术产业主营业务收入 1 880.7 亿元，占 GDP 的比重为 8.49%。

自 2012 年颁布《创新型湖南建设纲要》以来，湖南省高新技术产业保持稳定的增长态势，多项反映高新技术产业的细分指标中湖南省都保持了十分稳定的排名。在 2014 年创新能力排名中，湖南省的科研论文综合指标和创新基础设施综合指标分别上升了 7 位与 9 位，位列第 14 位和第 18 位。以国际论文数为例，湖南省 2012 年国际论文数为 11 699 篇，排名全国第 11 位。

在推进实施《创新型湖南建设纲要》的过程中，湖南省进一步确立了企业作为创新主体的地位，充分发挥企业在体制创新、协同创新以及创新力建设中的主体作用，释放企业创新的潜力。经过努力，湖南省已建设完成 184 个国家、省级工程技术研究中心，依托企业组建的占78.8%。而同时政府研发投入增长率也由 21.87% 降为 16.46%，从全国排名的第 7 位降至第 19位；规模以上工业企业研发活动经费内部支出总额占销售收入的比例由 0.71% 上升至 0.82%，排名全国第 8 位。以企业为主体的创新体系建设，为全面推进"四化两型"（新型工业化、农业现代化、新型城镇化、信息化以及资源节约型、环境友好型）、实现"两个加快"（加快建设全面小康、加快建设两型社会）提供了有力地科技支撑。在自主创新方面，湖南省也取得了一定的成就，创造了"天河二号"超级计算机，亩产988.1公斤的超级杂交稻等"世界之最"的成果。

湖南省应进一步加强自主创新能力建设，显著提高科技进步贡献率，为经济又好又快发展提供有力支撑。需要值得注意的是，湖南省就业综合指标今年下降了7位，而城镇登记失业率依旧维持在4.2%左右。这需要湖南省要通过创新体制机制，形成良好的创新创业环境，提高全民科学素养，辅助推动湖南经济社会发展由要素驱动向创新驱动转变。未来，在创新环境和创新绩效方面，湖南省仍有很大的提升空间和潜力。

表 12-18  湖南省创新能力综合指标

| 指标名称 | 2014 年综合指标 | | 2014 年分项指标排名 | | |
|---|---|---|---|---|---|
| | 指标值 | 排名 | 实力 | 效率 | 潜力 |
| 综合值 | 28.59 | 12 | 14 | 10 | 10 |
| 1 知识创造综合指标 | 18.92 | 19 | 13 | 16 | 24 |
| 1.1 研究开发投入综合指标 | 17.07 | 14 | 14 | 18 | 18 |
| 1.2 专利综合指标 | 14.27 | 24 | 13 | 22 | 25 |
| 1.3 科研论文综合指标 | 31.93 | 14 | 11 | 6 | 22 |
| 2 知识获取综合指标 | 19.67 | 16 | 14 | 11 | 29 |
| 2.1 科技合作综合指标 | 47.22 | 5 | 12 | 2 | 11 |
| 2.2 技术转移综合指标 | 9.28 | 24 | 22 | 25 | 23 |
| 2.3 外资企业投资综合指标 | 6.8 | 27 | 17 | 23 | 29 |
| 3 企业创新综合指标 | 35.87 | 9 | 6 | 8 | 3 |
| 3.1 企业研究开发投入综合指标 | 34.34 | 11 | 12 | 10 | 4 |
| 3.2 设计能力综合指标 | 13.63 | 16 | 15 | 16 | 13 |
| 3.3 技术提升能力综合指标 | 33.82 | 7 | 6 | 7 | 5 |
| 3.4 新产品销售收入综合指标 | 53.59 | 6 | 6 | 6 | 6 |
| 4 创新环境综合指标 | 25.84 | 15 | 13 | 27 | 11 |
| 4.1 创新基础设施综合指标 | 18.27 | 18 | 14 | 26 | 8 |
| 4.2 市场环境综合指标 | 40.03 | 25 | 17 | 26 | 18 |
| 4.3 劳动者素质综合指标 | 24.58 | 22 | 12 | 28 | 24 |
| 4.4 金融环境综合指标 | 15.61 | 12 | 9 | 15 | 17 |
| 4.5 创业水平综合指标 | 30.73 | 9 | 8 | 14 | 4 |
| 5 创新绩效综合指标 | 36.86 | 12 | 17 | 18 | 5 |
| 5.1 宏观经济综合指标 | 34.62 | 17 | 10 | 20 | 17 |
| 5.2 产业结构综合指标 | 23.35 | 12 | 12 | 15 | 6 |
| 5.3 产业国际竞争力综合指标 | 7.48 | 23 | 19 | 21 | 21 |
| 5.4 就业综合指标 | 43.68 | 12 | 28 | 14 | 3 |
| 5.5 可持续发展与环保综合指标 | 75.17 | 13 | 19 | 16 | 21 |

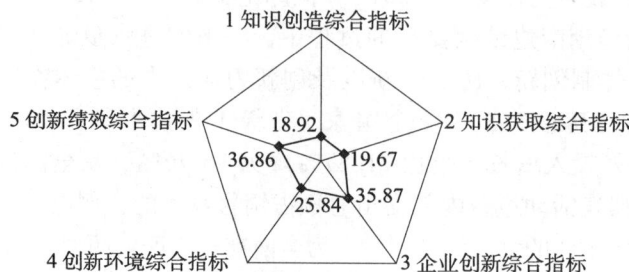

图 12-103  湖南省创新能力蛛网图

| 排名 | 指标 |
|---|---|
| 11 | 11101 研究与试验发展全时人员当量 100 031.5 人年 |
| 16 | 11102 每万人平均研究与试验发展全时人员当量 15.07 人年/万人 |
| 6 | 11103 研究与试验发展全时人员当量增长率 16.67% |
| 17 | 11201 政府研发投入 37.01 亿元 |
| 21 | 11202 政府研发投入占GDP的比例 0.17% |
| 19 | 11203 政府研发投入增长率 16.46% |
| 15 | 12101 发明专利申请受理数 99 74 件 |
| 16 | 12102 每十万人平均发明专利申请受理数 15.02 件/十万人 |
| 15 | 12103 发明专利申请受理数增长率 27.03% |
| 26 | 12104 每亿元研发活动经费内部支出产生的发明专利申请数 34.67 件/亿元 |
| 11 | 12201 发明专利授权数 3 353 件 |
| 17 | 12202 每百万人平均发明专利授权数 50.51 件/百万人 |
| 29 | 12203 发明专利授权数增长率 22.95% |
| 15 | 12204 每亿元研发活动经费内部支出产生的发明专利授权数 11.66 件/亿元 |
| 13 | 13101 国内论文数 18 774 篇 |
| 17 | 13102 每十万人平均发表的国内论文数 28.28 篇/十万人 |
| 31 | 13103 国内论文数量增长率 1.91% |
| 11 | 13201 国际论文数 11 699 篇 |
| 10 | 13202 每十万人平均发表的国际论文数 3.86 篇/十万人 |
| 15 | 13203 国际论文数增长率 8.61% |

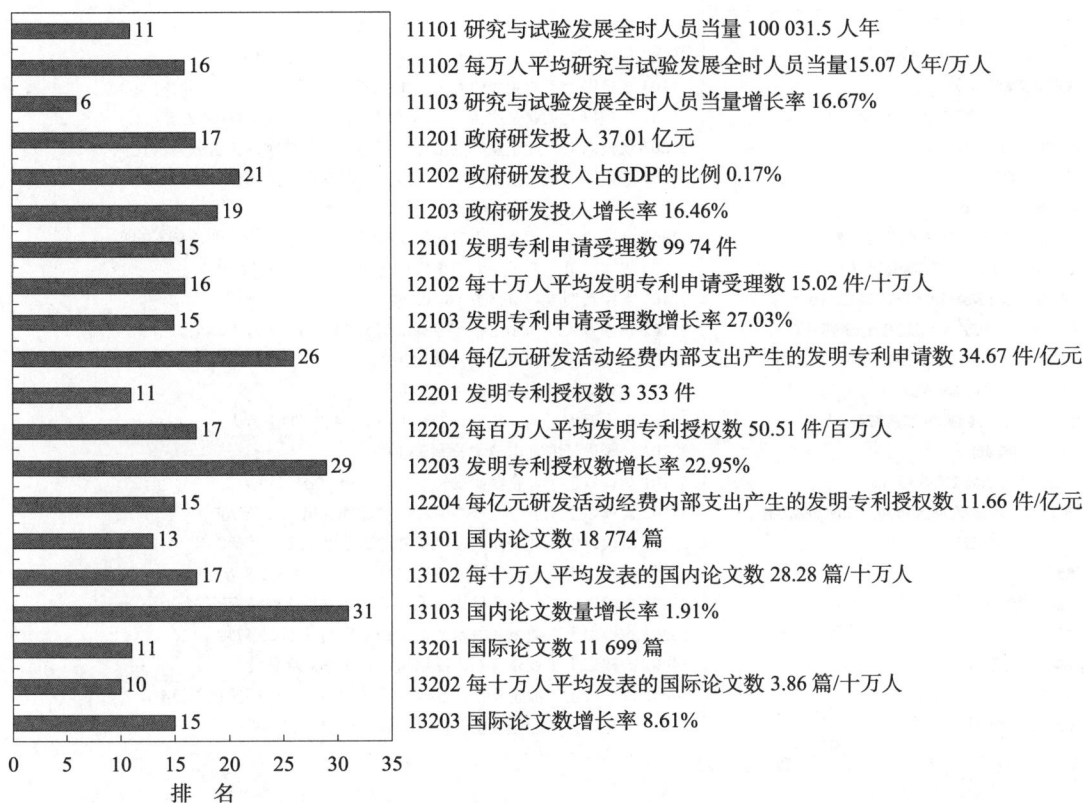

图 12－104　湖南省知识创造能力基础指标

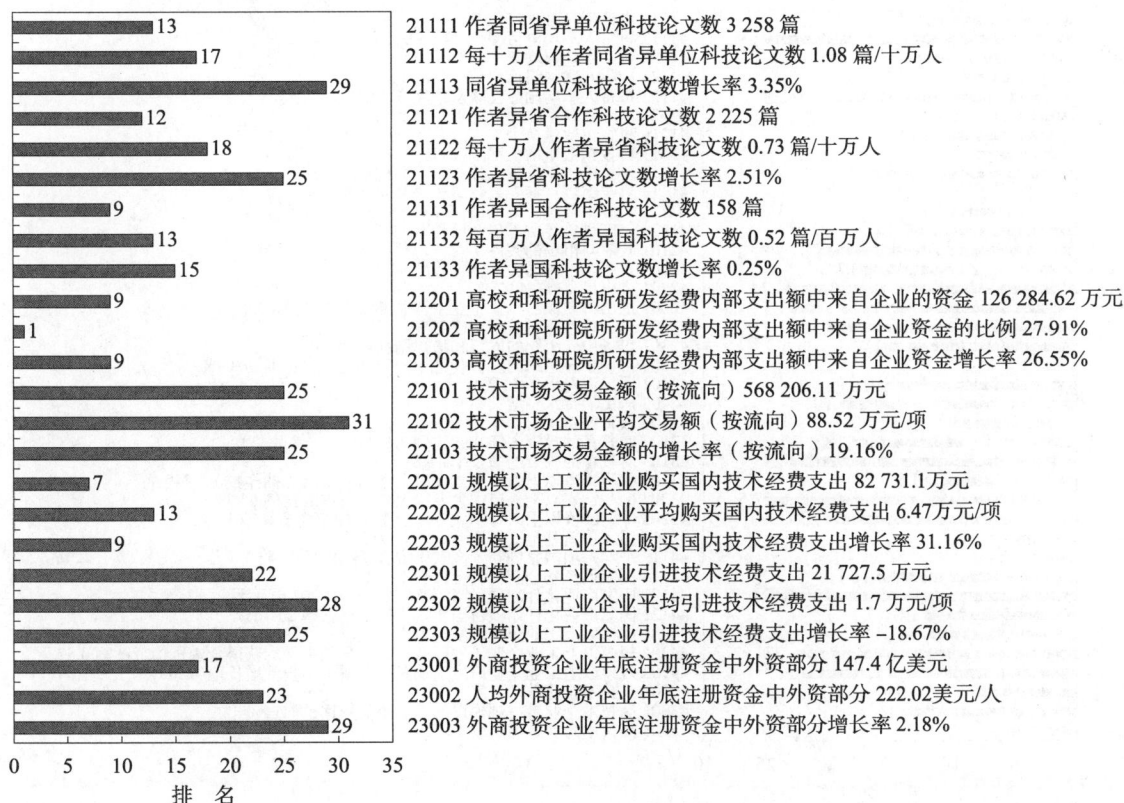

| 排名 | 指标 |
|---|---|
| 13 | 21111 作者同省异单位科技论文数 3 258 篇 |
| 17 | 21112 每十万人作者同省异单位科技论文数 1.08 篇/十万人 |
| 29 | 21113 同省异单位科技论文数增长率 3.35% |
| 12 | 21121 作者异省合作科技论文数 2 225 篇 |
| 18 | 21122 每十万人作者异省科技论文数 0.73 篇/十万人 |
| 25 | 21123 作者异省科技论文数增长率 2.51% |
| 9 | 21131 作者异国合作科技论文数 158 篇 |
| 13 | 21132 每百万人作者异国科技论文数 0.52 篇/百万人 |
| 15 | 21133 作者异国科技论文数增长率 0.25% |
| 9 | 21201 高校和科研院所研发经费内部支出额中来自企业的资金 126 284.62 万元 |
| 1 | 21202 高校和科研院所研发经费内部支出额中来自企业资金的比例 27.91% |
| 9 | 21203 高校和科研院所研发经费内部支出额中来自企业资金增长率 26.55% |
| 25 | 22101 技术市场交易金额（按流向）568 206.11 万元 |
| 31 | 22102 技术市场企业平均交易额（按流向）88.52 万元/项 |
| 25 | 22103 技术市场交易金额的增长率（按流向）19.16% |
| 7 | 22201 规模以上工业企业购买国内技术经费支出 82 731.1 万元 |
| 13 | 22202 规模以上工业企业平均购买国内技术经费支出 6.47 万元/项 |
| 9 | 22203 规模以上工业企业购买国内技术经费支出增长率 31.16% |
| 22 | 22301 规模以上工业企业引进技术经费支出 21 727.5 万元 |
| 28 | 22302 规模以上工业企业平均引进技术经费支出 1.7 万元/项 |
| 25 | 22303 规模以上工业企业引进技术经费支出增长率 –18.67% |
| 17 | 23001 外商投资企业年底注册资金中外资部分 147.4 亿美元 |
| 23 | 23002 人均外商投资企业年底注册资金中外资部分 222.02 美元/人 |
| 29 | 23003 外商投资企业年底注册资金中外资部分增长率 2.18% |

图 12－105　湖南省知识获取能力基础指标

图中各条形对应指标如下：

- 31101 规模以上工业企业研发人员数 9.25 万人 — 10
- 31102 规模以上工业企业就业人员中研发人员比重 3.15% — 13
- 31103 规模以上工业企业研发人员增长率 23.36% — 7
- 31201 规模以上工业企业研发活动经费内部支出总额 229.09 亿元 — 11
- 31202 规模以上工业企业研发活动经费内部支出总额占销售收入的比例 0.82% — 8
- 31203 规模以上工业企业研发活动经费内部支出总额增长率 30.9% — 6
- 31301 规模以上工业企业有研发机构的企业数 811 个 — 8
- 31302 规模以上工业企业中有研发机构的企业占总企业数的比例 6.34% — 16
- 31303 规模以上工业企业有研发机构的企业数增长率 11.37% — 14
- 32101 实用新型专利申请数 16 208 件 — 16
- 32102 每十万人平均实用新型专利申请数 24.41 件/十万人 — 17
- 32103 实用新型专利申请增长率 31.92% — 13
- 32201 外观设计专利申请数 9 527 件 — 12
- 32202 每十万人平均外观设计专利申请数 14.35 件/十万人 — 15
- 32203 外观设计专利申请增长率 33.21% — 7
- 33101 规模以上工业企业研发经费外部支出 10.59 亿元 — 12
- 33102 规模以上工业企业平均研发经费外部支出 8.29 万元/个 — 21
- 33103 规模以上工业企业研发经费外部支出增长率 33.56% — 8
- 33201 规模以上工业企业技术改造经费支出 3 589 622.8 万元 — 2
- 33202 规模以上工业企业平均技术改造经费支出 2.81 百万元/个 — 5
- 33203 规模以上工业企业技术改造经费支出增长率 22.47% — 3
- 34001 规模以上工业企业新产品销售收入 4 768.98 亿元 — 6
- 34002 规模以上工业企业新产品销售收入占销售收入的比重 17.14% — 6
- 34003 规模以上工业企业新产品销售收入增长率 32.81% — 6

排 名

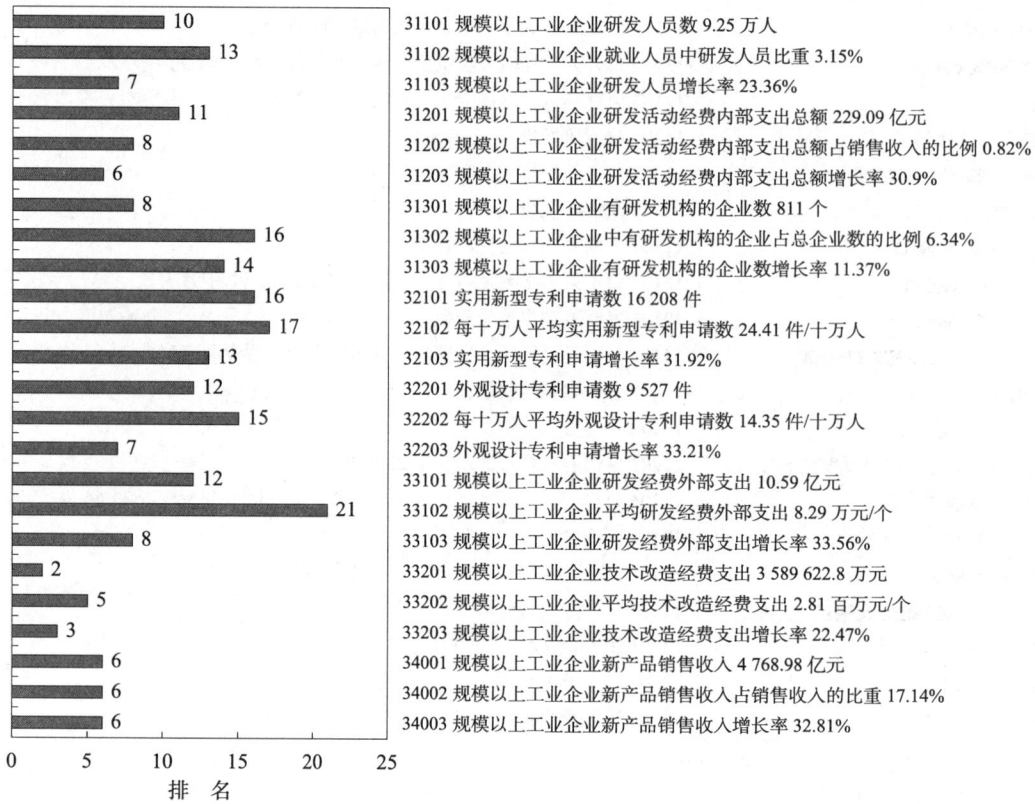

图 12 – 106 湖南省企业创新能力基础指标

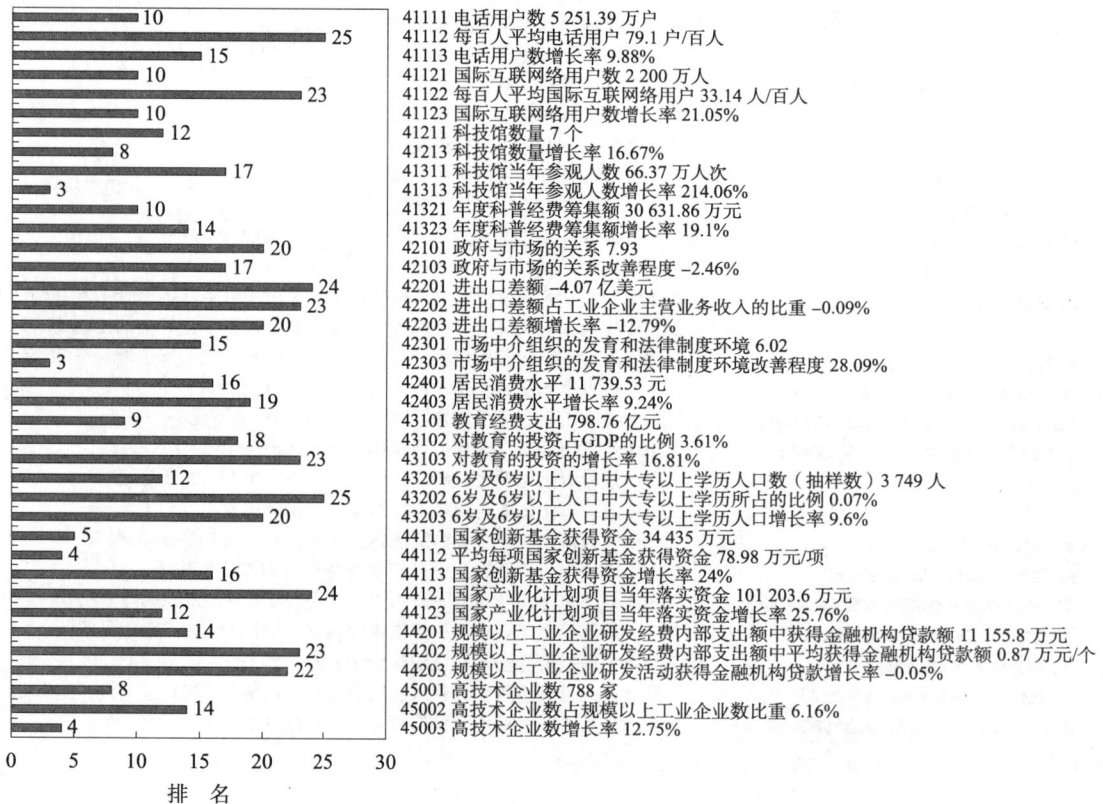

图中各条形对应指标如下：

- 41111 电话用户数 5 251.39 万户 — 10
- 41112 每百人平均电话用户 79.1 户/百人 — 25
- 41113 电话用户数增长率 9.88% — 15
- 41121 国际互联网络用户数 2 200 万人 — 10
- 41122 每百人平均国际互联网络用户 33.14 人/百人 — 23
- 41123 国际互联网络用户数增长率 21.05% — 10
- 41211 科技馆数量 7 个 — 12
- 41213 科技馆数量增长率 16.67% — 8
- 41311 科技馆当年参观人数 66.37 万人次 — 17
- 41313 科技馆当年参观人数增长率 214.06% — 3
- 41321 年度科普经费筹集额 30 631.86 万元 — 10
- 41323 年度科普经费筹集额增长率 19.1% — 14
- 42101 政府与市场的关系 7.93 — 20
- 42103 政府与市场的关系改善程度 –2.46% — 17
- 42201 进出口差额 –4.07 亿美元 — 24
- 42202 进出口差额占工业企业主营业务收入的比重 –0.09% — 23
- 42203 进出口差额增长率 –12.79% — 20
- 42301 市场中介组织的发育和法律制度环境 6.02 — 15
- 42303 市场中介组织的发育和法律制度环境改善程度 28.09% — 3
- 42401 居民消费水平 11 739.53 元 — 16
- 42403 居民消费水平增长率 9.24% — 19
- 43101 教育经费支出 798.76 亿元 — 9
- 43102 对教育的投资占GDP的比例 3.61% — 18
- 43103 对教育的投资的增长率 16.81% — 23
- 43201 6岁及6岁以上人口中大专以上学历人口数（抽样数）3 749 人 — 12
- 43202 6岁及6岁以上人口中大专以上学历所占的比例 0.07% — 25
- 43203 6岁及6岁以上人口中大专以上学历人口增长率 9.6% — 20
- 44111 国家创新基金获得资金 34 435 万元 — 5
- 44112 平均每项国家创新基金获得资金 78.98 万元/项 — 4
- 44113 国家创新基金获得资金增长率 24% — 16
- 44121 国家产业化计划项目当年落实资金 101 203.6 万元 — 24
- 44123 国家产业化计划项目当年落实资金增长率 25.76% — 12
- 44201 规模以上工业企业研发经费支出额中获得金融机构贷款额 11 155.8 万元 — 14
- 44202 规模以上工业企业研发经费内部支出额中平均获得金融机构贷款额 0.87 万元/个 — 23
- 44203 规模以上工业企业研发活动获得金融机构贷款增长率 –0.05% — 22
- 45001 高技术企业 788 家 — 8
- 45002 高技术企业数占规模以上工业企业数比重 6.16% — 14
- 45003 高技术企业数增长率 12.75% — 4

排 名

图 12 –107 湖南省创新环境基础指标

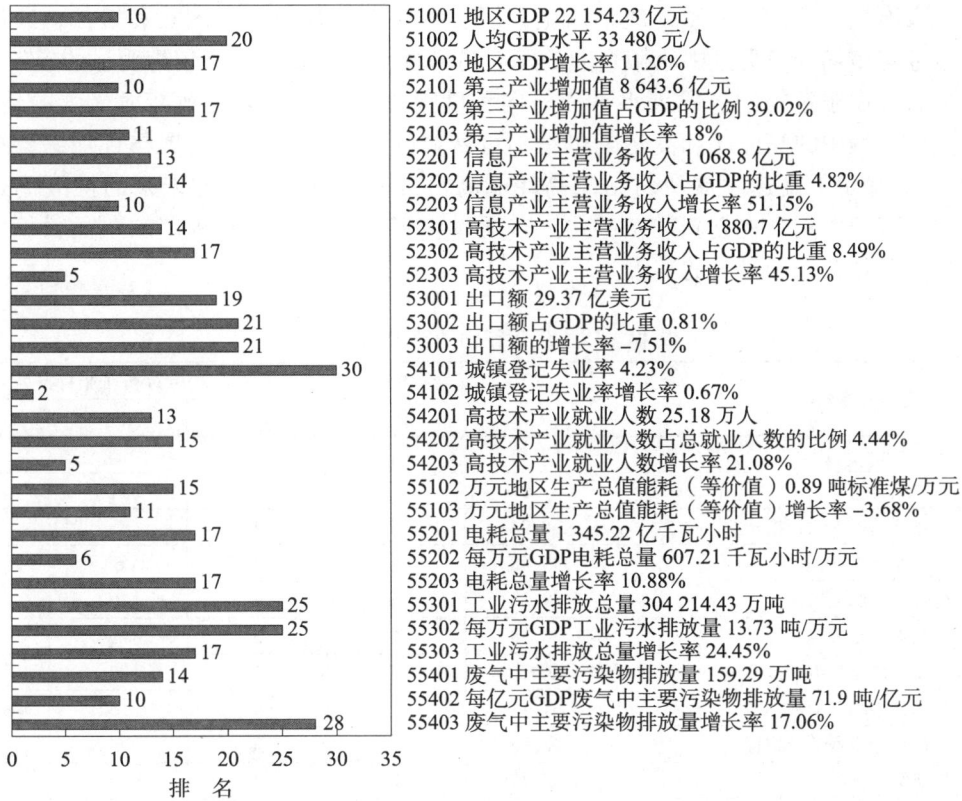

図 12 - 108　湖南省创新绩效基础指标

## 12.19　广东省

广东省地处中国大陆最南部。作为全国率先实行改革开放政策的省份，广东已成为我国人口最多，经济规模最大，经济综合竞争力最强，金融实力最强，文化最开放的省份。2012年，全省常住人口数 10 594 万人，全年地区生产总值 57 067.92 亿元，同比增长 8.16%，人均 GDP 为 54 095 元，位居全国第 8 位。2012 年三次产业结构之比为 5.0：48.5：46.5。2012 年广东省高技术产业主营业务收入 25 046.6 亿元，占 GDP 的比重为 43.89%，两指标均居全国第 1 位。

从知识创造角度来看，其研究与试验发展全时人员当量为 492 327 人年，发明专利授权数为 22 153 件，两项指标位居全国首位。在企业创新能力方面，广东省表现依旧很好，规模以上工业企业新产品销售收入达到 15 402.85 亿元，研发活动经费内部支出总额达到 1 077.86 亿元，规模以上工业企业研发人员数为 51.92 万人，这三项衡量企业创新能力的重要指标均保持在全国前两位。广东省今年规模以上工业企业技术改造经费支出达到 2 229 423 万元，较之去年上升了 4 位。另一项重要指标规模以上工业企业研发活动经费内部支出总额占销售收入的比例达到 1.15%，也进入全国排名的前 3 位。在技术转移综合指标方面，广东省由去年的第 10 位上升到今年的第 6 位，规模以上工业企业购买国内技术经费支出较之去年上升 1 位到第 8 位。

目前，广东省的经济增速回复到了金融危机前的水平，之前强调的"腾笼换鸟"也向着"幸福广东"这一目标转型。为实现"幸福广东"，广东省近一段时期以来强调加快发展混合所有制经济，建设国营、民营、外资企业齐头并进的局面，尤其是要扶持中小微企业的成长。为此，广东省政府接连出台了一系列政策措施，切实帮扶中小企业应对困难和挑战，通过财政扶持、融资服务与市场开拓促进中小微企业的发展与科技创新，并取得了较为明显的成效。

总体来看，广东省的经济发展水平和外向程度很高，也是我国创新能力最强的地区之一。但在经济发展过程中的高能耗和高污染也是不可回避的问题，可持续发展与环保综合指标上仅位列第28位，显示了高速发展所付出的高耗能高污染的代价。广东省未来的挑战仍是产业转型，更好地将竞争力建立在创新的基础之上，同时切实做到建设"幸福广东"的目标，使普通民众也能享受到科技创新带来的实惠。

表 12 –19　广东省创新能力综合指标

| 指标名称 | 2014 年综合指标 | | 2014 年分项指标排名 | | |
|---|---|---|---|---|---|
| | 指标值 | 排名 | 实力 | 效率 | 潜力 |
| 综合值 | 52.44 | 2 | 2 | 5 | 26 |
| 1　知识创造综合指标 | 41.21 | 3 | 3 | 11 | 17 |
| 　1.1　研究开发投入综合指标 | 38.96 | 4 | 2 | 7 | 13 |
| 　1.2　专利综合指标 | 49.48 | 3 | 2 | 6 | 27 |
| 　1.3　科研论文综合指标 | 29.18 | 18 | 4 | 30 | 14 |
| 2　知识获取综合指标 | 38.58 | 4 | 3 | 12 | 28 |
| 　2.1　科技合作综合指标 | 32.2 | 18 | 7 | 22 | 22 |
| 　2.2　技术转移综合指标 | 31.11 | 6 | 4 | 15 | 24 |
| 　2.3　外资企业投资综合指标 | 48.96 | 3 | 2 | 6 | 23 |
| 3　企业创新综合指标 | 55.45 | 3 | 2 | 6 | 19 |
| 　3.1　企业研究开发投入综合指标 | 67.08 | 2 | 2 | 6 | 17 |
| 　3.2　设计能力综合指标 | 40.54 | 3 | 3 | 6 | 21 |
| 　3.3　技术提升能力综合指标 | 28.35 | 9 | 3 | 26 | 15 |
| 　3.4　新产品销售收入综合指标 | 71.82 | 2 | 2 | 7 | 18 |
| 4　创新环境综合指标 | 50.32 | 3 | 2 | 3 | 27 |
| 　4.1　创新基础设施综合指标 | 41.67 | 4 | 2 | 3 | 30 |
| 　4.2　市场环境综合指标 | 58.2 | 5 | 2 | 7 | 23 |
| 　4.3　劳动者素质综合指标 | 47.42 | 3 | 1 | 25 | 25 |
| 　4.4　金融环境综合指标 | 33.49 | 4 | 3 | 5 | 28 |
| 　4.5　创业水平综合指标 | 70.82 | 1 | 1 | 2 | 21 |
| 5　创新绩效综合指标 | 70.13 | 1 | 1 | 3 | 27 |
| 　5.1　宏观经济综合指标 | 60.91 | 3 | 1 | 8 | 28 |
| 　5.2　产业结构综合指标 | 75.99 | 1 | 1 | 1 | 28 |
| 　5.3　产业国际竞争力综合指标 | 84.07 | 1 | 1 | 2 | 11 |
| 　5.4　就业综合指标 | 68.21 | 1 | 1 | 9 | 19 |
| 　5.5　可持续发展与环保综合指标 | 61.46 | 28 | 31 | 18 | 8 |

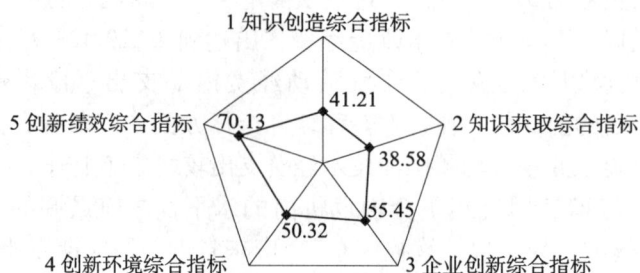

图 12 –109　广东省创新能力蛛网图

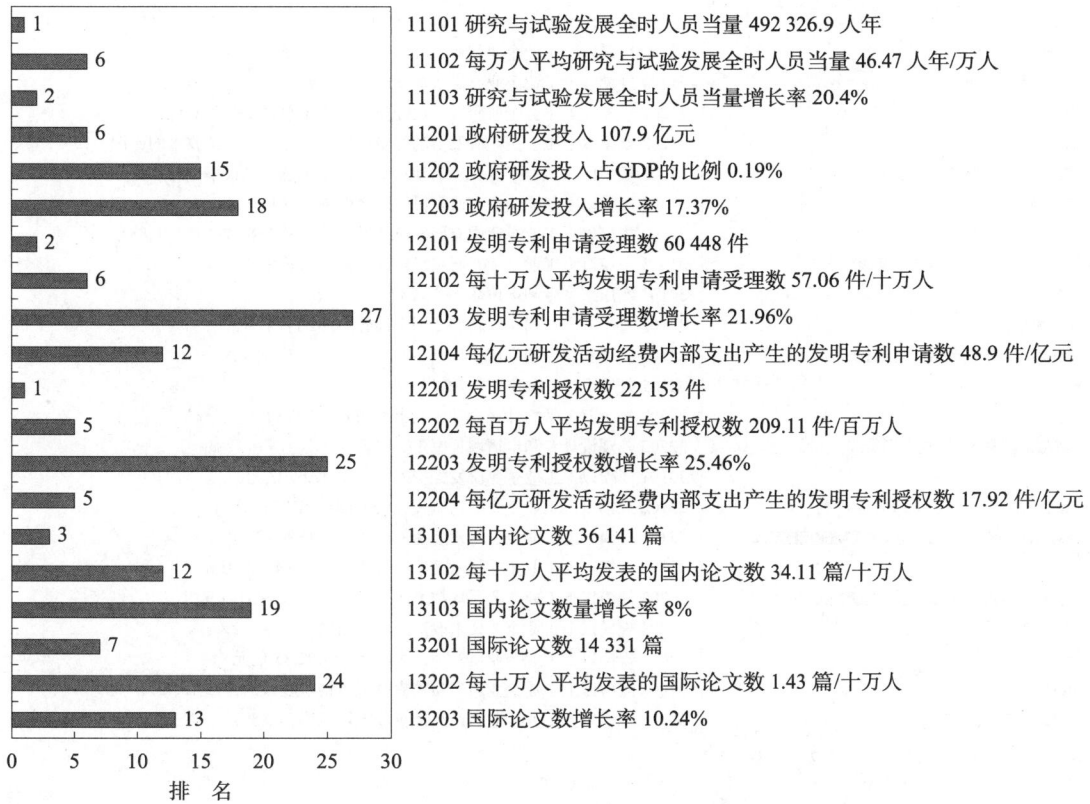

图 12 - 110　广东省知识创造能力基础指标

11101 研究与试验发展全时人员当量 492 326.9 人年
11102 每万人平均研究与试验发展全时人员当量 46.47 人年/万人
11103 研究与试验发展全时人员当量增长率 20.4%
11201 政府研发投入 107.9 亿元
11202 政府研发投入占GDP的比例 0.19%
11203 政府研发投入增长率 17.37%
12101 发明专利申请受理数 60 448 件
12102 每十万人平均发明专利申请受理数 57.06 件/十万人
12103 发明专利申请受理数增长率 21.96%
12104 每亿元研发活动经费内部支出产生的发明专利申请数 48.9 件/亿元
12201 发明专利授权数 22 153 件
12202 每百万人平均发明专利授权数 209.11 件/百万人
12203 发明专利授权数增长率 25.46%
12204 每亿元研发活动经费内部支出产生的发明专利授权数 17.92 件/亿元
13101 国内论文数 36 141 篇
13102 每十万人平均发表的国内论文数 34.11 篇/十万人
13103 国内论文数量增长率 8%
13201 国际论文数 14 331 篇
13202 每十万人平均发表的国际论文数 1.43 篇/十万人
13203 国际论文数增长率 10.24%

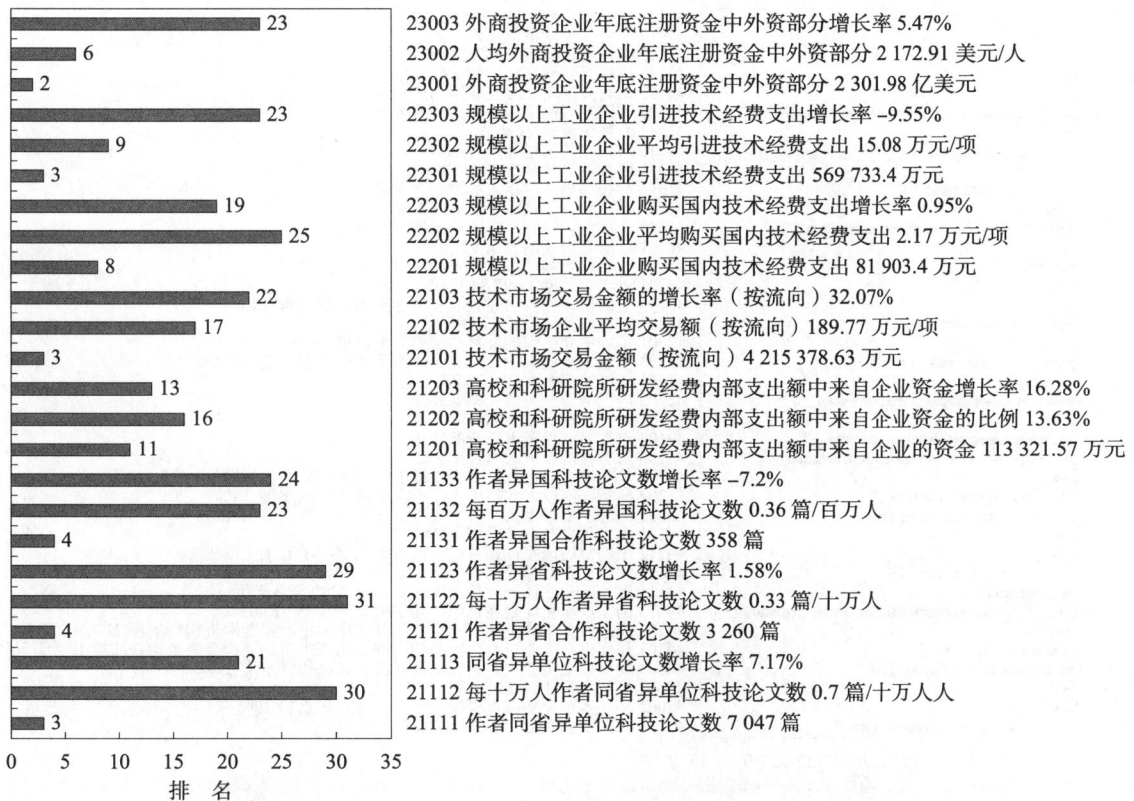

图 12 - 111　广东省知识获取能力基础指标

23003 外商投资企业年底注册资金中外资部分增长率 5.47%
23002 人均外商投资企业年底注册资金中外资部分 2 172.91 美元/人
23001 外商投资企业年底注册资金中外资部分 2 301.98 亿美元
22303 规模以上工业企业引进技术经费支出增长率 -9.55%
22302 规模以上工业企业平均引进技术经费支出 15.08 万元/项
22301 规模以上工业企业引进技术经费支出 569 733.4 万元
22203 规模以上工业企业购买国内技术经费支出增长率 0.95%
22202 规模以上工业企业平均购买国内技术经费支出 2.17 万元/项
22201 规模以上工业企业购买国内技术经费支出 81 903.4 万元
22103 技术市场交易金额的增长率（按流向）32.07%
22102 技术市场企业平均交易额（按流向）189.77 万元/项
22101 技术市场交易金额（按流向）4 215 378.63 万元
21203 高校和科研院所研发经费内部支出额中来自企业资金增长率 16.28%
21202 高校和科研院所研发经费内部支出额中来自企业资金的比例 13.63%
21201 高校和科研院所研发经费内部支出额中来自企业的资金 113 321.57 万元
21133 作者异国科技论文数增长率 -7.2%
21132 每百万人作者异国科技论文数 0.36 篇/百万人
21131 作者异国合作科技论文数 358 篇
21123 作者异省科技论文数增长率 1.58%
21122 每十万人作者异省科技论文数 0.33 篇/十万人
21121 作者异省合作科技论文数 3 260 篇
21113 同省异单位科技论文数增长率 7.17%
21112 每十万人作者同省异单位科技论文数 0.7 篇/十万人人
21111 作者同省异单位科技论文数 7 047 篇

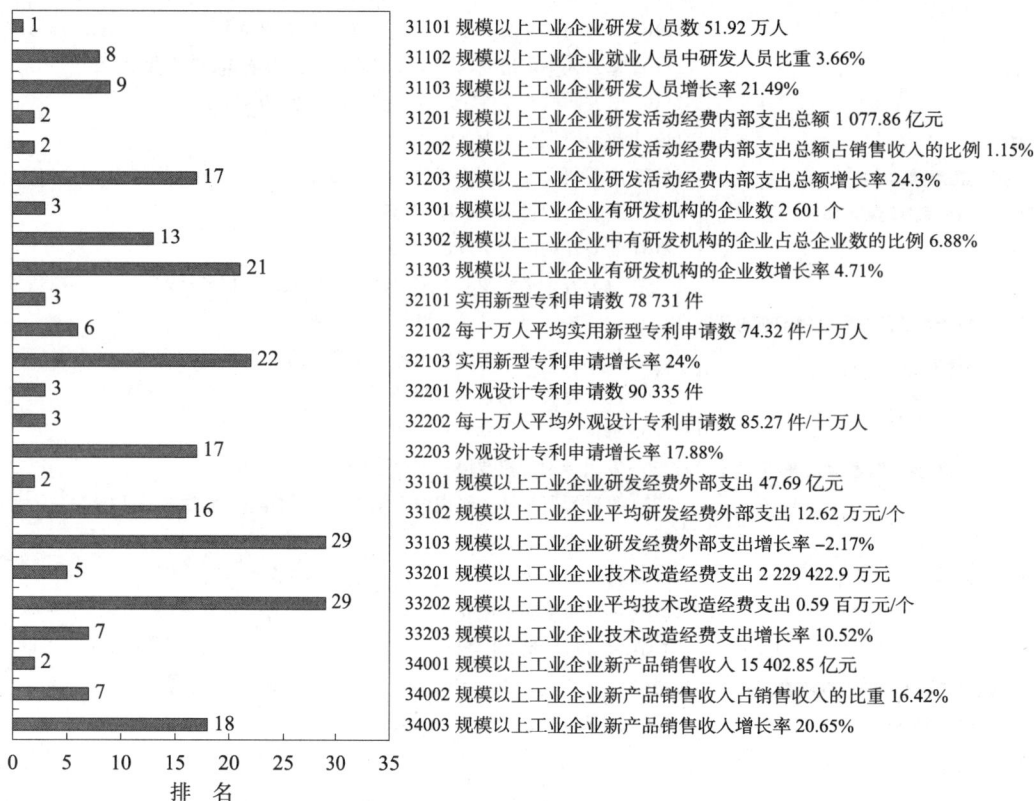

| 代码 | 指标 | 排名 |
|---|---|---|
| 31101 | 规模以上工业企业研发人员数 51.92 万人 | 1 |
| 31102 | 规模以上工业企业就业人员中研发人员比重 3.66% | 8 |
| 31103 | 规模以上工业企业研发人员增长率 21.49% | 9 |
| 31201 | 规模以上工业企业研发活动经费内部支出总额 1 077.86 亿元 | 2 |
| 31202 | 规模以上工业企业研发活动经费内部支出总额占销售收入的比例 1.15% | 2 |
| 31203 | 规模以上工业企业研发活动经费内部支出总额增长率 24.3% | 17 |
| 31301 | 规模以上工业企业有研发机构的企业数 2 601 个 | 3 |
| 31302 | 规模以上工业企业中有研发机构的企业占总企业数的比例 6.88% | 13 |
| 31303 | 规模以上工业企业有研发机构的企业数增长率 4.71% | 21 |
| 32101 | 实用新型专利申请数 78 731 件 | 3 |
| 32102 | 每十万人平均实用新型专利申请数 74.32 件/十万人 | 6 |
| 32103 | 实用新型专利申请增长率 24% | 22 |
| 32201 | 外观设计专利申请数 90 335 件 | 3 |
| 32202 | 每十万人平均外观设计专利申请数 85.27 件/十万人 | 3 |
| 32203 | 外观设计专利申请增长率 17.88% | 17 |
| 33101 | 规模以上工业企业研发经费外部支出 47.69 亿元 | 2 |
| 33102 | 规模以上工业企业平均研发经费外部支出 12.62 万元/个 | 16 |
| 33103 | 规模以上工业企业研发经费外部支出增长率 –2.17% | 29 |
| 33201 | 规模以上工业企业技术改造经费支出 2 229 422.9 万元 | 5 |
| 33202 | 规模以上工业企业平均技术改造经费支出 0.59 百万元/个 | 29 |
| 33203 | 规模以上工业企业技术改造经费支出增长率 10.52% | 7 |
| 34001 | 规模以上工业企业新产品销售收入 15 402.85 亿元 | 2 |
| 34002 | 规模以上工业企业新产品销售收入占销售收入的比重 16.42% | 7 |
| 34003 | 规模以上工业企业新产品销售收入增长率 20.65% | 18 |

图 12 – 112　广东省企业创新能力基础指标

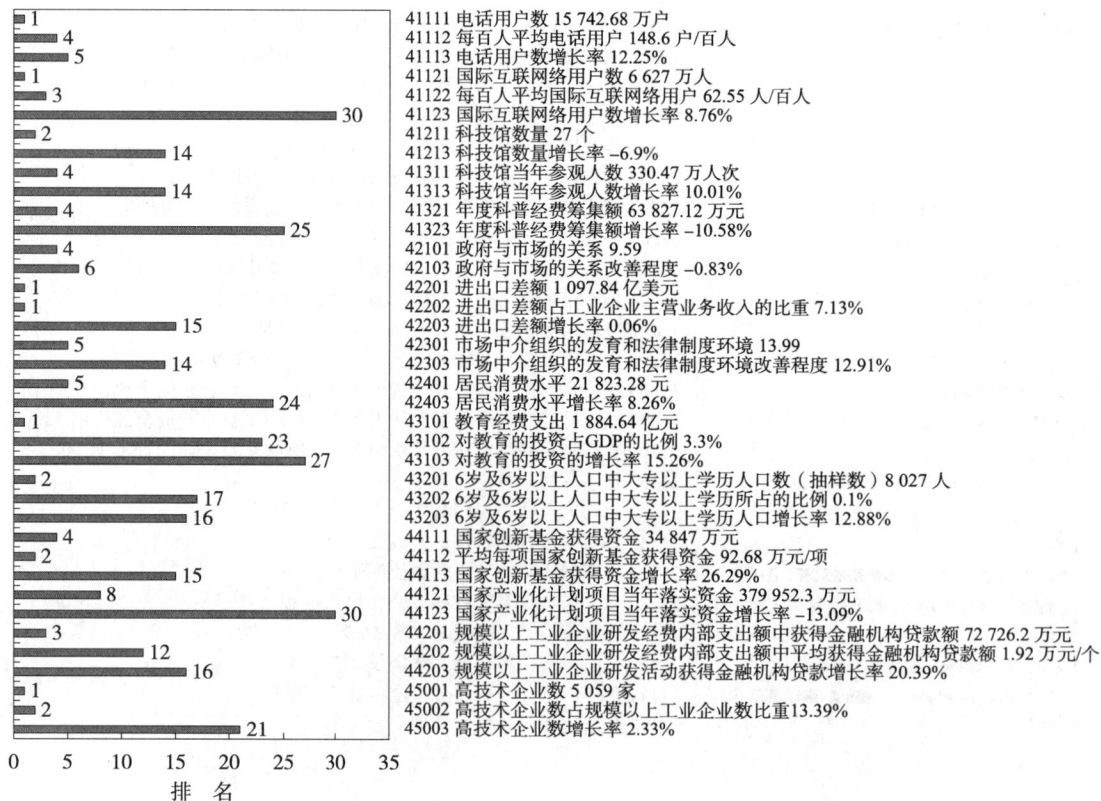

| 代码 | 指标 | 排名 |
|---|---|---|
| 41111 | 电话用户数 15 742.68 万户 | 1 |
| 41112 | 每百人平均电话用户 148.6 户/百人 | 4 |
| 41113 | 电话用户数增长率 12.25% | 5 |
| 41121 | 国际互联网络用户数 6 627 万人 | 1 |
| 41122 | 每百人平均国际互联网络用户 62.55 人/百人 | 3 |
| 41123 | 国际互联网络用户数增长率 8.76% | 30 |
| 41211 | 科技馆数量 27 个 | 2 |
| 41213 | 科技馆数量增长率 –6.9% | 14 |
| 41311 | 科技馆当年参观人数 330.47 万人次 | 4 |
| 41313 | 科技馆当年参观人数增长率 10.01% | 14 |
| 41321 | 年度科普经费筹集额 63 827.12 万元 | 4 |
| 41323 | 年度科普经费筹集额增长率 –10.58% | 25 |
| 42101 | 政府与市场的关系 9.59 | 4 |
| 42103 | 政府与市场的关系改善程度 –0.83% | 6 |
| 42201 | 进出口差额 1 097.84 亿美元 | 1 |
| 42202 | 进出口差额占工业企业主营业务收入的比重 7.13% | 1 |
| 42203 | 进出口差额增长率 0.06% | 15 |
| 42301 | 市场中介组织的发育和法律制度环境 13.99 | 5 |
| 42303 | 市场中介组织的发育和法律制度环境改善程度 12.91% | 14 |
| 42401 | 居民消费水平 21 823.28 元 | 5 |
| 42403 | 居民消费水平增长率 8.26% | 24 |
| 43101 | 教育经费支出 1 884.64 亿元 | 1 |
| 43102 | 对教育的投资占GDP的比例 3.3% | 23 |
| 43103 | 对教育的投资的增长率 15.26% | 27 |
| 43201 | 6岁及6岁以上人口中大专以上学历人口数（抽样数）8 027 人 | 2 |
| 43202 | 6岁及6岁以上人口中大专以上学历所占的比例 0.1% | 17 |
| 43203 | 6岁及6岁以上人口中大专以上学历人口增长率 12.88% | 16 |
| 44111 | 国家创新基金获得资金 34 847 万元 | 4 |
| 44112 | 平均每项国家创新基金获得资金 92.68 万元/项 | 2 |
| 44113 | 国家创新基金获得资金增长率 26.29% | 15 |
| 44121 | 国家产业化计划项目当年落实资金 379 952.3 万元 | 8 |
| 44123 | 国家产业化计划项目当年落实资金增长率 –13.09% | 30 |
| 44201 | 规模以上工业企业研发经费内部支出额中获得金融机构贷款额 72 726.2 万元 | 3 |
| 44202 | 规模以上工业企业研发经费内部支出额中平均获得金融机构贷款额 1.92 万元/个 | 12 |
| 44203 | 规模以上工业企业研发活动获得金融机构贷款增长率 20.39% | 16 |
| 45001 | 高技术企业数 5 059 家 | 1 |
| 45002 | 高技术企业数占规模以上工业企业数比重 13.39% | 2 |
| 45003 | 高技术企业数增长率 2.33% | 21 |

图 12 – 113　广东省创新环境基础指标

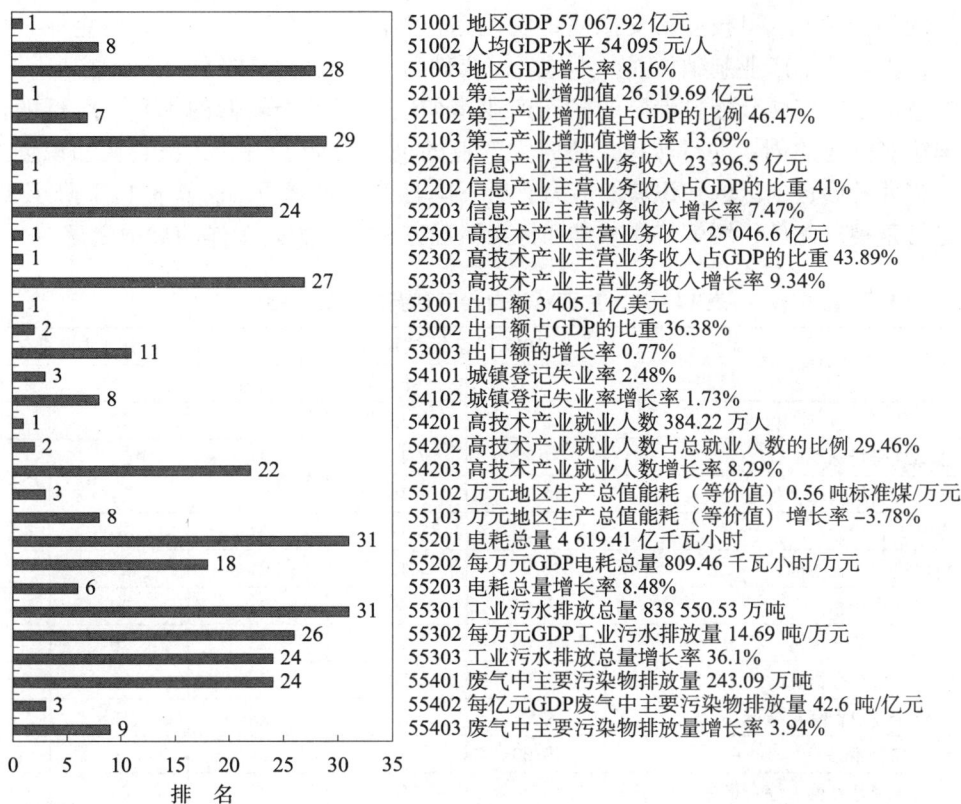

| 编号 | 指标 | 数值 |
|---|---|---|
| 51001 | 地区GDP | 57 067.92 亿元 |
| 51002 | 人均GDP水平 | 54 095 元/人 |
| 51003 | 地区GDP增长率 | 8.16% |
| 52101 | 第三产业增加值 | 26 519.69 亿元 |
| 52102 | 第三产业增加值占GDP的比例 | 46.47% |
| 52103 | 第三产业增加值增长率 | 13.69% |
| 52201 | 信息产业主营业务收入 | 23 396.5 亿元 |
| 52202 | 信息产业主营业务收入占GDP的比重 | 41% |
| 52203 | 信息产业主营业务收入增长率 | 7.47% |
| 52301 | 高技术产业主营业务收入 | 25 046.6 亿元 |
| 52302 | 高技术产业主营业务收入占GDP的比重 | 43.89% |
| 52303 | 高技术产业主营业务收入增长率 | 9.34% |
| 53001 | 出口额 | 3 405.1 亿美元 |
| 53002 | 出口额占GDP的比重 | 36.38% |
| 53003 | 出口额的增长率 | 0.77% |
| 54101 | 城镇登记失业率 | 2.48% |
| 54102 | 城镇登记失业率增长率 | 1.73% |
| 54201 | 高技术产业就业人数 | 384.22 万人 |
| 54202 | 高技术产业就业人数占总就业人数的比例 | 29.46% |
| 54203 | 高技术产业就业人数增长率 | 8.29% |
| 55102 | 万元地区生产总值能耗（等价值） | 0.56 吨标准煤/万元 |
| 55103 | 万元地区生产总值能耗（等价值）增长率 | −3.78% |
| 55201 | 电耗总量 | 4 619.41 亿千瓦小时 |
| 55202 | 每万元GDP电耗总量 | 809.46 千瓦小时/万元 |
| 55203 | 电耗总量增长率 | 8.48% |
| 55301 | 工业污水排放总量 | 838 550.53 万吨 |
| 55302 | 每万元GDP工业污水排放量 | 14.69 吨/万元 |
| 55303 | 工业污水排放总量增长率 | 36.1% |
| 55401 | 废气中主要污染物排放量 | 243.09 万吨 |
| 55402 | 每亿元GDP废气中主要污染物排放量 | 42.6 吨/亿元 |
| 55403 | 废气中主要污染物排放量增长率 | 3.94% |

图 12 – 114　广东省创新绩效基础指标

# 12.20　广西壮族自治区

广西壮族自治区地处中国华南沿海，是西南地区最便捷的出海通道，在中国与东南亚的经济交往中占有重要地位。2012 年，全区常住人口数 4 682 万人，全年地区生产总值 13 035.09 亿元，同比增长 11.26%，人均 GDP 为 27 952 元，位居全国第 27 位。2012 年三次产业结构之比为16.7∶47.9∶35.4。其中，高技术产业主营业务收入 806.2 亿元，占 GDP 的比重为 6.18%。

2012 年，广西壮族自治区的第五轮"广西创新计划"稳步推进，使广西的创新能力有了较大的提升。其中知识创造综合指标较之去年上升了 7 位，并以专利和科研论文的综合指标上升最为迅速，分别上升了 12 位和 9 位。2012 年，全区发明专利申请受理数达到 6 511 件，增长率达到 65.93%，位居全国首位；每亿元研发活动经费内部支出产生的发明专利申请数为每亿元67.2 件，位列全国第 5 位，较之 2011 年上升了 17 位。在论文发表中，以国际论文发表数的增长率指标最为突出，达到 20.12%，位居全国第 4，也比去年上升了 6 位。在企业创新方面，2012年广西规模以上工业企业技术改造经费支出为 1 540 035 万元，排名全国第 10 位。但是值得注意的是广西的研发费用多来自政府，而高校和科研院所研发经费内部支出额中来自企业资金为23 511.38 万元，排名全国第 24 位。且广西规模以上工业企业研发活动经费内部支出总额占销售收入的比例仅为 0.48%，与去年持平，处于全国第 20 位，说明广西企业的研发投入水平相对较低。

总体而言，广西壮族自治区的创新能力在全国尚处于中下游水平，位列第 19 位，但是第五轮"广西创新计划"实施以来，科技的追赶速度位居全国前列，知识创造能力的提升尤为显著，表现出较好的创新潜力。科技创新支撑使得农业综合生产能力显著提高，同时企业自主创新能力稳步提升，高新技术产业基础加强，不过仍需要鼓励以企业为主体的创新活动。

值得注意的是，广西壮族自治区的第三产业增加值依旧处于较低的水平，今后的创新工作重心可以向第三产业的创新进行转移，使三大产业的创新协调发展。其次，在知识创造能力提升的同时，广西壮族自治区的知识获取能力有所下降且劳动者素质综合指标也下降了12位，这需要引起足够重视。此外，缓解节能减排和污染治理方面的压力是工作的重中之重。

表 12 - 20　广西壮族自治区创新能力综合指标

| 指标名称 | 2014 年综合指标 | | 2014 年分项指标排名 | | |
| --- | --- | --- | --- | --- | --- |
| | 指标值 | 排名 | 实力 | 效率 | 潜力 |
| 综合值 | 22.3 | 19 | 21 | 23 | 4 |
| 1　知识创造综合指标 | 21.88 | 14 | 21 | 24 | 2 |
| 1.1　研究开发投入综合指标 | 16.91 | 16 | 21 | 24 | 5 |
| 1.2　专利综合指标 | 21.32 | 13 | 21 | 16 | 4 |
| 1.3　科研论文综合指标 | 32.93 | 12 | 21 | 27 | 3 |
| 2　知识获取综合指标 | 10.95 | 30 | 28 | 29 | 30 |
| 2.1　科技合作综合指标 | 20.69 | 29 | 23 | 26 | 25 |
| 2.2　技术转移综合指标 | 4.38 | 30 | 26 | 30 | 21 |
| 2.3　外资企业投资综合指标 | 8.58 | 24 | 18 | 18 | 25 |
| 3　企业创新综合指标 | 19.37 | 18 | 21 | 19 | 13 |
| 3.1　企业研究开发投入综合指标 | 18.34 | 19 | 22 | 25 | 7 |
| 3.2　设计能力综合指标 | 7.52 | 25 | 21 | 26 | 18 |
| 3.3　技术提升能力综合指标 | 24.38 | 11 | 16 | 6 | 19 |
| 3.4　新产品销售收入综合指标 | 24.97 | 18 | 19 | 14 | 17 |
| 4　创新环境综合指标 | 22.77 | 23 | 24 | 29 | 2 |
| 4.1　创新基础设施综合指标 | 13.77 | 28 | 23 | 27 | 19 |
| 4.2　市场环境综合指标 | 39.27 | 26 | 22 | 28 | 20 |
| 4.3　劳动者素质综合指标 | 21.7 | 25 | 20 | 23 | 18 |
| 4.4　金融环境综合指标 | 20.56 | 8 | 27 | 29 | 1 |
| 4.5　创业水平综合指标 | 18.54 | 21 | 20 | 17 | 14 |
| 5　创新绩效综合指标 | 34.19 | 21 | 21 | 23 | 9 |
| 5.1　宏观经济综合指标 | 25.15 | 23 | 18 | 27 | 16 |
| 5.2　产业结构综合指标 | 16.33 | 20 | 19 | 20 | 11 |
| 5.3　产业国际竞争力综合指标 | 9.38 | 20 | 17 | 15 | 19 |
| 5.4　就业综合指标 | 48.5 | 5 | 18 | 5 | 4 |
| 5.5　可持续发展与环保综合指标 | 71.61 | 19 | 13 | 28 | 10 |

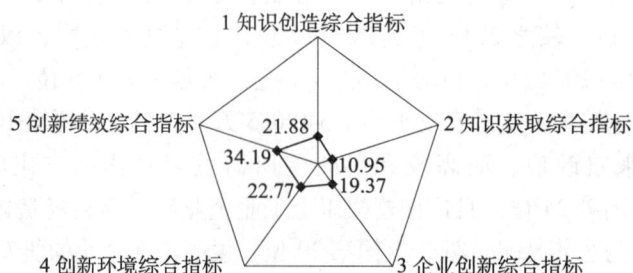

图 12 - 115　广西壮族自治区创新能力蛛网图

| 排名 | 指标 |
|---|---|
| 21 | 11101 研究与试验发展全时人员当量 41 267.8 人年 |
| 25 | 11102 每万人平均研究与试验发展全时人员当量 8.81 人年/万人 |
| 15 | 11103 研究与试验发展全时人员当量增长率 12.26% |
| 22 | 11201 政府研发投入 21.25 亿元 |
| 22 | 11202 政府研发投入占GDP的比例 0.16% |
| 5 | 11203 政府研发投入增长率 25.19% |
| 18 | 12101 发明专利申请受理数 6 511 件 |
| 19 | 12102 每十万人平均发明专利申请受理数 13.91 件/十万人 |
| 1 | 12103 发明专利申请受理数增长率 65.93% |
| 5 | 12104 每亿元研发活动经费内部支出产生的发明专利申请数 67.02 件/亿元 |
| 22 | 12201 发明专利授权数 902 件 |
| 28 | 12202 每百万人平均发明专利授权数 19.27 件/百万人 |
| 10 | 12203 发明专利授权数增长率 39.79% |
| 24 | 12204 每亿元研发活动经费内部支出产生的发明专利授权数 9.28 件/亿元 |
| 18 | 13101 国内论文数 10 454 篇 |
| 25 | 13102 每十万人平均发表的国内论文数 22.33 篇/十万人 |
| 5 | 13103 国内论文数量增长率 17.22% |
| 24 | 13201 国际论文数 2 032 篇 |
| 25 | 13202 每十万人平均发表的国际论文数 1.29 篇/十万人 |
| 4 | 13203 国际论文数增长率 20.12% |

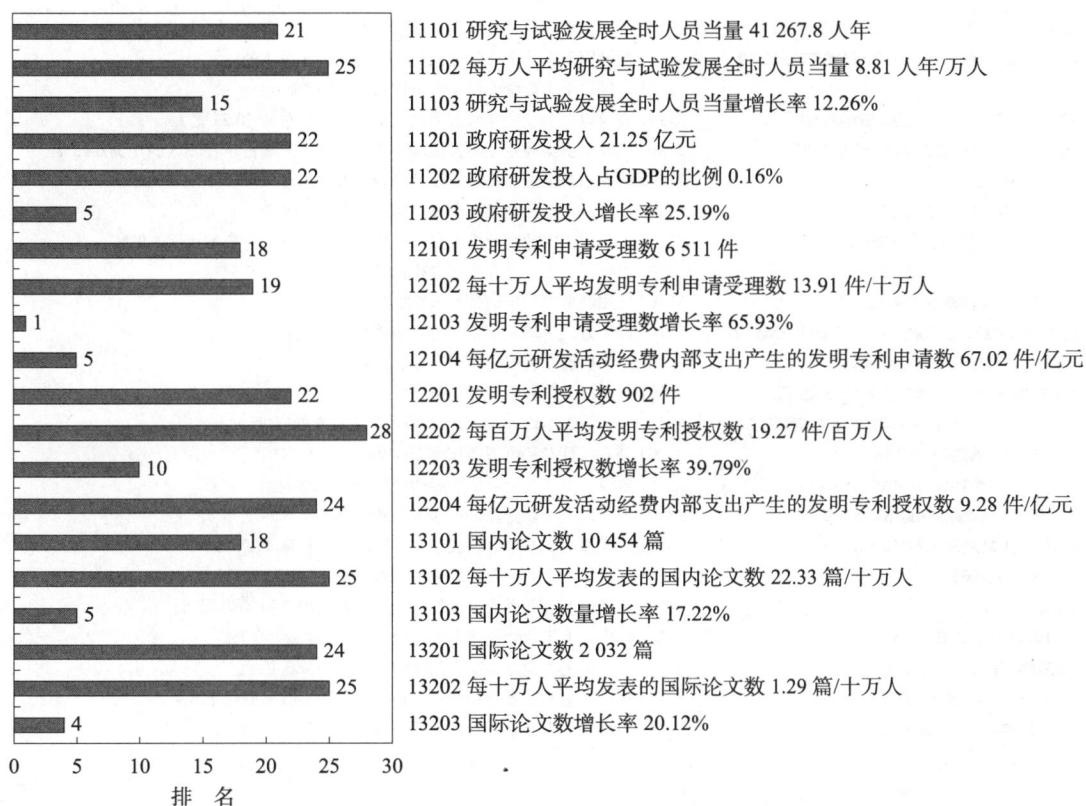

图 12－116 广西壮族自治区知识创造能力基础指标

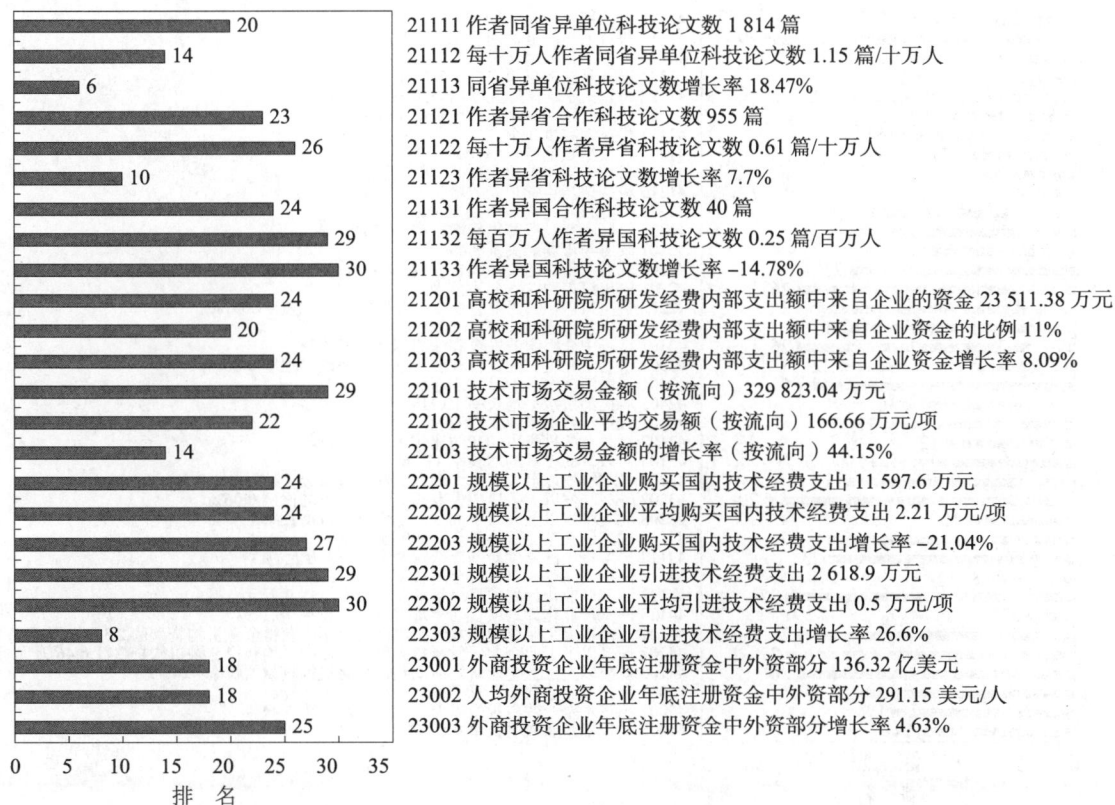

| 排名 | 指标 |
|---|---|
| 20 | 21111 作者同省异单位科技论文数 1 814 篇 |
| 14 | 21112 每十万人作者同省异单位科技论文数 1.15 篇/十万人 |
| 6 | 21113 同省异单位科技论文数增长率 18.47% |
| 23 | 21121 作者异省合作科技论文数 955 篇 |
| 26 | 21122 每十万人作者异省科技论文数 0.61 篇/十万人 |
| 10 | 21123 作者异省科技论文数增长率 7.7% |
| 24 | 21131 作者异国合作科技论文数 40 篇 |
| 29 | 21132 每百万人作者异国科技论文数 0.25 篇/百万人 |
| 30 | 21133 作者异国科技论文数增长率 –14.78% |
| 24 | 21201 高校和科研院所研发经费内部支出额中来自企业的资金 23 511.38 万元 |
| 20 | 21202 高校和科研院所研发经费内部支出额中来自企业资金的比例 11% |
| 24 | 21203 高校和科研院所研发经费内部支出额中来自企业资金增长率 8.09% |
| 29 | 22101 技术市场交易金额（按流向）329 823.04 万元 |
| 22 | 22102 技术市场企业平均交易额（按流向）166.66 万元/项 |
| 14 | 22103 技术市场交易金额的增长率（按流向）44.15% |
| 24 | 22201 规模以上工业企业购买国内技术经费支出 11 597.6 万元 |
| 24 | 22202 规模以上工业企业平均购买国内技术经费支出 2.21 万元/项 |
| 27 | 22203 规模以上工业企业购买国内技术经费支出增长率 –21.04% |
| 29 | 22301 规模以上工业企业引进技术经费支出 2 618.9 万元 |
| 30 | 22302 规模以上工业企业平均引进技术经费支出 0.5 万元/项 |
| 8 | 22303 规模以上工业企业引进技术经费支出增长率 26.6% |
| 18 | 23001 外商投资企业年底注册资金中外资部分 136.32 亿美元 |
| 18 | 23002 人均外商投资企业年底注册资金中外资部分 291.15 美元/人 |
| 25 | 23003 外商投资企业年底注册资金中外资部分增长率 4.63% |

图 12－117 广西壮族自治区知识获取能力基础指标

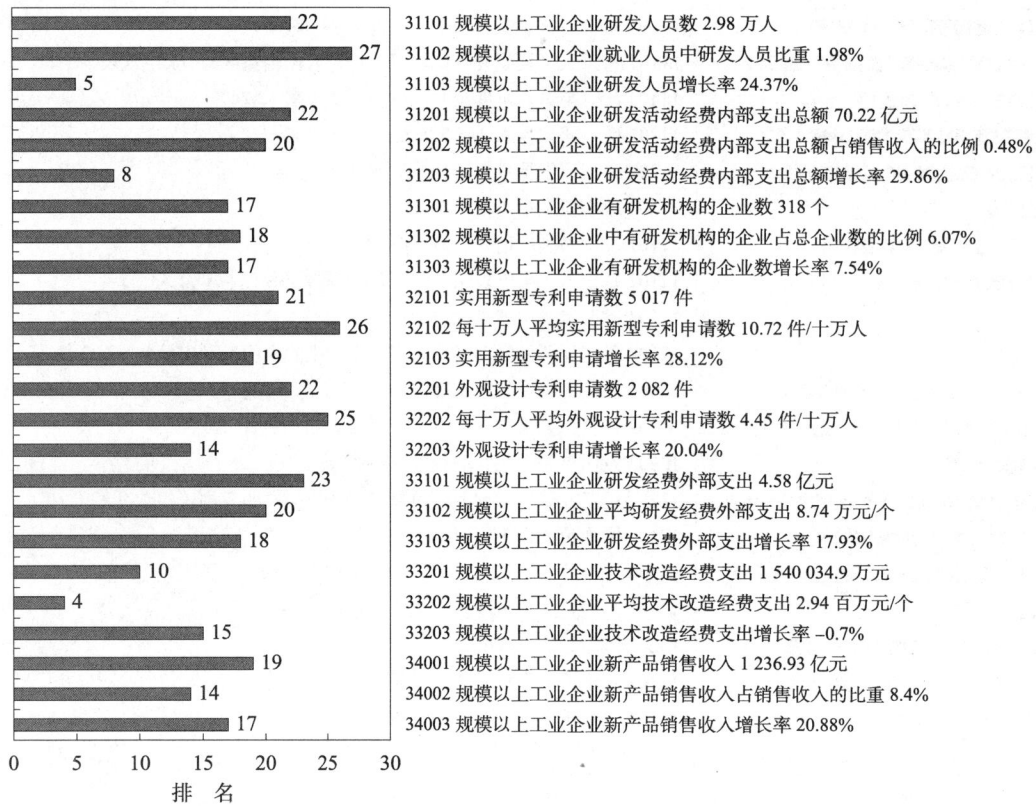

图 12 - 118　广西壮族自治区企业创新能力基础指标

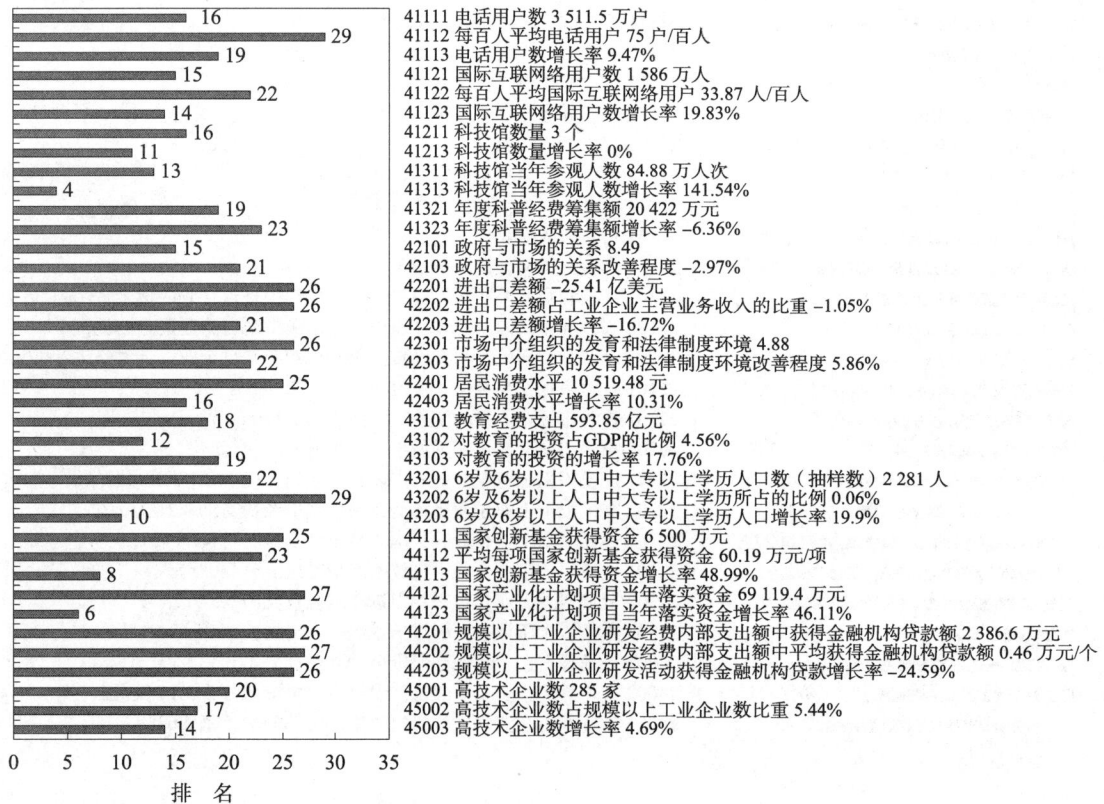

横轴刻度：0　5　10　15　20　25　30

排　名

| 排名 | 指标 |
|---|---|
| 22 | 31101 规模以上工业企业研发人员数 2.98 万人 |
| 27 | 31102 规模以上工业企业就业人员中研发人员比重 1.98% |
| 5 | 31103 规模以上工业企业研发人员增长率 24.37% |
| 22 | 31201 规模以上工业企业研发活动经费内部支出总额 70.22 亿元 |
| 20 | 31202 规模以上工业企业研发活动经费内部支出总额占销售收入的比例 0.48% |
| 8 | 31203 规模以上工业企业研发活动经费内部支出总额增长率 29.86% |
| 17 | 31301 规模以上工业企业有研发机构的企业数 318 个 |
| 18 | 31302 规模以上工业企业中有研发机构的企业占总企业数的比例 6.07% |
| 17 | 31303 规模以上工业企业有研发机构的企业数增长率 7.54% |
| 21 | 32101 实用新型专利申请数 5 017 件 |
| 26 | 32102 每十万人平均实用新型专利申请数 10.72 件/十万人 |
| 19 | 32103 实用新型专利申请增长率 28.12% |
| 22 | 32201 外观设计专利申请数 2 082 件 |
| 25 | 32202 每十万人平均外观设计专利申请数 4.45 件/十万人 |
| 14 | 32203 外观设计专利申请增长率 20.04% |
| 23 | 33101 规模以上工业企业研发经费外部支出 4.58 亿元 |
| 20 | 33102 规模以上工业企业平均研发经费外部支出 8.74 万元/个 |
| 18 | 33103 规模以上工业企业研发经费外部支出增长率 17.93% |
| 10 | 33201 规模以上工业企业技术改造经费支出 1 540 034.9 万元 |
| 4 | 33202 规模以上工业企业平均技术改造经费支出 2.94 百万元/个 |
| 15 | 33203 规模以上工业企业技术改造经费支出增长率 –0.7% |
| 19 | 34001 规模以上工业企业新产品销售收入 1 236.93 亿元 |
| 14 | 34002 规模以上工业企业新产品销售收入占销售收入的比重 8.4% |
| 17 | 34003 规模以上工业企业新产品销售收入增长率 20.88% |

图 12 - 118　广西壮族自治区企业创新能力基础指标

横轴刻度：0　5　10　15　20　25　30　35

排　名

| 排名 | 指标 |
|---|---|
| 16 | 41111 电话用户数 3 511.5 万户 |
| 29 | 41112 每百人平均电话用户 75 户/百人 |
| 19 | 41113 电话用户数增长率 9.47% |
| 15 | 41121 国际互联网络用户数 1 586 万人 |
| 22 | 41122 每百人平均国际互联网络用户 33.87 人/百人 |
| 14 | 41123 国际互联网络用户数增长率 19.83% |
| 16 | 41211 科技馆数量 3 个 |
| 11 | 41213 科技馆数量增长率 0% |
| 13 | 41311 科技馆当年参观人数 84.88 万人次 |
| 4 | 41313 科技馆当年参观人数增长率 141.54% |
| 19 | 41321 年度科普经费筹集额 20 422 万元 |
| 23 | 41323 年度科普经费筹集额增长率 –6.36% |
| 15 | 42101 政府与市场的关系 8.49 |
| 21 | 42103 政府与市场的关系改善程度 –2.97% |
| 26 | 42201 进出口差额 –25.41 亿美元 |
| 26 | 42202 进出口差额占工业企业主营业务收入的比重 –1.05% |
| 21 | 42203 进出口差额增长率 –16.72% |
| 26 | 42301 市场中介组织的发育和法律制度环境 4.88 |
| 22 | 42303 市场中介组织的发育和法律制度环境改善程度 5.86% |
| 25 | 42401 居民消费水平 10 519.48 元 |
| 16 | 42403 居民消费水平增长率 10.31% |
| 18 | 43101 教育经费支出 593.85 亿元 |
| 12 | 43102 对教育的投资占GDP的比例 4.56% |
| 19 | 43103 对教育的投资的增长率 17.76% |
| 22 | 43201 6岁及6岁以上人口中大专以上学历人口数（抽样数）2 281 人 |
| 29 | 43202 6岁及6岁以上人口中大专以上学历所占的比例 0.06% |
| 10 | 43203 6岁及6岁以上人口中大专以上学历人口增长率 19.9% |
| 25 | 44111 国家创新基金获得资金 6 500 万元 |
| 23 | 44112 平均每项国家创新基金获得资金 60.19 万元/项 |
| 8 | 44113 国家创新基金获得资金增长率 48.99% |
| 27 | 44121 国家产业化计划项目当年落实资金 69 119.4 万元 |
| 6 | 44123 国家产业化计划项目当年落实资金增长率 46.11% |
| 26 | 44201 规模以上工业企业研发经费内部支出额中获得金融机构贷款额 2 386.6 万元 |
| 27 | 44202 规模以上工业企业研发经费内部支出额中平均获得金融机构贷款额 0.46 万元/个 |
| 26 | 44203 规模以上工业企业研发活动获得金融机构贷款增长率 –24.59% |
| 20 | 45001 高技术企业数 285 家 |
| 17 | 45002 高技术企业数占规模以上工业企业数比重 5.44% |
| 14 | 45003 高技术企业数增长率 4.69% |

图 12 - 119　广西壮族自治区创新环境基础指标

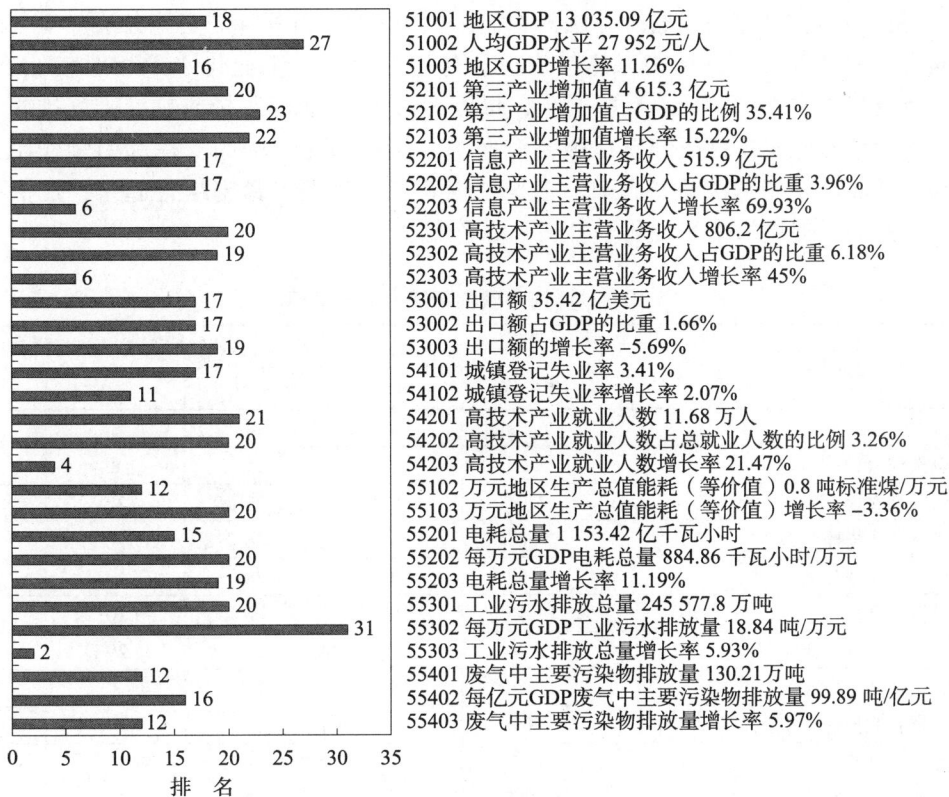

图 12-120　广西壮族自治区创新绩效基础指标

## 12.21　海南省

　　2012 年年末全省常住人口数 887 万人，全年地区生产总值 2 855.54 亿元，同比增长 9.13%，人均 GDP 为 32 377 元，位居全国第 22 位。2012 年三次产业结构之比为 24.9∶28.2∶46.9。高技术产业主营业务收入 151.9 亿元，占 GDP 的比重为 5.32%。

　　2014 年，海南省创新能力综合排名较去年前进了一位，在知识获取、企业创新能力等方面都有了非常大的进步：从知识获取来看，海南省技术市场交易额增长迅速，技术市场平均交易额与技术市场交易额增长率均位于全国首位，规模以上企业技术引进经费增长率全国第二，在同省和异省科技合作论文方面也有非常不错的发展。从企业创新能力来看，规模以上工业企业研发人员增长率、研发活动经费内部支出总额增长率、规模以上工业企业技术改造经费增长率以及企业新产品销售增长率都居于全国前三，在这些努力之下，海南省企业创新综合指标较上一年进步了 10 位，由此可以看出海南省在企业创新能力方面的追赶势头。

　　2013 年，中共海南省委和海南省人民政府出台《关于加快建设以企业为主体产学研相结合的技术创新体系的意见》，明确了在 2020 年海南省科技发展目标：要基本建成以企业为主体、市场为导向、产学研相结合的技术创新体系，全社会研发经费占地区生产总值的比例达到 2.5% 以上，省内大中型工业企业平均研发投入占主营业务收入比例提高到 1.7%，财政科技支出占地方财政支出的比重达到 2.5%。在这一目标的激励下，海南省在加强企业创新、促进产学研合作、改革科技管理体制、完善人才发展机制等方面不断加大投入力度，并加强政策法规的指引，例如出台《海南省科技计划项目管理办法》《海南省创业英才培养计划实施办法》等。

　　总体而言，海南省的经济结构以热带农业和旅游业为主，工业化水平相对较低。近年来，海南省在可持续发展方面的表现也有所退步，每万元 GDP 工业污水排放量、废气排放量都在增加。未来，海南应充分发挥科技创新在服务海南国际旅游岛建设中的支撑和引领作用，把推动科技进步与创新驱动发展紧密结合起来，把科技创新与绿色发展紧密结合起来，加快科技成果转化为现实生产力，促进海南实现科学发展和绿色崛起。

表 12 – 21　海南省创新能力综合指标

| 指标名称 | 2014 年综合指标 | | 2014 年分项指标排名 | | |
| --- | --- | --- | --- | --- | --- |
| | 指标值 | 排名 | 实力 | 效率 | 潜力 |
| 综合值 | 26.79 | 16 | 28 | 8 | 2 |
| 1　知识创造综合指标 | 28.85 | 7 | 28 | 8 | 1 |
| 　1.1　研究开发投入综合指标 | 17.04 | 15 | 29 | 28 | 1 |
| 　1.2　专利综合指标 | 29.63 | 6 | 28 | 4 | 1 |
| 　1.3　科研论文综合指标 | 50.89 | 2 | 28 | 11 | 1 |
| 2　知识获取综合指标 | 19.15 | 18 | 22 | 10 | 12 |
| 　2.1　科技合作综合指标 | 21.86 | 28 | 29 | 29 | 5 |
| 　2.2　技术转移综合指标 | 33.86 | 4 | 14 | 3 | 1 |
| 　2.3　外资企业投资综合指标 | 6.09 | 28 | 22 | 9 | 31 |
| 3　企业创新综合指标 | 24.07 | 13 | 29 | 18 | 1 |
| 　3.1　企业研究开发投入综合指标 | 25.67 | 14 | 29 | 15 | 1 |
| 　3.2　设计能力综合指标 | 3.45 | 30 | 29 | 29 | 29 |
| 　3.3　技术提升能力综合指标 | 27.05 | 10 | 29 | 10 | 1 |
| 　3.4　新产品销售收入综合指标 | 34.24 | 13 | 29 | 15 | 1 |
| 4　创新环境综合指标 | 26.24 | 13 | 28 | 6 | 9 |
| 　4.1　创新基础设施综合指标 | 30.19 | 7 | 26 | 5 | 2 |
| 　4.2　市场环境综合指标 | 41.19 | 22 | 26 | 13 | 15 |
| 　4.3　劳动者素质综合指标 | 21.13 | 27 | 28 | 7 | 7 |
| 　4.4　金融环境综合指标 | 6.02 | 29 | 30 | 30 | 2 |
| 　4.5　创业水平综合指标 | 32.66 | 6 | 27 | 3 | 15 |
| 5　创新绩效综合指标 | 35.04 | 19 | 14 | 9 | 24 |
| 　5.1　宏观经济综合指标 | 13.67 | 31 | 28 | 22 | 27 |
| 　5.2　产业结构综合指标 | 22.76 | 13 | 28 | 11 | 3 |
| 　5.3　产业国际竞争力综合指标 | 18.43 | 11 | 21 | 9 | 8 |
| 　5.4　就业综合指标 | 41.62 | 14 | 4 | 2 | 29 |
| 　5.5　可持续发展与环保综合指标 | 78.71 | 9 | 2 | 20 | 28 |

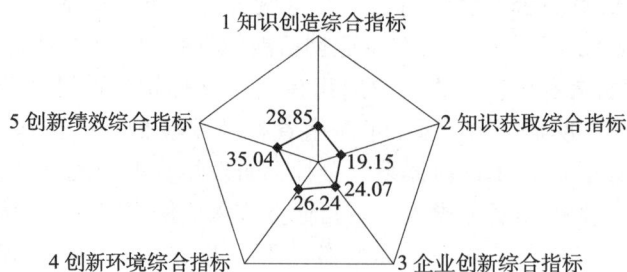

图 12 – 121　海南省创新能力蛛网图

29　11101 研究与试验发展全时人员当量 6 786.9 人年
27　11102 每万人平均研究与试验发展全时人员当量 7.66 人年/万人
1　11103 研究与试验发展全时人员当量增长率 32.93%
28　11201 政府研发投入 4.61 亿元
23　11202 政府研发投入占GDP的比例 0.16%
16　11203 政府研发投入增长率 19.62 %
28　12101 发明专利申请受理数 865 件
23　12102 每十万人平均发明专利申请受理数 9.76 件/十万人
21　12103 发明专利申请受理数增长率 24.67%
6　12104 每亿元研发活动经费内部支出产生的发明专利申请数 63.03 件/亿元
28　12201 发明专利授权数 396 件
18　12202 每百万人平均发明专利授权数 44.67 件/百万人
2　12203 发明专利授权数增长率 84.82%
2　12204 每亿元研发活动经费内部支出产生的发明专利授权数 28.85 件/亿元
28　13101 国内论文数 2 980 篇
13　13102 每十万人平均发表的国内论文数 33.61 篇/十万人
1　13103 国内论文数量增长率 23.52%
28　13201 国际论文数 368 篇
23　13202 每十万人平均发表的国际论文数 1.44 篇/十万人
1　13203 国际论文数增长率 37.56%

排　名

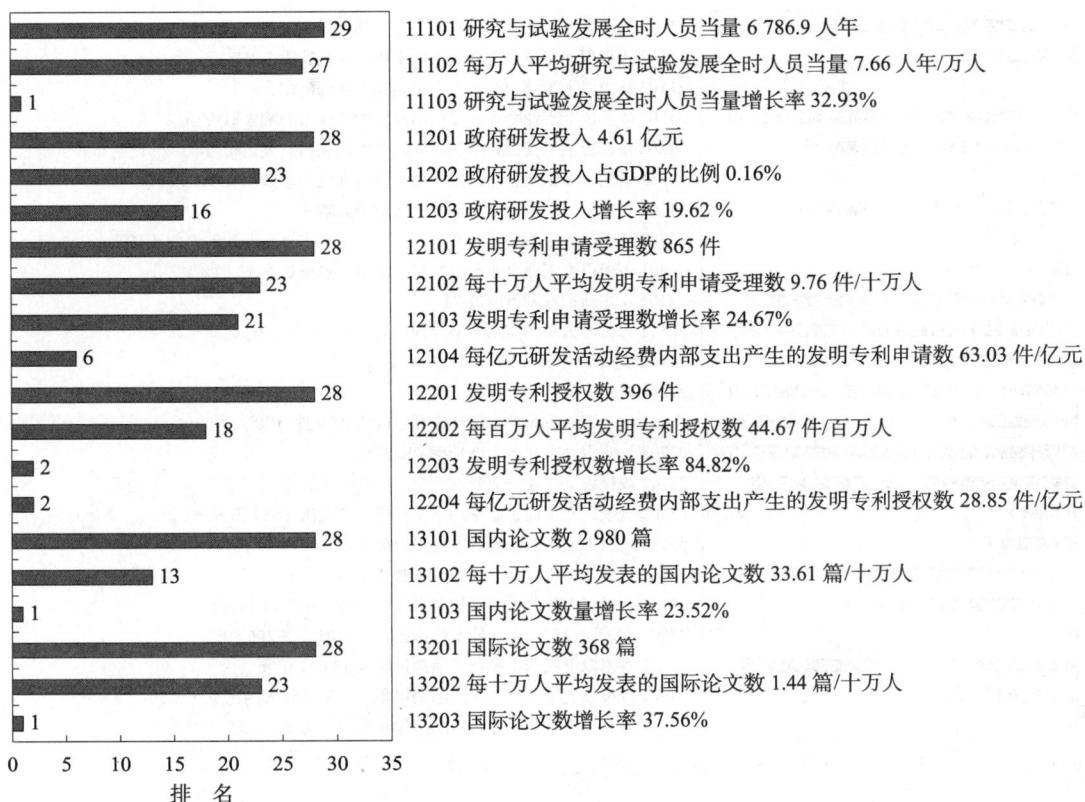

图 12 - 122　海南省知识创造能力基础指标

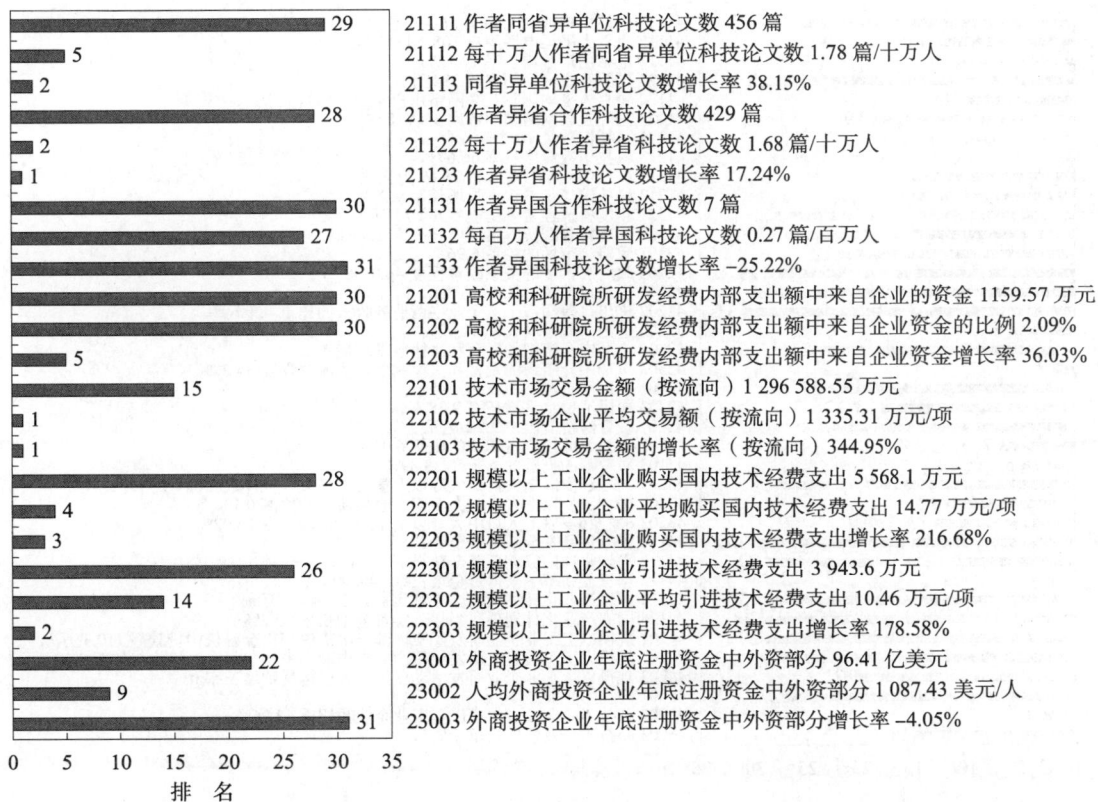

29　21111 作者同省异单位科技论文数 456 篇
5　21112 每十万人作者同省异单位科技论文数 1.78 篇/十万人
2　21113 同省异单位科技论文数增长率 38.15%
28　21121 作者异省合作科技论文数 429 篇
2　21122 每十万人作者异省科技论文数 1.68 篇/十万人
1　21123 作者异省科技论文数增长率 17.24%
30　21131 作者异国合作科技论文数 7 篇
27　21132 每百万人作者异国科技论文数 0.27 篇/百万人
31　21133 作者异国科技论文数增长率 –25.22%
30　21201 高校和科研院所研发经费内部支出额中来自企业的资金 1159.57 万元
30　21202 高校和科研院所研发经费内部支出额中来自企业资金的比例 2.09%
5　21203 高校和科研院所研发经费内部支出额中来自企业资金增长率 36.03%
15　22101 技术市场交易金额（按流向）1 296 588.55 万元
1　22102 技术市场企业平均交易额（按流向）1 335.31 万元/项
1　22103 技术市场交易金额的增长率（按流向）344.95%
28　22201 规模以上工业企业购买国内技术经费支出 5 568.1 万元
4　22202 规模以上工业企业平均购买国内技术经费支出 14.77 万元/项
3　22203 规模以上工业企业购买国内技术经费支出增长率 216.68%
26　22301 规模以上工业企业引进技术经费支出 3 943.6 万元
14　22302 规模以上工业企业平均引进技术经费支出 10.46 万元/项
2　22303 规模以上工业企业引进技术经费支出增长率 178.58%
22　23001 外商投资企业年底注册资金中外资部分 96.41 亿美元
9　23002 人均外商投资企业年底注册资金中外资部分 1 087.43 美元/人
31　23003 外商投资企业年底注册资金中外资部分增长率 –4.05%

排　名

图 12 - 123　海南省知识获取能力基础指标

| 排名 | |
|---|---|
| 29 | 31101 规模以上工业企业研发人员数 0.39 万人 |
| 12 | 31102 规模以上工业企业就业人员中研发人员比重 3.26% |
| 1 | 31103 规模以上工业企业研发人员增长率 40.66% |
| 30 | 31201 规模以上工业企业研发活动经费内部支出总额 7.81 亿元 |
| 23 | 31202 规模以上工业企业研发活动经费内部支出总额占销售收入的比例 0.46% |
| 2 | 31203 规模以上工业企业研发活动经费内部支出总额增长率 40.88% |
| 29 | 31301 规模以上工业企业有研发机构的企业数 33 个 |
| 7 | 31302 规模以上工业企业中有研发机构的企业占总企业数的比例 8.75% |
| 11 | 31303 规模以上工业企业有研发机构的企业数增长率 11.81% |
| 29 | 32101 实用新型专利申请数 747 件 |
| 29 | 32102 每十万人平均实用新型专利申请数 8.43 件/十万人 |
| 27 | 32103 实用新型专利申请增长率 16.88% |
| 30 | 32201 外观设计专利申请数 212 件 |
| 30 | 32202 每十万人平均外观设计专利申请数 2.39 件/十万人 |
| 30 | 32203 外观设计专利申请增长率 –10.37% |
| 28 | 33101 规模以上工业企业研发经费外部支出 1.34 亿元 |
| 5 | 33102 规模以上工业企业平均研发经费外部支出 35.51 万元/个 |
| 7 | 33103 规模以上工业企业研发经费外部支出增长率 40.96% |
| 29 | 33201 规模以上工业企业技术改造经费支出 41 752 万元 |
| 20 | 33202 规模以上工业企业平均技术改造经费支出 1.11 百万元/个 |
| 1 | 33203 规模以上工业企业技术改造经费支出增长率 206.49% |
| 29 | 34001 规模以上工业企业新产品销售收入 134.47 亿元 |
| 15 | 34002 规模以上工业企业新产品销售收入占销售收入的比重 7.92% |
| 1 | 34003 规模以上工业企业新产品销售收入增长率 57.11% |

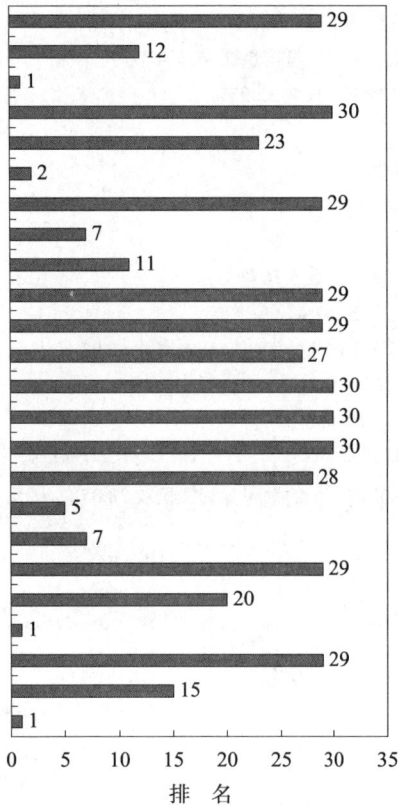

图 12 – 124　海南省企业创新能力基础指标

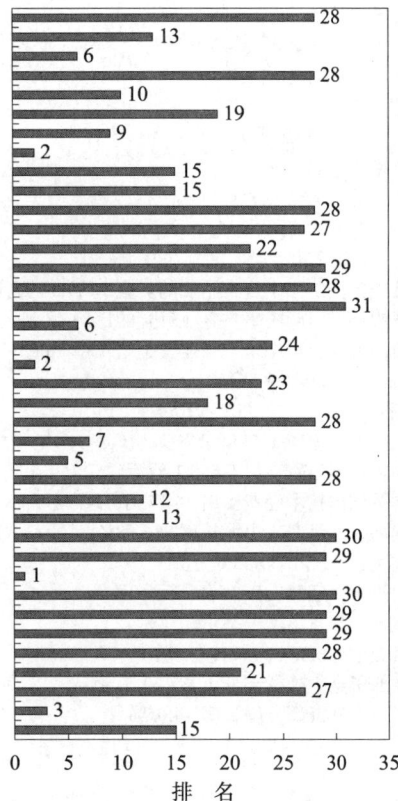

| 排名 | |
|---|---|
| 28 | 41111 电话用户数 958.36 万户 |
| 13 | 41112 每百人平均电话用户 108.1 户/百人 |
| 6 | 41113 电话用户数增长率 12.12% |
| 28 | 41121 国际互联网络用户数 384 万人 |
| 10 | 41122 每百人平均国际互联网用户 43.31 人/百人 |
| 19 | 41123 国际互联网络用户数增长率 18.01% |
| 9 | 41211 科技馆数量 10 个 |
| 2 | 41213 科技馆数量增长率 66.67% |
| 15 | 41311 科技馆当年参观人数 76.62 万人次 |
| 15 | 41313 科技馆当年参观人数增长率 9.77% |
| 28 | 41321 年度科普经费筹集额 6 764.73 万元 |
| 27 | 41323 年度科普经费筹集额增长率 –11.35% |
| 22 | 42101 政府与市场的关系 6.96 |
| 29 | 42103 政府与市场的关系改善程度 –6.07% |
| 28 | 42201 进出口差额 –82.64 亿美元 |
| 31 | 42202 进出口差额占工业企业主营业务收入的比重 –29.69% |
| 6 | 42203 进出口差额增长率 41.97% |
| 24 | 42301 市场中介组织的发育和法律制度环境 5.25 |
| 2 | 42303 市场中介组织的发育和法律制度环境改善程度 34.27% |
| 23 | 42401 居民消费水平 10 634.49 元 |
| 18 | 42403 居民消费水平增长率 9.28% |
| 28 | 43101 教育经费支出 173.22 亿元 |
| 7 | 43102 对教育的投资占GDP的比例 6.07% |
| 5 | 43103 对教育的投资的增长率 23.89% |
| 28 | 43201 6岁及6岁以上人口中大专以上学历人口数（抽样数）694 人 |
| 12 | 43202 6岁及6岁以上人口中大专以上学历所占的比例 0.1% |
| 13 | 43203 6岁及6岁以上人口中大专以上学历人口增长率 16.92% |
| 30 | 44111 国家创新基金获得资金 2 175 万元 |
| 29 | 44112 平均每项国家创新基金获得资金 58.78 万元/项 |
| 1 | 44113 国家创新基金获得资金增长率 149.94% |
| 30 | 44121 国家产业化计划项目当年落实资金 34 944.5 万元 |
| 29 | 44123 国家产业化计划项目当年落实资金增长率 –5.2% |
| 29 | 44201 规模以上工业企业研发经费内部支出额中获得金融机构贷款额 110.3 万元 |
| 28 | 44202 规模以上工业企业研发经费内部支出额中平均获得金融机构贷款额 0.29 万元/个 |
| 21 | 44203 规模以上工业企业研发活动获得金融机构贷款增长率 0% |
| 27 | 45001 高技术企业数 50 家 |
| 3 | 45002 高技术企业数占规模以上工业企业数比重 13.26% |
| 15 | 45003 高技术企业数增长率 4.42% |

图 12 – 125　海南省创新环境基础指标

| 代码 | 指标 | 排名 |
|---|---|---|
| 51001 | 地区GDP 2 855.54亿元 | 28 |
| 51002 | 人均GDP水平 32 377元/人 | 22 |
| 51003 | 地区GDP增长率 9.13% | 27 |
| 52101 | 第三产业增加值 1 339.53亿元 | 28 |
| 52102 | 第三产业增加值占GDP的比例 46.91% | 6 |
| 52103 | 第三产业增加值增长率 23.03% | 2 |
| 52201 | 信息产业主营业务收入 39.1亿元 | 24 |
| 52202 | 信息产业主营业务收入占GDP的比重 1.37% | 20 |
| 52203 | 信息产业主营业务收入增长率 216.46% | 2 |
| 52301 | 高技术产业主营业务收入 151.9亿元 | 26 |
| 52302 | 高技术产业主营业务收入占GDP的比重 5.32% | 20 |
| 52303 | 高技术产业主营业务收入增长率 42.52% | 7 |
| 53001 | 出口额 16.1亿美元 | 21 |
| 53002 | 出口额占GDP的比重 3.44% | 13 |
| 53003 | 出口额的增长率 2.78% | 8 |
| 54101 | 城镇登记失业率 2.01% | 2 |
| 54102 | 城镇登记失业率增长率 16.95% | 31 |
| 54201 | 高技术产业就业人数 1.73万人 | 27 |
| 54202 | 高技术产业就业人数占总就业人数的比例 1.92% | 22 |
| 54203 | 高技术产业就业人数增长率 17.36% | 8 |
| 55102 | 万元地区生产总值能耗（等价值）0.69吨标准煤/万元 | 9 |
| 55103 | 万元地区生产总值能耗（等价值）增长率 5.23% | 29 |
| 55201 | 电耗总量 208.08亿千瓦小时 | 2 |
| 55202 | 每万元GDP电耗总量 728.68千瓦小时/万元 | 11 |
| 55203 | 电耗总量增长率 15.43% | 29 |
| 55301 | 工业污水排放总量 37 103.42万吨 | 3 |
| 55302 | 每万元GDP工业污水排放量 12.99吨/万元 | 21 |
| 55303 | 工业污水排放总量增长率 52.86% | 29 |
| 55401 | 废气中主要污染物排放量 15.41万吨 | 2 |
| 55402 | 每亿元GDP废气中主要污染物排放量 53.97吨/亿元 | 7 |
| 55403 | 废气中主要污染物排放量增长率 0.29% | 2 |

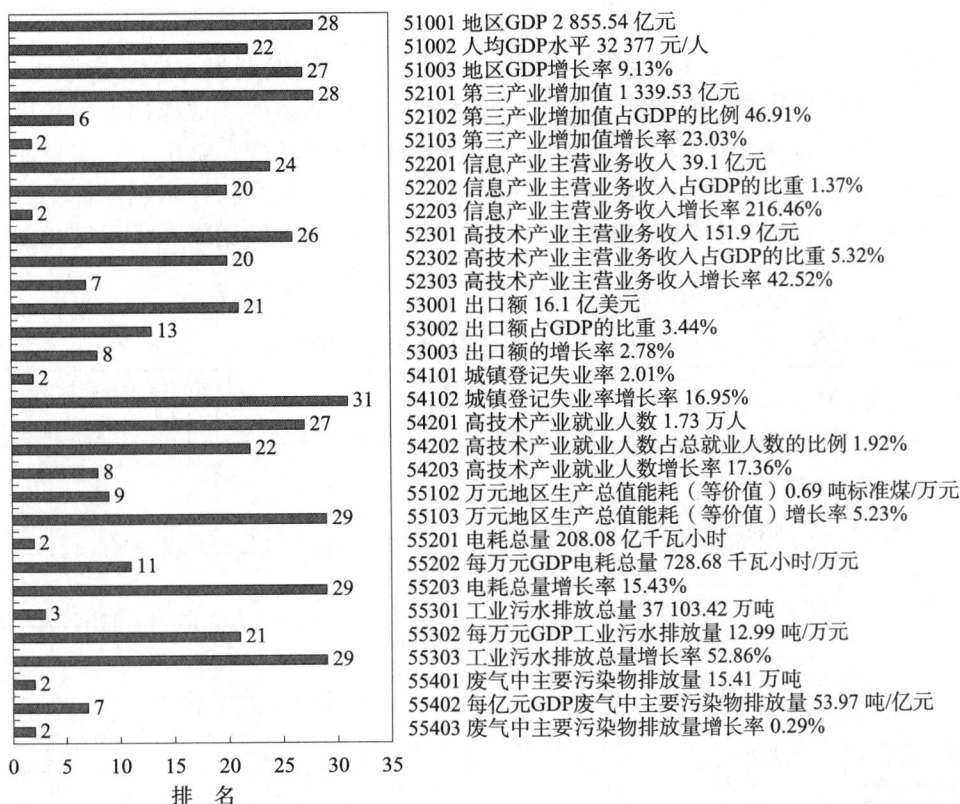

图 12 - 126　海南省创新绩效基础指标

## 12.22　重庆市

重庆市是我国面积最大、人口最多的直辖市，总面积为8.2万平方公里，2012年年末全市常住人口数2 945万人，全年地区生产总值11 409.6亿元，同比增长13.55%，增速位居全国第3位，人均GDP为38 914元，位居全国第12位。2012年三次产业结构之比为8.2∶52.4∶39.4。高技术产业主营业务收入1 883.4亿元，占GDP的比重为16.51%，位居全国第7位。

重庆市创新能力较上一年相比，稳定在第8位不变。在研发投入、科研论文发表、创新环境、可持续发展等方面都取得了进步。知识创造方面，每亿元研发活动经费内部支出产生的发明专利申请数、国际论文数增长率居全国前列；技术获取方面，技术市场交易额和增长率等指标均位居全国前三；企业创新能力方面，规模以上企业新产品销售收入占比居全国第四；创新环境方面，进出口差额及增长率指标、市场中介组织的发育和法律制度环境改善指标等均位居全国前五；在创新绩效方面，出口额增长率全国第一，高新技术就业人数增长率、地区DGP增长率、高新技术产业占主营业务收入增长率等指标均位居全国前5。

近几年来，重庆市相继出台了《重庆市科学技术奖励办法》、《科技成果转化股权和分红激励若干规定》、《重庆市应用技术研究与开发资金管理办法》等法规政策，积极完善地方性科技政策法规体系，致力于营造一个良好的创新氛围，深化科技体制改革，坚持在全球范围内整合和利用各种创新资源，加强科技人才队伍和科技研发基地建设，提高知识产权创造、运用、保护和管理水平，深入推进全民科技行动计划，大力培育和发展创新文化，真正让创新活力竞相迸发、创新源泉充分涌流。

整体而言重庆市创新能力水平处于中上游，且具有较大的发展潜力。从指标体系来分析，我们建议重庆市要注意完善金融环境，发挥金融环境对创新体系的支撑作用，重视培育提高劳动者素质方面继续努力。为了实现投资驱动向创新驱动的模式转变，重庆一是需要加快完善大幅提升科技创新效能的以企业为主体、市场为导向、产学研相结合的技术创新体系。二是需要加快形成以推进产品创新促进科技与经济社会发展紧密结合的科技创新和成果转化新模式。三是需要加快构建全社会支持创新、鼓励创新、参与创新的良好环境。

表 12 - 22　重庆市创新能力综合指标

| 指标名称 | 2014 年综合指标 | | 2014 年分项指标排名 | | |
| --- | --- | --- | --- | --- | --- |
| | 指标值 | 排名 | 实力 | 潜力 | 效率 |
| 综合值 | 32.9 | 8 | 17 | 1 | 7 |
| 1　知识创造综合指标 | 24.86 | 10 | 18 | 7 | 7 |
| 1.1　研究开发投入综合指标 | 16.01 | 18 | 19 | 15 | 17 |
| 1.2　专利综合指标 | 25.2 | 11 | 16 | 9 | 7 |
| 1.3　科研论文综合指标 | 41.87 | 5 | 17 | 6 | 3 |
| 2　知识获取综合指标 | 34.82 | 6 | 13 | 1 | 4 |
| 2.1　科技合作综合指标 | 49.93 | 4 | 14 | 3 | 1 |
| 2.2　技术转移综合指标 | 32.41 | 5 | 12 | 7 | 4 |
| 2.3　外资企业投资综合指标 | 25.31 | 8 | 13 | 2 | 10 |
| 3　企业创新综合指标 | 30.76 | 10 | 16 | 15 | 7 |
| 3.1　企业研究开发投入综合指标 | 29.76 | 12 | 17 | 18 | 7 |
| 3.2　设计能力综合指标 | 24.76 | 9 | 13 | 2 | 8 |
| 3.3　技术提升能力综合指标 | 16.44 | 21 | 21 | 16 | 14 |
| 3.4　新产品销售收入综合指标 | 45.31 | 9 | 15 | 22 | 4 |
| 4　创新环境综合指标 | 26.18 | 14 | 18 | 3 | 13 |
| 4.1　创新基础设施综合指标 | 15.59 | 25 | 25 | 24 | 16 |
| 4.2　市场环境综合指标 | 50.77 | 9 | 10 | 2 | 9 |
| 4.3　劳动者素质综合指标 | 25.65 | 19 | 22 | 5 | 16 |
| 4.4　金融环境综合指标 | 11.36 | 22 | 19 | 9 | 20 |
| 4.5　创业水平综合指标 | 27.55 | 12 | 19 | 3 | 13 |
| 5　创新绩效综合指标 | 48.56 | 5 | 15 | 1 | 6 |
| 5.1　宏观经济综合指标 | 37.12 | 13 | 23 | 3 | 12 |
| 5.2　产业结构综合指标 | 35.78 | 5 | 15 | 1 | 6 |
| 5.3　产业国际竞争力综合指标 | 34.23 | 4 | 12 | 1 | 7 |
| 5.4　就业综合指标 | 54.65 | 4 | 13 | 2 | 3 |
| 5.5　可持续发展与环保综合指标 | 81.01 | 7 | 7 | 4 | 12 |

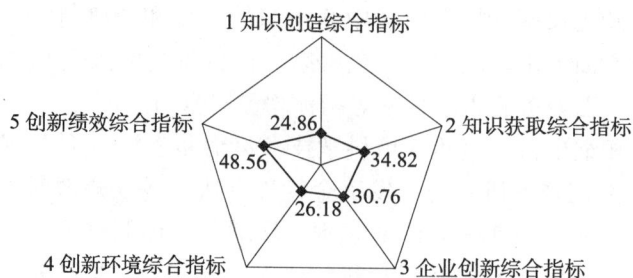

图 12 - 127　重庆市创新能力蛛网图

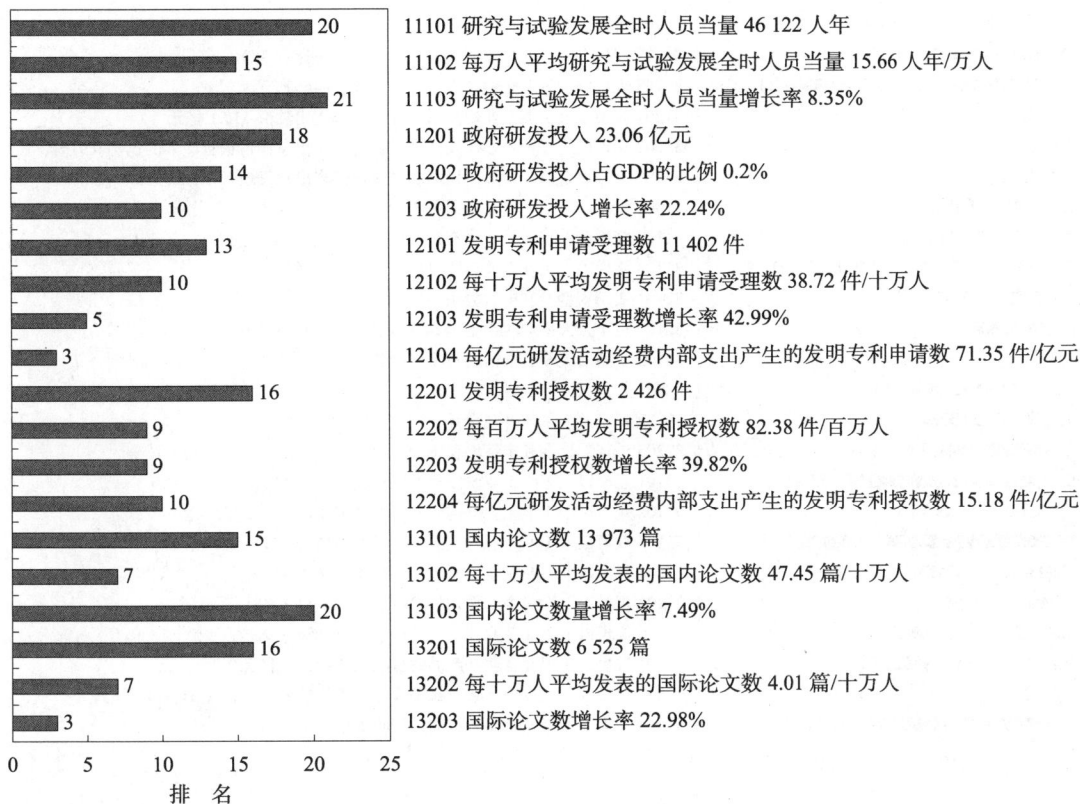

| 编号 | 指标 |
|---|---|
| 20 | 11101 研究与试验发展全时人员当量 46 122 人年 |
| 15 | 11102 每万人平均研究与试验发展全时人员当量 15.66 人年/万人 |
| 21 | 11103 研究与试验发展全时人员当量增长率 8.35% |
| 18 | 11201 政府研发投入 23.06 亿元 |
| 14 | 11202 政府研发投入占GDP的比例 0.2% |
| 10 | 11203 政府研发投入增长率 22.24% |
| 13 | 12101 发明专利申请受理数 11 402 件 |
| 10 | 12102 每十万人平均发明专利申请受理数 38.72 件/十万人 |
| 5 | 12103 发明专利申请受理数增长率 42.99% |
| 3 | 12104 每亿元研发活动经费内部支出产生的发明专利申请数 71.35 件/亿元 |
| 16 | 12201 发明专利授权数 2 426 件 |
| 9 | 12202 每百万人平均发明专利授权数 82.38 件/百万人 |
| 9 | 12203 发明专利授权数增长率 39.82% |
| 10 | 12204 每亿元研发活动经费内部支出产生的发明专利授权数 15.18 件/亿元 |
| 15 | 13101 国内论文数 13 973 篇 |
| 7 | 13102 每十万人平均发表的国内论文数 47.45 篇/十万人 |
| 20 | 13103 国内论文数量增长率 7.49% |
| 16 | 13201 国际论文数 6 525 篇 |
| 7 | 13202 每十万人平均发表的国际论文数 4.01 篇/十万人 |
| 3 | 13203 国际论文数增长率 22.98% |

图 12 - 128　重庆市知识创造能力基础指标

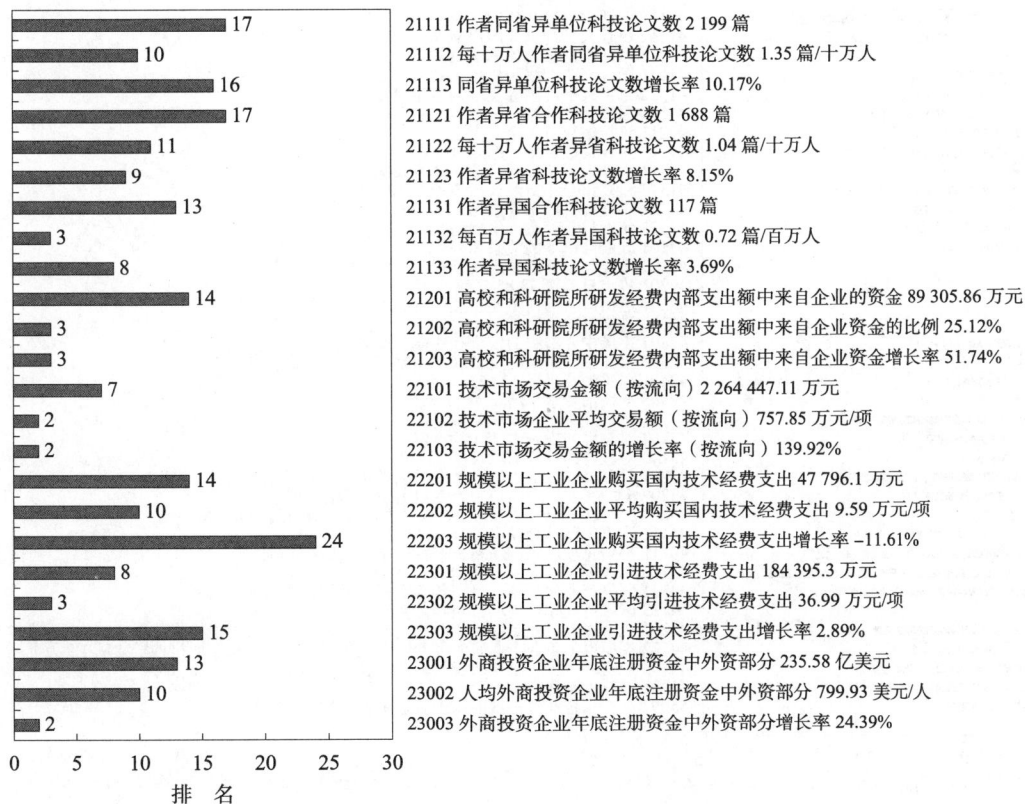

| 编号 | 指标 |
|---|---|
| 17 | 21111 作者同省异单位科技论文数 2 199 篇 |
| 10 | 21112 每十万人作者同省异单位科技论文数 1.35 篇/十万人 |
| 16 | 21113 同省异单位科技论文数增长率 10.17% |
| 17 | 21121 作者异省合作科技论文数 1 688 篇 |
| 11 | 21122 每十万人作者异省科技论文数 1.04 篇/十万人 |
| 9 | 21123 作者异省科技论文数增长率 8.15% |
| 13 | 21131 作者异国合作科技论文数 117 篇 |
| 3 | 21132 每百万人作者异国科技论文数 0.72 篇/百万人 |
| 8 | 21133 作者异国科技论文数增长率 3.69% |
| 14 | 21201 高校和科研院所研发经费内部支出额中来自企业的资金 89 305.86 万元 |
| 3 | 21202 高校和科研院所研发经费内部支出额中来自企业资金的比例 25.12% |
| 3 | 21203 高校和科研院所研发经费内部支出额中来自企业资金增长率 51.74% |
| 7 | 22101 技术市场交易金额（按流向）2 264 447.11 万元 |
| 2 | 22102 技术市场企业平均交易额（按流向）757.85 万元/项 |
| 2 | 22103 技术市场交易金额的增长率（按流向）139.92% |
| 14 | 22201 规模以上工业企业购买国内技术经费支出 47 796.1 万元 |
| 10 | 22202 规模以上工业企业平均购买国内技术经费支出 9.59 万元/项 |
| 24 | 22203 规模以上工业企业购国内技术经费支出增长率 −11.61% |
| 8 | 22301 规模以上工业企业引进技术经费支出 184 395.3 万元 |
| 3 | 22302 规模以上工业企业平均引进技术经费支出 36.99 万元/项 |
| 15 | 22303 规模以上工业企业引进技术经费支出增长率 2.89% |
| 13 | 23001 外商投资企业年底注册资金中外资部分 235.58 亿美元 |
| 10 | 23002 人均外商投资企业年底注册资金中外资部分 799.93 美元/人 |
| 2 | 23003 外商投资企业年底注册资金中外资部分增长率 24.39% |

图 12 - 129　重庆市知识获取能力基础指标

| 排名 | 指标 |
|---:|---|
| 18 | 31101 规模以上工业企业研发人员数 4.6 万人 |
| 14 | 31102 规模以上工业企业就业人员中研发人员比重 3.08% |
| 23 | 31103 规模以上工业企业研发人员增长率 10.46% |
| 17 | 31201 规模以上工业企业研发活动经费内部支出总额 117.1 亿元 |
| 6 | 31202 规模以上工业企业研发活动经费内部支出总额占销售收入的比例 0.91% |
| 11 | 31203 规模以上工业企业研发活动经费内部支出总额增长率 27.39% |
| 16 | 31301 规模以上工业企业有研发机构的企业数 344 个 |
| 12 | 31302 规模以上工业企业中有研发机构的企业占总企业数的比例 6.9% |
| 24 | 31303 规模以上工业企业有研发机构的企业数增长率 3.04% |
| 13 | 32101 实用新型专利申请数 19 738 件 |
| 8 | 32102 每十万人平均实用新型专利申请数 67.02 件/十万人 |
| 2 | 32103 实用新型专利申请增长率 70.44% |
| 14 | 32201 外观设计专利申请数 7 784 件 |
| 12 | 32202 每十万人平均外观设计专利申请数 26.43 件/十万人 |
| 11 | 32203 外观设计专利申请增长率 29.02% |
| 21 | 33101 规模以上工业企业研发经费外部支出 6.79 亿元 |
| 13 | 33102 规模以上工业企业平均研发经费外部支出 13.62 万元/个 |
| 23 | 33103 规模以上工业企业研发经费外部支出增长率 13.58% |
| 19 | 33201 规模以上工业企业技术改造经费支出 791 407 万元 |
| 10 | 33202 规模以上工业企业平均技术改造经费支出 1.59 百万元/个 |
| 13 | 33203 规模以上工业企业技术改造经费支出增长率 2.7% |
| 15 | 34001 规模以上工业企业新产品销售收入 2 429.92 亿元 |
| 4 | 34002 规模以上工业企业新产品销售收入占销售收入的比重 18.87% |
| 22 | 34003 规模以上工业企业新产品销售收入增长率 14.77% |

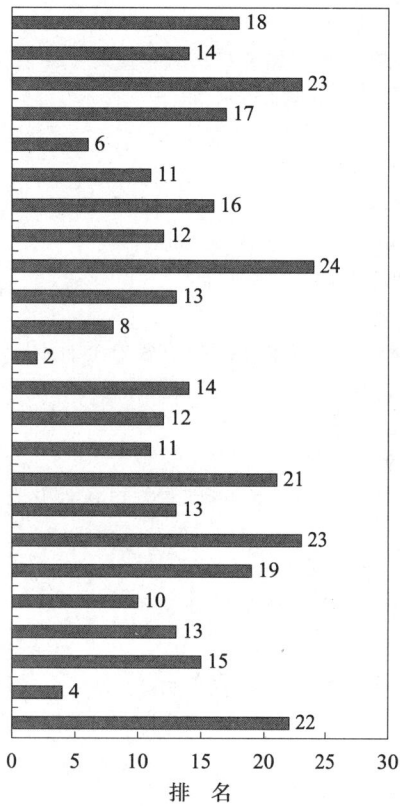

图 12 – 130　重庆市企业创新能力基础指标

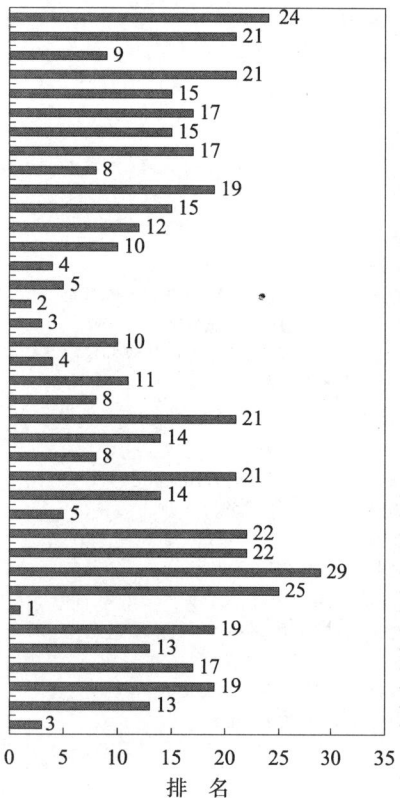

| 排名 | 指标 |
|---:|---|
| 24 | 41111 电话用户数 2 668.17 万户 |
| 21 | 41112 每百人平均电话用户 90.6 户/百人 |
| 9 | 41113 电话用户数增长率 11.16% |
| 21 | 41121 国际互联网络用户数 1 195 万人 |
| 15 | 41122 每百人平均国际互联网络用户 40.58 人/百人 |
| 17 | 41123 国际互联网络用户数增长率 19% |
| 15 | 41211 科技馆数量 4 个 |
| 17 | 41213 科技馆数量增长率 –20% |
| 8 | 41311 科技馆当年参观人数 114 万人次 |
| 19 | 41313 科技馆当年参观人数增长率 –0.26% |
| 15 | 41321 年度科普经费筹集额 27 196.68 万元 |
| 12 | 41323 年度科普经费筹集额增长率 20.33% |
| 10 | 42101 政府与市场的关系 8.9 |
| 4 | 42103 政府与市场的关系改善程度 –0.78% |
| 5 | 42201 进出口差额 73.85 亿美元 |
| 2 | 42202 进出口差额占工业企业主营业务收入的比重 3.5% |
| 3 | 42203 进出口差额增长率 164.28% |
| 10 | 42301 市场中介组织的发育和法律制度环境 7.6 |
| 4 | 42303 市场中介组织的发育和法律制度环境改善程度 24.39% |
| 11 | 42401 居民消费水平 13 655.44 元 |
| 8 | 42403 居民消费水平增长率 11.95% |
| 21 | 43101 教育经费支出 503.95 亿元 |
| 14 | 43102 对教育的投资占GDP的比例 4.42% |
| 8 | 43103 对教育的投资的增长率 23.01% |
| 21 | 43201 6岁及6岁以上人口中大专以上学历人口数（抽样数）2 299 人 |
| 14 | 43202 6岁及6岁以上人口中大专以上学历所占的比例 0.1% |
| 5 | 43203 6岁及6岁以上人口中大专以上学历人口增长率 29.36% |
| 22 | 44111 国家创新基金获得资金 9 930 万元 |
| 22 | 44112 平均每项国家创新基金获得资金 61.68 万元/项 |
| 29 | 44113 国家创新基金获得资金增长率 –0.86% |
| 25 | 44121 国家产业化计划项目当年落实资金 95 010.2 万元 |
| 1 | 44123 国家产业化计划项目当年落实资金增长率 70.68% |
| 19 | 44201 规模以上工业企业研发经费内部支出额中获得金融机构贷款额 9 471.8 万元 |
| 13 | 44202 规模以上工业企业研发经费内部支出额中平均获得金融机构贷款 1.9 万元/个 |
| 17 | 44203 规模以上工业企业研发活动获得金融机构贷款增长率 17.14% |
| 19 | 45001 高技术企业数 315 家 |
| 13 | 45002 高技术企业数占规模以上工业企业数比重 6.32% |
| 3 | 45003 高技术企业数增长率 13.04% |

图 12 – 131　重庆市创新环境基础指标

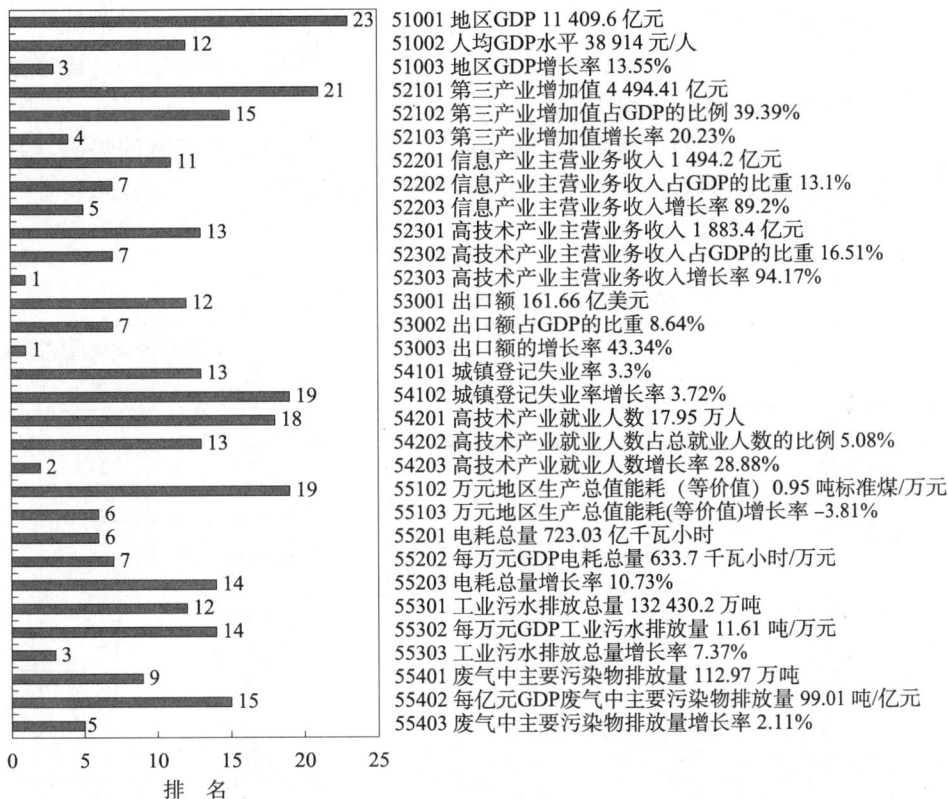

图 12 - 132　重庆市创新绩效基础指标

数据（各柱状图对应排名及指标说明）：

- 23　51001 地区GDP 11 409.6 亿元
- 12　51002 人均GDP水平 38 914 元/人
- 3　51003 地区GDP增长率 13.55%
- 21　52101 第三产业增加值 4 494.41 亿元
- 15　52102 第三产业增加值占GDP的比例 39.39%
- 4　52103 第三产业增加值增长率 20.23%
- 11　52201 信息产业主营业务收入 1 494.2 亿元
- 7　52202 信息产业主营业务收入占GDP的比重 13.1%
- 5　52203 信息产业主营业务收入增长率 89.2%
- 13　52301 高技术产业主营业务收入 1 883.4 亿元
- 7　52302 高技术产业主营业务收入占GDP的比重 16.51%
- 1　52303 高技术产业主营业务收入增长率 94.17%
- 12　53001 出口额 161.66 亿美元
- 7　53002 出口额占GDP的比重 8.64%
- 1　53003 出口额的增长率 43.34%
- 13　54101 城镇登记失业率 3.3%
- 19　54102 城镇登记失业率增长率 3.72%
- 18　54201 高技术产业就业人数 17.95 万人
- 13　54202 高技术产业就业人数占总就业人数的比例 5.08%
- 2　54203 高技术产业就业人数增长率 28.88%
- 19　55102 万元地区生产总值能耗（等价值）0.95 吨标准煤/万元
- 6　55103 万元地区生产总值能耗(等价值)增长率 −3.81%
- 6　55201 电耗总量 723.03 亿千瓦小时
- 7　55202 每万元GDP电耗总量 633.7 千瓦小时/万元
- 14　55203 电耗总量增长率 10.73%
- 12　55301 工业污水排放总量 132 430.2 万吨
- 14　55302 每万元GDP工业污水排放量 11.61 吨/万元
- 3　55303 工业污水排放总量增长率 7.37%
- 9　55401 废气中主要污染物排放量 112.97 万吨
- 15　55402 每亿元GDP废气中主要污染物排放量 99.01 吨/亿元
- 5　55403 废气中主要污染物排放量增长率 2.11%

横轴：排名（0 5 10 15 20 25）

## 12.23　四川省

四川省地处中国西南腹地，总面积为 48.5 万平方公里，居全国第 5 位。2012 年，全省常住人口数 8 076 万人，全年地区生产总值 23 872.8 亿元，同比增长 12.55%，人均 GDP 为 29 608 元，位居全国第 24 位。2012 年三次产业结构之比为 13.8 : 51.7 : 34.5。高技术产业主营业务收入 3 962.1 亿元，占 GDP 的比重为 16.6%，位居全国第 6 位。

2014 年，四川省创新能力较上一年上升 1 名，综合排名 14。知识获取指标、创新综合指标、创新环境指标、创新绩效指标均有小幅上升。知识创造方面，政府研发投入及其增长率居于全国前三；知识获取方面，高校和科研院所研发经费内部支出中来自企业的资金的金额居全国第三，其他指标包括国际合作论文及其增长率、规模以上工业企业技术引进经费支出及其增长率、外商投资企业年底注册资金中外资部分增长率均居于全国上游水平。创新环境方面，国家产业化计划项目当年落实资金、高新企业数等指标都居全国上游水平。创新绩效方面，万元地区生产总值能耗增长率、工业污水排放增长率等依然有非常不错的表现。

2013 年，四川省颁布了《关于实施创新驱动发展战略增强四川转型发展新动力的意见》，明确了近五年在产业结构优化升级、创新型城市建设、科技体制机制改革等方面的建设目标，并提出到 2020 年全省进入创新驱动发展阶段。这一意见对企业创新能力的培育、产业升级转型、建设创新发展示范工程、产学研用协同创新工程、人才培养和创新环境培育等方面都给出了指导意见。此外，四川省还特别重视科技成果转化工作，在《四川省重大科技成果转化工程实施方案（2011~2015 年）》中重点明确了新一代信息技术产业、装备制造业、节能环保产业、新材料产业、新能源产业、农畜超级种及配套技术等技术成果转移的基础条件，该方案的出台为四川省科技成果转化工作提供了政策指导。

整体而言，四川省的创新能力较稳定，保持了较好的依靠创新求发展的势头。在未来的工作中，应该继续加强企业的创新能力，培育发展一大批创新型企业、高新技术企业、高成长型企业，真正建设成为以企业为主体的技术创新体系。

表 12-23　四川省创新能力综合指标

| 指标名称 | 2014 年综合指标 | | 2014 年分项指标排名 | | |
|---|---|---|---|---|---|
| | 指标值 | 排名 | 实力 | 效率 | 潜力 |
| 综合值 | 26.98 | 14 | 9 | 19 | 16 |
| 1　知识创造综合指标 | 26.63 | 9 | 8 | 12 | 10 |
| 1.1　研究开发投入综合指标 | 28.91 | 8 | 7 | 8 | 7 |
| 1.2　专利综合指标 | 22.58 | 12 | 7 | 17 | 12 |
| 1.3　科研论文综合指标 | 30.19 | 16 | 10 | 15 | 17 |
| 2　知识获取综合指标 | 23.83 | 11 | 8 | 20 | 9 |
| 2.1　科技合作综合指标 | 39.99 | 9 | 4 | 17 | 15 |
| 2.2　技术转移综合指标 | 17.06 | 17 | 9 | 16 | 6 |
| 2.3　外资企业投资综合指标 | 16.78 | 14 | 11 | 16 | 7 |
| 3　企业创新综合指标 | 18.63 | 19 | 14 | 21 | 25 |
| 3.1　企业研究开发投入综合指标 | 16.89 | 23 | 15 | 22 | 24 |
| 3.2　设计能力综合指标 | 18.84 | 11 | 8 | 14 | 11 |
| 3.3　技术提升能力综合指标 | 17.77 | 20 | 9 | 20 | 23 |
| 3.4　新产品销售收入综合指标 | 20.82 | 21 | 17 | 17 | 25 |
| 4　创新环境综合指标 | 27.44 | 10 | 9 | 22 | 21 |
| 4.1　创新基础设施综合指标 | 19.25 | 14 | 13 | 22 | 14 |
| 4.2　市场环境综合指标 | 44.09 | 16 | 11 | 24 | 10 |
| 4.3　劳动者素质综合指标 | 38.29 | 6 | 5 | 19 | 15 |
| 4.4　金融环境综合指标 | 13.01 | 17 | 12 | 18 | 23 |
| 4.5　创业水平综合指标 | 22.56 | 18 | 7 | 11 | 23 |
| 5　创新绩效综合指标 | 39.48 | 11 | 10 | 14 | 4 |
| 5.1　宏观经济综合指标 | 37.77 | 11 | 8 | 24 | 7 |
| 5.2　产业结构综合指标 | 27.16 | 8 | 7 | 8 | 10 |
| 5.3　产业国际竞争力综合指标 | 17.4 | 12 | 11 | 10 | 5 |
| 5.4　就业综合指标 | 41.54 | 15 | 22 | 16 | 8 |
| 5.5　可持续发展与环保综合指标 | 73.54 | 17 | 22 | 13 | 22 |

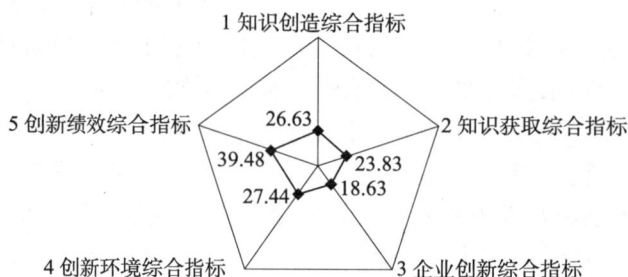

图 12-133　四川省创新能力蛛网图

| 排名 | 指标 |
|---|---|
| 12 | 11101 研究与试验发展全时人员当量 98 010.3 人年 |
| 21 | 11102 每万人平均研究与试验发展全时人员当量 12.14 人年/万人 |
| 28 | 11103 研究与试验发展全时人员当量增长率 4.9% |
| 3 | 11201 政府研发投入 171.2 亿元 |
| 4 | 11202 政府研发投入占GDP的比例 0.72% |
| 3 | 11203 政府研发投入增长率 26.7% |
| 10 | 12101 发明专利申请受理数 16 368 件 |
| 14 | 12102 每十万人平均发明专利申请受理数 20.27 件/十万人 |
| 7 | 12103 发明专利申请受理数增长率 38.13% |
| 15 | 12104 每亿元研发活动经费内部支出产生的发明专利申请数 46.65 件/亿元 |
| 7 | 12201 发明专利授权数 4 460 件 |
| 15 | 12202 每百万人平均发明专利授权数 55.22 件/百万人 |
| 11 | 12203 发明专利授权数增长率 39.65% |
| 13 | 12204 每亿元研发活动经费内部支出产生的发明专利授权数 12.71 件/亿元 |
| 9 | 13101 国内论文数 21 872 篇 |
| 18 | 13102 每十万人平均发表的国内论文数 27.08 篇/十万人 |
| 21 | 13103 国内论文数量增长率 7.32% |
| 10 | 13201 国际论文数 12 119 篇 |
| 12 | 13202 每十万人平均发表的国际论文数 3.44 篇/十万人 |
| 21 | 13203 国际论文数增长率 6.42% |

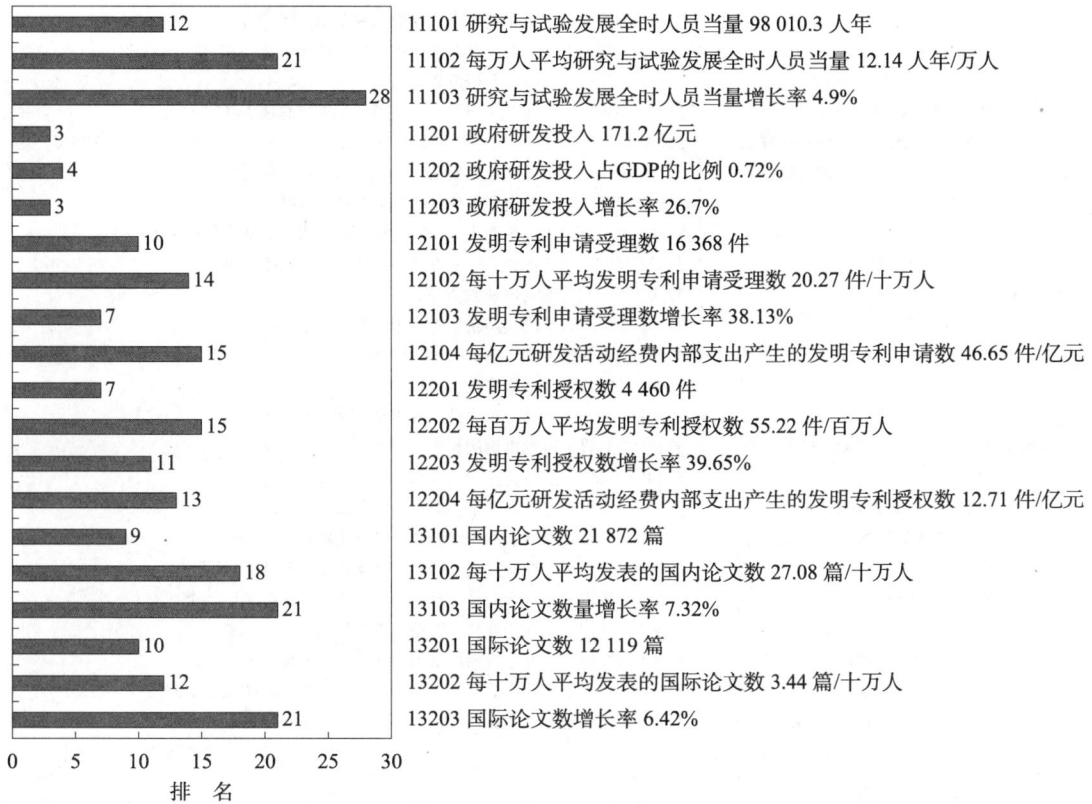

图 12－134　四川省知识创造能力基础指标

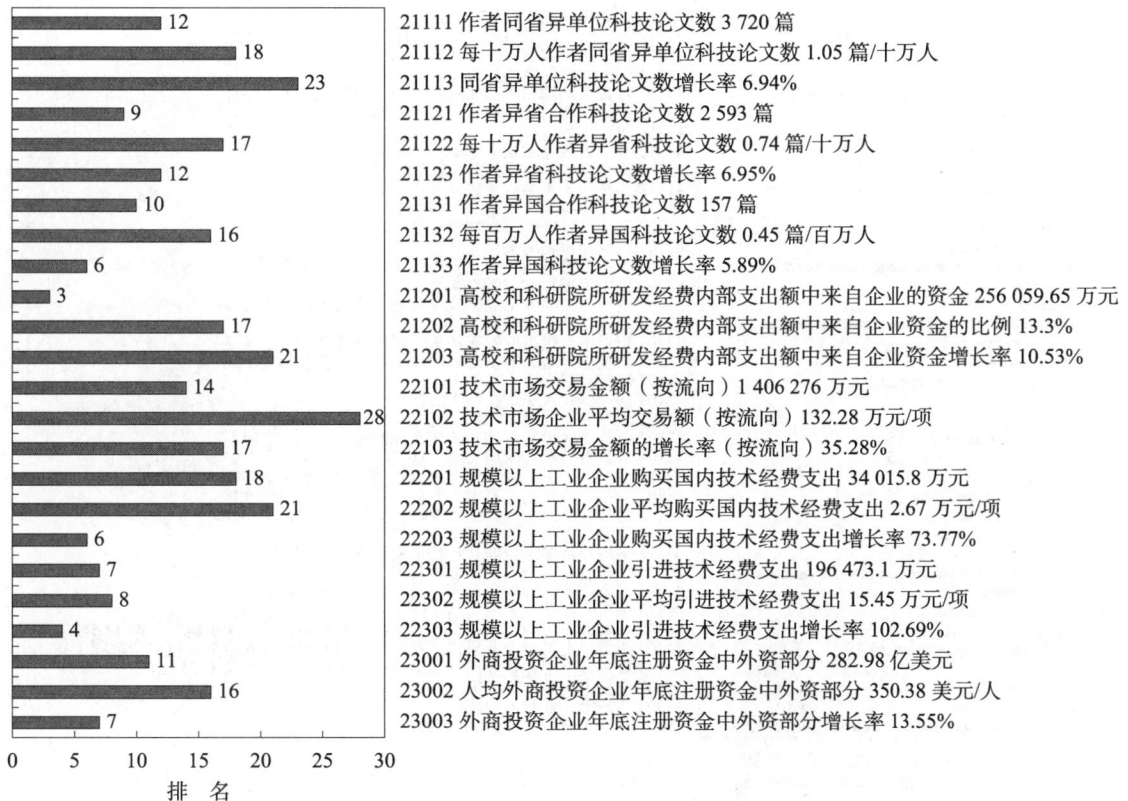

| 排名 | 指标 |
|---|---|
| 12 | 21111 作者同省异单位科技论文数 3 720 篇 |
| 18 | 21112 每十万人作者同省异单位科技论文数 1.05 篇/十万人 |
| 23 | 21113 同省异单位科技论文数增长率 6.94% |
| 9 | 21121 作者异省合作科技论文数 2 593 篇 |
| 17 | 21122 每十万人作者异省科技论文数 0.74 篇/十万人 |
| 12 | 21123 作者异省科技论文数增长率 6.95% |
| 10 | 21131 作者异国合作科技论文数 157 篇 |
| 16 | 21132 每百万人作者异国科技论文数 0.45 篇/百万人 |
| 6 | 21133 作者异国科技论文数增长率 5.89% |
| 3 | 21201 高校和科研院所研发经费内部支出额中来自企业的资金 256 059.65 万元 |
| 17 | 21202 高校和科研院所研发经费内部支出额中来自企业资金的比例 13.3% |
| 21 | 21203 高校和科研院所研发经费内部支出额中来自企业资金增长率 10.53% |
| 14 | 22101 技术市场交易金额（按流向）1 406 276 万元 |
| 28 | 22102 技术市场企业平均交易额（按流向）132.28 万元/项 |
| 17 | 22103 技术市场交易金额的增长率（按流向）35.28% |
| 18 | 22201 规模以上工业企业购买国内技术经费支出 34 015.8 万元 |
| 21 | 22202 规模以上工业企业平均购买国内技术经费支出 2.67 万元/项 |
| 6 | 22203 规模以上工业企业购买国内技术经费支出增长率 73.77% |
| 7 | 22301 规模以上工业企业引进技术经费支出 196 473.1 万元 |
| 8 | 22302 规模以上工业企业平均引进技术经费支出 15.45 万元/项 |
| 4 | 22303 规模以上工业企业引进技术经费支出增长率 102.69% |
| 11 | 23001 外商投资企业年底注册资金中外资部分 282.98 亿美元 |
| 16 | 23002 人均外商投资企业年底注册资金中外资部分 350.38 美元/人 |
| 7 | 23003 外商投资企业年底注册资金中外资部分增长率 13.55% |

图 12－135　四川省知识获取能力基础指标

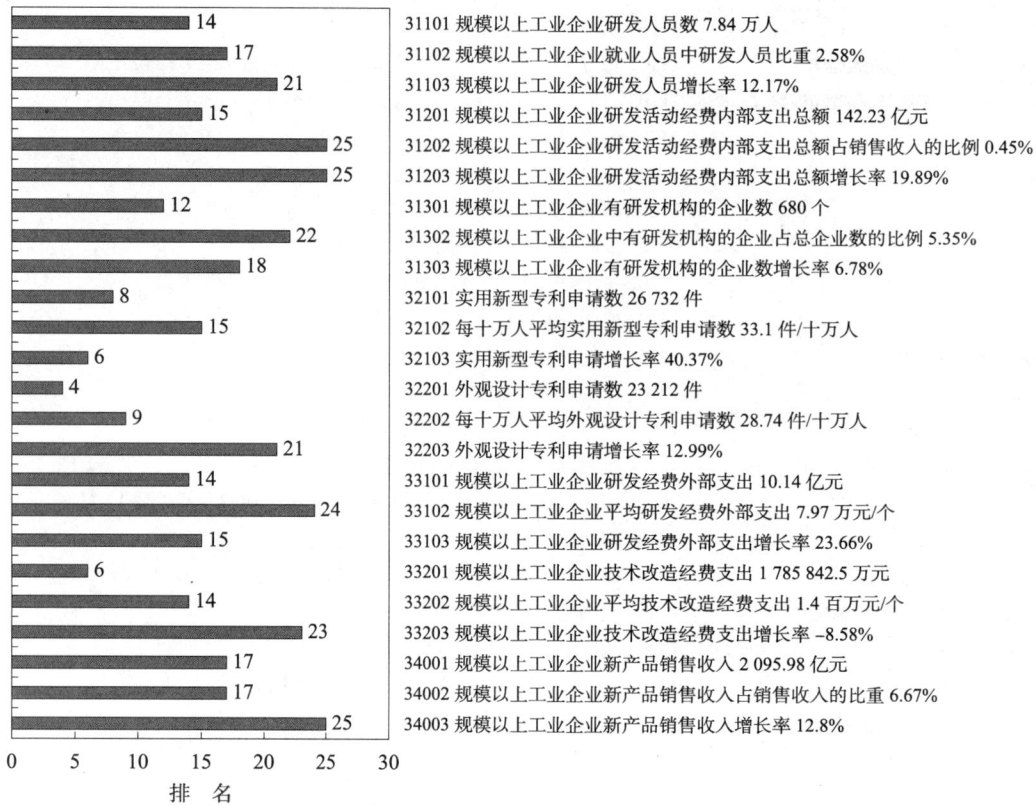

图 12-136 四川省企业创新能力基础指标

| 编号 | 指标 |
|---|---|
| 31101 | 规模以上工业企业研发人员数 7.84 万人 |
| 31102 | 规模以上工业企业就业人员中研发人员比重 2.58% |
| 31103 | 规模以上工业企业研发人员增长率 12.17% |
| 31201 | 规模以上工业企业研发活动经费内部支出总额 142.23 亿元 |
| 31202 | 规模以上工业企业研发活动经费内部支出总额占销售收入的比例 0.45% |
| 31203 | 规模以上工业企业研发活动经费内部支出总额增长率 19.89% |
| 31301 | 规模以上工业企业有研发机构的企业数 680 个 |
| 31302 | 规模以上工业企业中有研发机构的企业占总企业数的比例 5.35% |
| 31303 | 规模以上工业企业有研发机构的企业数增长率 6.78% |
| 32101 | 实用新型专利申请数 26 732 件 |
| 32102 | 每十万人平均实用新型专利申请数 33.1 件/十万人 |
| 32103 | 实用新型专利申请增长率 40.37% |
| 32201 | 外观设计专利申请数 23 212 件 |
| 32202 | 每十万人平均外观设计专利申请数 28.74 件/十万人 |
| 32203 | 外观设计专利申请增长率 12.99% |
| 33101 | 规模以上工业企业研发经费外部支出 10.14 亿元 |
| 33102 | 规模以上工业企业平均研发经费外部支出 7.97 万元/个 |
| 33103 | 规模以上工业企业研发经费外部支出增长率 23.66% |
| 33201 | 规模以上工业企业技术改造经费支出 1 785 842.5 万元 |
| 33202 | 规模以上工业企业平均技术改造经费支出 1.4 百万元/个 |
| 33203 | 规模以上工业企业技术改造经费支出增长率 -8.58% |
| 34001 | 规模以上工业企业新产品销售收入 2 095.98 亿元 |
| 34002 | 规模以上工业企业新产品销售收入占销售收入的比重 6.67% |
| 34003 | 规模以上工业企业新产品销售收入增长率 12.8% |

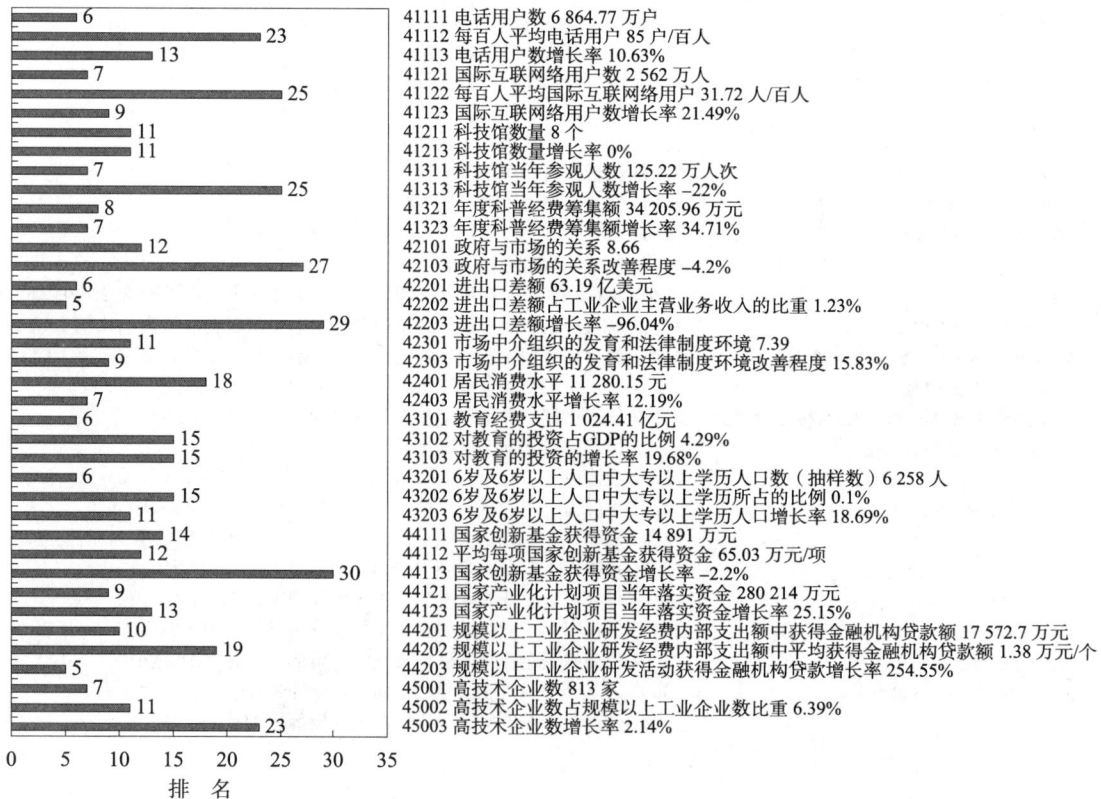

图 12-137 四川省创新环境基础指标

| 编号 | 指标 |
|---|---|
| 41111 | 电话用户数 6 864.77 万户 |
| 41112 | 每百人平均电话用户 85 户/百人 |
| 41113 | 电话用户数增长率 10.63% |
| 41121 | 国际互联网络用户数 2 562 万人 |
| 41122 | 每百人平均国际互联网络用户 31.72 人/百人 |
| 41123 | 国际互联网络用户数增长率 21.49% |
| 41211 | 科技馆数量 8 个 |
| 41213 | 科技馆数量增长率 0% |
| 41311 | 科技馆当年参观人数 125.22 万人次 |
| 41313 | 科技馆当年参观人数增长率 -22% |
| 41321 | 年度科普经费筹集额 34 205.96 万元 |
| 41323 | 年度科普经费筹集额增长率 34.71% |
| 42101 | 政府与市场的关系 8.66 |
| 42103 | 政府与市场的关系改善程度 -4.2% |
| 42201 | 进出口差额 63.19 亿美元 |
| 42202 | 进出口差额占工业企业主营业务收入的比重 1.23% |
| 42203 | 进出口差额增长率 -96.04% |
| 42301 | 市场中介组织的发育和法律制度环境 7.39 |
| 42303 | 市场中介组织的发育和法律制度环境改善程度 15.83% |
| 42401 | 居民消费水平 11 280.15 元 |
| 42403 | 居民消费水平增长率 12.19% |
| 43101 | 教育经费支出 1 024.41 亿元 |
| 43102 | 对教育的投资占GDP的比例 4.29% |
| 43103 | 对教育的投资的增长率 19.68% |
| 43201 | 6岁及6岁以上人口中大专以上学历人口数（抽样数）6 258 人 |
| 43202 | 6岁及6岁以上人口中大专以上学历所占的比例 0.1% |
| 43203 | 6岁及6岁以上人口中大专以上学历人口增长率 18.69% |
| 44111 | 国家创新基金获得资金 14 891 万元 |
| 44112 | 平均每项国家创新基金获得资金 65.03 万元/项 |
| 44113 | 国家创新基金获得资金增长率 -2.2% |
| 44121 | 国家产业化计划项目当年落实资金 280 214 万元 |
| 44123 | 国家产业化计划项目当年落实资金增长率 25.15% |
| 44201 | 规模以上工业企业研发经费内部支出额中获得金融机构贷款额 17 572.7 万元 |
| 44202 | 规模以上工业企业研发经费内部支出额中平均获得金融机构贷款额 1.38 万元/个 |
| 44203 | 规模以上工业企业研发活动获得金融机构贷款增长率 254.55% |
| 45001 | 高技术企业数 813 家 |
| 45002 | 高技术企业数占规模以上工业企业数比重 6.39% |
| 45003 | 高技术企业数增长率 2.14% |

| 排名 | 指标 |
|---|---|
| 8 | 51001 地区GDP 23 872.8 亿元 |
| 24 | 51002 人均GDP水平 29 608 元/人 |
| 7 | 51003 地区GDP增长率 12.55% |
| 11 | 52101 第三产业增加值 8 242.31 亿元 |
| 27 | 52102 第三产业增加值占GDP的比例 34.53% |
| 16 | 52103 第三产业增加值增长率 16.93% |
| 6 | 52201 信息产业主营业务收入 2 794.8 亿元 |
| 8 | 52202 信息产业主营业务收入占GDP的比例 11.71% |
| 13 | 52203 信息产业主营业务收入增长率 35.52% |
| 6 | 52301 高新技术产业主营业务收入 3 962.1 亿元 |
| 6 | 52302 高新技术产业主营业务收入占GDP的比重 16.6% |
| 9 | 52303 高新技术产业主营业务收入增长率 37.86% |
| 11 | 53001 出口额 182.61 亿美元 |
| 11 | 53002 出口额占GDP的比重 4.66% |
| 5 | 53003 出口额的增长率 5.11% |
| 26 | 54101 城镇登记失业率 4.02% |
| 21 | 54102 城镇登记失业率增长率 3.78% |
| 7 | 54201 高技术产业就业人数 51.51 万人 |
| 5 | 54202 高技术产业就业人数占总就业人数的比例 8.04% |
| 7 | 54203 高技术产业就业人数增长率 18.14% |
| 20 | 55102 万元地区生产总值能耗（等价值）1 吨标准煤/万元 |
| 4 | 55103 万元地区生产总值能耗（等价值）增长率 -4.23% |
| 23 | 55201 电耗总量 1 830.7 亿千瓦小时 |
| 15 | 55202 每万元GDP电耗总量 766.85 千瓦小时/万元 |
| 22 | 55203 电耗总量增长率 11.54% |
| 23 | 55301 工业污水排放总量 283 657.06 万吨 |
| 17 | 55302 每万元GDP工业污水排放量 11.88 吨/万元 |
| 7 | 55303 工业污水排放总量增长率 17.1% |
| 18 | 55401 废气中主要污染物排放量 181.93 万吨 |
| 11 | 55402 每亿元GDP废气中主要污染物排放量 76.21 吨/亿元 |
| 30 | 55403 废气中主要污染物排放量增长率 22.55% |

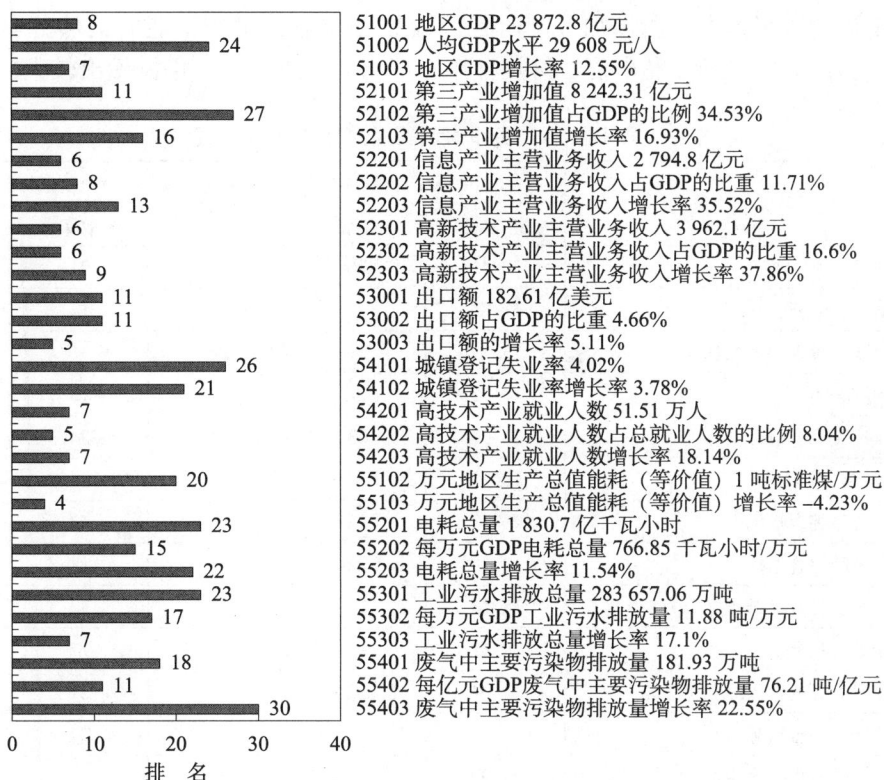

图 12-138　四川省创新绩效基础指标

# 12.24　贵州省

贵州省位于我国西南的东南部，总面积为 17.6 万平方公里，占全国总面积的 1.8%。2012 年，全省常住人口数 3 484 万人，全年地区生产总值 6 852.2 亿元，同比增长 13.57%，增速位居全国第 2 位，人均 GDP 为 19 710 元，位居全国第 31 位。2012 年三次产业结构之比为 13.0：39.1：47.9。高技术产业主营业务收入 342.9 亿元，占 GDP 的比重为 5%。

2014 年，贵州省的创新能力位居全国中下游的水平，多数指标与领先省份还有一定差距。贵州省创新能力较上一年退步了两位，在知识创造、知识获取、创新环境、创新绩效方面都有一定的滑落，但在企业创新能力培育上有一定的进步。指标方面，政府研发投入增长率、每亿元研发活动经费内部支出产生的发明专利授权数、规模以上企业技术引进经费支出增长率、外商投资企业年底注册资金中外资部分增长率、规模以上企业研发人员增长率、地区 DGP 增长率等多项增长性指标居全国前列，展现出贵州省的追赶态势。

近年来，贵州在科技金融、创新及服务平台建设、科技人才队伍建设、高新技术产业发展等方面提供了强有力的政策支撑，发展建立了贵州科学城、贵州产业技术研究院、农业科技园区、大射电天文望远镜、中小企业创新服务平台等重大创新服务平台，围绕电子信息、生物医药、新材料、新能源、节能环保、资源利用、先进装备制造等领域，先后出台了一系列政策，积极启动国际科技合作、省院科技合作、省校科技合作、泛珠区域科技合作计划项目等。

贵州省主要以国有经济为主，大型企业对贵州的经济发展做出了较大的贡献，企业对研发投入和专利申请的重视程度有所增加，同时也应注意到企业技术创新能力依然薄弱。未来，在劳动者素质、新产品研发和专利申请、科技合作、市场与环境等方面仍需做出较大的努力。

表 12－24　贵州省创新能力综合指标

| 指标名称 | 2014 年综合指标 | | 2014 年分项指标排名 | | |
| --- | --- | --- | --- | --- | --- |
| | 指标值 | 排名 | 实力 | 效率 | 潜力 |
| 综合值 | 20.41 | 26 | 26 | 21 | 18 |
| 1　知识创造综合指标 | 17.26 | 23 | 26 | 17 | 12 |
| 1.1　研究开发投入综合指标 | 15.11 | 21 | 26 | 31 | 4 |
| 1.2　专利综合指标 | 15.75 | 22 | 25 | 10 | 26 |
| 1.3　科研论文综合指标 | 24.59 | 23 | 26 | 24 | 10 |
| 2　知识获取综合指标 | 18.38 | 20 | 24 | 19 | 3 |
| 2.1　科技合作综合指标 | 26.73 | 22 | 26 | 12 | 18 |
| 2.2　技术转移综合指标 | 10.36 | 22 | 16 | 18 | 5 |
| 2.3　外资企业投资综合指标 | 18.13 | 13 | 26 | 30 | 3 |
| 3　企业创新综合指标 | 16.89 | 23 | 25 | 17 | 24 |
| 3.1　企业研究开发投入综合指标 | 14.04 | 25 | 26 | 21 | 20 |
| 3.2　设计能力综合指标 | 10.11 | 19 | 22 | 24 | 7 |
| 3.3　技术提升能力综合指标 | 29.99 | 8 | 24 | 4 | 17 |
| 3.4　新产品销售收入综合指标 | 15.54 | 27 | 26 | 19 | 27 |
| 4　创新环境综合指标 | 21.93 | 24 | 25 | 16 | 18 |
| 4.1　创新基础设施综合指标 | 12.17 | 29 | 27 | 30 | 15 |
| 4.2　市场环境综合指标 | 36.20 | 29 | 29 | 27 | 24 |
| 4.3　劳动者素质综合指标 | 24.91 | 21 | 26 | 9 | 11 |
| 4.4　金融环境综合指标 | 22.19 | 6 | 15 | 4 | 5 |
| 4.5　创业水平综合指标 | 14.16 | 25 | 23 | 21 | 22 |
| 5　创新绩效综合指标 | 26.80 | 28 | 26 | 29 | 20 |
| 5.1　宏观经济综合指标 | 23.47 | 26 | 26 | 31 | 2 |
| 5.2　产业结构综合指标 | 16.61 | 19 | 25 | 13 | 14 |
| 5.3　产业国际竞争力综合指标 | 3.87 | 29 | 28 | 28 | 28 |
| 5.4　就业综合指标 | 21.66 | 30 | 16 | 30 | 30 |
| 5.5　可持续发展与环保综合指标 | 68.40 | 23 | 18 | 29 | 25 |

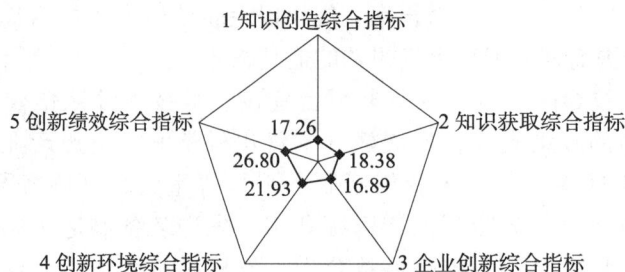

图 12－139　贵州省创新能力蛛网图

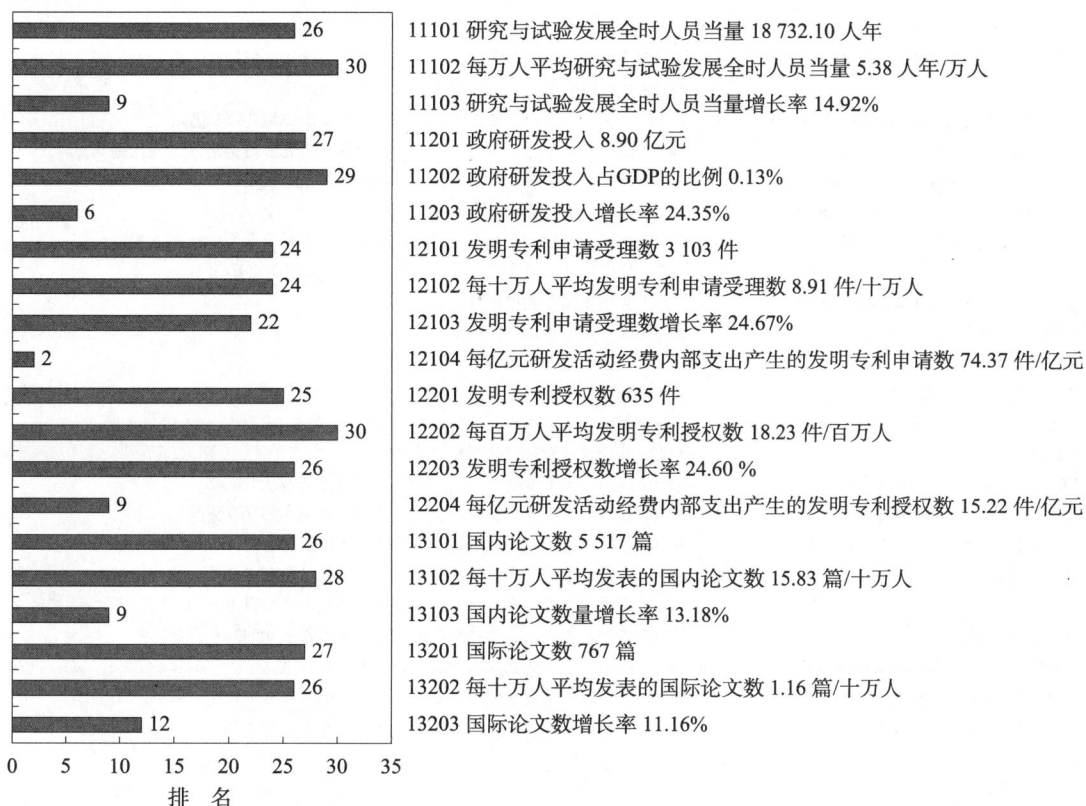

图 12－140　贵州省知识创造能力基础指标

11101 研究与试验发展全时人员当量 18 732.10 人年
11102 每万人平均研究与试验发展全时人员当量 5.38 人年/万人
11103 研究与试验发展全时人员当量增长率 14.92%
11201 政府研发投入 8.90 亿元
11202 政府研发投入占GDP的比例 0.13%
11203 政府研发投入增长率 24.35%
12101 发明专利申请受理数 3 103 件
12102 每十万人平均发明专利申请受理数 8.91 件/十万人
12103 发明专利申请受理数增长率 24.67%
12104 每亿元研发活动经费内部支出产生的发明专利申请数 74.37 件/亿元
12201 发明专利授权数 635 件
12202 每百万人平均发明专利授权数 18.23 件/百万人
12203 发明专利授权数增长率 24.60 %
12204 每亿元研发活动经费内部支出产生的发明专利授权数 15.22 件/亿元
13101 国内论文数 5 517 篇
13102 每十万人平均发表的国内论文数 15.83 篇/十万人
13103 国内论文数量增长率 13.18%
13201 国际论文数 767 篇
13202 每十万人平均发表的国际论文数 1.16 篇/十万人
13203 国际论文数增长率 11.16%

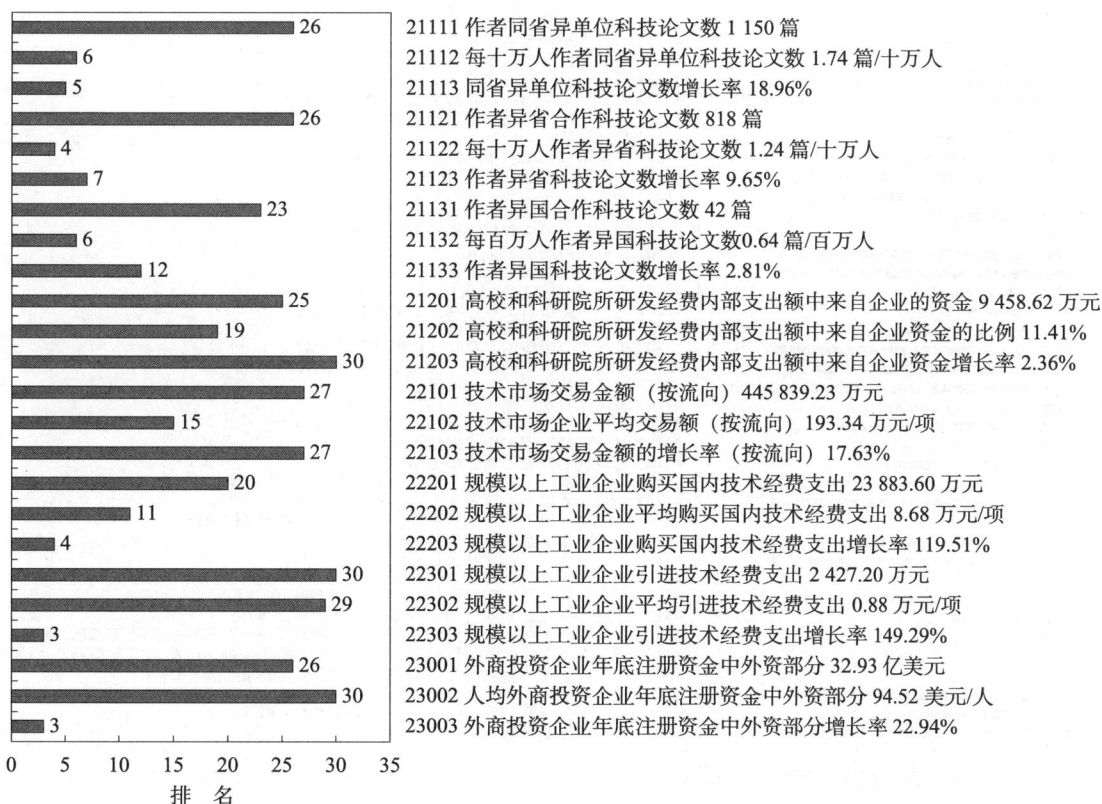

图 12－141　贵州省知识获取能力基础指标

21111 作者同省异单位科技论文数 1 150 篇
21112 每十万人作者同省异单位科技论文数 1.74 篇/十万人
21113 同省异单位科技论文数增长率 18.96%
21121 作者异省合作科技论文数 818 篇
21122 每十万人作者异省科技论文数 1.24 篇/十万人
21123 作者异省科技论文数增长率 9.65%
21131 作者异国合作科技论文数 42 篇
21132 每百万人作者异国科技论文数 0.64 篇/百万人
21133 作者异国科技论文数增长率 2.81%
21201 高校和科研院所研发经费内部支出额中来自企业的资金 9 458.62 万元
21202 高校和科研院所研发经费内部支出额中来自企业资金的比例 11.41%
21203 高校和科研院所研发经费内部支出额中来自企业资金增长率 2.36%
22101 技术市场交易金额（按流向）445 839.23 万元
22102 技术市场企业平均交易额（按流向）193.34 万元/项
22103 技术市场交易金额的增长率（按流向）17.63%
22201 规模以上工业企业购买国内技术经费支出 23 883.60 万元
22202 规模以上工业企业平均购买国内技术经费支出 8.68 万元/项
22203 规模以上工业企业购买国内技术经费支出增长率 119.51%
22301 规模以上工业企业引进技术经费支出 2 427.20 万元
22302 规模以上工业企业平均引进技术经费支出 0.88 万元/项
22303 规模以上工业企业引进技术经费支出增长率 149.29%
23001 外商投资企业年底注册资金中外资部分 32.93 亿美元
23002 人均外商投资企业年底注册资金中外资部分 94.52 美元/人
23003 外商投资企业年底注册资金中外资部分增长率 22.94%

| 编号 | 指标 | 排名 |
|---|---|---|
| 31101 | 规模以上工业企业研发人员数 1.65 万人 | 26 |
| 31102 | 规模以上工业企业就业人员中研发人员比重 2.11% | 24 |
| 31103 | 规模以上工业企业研发人员增长率 26.12% | 4 |
| 31201 | 规模以上工业企业研发活动经费内部支出总额 31.51 亿元 | 26 |
| 31202 | 规模以上工业企业研发活动经费内部支出总额占销售收入的比例 0.53% | 18 |
| 31203 | 规模以上工业企业研发活动经费内部支出总额增长率 19.39% | 27 |
| 31301 | 规模以上工业企业有研发机构的企业数 116 个 | 26 |
| 31302 | 规模以上工业企业中有研发机构的企业占总企业数的比例 4.22% | 26 |
| 31303 | 规模以上工业企业有研发机构的企业数增长率 -10.32% | 31 |
| 32101 | 实用新型专利申请数 4 111 件 | 24 |
| 32102 | 每十万人平均实用新型专利申请数 11.8 件/十万人 | 25 |
| 32103 | 实用新型专利申请增长率 36.19% | 10 |
| 32201 | 外观设计专利申请数 4 082 件 | 18 |
| 32202 | 每十万人平均外观设计专利申请数 11.72 件/十万人 | 17 |
| 32203 | 外观设计专利申请增长率 48.8% | 4 |
| 33101 | 规模以上工业企业研发经费外部支出 1.65 亿元 | 27 |
| 33102 | 规模以上工业企业平均研发经费外部支出 5.99 万元/个 | 30 |
| 33103 | 规模以上工业企业研发经费外部支出增长率 8.88% | 25 |
| 33201 | 规模以上工业企业技术改造经费支出 1 216 939.1 万元 | 14 |
| 33202 | 规模以上工业企业平均技术改造经费支出 4.42百万元/个 | 2 |
| 33203 | 规模以上工业企业技术改造经费支出增长率 4.54% | 12 |
| 34001 | 规模以上工业企业新产品销售收入 383.28 亿元 | 26 |
| 34002 | 规模以上工业企业新产品销售收入占销售收入的比重 6.42% | 19 |
| 34003 | 规模以上工业企业新产品销售收入增长率 9.99% | 27 |

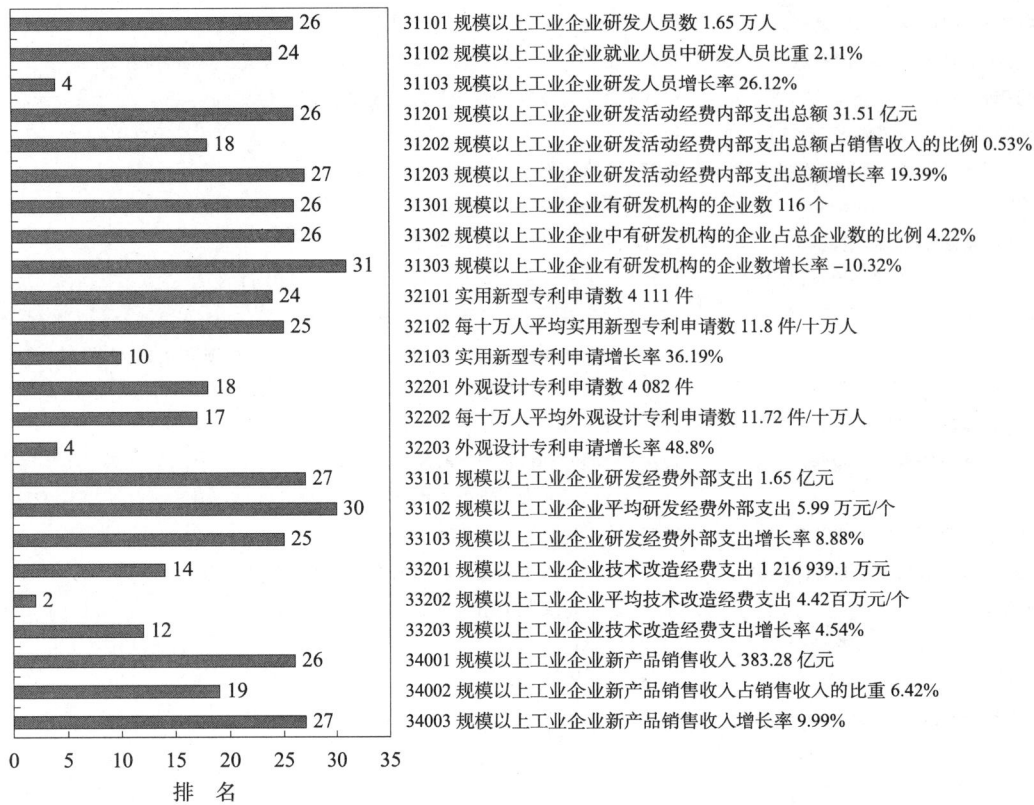

图 12 - 142　贵州省企业创新能力基础指标

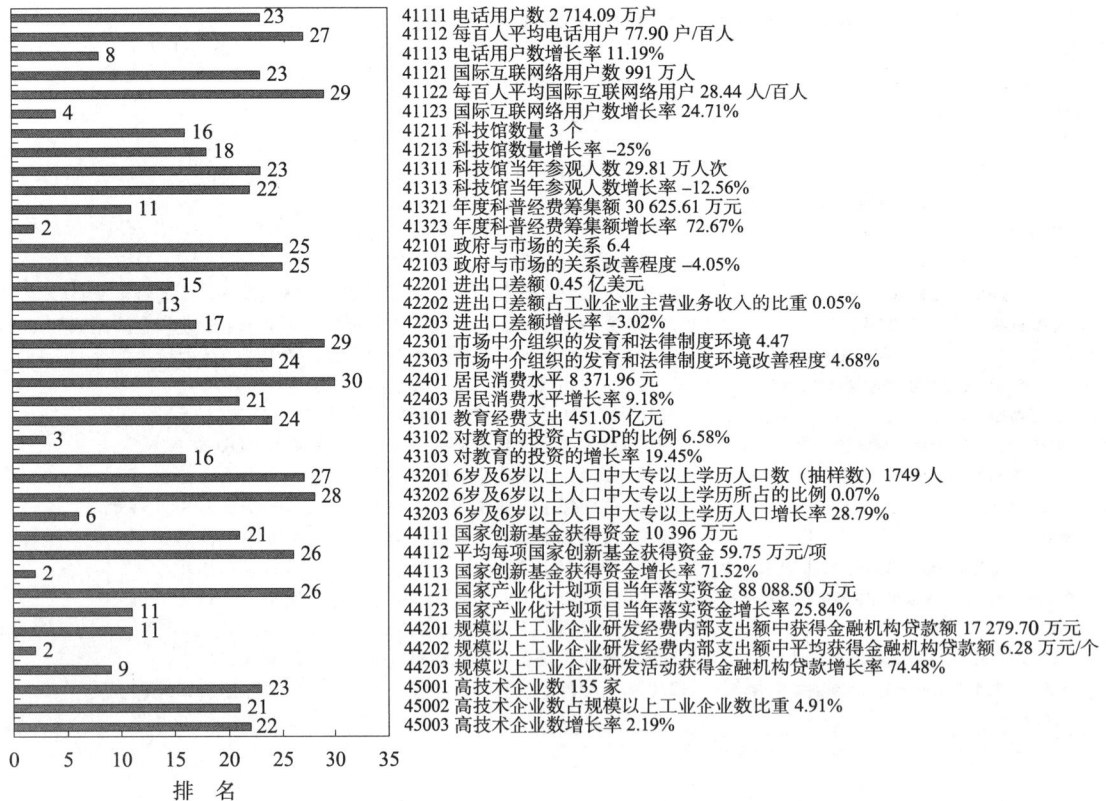

| 编号 | 指标 | 排名 |
|---|---|---|
| 41111 | 电话用户数 2 714.09 万户 | 23 |
| 41112 | 每百人平均电话用户 77.90 户/百人 | 27 |
| 41113 | 电话用户数增长率 11.19% | 8 |
| 41121 | 国际互联网络用户数 991 万人 | 23 |
| 41122 | 每百人平均国际互联网络用户 28.44 人/百人 | 29 |
| 41123 | 国际互联网络用户数增长率 24.71% | 4 |
| 41211 | 科技馆数量 3 个 | 16 |
| 41213 | 科技馆数量增长率 -25% | 18 |
| 41311 | 科技馆当年参观人数 29.81 万人次 | 23 |
| 41313 | 科技馆当年参观人数增长率 -12.56% | 22 |
| 41321 | 年度科普经费筹集额 30 625.61 万元 | 11 |
| 41323 | 年度科普经费筹集额增长率 72.67% | 2 |
| 42101 | 政府与市场的关系 6.4 | 25 |
| 42103 | 政府与市场的关系改善程度 -4.05% | 25 |
| 42201 | 进出口差额 0.45 亿美元 | 15 |
| 42202 | 进出口差额占工业企业主营业务收入的比重 0.05% | 13 |
| 42203 | 进出口差额增长率 -3.02% | 17 |
| 42301 | 市场中介组织的发育与法律制度环境 4.47 | 29 |
| 42303 | 市场中介组织的发育和法律制度环境改善程度 4.68% | 24 |
| 42401 | 居民消费水平 8 371.96 元 | 30 |
| 42403 | 居民消费水平增长率 9.18% | 21 |
| 43101 | 教育经费支出 451.05 亿元 | 24 |
| 43102 | 对教育的投资占GDP的比例 6.58% | 3 |
| 43103 | 对教育的投资的增长率 19.45% | 16 |
| 43201 | 6岁及6岁以上人口中大专以上学历人口数（抽样数）1749 人 | 27 |
| 43202 | 6岁及6岁以上人口中大专以上学历所占的比例 0.07% | 28 |
| 43203 | 6岁及6岁以上人口中大专以上学历人口增长率 28.79% | 6 |
| 44111 | 国家创新基金获得资金 10 396 万元 | 21 |
| 44112 | 平均每项国家创新基金获得资金 59.75 万元/项 | 26 |
| 44113 | 国家创新基金获得资金增长率 71.52% | 26 |
| 44121 | 国家产业化计划项目当年落实资金 88 088.50 万元 | 11 |
| 44123 | 国家产业化计划项目当年落实资金增长率 25.84% | 11 |
| 44201 | 规模以上工业企业研发经费内部支出额中获得金融机构贷款额 17 279.70 万元 | 2 |
| 44202 | 规模以上工业企业研发经费内部支出额中平均获得金融机构贷款额 6.28 万元/个 | 9 |
| 44203 | 规模以上工业企业研发活动获得金融机构贷款增长率 74.48% | 23 |
| 45001 | 高技术企业数 135 家 | 21 |
| 45002 | 高技术企业数占规模以上工业企业数比重 4.91% | 22 |
| 45003 | 高技术企业数增长率 2.19% | |

图 12 - 143　贵州省创新环境基础指标

| 编号 | 指标 | 排名 |
|---|---|---|
| 51001 | 地区GDP 6 852.20 亿元 | 26 |
| 51002 | 人均GDP水平 19 710 元/人 | 31 |
| 51003 | 地区GDP增长率 13.57% | 2 |
| 52101 | 第三产业增加值 3 282.75 亿元 | 25 |
| 52102 | 第三产业增加值占GDP的比例 47.91% | 4 |
| 52103 | 第三产业增加值增长率 20.07% | 6 |
| 52201 | 信息产业主营业务收入 59.10 亿元 | 23 |
| 52202 | 信息产业主营业务收入占GDP的比重 0.86% | 22 |
| 52203 | 信息产业主营业务收入增长率 32.24% | 17 |
| 52301 | 高技术产业主营业务收入 342.90 亿元 | 23 |
| 52302 | 高技术产业主营业务收入占GDP的比重 5% | 22 |
| 52303 | 高技术产业主营业务收入增长率 13.54% | 23 |
| 53001 | 出口额 1.18 亿美元 | 28 |
| 53002 | 出口额占GDP的比重 0.1% | 29 |
| 53003 | 出口额的增长率 −16.43% | 28 |
| 54101 | 城镇登记失业率 3.29% | 12 |
| 54102 | 城镇登记失业率增长率 5.61% | 26 |
| 54201 | 高技术产业就业人数 4.93 万人 | 23 |
| 54202 | 高技术产业就业人数占总就业人数的比例 1.83% | 23 |
| 54203 | 高技术产业就业人数增长率 −6.28% | 30 |
| 55102 | 万元地区生产总值能耗（等价值）1.71 吨标准煤/万元 | 28 |
| 55103 | 万元地区生产总值能耗（等价值）增长率 −3.51% | 17 |
| 55201 | 电耗总量 1 046.72 亿千瓦小时 | 12 |
| 55202 | 每万元GDP电耗总量 1 527.57 千瓦小时/万元 | 28 |
| 55203 | 电耗总量增长率 11.27% | 20 |
| 55301 | 工业污水排放总量 91 455.12 万吨 | 7 |
| 55302 | 每万元GDP工业污水排放量 13.35 吨/万元 | 23 |
| 55303 | 工业污水排放总量增长率 59.80% | 30 |
| 55401 | 废气中主要污染物排放量 189.91 万吨 | 19 |
| 55402 | 每亿元GDP废气中主要污染物排放量 277.15 吨/亿元 | 28 |
| 55403 | 废气中主要污染物排放量增长率 15.27% | 26 |

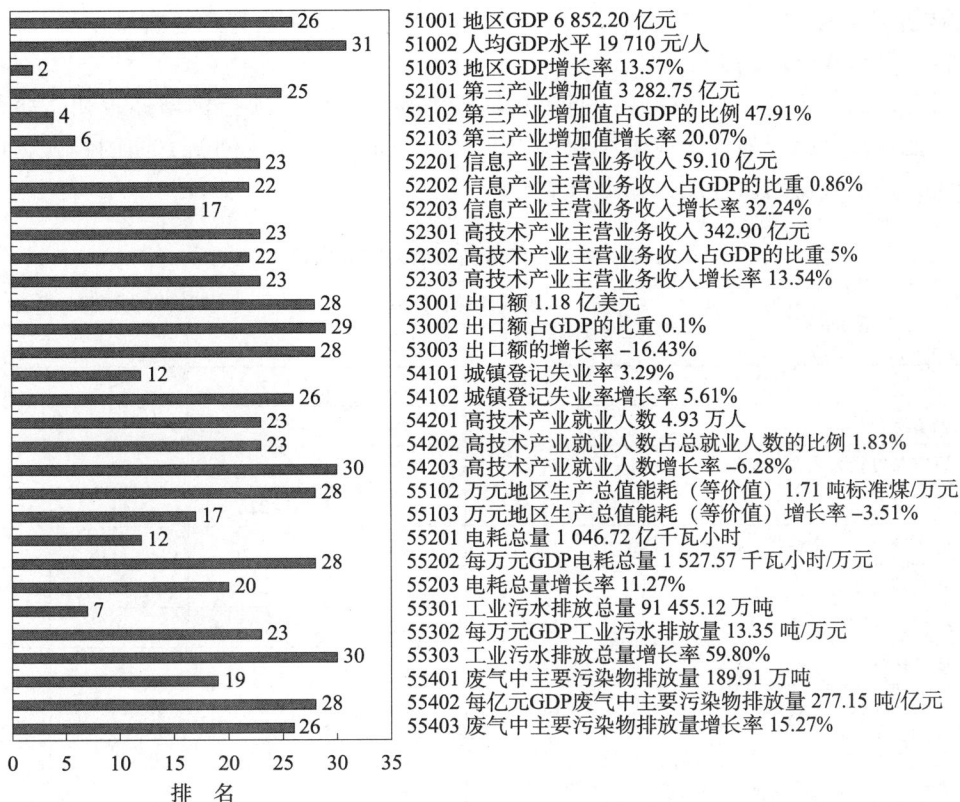

图 12 - 144　贵州省创新绩效基础指标

## 12.25　云南省

云南省地处中国西南边陲，总面积为 20.65 万平方公里，占全国总面积的 1.94%。2012 年，全省常住人口数 4 659 万人，全年地区生产总值 10 309.47 亿元，同比增长 12.96%，人均 GDP 为 22 195，位居全国第 29 位。2012 年三次产业结构之比为 16.0∶42.9∶41.1。依托丰富的自然资源，云南省形成了烟草、有色冶金、生物资源、旅游、文化产业、水电、药业等几大支柱产业。其中，高技术产业主营业务收入 239.4 亿元，占 GDP 的比重为 2.32%。

2014 年，云南省创新能力有了较大提升，从第 27 位上升到第 23 位。其中，知识获取、创新环境和创新绩效排名分别提升到第 15 名，第 20 名和第 26 名，主要是异国科技论文合作数、高校和科研院所研发经费内部支出、技术市场交易额等指标排名提升；另外，云南省知识创造、企业创新的排名有了小幅下降，分别列全国第 24 名和第 26 名。总体上看，云南省的企业创新能力、创新绩效指标排名仍有待提高。

2014 年，云南省印发了《2014 年度建设创新型云南行动计划责任目标考核指标》，作为 2014 年度开展行动计划责任目标考核依据，继续突出引导全社会增加科技投入的政策导向，进一步增强了考核工作的针对性和实效性。此外，随着全球产业转型升级浪潮的袭来，云南工业发展迎来了漫长而艰难的"寒冬期"：产业结构不合理，重工业大而不强，轻工业小而不优，过度依赖原材料工业，发展方式粗放，高耗能、高排放、粗加工重化工业产能过剩，产品科技和市场竞争力弱，自主创新能力不强、质量效益偏低等一系列深层次矛盾不断显现。为此，云南省提出"挺起工业的脊梁，抓住关键，以工业转型升级引领带动全省产业转型发展"，吹响了云南省工业转型升级攻坚战的集结号。

　　整体而言，云南省地处西南边陲，创新基础较为薄弱，但多项指标增速较快，如科技论文合作能力、技术转移综合能力。应继续保持增长势头，加大在企业创新方面的投入力度，加强产学研合作，提高企业的研发能力和出口水平。

**表 12-25　云南省创新能力综合指标**

| 指标名称 | 2014 年综合指标 | | 2014 年分项指标排名 | | |
|---|---|---|---|---|---|
| | 指标值 | 排名 | 实力 | 效率 | 潜力 |
| 综合值 | 21.13 | 23 | 23 | 25 | 5 |
| 1　知识创造综合指标 | 16.83 | 24 | 22 | 19 | 18 |
| 　1.1　研究开发投入综合指标 | 9.91 | 26 | 23 | 25 | 25 |
| 　1.2　专利综合指标 | 17.45 | 18 | 22 | 11 | 17 |
| 　1.3　科研论文综合指标 | 29.42 | 17 | 24 | 21 | 5 |
| 2　知识获取综合指标 | 21.38 | 15 | 23 | 13 | 5 |
| 　2.1　科技合作综合指标 | 35.54 | 12 | 20 | 10 | 4 |
| 　2.2　技术转移综合指标 | 17.10 | 16 | 21 | 8 | 14 |
| 　2.3　外资企业投资综合指标 | 13.97 | 17 | 21 | 24 | 6 |
| 3　企业创新综合指标 | 14.33 | 26 | 26 | 26 | 9 |
| 　3.1　企业研究开发投入综合指标 | 17.65 | 20 | 24 | 26 | 3 |
| 　3.2　设计能力综合指标 | 6.99 | 26 | 23 | 28 | 19 |
| 　3.3　技术提升能力综合指标 | 13.52 | 24 | 26 | 18 | 4 |
| 　3.4　新产品销售收入综合指标 | 16.45 | 25 | 25 | 25 | 19 |
| 4　创新环境综合指标 | 23.60 | 20 | 20 | 26 | 6 |
| 　4.1　创新基础设施综合指标 | 16.88 | 22 | 22 | 25 | 5 |
| 　4.2　市场环境综合指标 | 43.48 | 17 | 23 | 25 | 6 |
| 　4.3　劳动者素质综合指标 | 32.65 | 11 | 16 | 10 | 3 |
| 　4.4　金融环境综合指标 | 12.45 | 19 | 21 | 17 | 3 |
| 　4.5　创业水平综合指标 | 12.52 | 26 | 24 | 26 | 20 |
| 5　创新绩效综合指标 | 29.6 | 26 | 27 | 27 | 12 |
| 　5.1　宏观经济综合指标 | 25.39 | 22 | 24 | 29 | 4 |
| 　5.2　产业结构综合指标 | 12.66 | 26 | 24 | 24 | 17 |
| 　5.3　产业国际竞争力综合指标 | 4.53 | 27 | 25 | 26 | 27 |
| 　5.4　就业综合指标 | 33.97 | 25 | 29 | 26 | 12 |
| 　5.5　可持续发展与环保综合指标 | 71.43 | 21 | 15 | 26 | 24 |

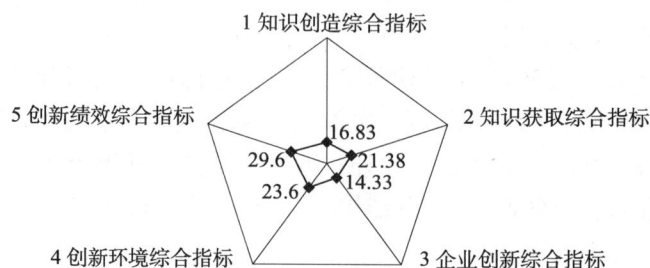

图 12-145　云南省创新能力蛛网图

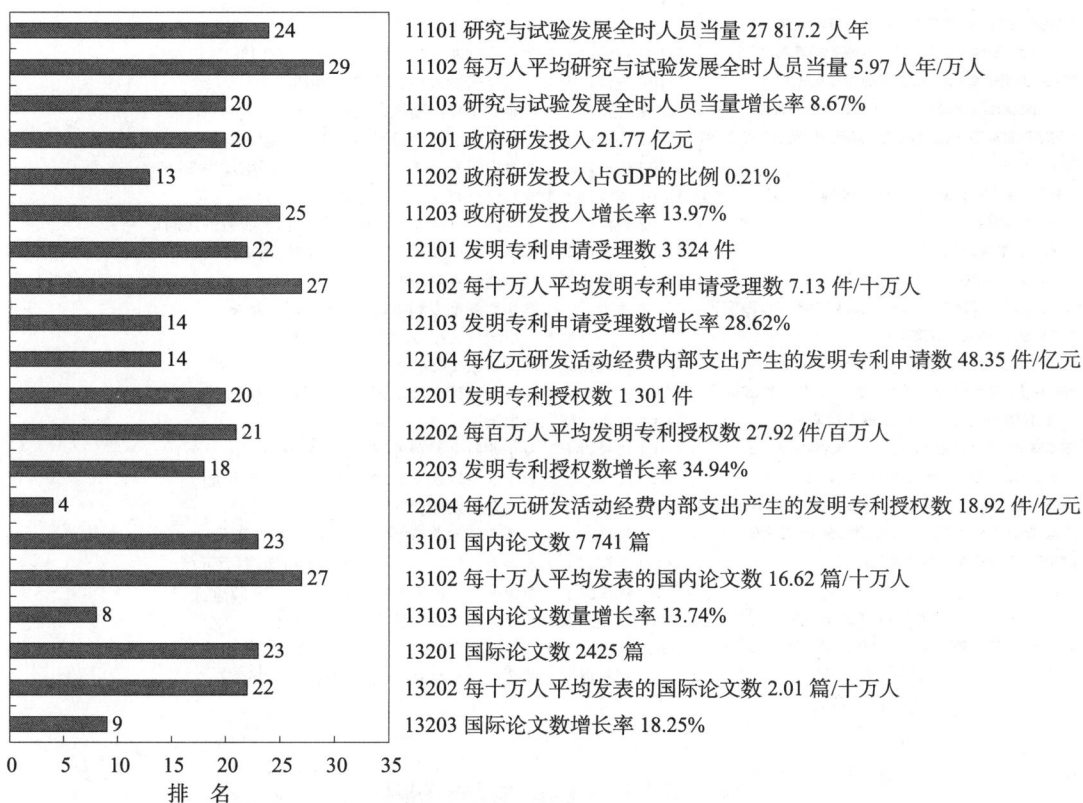

11101 研究与试验发展全时人员当量 27 817.2 人年
11102 每万人平均研究与试验发展全时人员当量 5.97 人年/万人
11103 研究与试验发展全时人员当量增长率 8.67%
11201 政府研发投入 21.77 亿元
11202 政府研发投入占GDP的比例 0.21%
11203 政府研发投入增长率 13.97%
12101 发明专利申请受理数 3 324 件
12102 每十万人平均发明专利申请受理数 7.13 件/十万人
12103 发明专利申请受理数增长率 28.62%
12104 每亿元研发活动经费内部支出产生的发明专利申请数 48.35 件/亿元
12201 发明专利授权数 1 301 件
12202 每百万人平均发明专利授权数 27.92 件/百万人
12203 发明专利授权数增长率 34.94%
12204 每亿元研发活动经费内部支出产生的发明专利授权数 18.92 件/亿元
13101 国内论文数 7 741 篇
13102 每十万人平均发表的国内论文数 16.62 篇/十万人
13103 国内论文数量增长率 13.74%
13201 国际论文数 2425 篇
13202 每十万人平均发表的国际论文数 2.01 篇/十万人
13203 国际论文数增长率 18.25%

图 12-146 云南省知识创造能力基础指标

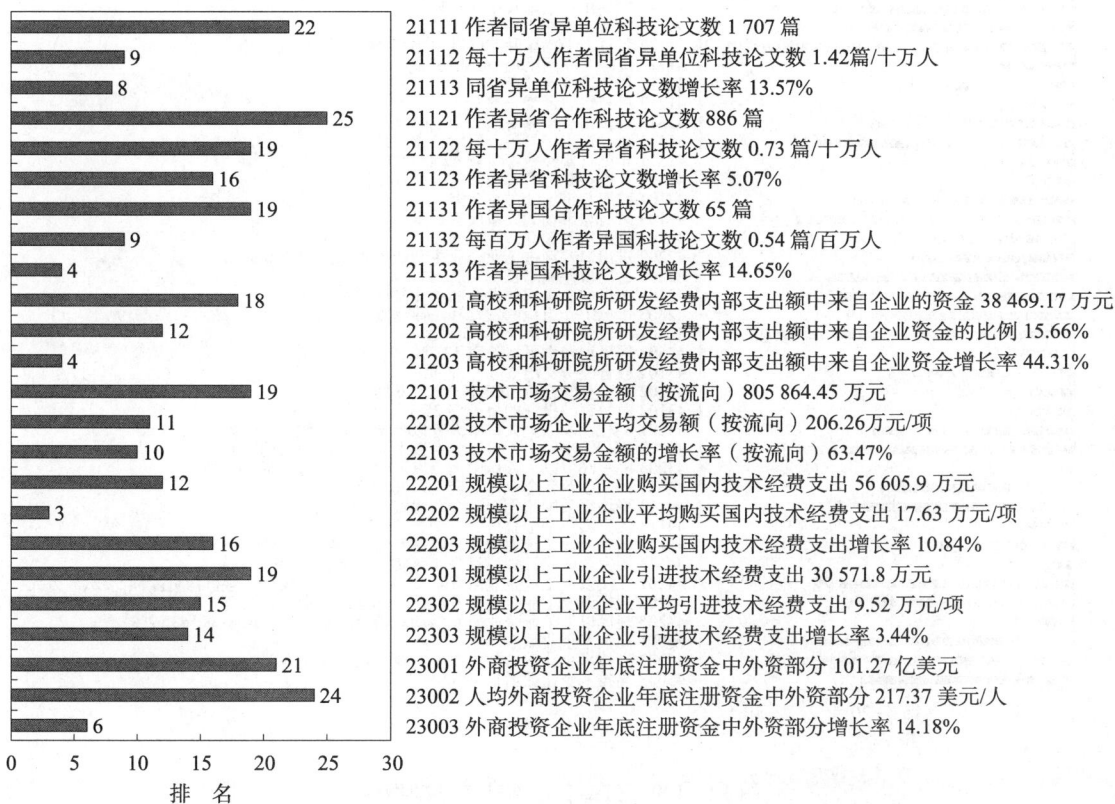

21111 作者同省异单位科技论文数 1 707 篇
21112 每十万人作者同省异单位科技论文数 1.42篇/十万人
21113 同省异单位科技论文数增长率 13.57%
21121 作者异省合作科技论文数 886 篇
21122 每十万人作者异省科技论文数 0.73 篇/十万人
21123 作者异省科技论文数增长率 5.07%
21131 作者异国合作科技论文数 65 篇
21132 每百万人作者异国科技论文数 0.54 篇/百万人
21133 作者异国科技论文数增长率 14.65%
21201 高校和科研院所研发经费内部支出额中来自企业的资金 38 469.17 万元
21202 高校和科研院所研发经费内部支出额中来自企业资金的比例 15.66%
21203 高校和科研院所研发经费内部支出额中来自企业资金增长率 44.31%
22101 技术市场交易金额（按流向）805 864.45 万元
22102 技术市场企业平均交易额（按流向）206.26万元/项
22103 技术市场交易金额的增长率（按流向）63.47%
22201 规模以上工业企业购买国内技术经费支出 56 605.9 万元
22202 规模以上工业企业平均购买国内技术经费支出 17.63 万元/项
22203 规模以上工业企业购买国内技术经费支出增长率 10.84%
22301 规模以上工业企业引进技术经费支出 30 571.8 万元
22302 规模以上工业企业平均引进技术经费支出 9.52 万元/项
22303 规模以上工业企业引进技术经费支出增长率 3.44%
23001 外商投资企业年底注册资金中外资部分 101.27 亿美元
23002 人均外商投资企业年底注册资金中外资部分 217.37 美元/人
23003 外商投资企业年底注册资金中外资部分增长率 14.18%

图 12-147 云南省知识获取能力基础指标

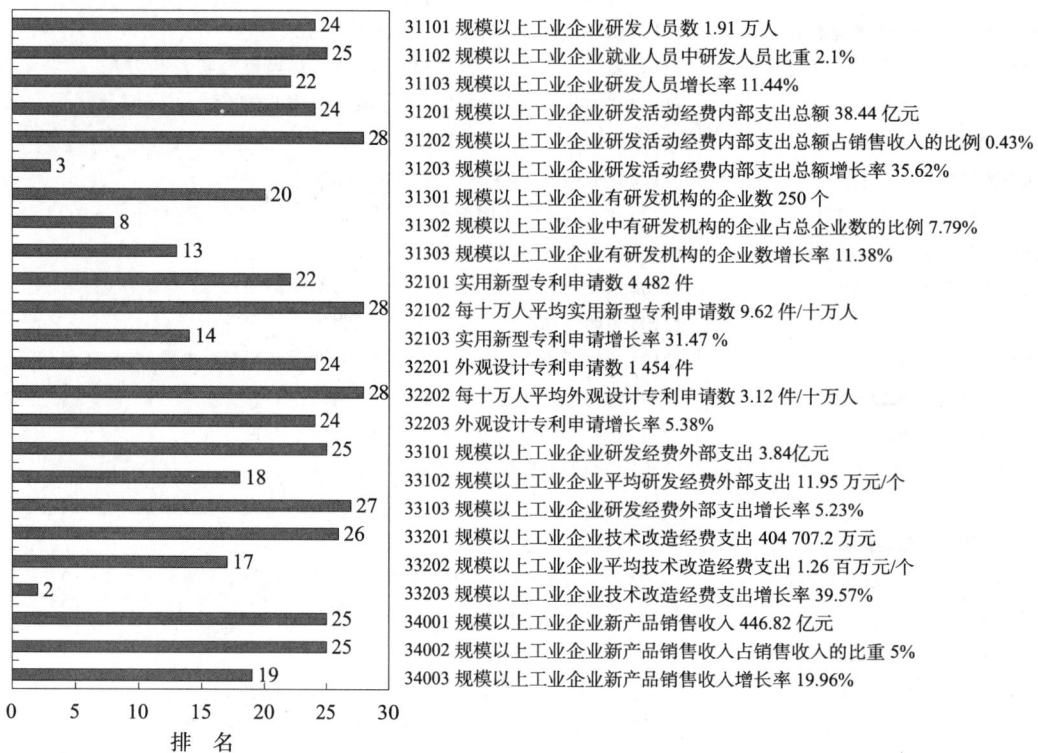

图 12 - 148　云南省企业创新能力基础指标

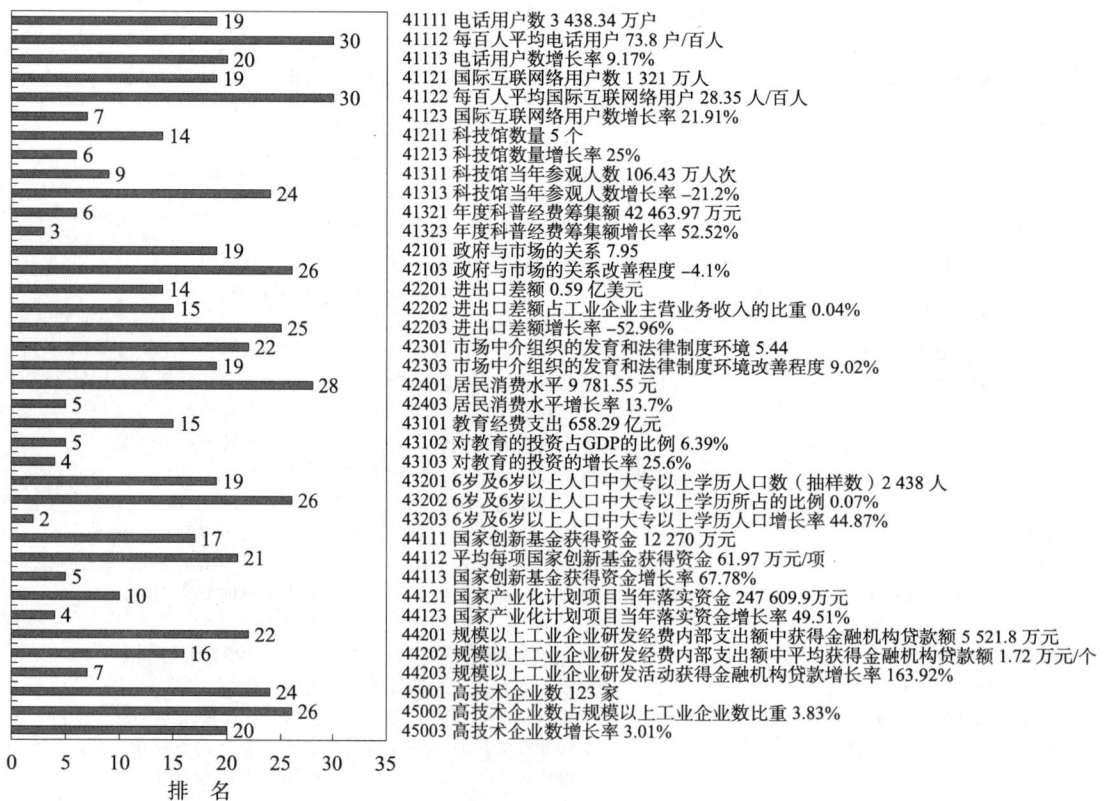

图 12 - 149　云南省创新环境基础指标

| 编号 | 指标 |
|---|---|
| 51001 | 地区GDP 10 309.47 亿元 |
| 51002 | 人均GDP水平 22 195 元/人 |
| 51003 | 地区GDP增长率 12.96% |
| 52101 | 第三产业增加值 4 235.72 亿元 |
| 52102 | 第三产业增加值占GDP的比例 41.09% |
| 52103 | 第三产业增加值增长率 15.95% |
| 52201 | 信息产业主营业务收入 29.7 亿元 |
| 52202 | 信息产业主营业务收入占GDP的比重 0.29% |
| 52203 | 信息产业主营业务收入增长率 58.19% |
| 52301 | 高技术产业主营业务收入 239.4 亿元 |
| 52302 | 高技术产业主营业务收入占GDP的比重 2.32% |
| 52303 | 高技术产业主营业务收入增长率 22.36% |
| 53001 | 出口额 3.41 亿美元 |
| 53002 | 出口额占GDP的比重 0.2% |
| 53003 | 出口额的增长率 −14.77% |
| 54101 | 城镇登记失业率 4.03% |
| 54102 | 城镇登记失业率增长率 0.98% |
| 54201 | 高技术产业就业人数 3.18 万人 |
| 54202 | 高技术产业就业人数占总就业人数的比例 0.81% |
| 54203 | 高技术产业就业人数增长率 9.94% |
| 55102 | 万元地区生产总值能耗（等价值）1.16 吨标准煤/万元 |
| 55103 | 万元地区生产总值能耗（等价值）增长率 −3.22% |
| 55201 | 电耗总量 1 315.86 亿千瓦小时 |
| 55202 | 每万元GDP电耗总量 1 276.36 千瓦小时/万元 |
| 55203 | 电耗总量增长率 11.76% |
| 55301 | 工业污水排放总量 154 009.74万吨 |
| 55302 | 每万元GDP工业污水排放量 14.94 吨/万元 |
| 55303 | 工业污水排放总量增长率 41.16% |
| 55401 | 废气中主要污染物排放量 160.72 万吨 |
| 55402 | 每亿元GDP废气中主要污染物排放量 155.9 吨/亿元 |
| 55403 | 废气中主要污染物排放量增长率 8.56% |

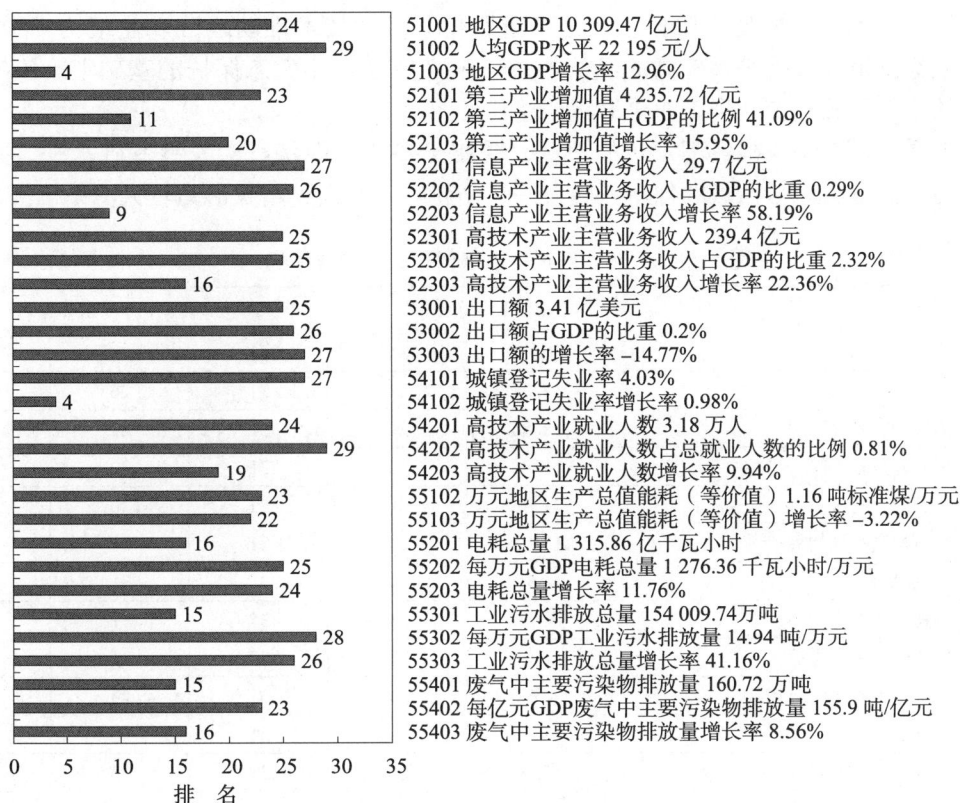

图 12 – 150  云南省创新绩效基础指标

# 12.26　西藏自治区

西藏自治区（以下简称西藏）位于青藏高原西南部，总面积为 120 万平方公里，约占全国总面积的 1/8。西藏地广人稀，2012 年，全区常住人口数 308 万人，全年地区生产总值 701.03 亿元，同比增长 11.78%，人均 GDP 为 22 936 元，位居全国第 28 位。2012 年三次产业结构之比为 11.5：34.6：53.9。高技术产业主营业务收入 7.7 亿元，占 GDP 的比重为 1.1%。

2014 年，西藏的创新能力综合指标排名全国第 29 位，相比去年上升 2 位。其中，知识创造能力、知识获取能力、企业创新能力、创新环境和创新绩效五个指标的排名分别为第 20 位、第 31 位、第 30 位、第 31 位和第 20 位，其中知识创造能力提升 8 位，企业创新能力提升 1 位，但创新环境和创新绩效分别下降了 4 位和 10 位。

就经济发展现状而言，西藏是我国最大的经济受援区，经济总量占全国的比重较低，人均 GDP 与人均可支配收入低于全国平均水平。但是，西藏蕴藏着巨大的经济发展潜力。西藏所拥有的资源和能源及其提供的旅游休闲功能是未来西部加速发展的重要力量。在世界经济发展的集团化和区域化的背景下，西藏需要同周边地区构成分工与协作的关系。首先，应当利用比较优势与特殊资源禀赋同周边地区形成互补关系，形成集团化区域化的经济功能。其次，西藏城乡各地要实现新的飞跃和发展，必须要通过区域合作的途径，利用区域的整体比较优势，在区域内部形成合理的分工与协作，构筑区域的整体竞争优势。对于西藏这样具有特殊资源禀赋的地区，可以基于区域之间的分工协作关系，不必经过产业发展的所有阶段，经济结构可以从较低阶段直接过渡到较高的发展阶段。在这个过程中，科学技术推动地区产业结构升级与转换，从而使区域经济可以直接进入较高的经济形态。未来应在强化生态保护的基础上，依托特色资源和已有的产业基础，走新型工业化道路，建立产业集群。

　　总体上看，西藏是我国最不发达的地区，受制于整体的经济社会发展基础水平，西藏的区域创新能力全国最弱。但西藏的创新环境较好，创新效率较高，增长潜力较大。

表 12 - 26　西藏自治区创新能力综合指标

| 指标名称 | 2014 年综合指标 | | 2014 年分项指标排名 | | |
|---|---|---|---|---|---|
| | 指标值 | 排名 | 实力 | 效率 | 潜力 |
| 综合值 | 17.77 | 29 | 31 | 26 | 11 |
| 1　知识创造综合指标 | 18.86 | 20 | 31 | 22 | 4 |
| 1.1　研究开发投入综合指标 | 11.80 | 25 | 31 | 30 | 14 |
| 1.2　专利综合指标 | 27.48 | 8 | 31 | 5 | 3 |
| 1.3　科研论文综合指标 | 15.73 | 31 | 31 | 31 | 7 |
| 2　知识获取综合指标 | 4.54 | 31 | 31 | 31 | 31 |
| 2.1　科技合作综合指标 | 6.71 | 31 | 31 | 31 | 27 |
| 2.2　技术转移综合指标 | 2.19 | 31 | 30 | 31 | 20 |
| 2.3　外资企业投资综合指标 | 4.68 | 30 | 31 | 29 | 27 |
| 3　企业创新综合指标 | 11.30 | 30 | 31 | 25 | 21 |
| 3.1　企业研究开发投入综合指标 | 17.07 | 22 | 31 | 23 | 6 |
| 3.2　设计能力综合指标 | 0 | 31 | 31 | 31 | 31 |
| 3.3　技术提升能力综合指标 | 23.26 | 12 | 31 | 8 | 2 |
| 3.4　新产品销售收入综合指标 | 5.08 | 30 | 31 | 30 | 29 |
| 4　创新环境综合指标 | 18.11 | 31 | 31 | 20 | 4 |
| 4.1　创新基础设施综合指标 | 10.14 | 31 | 31 | 31 | 7 |
| 4.2　市场环境综合指标 | 16.51 | 31 | 31 | 31 | 29 |
| 4.3　劳动者素质综合指标 | 33.57 | 10 | 31 | 2 | 1 |
| 4.4　金融环境综合指标 | 3.22 | 31 | 31 | 31 | 4 |
| 4.5　创业水平综合指标 | 27.09 | 14 | 31 | 7 | 9 |
| 5　创新绩效综合指标 | 34.55 | 20 | 18 | 15 | 14 |
| 5.1　宏观经济综合指标 | 15.29 | 30 | 31 | 28 | 12 |
| 5.2　产业结构综合指标 | 14.84 | 22 | 31 | 9 | 25 |
| 5.3　产业国际竞争力综合指标 | 11.83 | 16 | 31 | 31 | 3 |
| 5.4　就业综合指标 | 34.60 | 24 | 9 | 10 | 28 |
| 5.5　可持续发展与环保综合指标 | 96.21 | 1 | 1 | 1 | 15 |

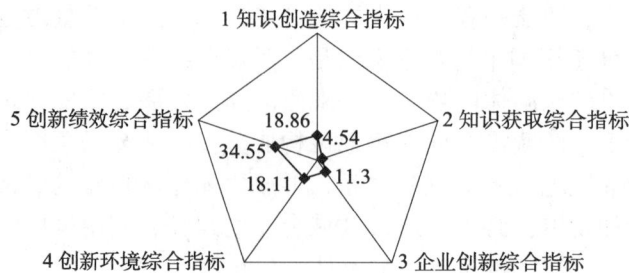

图 12 - 151　西藏自治区创新能力蛛网图

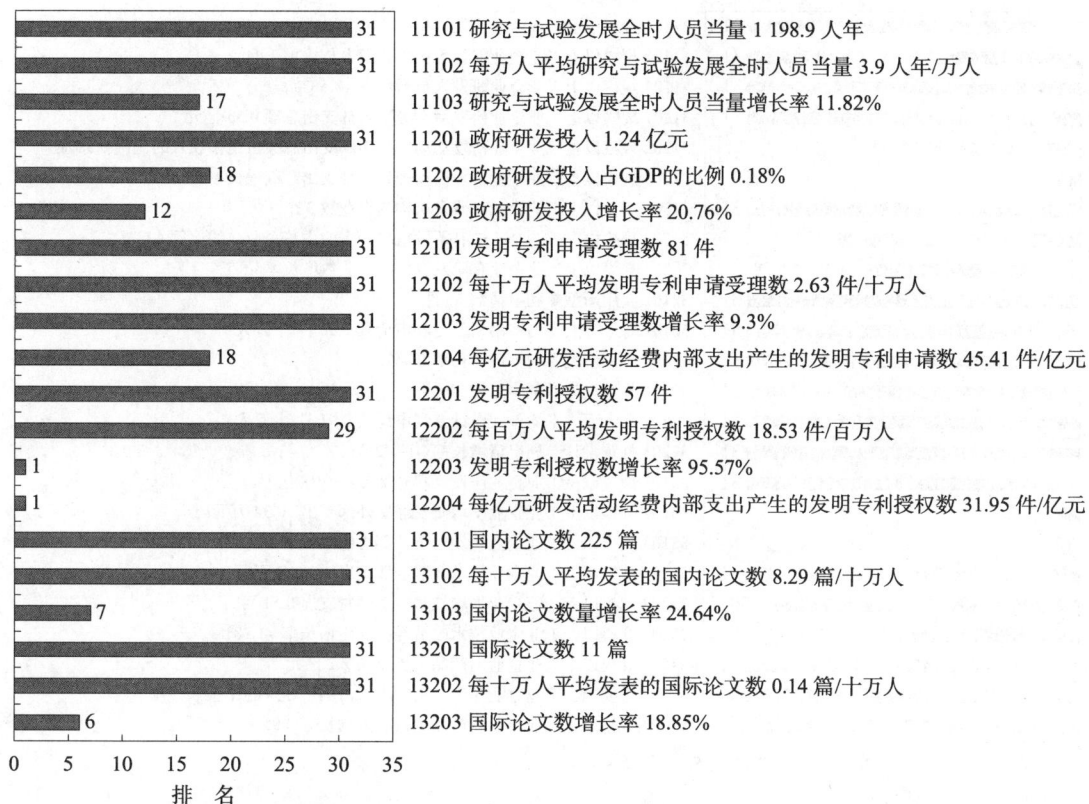

图 12 – 152　西藏自治区知识创造能力基础指标

图 12 – 153　西藏自治区知识获取能力基础指标

31101 规模以上工业企业研发人员数 0.02 万人 ... 31
31102 规模以上工业企业就业人员中研发人员比重 1.44% ... 31
31103 规模以上工业企业研发人员增长率 –8.53% ... 31
31201 规模以上工业企业研发活动经费内部支出总额 0.53 亿元 ... 31
31202 规模以上工业企业研发活动经费内部支出总额占销售收入的比例 0.58% ... 17
31203 规模以上工业企业研发活动经费内部支出总额增长率 45.05% ... 1
31301 规模以上工业企业有研发机构的企业数 3 个 ... 31
31302 规模以上工业企业中有研发机构的企业占总企业数的比例 4.69% ... 23
31303 规模以上工业企业有研发机构的企业数增长率 –6.7% ... 28
32101 实用新型专利申请数 61 件 ... 31
32102 每十万人平均实用新型专利申请数 1.98 件/十万人 ... 31
32103 实用新型专利申请增长率 0.44% ... 31
32201 外观设计专利申请数 28 件 ... 31
32202 每十万人平均外观设计专利申请数 0.91 件/十万人 ... 31
32203 外观设计专利申请增长率 –19.42% ... 31
33101 规模以上工业企业研发经费外部支出 0.32 亿元 ... 31
33102 规模以上工业企业平均研发经费外部支出 50.34 万元/个 ... 2
33103 规模以上工业企业研发经费外部支出增长率 293.83% ... 1
33201 规模以上工业企业技术改造经费支出 3 265.7 万元 ... 31
33202 规模以上工业企业平均技术改造经费支出 0.51 百万元/个 ... 30
33203 规模以上工业企业技术改造经费支出增长率 –1.28% ... 17
34001 规模以上工业企业新产品销售收入 2.1 亿元 ... 31
34002 规模以上工业企业新产品销售收入占销售收入的比重 2.29% ... 30
34003 规模以上工业企业新产品销售收入增长率 4.9% ... 29

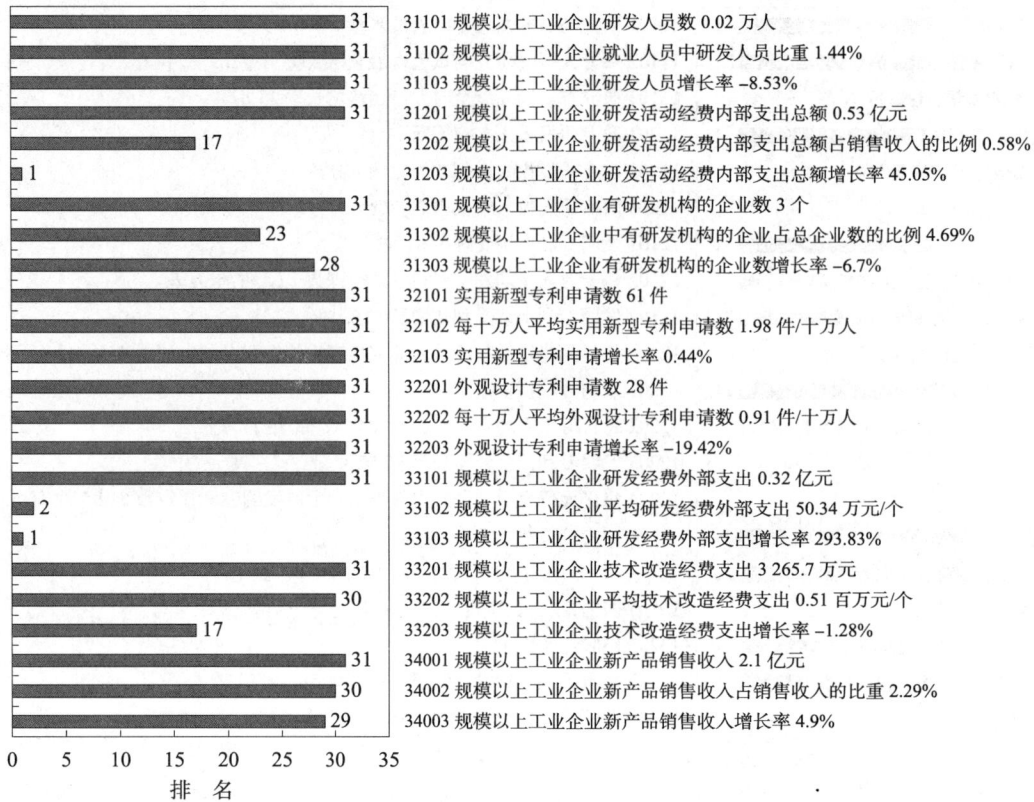

图 12－154　西藏自治区企业创新能力基础指标

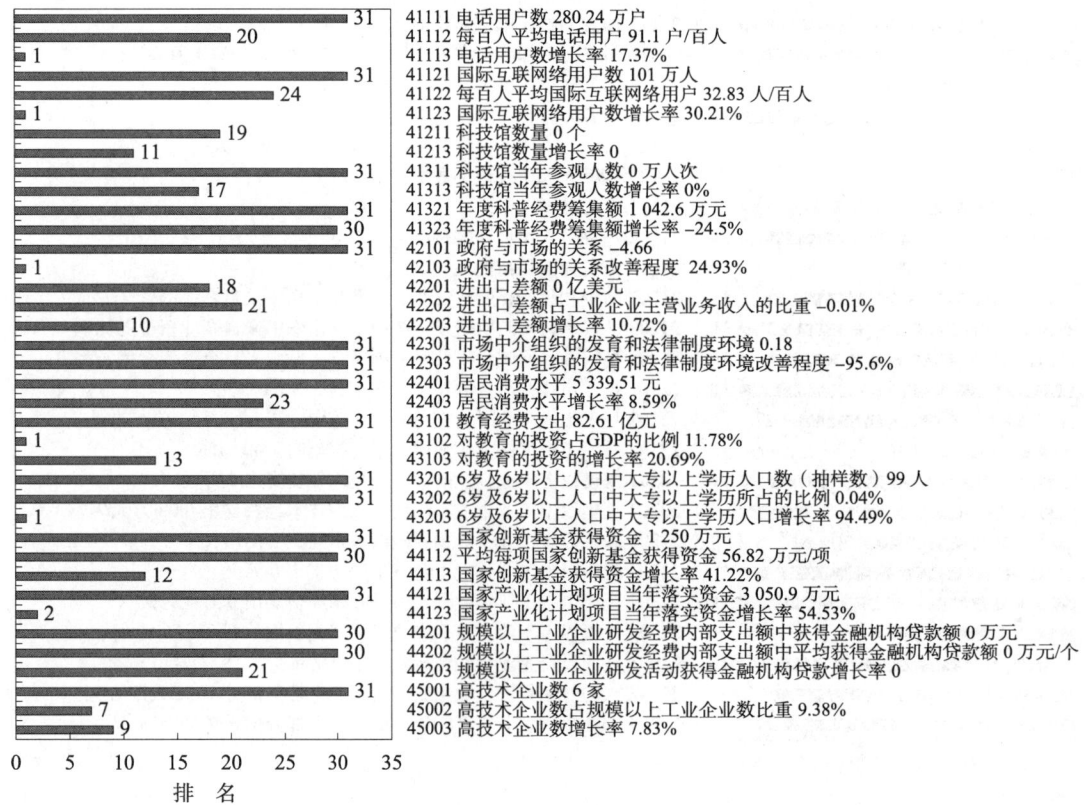

41111 电话用户数 280.24 万户 ... 31
41112 每百人平均电话用户 91.1 户/百人 ... 20
41113 电话用户数增长率 17.37% ... 1
41121 国际互联网络用户数 101 万人 ... 31
41122 每百人平均国际互联网络用户 32.83 人/百人 ... 24
41123 国际互联网络用户数增长率 30.21% ... 1
41211 科技馆数量 0 个 ... 19
41213 科技馆数量增长率 0 ... 11
41311 科技馆当年参观人数 0 万人次 ... 31
41313 科技馆当年参观人数增长率 0% ... 17
41321 年度科普经费筹集额 1 042.6 万元 ... 31
41323 年度科普经费筹集额增长率 –24.5% ... 30
42101 政府与市场的关系 –4.66 ... 31
42103 政府与市场的关系改善程度 24.93% ... 1
42201 进出口差额 0 亿元美元 ... 18
42202 进出口差额占工业企业主营业务收入的比重 –0.01% ... 21
42203 进出口差额增长率 10.72% ... 10
42301 市场中介组织的发育和法律制度环境 0.18 ... 31
42303 市场中介组织的发育和法律制度环境改善程度 –95.6% ... 31
42401 居民消费水平 5 339.51 元 ... 31
42403 居民消费水平增长率 8.59% ... 23
43101 教育经费支出 82.61 亿元 ... 31
43102 对教育的投资占GDP的比例 11.78% ... 1
43103 对教育的投资的增长率 20.69% ... 13
43201 6岁及6岁以上人口中大专以上学历人口数（抽样数）99 人 ... 31
43202 6岁及6岁以上人口中大专以上学历所占的比例 0.04% ... 31
43203 6岁及6岁以上人口中大专以上学历人口增长率 94.49% ... 1
44111 国家创新基金获得资金 1 250 万元 ... 31
44112 平均每项国家创新基金获得资金 56.82 万元/项 ... 30
44113 国家创新基金获得资金增长率 41.22% ... 12
44121 国家产业化计划项目当年落实资金 3 050.9 万元 ... 31
44123 国家产业化计划项目当年落实资金增长率 54.53% ... 2
44201 规模以上工业企业研发经费内部支出额中获得企业贷款额 0 万元 ... 30
44202 规模以上工业企业研发经费内部支出额中平均获得金融机构贷款额 0 万元/个 ... 30
44203 规模以上工业企业研发活动获得金融机构贷款增长率 0 ... 21
45001 高技术企业数 6 家 ... 31
45002 高技术企业数占规模以上工业企业数比重 9.38% ... 7
45003 高技术企业数增长率 7.83% ... 9

图 12－155　西藏自治区创新环境基础指标

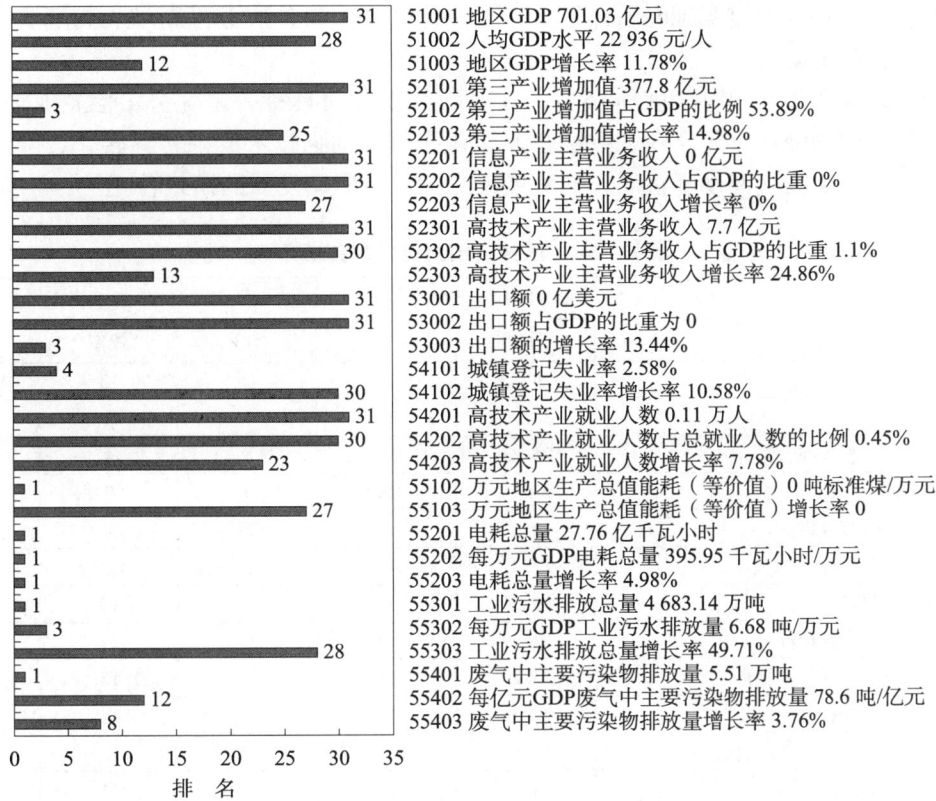

图 12 – 156  西藏自治区创新绩效基础指标

## 12.27  陕西省

陕西省位于中国西北地区东部，总面积为 20.65 万平方公里，占全国总面积的 1.94%。2012 年，全省常住人口数 3 753 万人，全年地区生产总值 14 453.68 亿元，同比增长 12.86%，人均 GDP 为 38 564 元，位居全国第 14 位。2012 年三次产业结构之比为 9.5:55.9:34.7。高技术产业主营业务收入 1 238 亿元，占 GDP 的比重为 8.57%。

2014 年陕西省的创新能力处于全国中上游水平，创新能力排名相比去年下降 1 位，列第 15 位。其中知识创造能力、知识获取能力、企业创新能力、创新环境和创新绩效 5 个指标的排名分别为第 6 位、第 13 位、第 15 位、第 11 位和第 18 位，除知识创造和企业创新能力以外，其余指标排名均有所提升。2014 年陕西省创新实力、创新效率和创新潜力的排名分别为第 15 位、第 13 位和第 7 位，实力指标持平，效率指标下降了 5 位，潜力指标上升了 5 位。

近年来，陕西省积极实施创新驱动发展战略，深入推进科技统筹创新工程，突出以企业为主体的技术创新体系建设，促进科技与金融结合，全面启动科技惠民计划，加速科技成果转化，努力推动产业转型升级，各项工作取得了新的进展。为加快产业转型升级，陕西省科技厅还凝练出 26 个重点产业创新链、260 多个关键技术创新点，面向全社会组织科技攻关，并以企业联合重大专项方式，组织实施了延长集团"煤油共炼"项目、陕汽集团"清洁能源汽车"项目等一批资源转化技术项目、循环经济技术项目、重大技术装备和特色优势装备项目。同时，围绕3D 打印、云计算、大数据等领域，组建产业技术创新战略联盟，超前部署前沿技术和关键共性技术等重大科技攻关。通过实施专项计划，推动文化创意和设计服务等新型、高端服务业发展，加强科技与文化深度融合。

　　整体而言，陕西省高校科研院所众多，在基础研发方面具有一定优势，但企业创新有待进一步提高，未来应加强产学研合作，鼓励企业深化合作，加强技术成果转移转化，降低对资源、投资的依赖，真正从投资驱动经济增长的发展模式向创新驱动发展的模式转变。

表 12 – 27　陕西省创新能力综合指标

| 指标名称 | 2014 年综合指标 | | 2014 年分项指标排名 | | |
|---|---|---|---|---|---|
| | 指标值 | 排名 | 实力 | 效率 | 潜力 |
| 综合值 | 26.86 | 15 | 15 | 13 | 7 |
| 1　知识创造综合指标 | 30.20 | 6 | 7 | 3 | 22 |
| 1.1　研究开发投入综合指标 | 26.35 | 9 | 8 | 4 | 28 |
| 1.2　专利综合指标 | 25.90 | 10 | 9 | 9 | 10 |
| 1.3　科研论文综合指标 | 46.5 | 4 | 5 | 1 | 21 |
| 2　知识获取综合指标 | 22.81 | 13 | 15 | 23 | 2 |
| 2.1　科技合作综合指标 | 32.56 | 17 | 10 | 19 | 23 |
| 2.2　技术转移综合指标 | 12.59 | 20 | 24 | 27 | 3 |
| 2.3　外资企业投资综合指标 | 23.16 | 11 | 19 | 15 | 1 |
| 3　企业创新综合指标 | 20.45 | 15 | 17 | 14 | 20 |
| 3.1　企业研究开发投入综合指标 | 27.54 | 13 | 16 | 13 | 15 |
| 3.2　设计能力综合指标 | 18.26 | 12 | 14 | 11 | 4 |
| 3.3　技术提升能力综合指标 | 18.53 | 18 | 20 | 12 | 28 |
| 3.4　新产品销售收入综合指标 | 16.09 | 26 | 21 | 23 | 24 |
| 4　创新环境综合指标 | 27.11 | 11 | 17 | 11 | 10 |
| 4.1　创新基础设施综合指标 | 18.39 | 17 | 17 | 19 | 9 |
| 4.2　市场环境综合指标 | 45.13 | 12 | 21 | 18 | 5 |
| 4.3　劳动者素质综合指标 | 29.93 | 13 | 14 | 13 | 8 |
| 4.4　金融环境综合指标 | 13.08 | 16 | 13 | 13 | 27 |
| 4.5　创业水平综合指标 | 29.02 | 10 | 18 | 8 | 8 |
| 5　创新绩效综合指标 | 35.08 | 18 | 16 | 20 | 11 |
| 5.1　宏观经济综合指标 | 36.92 | 14 | 16 | 14 | 5 |
| 5.2　产业结构综合指标 | 15.73 | 21 | 18 | 18 | 15 |
| 5.3　产业国际竞争力综合指标 | 9.78 | 18 | 18 | 18 | 13 |
| 5.4　就业综合指标 | 31.74 | 26 | 12 | 25 | 25 |
| 5.5　可持续发展与环保综合指标 | 81.24 | 5 | 8 | 5 | 18 |

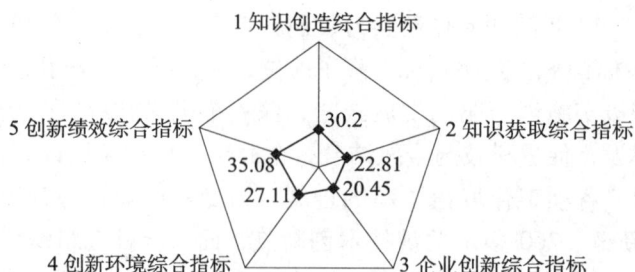

图 12 – 157　陕西省创新能力蛛网图

| 排名 | 指标 |
|---|---|
| 15 | 11101 研究与试验发展全时人员当量 82 428.4 人年 |
| 9 | 11102 每万人平均研究与试验发展全时人员当量 21.96 人年/万人 |
| 22 | 11103 研究与试验发展全时人员当量增长率 8.04% |
| 4 | 11201 政府研发投入 161.83 亿元 |
| 2 | 11202 政府研发投入占GDP的比例 1.12% |
| 27 | 11203 政府研发投入增长率 12.95% |
| 9 | 12101 发明专利申请受理数 17 043 件 |
| 7 | 12102 每十万人平均发明专利申请受理数 45.41 件/十万人 |
| 6 | 12103 发明专利申请受理数增长率 40.36% |
| 7 | 12104 每亿元研发活动经费内部支出产生的发明专利申请数 59.34 件/亿元 |
| 9 | 12201 发明专利授权数 4 018 件 |
| 7 | 12202 每百万人平均发明专利授权数 107.06 件/百万人 |
| 13 | 12203 发明专利授权数增长率 39.14% |
| 12 | 12204 每亿元研发活动经费内部支出产生的发明专利授权数 13.99 件/亿元 |
| 5 | 13101 国内论文数 27 341 篇 |
| 4 | 13102 每十万人平均发表的国内论文数 72.85 篇/十万人 |
| 29 | 13103 国内论文数量增长率 4.78% |
| 4 | 13201 国际论文数 17 320 篇 |
| 1 | 13202 每十万人平均发表的国际论文数 6.41 篇/十万人 |
| 16 | 13203 国际论文数增长率 8.17% |

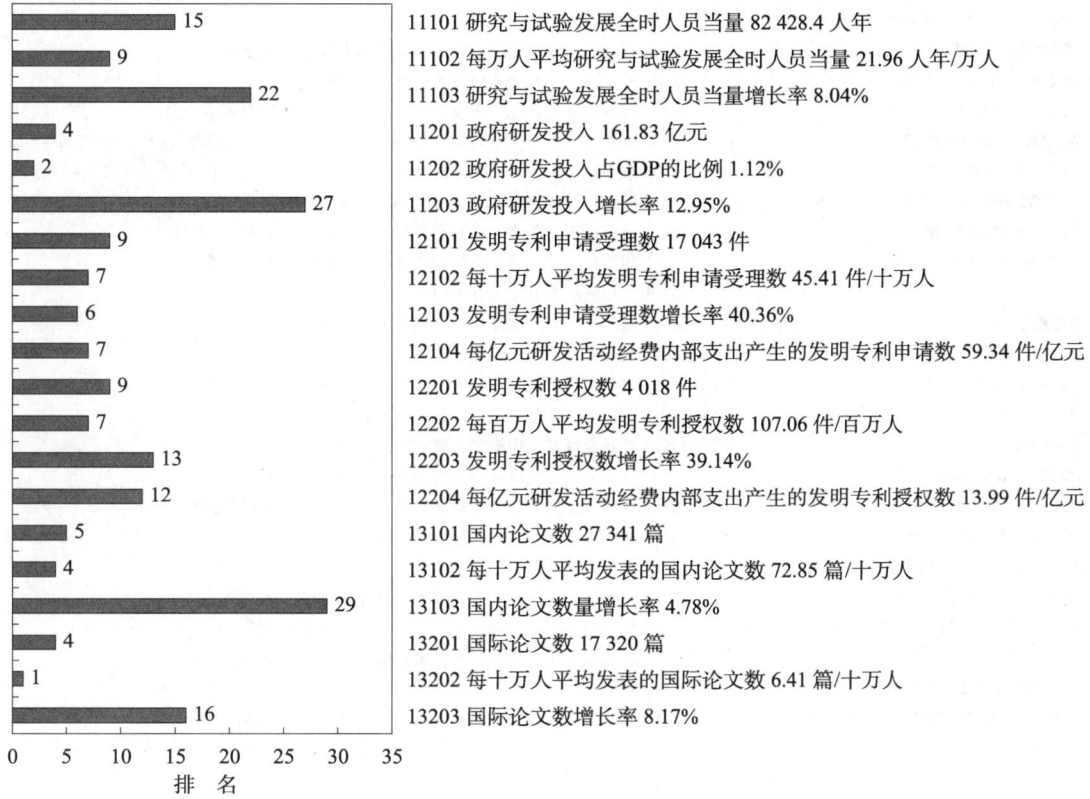

图 12 - 158 陕西省知识创造能力基础指标

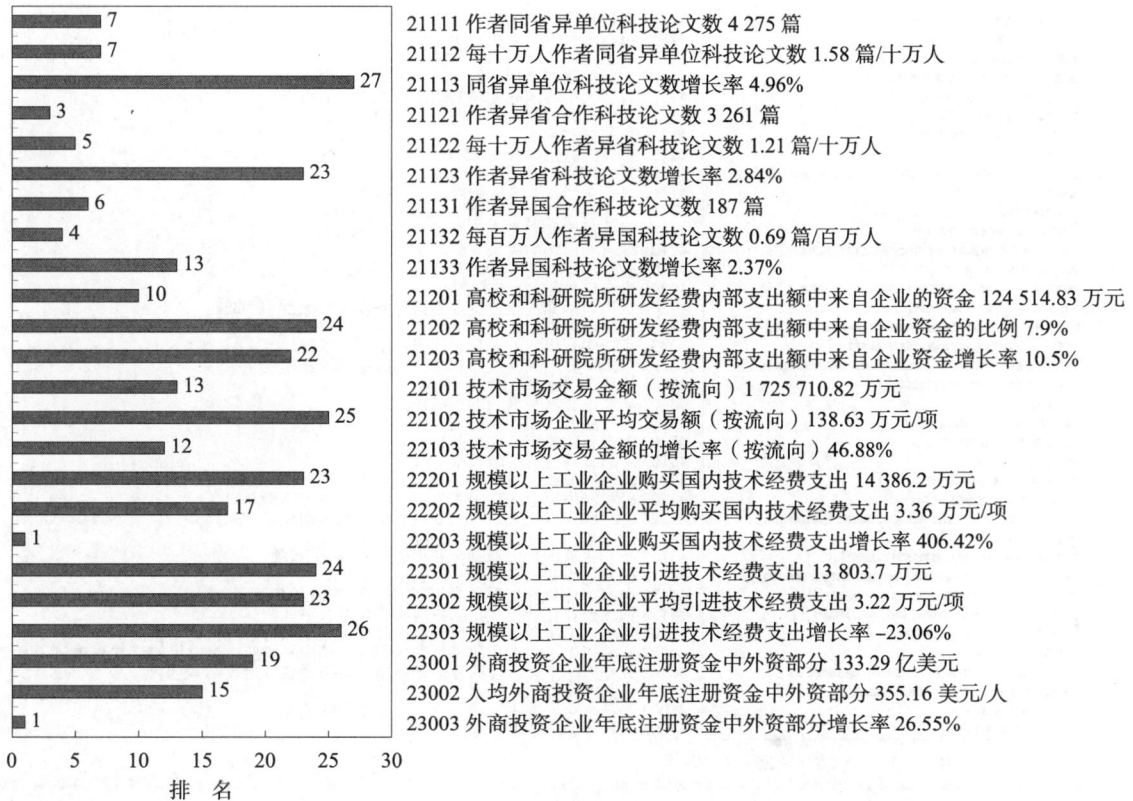

| 排名 | 指标 |
|---|---|
| 7 | 21111 作者同省异单位科技论文数 4 275 篇 |
| 7 | 21112 每十万人作者同省异单位科技论文数 1.58 篇/十万人 |
| 27 | 21113 同省异单位科技论文数增长率 4.96% |
| 3 | 21121 作者异省合作科技论文数 3 261 篇 |
| 5 | 21122 每十万人作者异省科技论文数 1.21 篇/十万人 |
| 23 | 21123 作者异省科技论文数增长率 2.84% |
| 6 | 21131 作者异国合作科技论文数 187 篇 |
| 4 | 21132 每百万人作者异国科技论文数 0.69 篇/百万人 |
| 13 | 21133 作者异国科技论文数增长率 2.37% |
| 10 | 21201 高校和科研院所研发经费内部支出额中来自企业的资金 124 514.83 万元 |
| 24 | 21202 高校和科研院所研发经费内部支出额中来自企业资金的比例 7.9% |
| 22 | 21203 高校和科研院所研发经费内部支出额中来自企业资金增长率 10.5% |
| 13 | 22101 技术市场交易金额（按流向）1 725 710.82 万元 |
| 25 | 22102 技术市场企业平均交易额（按流向）138.63 万元/项 |
| 12 | 22103 技术市场交易金额的增长率（按流向）46.88% |
| 23 | 22201 规模以上工业企业购买国内技术经费支出 14 386.2 万元 |
| 17 | 22202 规模以上工业企业平均购买国内技术经费支出 3.36 万元/项 |
| 1 | 22203 规模以上工业企业购买国内技术经费支出增长率 406.42% |
| 24 | 22301 规模以上工业企业引进技术经费支出 13 803.7 万元 |
| 23 | 22302 规模以上工业企业平均引进技术经费支出 3.22 万元/项 |
| 26 | 22303 规模以上工业企业引进技术经费支出增长率 -23.06% |
| 19 | 23001 外商投资企业年底注册资金中外资部分 133.29 亿美元 |
| 15 | 23002 人均外商投资企业年底注册资金中外资部分 355.16 美元/人 |
| 1 | 23003 外商投资企业年底注册资金中外资部分增长率 26.55% |

图 12 - 159 陕西省知识获取能力基础指标

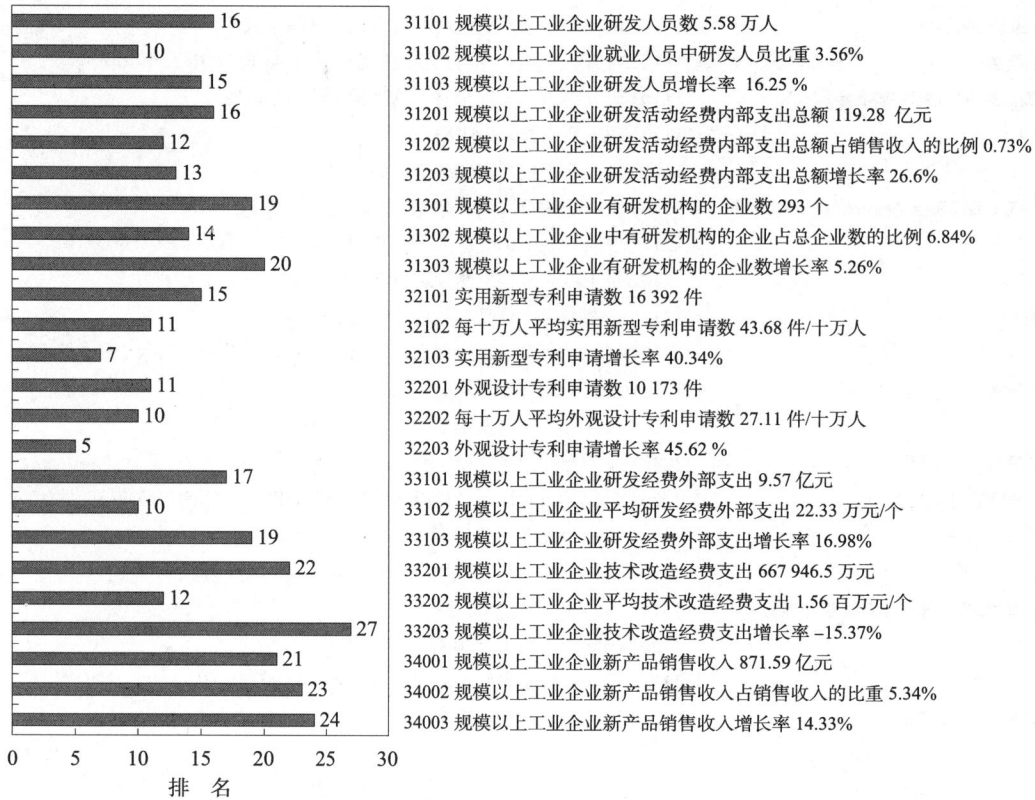

31101 规模以上工业企业研发人员数 5.58 万人
31102 规模以上工业企业就业人员中研发人员比重 3.56%
31103 规模以上工业企业研发人员增长率 16.25 %
31201 规模以上工业企业研发活动经费内部支出总额 119.28 亿元
31202 规模以上工业企业研发活动经费内部支出总额占销售收入的比例 0.73%
31203 规模以上工业企业研发活动经费内部支出总额增长率 26.6%
31301 规模以上工业企业有研发机构的企业数 293 个
31302 规模以上工业企业中有研发机构的企业占总企业数的比例 6.84%
31303 规模以上工业企业有研发机构的企业数增长率 5.26%
32101 实用新型专利申请数 16 392 件
32102 每十万人平均实用新型专利申请数 43.68 件/十万人
32103 实用新型专利申请增长率 40.34%
32201 外观设计专利申请数 10 173 件
32202 每十万人平均外观设计专利申请数 27.11 件/十万人
32203 外观设计专利申请增长率 45.62 %
33101 规模以上工业企业研发经费外部支出 9.57 亿元
33102 规模以上工业企业平均研发经费外部支出 22.33 万元/个
33103 规模以上工业企业研发经费外部支出增长率 16.98%
33201 规模以上工业企业技术改造经费支出 667 946.5 万元
33202 规模以上工业企业平均技术改造经费支出 1.56 百万元/个
33203 规模以上工业企业技术改造经费支出增长率 –15.37%
34001 规模以上工业企业新产品销售收入 871.59 亿元
34002 规模以上工业企业新产品销售收入占销售收入的比重 5.34%
34003 规模以上工业企业新产品销售收入增长率 14.33%

图 12 – 160　陕西省企业创新能力基础指标

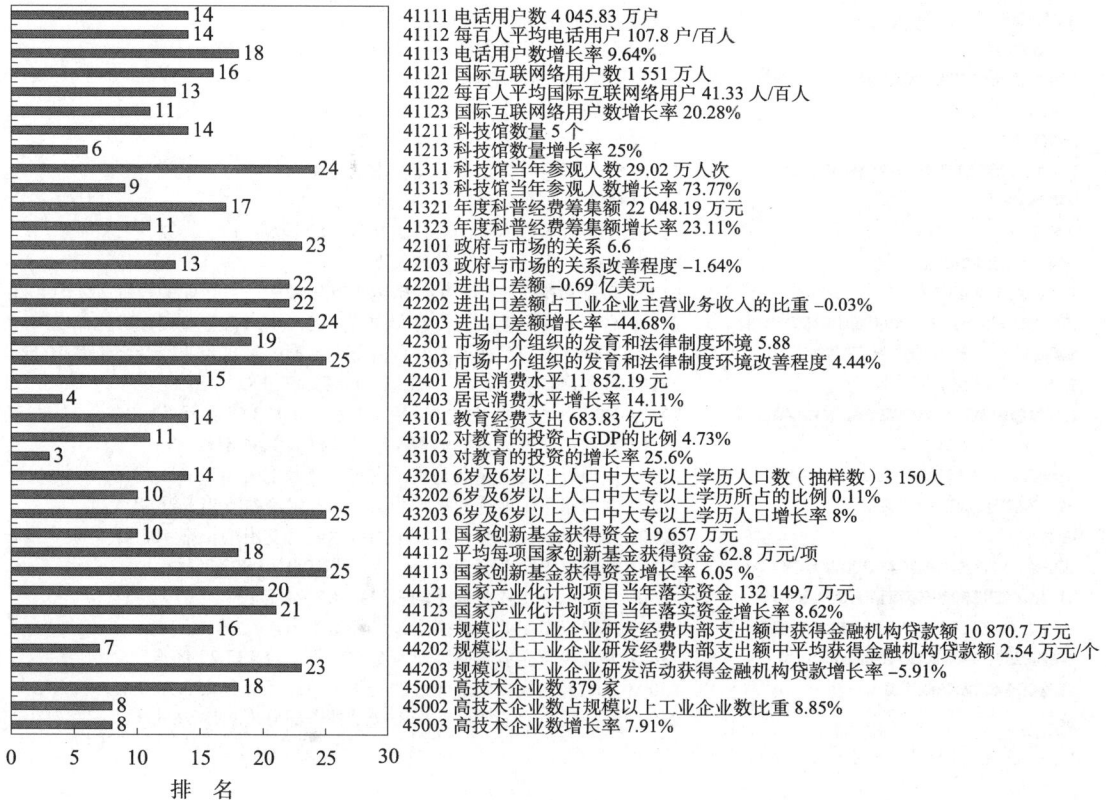

41111 电话用户数 4 045.83 万户
41112 每百人平均电话用户 107.8 户/百人
41113 电话用户数增长率 9.64%
41121 国际互联网络用户数 1 551 万人
41122 每百人平均国际互联网络用户 41.33 人/百人
41123 国际互联网络用户数增长率 20.28%
41211 科技馆数量 5 个
41213 科技馆数量增长率 25%
41311 科技馆当年参观人数 29.02 万人次
41313 科技馆当年参观人数增长率 73.77%
41321 年度科普经费筹集额 22 048.19 万元
41323 年度科普经费筹集额增长率 23.11%
42101 政府与市场的关系 6.6
42103 政府与市场的关系改善程度 –1.64%
42201 进出口差额 –0.69 亿美元
42202 进出口差额占工业企业主营业务收入的比重 –0.03%
42203 进出口差额增长率 –44.68%
42301 市场中介组织的发育和法律制度环境 5.88
42303 市场中介组织的发育和法律制度环境改善程度 4.44%
42401 居民消费水平 11 852.19 元
42403 居民消费水平增长率 14.11%
43101 教育经费支出 683.83 亿元
43102 对教育的投资占GDP的比例 4.73%
43103 对教育的投资的增长率 25.6%
43201 6岁及6岁以上人口中大专以上学历人口数（抽样数）3 150人
43202 6岁及6岁以上人口中大专以上学历所占的比例 0.11%
43203 6岁及6岁以上人口中大专以上学历人口增长率 8%
44111 国家创新基金获得资金 19 657 万元
44112 平均每项国家创新基金获得资金 62.8 万元/项
44113 国家创新基金获得资金增长率 6.05%
44121 国家产业化计划项目当年落实资金 132 149.7 万元
44123 国家产业化计划项目当年落实资金增长率 8.62%
44201 规模以上工业企业研发经费内部支出中获得金融机构贷款额 10 870.7 万元
44202 规模以上工业企业研发经费内部支出额中平均获得金融机构贷款额 2.54 万元/个
44203 规模以上工业企业研发活动获得金融机构贷款增长率 –5.91%
45001 高技术企业数 379 家
45002 高技术企业数占规模以上工业企业数比重 8.85%
45003 高技术企业数增长率 7.91%

图 12 – 161　陕西省创新环境基础指标

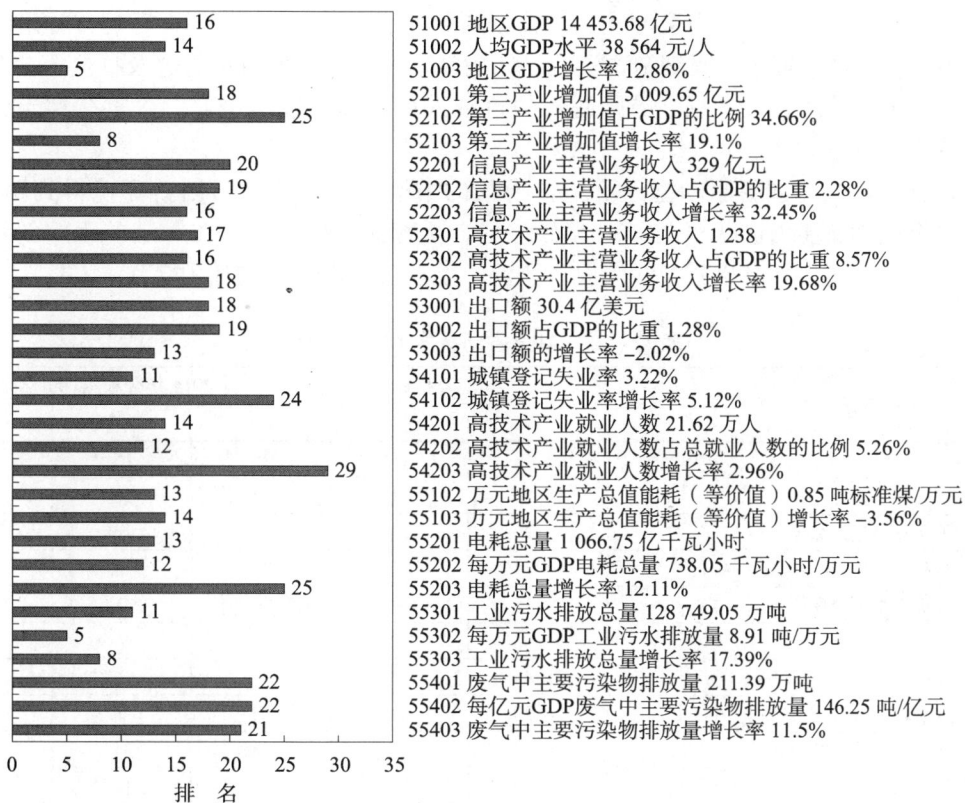

图 12 - 162　陕西省创新绩效基础指标

左侧柱状图对应数据：
- 51001 地区GDP 14 453.68 亿元 —— 16
- 51002 人均GDP水平 38 564 元/人 —— 14
- 51003 地区GDP增长率 12.86% —— 5
- 52101 第三产业增加值 5 009.65 亿元 —— 18
- 52102 第三产业增加值占GDP的比例 34.66% —— 25
- 52103 第三产业增加值增长率 19.1% —— 8
- 52201 信息产业主营业务收入 329 亿元 —— 20
- 52202 信息产业主营业务收入占GDP的比重 2.28% —— 19
- 52203 信息产业主营业务收入增长率 32.45% —— 16
- 52301 高技术产业主营业务收入 1 238 —— 17
- 52302 高技术产业主营业务收入占GDP的比重 8.57% —— 16
- 52303 高技术产业主营业务收入增长率 19.68% —— 18
- 53001 出口额 30.4 亿美元 —— 18
- 53002 出口额占GDP的比重 1.28% —— 19
- 53003 出口额的增长率 −2.02% —— 13
- 54101 城镇登记失业率 3.22% —— 11
- 54102 城镇登记失业率增长率 5.12% —— 24
- 54201 高技术产业就业人数 21.62 万人 —— 14
- 54202 高技术产业就业人数占总就业人数的比例 5.26% —— 12
- 54203 高技术产业就业人数增长率 2.96% —— 29
- 55102 万元地区生产总值能耗（等价值）0.85 吨标准煤/万元 —— 13
- 55103 万元地区生产总值能耗（等价值）增长率 −3.56% —— 14
- 55201 电耗总量 1 066.75 亿千瓦小时 —— 13
- 55202 每万元GDP电耗总量 738.05 千瓦小时/万元 —— 12
- 55203 电耗总量增长率 12.11% —— 25
- 55301 工业污水排放总量 128 749.05 万吨 —— 11
- 55302 每万元GDP工业污水排放量 8.91 吨/万元 —— 5
- 55303 工业污水排放总量增长率 17.39% —— 8
- 55401 废气中主要污染物排放量 211.39 万吨 —— 22
- 55402 每亿元GDP废气中主要污染物排放量 146.25 吨/亿元 —— 22
- 55403 废气中主要污染物排放量增长率 11.5% —— 21

## 12.28　甘肃省

甘肃省地处黄河中上游，新亚欧大陆横贯全境，是中国西北部的交通和通信枢纽。总面积为45.37万平方公里，占全国总面积的4.72%。2012年，全省常住人口数2 578万人，位居全国第22位。全年地区生产总值5 650.2亿元，居全国27位，同比增长12.56%，人均GDP为21 978元，位居全国第30位。三次产业结构为13.51∶50.28∶36.21，与上年相比，第二产业所占比重下降4.28%，第一、三产业所占比重分别上升0.29%和3.99%，高技术产业主营业务收入112.3亿元，占GDP的比重为1.99%。

2014年甘肃省的创新能力综合排名上升幅度较大，位居第18位，比上年上升7位。创新实力、创新效率和创新潜力的排名分别为第25位、第15位和第6位，分别比上年上升1位、1位和12位。知识创造、知识获取、企业创新、创新环境和创新绩效5个指标的排名分别为第21位、第12位、第14位、第22位和第27位。在基础指标上，国际论文数增长率、发明专利授权数增长率、规模以上工业企业技术改造经费支出及其增长率、高技术企业数增长率、国家创新基金获得资金、教育经费支出、地区GDP增长率等指标排名大幅上升。

甘肃省凭借几十年的建设发展，利用其丰富的优势资源，形成了轻重工业协调配合，包括煤炭、石油、电力、冶金、机械、化工、建材、森林、食品、纺织、造纸等多个部门在内的生产体系。近年来，甘肃省积极深化科技体制改革，推进区域创新体系建设。"十二五"时期，甘肃省实施"六个一百"企业技术创新培育工程，推动企业成为创新主体；加大国家和省科技型中小企业创新基金争取和支持力度，优化科技创新创业服务体系。自2012年起，甘肃省政府连续5年每年整合1亿元资金，吸纳金融资金、国内外创业风险投资机构资金及社会资金参与。同时，完善科技创新人才发展机制，鼓励院校的科技人员创办科技型企业，探索有利于创新人才发挥作用的多种分配方式。

甘肃省近年来推动创新驱动型经济增长模式的举措已初见成效，创新环境得到明显改善，知识获取和企业创新能力已跃居全国中上游，但与发达省份相比仍存在一定差距。创新能力的提升非一日之功，还需要甘肃省各级政府、企业、院校及社会各界的通力合作。

表12-28　甘肃省创新能力综合指标

| 指标名称 | 2014年综合指标 | | 2014年分项指标排名 | | |
|---|---|---|---|---|---|
| | 指标值 | 排名 | 实力 | 效率 | 潜力 |
| 综合值 | 23.58 | 18 | 25 | 15 | 6 |
| 1　知识创造综合指标 | 18.86 | 21 | 23 | 10 | 13 |
| 1.1　研究开发投入综合指标 | 13.22 | 24 | 24 | 16 | 22 |
| 1.2　专利综合指标 | 16.34 | 20 | 24 | 18 | 11 |
| 1.3　科研论文综合指标 | 35.15 | 7 | 20 | 2 | 12 |
| 2　知识获取综合指标 | 23.68 | 12 | 26 | 7 | 6 |
| 2.1　科技合作综合指标 | 35.44 | 13 | 19 | 7 | 8 |
| 2.2　技术转移综合指标 | 24.30 | 8 | 23 | 5 | 22 |
| 2.3　外资企业投资综合指标 | 14.40 | 16 | 28 | 31 | 4 |
| 3　企业创新综合指标 | 22.69 | 14 | 23 | 13 | 6 |
| 3.1　企业研究开发投入综合指标 | 13.95 | 26 | 25 | 19 | 25 |
| 3.2　设计能力综合指标 | 10.89 | 18 | 25 | 23 | 3 |
| 3.3　技术提升能力综合指标 | 41.74 | 2 | 22 | 1 | 8 |
| 3.4　新产品销售收入综合指标 | 26.58 | 15 | 22 | 16 | 5 |
| 4　创新环境综合指标 | 22.77 | 22 | 27 | 21 | 5 |
| 4.1　创新基础设施综合指标 | 14.3 | 27 | 21 | 24 | 23 |
| 4.2　市场环境综合指标 | 40.82 | 23 | 28 | 19 | 9 |
| 4.3　劳动者素质综合指标 | 25.17 | 20 | 27 | 8 | 10 |
| 4.4　金融环境综合指标 | 9.08 | 24 | 23 | 23 | 18 |
| 4.5　创业水平综合指标 | 24.48 | 17 | 26 | 19 | 2 |
| 5　创新绩效综合指标 | 29.17 | 27 | 22 | 26 | 18 |
| 5.1　宏观经济综合指标 | 20.70 | 29 | 27 | 30 | 6 |
| 5.2　产业结构综合指标 | 9.90 | 30 | 27 | 27 | 22 |
| 5.3　产业国际竞争力综合指标 | 5.48 | 26 | 29 | 30 | 25 |
| 5.4　就业综合指标 | 36.06 | 20 | 10 | 17 | 24 |
| 5.5　可持续发展与环保综合指标 | 73.71 | 16 | 10 | 25 | 16 |

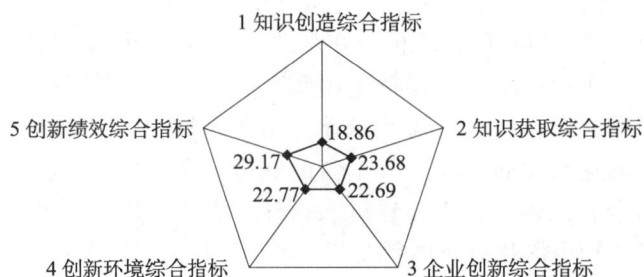

图12-163　甘肃省创新能力蛛网图

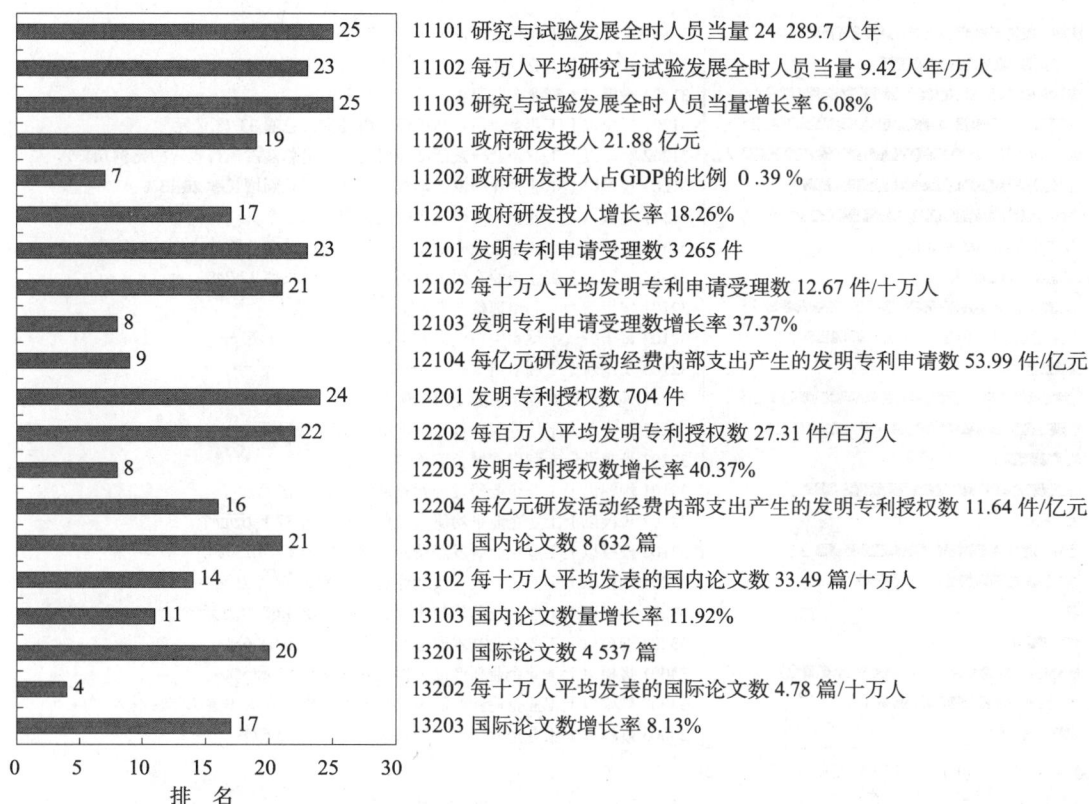

| | 排名 |
|---|---|
| 11101 研究与试验发展全时人员当量 24 289.7 人年 | 25 |
| 11102 每万人平均研究与试验发展全时人员当量 9.42 人年/万人 | 23 |
| 11103 研究与试验发展全时人员当量增长率 6.08% | 25 |
| 11201 政府研发投入 21.88 亿元 | 19 |
| 11202 政府研发投入占GDP的比例 0.39 % | 7 |
| 11203 政府研发投入增长率 18.26% | 17 |
| 12101 发明专利申请受理数 3 265 件 | 23 |
| 12102 每十万人平均发明专利申请受理数 12.67 件/十万人 | 21 |
| 12103 发明专利申请受理数增长率 37.37% | 8 |
| 12104 每亿元研发活动经费内部支出产生的发明专利申请数 53.99 件/亿元 | 9 |
| 12201 发明专利授权数 704 件 | 24 |
| 12202 每百万人平均发明专利授权数 27.31 件/百万人 | 22 |
| 12203 发明专利授权数增长率 40.37% | 8 |
| 12204 每亿元研发活动经费内部支出产生的发明专利授权数 11.64 件/亿元 | 16 |
| 13101 国内论文数 8 632 篇 | 21 |
| 13102 每十万人平均发表的国内论文数 33.49 篇/十万人 | 14 |
| 13103 国内论文数量增长率 11.92% | 11 |
| 13201 国际论文数 4 537 篇 | 20 |
| 13202 每十万人平均发表的国际论文数 4.78 篇/十万人 | 4 |
| 13203 国际论文数增长率 8.13% | 17 |

图 12 – 164　甘肃省知识创造能力基础指标

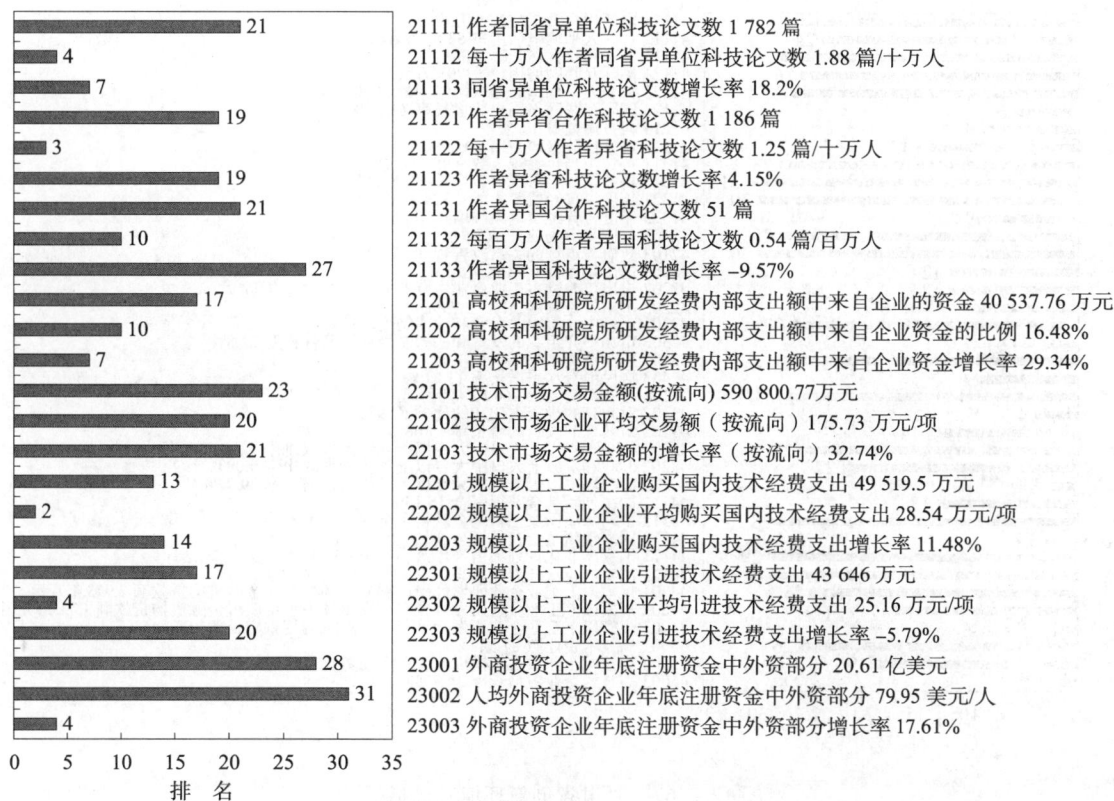

| | 排名 |
|---|---|
| 21111 作者同省异单位科技论文数 1 782 篇 | 21 |
| 21112 每十万人作者同省异单位科技论文数 1.88 篇/十万人 | 4 |
| 21113 同省异单位科技论文数增长率 18.2% | 7 |
| 21121 作者异省合作科技论文数 1 186 篇 | 19 |
| 21122 每十万人作者异省科技论文数 1.25 篇/十万人 | 3 |
| 21123 作者异省科技论文数增长率 4.15% | 19 |
| 21131 作者异国合作科技论文数 51 篇 | 21 |
| 21132 每百万人作者异国科技论文数 0.54 篇/百万人 | 10 |
| 21133 作者异国科技论文数增长率 –9.57% | 27 |
| 21201 高校和科研院所研发经费内部支出额中来自企业的资金 40 537.76 万元 | 17 |
| 21202 高校和科研院所研发经费内部支出额中来自企业资金的比例 16.48% | 10 |
| 21203 高校和科研院所研发经费内部支出额中来自企业资金增长率 29.34% | 7 |
| 22101 技术市场交易金额(按流向) 590 800.77万元 | 23 |
| 22102 技术市场企业平均交易额（按流向） 175.73 万元/项 | 20 |
| 22103 技术市场交易金额的增长率（按流向）32.74% | 21 |
| 22201 规模以上工业企业购买国内技术经费支出 49 519.5 万元 | 13 |
| 22202 规模以上工业企业平均购买国内技术经费支出 28.54 万元/项 | 2 |
| 22203 规模以上工业企业购买国内技术经费支出增长率 11.48% | 14 |
| 22301 规模以上工业企业引进技术经费支出 43 646 万元 | 17 |
| 22302 规模以上工业企业平均引进技术经费支出 25.16 万元/项 | 4 |
| 22303 规模以上工业企业引进技术经费支出增长率 –5.79% | 20 |
| 23001 外商投资企业年底注册资金中外资部分 20.61 亿美元 | 28 |
| 23002 人均外商投资企业年底注册资金中外资部分 79.95 美元/人 | 31 |
| 23003 外商投资企业年底注册资金中外资部分增长率 17.61% | 4 |

图 12 – 165　甘肃省知识获取能力基础指标

| 排名 | 指标 |
|---|---|
| 25 | 31101 规模以上工业企业研发人员数 1.73 万人 |
| 16 | 31102 规模以上工业企业就业人员中研发人员比重 2.91% |
| 24 | 31103 规模以上工业企业研发人员增长率 9.01% |
| 25 | 31201 规模以上工业企业研发活动经费内部支出总额 33.78 亿元 |
| 27 | 31202 规模以上工业企业研发活动经费内部支出总额占销售收入的比例 0.43% |
| 23 | 31203 规模以上工业企业研发活动经费内部支出总额增长率 20.13% |
| 25 | 31301 规模以上工业企业有研发机构的企业数 121 个 |
| 11 | 31302 规模以上工业企业中有研发机构的企业占总企业数的比例 6.97% |
| 9 | 31303 规模以上工业企业有研发机构的企业数增长率 12.24% |
| 25 | 32101 实用新型专利申请数 3 777 件 |
| 22 | 32102 每十万人平均实用新型专利申请数 14.65 件/十万人 |
| 3 | 32103 实用新型专利申请增长率 46.75% |
| 25 | 32201 外观设计专利申请数 1 219 件 |
| 23 | 32202 每十万人平均外观设计专利申请数 4.73 件/十万人 |
| 6 | 32203 外观设计专利申请增长率 41.76% |
| 22 | 33101 规模以上工业企业研发经费外部支出 6.44 亿元 |
| 4 | 33102 规模以上工业企业平均研发经费外部支出 37.1 万元/个 |
| 21 | 33103 规模以上工业企业研发经费外部支出增长率 14.23% |
| 18 | 33201 规模以上工业企业技术改造经费支出 810 066.6 万元 |
| 1 | 33202 规模以上工业企业平均技术改造经费支出 4.67 百万元/个 |
| 4 | 33203 规模以上工业企业技术改造经费支出增长率 18.66% |
| 22 | 34001 规模以上工业企业新产品销售收入 595.42 亿元 |
| 16 | 34002 规模以上工业企业新产品销售收入占销售收入的比重 7.65% |
| 5 | 34003 规模以上工业企业新产品销售收入增长率 33.67% |

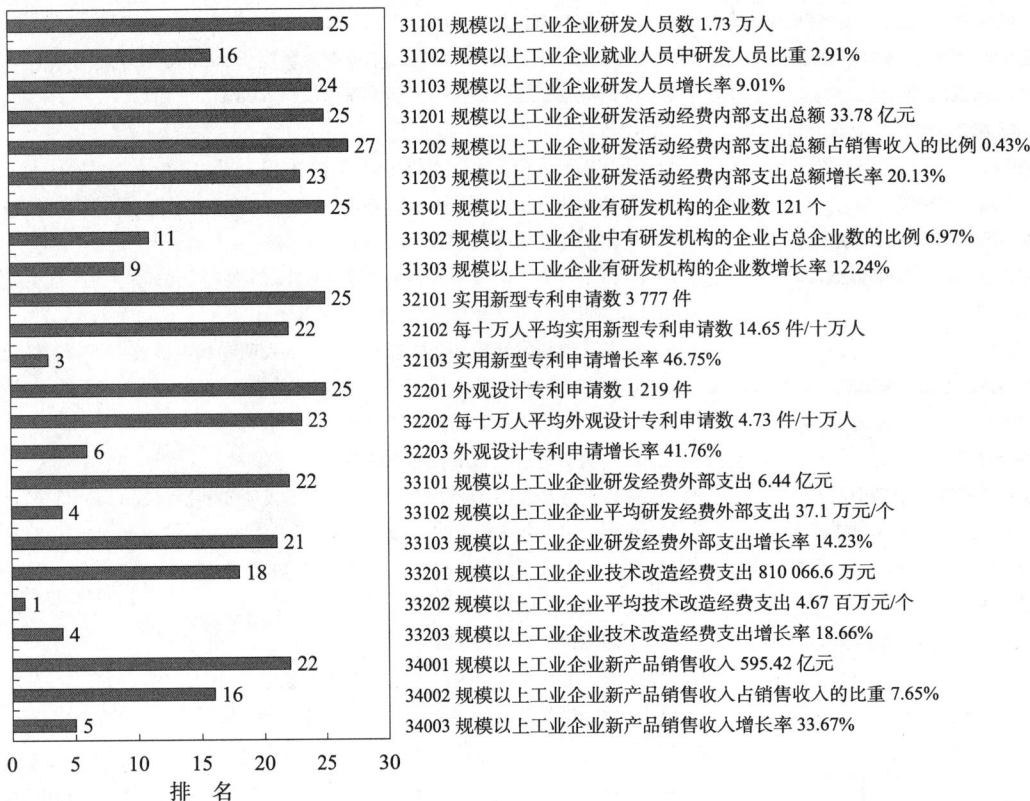

图 12 - 166　甘肃省企业创新能力基础指标

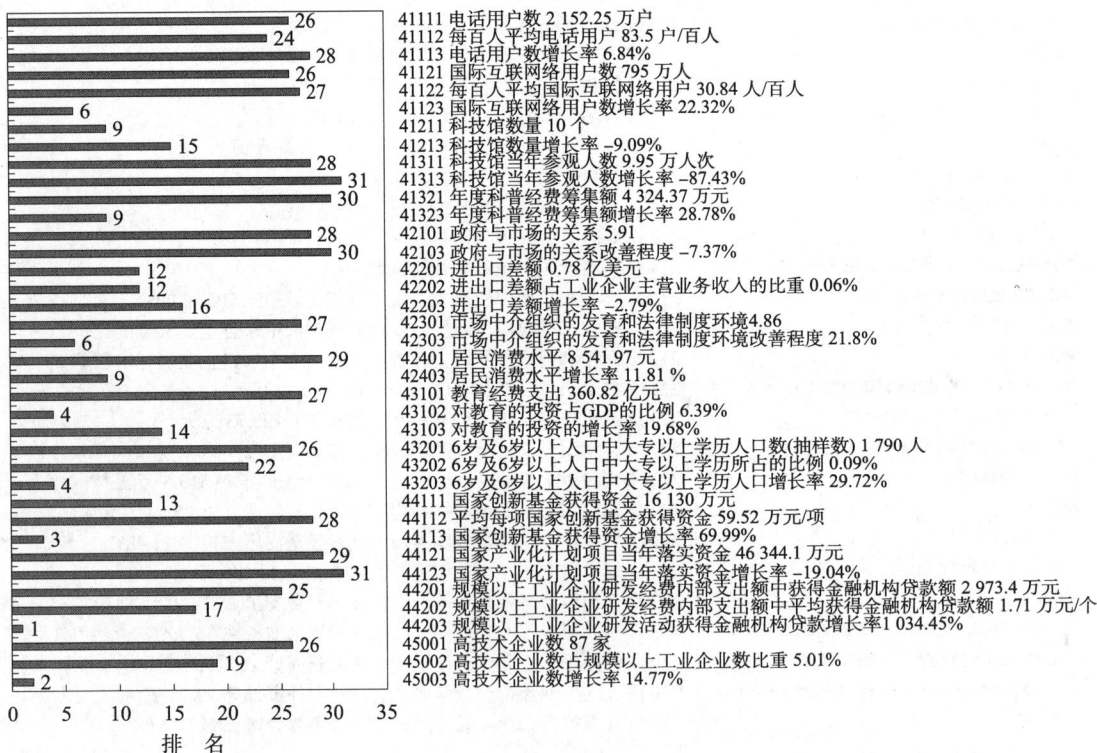

| 排名 | 指标 |
|---|---|
| 26 | 41111 电话用户数 2 152.25 万户 |
| 24 | 41112 每百人平均电话用户 83.5 户/百人 |
| 28 | 41113 电话用户数增长率 6.84% |
| 26 | 41121 国际互联网络用户数 795 万人 |
| 27 | 41122 每百人平均国际互联网络用户 30.84 人/百人 |
| 6 | 41123 国际互联网络用户数增长率 22.32% |
| 9 | 41211 科技馆数量 10 个 |
| 15 | 41213 科技馆数量增长率 -9.09% |
| 28 | 41311 科技馆当年参观人数 9.95 万人次 |
| 31 | 41313 科技馆当年参观人数增长率 -87.43% |
| 30 | 41321 年度科普经费筹集额 4 324.37 万元 |
| 9 | 41323 年度科普经费筹集额增长率 28.78% |
| 28 | 42101 政府与市场的关系 5.91 |
| 30 | 42103 政府与市场的关系改善程度 -7.37% |
| 12 | 42201 进出口差额 0.78 亿美元 |
| 12 | 42202 进出口差额占工业企业主营业务收入的比重 0.06% |
| 16 | 42203 进出口差额增长率 -2.79% |
| 27 | 42301 市场中介组织的发育和法律制度环境 4.86 |
| 6 | 42303 市场中介组织的发育和法律制度环境改善程度 21.8% |
| 29 | 42401 居民消费水平 8 541.97 元 |
| 9 | 42403 居民消费水平增长率 11.81 % |
| 27 | 43101 教育经费支出 360.82 亿元 |
| 4 | 43102 对教育的投资占GDP的比例 6.39% |
| 14 | 43103 对教育的投资的增长率 19.68% |
| 26 | 43201 6岁及6岁以上人口中大专以上学历人口数(抽样数) 1 790 人 |
| 22 | 43202 6岁及6岁以上人口中大专以上学历所占的比例 0.09% |
| 4 | 43203 6岁及6岁以上人口中大专以上学历人口增长率 29.72% |
| 13 | 44111 国家创新基金获得资金 16 130 万元 |
| 28 | 44112 平均每项国家创新基金获得资金 59.52 万元/项 |
| 3 | 44113 国家创新基金获得资金增长率 69.99% |
| 29 | 44121 国家产业化计划项目当年落实资金 46 344.1 万元 |
| 31 | 44123 国家产业化计划项目当年落实资金增长率 -19.04% |
| 25 | 44201 规模以上工业企业研发经费内部支出额中获得金融机构贷款额 2 973.4 万元 |
| 17 | 44202 规模以上工业企业研发经费内部支出额中平均获得金融机构贷款额 1.71 万元/个 |
| 1 | 44203 规模以上工业企业研发活动获得金融机构贷款增长率 1 034.45% |
| 26 | 45001 高技术企业数 87 家 |
| 19 | 45002 高技术企业数占规模以上工业企业数比重 5.01% |
| 2 | 45003 高技术企业数增长率 14.77% |

图 12 - 167　甘肃省创新环境基础指标

| | |
|---|---|
| 27 | 51001 地区GDP 5 650.2 亿元 |
| 30 | 51002 人均GDP水平 21 978 元/人 |
| 6 | 51003 地区GDP增长率 12.56% |
| 27 | 52101 第三产业增加值 2 269.61 亿元 |
| 13 | 52102 第三产业增加值占GDP的比例 40.17% |
| 24 | 52103 第三产业增加值增长率 15.02% |
| 25 | 52201 信息产业主营业务收入 30.4 亿元 |
| 24 | 52202 信息产业主营业务收入占GDP的比重 0.54% |
| 18 | 52203 信息产业主营业务收入增长率 27.44% |
| 27 | 52301 高技术产业主营业务收入 112.3 亿元 |
| 27 | 52302 高技术产业主营业务收入占GDP的比重 1.99% |
| 17 | 52303 高技术产业主营业务收入增长率 21.58% |
| 29 | 53001 出口额 0.98 亿美元 |
| 28 | 53002 出口额占GDP的比重 0.11% |
| 25 | 53003 出口额的增长率 –10.25% |
| 5 | 54101 城镇登记失业率 2.68% |
| 25 | 54102 城镇登记失业率增长率 5.43% |
| 26 | 54201 高技术产业就业人数 2.7 万人 |
| 25 | 54202 高技术产业就业人数占总就业人数的比例 1.28% |
| 27 | 54203 高技术产业就业人数增长率 4.6% |
| 25 | 55102 万元地区生产总值能耗（等价值）1.4 吨标准煤/万元 |
| 26 | 55103 万元地区生产总值能耗（等价值）增长率 –2.51% |
| 11 | 55201 电耗总量 994.56 亿千瓦小时 |
| 29 | 55202 每万元GDP电耗总量 1 760.22 千瓦小时/万元 |
| 18 | 55203 电耗总量增长率 10.9% |
| 5 | 55301 工业污水排放总量 62 813.02万吨 |
| 12 | 55302 每万元GDP工业污水排放量 11.12 吨/万元 |
| 20 | 55303 工业污水排放总量增长率 31% |
| 11 | 55401 废气中主要污染物排放量 125.34 万吨 |
| 25 | 55402 每亿元GDP废气中主要污染物排放量 221.83 吨/亿元 |
| 3 | 55403 废气中主要污染物排放量增长率 0.79% |

0  5  10  15  20  25  30  35
排 名

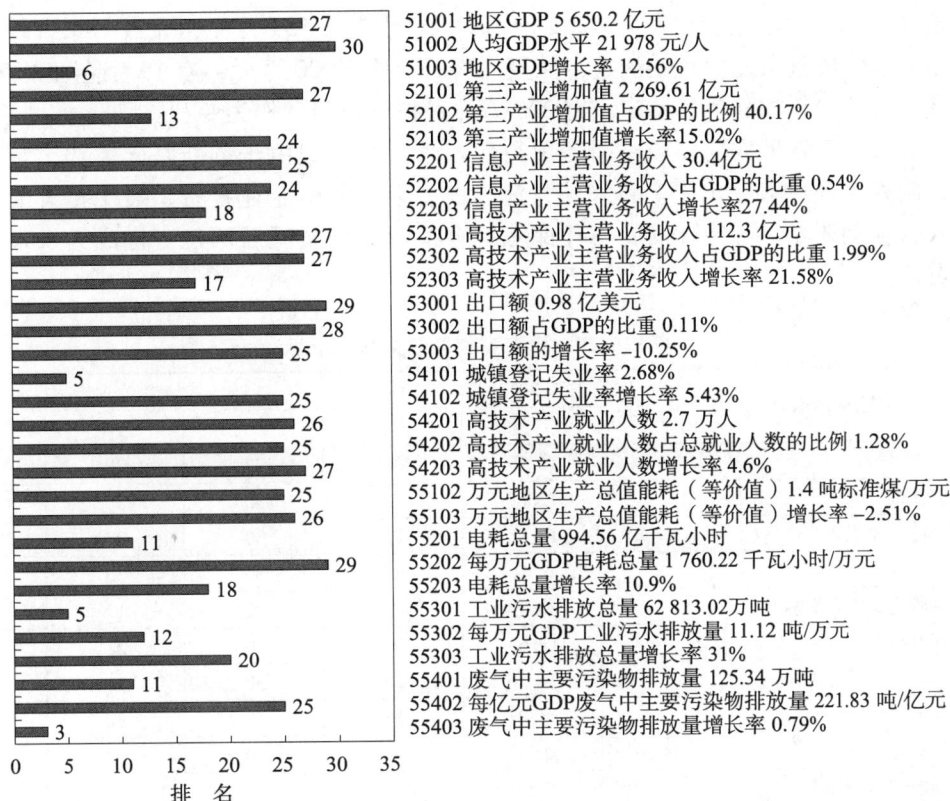

图 12 – 168 甘肃省创新绩效基础指标

## 12.29 青海省

青海省位于青藏高原东北部，总面积为 72.1 万平方公里。2012 年，全省常住人口数 573 万人，位居全国第 22 位。全年地区生产总值 1 893.54 亿元，居全国第 30 位，同比增长 12.25%，人均 GDP 为 33 181 元，位居全国第 21 位。三次产业结构之比由 2011 年的 9.5∶57.5∶33.0 转变为 2012 年的 9.3∶57.7∶33.0，第三产业占 GDP 的比例低于全国平均水平。高技术产业主营业务收入 38.7 亿元，占 GDP 的比重为 2.04%。

2014 年青海省创新能力综合排名为第 31 位，近年来排名变化很小，始终处于全国较低水平。创新实力、创新效率和创新潜力的排名分别为第 27 位、第 30 位和第 22 位，其中，创新实力和创新潜力排名分别比上年上升 2 位和 3 位，创新效率排名比上年下降 2 位。知识创造、知识获取、企业创新能力、创新环境和创新绩效 5 个指标的排名分别为第 28 位、第 29 位、第 31 位、第 19 位和第 29 位。在基础指标方面，国内论文数量增长率、发明专利申请受理数增长率、政府研发投入增长率、国家创新基金获得资金增长率、居民消费水平增长率、科技馆数量、高技术产业就业人数增长率、城镇登记失业率、信息产业主营业务收入增长率等指标排名有所上升；规模以上工业企业技术改造经费支出额、企业研发经费支出额、实用新型专利申请增长率等指标排名有所下降。

2014 年青海省确定了"一个方案、三项机制、三项试点"的科技体制改革工作重点，提高科技项目准入门槛，对项目信息进行全面公开，此举走在全国科技管理系统前列。已安排的产学研联合项目占产业化项目的 66%，成为产业化项目申报的主要形式，总经费占当年计划经费的52%，有15项产业化项目获得后补助支持，资助经费达2 559万元，完成7家省级工程技术研究中心和1家省级重点实验室的认定，并投入科研经费4 000万元，有19家企业的79个项目通过研发费用税前加计扣除项目鉴定，有205万元科技项目经费作为专利奖励资金。

总体来看，青海省采取的多项举措已取得阶段性进展，但由于创新基础薄弱，青海省的创新能力仍长期处于全国落后水平。目前，青海省的专利、外资企业投资、技术提升能力、新产品销售收入、金融环境、可持续发展与环保等综合指标位居全国后两位，将成为未来发展提升的重中之重。

表12-29　青海省创新能力综合指标

| 指标名称 | 2014年综合指标 | | 2014年分项指标排名 | | |
|---|---|---|---|---|---|
| | 指标值 | 排名 | 实力 | 效率 | 潜力 |
| 综合值 | 16.19 | 31 | 27 | 30 | 22 |
| 1　知识创造综合指标 | 12.87 | 28 | 30 | 30 | 14 |
| 　1.1　研究开发投入综合指标 | 13.96 | 23 | 30 | 22 | 9 |
| 　1.2　专利综合指标 | 6.82 | 31 | 30 | 30 | 20 |
| 　1.3　科研论文综合指标 | 22.79 | 25 | 30 | 17 | 19 |
| 2　知识获取综合指标 | 11.65 | 29 | 10 | 22 | 26 |
| 　2.1　科技合作综合指标 | 24.36 | 26 | 30 | 15 | 12 |
| 　2.2　技术转移综合指标 | 13.27 | 18 | 3 | 22 | 2 |
| 　2.3　外资企业投资综合指标 | 0.90 | 31 | 30 | 27 | 30 |
| 3　企业创新综合指标 | 5.55 | 31 | 30 | 31 | 30 |
| 　3.1　企业研究开发投入综合指标 | 13.63 | 27 | 30 | 28 | 10 |
| 　3.2　设计能力综合指标 | 3.94 | 29 | 30 | 30 | 26 |
| 　3.3　技术提升能力综合指标 | 3.36 | 31 | 30 | 25 | 31 |
| 　3.4　新产品销售收入综合指标 | 0.02 | 31 | 30 | 31 | 31 |
| 4　创新环境综合指标 | 23.69 | 19 | 30 | 8 | 8 |
| 　4.1　创新基础设施综合指标 | 17.90 | 19 | 30 | 14 | 4 |
| 　4.2　市场环境综合指标 | 50.87 | 8 | 30 | 5 | 7 |
| 　4.3　劳动者素质综合指标 | 28.20 | 17 | 29 | 3 | 2 |
| 　4.4　金融环境综合指标 | 5.81 | 30 | 29 | 28 | 7 |
| 　4.5　创业水平综合指标 | 15.66 | 23 | 28 | 12 | 24 |
| 5　创新绩效综合指标 | 26.02 | 29 | 30 | 30 | 16 |
| 　5.1　宏观经济综合指标 | 23.18 | 27 | 30 | 21 | 8 |
| 　5.2　产业结构综合指标 | 14.75 | 23 | 30 | 30 | 4 |
| 　5.3　产业国际竞争力综合指标 | 5.78 | 25 | 30 | 29 | 23 |
| 　5.4　就业综合指标 | 35.37 | 23 | 20 | 21 | 22 |
| 　5.5　可持续发展与环保综合指标 | 51.01 | 30 | 12 | 30 | 29 |

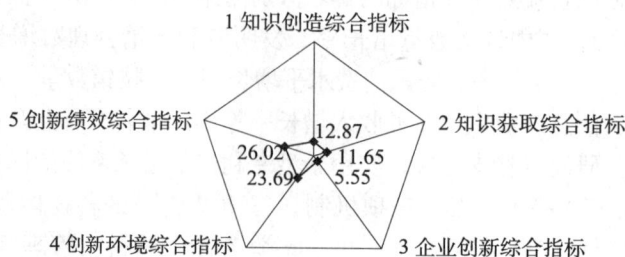

图12-169　青海省创新能力蛛网图

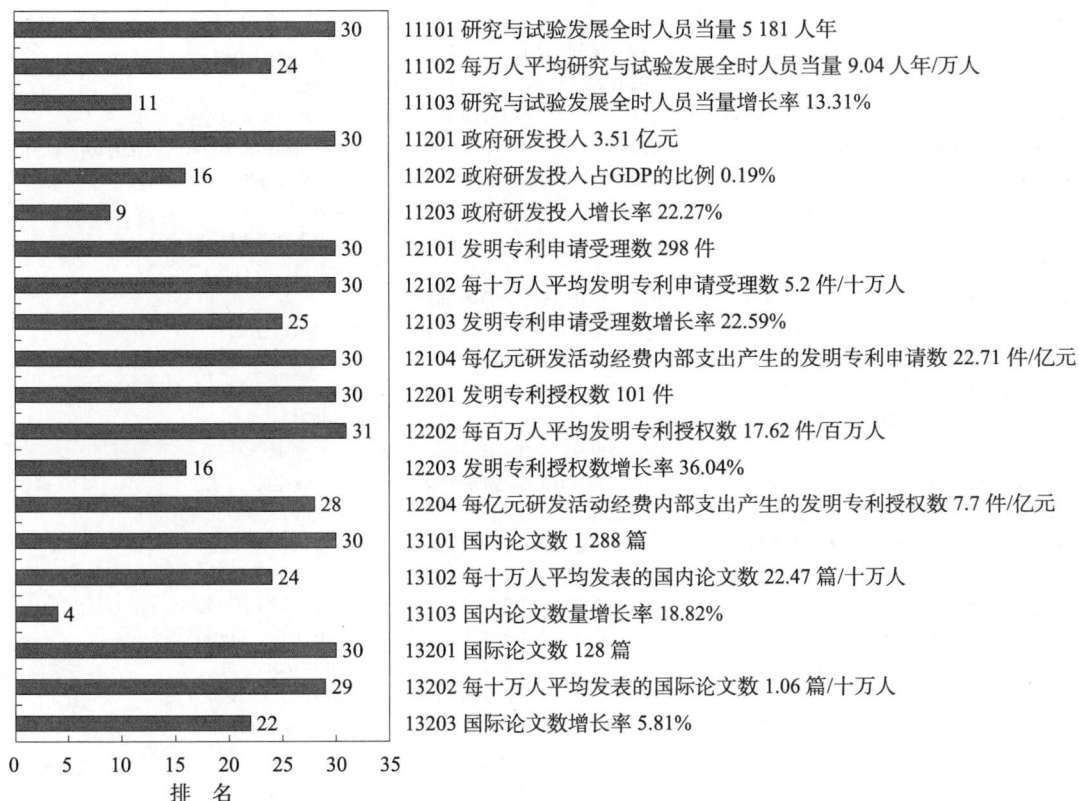

| 编号 | 指标 | 排名 |
|---|---|---|
| 11101 | 研究与试验发展全时人员当量 5 181 人年 | 30 |
| 11102 | 每万人平均研究与试验发展全时人员当量 9.04 人年/万人 | 24 |
| 11103 | 研究与试验发展全时人员当量增长率 13.31% | 11 |
| 11201 | 政府研发投入 3.51 亿元 | 30 |
| 11202 | 政府研发投入占GDP的比例 0.19% | 16 |
| 11203 | 政府研发投入增长率 22.27% | 9 |
| 12101 | 发明专利申请受理数 298 件 | 30 |
| 12102 | 每十万人平均发明专利申请受理数 5.2 件/十万人 | 30 |
| 12103 | 发明专利申请受理数增长率 22.59% | 25 |
| 12104 | 每亿元研发活动经费内部支出产生的发明专利申请数 22.71 件/亿元 | 30 |
| 12201 | 发明专利授权数 101 件 | 30 |
| 12202 | 每百万人平均发明专利授权数 17.62 件/百万人 | 31 |
| 12203 | 发明专利授权数增长率 36.04% | 16 |
| 12204 | 每亿元研发活动经费内部支出产生的发明专利授权数 7.7 件/亿元 | 28 |
| 13101 | 国内论文数 1 288 篇 | 30 |
| 13102 | 每十万人平均发表的国内论文数 22.47 篇/十万人 | 24 |
| 13103 | 国内论文数量增长率 18.82% | 4 |
| 13201 | 国际论文数 128 篇 | 30 |
| 13202 | 每十万人平均发表的国际论文数 1.06 篇/十万人 | 29 |
| 13203 | 国际论文数增长率 5.81% | 22 |

图 12-170 青海省知识创造能力基础指标

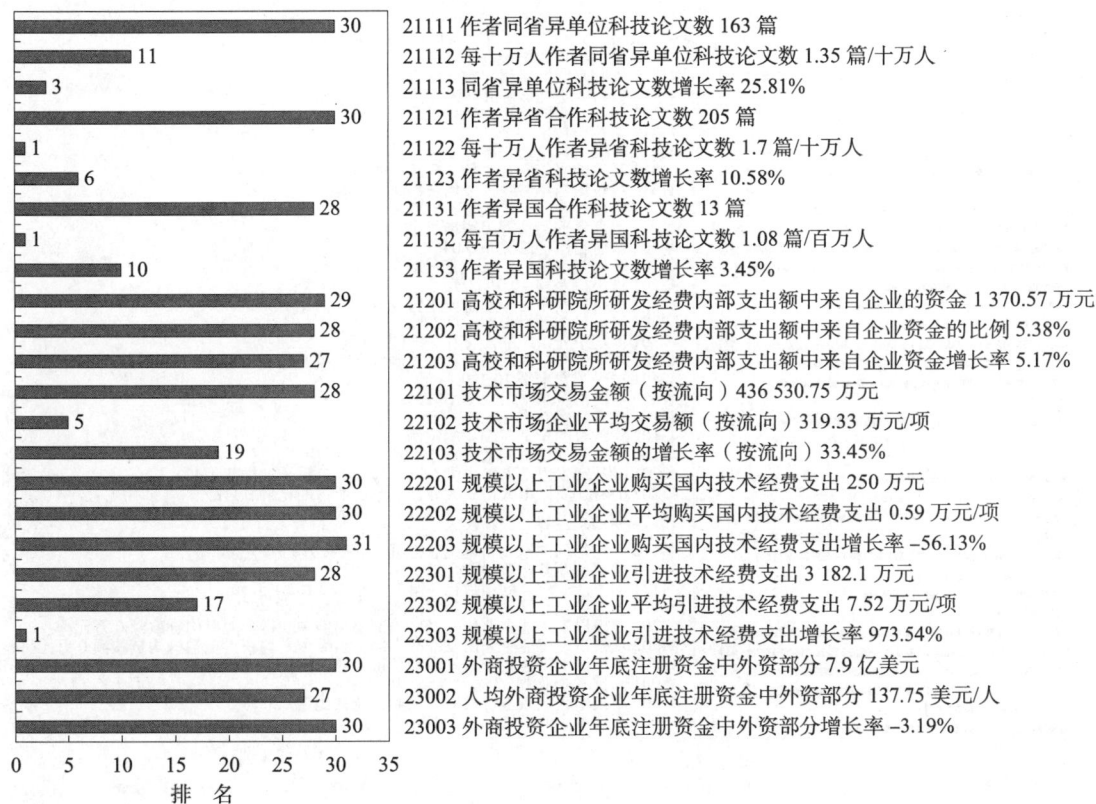

| 编号 | 指标 | 排名 |
|---|---|---|
| 21111 | 作者同省异单位科技论文数 163 篇 | 30 |
| 21112 | 每十万人作者同省异单位科技论文数 1.35 篇/十万人 | 11 |
| 21113 | 同省异单位科技论文数增长率 25.81% | 3 |
| 21121 | 作者异省合作科技论文数 205 篇 | 30 |
| 21122 | 每十万人作者异省科技论文数 1.7 篇/十万人 | 1 |
| 21123 | 作者异省科技论文数增长率 10.58% | 6 |
| 21131 | 作者异国合作科技论文数 13 篇 | 28 |
| 21132 | 每百万人作者异国科技论文数 1.08 篇/百万人 | 1 |
| 21133 | 作者异国科技论文数增长率 3.45% | 10 |
| 21201 | 高校和科研院所研发经费内部支出额中来自企业的资金 1 370.57 万元 | 29 |
| 21202 | 高校和科研院所研发经费内部支出额中来自企业资金的比例 5.38% | 28 |
| 21203 | 高校和科研院所研发经费内部支出额中来自企业资金增长率 5.17% | 27 |
| 22101 | 技术市场交易金额（按流向）436 530.75 万元 | 28 |
| 22102 | 技术市场企业平均交易额（按流向）319.33 万元/项 | 5 |
| 22103 | 技术市场交易金额的增长率（按流向）33.45% | 19 |
| 22201 | 规模以上工业企业购买国内技术经费支出 250 万元 | 30 |
| 22202 | 规模以上工业企业平均购买国内技术经费支出 0.59 万元/项 | 30 |
| 22203 | 规模以上工业企业购买国内技术经费支出增长率 -56.13% | 31 |
| 22301 | 规模以上工业企业引进技术经费支出 3 182.1 万元 | 28 |
| 22302 | 规模以上工业企业平均引进技术经费支出 7.52 万元/项 | 17 |
| 22303 | 规模以上工业企业引进技术经费支出增长率 973.54% | 1 |
| 23001 | 外商投资企业年底注册资金中外资部分 7.9 亿美元 | 30 |
| 23002 | 人均外商投资企业年底注册资金中外资部分 137.75 美元/人 | 27 |
| 23003 | 外商投资企业年底注册资金中外资部分增长率 -3.19% | 30 |

图 12-171 青海省知识获取能力基础指标

| 排名 | 指标 |
|---|---|
| 30 | 31101 规模以上工业企业研发人员数 0.29 万人 |
| 29 | 31102 规模以上工业企业就业人员中研发人员比重 1.61% |
| 20 | 31103 规模以上工业企业研发人员增长率 12.5% |
| 29 | 31201 规模以上工业企业研发活动经费内部支出总额 8.42 亿元 |
| 26 | 31202 规模以上工业企业研发活动经费内部支出总额占销售收入的比例 0.45% |
| 5 | 31203 规模以上工业企业研发活动经费内部支出总额增长率 31.59% |
| 30 | 31301 规模以上工业企业有研发机构的企业数 18 个 |
| 25 | 31302 规模以上工业企业中有研发机构的企业占总企业数的比例 4.26% |
| 12 | 31303 规模以上工业企业有研发机构的企业数增长率 11.6% |
| 30 | 32101 实用新型专利申请数 283 件 |
| 30 | 32102 每十万人平均实用新型专利申请数 4.94 件/十万人 |
| 28 | 32103 实用新型专利申请增长率 13.17% |
| 28 | 32201 外观设计专利申请数 263 件 |
| 24 | 32202 每十万人平均外观设计专利申请数 4.59 件/十万人 |
| 12 | 32203 外观设计专利申请增长率 23.8% |
| 29 | 33101 规模以上工业企业研发经费外部支出 0.66 亿元 |
| 12 | 33102 规模以上工业企业平均研发经费外部支出 15.59 万元/个 |
| 31 | 33103 规模以上工业企业研发经费外部支出增长率 −35.35% |
| 30 | 33201 规模以上工业企业技术改造经费支出 18 488.7 万元 |
| 31 | 33202 规模以上工业企业平均技术改造经费支出 0.44 百万元/个 |
| 30 | 33203 规模以上工业企业技术改造经费支出增长率 −25.19% |
| 30 | 34001 规模以上工业企业新产品销售收入 10.38 亿元 |
| 31 | 34002 规模以上工业企业新产品销售收入占销售收入的比重 0.55% |
| 31 | 34003 规模以上工业企业新产品销售收入增长率 −0.26% |

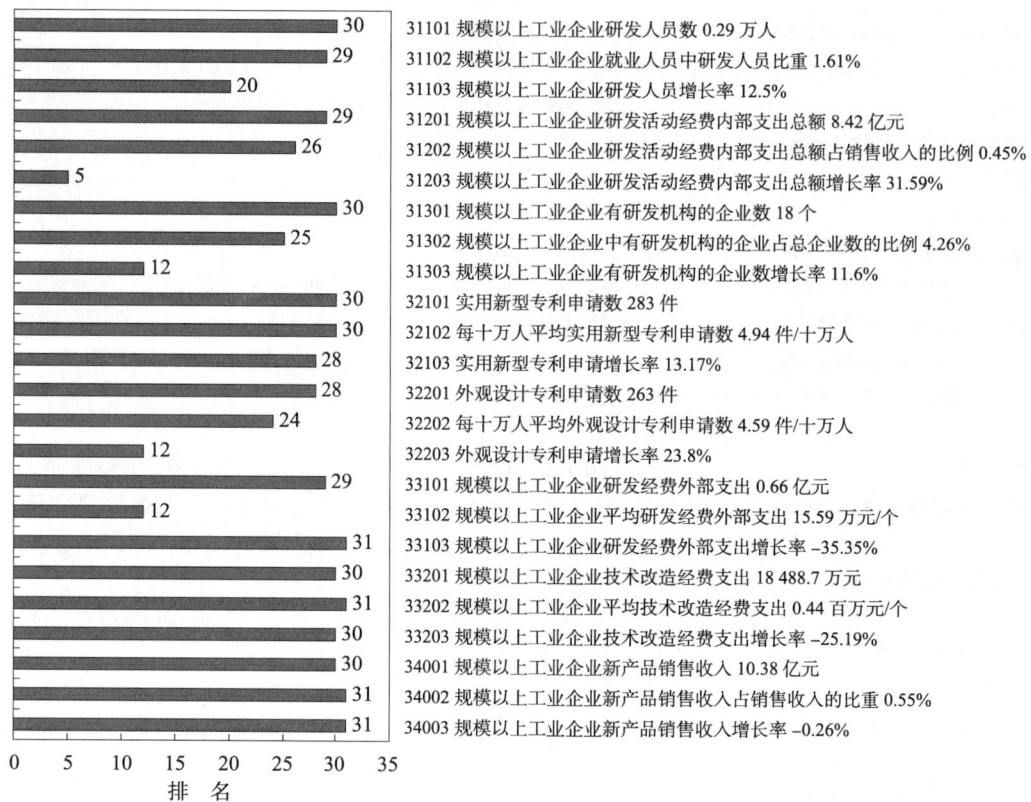

图 12 - 172　青海省企业创新能力基础指标

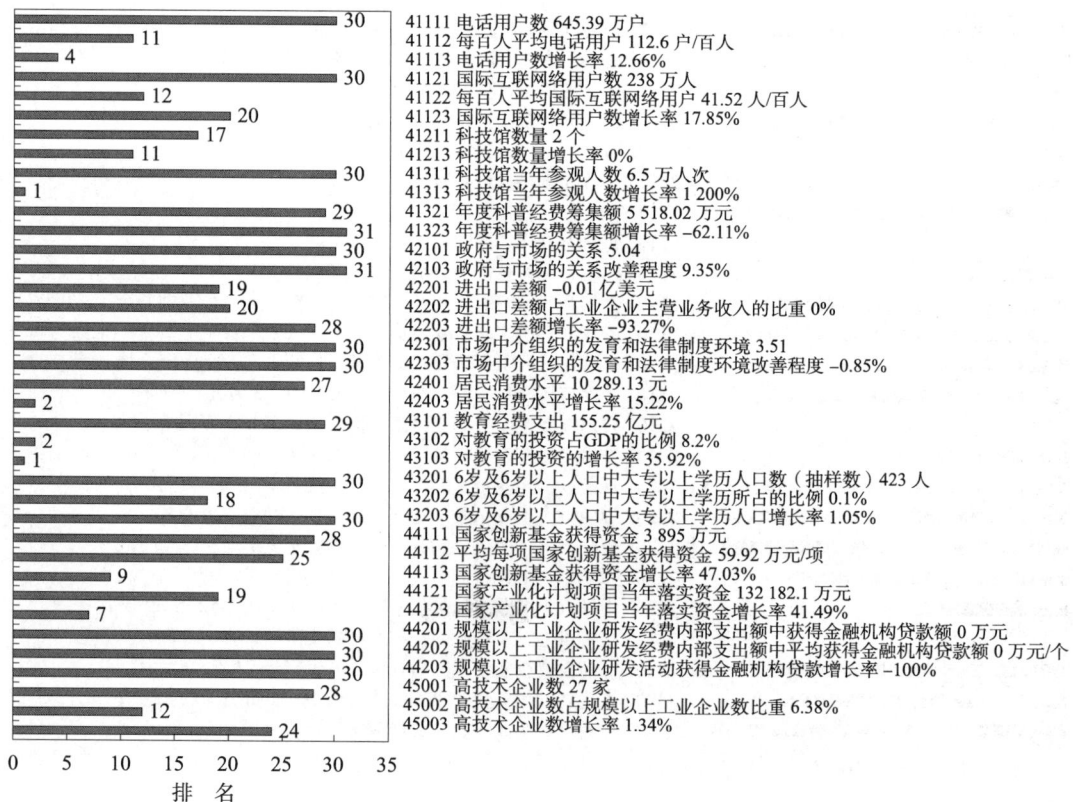

| 排名 | 指标 |
|---|---|
| 30 | 41111 电话用户数 645.39 万户 |
| 11 | 41112 每百人平均电话用户 112.6 户/百人 |
| 4 | 41113 电话用户数增长率 12.66% |
| 30 | 41121 国际互联网络用户数 238 万人 |
| 12 | 41122 每百人平均国际互联网络用户 41.52 人/百人 |
| 20 | 41123 国际互联网络用户数增长率 17.85% |
| 17 | 41211 科技馆数量 2 个 |
| 11 | 41213 科技馆数量增长率 0% |
| 30 | 41311 科技馆当年参观人数 6.5 万人次 |
| 1 | 41313 科技馆当年参观人数增长率 1 200% |
| 29 | 41321 年度科普经费筹集额 5 518.02 万元 |
| 31 | 41323 年度科普经费筹集额增长率 −62.11% |
| 30 | 42101 政府与市场的关系 5.04 |
| 31 | 42103 政府与市场的关系改善程度 9.35% |
| 19 | 42201 进出口差额 −0.01 亿美元 |
| 20 | 42202 进出口差额占工业企业主营业务收入的比重 0% |
| 28 | 42203 进出口差额增长率 −93.27% |
| 30 | 42301 市场中介组织的发育和法律制度环境 3.51 |
| 30 | 42303 市场中介组织的发育和法律制度环境改善程度 −0.85% |
| 27 | 42401 居民消费水平 10 289.13 元 |
| 2 | 42403 居民消费水平增长率 15.22% |
| 29 | 43101 教育经费支出 155.25 亿元 |
| 2 | 43102 对教育的投资占GDP的比例 8.2% |
| 1 | 43103 对教育的投资的增长率 35.92% |
| 30 | 43201 6岁及6岁以上人口中大专以上学历人口数（抽样数）423 人 |
| 18 | 43202 6岁及6岁以上人口中大专以上学历所占的比例 0.1% |
| 30 | 43203 6岁及6岁以上人口中大专以上学历人口增长率 1.05% |
| 28 | 44111 国家创新基金获得资金 3 895 万元 |
| 25 | 44112 平均每项国家创新基金获得资金 59.92 万元/项 |
| 9 | 44113 国家创新基金获得资金增长率 47.03% |
| 19 | 44121 国家产业化计划项目当年落实资金 132 182.1 万元 |
| 7 | 44123 国家产业化计划项目当年落实资金增长率 41.49% |
| 30 | 44201 规模以上工业企业研发经费内部支出额中获得金融机构贷款额 0 万元 |
| 30 | 44202 规模以上工业企业研发经费内部支出额中平均获得金融机构贷款额 0 万元/个 |
| 30 | 44203 规模以上工业企业研发活动获得金融机构贷款增长率 −100% |
| 28 | 45001 高技术企业数 27 家 |
| 12 | 45002 高技术企业数占规模以上工业企业数比重 6.38% |
| 24 | 45003 高技术企业数增长率 1.34% |

图 12 - 173　青海省创新环境基础指标

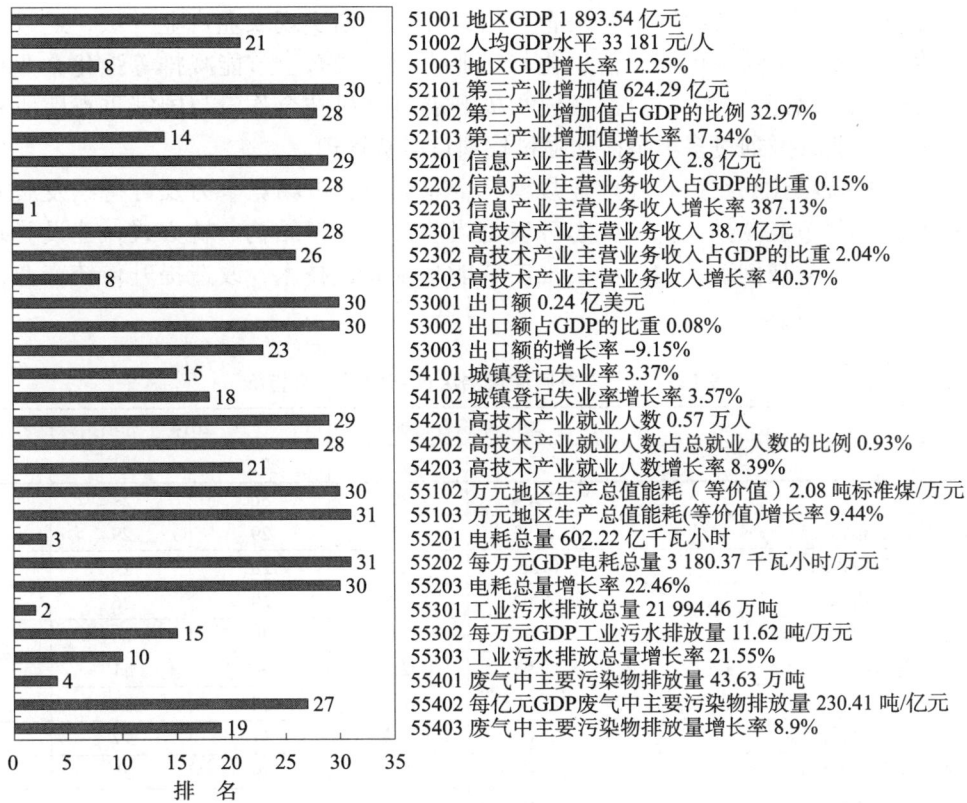

图 12 - 174　青海省创新绩效基础指标

# 12.30　宁夏回族自治区

宁夏回族自治区（以下简称宁夏）位于中国中部偏北，处在黄河中上游地区及沙漠与黄土高原的交接地带，总面积为 6.6 万平方公里，俗称"塞上江南"，具有良好的农牧业发展基础，同时还形成了煤炭、电力、石化、冶金、有色、装备制造、轻工纺织、农副产品加工等门类比较齐全的工业体系。2012 年，全区常住人口数 647 万人，居全国第 29 位。全年地区生产总值 2 341.29 亿元，居全国第 29 位，同比增长 11.5%，人均 GDP 为 36 394 元，位居全国第 16 位，增长 10.3%。2012 年三次产业增加值比例由 2011 年的 8.9：52.2：38.9 转变为 8.5：49.5：42.0。高技术产业主营业务收入 31.9 亿元，占 GDP 的比重为 1.36%。

宁夏的创新能力处于全国较弱水平，2014 年创新能力综合排名第 30 位，较上年下降 1 位。创新实力排名保持在去年的第 30 位，创新效率和创新潜力排名比上年分别下降了 3 位和 5 位，至第 29 位和第 13 位。知识创造、知识获取、企业创新能力、创新环境和创新绩效 5 个指标的排名分别为第 25 位、第 25 位、第 27 位、第 29 位和第 31 位。在基础指标上，每亿元研发活动经费内部支出产生的发明专利申请数上升幅度较大；外商投资增长率、工业企业引进技术经费支出增长率、研发经费外部支出、研发活动获得金融机构贷款增长率、国家创新基金获得资金等指标排名下降幅度较大。

2014 年，自治区分别提出了"科技支撑农业优化升级方案"和"科技支撑工业转型升级方案"，通过实施创新人才培养、创新平台建设、龙头企业培育、农业科技园区建设和职业农民培养工程及农业科技创新、科技园区与龙头企业培育壮大计划实现农业产业升级，通过实施高新技术及产业化、中小企业技术创新、信息化与工业化深度融合、节能减排等强化企业技术创新主体地位和创新人才培养。同时，自治区还积极开展对外科技合作，与国家重点院所和科技强省合作开展重点项目，并通过多项举措加强科技项目经费管理。

　　宁夏受自然资源禀赋的约束，在产业规模、企业创新、市场竞争力及可持续发展方面都面临着巨大挑战。加强节能减排，保护生态环境是当前自治区调结构、转方式，建设美好家园的战略要求。必须依靠科技创新，加快研发推广节能减排先进技术，改造提升传统产业，提高经济发展质量和创新能力。

### 表 12-30　宁夏回族自治区创新能力综合指标

| 指标名称 | 2014 年综合指标 | | 2014 年分项指标排名 | | |
|---|---|---|---|---|---|
| | 指标值 | 排名 | 实力 | 效率 | 潜力 |
| 综合值 | 17.64 | 30 | 30 | 29 | 13 |
| 1　知识创造综合指标 | 15.90 | 25 | 29 | 29 | 9 |
| 1.1　研究开发投入综合指标 | 8.55 | 29 | 28 | 19 | 27 |
| 1.2　专利综合指标 | 14.04 | 25 | 29 | 26 | 7 |
| 1.3　科研论文综合指标 | 34.34 | 8 | 29 | 28 | 2 |
| 2　知识获取综合指标 | 14.92 | 25 | 30 | 21 | 8 |
| 2.1　科技合作综合指标 | 34.50 | 14 | 28 | 16 | 2 |
| 2.2　技术转移综合指标 | 7.45 | 27 | 31 | 17 | 19 |
| 2.3　外资企业投资综合指标 | 5.83 | 29 | 29 | 25 | 26 |
| 3　企业创新综合指标 | 13.94 | 27 | 28 | 23 | 18 |
| 3.1　企业研究开发投入综合指标 | 12.66 | 28 | 28 | 16 | 29 |
| 3.2　设计能力综合指标 | 8.24 | 24 | 28 | 25 | 9 |
| 3.3　技术提升能力综合指标 | 9.95 | 30 | 28 | 17 | 21 |
| 3.4　新产品销售收入综合指标 | 21.69 | 20 | 28 | 20 | 7 |
| 4　创新环境综合指标 | 20.48 | 29 | 29 | 15 | 14 |
| 4.1　创新基础设施综合指标 | 16.74 | 23 | 29 | 17 | 6 |
| 4.2　市场环境综合指标 | 52.29 | 7 | 25 | 4 | 3 |
| 4.3　劳动者素质综合指标 | 16.17 | 31 | 30 | 12 | 17 |
| 4.4　金融环境综合指标 | 8.40 | 25 | 28 | 22 | 6 |
| 4.5　创业水平综合指标 | 8.79 | 29 | 30 | 30 | 17 |
| 5　创新绩效综合指标 | 22.05 | 31 | 31 | 31 | 22 |
| 5.1　宏观经济综合指标 | 22.89 | 28 | 29 | 16 | 13 |
| 5.2　产业结构综合指标 | 11.40 | 27 | 29 | 25 | 13 |
| 5.3　产业国际竞争力综合指标 | 7.83 | 22 | 26 | 23 | 17 |
| 5.4　就业综合指标 | 30.83 | 27 | 31 | 28 | 18 |
| 5.5　可持续发展与环保综合指标 | 37.31 | 31 | 21 | 31 | 31 |

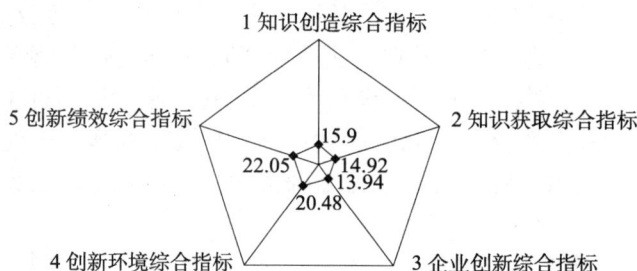

图 12-175　宁夏回族自治区创新能力蛛网图

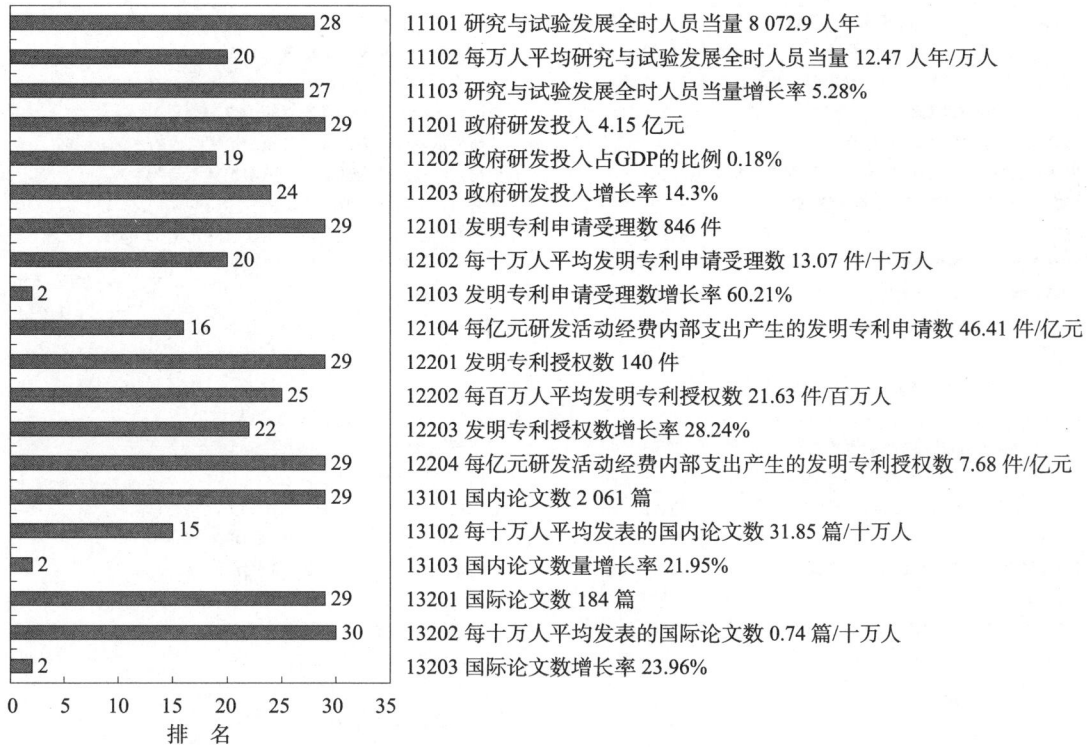

图 12－176　宁夏回族自治区知识创造能力基础指标

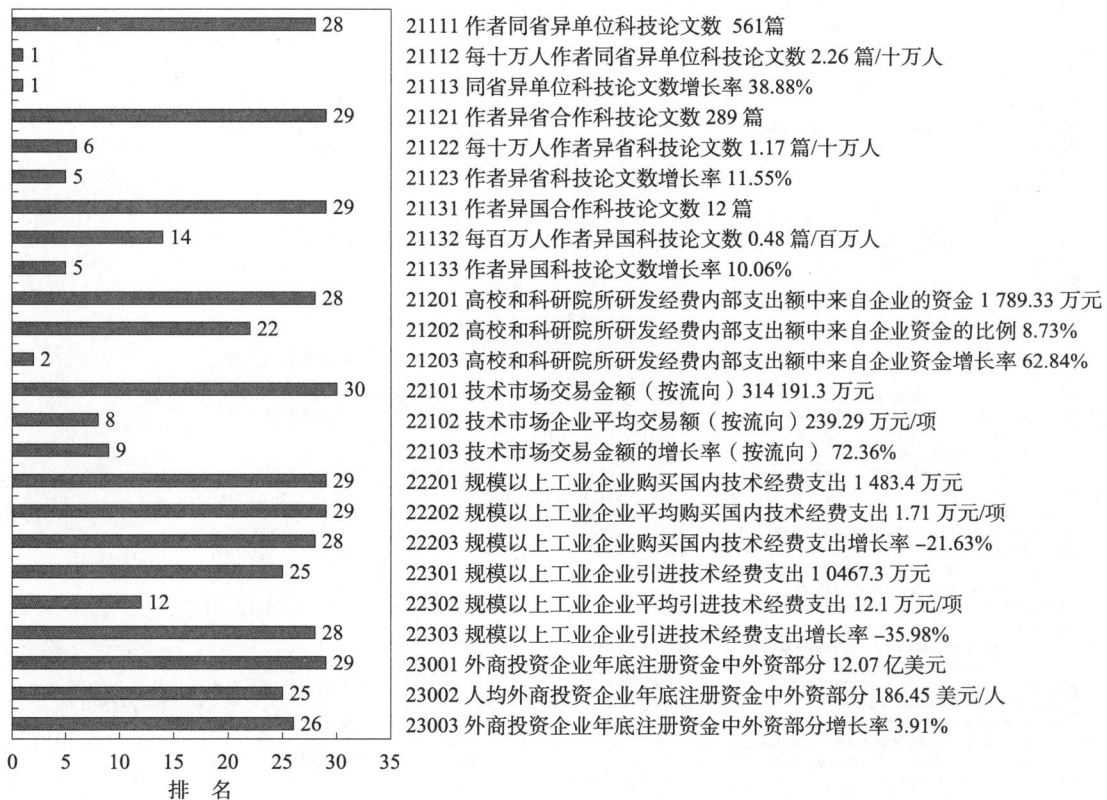

| 排名 | 指标 |
|---|---|
| 28 | 11101 研究与试验发展全时人员当量 8 072.9 人年 |
| 20 | 11102 每万人平均研究与试验发展全时人员当量 12.47 人年/万人 |
| 27 | 11103 研究与试验发展全时人员当量增长率 5.28% |
| 29 | 11201 政府研发投入 4.15 亿元 |
| 19 | 11202 政府研发投入占GDP的比例 0.18% |
| 24 | 11203 政府研发投入增长率 14.3% |
| 29 | 12101 发明专利申请受理数 846 件 |
| 20 | 12102 每十万人平均发明专利申请受理数 13.07 件/十万人 |
| 2 | 12103 发明专利申请受理数增长率 60.21% |
| 16 | 12104 每亿元研发活动经费内部支出产生的发明专利申请数 46.41 件/亿元 |
| 29 | 12201 发明专利授权数 140 件 |
| 25 | 12202 每百万人平均发明专利授权数 21.63 件/百万人 |
| 22 | 12203 发明专利授权数增长率 28.24% |
| 29 | 12204 每亿元研发活动经费内部支出产生的发明专利授权数 7.68 件/亿元 |
| 29 | 13101 国内论文数 2 061 篇 |
| 15 | 13102 每十万人平均发表的国内论文数 31.85 篇/十万人 |
| 2 | 13103 国内论文数量增长率 21.95% |
| 29 | 13201 国际论文数 184 篇 |
| 30 | 13202 每十万人平均发表的国际论文数 0.74 篇/十万人 |
| 2 | 13203 国际论文数增长率 23.96% |

图 12－177　宁夏回族自治区知识获取能力基础指标

| 排名 | 指标 |
|---|---|
| 28 | 21111 作者同省异单位科技论文数 561篇 |
| 1 | 21112 每十万人作者同省异单位科技论文数 2.26 篇/十万人 |
| 1 | 21113 同省异单位科技论文数增长率 38.88% |
| 29 | 21121 作者异省合作科技论文数 289 篇 |
| 6 | 21122 每十万人作者异省科技论文数 1.17 篇/十万人 |
| 5 | 21123 作者异省科技论文数增长率 11.55% |
| 29 | 21131 作者异国合作科技论文数 12 篇 |
| 14 | 21132 每百万人作者异国科技论文数 0.48 篇/百万人 |
| 5 | 21133 作者异国科技论文数增长率 10.06% |
| 28 | 21201 高校和科研院所研发经费内部支出额中来自企业的资金 1 789.33 万元 |
| 22 | 21202 高校和科研院所研发经费内部支出额中来自企业资金的比例 8.73% |
| 2 | 21203 高校和科研院所研发经费内部支出额中来自企业资金增长率 62.84% |
| 30 | 22101 技术市场交易金额（按流向）314 191.3 万元 |
| 8 | 22102 技术市场企业平均交易额（按流向）239.29 万元/项 |
| 9 | 22103 技术市场交易金额的增长率（按流向）72.36% |
| 29 | 22201 规模以上工业企业购买国内技术经费支出 1 483.4 万元 |
| 29 | 22202 规模以上工业企业平均购买国内技术经费支出 1.71 万元/项 |
| 28 | 22203 规模以上工业企业购买国内技术经费支出增长率 –21.63% |
| 25 | 22301 规模以上工业企业引进技术经费支出 1 0467.3 万元 |
| 12 | 22302 规模以上工业企业平均引进技术经费支出 12.1 万元/项 |
| 28 | 22303 规模以上工业企业引进技术经费支出增长率 –35.98% |
| 29 | 23001 外商投资企业年底注册资金中外资部分 12.07 亿美元 |
| 25 | 23002 人均外商投资企业年底注册资金中外资部分 186.45 美元/人 |
| 26 | 23003 外商投资企业年底注册资金中外资部分增长率 3.91% |

图 12－177　宁夏回族自治区知识获取能力基础指标

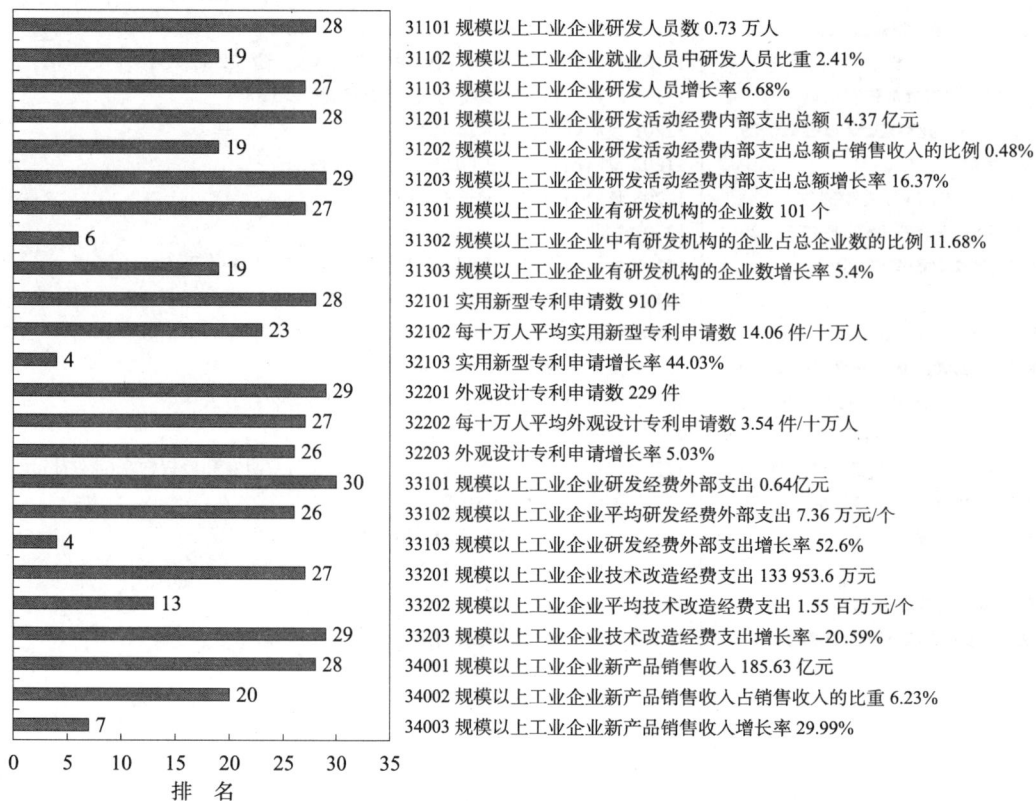

图 12 – 178　宁夏回族自治区企业创新能力基础指标

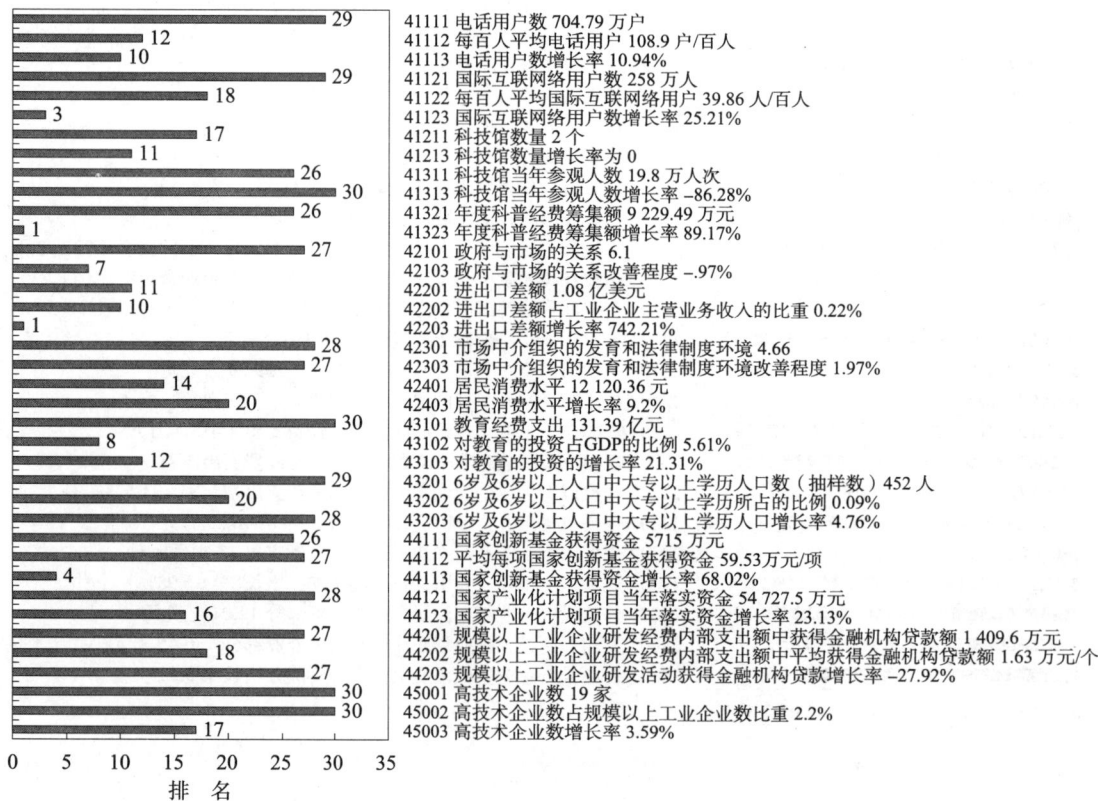

图 12 – 179　宁夏回族自治区创新环境基础指标

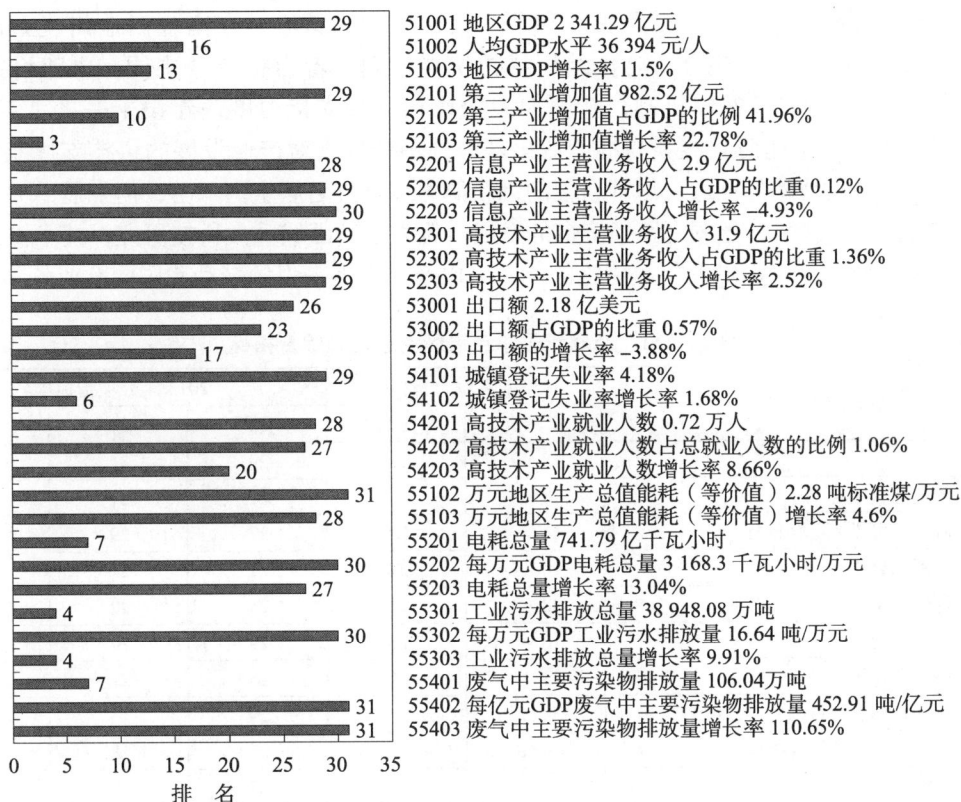

| 指标 | 排名 |
|------|------|
| 51001 地区GDP 2 341.29亿元 | 29 |
| 51002 人均GDP水平 36 394元/人 | 16 |
| 51003 地区GDP增长率 11.5% | 13 |
| 52101 第三产业增加值 982.52亿元 | 29 |
| 52102 第三产业增加值占GDP的比例 41.96% | 10 |
| 52103 第三产业增加值增长率 22.78% | 3 |
| 52201 信息产业主营业务收入 2.9亿元 | 28 |
| 52202 信息产业主营业务收入占GDP的比重 0.12% | 29 |
| 52203 信息产业主营业务收入增长率 −4.93% | 30 |
| 52301 高技术产业主营业务收入 31.9亿元 | 29 |
| 52302 高技术产业主营业务收入占GDP的比重 1.36% | 29 |
| 52303 高技术产业主营业务收入增长率 2.52% | 29 |
| 53001 出口额 2.18亿美元 | 26 |
| 53002 出口额占GDP的比重 0.57% | 23 |
| 53003 出口额的增长率 −3.88% | 17 |
| 54101 城镇登记失业率 4.18% | 29 |
| 54102 城镇登记失业率增长率 1.68% | 6 |
| 54201 高技术产业就业人数 0.72万人 | 28 |
| 54202 高技术产业就业人数占总就业人数的比例 1.06% | 27 |
| 54203 高技术产业就业人数增长率 8.66% | 20 |
| 55102 万元地区生产总值能耗（等价值）2.28吨标准煤/万元 | 31 |
| 55103 万元地区生产总值能耗（等价值）增长率 4.6% | 28 |
| 55201 电耗总量 741.79亿千瓦时 | 7 |
| 55202 每万元GDP电耗总量 3 168.3千瓦小时/万元 | 30 |
| 55203 电耗总量增长率 13.04% | 27 |
| 55301 工业污水排放总量 38 948.08万吨 | 4 |
| 55302 每万元GDP工业污水排放量 16.64吨/万元 | 30 |
| 55303 工业污水排放总量增长率 9.91% | 4 |
| 55401 废气中主要污染物排放量 106.04万吨 | 7 |
| 55402 每亿元GDP废气中主要污染物排放量 452.91吨/亿元 | 31 |
| 55403 废气中主要污染物排放量增长率 110.65% | 31 |

图12-180　宁夏回族自治区创新绩效基础指标

## 12.31　新疆维吾尔自治区

新疆维吾尔自治区（以下简称新疆）位于中国西北边陲，总面积为166.49万平方公里，约占全国陆地总面积的1/6，是中国面积最大的省级行政区。2012年年末全区常住人口数2 233万人，居全国第25位。2012年实现地区生产总值7 505.31亿元，突破7 000亿元大关，居全国第25位，同比增长11.96%，人均GDP为33 796元，位居全国第18位。三次产业结构比由2011年的17.3∶50.0∶32.7调整为2012年的17.6∶46.4∶36.0。高技术产业主营业务收入16.9亿元，占GDP的比重为0.23%，位居全国末位。

新疆的创新能力处于全国下游水平，2014年创新能力综合排名第28位，与去年排名相同。创新实力、创新效率的排名分别为第29位和第31位，分别比上年下降2位和1位，创新潜力的排名为第9位，比上年上升5位。其中，知识创造、企业创新和创新绩效排名均有所下降，分别是第22位、第29位和第30位；知识获取和创新环境位居第23位和第21位，分别比上年上升5位和7位。在基础指标排名中，外商投资增长率、作者异国科技论文数增长率、国家创新基金获得资金增长率、居民消费水平增长率等指标排名上升幅度较大；每十万人平均发表的国内论文数、研究与试验发展全时人员当量增长率、废气中主要污染物排放量、城镇登记失业率等指标排名下降幅度较大。

近年来，新疆已发展成为东亚多国的重要贸易伙伴和第二座亚欧大陆桥的必经之地。2014年，自治区在加大科技惠民力度、提升对外科技合作水平、传统产业提质增效、强化科技平台建设等方面制定了多项举措。以设施农业和节水技术应用为核心，在南疆四地州建立核心示范区，发挥辐射带动作用；实施上海合作组织科技伙伴计划，着力打造"中国—中亚科技合作中心"；同时，依托全国科技援疆机制，新疆加大项目和资金支持力度，建设了一批重点实验室、工程技术研究中心、企业孵化器和高端产业化基地，不断提高对产业发展的科技支撑能力。

随着西部大开发战略的推进，尽管新疆的创新能力综合排名居全国下游，但发展潜力巨大。新疆应以科技支撑产业来引领丝绸之路经济带的发展，着力推动区域重大科技研究、技术输出和成果转化示范、科技型企业"走出去"等措施的落实，以产业发展来引领带动我国同欧亚各国的合作。

表 12－31 新疆维吾尔自治区创新能力综合指标

| 指标名称 | 2014 年综合指标 | | 2014 年分项指标排名 | | |
|---|---|---|---|---|---|
| | 指标值 | 排名 | 实力 | 效率 | 潜力 |
| 综合值 | 18.49 | 28 | 29 | 31 | 9 |
| 1　知识创造综合指标 | 18.68 | 22 | 27 | 27 | 3 |
| 1.1　研究开发投入综合指标 | 14.07 | 22 | 27 | 29 | 8 |
| 1.2　专利综合指标 | 16.14 | 21 | 27 | 21 | 5 |
| 1.3　科研论文综合指标 | 32.99 | 11 | 25 | 22 | 4 |
| 2　知识获取综合指标 | 16.46 | 23 | 29 | 26 | 4 |
| 2.1　科技合作综合指标 | 33.11 | 16 | 25 | 27 | 1 |
| 2.2　技术转移综合指标 | 9.52 | 23 | 29 | 13 | 16 |
| 2.3　外资企业投资综合指标 | 9.18 | 23 | 27 | 28 | 17 |
| 3　企业创新综合指标 | 12.25 | 29 | 27 | 30 | 7 |
| 3.1　企业研究开发投入综合指标 | 8.42 | 31 | 27 | 31 | 23 |
| 3.2　设计能力综合指标 | 9.25 | 22 | 26 | 20 | 10 |
| 3.3　技术提升能力综合指标 | 11.39 | 27 | 27 | 21 | 9 |
| 3.4　新产品销售收入综合指标 | 18.65 | 23 | 27 | 28 | 4 |
| 4　创新环境综合指标 | 22.86 | 21 | 26 | 23 | 7 |
| 4.1　创新基础设施综合指标 | 25.87 | 10 | 24 | 11 | 1 |
| 4.2　市场环境综合指标 | 45.86 | 11 | 27 | 14 | 4 |
| 4.3　劳动者素质综合指标 | 29.05 | 16 | 24 | 5 | 12 |
| 4.4　金融环境综合指标 | 6.26 | 28 | 26 | 27 | 14 |
| 4.5　创业水平综合指标 | 7.26 | 30 | 29 | 31 | 16 |
| 5　创新绩效综合指标 | 22.20 | 30 | 28 | 28 | 31 |
| 5.1　宏观经济综合指标 | 26.59 | 20 | 25 | 18 | 11 |
| 5.2　产业结构综合指标 | 4.72 | 31 | 26 | 31 | 30 |
| 5.3　产业国际竞争力综合指标 | 0.21 | 31 | 27 | 27 | 31 |
| 5.4　就业综合指标 | 14.86 | 31 | 21 | 31 | 31 |
| 5.5　可持续发展与环保综合指标 | 64.6 | 26 | 16 | 24 | 30 |

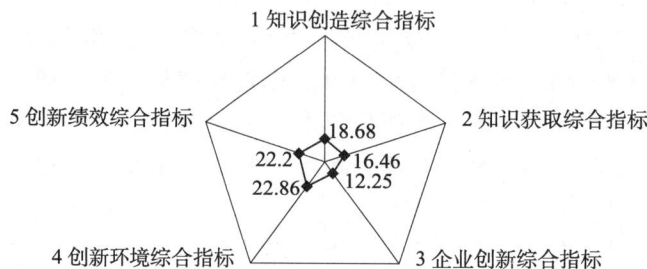

图 12－181 新疆维吾尔自治区创新能力蛛网图

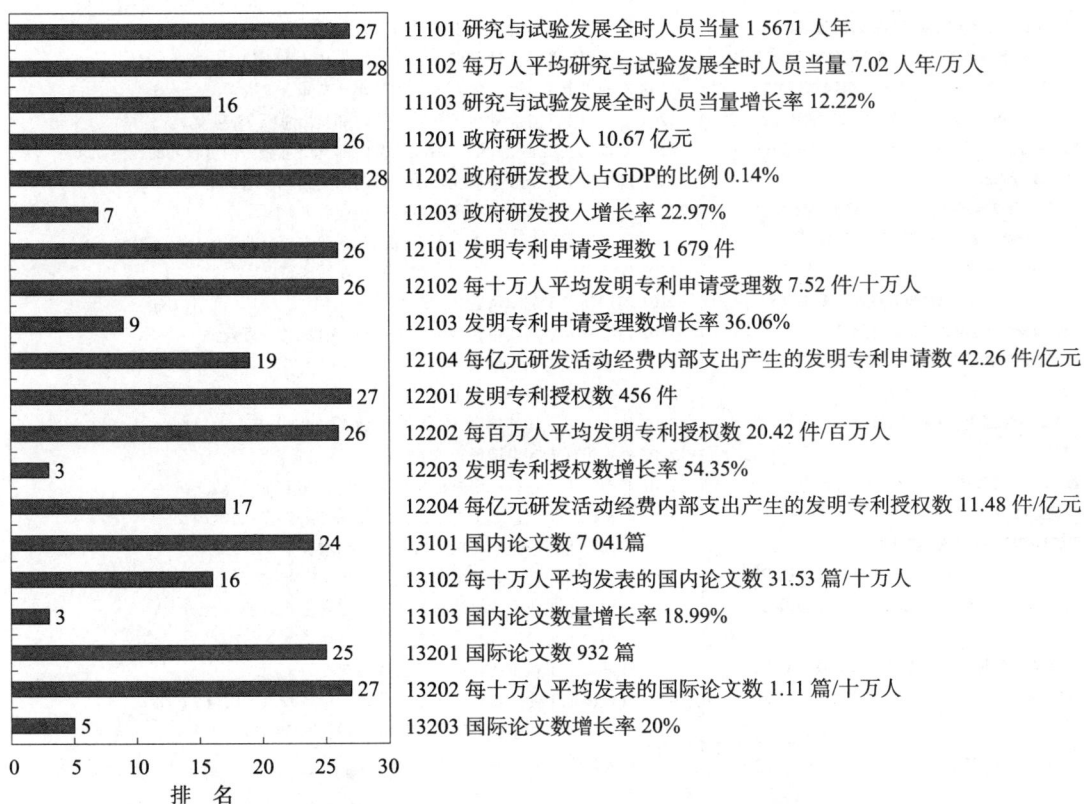

图 12 - 182　新疆维吾尔自治区知识创造能力基础指标

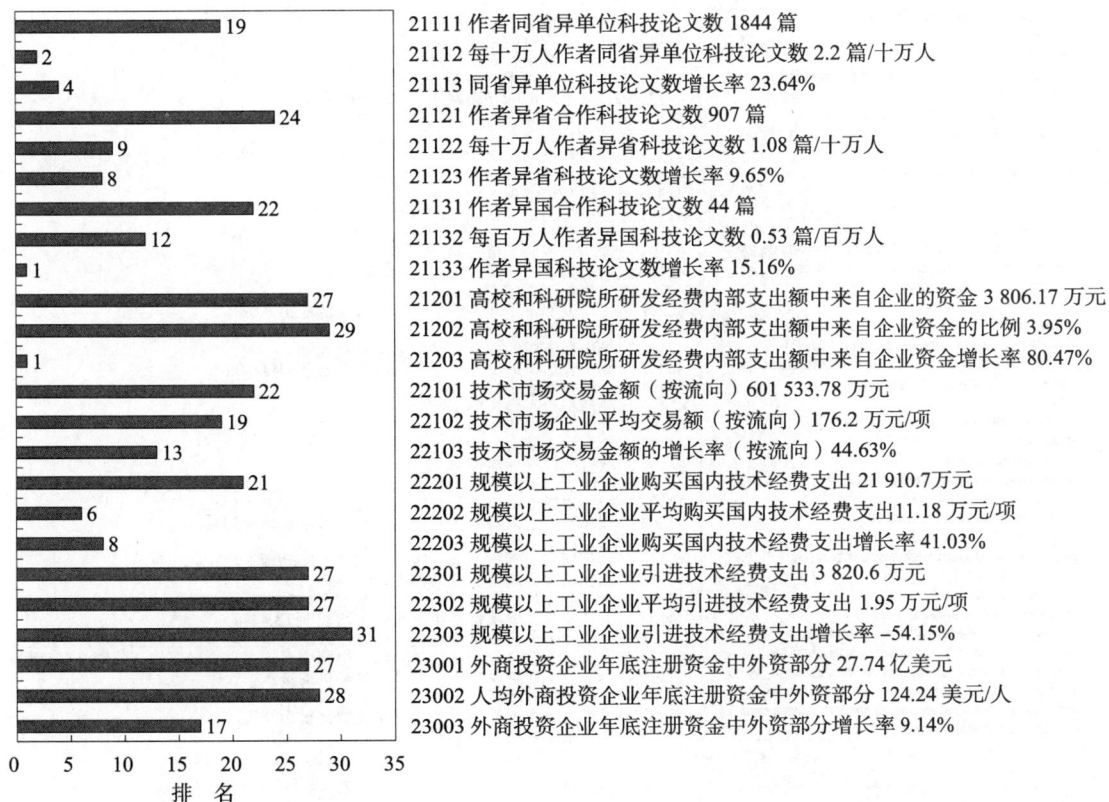

| 排名 | 指标 |
|------|------|
| 27 | 11101 研究与试验发展全时人员当量 1 5671 人年 |
| 28 | 11102 每万人平均研究与试验发展全时人员当量 7.02 人年/万人 |
| 16 | 11103 研究与试验发展全时人员当量增长率 12.22% |
| 26 | 11201 政府研发投入 10.67 亿元 |
| 28 | 11202 政府研发投入占GDP的比例 0.14% |
| 7 | 11203 政府研发投入增长率 22.97% |
| 26 | 12101 发明专利申请受理数 1 679 件 |
| 26 | 12102 每十万人平均发明专利申请受理数 7.52 件/十万人 |
| 9 | 12103 发明专利申请受理数增长率 36.06% |
| 19 | 12104 每亿元研发活动经费内部支出产生的发明专利申请数 42.26 件/亿元 |
| 27 | 12201 发明专利授权数 456 件 |
| 26 | 12202 每百万人平均发明专利授权数 20.42 件/百万人 |
| 3 | 12203 发明专利授权数增长率 54.35% |
| 17 | 12204 每亿元研发活动经费内部支出产生的发明专利授权数 11.48 件/亿元 |
| 24 | 13101 国内论文数 7 041篇 |
| 16 | 13102 每十万人平均发表的国内论文数 31.53 篇/十万人 |
| 3 | 13103 国内论文数量增长率 18.99% |
| 25 | 13201 国际论文数 932 篇 |
| 27 | 13202 每十万人平均发表的国际论文数 1.11 篇/十万人 |
| 5 | 13203 国际论文数增长率 20% |

| 排名 | 指标 |
|------|------|
| 19 | 21111 作者同省异单位科技论文数 1844 篇 |
| 2 | 21112 每十万人作者同省异单位科技论文数 2.2 篇/十万人 |
| 4 | 21113 同省异单位科技论文数增长率 23.64% |
| 24 | 21121 作者异省合作科技论文数 907 篇 |
| 9 | 21122 每十万人作者异省科技论文数 1.08 篇/十万人 |
| 8 | 21123 作者异省科技论文数增长率 9.65% |
| 22 | 21131 作者异国合作科技论文数 44 篇 |
| 12 | 21132 每百万人作者异国科技论文数 0.53 篇/百万人 |
| 1 | 21133 作者异国科技论文数增长率 15.16% |
| 27 | 21201 高校和科研院所研发经费内部支出额中来自企业的资金 3 806.17 万元 |
| 29 | 21202 高校和科研院所研发经费内部支出额中来自企业资金的比例 3.95% |
| 1 | 21203 高校和科研院所研发经费内部支出额中来自企业资金增长率 80.47% |
| 22 | 22101 技术市场交易金额（按流向）601 533.78 万元 |
| 19 | 22102 技术市场企业平均交易额（按流向）176.2 万元/项 |
| 13 | 22103 技术市场交易金额的增长率（按流向）44.63% |
| 21 | 22201 规模以上工业企业购买国内技术经费支出 21 910.7万元 |
| 6 | 22202 规模以上工业企业平均购买国内技术经费支出11.18 万元/项 |
| 8 | 22203 规模以上工业企业购买国内技术经费支出增长率 41.03% |
| 27 | 22301 规模以上工业企业引进技术经费支出 3 820.6 万元 |
| 27 | 22302 规模以上工业企业平均引进技术经费支出 1.95 万元/项 |
| 31 | 22303 规模以上工业企业引进技术经费支出增长率 −54.15% |
| 27 | 23001 外商投资企业年底注册资金中外资部分 27.74 亿美元 |
| 28 | 23002 人均外商投资企业年底注册资金中外资部分 124.24 美元/人 |
| 17 | 23003 外商投资企业年底注册资金中外资部分增长率 9.14% |

图 12 - 183　新疆维吾尔自治区知识获取能力基础指标

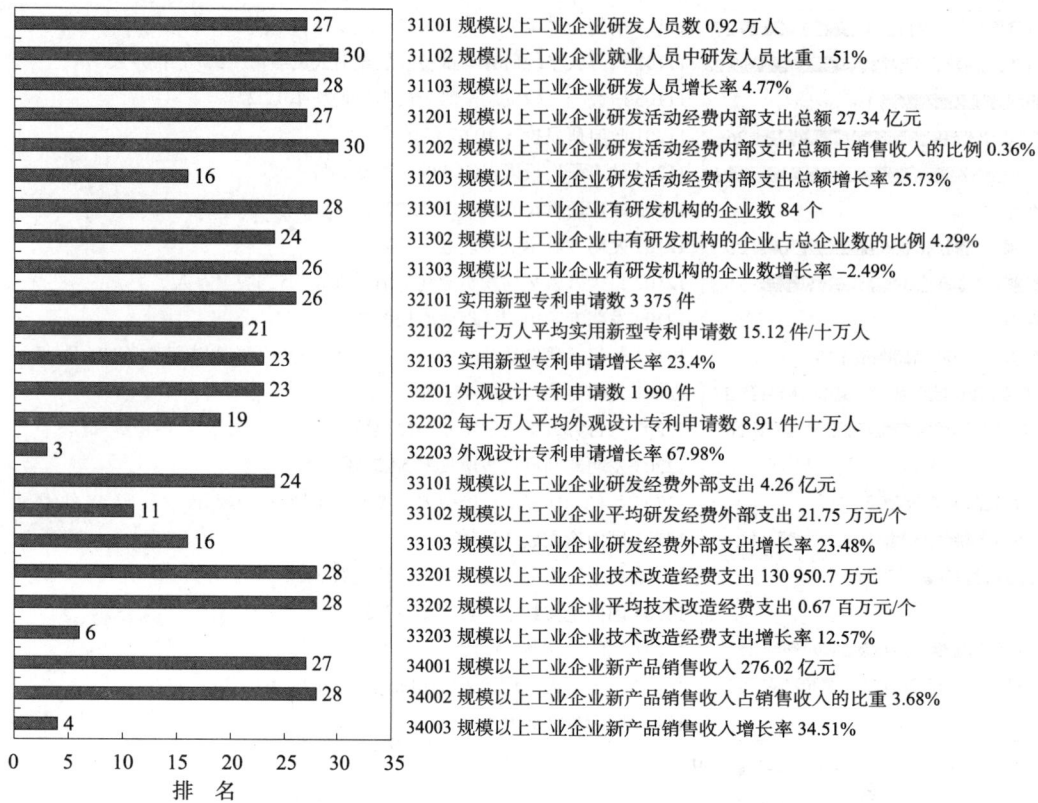

图 12 - 184　新疆维吾尔自治区企业创新能力基础指标

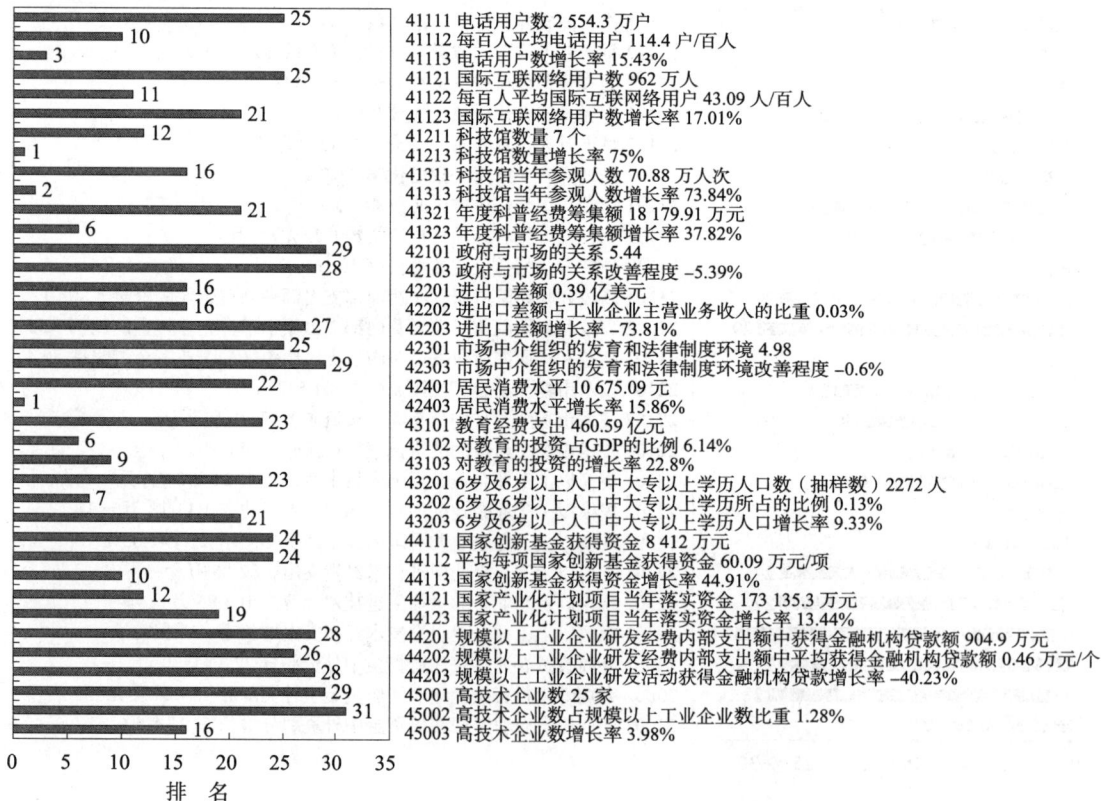

| 序号 | 指标 |
|---|---|
| 27 | 31101 规模以上工业企业研发人员数 0.92 万人 |
| 30 | 31102 规模以上工业企业就业人员中研发人员比重 1.51% |
| 28 | 31103 规模以上工业企业研发人员增长率 4.77% |
| 27 | 31201 规模以上工业企业研发活动经费内部支出总额 27.34 亿元 |
| 30 | 31202 规模以上工业企业研发活动经费内部支出总额占销售收入的比例 0.36% |
| 16 | 31203 规模以上工业企业研发活动经费内部支出总额增长率 25.73% |
| 28 | 31301 规模以上工业企业有研发机构的企业数 84 个 |
| 24 | 31302 规模以上工业企业中有研发机构的企业占总企业数的比例 4.29% |
| 26 | 31303 规模以上工业企业有研发机构的企业数增长率 -2.49% |
| 26 | 32101 实用新型专利申请数 3 375 件 |
| 21 | 32102 每十万人平均实用新型专利申请数 15.12 件/十万人 |
| 23 | 32103 实用新型专利申请增长率 23.4% |
| 23 | 32201 外观设计专利申请数 1 990 件 |
| 19 | 32202 每十万人平均外观设计专利申请数 8.91 件/十万人 |
| 3 | 32203 外观设计专利申请增长率 67.98% |
| 24 | 33101 规模以上工业企业研发经费外部支出 4.26 亿元 |
| 11 | 33102 规模以上工业企业平均研发经费外部支出 21.75 万元/个 |
| 16 | 33103 规模以上工业企业研发经费外部支出增长率 23.48% |
| 28 | 33201 规模以上工业企业技术改造经费支出 130 950.7 万元 |
| 28 | 33202 规模以上工业企业平均技术改造经费支出 0.67 百万元/个 |
| 6 | 33203 规模以上工业企业技术改造经费支出增长率 12.57% |
| 27 | 34001 规模以上工业企业新产品销售收入 276.02 亿元 |
| 28 | 34002 规模以上工业企业新产品销售收入占销售收入的比重 3.68% |
| 4 | 34003 规模以上工业企业新产品销售收入增长率 34.51% |

图 12 - 185　新疆维吾尔自治区创新环境基础指标

| 序号 | 指标 |
|---|---|
| 25 | 41111 电话用户数 2 554.3 万户 |
| 10 | 41112 每百人平均电话用户 114.4 户/百人 |
| 3 | 41113 电话用户数增长率 15.43% |
| 25 | 41121 国际互联网络用户数 962 万人 |
| 11 | 41122 每百人平均国际互联网络用户 43.09 人/百人 |
| 21 | 41123 国际互联网络用户数增长率 17.01% |
| 12 | 41211 科技馆数量 7 个 |
| 1 | 41213 科技馆数量增长率 75% |
| 16 | 41311 科技馆当年参观人数 70.88 万人次 |
| 2 | 41313 科技馆当年参观人数增长率 73.84% |
| 21 | 41321 年度科普经费筹集额 18 179.91 万元 |
| 6 | 41323 年度科普经费筹集额增长率 37.82% |
| 29 | 42101 政府与市场的关系 5.44 |
| 28 | 42103 政府与市场的关系改善程度 -5.39% |
| 16 | 42201 进出口差额 0.39 亿美元 |
| 16 | 42202 进出口差额占工业企业主营业务收入的比重 0.03% |
| 27 | 42203 进出口差额增长率 -73.81% |
| 25 | 42301 市场中介组织的发育和法律制度环境 4.98 |
| 29 | 42303 市场中介组织的发育和法律制度环境改善程度 -0.6% |
| 22 | 42401 居民消费水平 10 675.09 元 |
| 1 | 42403 居民消费水平增长率 15.86% |
| 23 | 43101 教育经费支出 460.59 亿元 |
| 6 | 43102 对教育的投资占GDP的比例 6.14% |
| 9 | 43103 对教育的投资的增长率 22.8% |
| 23 | 43201 6岁及6岁以上人口中大专以上学历人口数（抽样数）2272 人 |
| 7 | 43202 6岁及6岁以上人口中大专以上学历所占的比例 0.13% |
| 21 | 43203 6岁及6岁以上人口中大专以上学历人口增长率 9.33% |
| 24 | 44111 国家创新基金获得资金 8 412 万元 |
| 24 | 44112 平均每项国家创新基金获得资金 60.09 万元/项 |
| 10 | 44113 国家创新基金获得资金增长率 44.91% |
| 12 | 44121 国家产业化计划项目当年落实资金 173 135.3 万元 |
| 19 | 44123 国家产业化计划项目当年落实资金增长率 13.44% |
| 28 | 44201 规模以上工业企业研发经费内部支出额中获得金融机构贷款额 904.9 万元 |
| 26 | 44202 规模以上工业企业研发经费内部支出额中平均获得金融机构贷款额 0.46 万元/个 |
| 28 | 44203 规模以上工业企业研发活动获得金融机构贷款增长率 -40.23% |
| 29 | 45001 高技术企业数 25 家 |
| 31 | 45002 高技术企业数占规模以上工业企业数比重 1.28% |
| 16 | 45003 高技术企业数增长率 3.98% |

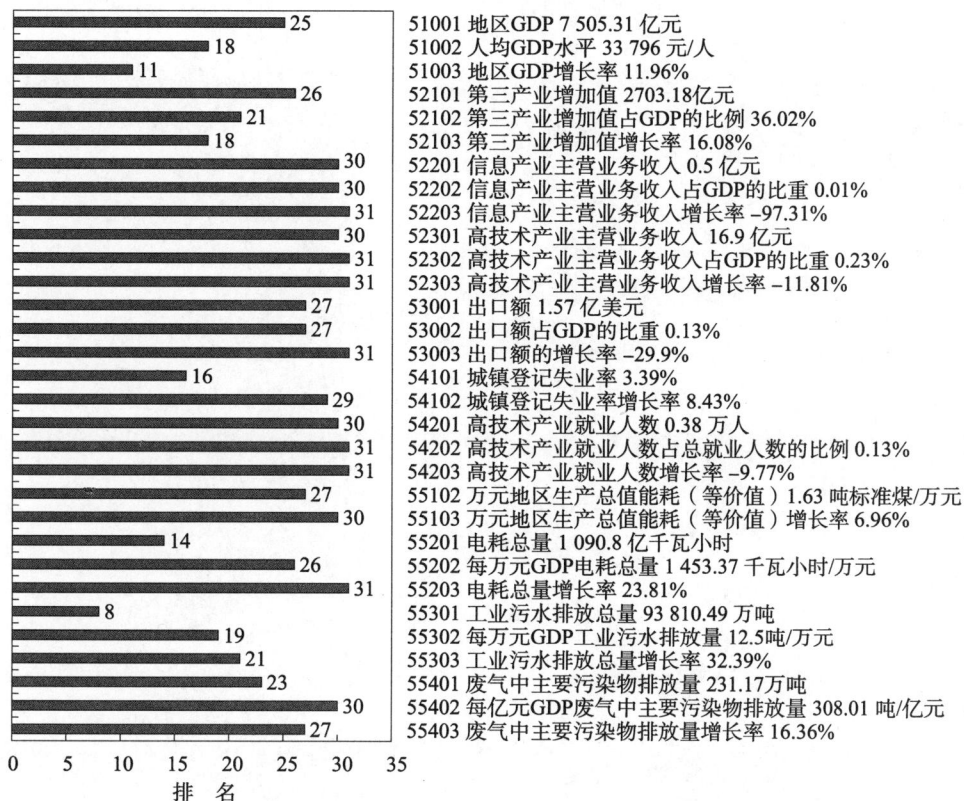

| 编号 | 指标 | 排名 |
|---|---|---|
| 51001 | 地区GDP 7 505.31 亿元 | 25 |
| 51002 | 人均GDP水平 33 796 元/人 | 18 |
| 51003 | 地区GDP增长率 11.96% | 11 |
| 52101 | 第三产业增加值 2703.18亿元 | 26 |
| 52102 | 第三产业增加值占GDP的比例 36.02% | 21 |
| 52103 | 第三产业增加值增长率 16.08% | 18 |
| 52201 | 信息产业主营业务收入 0.5 亿元 | 30 |
| 52202 | 信息产业主营业务收入占GDP的比重 0.01% | 30 |
| 52203 | 信息产业主营业务收入增长率 −97.31% | 31 |
| 52301 | 高技术产业主营业务收入 16.9 亿元 | 30 |
| 52302 | 高技术产业主营业务收入占GDP的比重 0.23% | 31 |
| 52303 | 高技术产业主营业务收入增长率 −11.81% | 31 |
| 53001 | 出口额 1.57 亿美元 | 27 |
| 53002 | 出口额占GDP的比重 0.13% | 27 |
| 53003 | 出口额的增长率 −29.9% | 31 |
| 54101 | 城镇登记失业率 3.39% | 16 |
| 54102 | 城镇登记失业率增长率 8.43% | 29 |
| 54201 | 高技术产业就业人数 0.38 万人 | 30 |
| 54202 | 高技术产业就业人数占总就业人数的比例 0.13% | 31 |
| 54203 | 高技术产业就业人数增长率 −9.77% | 31 |
| 55102 | 万元地区生产总值能耗（等价值）1.63 吨标准煤/万元 | 27 |
| 55103 | 万元地区生产总值能耗（等价值）增长率 6.96% | 30 |
| 55201 | 电耗总量 1 090.8 亿千瓦小时 | 14 |
| 55202 | 每万元GDP电耗总量 1 453.37 千瓦小时/万元 | 26 |
| 55203 | 电耗总量增长率 23.81% | 31 |
| 55301 | 工业污水排放总量 93 810.49 万吨 | 8 |
| 55302 | 每万元GDP工业污水排放量 12.5吨/万元 | 19 |
| 55303 | 工业污水排放总量增长率 32.39% | 21 |
| 55401 | 废气中主要污染物排放量 231.17万吨 | 23 |
| 55402 | 每亿元GDP废气中主要污染物排放量 308.01 吨/亿元 | 30 |
| 55403 | 废气中主要污染物排放量增长率 16.36% | 27 |

图 12 − 186　新疆维吾尔自治区创新绩效基础指标

# 第四篇

## 附　录

# 附录一

## 区域创新能力评价指标含义和数据来源

附表1　区域创新能力评价体系——指标含义

| 大类 | 代码 | 指标名称 | 指标含义 | 数据来源 |
|---|---|---|---|---|
| 知识创造 | 11101 | 研究与试验发展全时人员当量/人年 | 国际上通用的、用于比较科技人力投入的指标 | 中国科技统计年鉴 |
| | 11102 | 每万人平均研究与试验发展全时人员当量/（人年/万人） | 每万人所占的研究与试验发展全时人员当量 | 根据数据计算 |
| | 11103 | 研究与试验发展全时人员当量增长率（%） | 同去年相比的增长情况 | 根据数据计算 |
| | 11201 | 政府研发投入/亿元 | 地区研发经费内部支出额中来自政府的金额，衡量地方政府的研发投入情况 | 中国科技统计年鉴 |
| | 11202 | 政府研发投入占GDP的比例（%） | 地区研发经费内部支出额中来自政府的金额占地区经济总量（GDP）的比重 | 根据数据计算 |
| | 11203 | 政府研发投入增长率（%） | 同去年相比的增长情况 | 根据数据计算 |
| | 12101 | 发明专利申请受理数/件 | 衡量一个地区创新产出和技术水平 | 中国科技统计年鉴 |
| | 12102 | 每十万人平均发明专利申请受理数/（件/十万人） | 衡量一个地区发明专利产出效率，按人均产出计算 | 根据数据计算 |
| | 12103 | 发明专利申请受理数增长率（%） | 衡量一个地区发明专利产出同去年相比的增长情况 | 根据数据计算 |
| | 12104 | 每亿元研发经费内部支出产生的发明专利申请数/（件/亿元） | 衡量一个地区发明专利的产出效率，按经费使用计算 | 根据数据计算 |
| | 12201 | 发明专利授权数/件 | 衡量一个地区创新产出和技术水平 | 中国科技统计年鉴 |
| | 12202 | 每百万人平均发明专利授权数/（件/百万人） | 衡量一个地区发明专利的人均产出效率，按人均产出计算 | 根据数据计算 |
| | 12203 | 发明专利授权数增长率（%） | 衡量一个地区发明专利产出同去年相比的增长情况 | 根据数据计算 |

| 大类 | 代码 | 指标名称 | 指标含义 | 数据来源 |
|---|---|---|---|---|
| 知识创造 | 12204 | 每亿元研发活动经费内部支出产生的发明专利授权数/（件/亿元） | 衡量一个地区发明专利的产出效率，按经费使用计算 | 根据数据计算 |
| | 13101 | 国内论文数/篇 | 在国内期刊上发表的论文数量，衡量论文产出能力 | 中国科技论文统计与分析 |
| | 13102 | 每十万人平均发表的国内论文数/（篇/十万人） | 平均每十万人在国内期刊上发表的论文数，衡量论文产出的效率 | 根据数据计算 |
| | 13103 | 国内论文数量增长率（%） | 同去年相比的增长情况 | 根据数据计算 |
| | 13201 | 国际论文数/篇 | 在国际期刊上发表的论文数量，衡量论文产出能力 | 中国科技论文统计与分析 |
| | 13202 | 每十万人平均发表的国际论文数/（篇/十万人） | 平均每十万人在国际期刊上发表的论文数，衡量论文产出的效率 | 根据数据计算 |
| | 13203 | 国际论文数增长率（%） | 同去年相比的增长情况 | 根据数据计算 |
| 知识获取 | 21111 | 作者同省异单位科技论文数/篇 | 论文作者2人以上，且分属于同一个地区内的两家单位以上的论文数量，衡量省内知识合作水平 | 中国科技论文统计与分析 |
| | 21112 | 每十万人作者同省异单位科技论文数/（篇/十万人） | 衡量人均省内异单位论文合作的产出水平 | 根据数据计算 |
| | 21113 | 同省异单位科技论文数增长率（%） | 同去年相比的增长情况 | 根据数据计算 |
| | 21121 | 作者异省合作科技论文数/篇 | 论文作者2人以上，且分属于两个地区以上的论文数量，衡量跨省知识合作水平 | 中国科技论文统计与分析 |
| | 21122 | 每十万人作者异省科技论文数/（篇/十万人） | 衡量人均跨省论文合作的产出水平 | 根据数据计算 |
| | 21123 | 作者异省科技论文数增长率（%） | 同去年相比的增长情况 | 根据数据计算 |
| | 21131 | 作者异国合作科技论文数/篇 | 论文作者2人以上，且分属于两个国家以上的论文数量，衡量国际知识合作水平 | 中国科技论文统计与分析 |
| | 21132 | 每百万人作者异国科技论文数/（篇/百万人） | 衡量人均国际论文合作的产出水平 | 根据数据计算 |
| | 21133 | 作者异国科技论文数增长率（%） | 同去年相比的增长情况 | 根据数据计算 |
| | 21201 | 高校和科研院所研发经费内部支出额中来自企业的资金/万元 | 企业给予高校和科研院所的研发资金总量，衡量企业与高校、科研院所的合作情况 | 中国科技统计年鉴 |
| | 21202 | 高校和科研院所研发经费内部支出额中来自企业资金的比例（%） | 企业给予高校和科研院所的研发资金总量占高校和科研院所研发资金总额的比例，衡量企业与高校、科研院所的合作情况 | 根据数据计算 |
| | 21203 | 高校和科研院所研发经费内部支出额中来自企业资金增长率（%） | 同去年相比的增长情况 | 根据数据计算 |

续表

| 大类 | 代码 | 指标名称 | 指标含义 | 数据来源 |
|---|---|---|---|---|
| 知识获取 | 22101 | 技术市场交易金额（按流向）/万元 | 按照技术流向划分的技术市场成交金额，衡量技术流动情况 | 中国科技统计年鉴 |
| | 22102 | 技术市场企业平均交易额（按流向）/（万元/项） | 按照技术流向划分，平均每一项技术交易合同的成交金额，衡量技术流动情况 | 根据数据计算 |
| | 22103 | 技术市场交易金额的增长率（按流向）（%） | 同去年相比的增长情况 | 根据数据计算 |
| | 22201 | 规模以上工业企业购买国内技术经费支出/万元 | 规模以上工业企业购买国内技术的支出额，衡量技术流动情况 | 中国科技统计年鉴 |
| | 22202 | 规模以上工业企业平均购买国内技术经费支出/（万元/项） | 平均每一项国内技术购买合同的支出额，衡量技术流动情况 | 根据数据计算 |
| | 22203 | 规模以上工业企业购买国内技术经费支出增长率（%） | 同去年相比的增长情况 | 根据数据计算 |
| | 22301 | 规模以上工业企业引进技术经费支出/万元 | 规模以上工业企业从购买国外技术的支出额，衡量技术流动情况 | 中国科技统计年鉴 |
| | 22302 | 规模以上工业企业平均引进技术经费支出/（万元/项） | 平均每一项国外技术引进合同的支出额，衡量技术流动情况 | 根据数据计算 |
| | 22303 | 规模以上工业企业引进技术经费支出增长率（%） | 同去年相比的增长情况 | 根据数据计算 |
| | 23001 | 外商投资企业年底注册资金中外资部分/亿美元 | 外商投资企业注册资本中的外方资金，衡量利用外资的情况 | 中国统计年鉴 |
| | 23002 | 人均外商投资企业年底注册资金中外资部分/万美元 | 外商投资企业注册资本中外方资金与地区人口的比值，衡量利用外资的效率 | 根据数据计算 |
| | 23003 | 外商投资企业年底注册资金中外资部分增长率（%） | 同去年相比的增长情况 | 根据数据计算 |
| 企业创新 | 31101 | 规模以上工业企业研发人员数/万人 | 规模以上工业企业中研发人员的数量，衡量企业研发的实力 | 中国科技统计年鉴 |
| | 31102 | 规模以上工业企业就业人员中研发人员比重（%） | 规模以上工业企业中研发人员数量占企业人口总数的比例 | 根据数据计算 |
| | 31103 | 规模以上工业企业研发人员增长率（%） | 同去年相比的增长情况 | 根据数据计算 |
| | 31201 | 规模以上工业企业研发活动经费内部支出总额/亿元 | 规模以上工业企业的研发经费支出，衡量企业研发投入能力 | 中国科技统计年鉴 |
| | 31202 | 规模以上工业企业研发活动经费内部支出总额占销售收入的比例（%） | 规模以上工业企业研发经费与销售收入的比值，企业研发强度，衡量投入比重 | 根据数据计算 |
| | 31203 | 规模以上工业企业研发活动经费内部支出总额增长率（%） | 同去年相比的增长情况 | 根据数据计算 |

| 大类 | 代码 | 指标名称 | 指标含义 | 数据来源 |
|------|------|---------|---------|---------|
| 企业创新 | 31301 | 规模以上工业企业有研发机构的企业数/个 | 衡量规模以上工业企业的研发实力 | 中国科技统计年鉴 |
| | 31302 | 规模以上工业企业中有研发机构的企业占总企业数的比例（%） | 一个地区有科技、研发机构的企业占全部企业的比例，衡量企业平均研发实力 | 根据数据计算 |
| | 31303 | 规模以上工业企业有研发机构的企业数量增长率（%） | 同去年相比的增长情况 | 根据数据计算 |
| | 32101 | 实用新型专利申请数/件 | 衡量企业研发实力和设计能力 | 中国科技统计年鉴 |
| | 32102 | 每十万人平均实用新型专利申请数/（件/十万人） | 实用新型专利的人均产出效率，衡量企业研发实力和设计能力 | 根据数据计算 |
| | 32103 | 实用新型专利申请增长率（%） | 同去年相比的增长情况 | 根据数据计算 |
| | 32201 | 外观设计专利申请数/件 | 衡量企业研发实力和设计能力 | 中国科技统计年鉴 |
| | 32202 | 每十万人平均外观设计专利申请数/（件/十万人） | 外观设计专利的人均产出效率，衡量企业研发实力和设计能力 | 根据数据计算 |
| | 32203 | 外观设计专利申请增长率（%） | 同去年相比的增长情况 | 根据数据计算 |
| | 33101 | 规模以上工业企业研发经费外部支出/万元 | 规模以上工业企业委托外单位或与外单位合作研发而拨付给外单位的资金总额，衡量企业之间的合作研发情况 | 中国科技统计年鉴 |
| | 33102 | 规模以上工业企业平均研发经费外部支出/（万元/个） | 平均每个规模以上工业企业拨付给外单位的资金额，衡量企业之间的合作研发情况 | 根据数据计算 |
| | 33103 | 规模以上工业企业平均研发经费外部支出增长率（%） | 同去年相比的增长情况 | 根据数据计算 |
| | 33201 | 规模以上工业企业技术改造经费支出/万元 | 规模以上工业企业对原有技术或生产设备进行技术升级换代支出的金额，衡量企业的技术提升能力 | 中国科技统计年鉴 |
| | 33202 | 规模以上工业企业平均技术改造经费支出/（百万元/个） | 平均每个规模以上工业企业技术升级换代的支出，衡量企业的技术提升能力 | 根据数据计算 |
| | 33203 | 规模以上工业企业技术改造经费支出增长率（%） | 同去年相比的增长情况 | 根据数据计算 |
| | 34001 | 规模以上工业企业新产品销售收入/亿元 | 新产品的销售情况，衡量企业新产品的开发能力 | 中国科技统计年鉴 |
| | 34002 | 规模以上工业企业新产品销售收入占销售收入的比重（%） | 新产品销售份额占比，衡量企业信产开发能力 | 根据数据计算 |
| | 34003 | 规模以上工业企业新产品销售收入增长率（%） | 同去年相比的增长情况 | 根据数据计算 |

续表

| 大类 | 代码 | 指标名称 | 指标含义 | 数据来源 |
|---|---|---|---|---|
| | 41111 | 电话用户数/万户 | 衡量通信基础设施条件 | 中国统计年鉴 |
| | 41112 | 每百人平均电话用户/（户/百人） | 衡量通信基础设施条件 | 根据数据计算 |
| | 41113 | 电话用户数增长率（%） | 同去年相比的增长情况 | 根据数据计算 |
| | 41121 | 国际互联网络用户数/万人 | 衡量信息基础设施条件 | 中国统计年鉴 |
| | 41122 | 每百人平均国际互联网络用户/（人/百人） | 衡量信息基础设施条件 | 根据数据计算 |
| | 41123 | 国际互联网用户数增长率（%） | 同去年相比的增长情况 | 根据数据计算 |
| | 41211 | 科技馆数量/个 | 衡量科普基础设施条件 | 中国科技统计年鉴 |
| | 41213 | 科技馆数量增长率（%） | 同去年相比的增长情况 | 根据数据计算 |
| | 41311 | 科技馆当年参观人数/万人次 | 衡量地区科普水平 | 中国科技统计年鉴 |
| | 41313 | 科技馆当年参观人数增长率（%） | 同去年相比的增长情况 | 根据数据计算 |
| | 41321 | 年度科普经费筹集额/万元 | 衡量地区科普水平 | 中国科技统计年鉴 |
| | 41323 | 年度科普经费筹集额增长率（%） | 同去年相比的增长情况 | 根据数据计算 |
| | 42101 | 政府与市场的关系 | 衡量市场环境 | 中国市场化指数报告2010 |
| | 42102 | 政府与市场的关系改善程度（%） | 同去年相比的增长情况，衡量市场环境 | 根据数据计算 |
| | 42201 | 进出口差额/亿美元 | 进口差额—出口差额，衡量市场环境 | 中国统计年鉴 |
| 创新环境 | 42202 | 进出口差额占工业企业主营业务收入的比重（%） | 进出口差额和工业企业主营业务收入的比值，衡量市场环境 | 根据数据计算 |
| | 42203 | 进出口差额增长率（%） | 同去年相比的增长情况 | 根据数据计算 |
| | 42301 | 市场中介组织的发育与法律制度环境 | 衡量市场环境 | 中国市场化指数报告2010 |
| | 42303 | 市场中介组织的发育与法律制度环境改善程度（%） | 同去年相比的增长情况，衡量市场环境 | 根据数据计算 |
| | 42401 | 居民消费水平/元 | 居民消费支出，衡量市场经济环境 | 中国统计年鉴 |
| | 42403 | 居民消费水平增长率（%） | 同去年相比的增长情况 | 根据数据计算 |
| | 43101 | 教育经费支出/亿元 | 地方教育经费投入，以教育水平衡量劳动者素质 | 中国统计年鉴 |
| | 43102 | 对教育的投资占GDP的比例（%） | 教育经费投入和经济总量GDP的比值 | 根据数据计算 |
| | 43103 | 对教育的投资的增长率（%） | 同去年相比的增长情况 | 根据数据计算 |
| | 43201 | 6岁及6岁以上人口中大专以上学历人口数（抽样数）/人 | 衡量一个地区当前和未来的劳动者素质 | 中国统计年鉴 |
| | 43202 | 6岁及6岁以上人口中大专上学历所占的比例（%） | 衡量第一个地区劳动者结构及素质 | 根据数据计算 |
| | 43203 | 6岁及6岁以上人口中大专以上人口增长率（%） | 同去年相比的增长情况 | 根据数据计算 |
| | 44111 | 国家创新基金获得资金/万元 | 每年获批的科技型中小企业技术创新基金总额，每年分两批公布，加总求和 | 国家科技型中小企业创新基金 |
| | 44112 | 平均每项国家创新基金获得资金/（万元/项） | 获批基金总额和总的项目数的比值 | 根据数据计算 |

| 大类 | 代码 | 指标名称 | 指标含义 | 数据来源 |
|---|---|---|---|---|
| 创新环境 | 44113 | 国家创新基金获得资金增长率（%） | 同去年相比的增长情况 | 根据数据计算 |
| | 44121 | 国家产业化计划项目当年落实资金/万元 | 国家产业化计划项目当年落实资金（火炬计划、星火计划） | 中国科技统计年鉴 |
| | 44122 | 国家产业化计划项目当年落实资金增长率（%） | 同去年相比的增长情况 | 根据数据计算 |
| | 44201 | 规模以上工业企业研发经费内部支出额中获得金融机构贷款额/万元 | 规模以上工业企业研发活动中来自金融机构的资金，衡量企业研发的金融环境 | 中国科技统计年鉴 |
| | 44202 | 规模以上工业企业研发经费内部支出额中平均获得金融机构贷款额/（万元/个） | 来自金融机构的资金总额和企业总数的比值，衡量企业研发的金融环境 | 根据数据计算 |
| | 44203 | 规模以上工业企业研发经费内部支出额中获得金融机构贷款增长率（%） | 同去年相比的增长情况 | 根据数据计算 |
| | 45001 | 高技术企业数/家 | 一个地区高技术企业的数量，衡量创业水平 | 中国科技统计年鉴 |
| | 45002 | 高技术企业数占规模以上工业企业数比重（%） | 高技术企业占企业比重，衡量创业水平 | 根据数据计算 |
| | 45003 | 高技术企业数增长率（%） | 同去年相比的增长情况，衡量地区高技术产业创业水平 | 根据数据计算 |
| 创新绩效 | 51001 | 地区 GDP/亿元 | 衡量地区经济发展水平 | 中国统计年鉴 |
| | 51002 | 人均 GDP 水平/（元/人） | 衡量地区经济发展水平 | 根据数据计算 |
| | 51003 | 地区 GDP 增长率（%） | 同去年相比的增长情况，衡量地区经济增速 | 根据数据计算 |
| | 52101 | 第三产业增加值/亿元 | 衡量产业结构 | 中国统计年鉴 |
| | 52102 | 第三产业增加值占 GDP 的比例（%） | 衡量产业结构 | 根据数据计算 |
| | 52103 | 第三产业增加值增长率（%） | 衡量产业结构和产业增速 | 根据数据计算 |
| | 52201 | 信息产业主营业务收入/亿元 | "电子及通信设备制造业""电子计算机及办公设备制造业"主营业务收入求和 | 中国高技术产业统计年鉴 |
| | 52202 | 信息产业主营业务收入占 GDP 的比重（%） | | |
| | 52203 | 信息产业主营业务收入增长率（%） | 同去年相比的增长情况，衡量主营业务收入增加速度 | 根据数据计算 |
| | 52301 | 高新技术产业主营业务收入/亿元 | 衡量产业结构和高技术产业发展状况 | 中国高技术产业统计年鉴 |
| | 52302 | 高新技术产业主营业务收入占 GDP 的比例（%） | 衡量产业结构和高技术产业发展状况 | 根据数据计算 |
| | 52303 | 高新技术产业主营业务收入增长率（%） | 同去年相比的增长情况 | 根据数据计算 |

续表

| 大类 | 代码 | 指标名称 | 指标含义 | 数据来源 |
|---|---|---|---|---|
| | 53001 | 出口额/亿美元 | 以出口额衡量产品的国际竞争力 | 中国统计年鉴 |
| | 53002 | 出口额占 GDP 的比重（%） | 衡量产品出口对地区经济的贡献 | 根据数据计算 |
| | 53003 | 出口额的增长率（%） | 同去年相比的增长情况 | 根据数据计算 |
| | 54101 | 城镇登记失业率（%） | 失业情况，负向指标，衡量就业水平 | 中国统计年鉴 |
| | 54102 | 城镇登记失业率增长率（%） | 同去年相比的增长情况 | 根据数据计算 |
| | 54201 | 高技术产业就业人数/万人 | 高技术产业吸纳就业能力，衡量就业水平 | 中国高技术产业统计年鉴 |
| 创新绩效 | 54202 | 高技术产业从业人数占总就业人数的比例（%） | 高技术产业吸纳就业能力，衡量就业水平 | 根据数据计算 |
| | 54203 | 高技术产业就业人数增长率（%） | 同去年相比的增长情况 | 根据数据计算 |
| | 55102 | 每万元地区生产总值能耗/（吨标准煤/万元） | 能耗总量与 GDP 的比值，负向指标，衡量可持续发展能力 | 中国统计年鉴 |
| | 55103 | 每万元 GDP 能耗降低率（%） | 同去年相比的增长情况 | 根据数据计算 |
| | 55201 | 电耗总量/亿千瓦小时 | 负向指标，衡量可持续发展能力 | 中国统计年鉴 |
| | 55202 | 每万元 GDP 电耗总量/（千瓦小时/万元） | 电耗总量与 GDP 的比值，负向指标，衡量可持续发展能力 | 根据数据计算 |
| | 55203 | 电耗总量增长率（%） | 同去年相比的增长情况 | 根据数据计算 |
| | 55301 | 工业污水排放总量/万吨 | 负向指标，衡量可持续发展能力 | 中国统计年鉴 |
| | 55302 | 每万元 GDP 工业污水排放量（吨/万元） | 工业污水排放总量与 GDP 的比值，负向指标，衡量可持续发展能力 | 根据数据计算 |
| | 55303 | 工业污水排放总量增长率（%） | 同去年相比的增长情况 | 根据数据计算 |
| | 55401 | 废气中主要污染物排放量/万吨 | 负向指标，衡量可持续发展能力 | 中国统计年鉴 |
| | 55402 | 每亿元 GDP 废气中主要污染物排放量/（吨/亿元） | 工业废气排放总量与 GDP 的比值，负向指标，衡量可持续发展能力 | 根据数据计算 |
| | 55403 | 废气中主要污染物排放量增长率（%） | 同去年相比的增长情况 | 根据数据计算 |

# 附录二

## 区域创新能力分地区基本指标

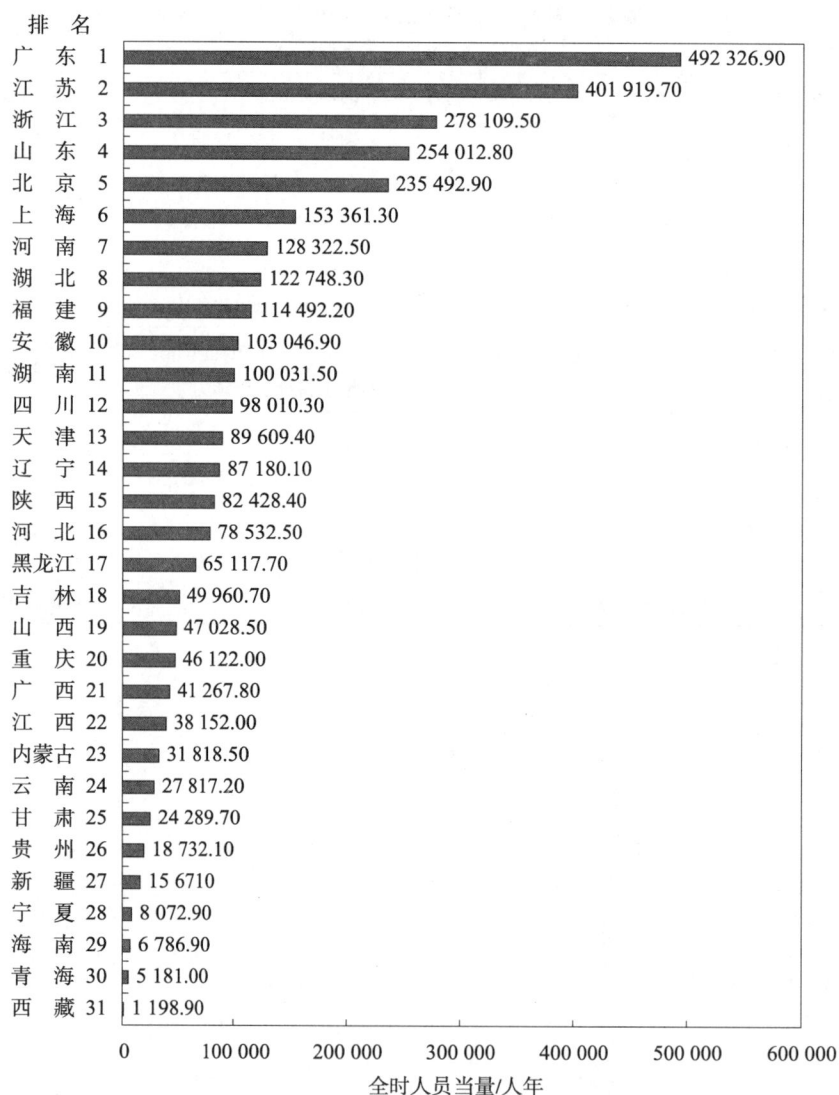

| 排名 | | 全时人员当量/人年 |
|---|---|---|
| 广 东 | 1 | 492 326.90 |
| 江 苏 | 2 | 401 919.70 |
| 浙 江 | 3 | 278 109.50 |
| 山 东 | 4 | 254 012.80 |
| 北 京 | 5 | 235 492.90 |
| 上 海 | 6 | 153 361.30 |
| 河 南 | 7 | 128 322.50 |
| 湖 北 | 8 | 122 748.30 |
| 福 建 | 9 | 114 492.20 |
| 安 徽 | 10 | 103 046.90 |
| 湖 南 | 11 | 100 031.50 |
| 四 川 | 12 | 98 010.30 |
| 天 津 | 13 | 89 609.40 |
| 辽 宁 | 14 | 87 180.10 |
| 陕 西 | 15 | 82 428.40 |
| 河 北 | 16 | 78 532.50 |
| 黑龙江 | 17 | 65 117.70 |
| 吉 林 | 18 | 49 960.70 |
| 山 西 | 19 | 47 028.50 |
| 重 庆 | 20 | 46 122.00 |
| 广 西 | 21 | 41 267.80 |
| 江 西 | 22 | 38 152.00 |
| 内蒙古 | 23 | 31 818.50 |
| 云 南 | 24 | 27 817.20 |
| 甘 肃 | 25 | 24 289.70 |
| 贵 州 | 26 | 18 732.10 |
| 新 疆 | 27 | 15 6710 |
| 宁 夏 | 28 | 8 072.90 |
| 海 南 | 29 | 6 786.90 |
| 青 海 | 30 | 5 181.00 |
| 西 藏 | 31 | 1 198.90 |

全时人员当量/人年

附图 1　11101 研究与实验发展全时人员当量

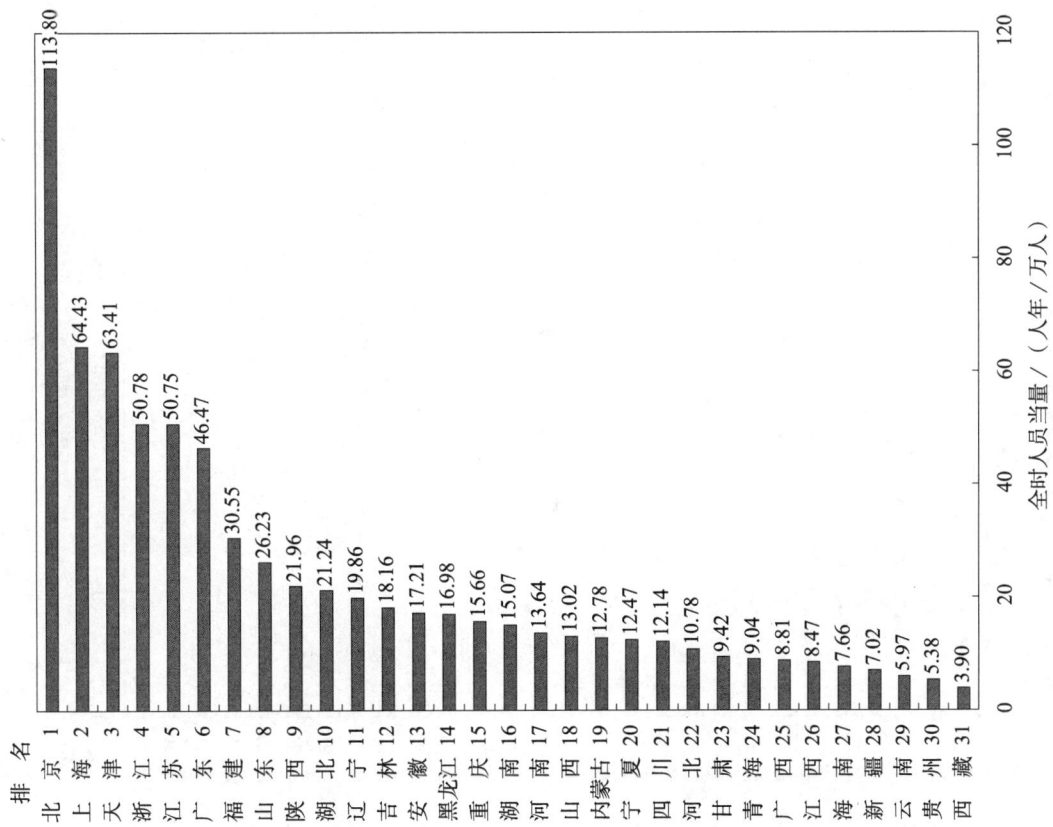

附图 3　11103 研究与实验发展全时人员当量增长率

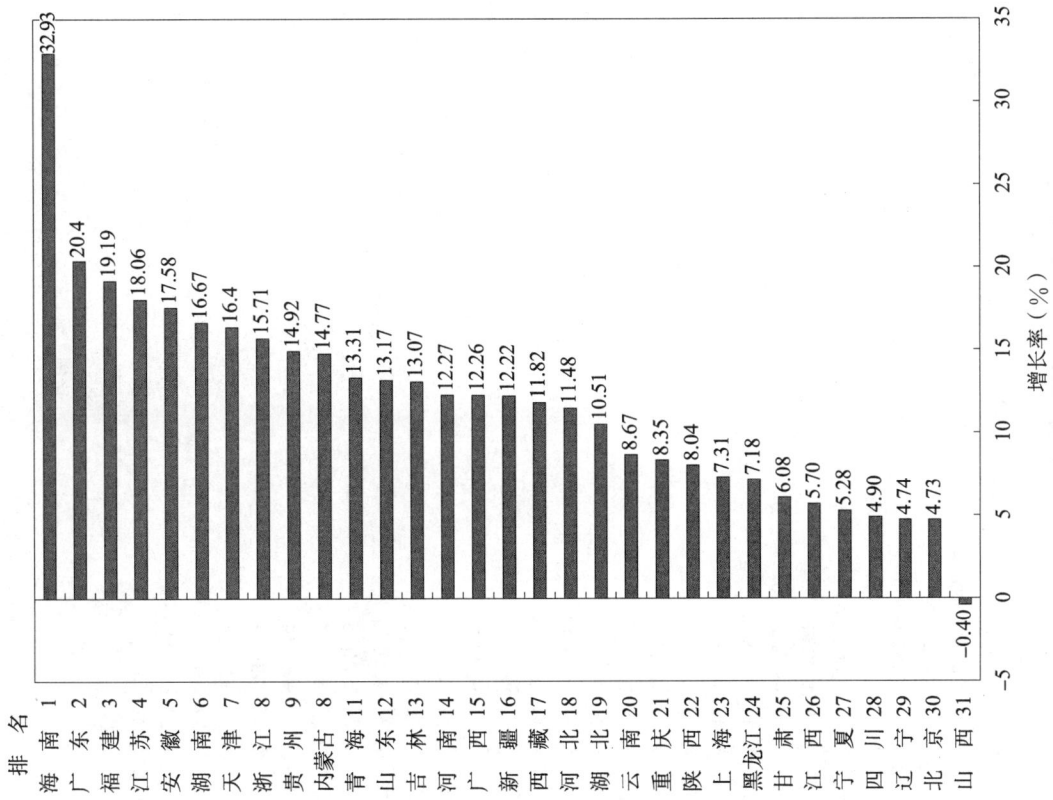

附图 2　11102 每万人平均研究与实验发展全时人员当量

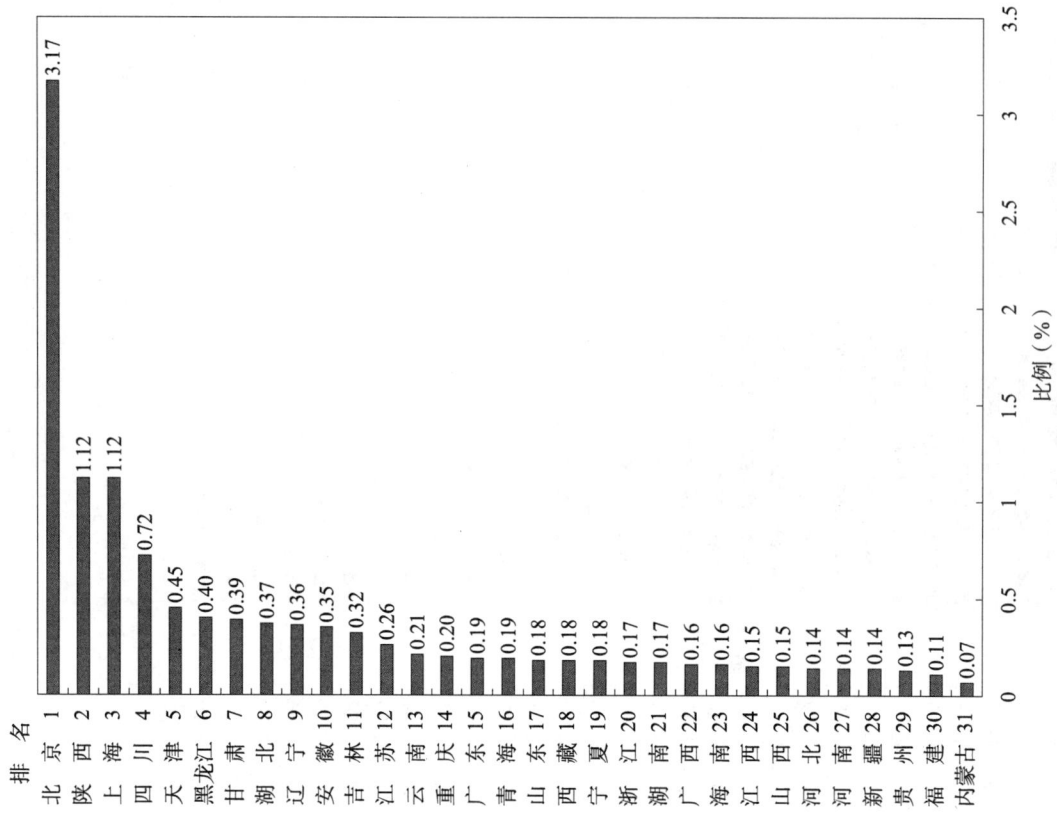

附图 5 11202 政府研发投入占 GDP 的比例

| 排名 | 省份 | 比例 |
|---|---|---|
| 1 | 北京 | 3.17 |
| 2 | 陕西 | 1.12 |
| 3 | 上海 | 1.12 |
| 4 | 四川 | 0.72 |
| 5 | 天津 | 0.45 |
| 6 | 黑龙江 | 0.40 |
| 7 | 甘肃 | 0.39 |
| 8 | 湖北 | 0.37 |
| 9 | 辽宁 | 0.36 |
| 10 | 安徽 | 0.35 |
| 11 | 吉林 | 0.32 |
| 12 | 江苏 | 0.26 |
| 13 | 云南 | 0.21 |
| 14 | 重庆 | 0.20 |
| 15 | 广东 | 0.19 |
| 16 | 青海 | 0.19 |
| 17 | 山东 | 0.18 |
| 18 | 西藏 | 0.18 |
| 19 | 宁夏 | 0.18 |
| 20 | 浙江 | 0.17 |
| 21 | 湖南 | 0.17 |
| 22 | 广西 | 0.16 |
| 23 | 海南 | 0.16 |
| 24 | 江西 | 0.15 |
| 25 | 山西 | 0.15 |
| 26 | 河北 | 0.14 |
| 27 | 河南 | 0.14 |
| 28 | 新疆 | 0.14 |
| 29 | 贵州 | 0.13 |
| 30 | 福建 | 0.11 |
| 31 | 内蒙古 | 0.07 |

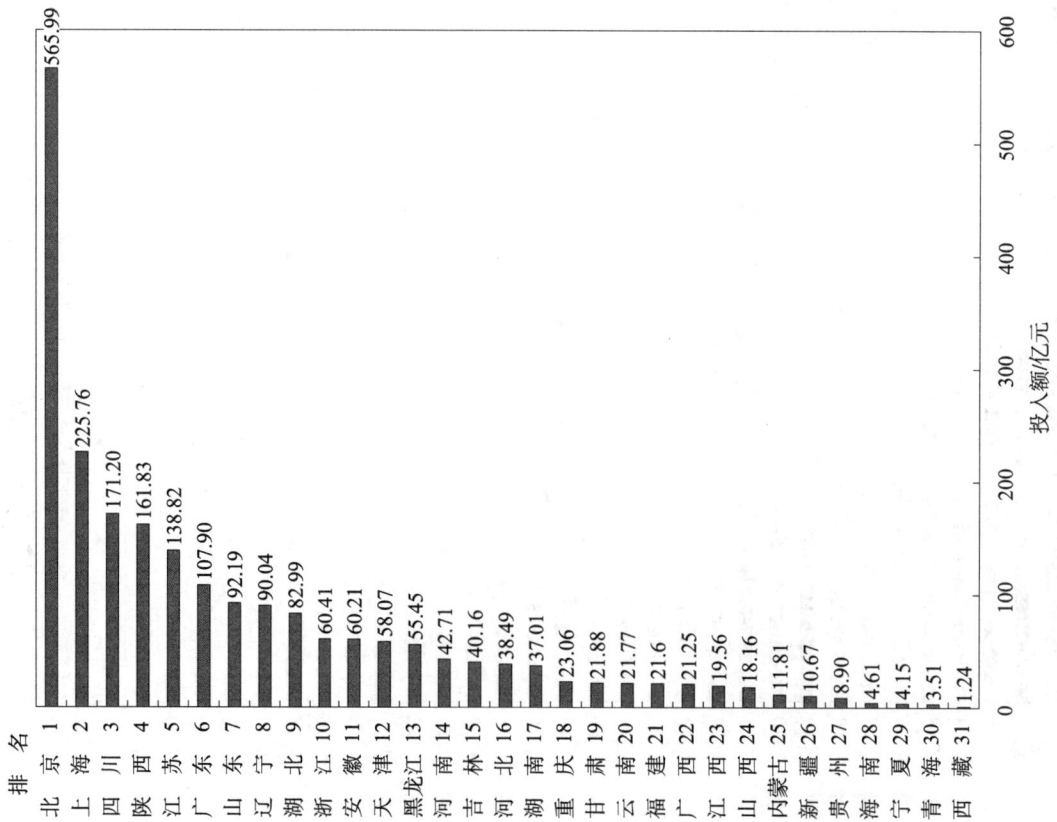

附图 4 11201 政府研发投入

| 排名 | 省份 | 投入额/亿元 |
|---|---|---|
| 1 | 北京 | 565.99 |
| 2 | 上海 | 225.76 |
| 3 | 四川 | 171.20 |
| 4 | 陕西 | 161.83 |
| 5 | 江苏 | 138.82 |
| 6 | 广东 | 107.90 |
| 7 | 山东 | 92.19 |
| 8 | 辽宁 | 90.04 |
| 9 | 湖北 | 82.99 |
| 10 | 浙江 | 60.41 |
| 11 | 安徽 | 60.21 |
| 12 | 天津 | 58.07 |
| 13 | 黑龙江 | 55.45 |
| 14 | 河南 | 42.71 |
| 15 | 吉林 | 40.16 |
| 16 | 河北 | 38.49 |
| 17 | 湖南 | 37.01 |
| 18 | 重庆 | 23.06 |
| 19 | 甘肃 | 21.88 |
| 20 | 云南 | 21.77 |
| 21 | 福建 | 21.6 |
| 22 | 广西 | 21.25 |
| 23 | 江西 | 19.56 |
| 24 | 山西 | 18.16 |
| 25 | 内蒙古 | 11.81 |
| 26 | 新疆 | 10.67 |
| 27 | 贵州 | 8.90 |
| 28 | 海南 | 4.61 |
| 29 | 宁夏 | 4.15 |
| 30 | 青海 | 3.51 |
| 31 | 西藏 | 1.24 |

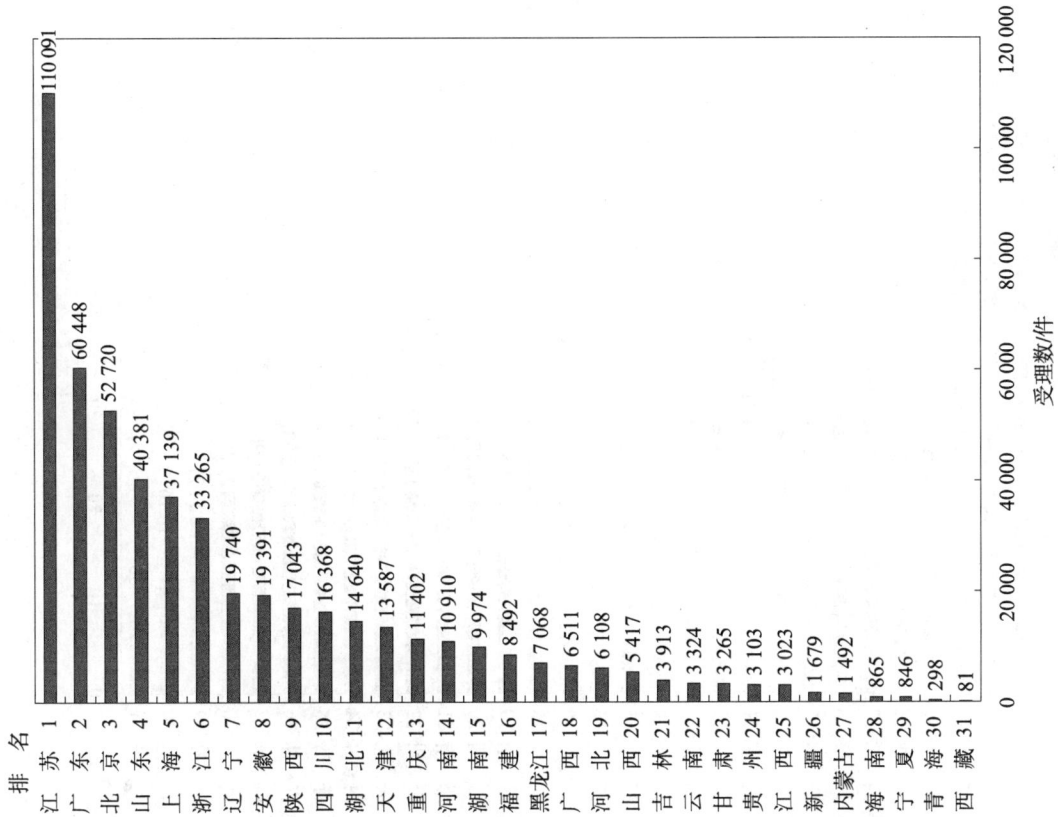

附图 7　12101 发明专利申请受理数

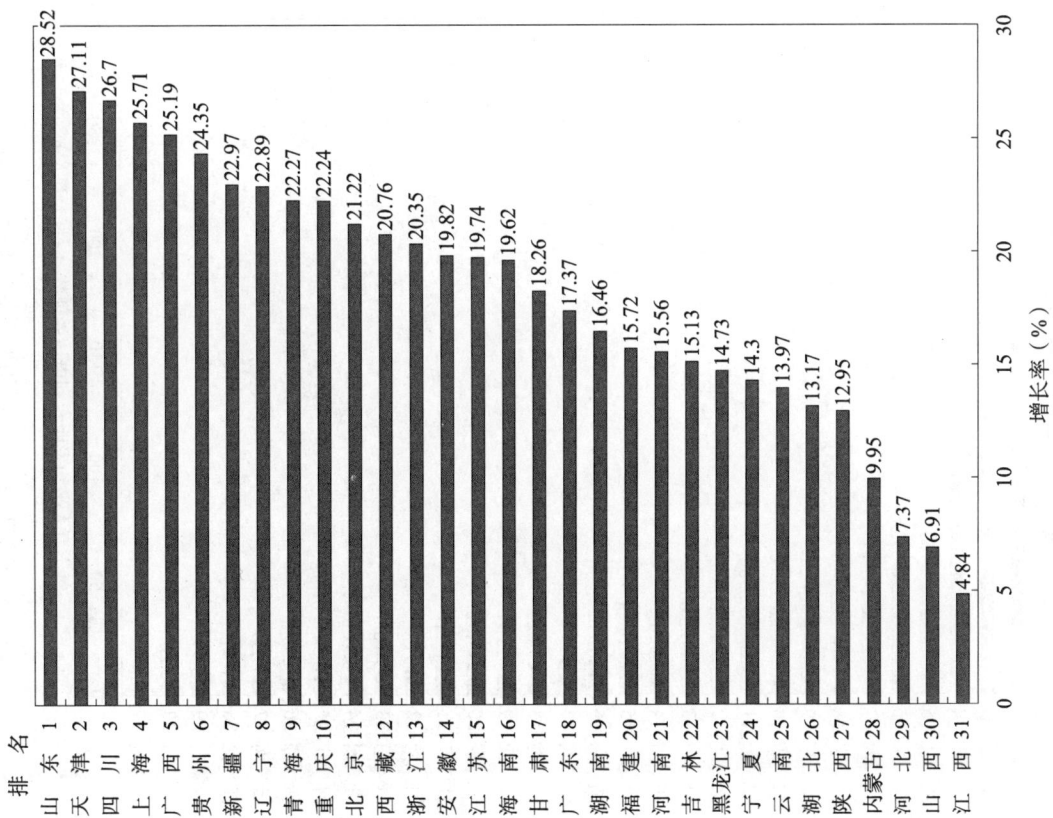

| 排 名 | | 受理数/件 |
|---|---|---|
| 江 苏 | 1 | 110 091 |
| 广 东 | 2 | 60 448 |
| 北 京 | 3 | 52 720 |
| 山 东 | 4 | 40 381 |
| 上 海 | 5 | 37 139 |
| 浙 江 | 6 | 33 265 |
| 辽 宁 | 7 | 19 740 |
| 安 徽 | 8 | 19 391 |
| 陕 西 | 9 | 17 043 |
| 四 川 | 10 | 16 368 |
| 湖 北 | 11 | 14 640 |
| 天 津 | 12 | 13 587 |
| 重 庆 | 13 | 11 402 |
| 河 南 | 14 | 10 910 |
| 湖 南 | 15 | 9 974 |
| 福 建 | 16 | 8 492 |
| 黑龙江 | 17 | 7 068 |
| 广 西 | 18 | 6 511 |
| 河 北 | 19 | 6 108 |
| 山 西 | 20 | 5 417 |
| 吉 林 | 21 | 3 913 |
| 云 南 | 22 | 3 324 |
| 甘 肃 | 23 | 3 265 |
| 贵 州 | 24 | 3 103 |
| 江 西 | 25 | 3 023 |
| 新 疆 | 26 | 1 679 |
| 内蒙古 | 27 | 1 492 |
| 海 南 | 28 | 865 |
| 宁 夏 | 29 | 846 |
| 青 海 | 30 | 298 |
| 西 藏 | 31 | 81 |

附图 6　11203 政府研发投入增长率

| 排 名 | | 增长率（%） |
|---|---|---|
| 山 东 | 1 | 28.52 |
| 天 津 | 2 | 27.11 |
| 四 川 | 3 | 26.7 |
| 上 海 | 4 | 25.71 |
| 广 西 | 5 | 25.19 |
| 贵 州 | 6 | 24.35 |
| 新 疆 | 7 | 22.97 |
| 辽 宁 | 8 | 22.89 |
| 青 海 | 9 | 22.27 |
| 重 庆 | 10 | 22.24 |
| 北 京 | 11 | 21.22 |
| 西 藏 | 12 | 20.76 |
| 浙 江 | 13 | 20.35 |
| 安 徽 | 14 | 19.82 |
| 江 苏 | 15 | 19.74 |
| 海 南 | 16 | 19.62 |
| 甘 肃 | 17 | 18.26 |
| 广 东 | 18 | 17.37 |
| 湖 南 | 19 | 16.46 |
| 福 建 | 20 | 15.72 |
| 河 南 | 21 | 15.56 |
| 吉 林 | 22 | 15.13 |
| 黑龙江 | 23 | 14.73 |
| 宁 夏 | 24 | 14.3 |
| 云 南 | 25 | 13.97 |
| 湖 北 | 26 | 13.17 |
| 陕 西 | 27 | 12.95 |
| 内蒙古 | 28 | 9.95 |
| 河 北 | 29 | 7.37 |
| 山 西 | 30 | 6.91 |
| 江 西 | 31 | 4.84 |

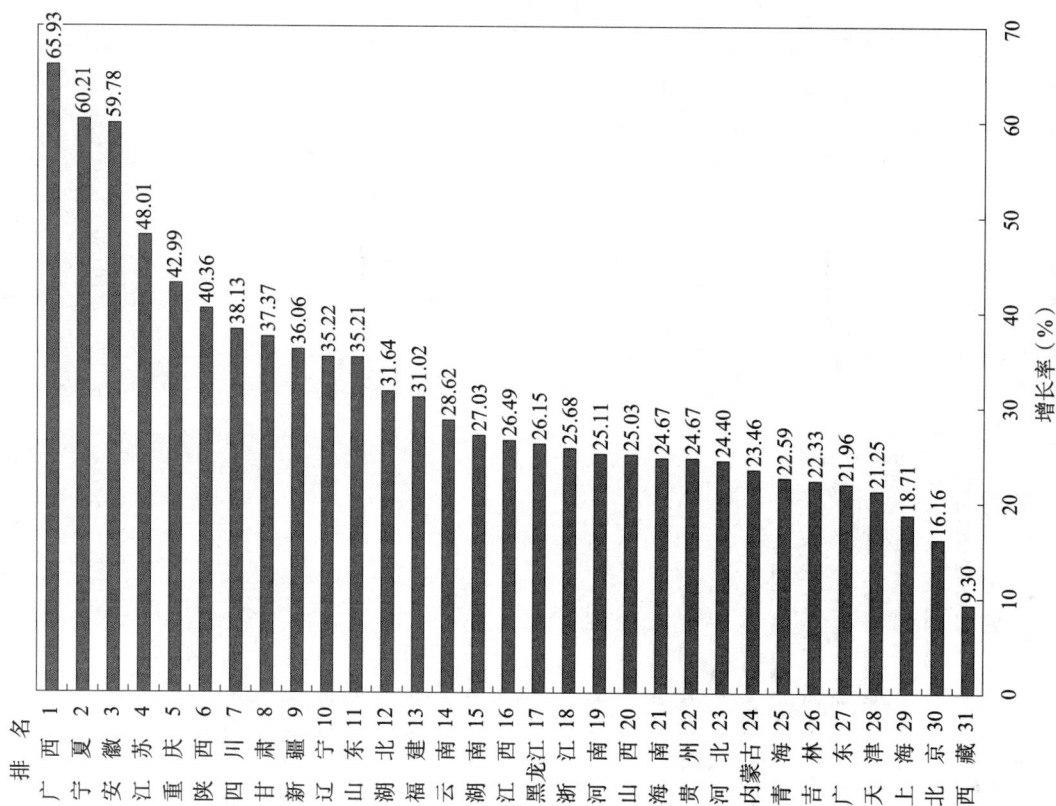

附图 9　12103 发明专利申请受理数增长率

| 排名 | 省 | 增长率（%） |
|---|---|---|
| 1 | 广西 | 65.93 |
| 2 | 宁夏 | 60.21 |
| 3 | 安徽 | 59.78 |
| 4 | 江苏 | 48.01 |
| 5 | 重庆 | 42.99 |
| 6 | 陕西 | 40.36 |
| 7 | 四川 | 38.13 |
| 8 | 甘肃 | 37.37 |
| 9 | 新疆 | 36.06 |
| 10 | 辽宁 | 35.22 |
| 11 | 山东 | 35.21 |
| 12 | 河北 | 31.64 |
| 13 | 福建 | 31.02 |
| 14 | 云南 | 28.62 |
| 15 | 湖南 | 27.03 |
| 16 | 江西 | 26.49 |
| 17 | 黑龙江 | 26.15 |
| 18 | 浙江 | 25.68 |
| 19 | 河南 | 25.11 |
| 20 | 山西 | 25.03 |
| 21 | 海南 | 24.67 |
| 22 | 贵州 | 24.67 |
| 23 | 河北 | 24.40 |
| 24 | 内蒙古 | 23.46 |
| 25 | 青海 | 22.59 |
| 26 | 吉林 | 22.33 |
| 27 | 广东 | 21.96 |
| 28 | 天津 | 21.25 |
| 29 | 上海 | 18.71 |
| 30 | 北京 | 16.16 |
| 31 | 西藏 | 9.30 |

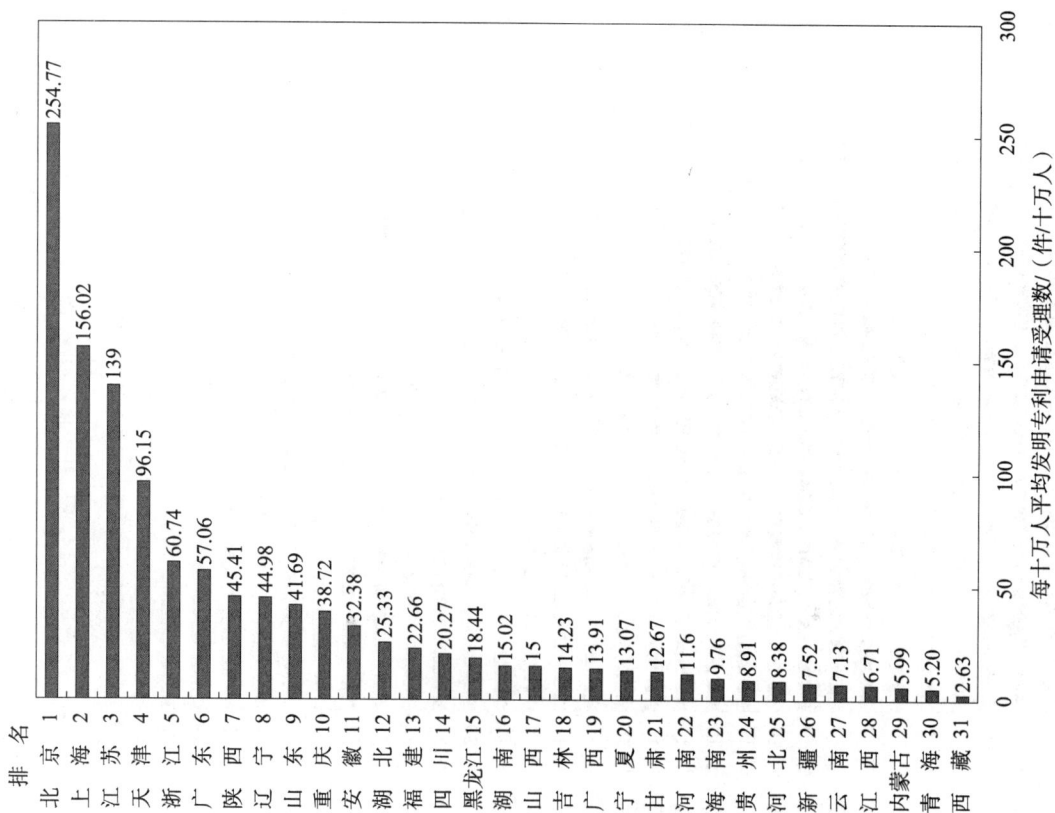

每十万人平均发明专利申请受理数（件/十万人）

附图 8　12102 每十万人平均发明专利申请受理数

| 排名 | 省 | 数值 |
|---|---|---|
| 1 | 北京 | 254.77 |
| 2 | 上海 | 156.02 |
| 3 | 江苏 | 139 |
| 4 | 天津 | 96.15 |
| 5 | 浙江 | 60.74 |
| 6 | 广东 | 57.06 |
| 7 | 陕西 | 45.41 |
| 8 | 宁 | 44.98 |
| 9 | 山东 | 41.69 |
| 10 | 重庆 | 38.72 |
| 11 | 安徽 | 32.38 |
| 12 | 湖北 | 25.33 |
| 13 | 福建 | 22.66 |
| 14 | 四川 | 20.27 |
| 15 | 黑龙江 | 18.44 |
| 16 | 湖南 | 15.02 |
| 17 | 山西 | 15 |
| 18 | 吉林 | 14.23 |
| 19 | 广西 | 13.91 |
| 20 | 宁夏 | 13.07 |
| 21 | 甘肃 | 12.67 |
| 22 | 河南 | 11.6 |
| 23 | 海南 | 9.76 |
| 24 | 贵州 | 8.91 |
| 25 | 河北 | 8.38 |
| 26 | 新疆 | 7.52 |
| 27 | 云南 | 7.13 |
| 28 | 江西 | 6.71 |
| 29 | 内蒙古 | 5.99 |
| 30 | 青海 | 5.20 |
| 31 | 西藏 | 2.63 |

**附图 11　12201　发明专利授权数**

| 排名 | 地区 | 授权数/件 |
|---|---|---|
| 1 | 广东 | 22 153 |
| 2 | 北京 | 20 140 |
| 3 | 江苏 | 16 242 |
| 4 | 浙江 | 11 571 |
| 5 | 上海 | 11 379 |
| 6 | 山东 | 7 453 |
| 7 | 四川 | 4 460 |
| 8 | 湖北 | 4 050 |
| 9 | 陕西 | 4 018 |
| 10 | 辽宁 | 3 973 |
| 11 | 湖南 | 3 353 |
| 12 | 天津 | 3 326 |
| 13 | 河南 | 3 182 |
| 14 | 安徽 | 3 066 |
| 15 | 福建 | 2 977 |
| 16 | 重庆 | 2 426 |
| 17 | 黑龙江 | 2 418 |
| 18 | 河北 | 1 933 |
| 19 | 吉林 | 1 583 |
| 20 | 云南 | 1 301 |
| 21 | 山西 | 1 297 |
| 22 | 广西 | 902 |
| 23 | 江西 | 892 |
| 24 | 甘肃 | 704 |
| 25 | 贵州 | 635 |
| 26 | 内蒙古 | 569 |
| 27 | 新疆 | 456 |
| 28 | 海南 | 396 |
| 29 | 宁夏 | 140 |
| 30 | 青海 | 101 |
| 31 | 西藏 | 57 |

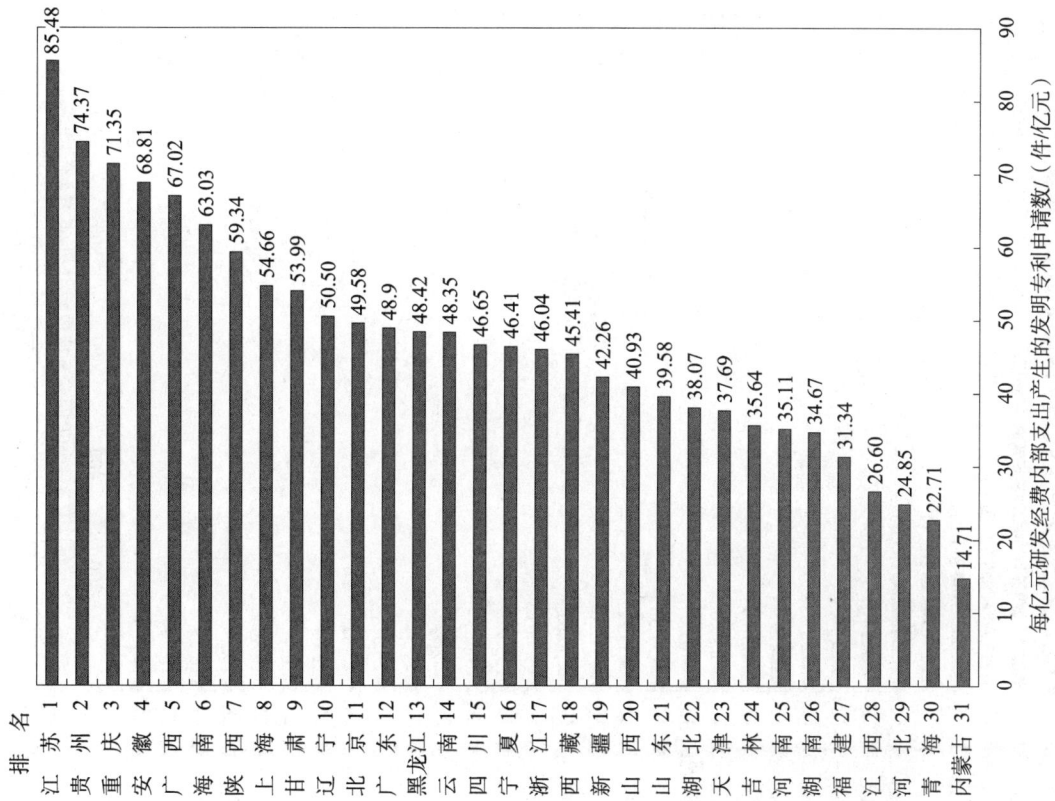

**附图 10　12104　每亿元研发经费内部支出产生的发明专利申请数**

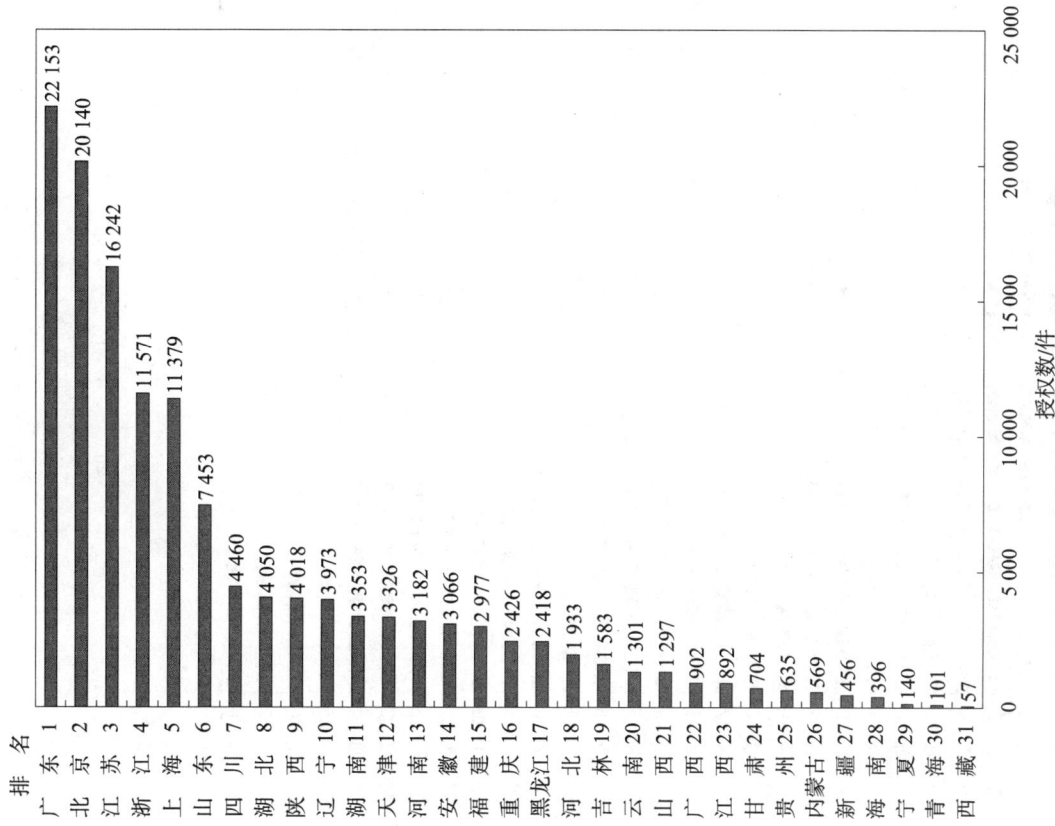

| 排名 | 地区 | 每亿元研发经费内部支出产生的发明专利申请数/(件/亿元) |
|---|---|---|
| 1 | 江苏 | 85.48 |
| 2 | 贵州 | 74.37 |
| 3 | 重庆 | 71.35 |
| 4 | 安徽 | 68.81 |
| 5 | 广西 | 67.02 |
| 6 | 海南 | 63.03 |
| 7 | 陕西 | 59.34 |
| 8 | 上海 | 54.66 |
| 9 | 甘肃 | 53.99 |
| 10 | 辽宁 | 50.50 |
| 11 | 北京 | 49.58 |
| 12 | 广东 | 48.9 |
| 13 | 黑龙江 | 48.42 |
| 14 | 云南 | 48.35 |
| 15 | 四川 | 46.65 |
| 16 | 宁夏 | 46.41 |
| 17 | 浙江 | 46.04 |
| 18 | 西藏 | 45.41 |
| 19 | 新疆 | 42.26 |
| 20 | 山东 | 40.93 |
| 21 | 湖北 | 39.58 |
| 22 | 天津 | 38.07 |
| 23 | 吉林 | 37.69 |
| 24 | 河南 | 35.64 |
| 25 | 湖南 | 35.11 |
| 26 | 福建 | 34.67 |
| 27 | 江西 | 31.34 |
| 28 | 河北 | 26.60 |
| 29 | 青海 | 24.85 |
| 30 | 海北 | 22.71 |
| 31 | 内蒙古 | 14.71 |

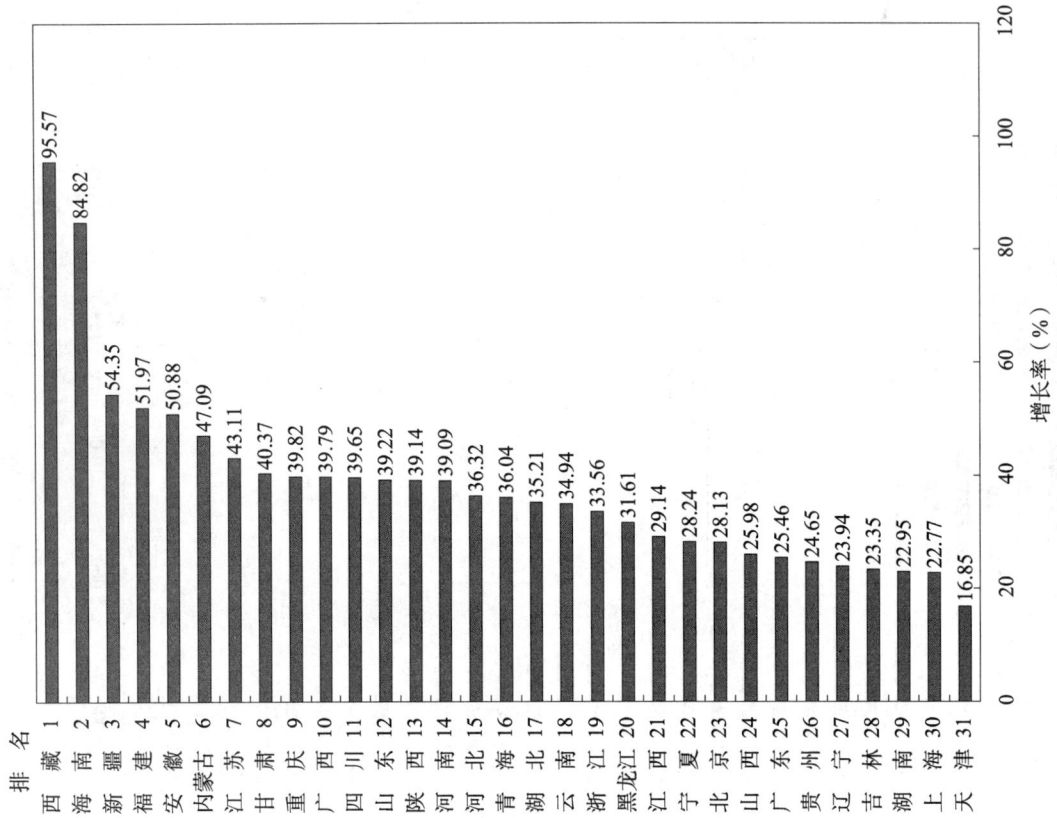

附图 13　12203 发明专利授权数增长率

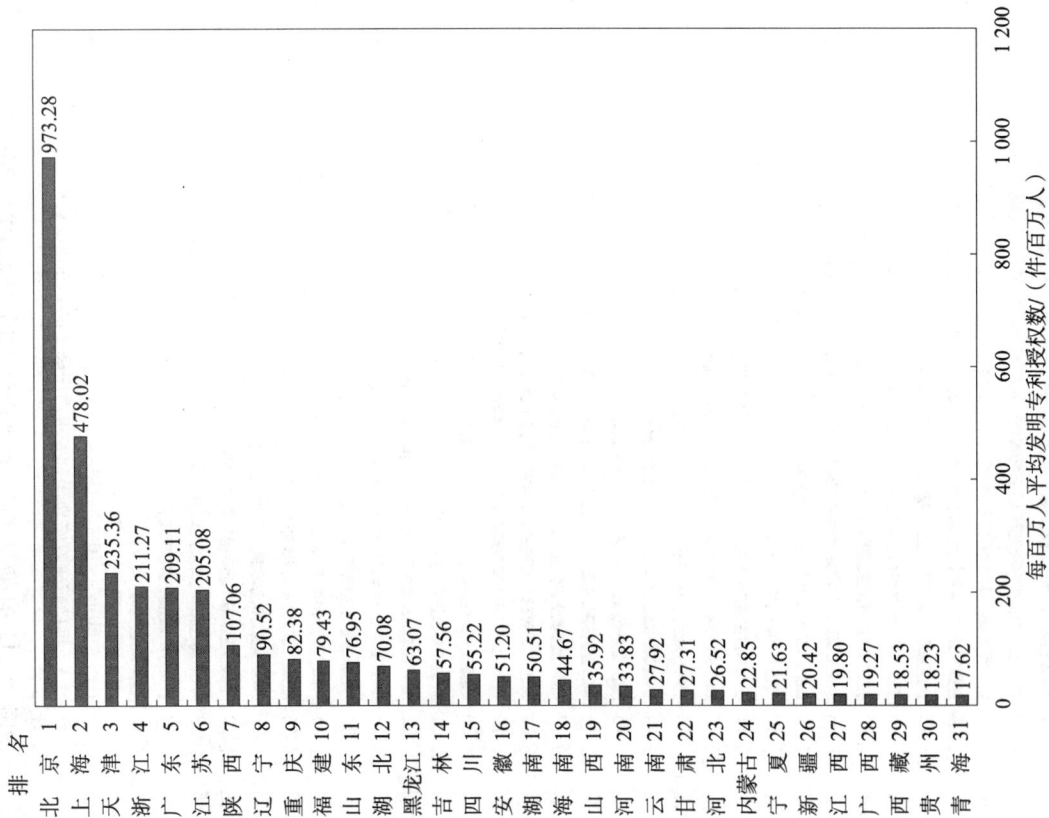

附图 12　12202 每百万人平均发明专利授权数

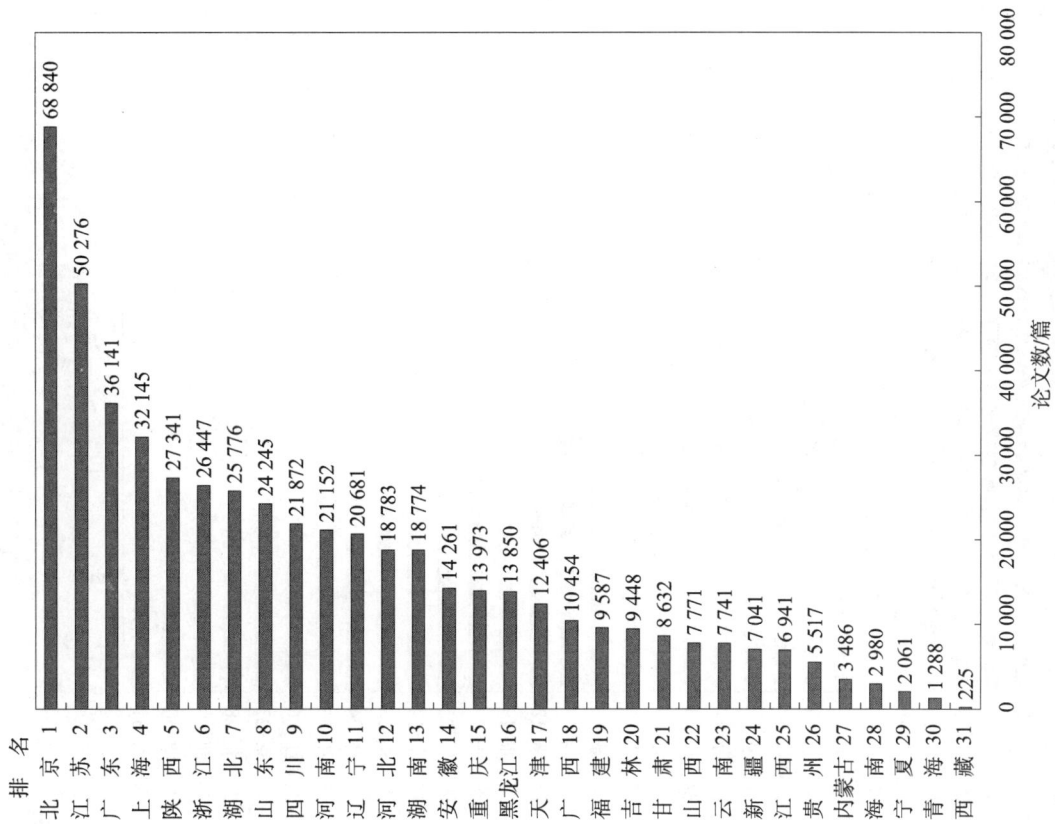

附图 15 13101 国内论文数

| 排名 | 地区 | 论文数/篇 |
|---|---|---|
| 1 | 北京 | 68 840 |
| 2 | 江苏 | 50 276 |
| 3 | 广东 | 36 141 |
| 4 | 上海 | 32 145 |
| 5 | 陕西 | 27 341 |
| 6 | 浙江 | 26 447 |
| 7 | 湖北 | 25 776 |
| 8 | 山东 | 24 245 |
| 9 | 四川 | 21 872 |
| 10 | 河南 | 21 152 |
| 11 | 辽宁 | 20 681 |
| 12 | 河北 | 18 783 |
| 13 | 湖南 | 18 774 |
| 14 | 安徽 | 14 261 |
| 15 | 重庆 | 13 973 |
| 16 | 黑龙江 | 13 850 |
| 17 | 天津 | 12 406 |
| 18 | 广西 | 10 454 |
| 19 | 福建 | 9 587 |
| 20 | 吉林 | 9 448 |
| 21 | 甘肃 | 8 632 |
| 22 | 山西 | 7 771 |
| 23 | 云南 | 7 741 |
| 24 | 新疆 | 7 041 |
| 25 | 江西 | 6 941 |
| 26 | 贵州 | 5 517 |
| 27 | 内蒙古 | 3 486 |
| 28 | 海南 | 2 980 |
| 29 | 宁夏 | 2 061 |
| 30 | 青海 | 1 288 |
| 31 | 西藏 | 225 |

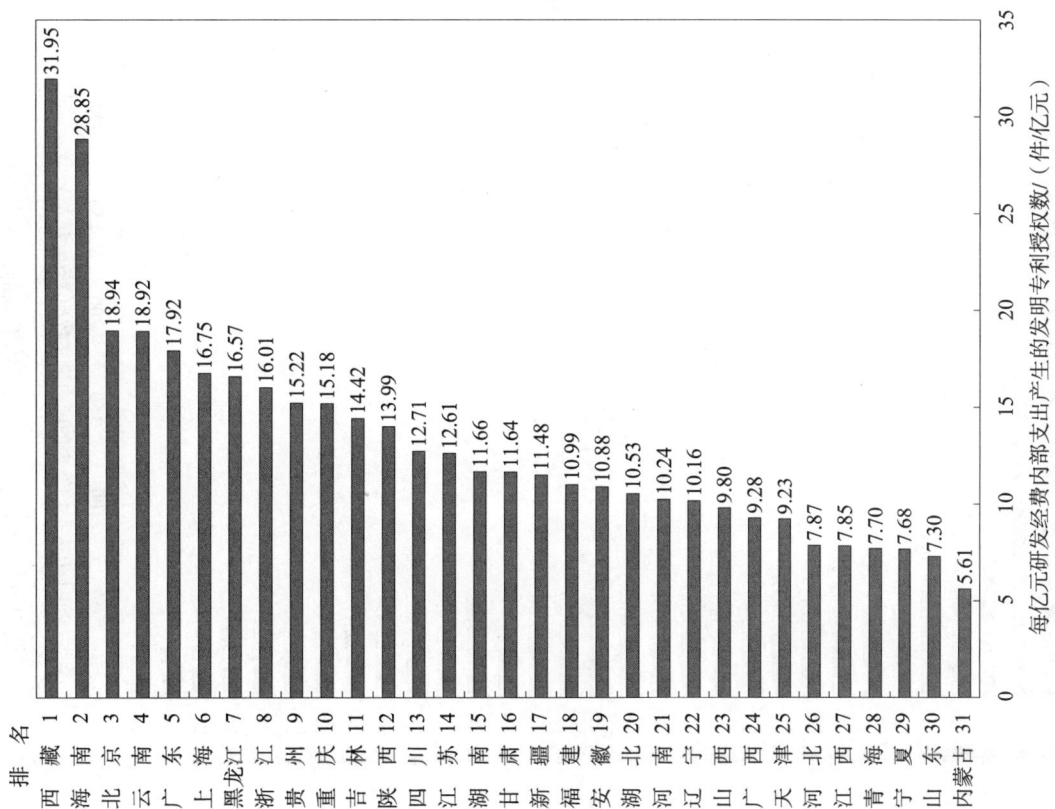

附图 14 12204 每亿元研发经费内部支出产生的发明专利授权数

每亿元研发经费内部支出产生的发明专利授权数（件/亿元）

| 排名 | 地区 | 数值 |
|---|---|---|
| 1 | 西藏 | 31.95 |
| 2 | 海南 | 28.85 |
| 3 | 北京 | 18.94 |
| 4 | 云南 | 18.92 |
| 5 | 广东 | 17.92 |
| 6 | 上海 | 16.75 |
| 7 | 黑龙江 | 16.57 |
| 8 | 浙江 | 16.01 |
| 9 | 贵州 | 15.22 |
| 10 | 重庆 | 15.18 |
| 11 | 吉林 | 14.42 |
| 12 | 陕西 | 13.99 |
| 13 | 四川 | 12.71 |
| 14 | 江苏 | 12.61 |
| 15 | 湖南 | 11.66 |
| 16 | 甘肃 | 11.64 |
| 17 | 新疆 | 11.48 |
| 18 | 福建 | 10.99 |
| 19 | 安徽 | 10.88 |
| 20 | 湖北 | 10.53 |
| 21 | 河南 | 10.24 |
| 22 | 辽宁 | 10.16 |
| 23 | 山西 | 9.80 |
| 24 | 广西 | 9.28 |
| 25 | 天津 | 9.23 |
| 26 | 河北 | 7.87 |
| 27 | 江西 | 7.85 |
| 28 | 青海 | 7.70 |
| 29 | 宁夏 | 7.68 |
| 30 | 山东 | 7.30 |
| 31 | 内蒙古 | 5.61 |

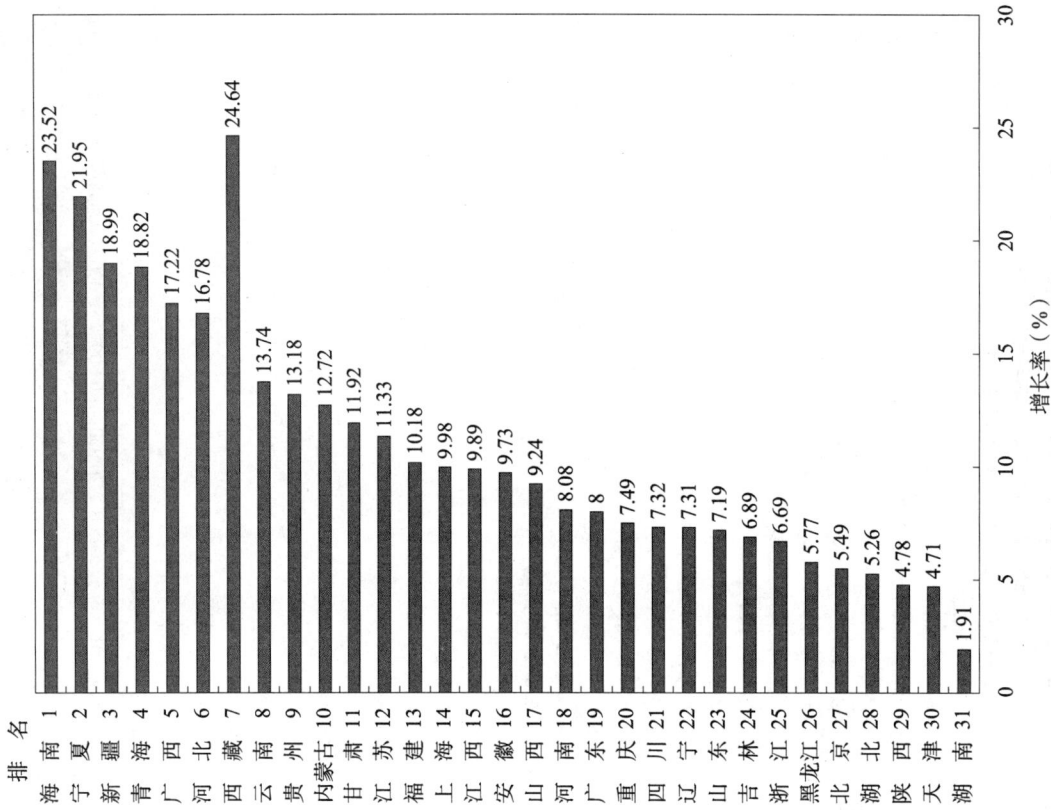

附图 17 13103 国内论文数量增长率

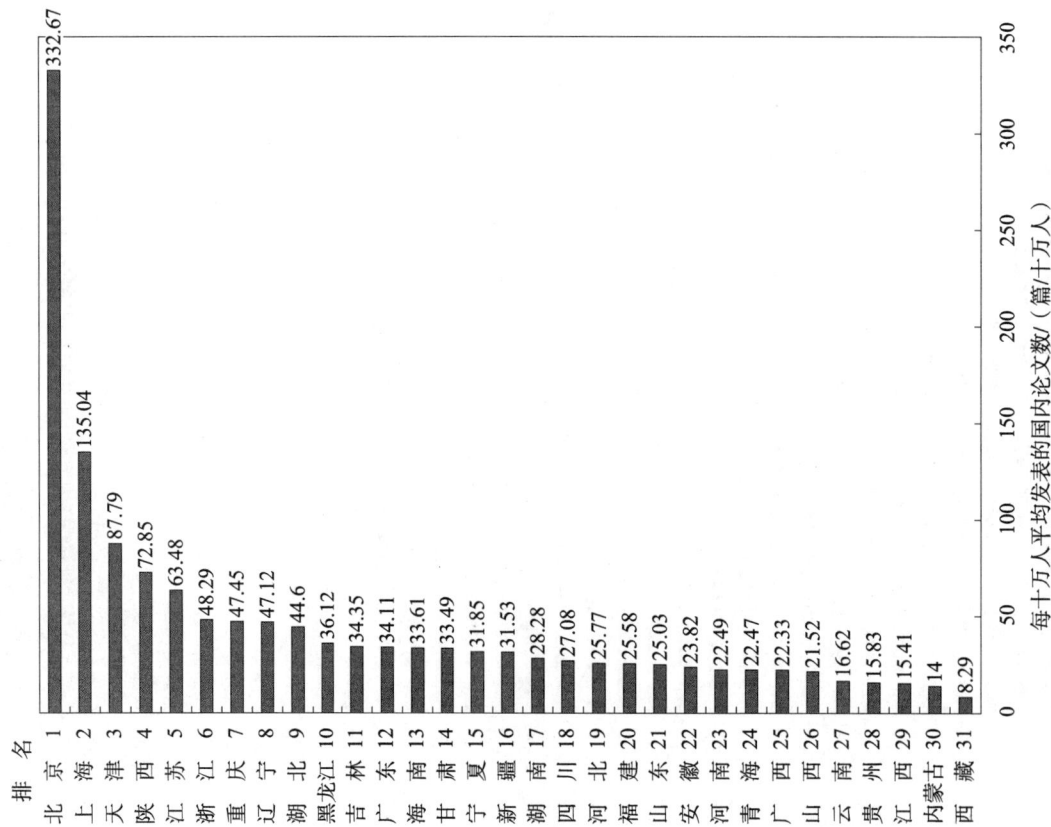

增长率（%）

| 排名 | 省份 | 增长率（%） |
| --- | --- | --- |
| 1 | 海南 | 23.52 |
| 2 | 宁夏 | 21.95 |
| 3 | 新疆 | 18.99 |
| 4 | 青海 | 18.82 |
| 5 | 广西 | 17.22 |
| 6 | 河北 | 16.78 |
| 7 | 西藏 | 24.64 |
| 8 | 云南 | 13.74 |
| 9 | 贵州 | 13.18 |
| 10 | 内蒙古 | 12.72 |
| 11 | 甘肃 | 11.92 |
| 12 | 江苏 | 11.33 |
| 13 | 福建 | 10.18 |
| 14 | 上海 | 9.98 |
| 15 | 江西 | 9.89 |
| 16 | 安徽 | 9.73 |
| 17 | 山西 | 9.24 |
| 18 | 河南 | 8.08 |
| 19 | 广东 | 8 |
| 20 | 重庆 | 7.49 |
| 21 | 四川 | 7.32 |
| 22 | 辽宁 | 7.31 |
| 23 | 山东 | 7.19 |
| 24 | 吉林 | 6.89 |
| 25 | 浙江 | 6.69 |
| 26 | 黑龙江 | 5.77 |
| 27 | 北京 | 5.49 |
| 28 | 湖北 | 5.26 |
| 29 | 陕西 | 4.78 |
| 30 | 天津 | 4.71 |
| 31 | 湖南 | 1.91 |

附图 16 13102 每十万人平均发表的国内论文数

每十万人平均发表的国内论文数（篇/十万人）

| 排名 | 省份 | 论文数（篇/十万人） |
| --- | --- | --- |
| 1 | 北京 | 332.67 |
| 2 | 上海 | 135.04 |
| 3 | 天津 | 87.79 |
| 4 | 陕西 | 72.85 |
| 5 | 江苏 | 63.48 |
| 6 | 浙江 | 48.29 |
| 7 | 重庆 | 47.45 |
| 8 | 辽宁 | 47.12 |
| 9 | 湖北 | 44.6 |
| 10 | 黑龙江 | 36.12 |
| 11 | 吉林 | 34.35 |
| 12 | 广东 | 34.11 |
| 13 | 海南 | 33.61 |
| 14 | 甘肃 | 33.49 |
| 15 | 宁夏 | 31.85 |
| 16 | 新疆 | 31.53 |
| 17 | 湖南 | 28.28 |
| 18 | 四川 | 27.08 |
| 19 | 河北 | 25.77 |
| 20 | 福建 | 25.58 |
| 21 | 山东 | 25.03 |
| 22 | 安徽 | 23.82 |
| 23 | 河南 | 22.49 |
| 24 | 青海 | 22.47 |
| 25 | 广西 | 22.33 |
| 26 | 山西 | 21.52 |
| 27 | 云南 | 16.62 |
| 28 | 贵州 | 15.83 |
| 29 | 江西 | 15.41 |
| 30 | 内蒙古 | 14 |
| 31 | 西藏 | 8.29 |

附图 19　13202 每十万人平均发表的国际论文数

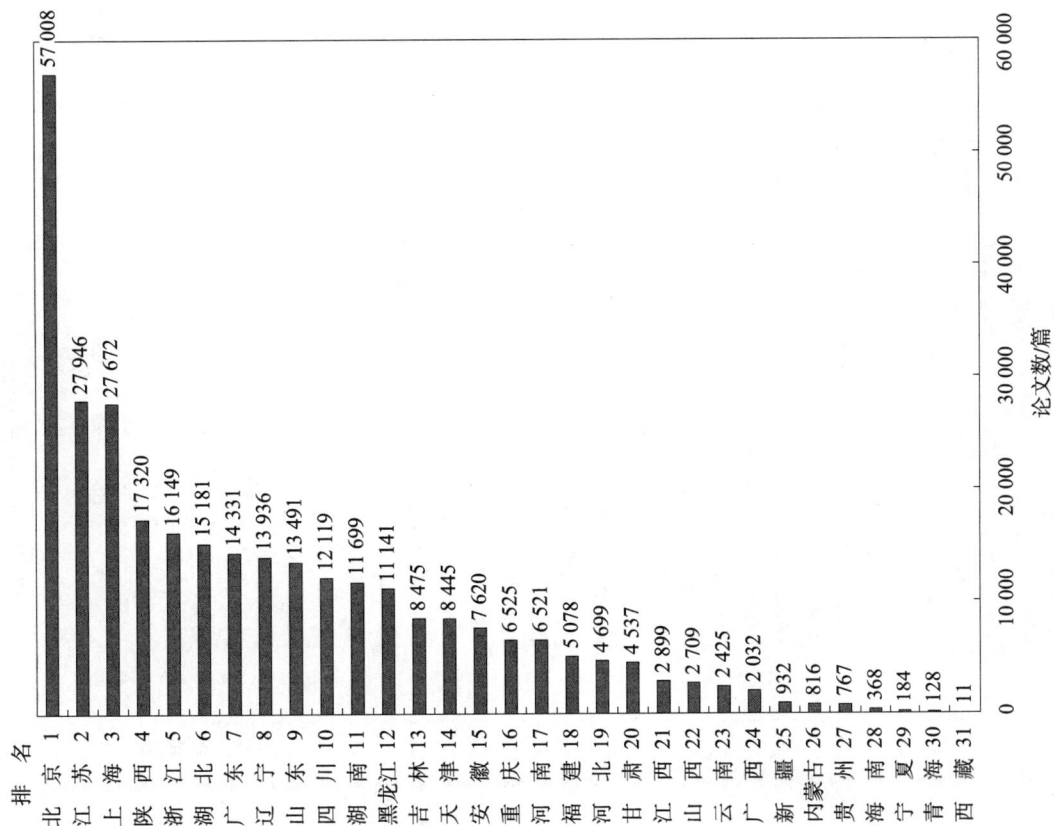

附图 18　13201 国际论文数

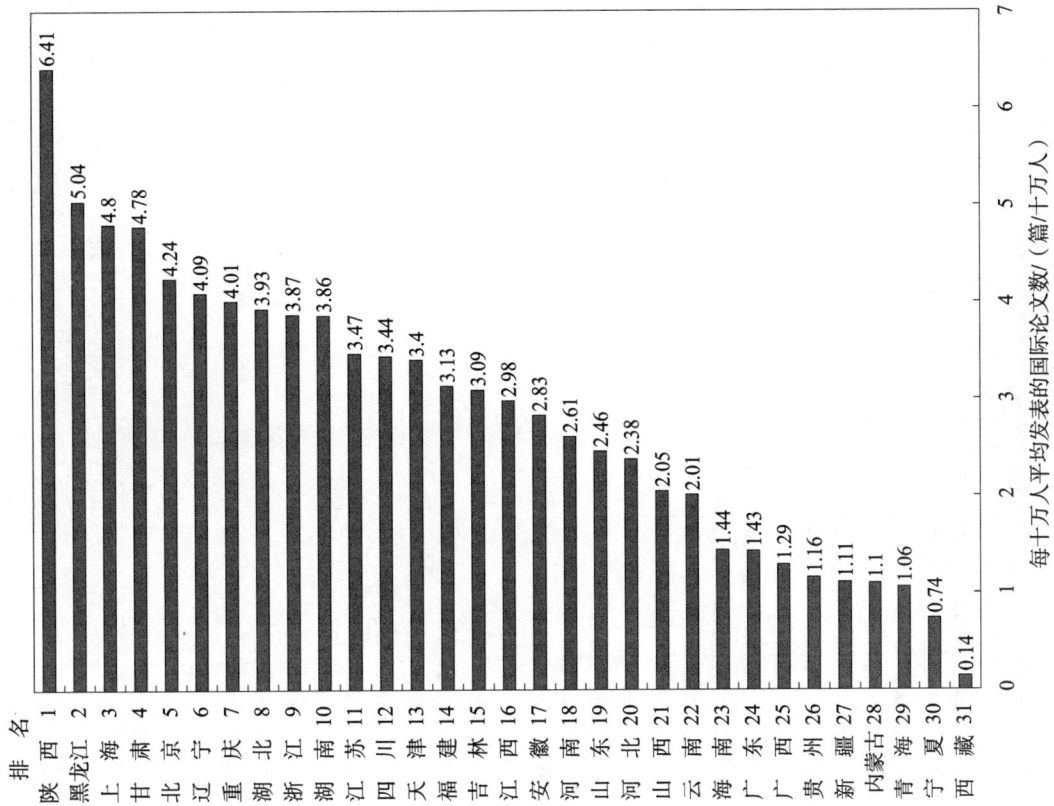

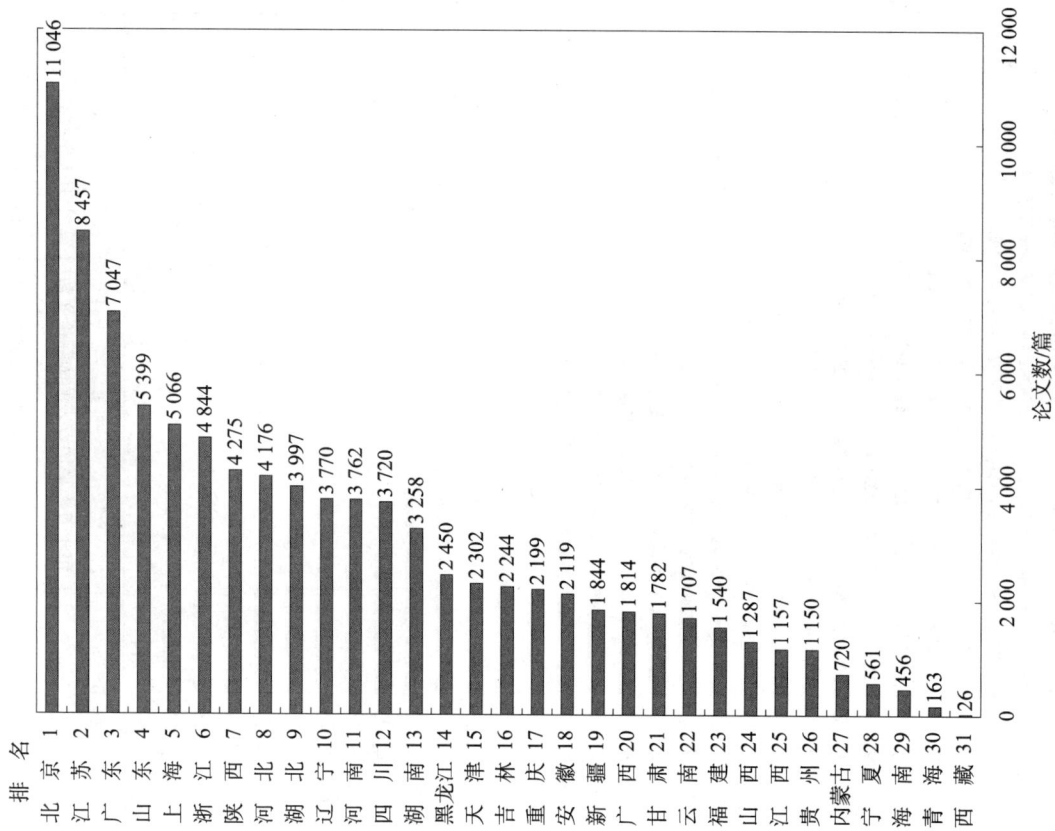

附图 21　21111 作者同省异单位科技论文数

论文数/篇

| 排名 | |
|---|---|
| 北京 1 | 11 046 |
| 江苏 2 | 8 457 |
| 广东 3 | 7 047 |
| 山东 4 | 5 399 |
| 上海 5 | 5 066 |
| 浙江 6 | 4 844 |
| 陕西 7 | 4 275 |
| 河北 8 | 4 176 |
| 湖北 9 | 3 997 |
| 辽宁 10 | 3 770 |
| 河南 11 | 3 762 |
| 四川 12 | 3 720 |
| 湖南 13 | 3 258 |
| 黑龙江 14 | 2 450 |
| 天津 15 | 2 302 |
| 吉林 16 | 2 244 |
| 重庆 17 | 2 199 |
| 安徽 18 | 2 119 |
| 新疆 19 | 1 844 |
| 广西 20 | 1 814 |
| 甘肃 21 | 1 782 |
| 云南 22 | 1 707 |
| 福建 23 | 1 540 |
| 山西 24 | 1 287 |
| 江西 25 | 1 157 |
| 贵州 26 | 1 150 |
| 内蒙古 27 | 720 |
| 宁夏 28 | 561 |
| 海南 29 | 456 |
| 青海 30 | 163 |
| 西藏 31 | 26 |

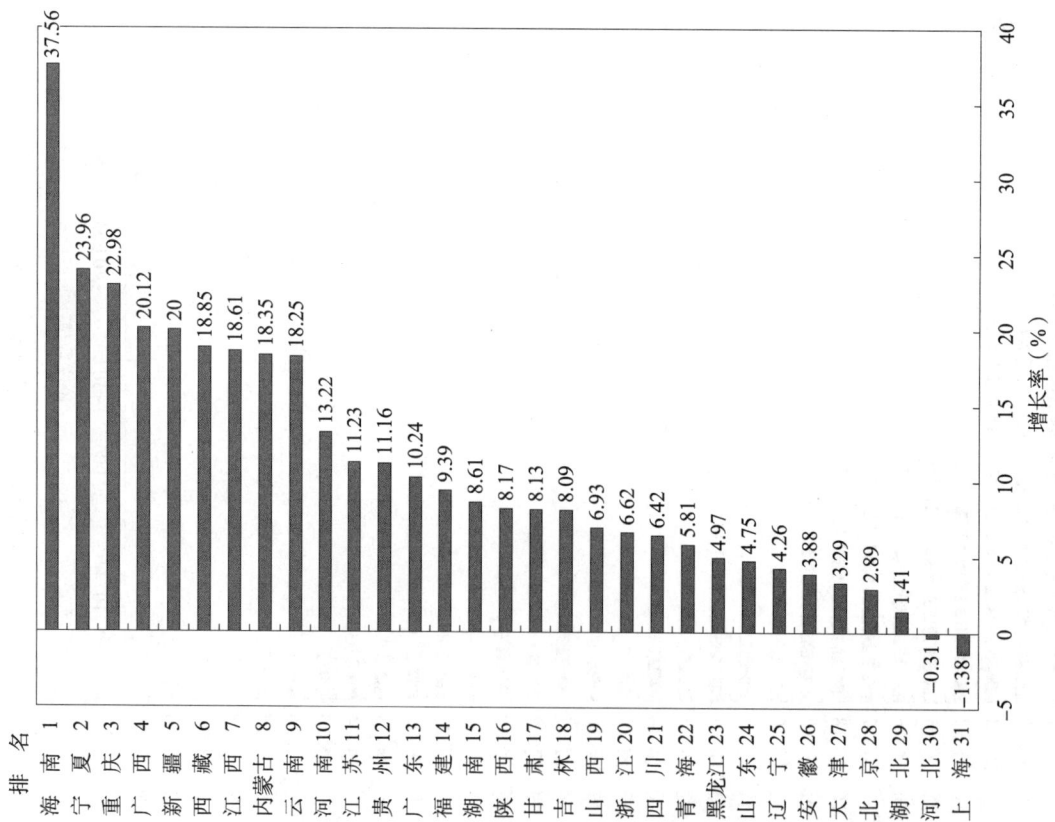

附图 20　13203 国际论文数增长率

增长率（%）

| 排名 | |
|---|---|
| 海南 1 | 37.56 |
| 宁夏 2 | 23.96 |
| 重庆 3 | 22.98 |
| 广西 4 | 20.12 |
| 新疆 5 | 20 |
| 西藏 6 | 18.85 |
| 江西 7 | 18.61 |
| 内蒙古 8 | 18.35 |
| 云南 9 | 18.25 |
| 河南 10 | 13.22 |
| 江苏 11 | 11.23 |
| 贵州 12 | 11.16 |
| 广东 13 | 10.24 |
| 福建 14 | 9.39 |
| 湖南 15 | 8.61 |
| 陕西 16 | 8.17 |
| 甘肃 17 | 8.13 |
| 吉林 18 | 8.09 |
| 山西 19 | 6.93 |
| 浙江 20 | 6.62 |
| 四川 21 | 6.42 |
| 青海 22 | 5.81 |
| 黑龙江 23 | 4.97 |
| 山东 24 | 4.75 |
| 辽宁 25 | 4.26 |
| 安徽 26 | 3.88 |
| 天津 27 | 3.29 |
| 北京 28 | 2.89 |
| 湖北 29 | 1.41 |
| 河北 30 | -0.31 |
| 上海 31 | -1.38 |

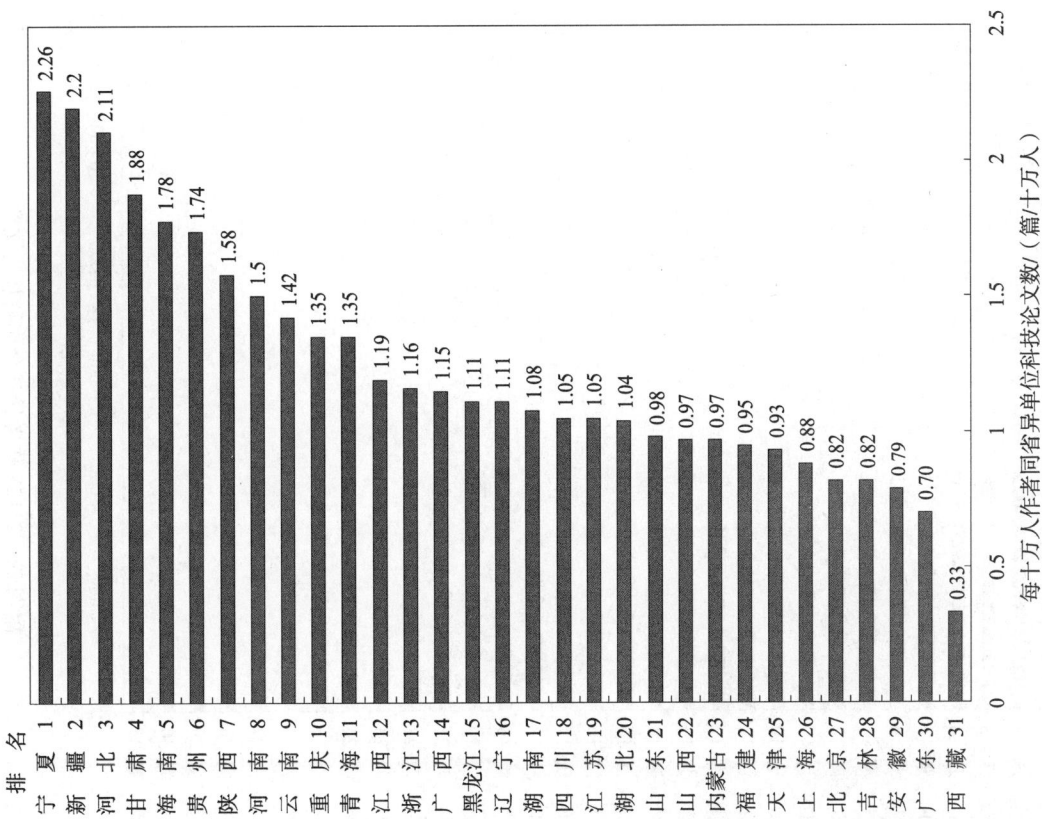

附图23 21113 同省异单位科技论文数增长率

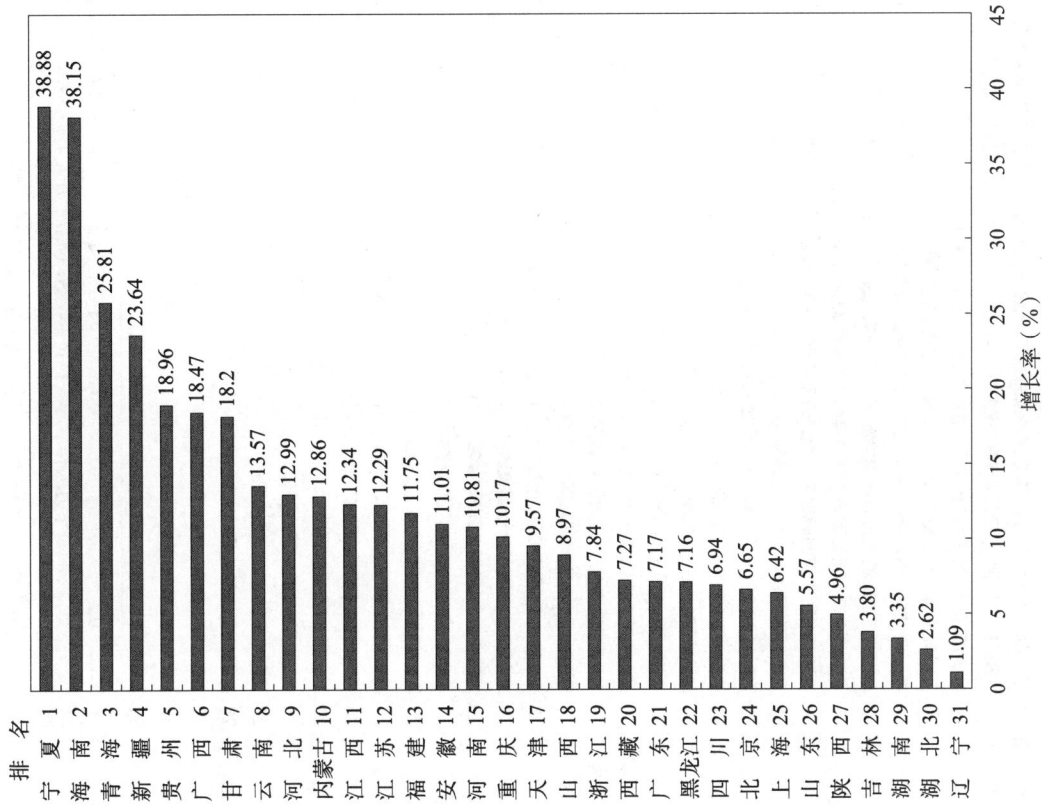

附图22 21112 每十万人作者同省异单位科技论文数

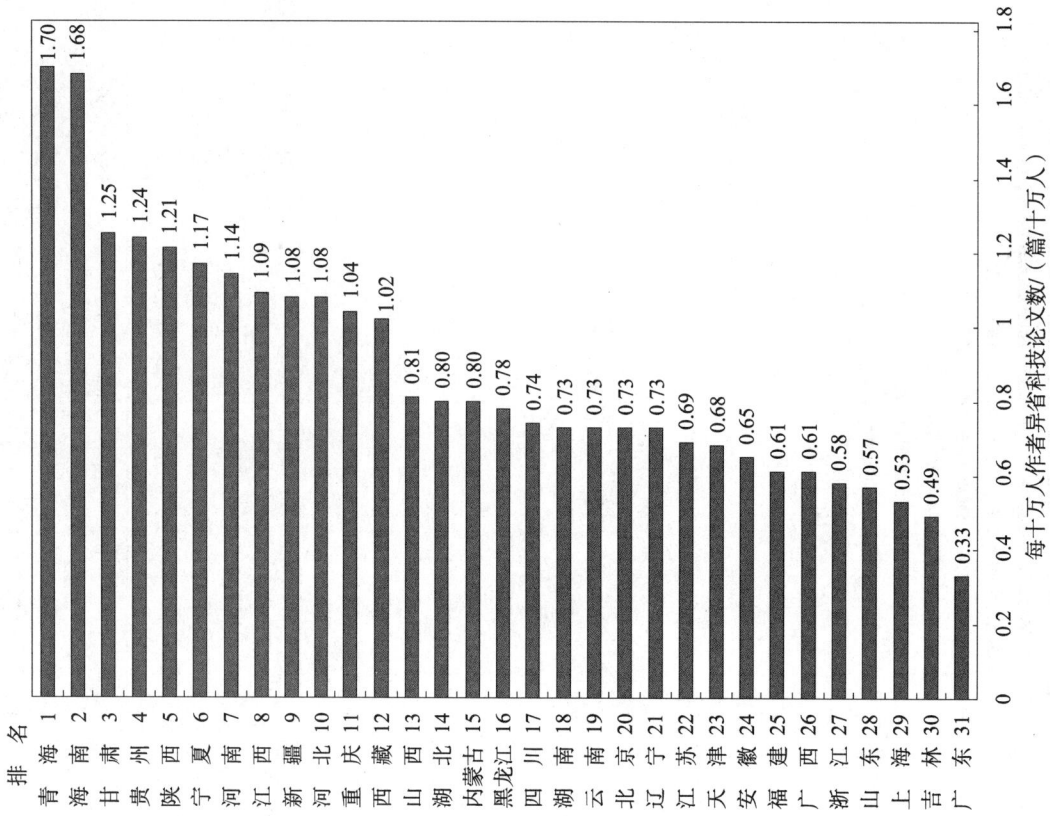

附图 25　21122 每十万人作者异省科技论文数

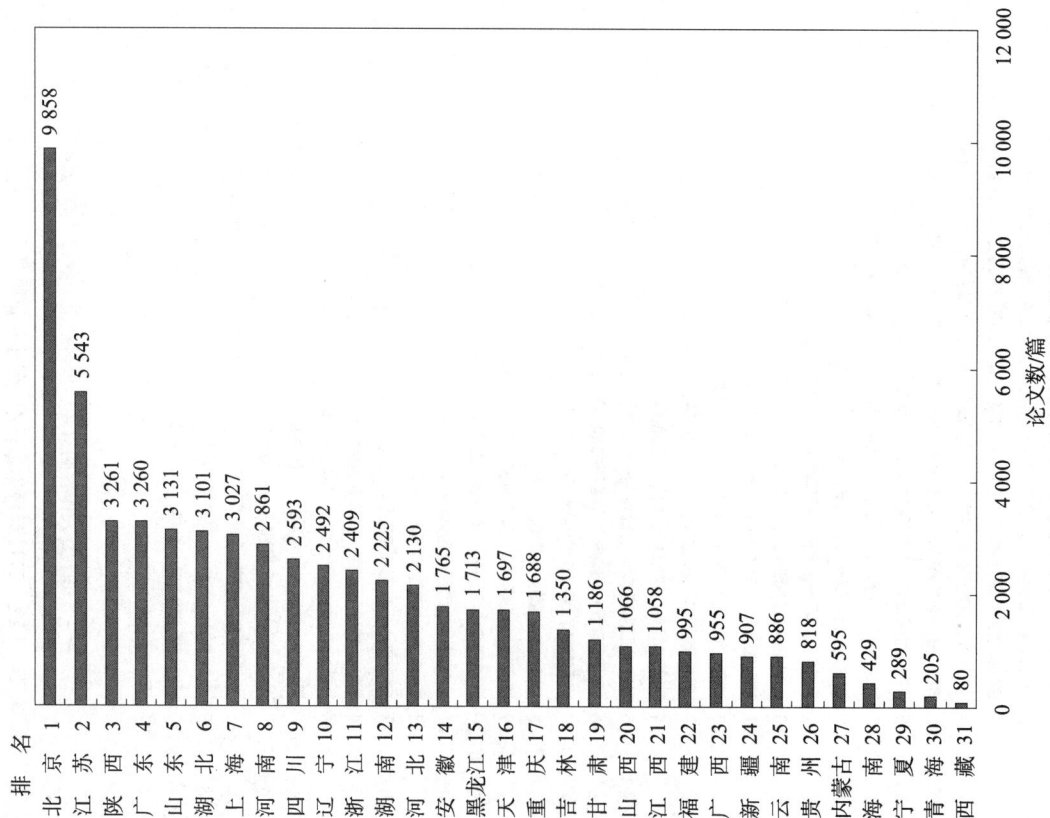

附图 24　21121 作者异省合作科技论文数

| 排名 | | 论文数/篇 |
|---|---|---|
| 1 | 北京 | 918 |
| 2 | 上海 | 416 |
| 3 | 江苏 | 376 |
| 4 | 广东 | 358 |
| 5 | 辽宁 | 200 |
| 6 | 陕西 | 187 |
| 7 | 浙江 | 168 |
| 8 | 山东 | 161 |
| 9 | 湖南 | 158 |
| 10 | 四川 | 157 |
| 11 | 湖北 | 148 |
| 12 | 黑龙江 | 124 |
| 13 | 重庆 | 117 |
| 14 | 天津 | 104 |
| 15 | 安徽 | 103 |
| 16 | 吉林 | 98 |
| 17 | 福建 | 86 |
| 18 | 河南 | 67 |
| 19 | 云南 | 65 |
| 20 | 河北 | 64 |
| 21 | 甘肃 | 51 |
| 22 | 新疆 | 44 |
| 23 | 贵州 | 42 |
| 24 | 广西 | 40 |
| 25 | 江西 | 37 |
| 26 | 山西 | 26 |
| 27 | 内蒙古 | 25 |
| 28 | 青海 | 13 |
| 29 | 宁夏 | 12 |
| 30 | 海南 | 7 |
| 31 | 西藏 | 0 |

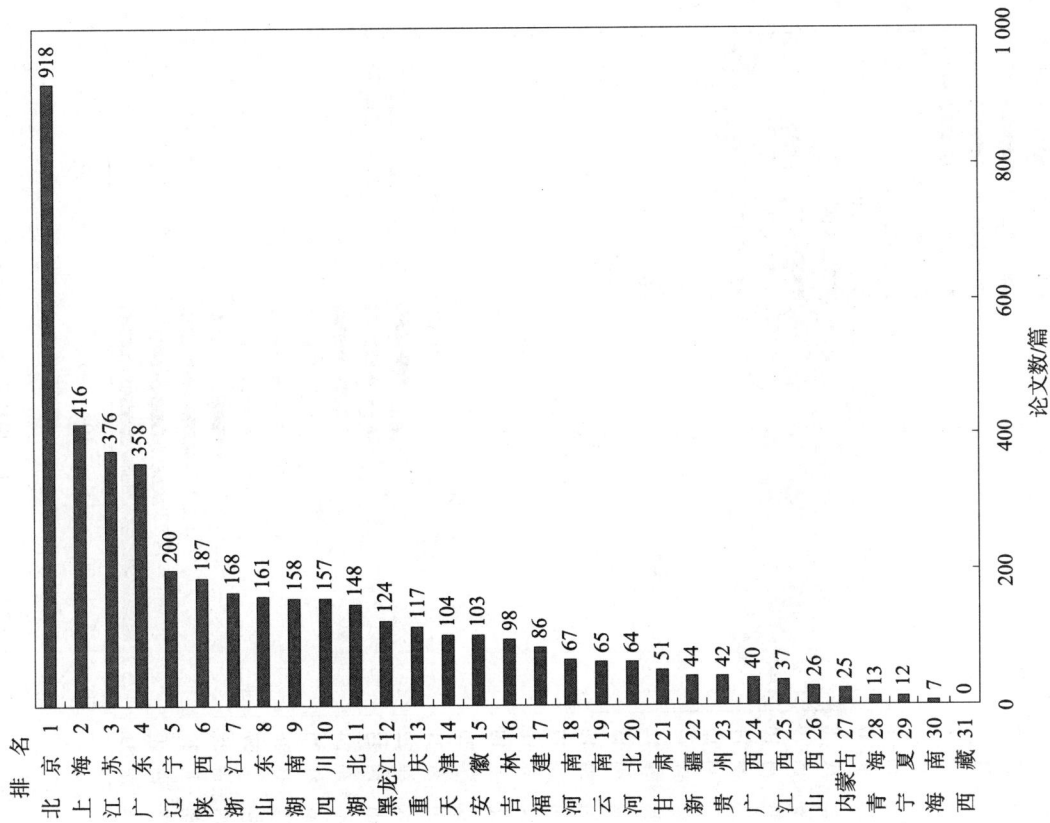

附图 27　21131 作者异国合作科技论文数

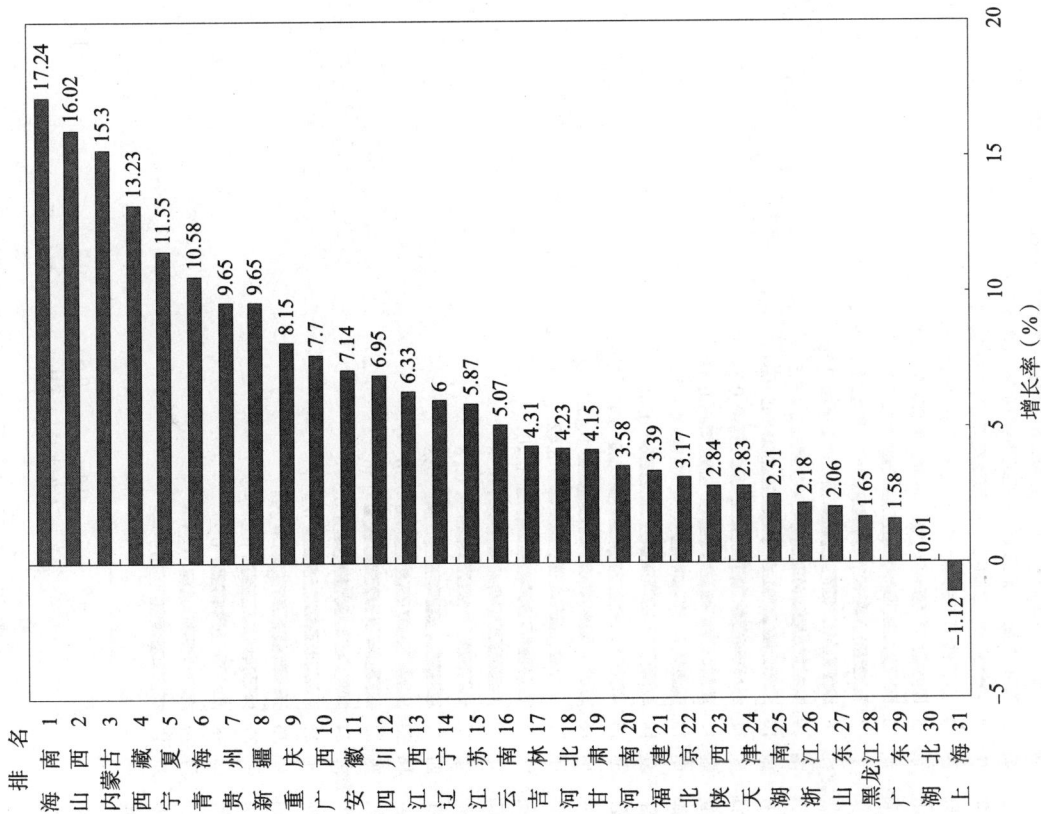

| 排名 | | 增长率（%） |
|---|---|---|
| 1 | 海南 | 17.24 |
| 2 | 山西 | 16.02 |
| 3 | 内蒙古 | 15.3 |
| 4 | 西藏 | 13.23 |
| 5 | 宁夏 | 11.55 |
| 6 | 青海 | 10.58 |
| 7 | 贵州 | 9.65 |
| 8 | 新疆 | 9.65 |
| 9 | 重庆 | 8.15 |
| 10 | 广西 | 7.7 |
| 11 | 安徽 | 7.14 |
| 12 | 四川 | 6.95 |
| 13 | 江西 | 6.33 |
| 14 | 辽宁 | 6 |
| 15 | 江苏 | 5.87 |
| 16 | 云南 | 5.07 |
| 17 | 吉林 | 4.31 |
| 18 | 河北 | 4.23 |
| 19 | 甘肃 | 4.15 |
| 20 | 河南 | 3.58 |
| 21 | 福建 | 3.39 |
| 22 | 北京 | 3.17 |
| 23 | 陕西 | 2.84 |
| 24 | 天津 | 2.83 |
| 25 | 湖南 | 2.51 |
| 26 | 浙江 | 2.18 |
| 27 | 山东 | 2.06 |
| 28 | 黑龙江 | 1.65 |
| 29 | 广东 | 1.58 |
| 30 | 湖北 | 0.01 |
| 31 | 上海 | -1.12 |

附图 26　21123 作者异省科技论文数增长率

附图 29　21133 作者异国科技论文数增长率

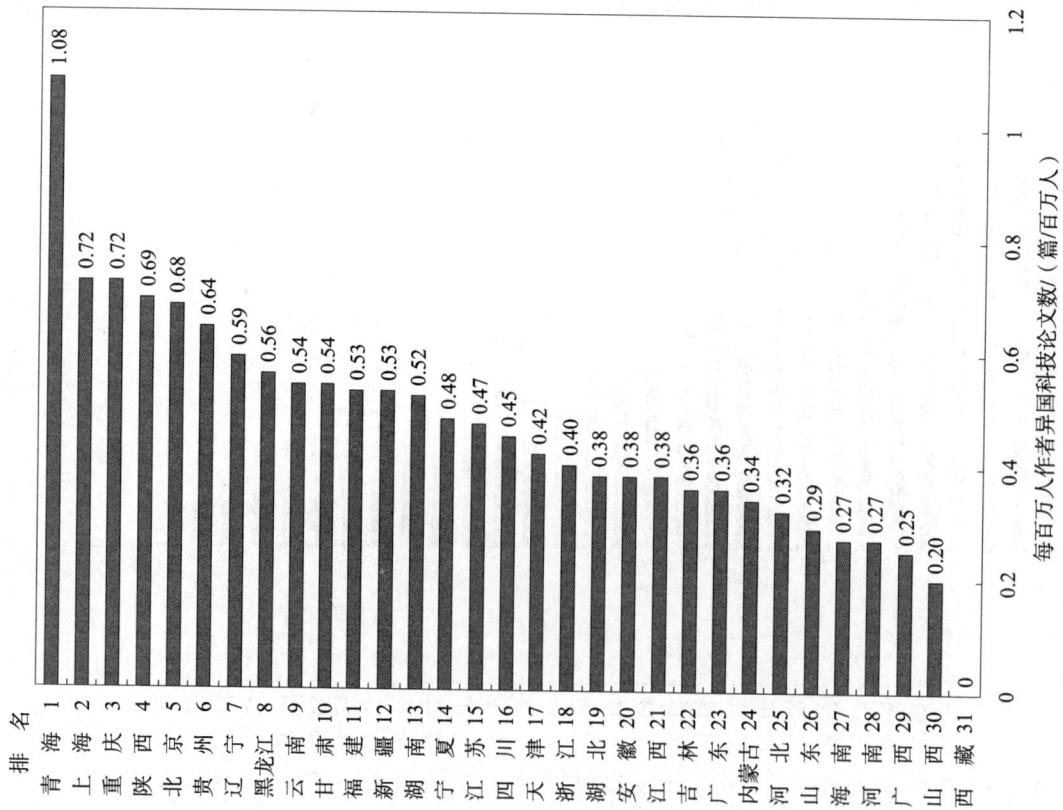

附图 28　21132 每百万人作者异国科技论文数

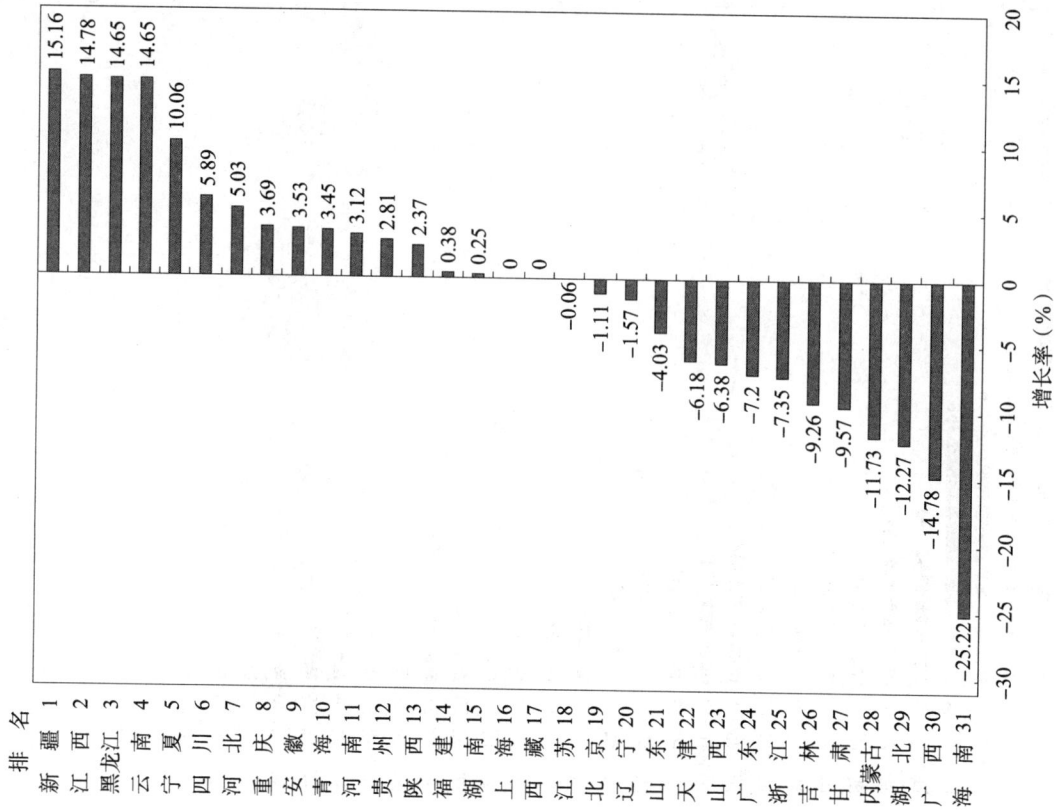

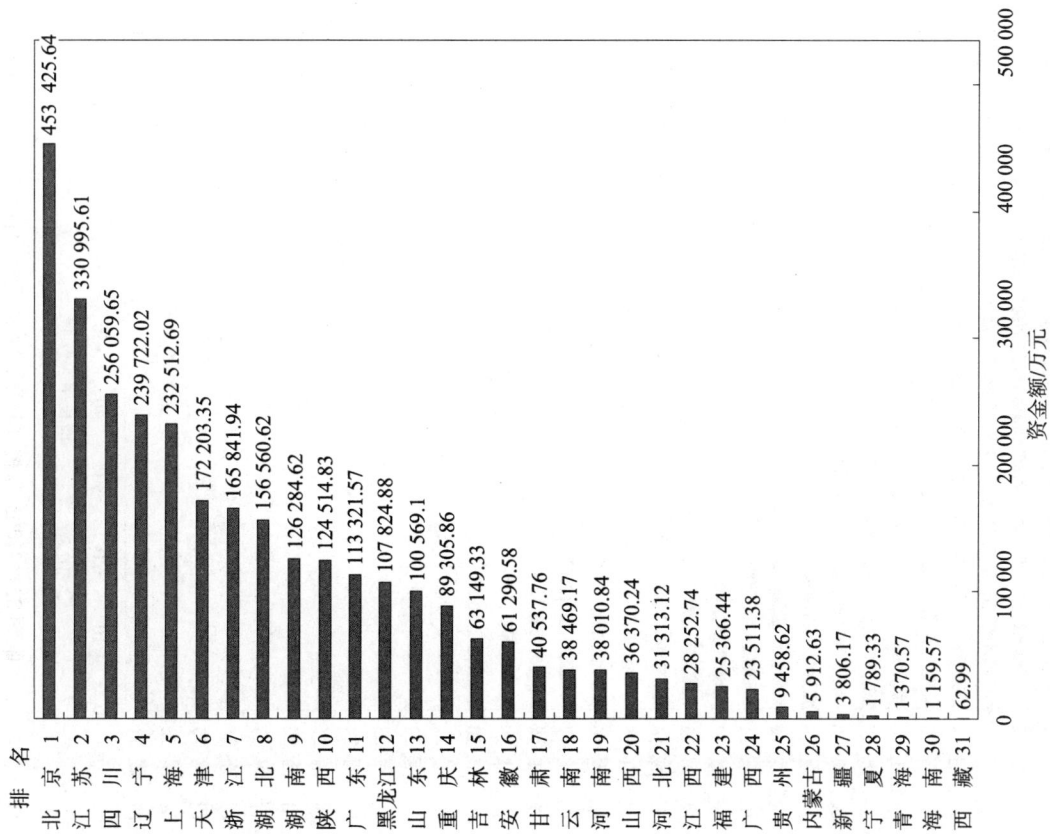

附图 30　21201 高校和科研院所研发经费内部支出额中来自企业的资金

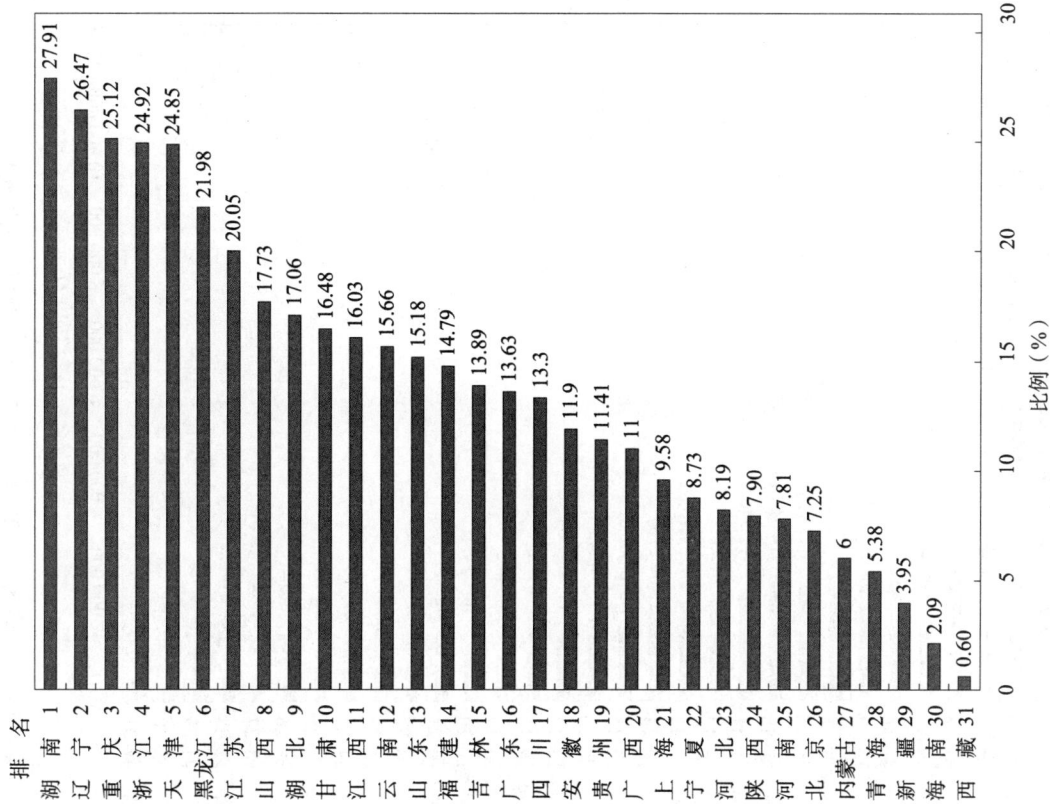

附图 31　21202 高校和科研院所研发经费内部支出额中来自企业资金的比例

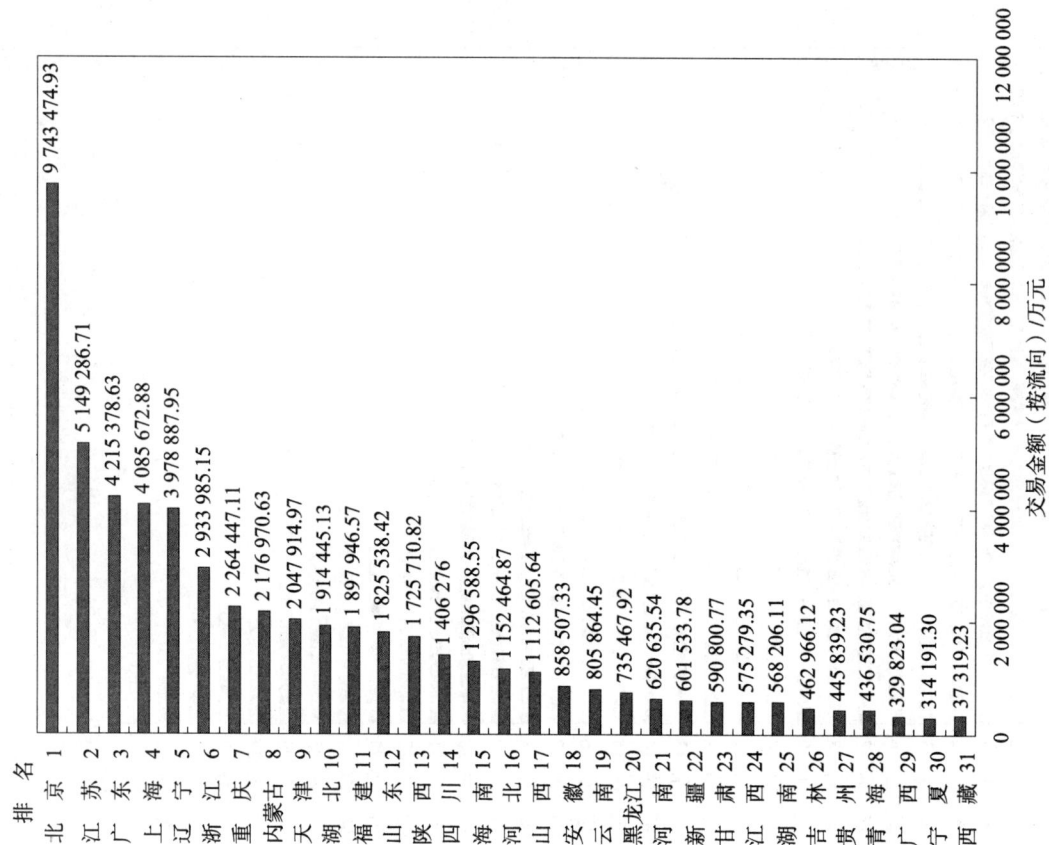

附图 33  22101 技术市场交易金额（按流向）

| 排名 | 地区 | 交易金额（按流向）/万元 |
|---|---|---|
| 1 | 北京 | 9 743 474.93 |
| 2 | 江苏 | 5 149 286.71 |
| 3 | 广东 | 4 215 378.63 |
| 4 | 上海 | 4 085 672.88 |
| 5 | 辽宁 | 3 978 887.95 |
| 6 | 浙江 | 2 933 985.15 |
| 7 | 重庆 | 2 264 447.11 |
| 8 | 内蒙古 | 2 176 970.63 |
| 9 | 天津 | 2 047 914.97 |
| 10 | 湖北 | 1 914 445.13 |
| 11 | 福建 | 1 897 946.57 |
| 12 | 山东 | 1 825 538.42 |
| 13 | 陕西 | 1 725 710.82 |
| 14 | 四川 | 1 406 276 |
| 15 | 海南 | 1 296 588.55 |
| 16 | 河北 | 1 152 464.87 |
| 17 | 山西 | 1 112 605.64 |
| 18 | 安徽 | 858 507.33 |
| 19 | 云南 | 805 864.45 |
| 20 | 黑龙江 | 735 467.92 |
| 21 | 河南 | 620 635.54 |
| 22 | 新疆 | 601 533.78 |
| 23 | 甘肃 | 590 800.77 |
| 24 | 江西 | 575 279.35 |
| 25 | 湖南 | 568 206.11 |
| 26 | 吉林 | 462 966.12 |
| 27 | 贵州 | 445 839.23 |
| 28 | 青海 | 436 530.75 |
| 29 | 广西 | 329 823.04 |
| 30 | 宁夏 | 314 191.30 |
| 31 | 西藏 | 37 319.23 |

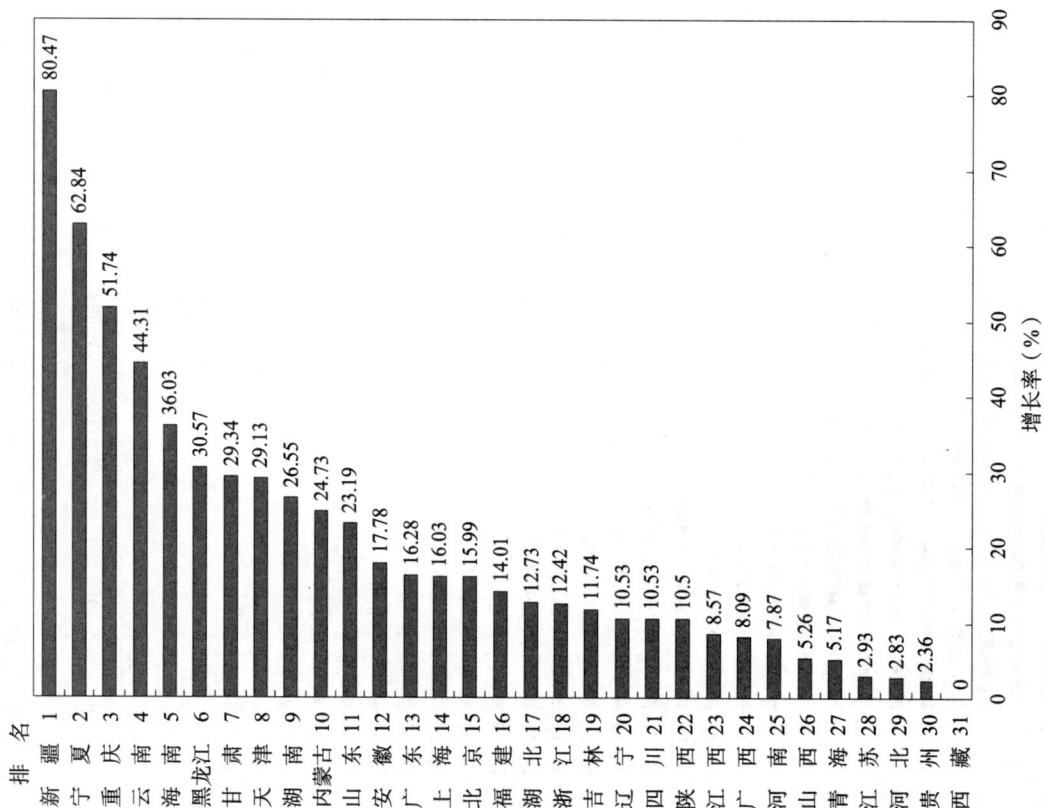

附图 32  21203 高校和科研院所研发经费内部支出额中来自企业资金增长率

| 排名 | 地区 | 增长率（%） |
|---|---|---|
| 1 | 新疆 | 80.47 |
| 2 | 宁夏 | 62.84 |
| 3 | 重庆 | 51.74 |
| 4 | 云南 | 44.31 |
| 5 | 海南 | 36.03 |
| 6 | 黑龙江 | 30.57 |
| 7 | 甘肃 | 29.34 |
| 8 | 天津 | 29.13 |
| 9 | 湖南 | 26.55 |
| 10 | 内蒙古 | 24.73 |
| 11 | 山东 | 23.19 |
| 12 | 安徽 | 17.78 |
| 13 | 广东 | 16.28 |
| 14 | 上海 | 16.03 |
| 15 | 北京 | 15.99 |
| 16 | 福建 | 14.01 |
| 17 | 湖北 | 12.73 |
| 18 | 浙江 | 12.42 |
| 19 | 吉林 | 11.74 |
| 20 | 辽宁 | 10.53 |
| 21 | 四川 | 10.53 |
| 22 | 陕西 | 10.5 |
| 23 | 江西 | 8.57 |
| 24 | 广西 | 8.09 |
| 25 | 河南 | 7.87 |
| 26 | 山西 | 5.26 |
| 27 | 青海 | 5.17 |
| 28 | 江苏 | 2.93 |
| 29 | 河北 | 2.83 |
| 30 | 贵州 | 2.36 |
| 31 | 西藏 | 0 |

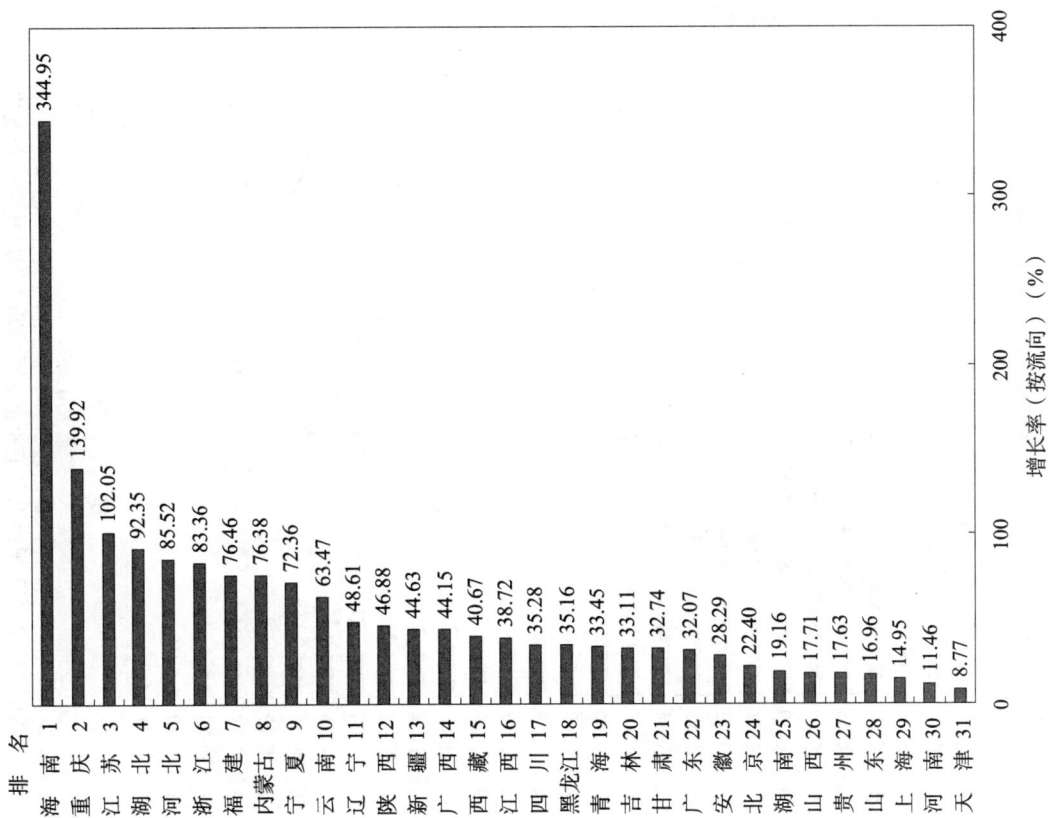

附图35 22103 技术市场交易金额的增长率（按流向）

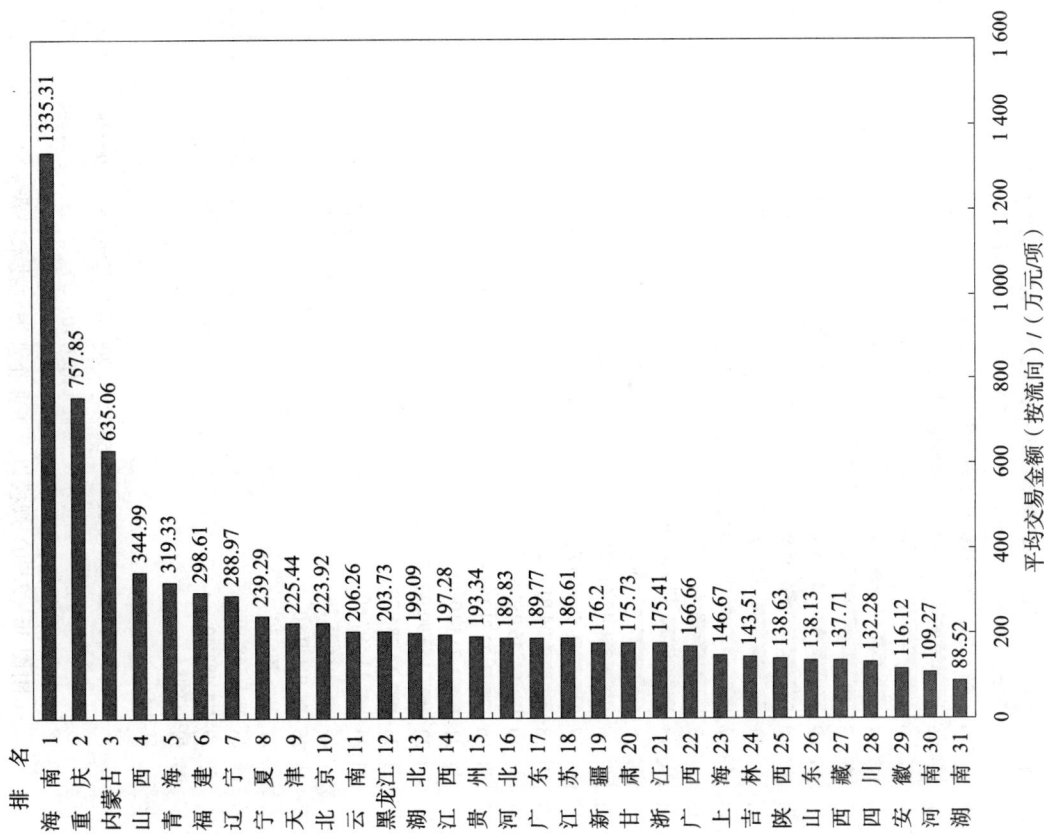

附图34 22102 技术市场企业平均交易额（按流向）

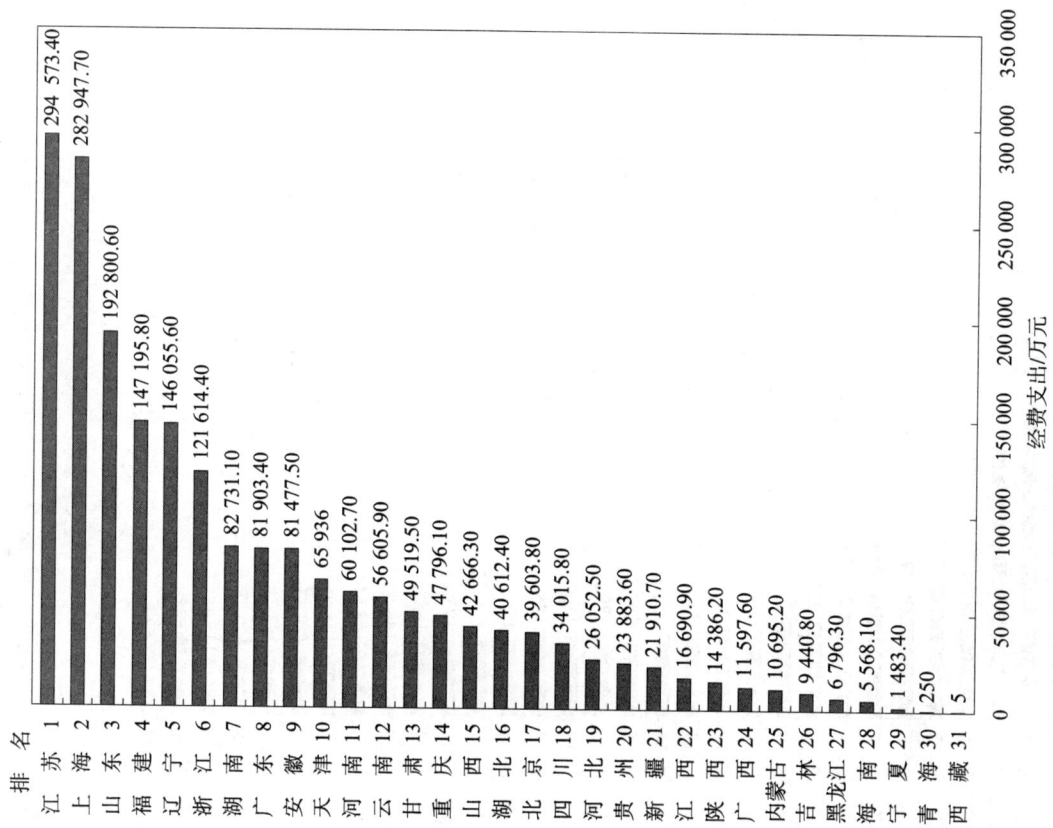

附图 37　22202 规模以上工业企业平均购买国内技术经费支出

| 排名 | | 经费支出（万元/项） |
|---|---|---|
| 1 | 上海 | 28.95 |
| 2 | 甘肃 | 28.54 |
| 3 | 云南 | 17.63 |
| 4 | 海南 | 14.77 |
| 5 | 天津 | 12.34 |
| 6 | 新疆 | 11.18 |
| 7 | 山西 | 10.93 |
| 8 | 北京 | 10.73 |
| 9 | 福建 | 9.6 |
| 10 | 重庆 | 9.59 |
| 11 | 贵州 | 8.68 |
| 12 | 辽宁 | 8.42 |
| 13 | 湖南 | 6.47 |
| 14 | 江苏 | 6.42 |
| 15 | 安徽 | 5.61 |
| 16 | 山东 | 5.12 |
| 17 | 陕西 | 3.36 |
| 18 | 浙江 | 3.33 |
| 19 | 湖北 | 3.26 |
| 20 | 河南 | 3.12 |
| 21 | 四川 | 2.67 |
| 22 | 内蒙古 | 2.52 |
| 23 | 江西 | 2.31 |
| 24 | 广西 | 2.21 |
| 25 | 广东 | 2.17 |
| 26 | 河北 | 2.11 |
| 27 | 吉林 | 1.79 |
| 28 | 黑龙江 | 1.74 |
| 29 | 宁夏 | 1.71 |
| 30 | 青海 | 0.59 |
| 31 | 西藏 | 0.08 |

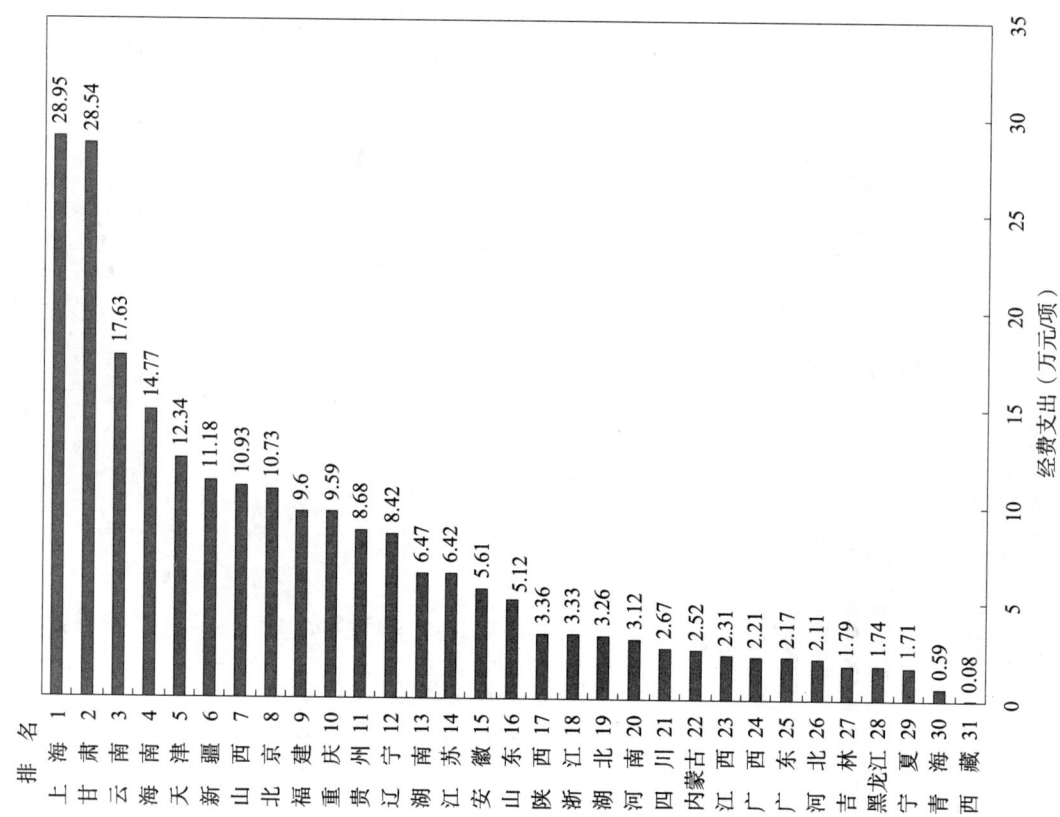

附图 36　22201 规模以上工业企业国内技术经费支出

| 排名 | | 经费支出/万元 |
|---|---|---|
| 1 | 江苏 | 294 573.40 |
| 2 | 上海 | 282 947.70 |
| 3 | 山东 | 192 800.60 |
| 4 | 福建 | 147 195.80 |
| 5 | 辽宁 | 146 055.60 |
| 6 | 浙江 | 121 614.40 |
| 7 | 湖南 | 82 731.10 |
| 8 | 广东 | 81 903.40 |
| 9 | 安徽 | 81 477.50 |
| 10 | 天津 | 65 936 |
| 11 | 河南 | 60 102.70 |
| 12 | 云南 | 56 605.90 |
| 13 | 甘肃 | 49 519.50 |
| 14 | 重庆 | 47 796.10 |
| 15 | 山西 | 42 666.30 |
| 16 | 湖北 | 40 612.40 |
| 17 | 北京 | 39 603.80 |
| 18 | 四川 | 34 015.80 |
| 19 | 河北 | 26 052.50 |
| 20 | 贵州 | 23 883.60 |
| 21 | 新疆 | 21 910.70 |
| 22 | 江西 | 16 690.90 |
| 23 | 陕西 | 14 386.20 |
| 24 | 广西 | 11 597.60 |
| 25 | 内蒙古 | 10 695.20 |
| 26 | 吉林 | 9 440.80 |
| 27 | 黑龙江 | 6 796.30 |
| 28 | 海南 | 5 568.10 |
| 29 | 宁夏 | 1 483.40 |
| 30 | 青海 | 250 |
| 31 | 西藏 | 5 |

## 附图38 22203 规模以上工业企业购买国内技术经费支出增长率

| 排 名 | 地区 | 增长率（%） |
|---|---|---|
| 1 | 陕 西 | 406.42 |
| 2 | 内蒙古 | 263.98 |
| 3 | 海 南 | 216.68 |
| 4 | 贵 州 | 119.51 |
| 5 | 吉 林 | 112.81 |
| 6 | 四 川 | 73.77 |
| 7 | 北 京 | 41.54 |
| 8 | 新 疆 | 41.03 |
| 9 | 湖 南 | 31.16 |
| 10 | 山 西 | 25.6 |
| 11 | 湖 北 | 21.17 |
| 12 | 江 西 | 18.87 |
| 13 | 天 津 | 13.53 |
| 14 | 甘 肃 | 11.48 |
| 15 | 福 建 | 11.42 |
| 16 | 云 南 | 10.84 |
| 17 | 江 苏 | 10.8 |
| 18 | 山 东 | 2.78 |
| 19 | 广 东 | 0.95 |
| 20 | 西 藏 | 0 |
| 21 | 上 海 | -6.47 |
| 22 | 浙 江 | -8.46 |
| 23 | 安 徽 | -9.81 |
| 24 | 重 庆 | -11.61 |
| 25 | 宁 夏 | -12.95 |
| 26 | 河 北 | -13.4 |
| 27 | 广 西 | -21.04 |
| 28 | 宁 夏 | -21.63 |
| 29 | 黑龙江 | -34.38 |
| 30 | 河 南 | -36.04 |
| 31 | 青 海 | -56.13 |

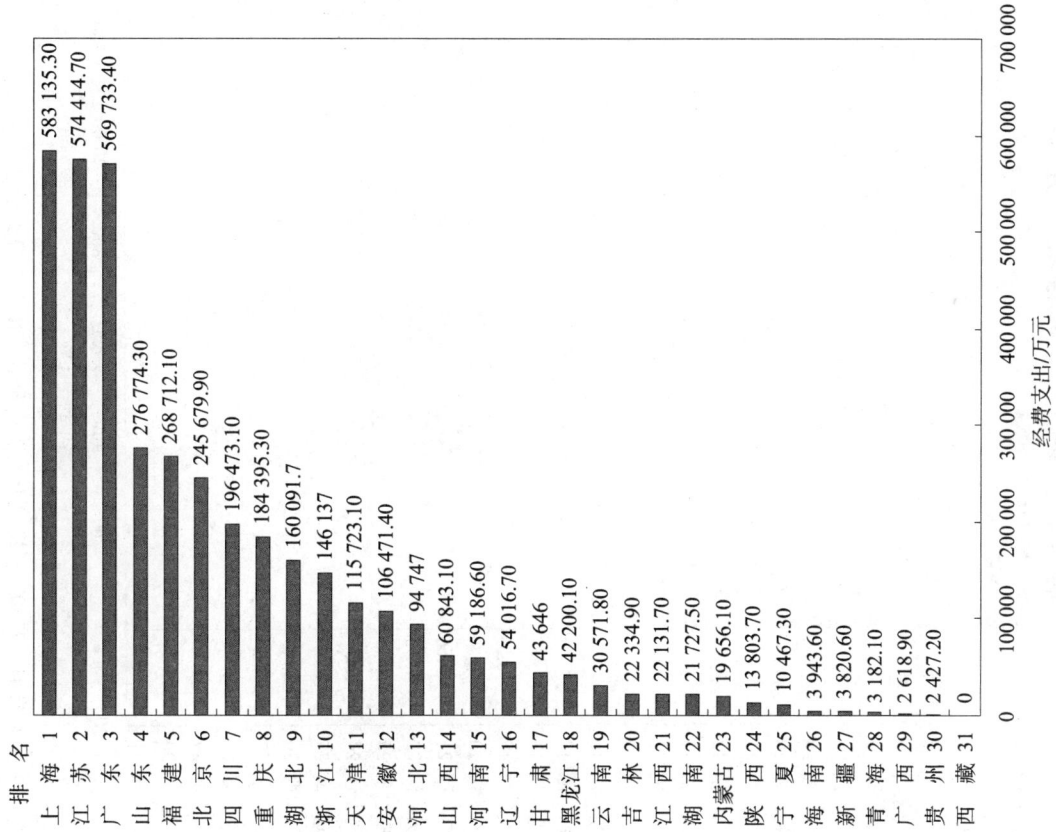

## 附图39 22301 规模以上工业企业引进技术经费支出

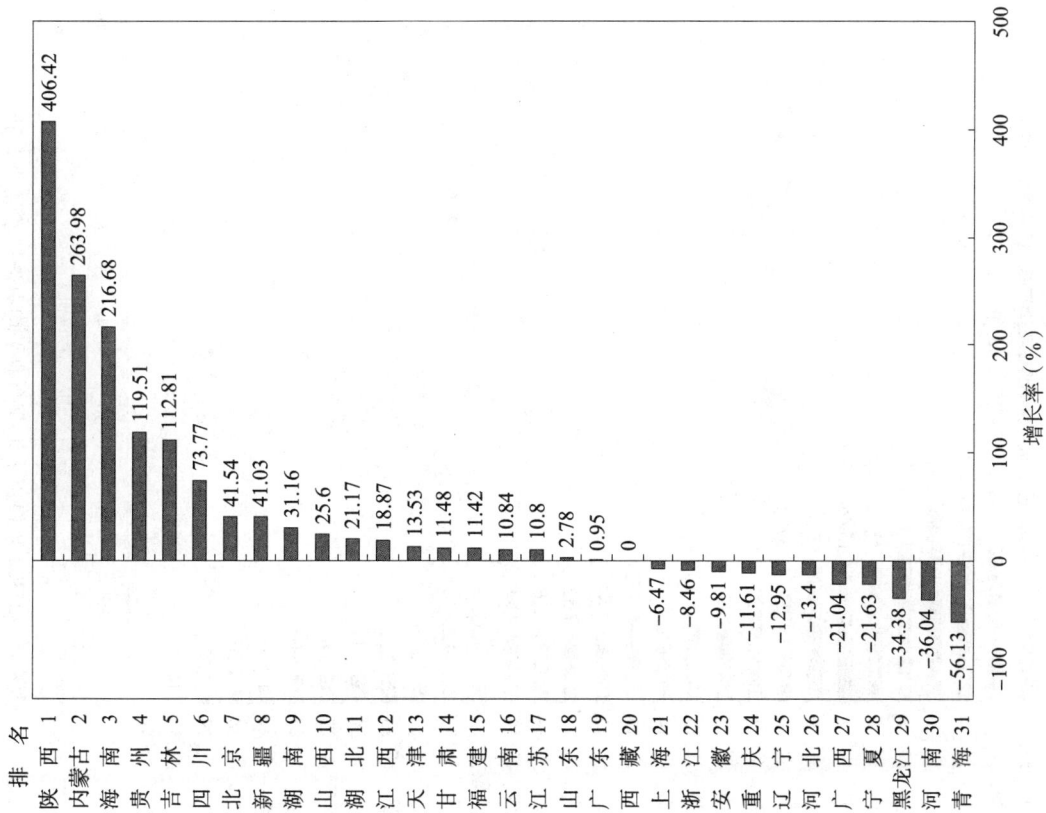

| 排 名 | 地区 | 经费支出/万元 |
|---|---|---|
| 1 | 上 海 | 583 135.30 |
| 2 | 江 苏 | 574 414.70 |
| 3 | 广 东 | 569 733.40 |
| 4 | 山 东 | 276 774.30 |
| 5 | 福 建 | 268 712.10 |
| 6 | 北 京 | 245 679.90 |
| 7 | 四 川 | 196 473.10 |
| 8 | 重 庆 | 184 395.30 |
| 9 | 湖 北 | 160 091.7 |
| 10 | 浙 江 | 146 137 |
| 11 | 天 津 | 115 723.10 |
| 12 | 安 徽 | 106 471.40 |
| 13 | 河 北 | 94 747 |
| 14 | 山 西 | 60 843.10 |
| 15 | 河 南 | 59 186.60 |
| 16 | 辽 宁 | 54 016.70 |
| 17 | 甘 肃 | 43 646 |
| 18 | 黑龙江 | 42 200.10 |
| 19 | 云 南 | 30 571.80 |
| 20 | 吉 林 | 22 334.90 |
| 21 | 江 西 | 22 131.70 |
| 22 | 湖 南 | 21 727.50 |
| 23 | 内蒙古 | 19 656.10 |
| 24 | 陕 西 | 13 803.70 |
| 25 | 宁 夏 | 10 467.30 |
| 26 | 海 南 | 3 943.60 |
| 27 | 新 疆 | 3 820.60 |
| 28 | 青 海 | 3 182.10 |
| 29 | 广 西 | 2 618.90 |
| 30 | 贵 州 | 2 427.20 |
| 31 | 西 藏 | 0 |

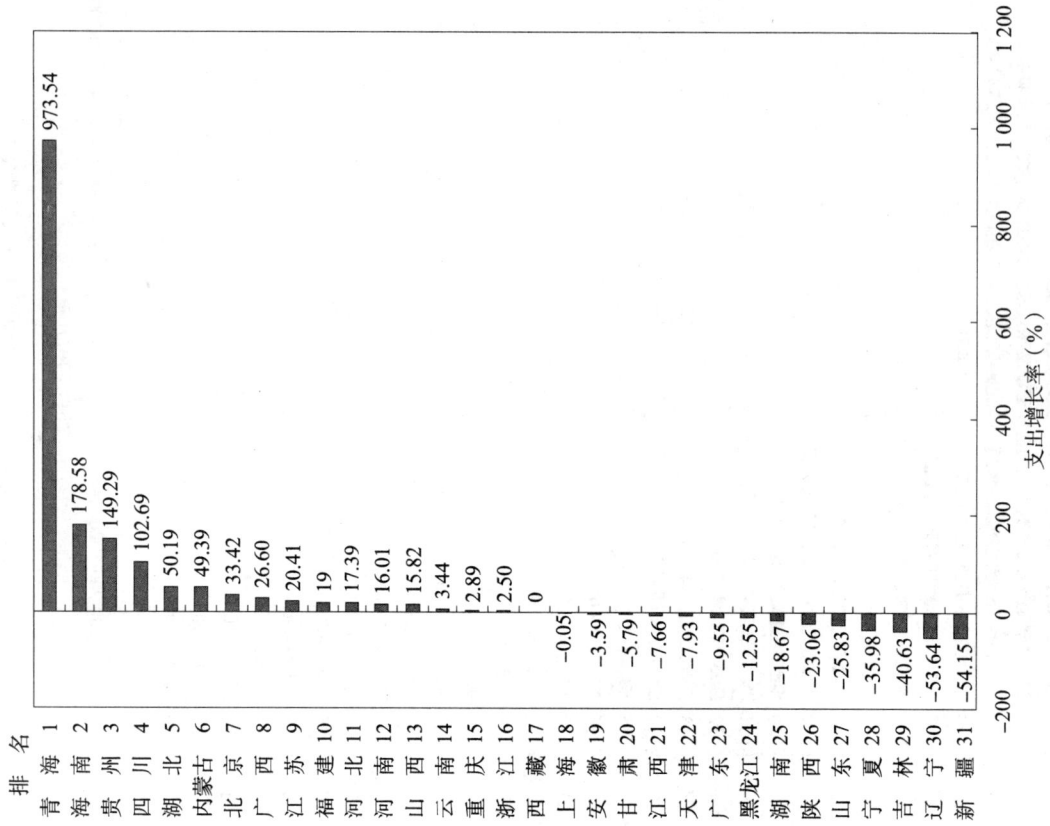

附图 41　22303 规模以上工业企业引进技术经费支出增长率

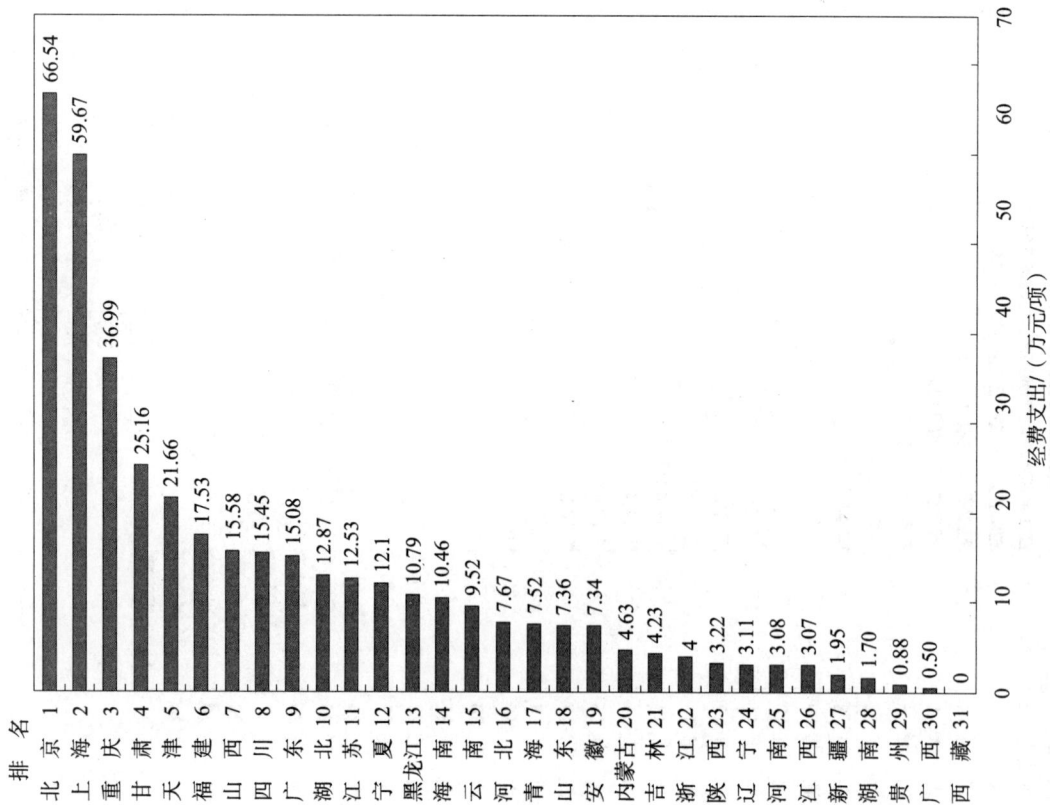

附图 40　22302 规模以上工业企业平均引进技术经费支出

| 排名 | 地区 | 人均值（美元/人） |
|---|---|---|
| 1 | 上海 | 8 542.87 |
| 2 | 天津 | 3 842.69 |
| 3 | 北京 | 3 570.45 |
| 4 | 江苏 | 3 539.18 |
| 5 | 辽宁 | 2 193.10 |
| 6 | 广东 | 2 172.91 |
| 7 | 福建 | 1 815.3 |
| 8 | 浙江 | 1 773.46 |
| 9 | 海南 | 1 087.43 |
| 10 | 重庆 | 799.93 |
| 11 | 山东 | 706.09 |
| 12 | 江西 | 668.77 |
| 13 | 内蒙古 | 418.85 |
| 14 | 湖北 | 414.97 |
| 15 | 陕西 | 355.16 |
| 16 | 四川 | 350.38 |
| 17 | 吉林 | 316.49 |
| 18 | 广西 | 291.15 |
| 19 | 河北 | 259.28 |
| 20 | 安徽 | 257.61 |
| 21 | 黑龙江 | 246.50 |
| 22 | 山西 | 230.65 |
| 23 | 湖南 | 222.02 |
| 24 | 云南 | 217.37 |
| 25 | 宁夏 | 186.45 |
| 26 | 河南 | 182.14 |
| 27 | 青海 | 137.75 |
| 28 | 新疆 | 124.24 |
| 29 | 西藏 | 103.37 |
| 30 | 贵州 | 94.52 |
| 31 | 甘肃 | 79.95 |

附图 43　23002 人均外商投资企业年底注册资金中外资部分

| 排名 | 地区 | 资金/亿美元 |
|---|---|---|
| 1 | 江苏 | 2 803.02 |
| 2 | 广东 | 2 301.98 |
| 3 | 上海 | 2 033.57 |
| 4 | 浙江 | 971.32 |
| 5 | 辽宁 | 962.55 |
| 6 | 北京 | 738.83 |
| 7 | 山东 | 683.84 |
| 8 | 福建 | 680.38 |
| 9 | 天津 | 543.03 |
| 10 | 江西 | 301.21 |
| 11 | 四川 | 282.98 |
| 12 | 湖北 | 239.81 |
| 13 | 重庆 | 235.58 |
| 14 | 河北 | 188.95 |
| 15 | 河南 | 171.32 |
| 16 | 安徽 | 154.26 |
| 17 | 湖南 | 147.40 |
| 18 | 广西 | 136.32 |
| 19 | 陕西 | 133.29 |
| 20 | 内蒙古 | 104.29 |
| 21 | 云南 | 101.27 |
| 22 | 海南 | 96.41 |
| 23 | 黑龙江 | 94.51 |
| 24 | 吉林 | 87.05 |
| 25 | 山西 | 83.28 |
| 26 | 贵州 | 32.93 |
| 27 | 新疆 | 27.74 |
| 28 | 甘肃 | 20.61 |
| 29 | 宁夏 | 12.07 |
| 30 | 青海 | 7.90 |
| 31 | 西藏 | 3.18 |

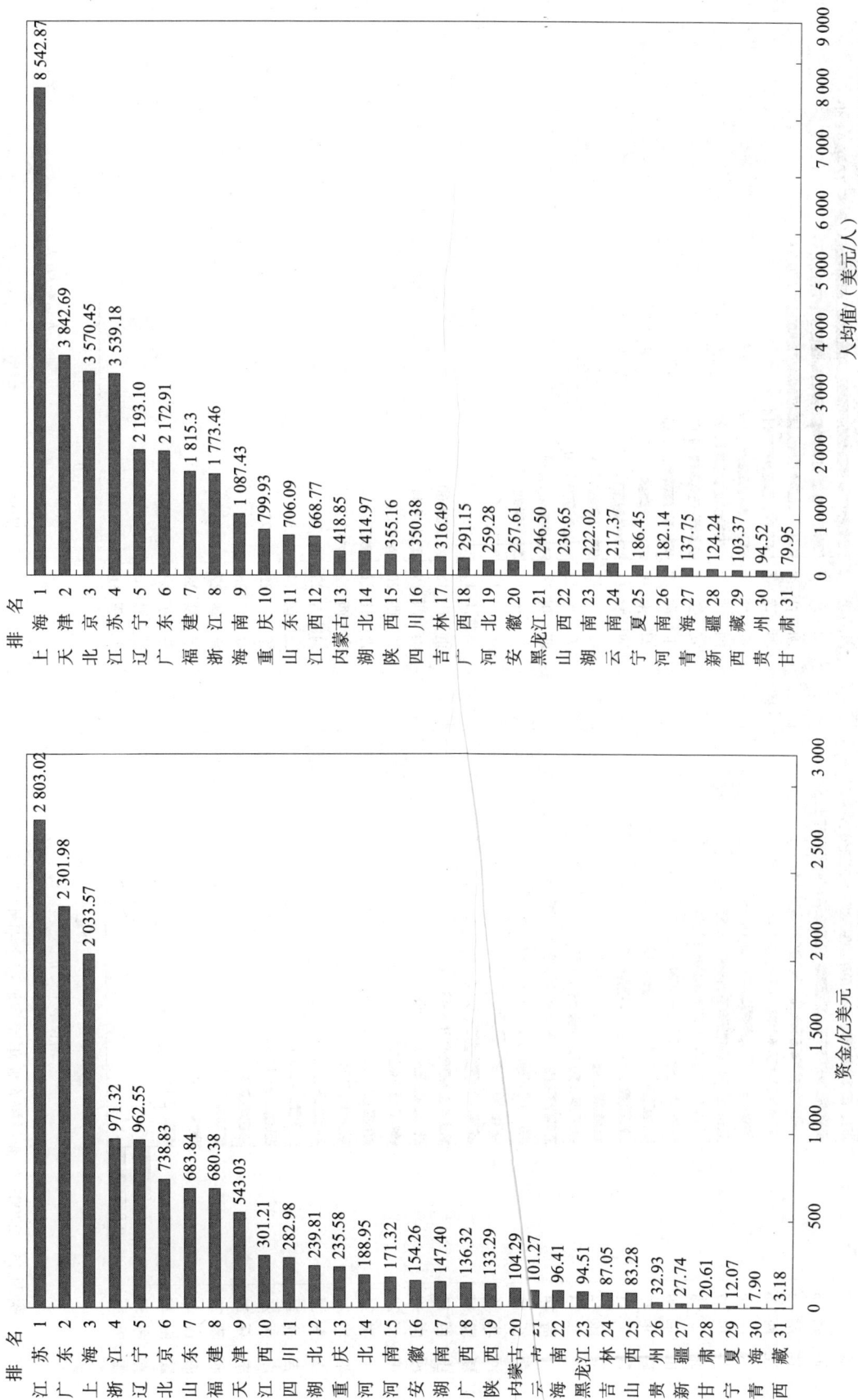

附图 42　23001 外商投资企业年底注册资金中外资部分

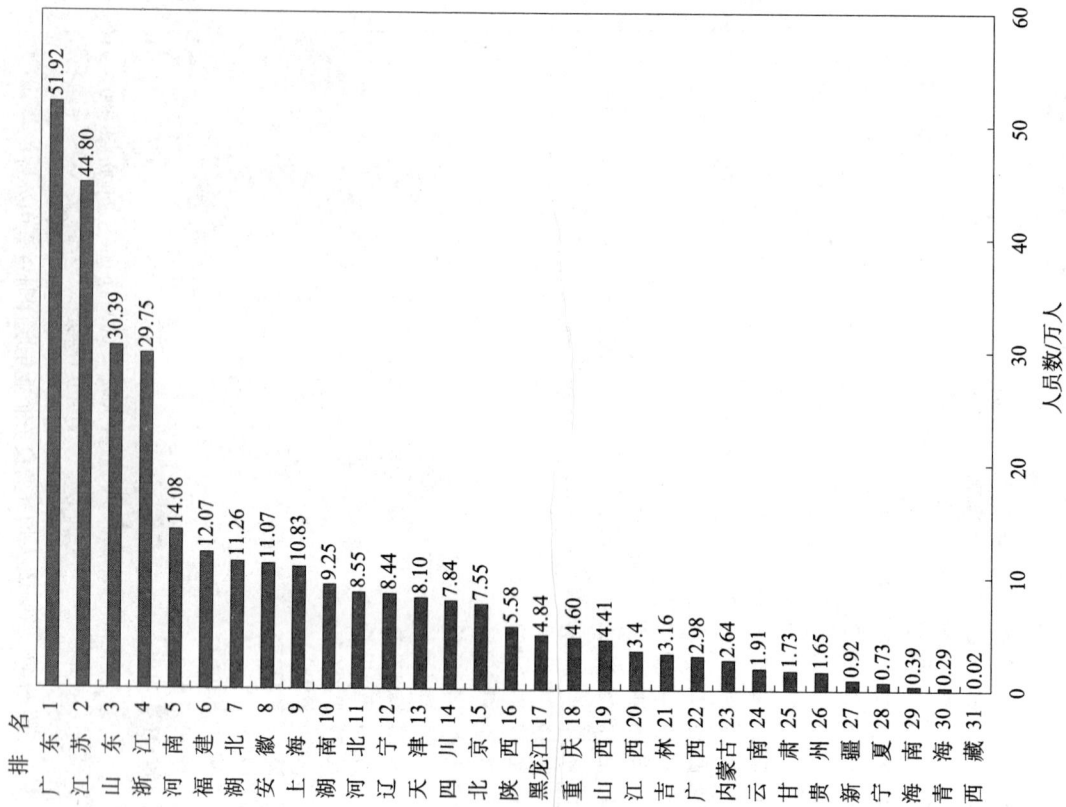

附图 45　31101 规模以上工业企业 R&D 人员数

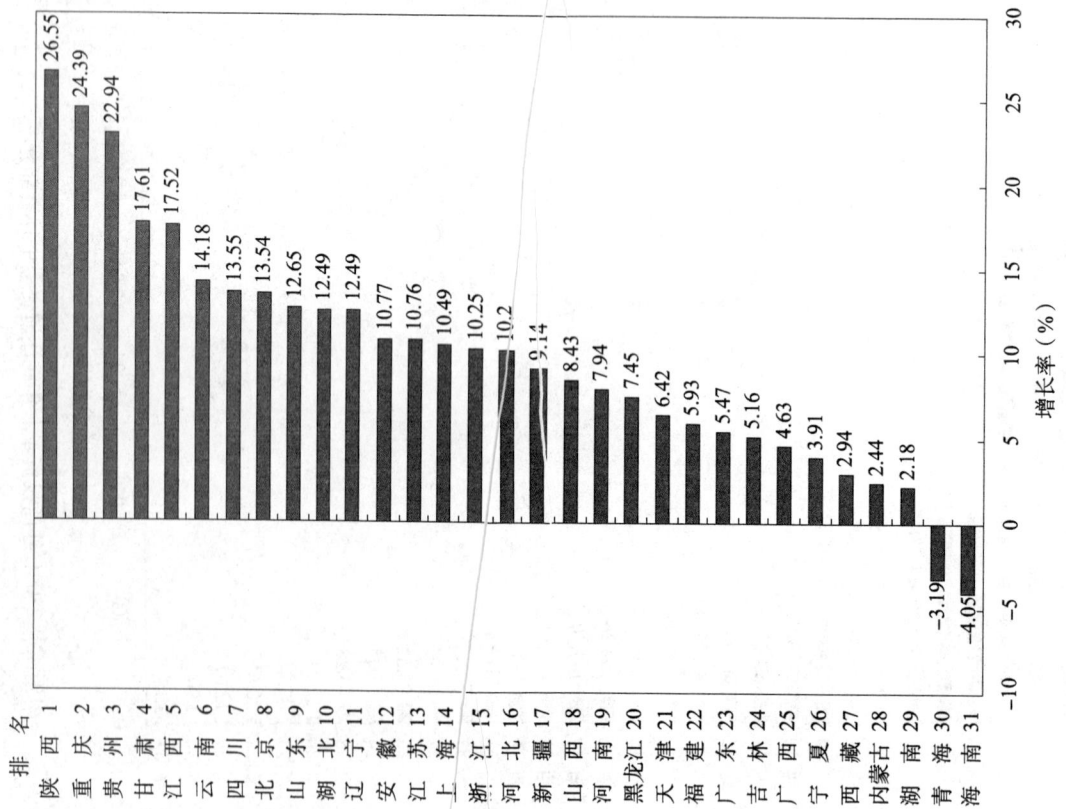

附图 44　23003 外商投资企业年底注册资金中外资部分增长率

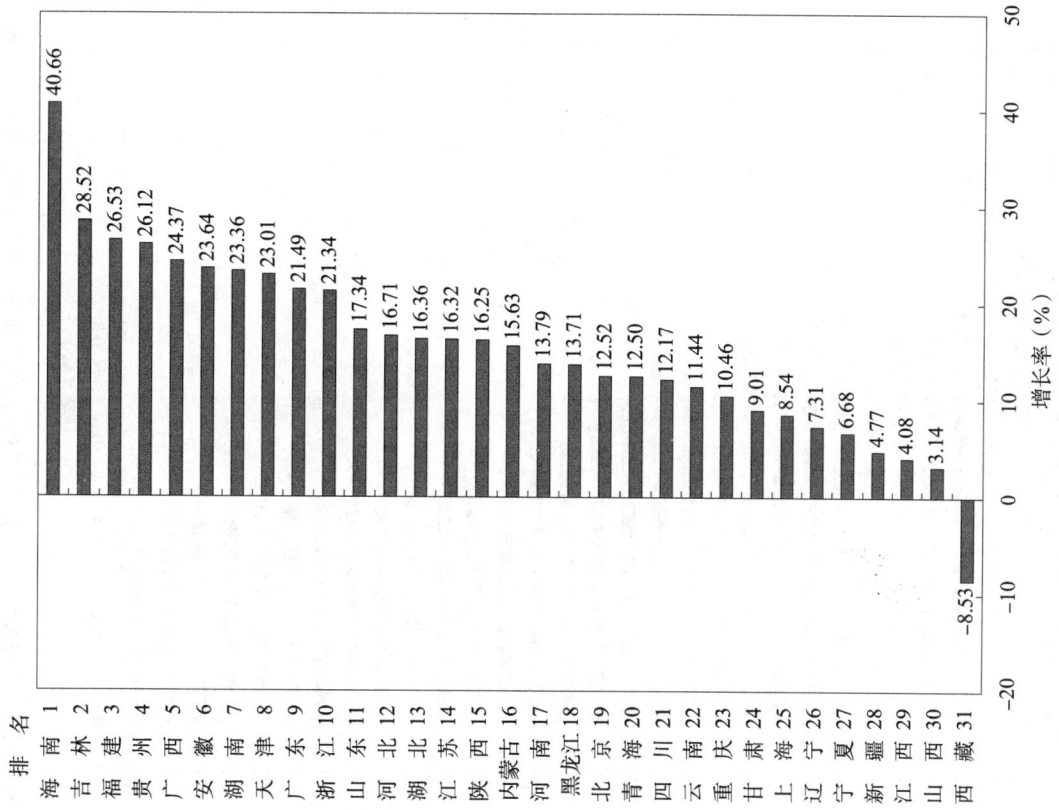

附图 47　31103　规模以上工业企业 R&D 人员增长率

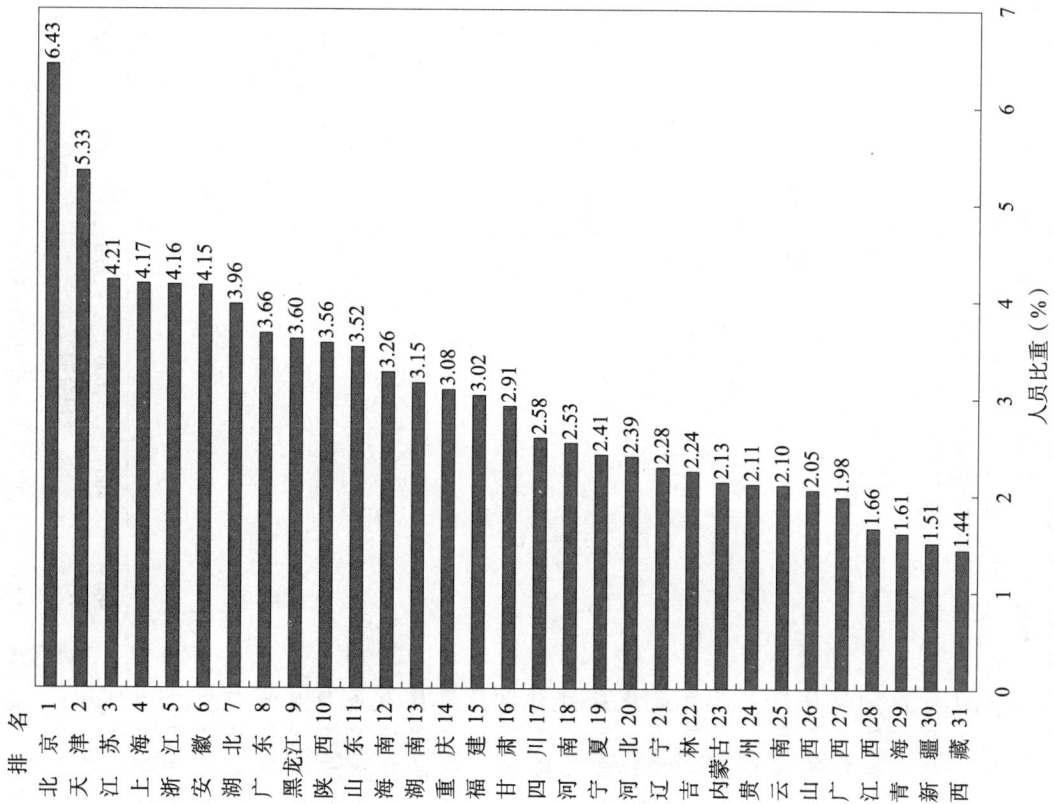

增长率（%）

| 排　名 | 地区 | 增长率(%) |
|---|---|---|
| 1 | 海南 | 40.66 |
| 2 | 吉林 | 28.52 |
| 3 | 福建 | 26.53 |
| 4 | 贵州 | 26.12 |
| 5 | 广西 | 24.37 |
| 6 | 安徽 | 23.64 |
| 7 | 湖南 | 23.36 |
| 8 | 天津 | 23.01 |
| 9 | 广东 | 21.49 |
| 10 | 浙江 | 21.34 |
| 11 | 山东 | 17.34 |
| 12 | 河北 | 16.71 |
| 13 | 湖北 | 16.36 |
| 14 | 江苏 | 16.32 |
| 15 | 陕西 | 16.25 |
| 16 | 内蒙古 | 15.63 |
| 17 | 河南 | 13.79 |
| 18 | 黑龙江 | 13.71 |
| 19 | 北京 | 12.52 |
| 20 | 青海 | 12.50 |
| 21 | 四川 | 12.17 |
| 22 | 云南 | 11.44 |
| 23 | 重庆 | 10.46 |
| 24 | 甘肃 | 9.01 |
| 25 | 上海 | 8.54 |
| 26 | 辽宁 | 7.31 |
| 27 | 宁夏 | 6.68 |
| 28 | 新疆 | 4.77 |
| 29 | 江西 | 4.08 |
| 30 | 山西 | 3.14 |
| 31 | 西藏 | -8.53 |

附图 46　31102　规模以上工业企业就业人员中 R&D 人员比重

人员比重（%）

| 排　名 | 地区 | 人员比重(%) |
|---|---|---|
| 1 | 北京 | 6.43 |
| 2 | 天津 | 5.33 |
| 3 | 江苏 | 4.21 |
| 4 | 上海 | 4.17 |
| 5 | 浙江 | 4.16 |
| 6 | 安徽 | 4.15 |
| 7 | 湖北 | 3.96 |
| 8 | 广东 | 3.66 |
| 9 | 黑龙江 | 3.60 |
| 10 | 陕西 | 3.56 |
| 11 | 山东 | 3.52 |
| 12 | 海南 | 3.26 |
| 13 | 湖南 | 3.15 |
| 14 | 重庆 | 3.08 |
| 15 | 福建 | 3.02 |
| 16 | 甘肃 | 2.91 |
| 17 | 四川 | 2.58 |
| 18 | 河南 | 2.53 |
| 19 | 宁夏 | 2.41 |
| 20 | 河北 | 2.39 |
| 21 | 辽宁 | 2.28 |
| 22 | 吉林 | 2.24 |
| 23 | 内蒙古 | 2.13 |
| 24 | 贵州 | 2.11 |
| 25 | 云南 | 2.10 |
| 26 | 山西 | 2.05 |
| 27 | 广西 | 1.98 |
| 28 | 江西 | 1.66 |
| 29 | 青海 | 1.61 |
| 30 | 新疆 | 1.51 |
| 31 | 西藏 | 1.44 |

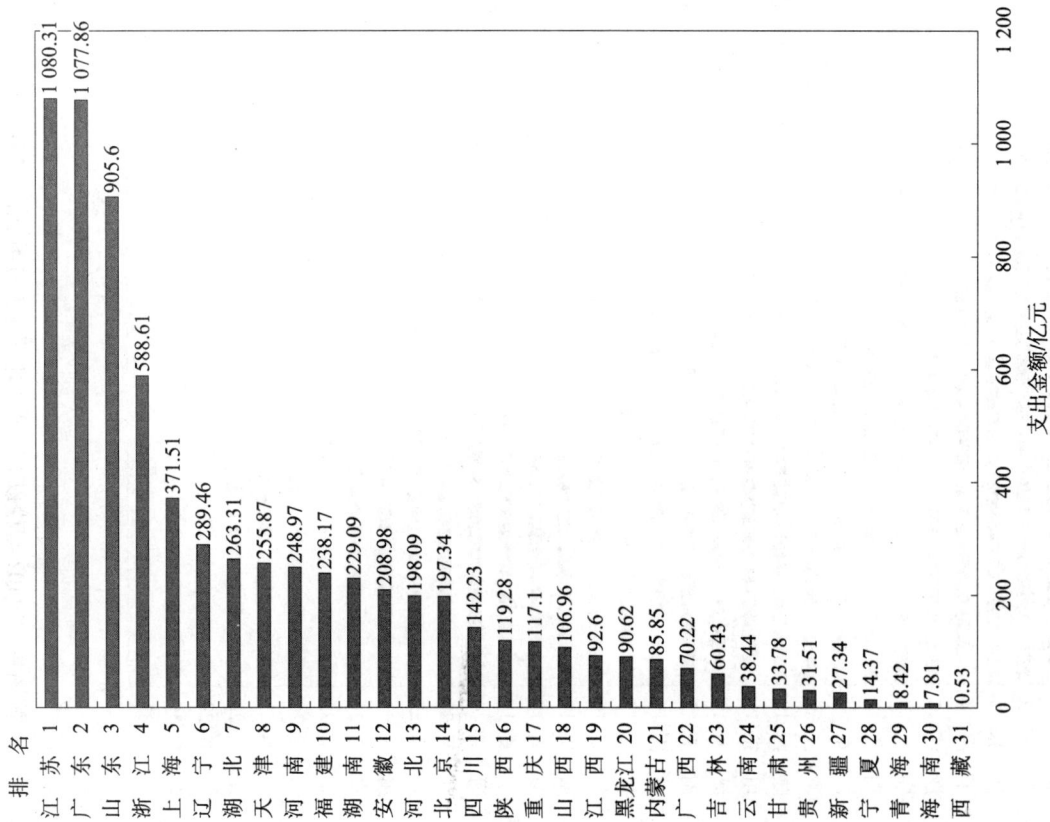

附图 49　31202 规模以上工业企业 R&D 经费内部支出总额占销售收入的比例

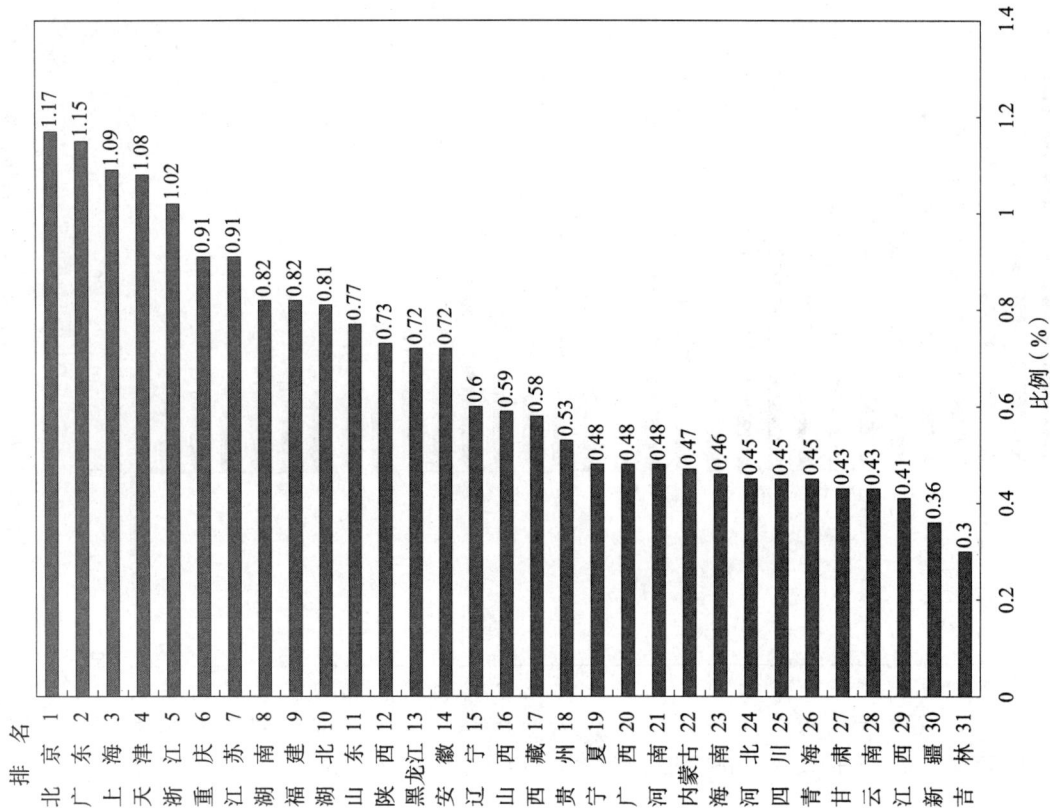

附图 48　31201 规模以上工业企业 R&D 经费内部支出总额

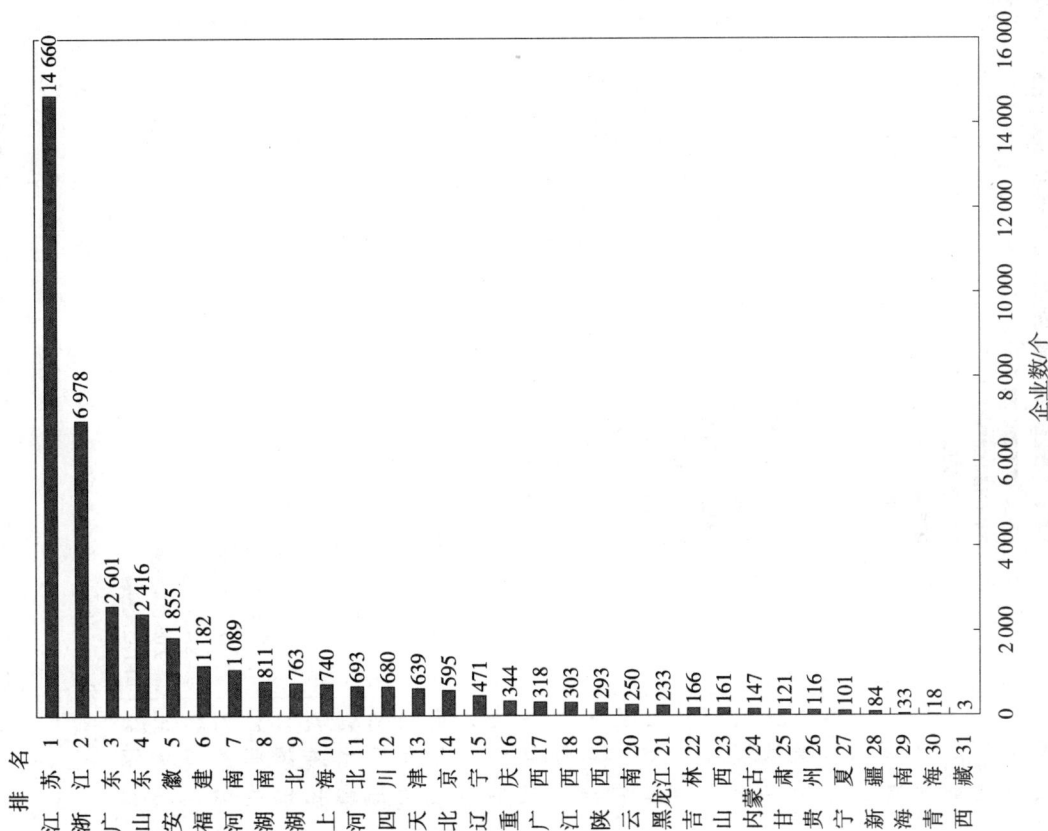

附图 51　31301 规模以上工业企业有研发机构的企业数

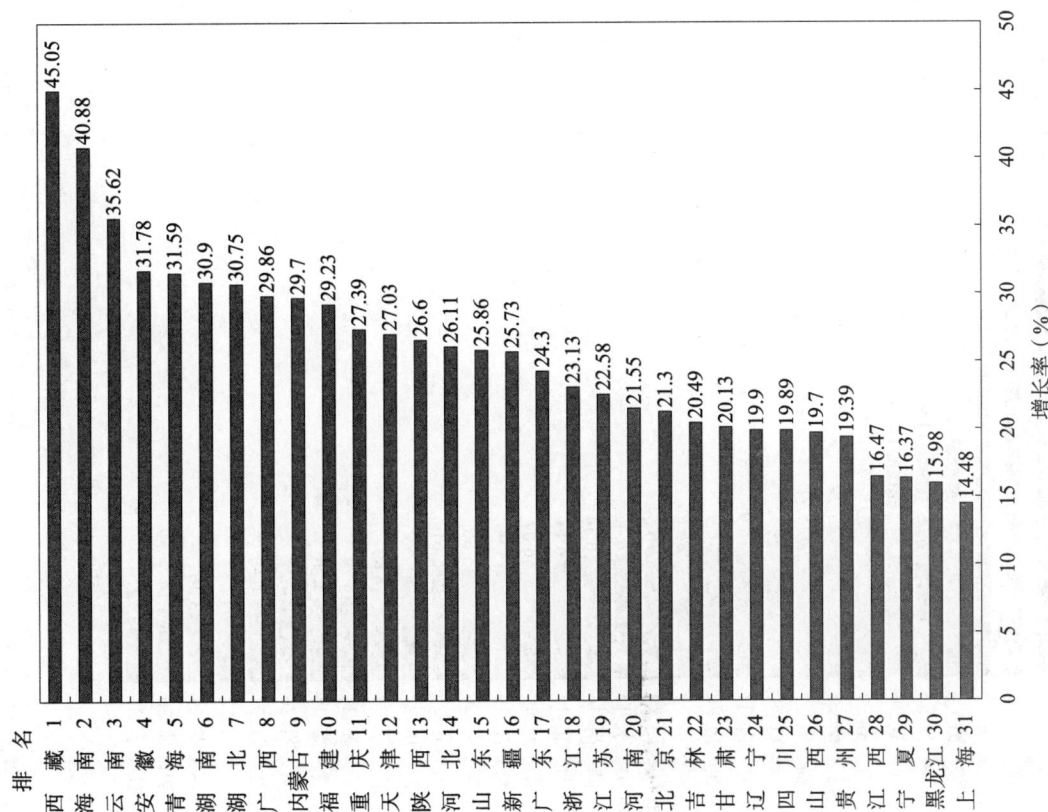

附图 50　31203 规模以上工业企业 R&D 经费内部支出总额增长率

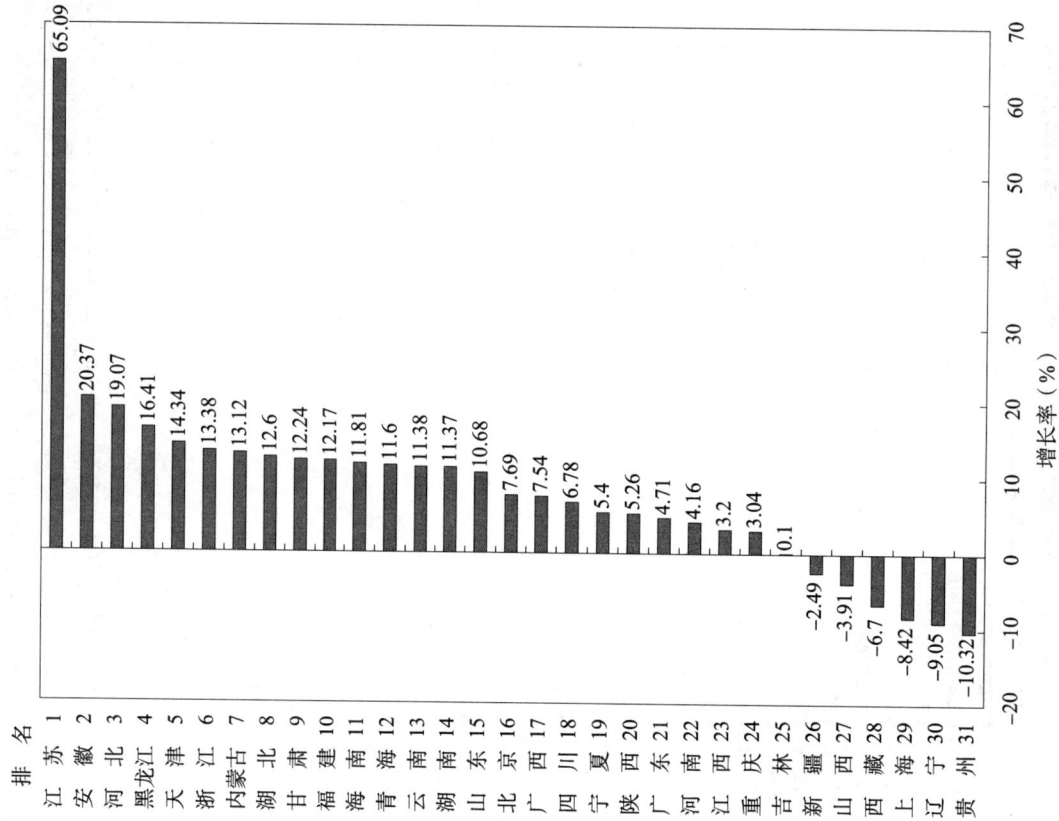

附图 53　31303　规模以上工业企业有研发机构的企业数量增长率

| 排名 | 增长率（%） |
|------|-----------|
| 江苏 1 | 65.09 |
| 安徽 2 | 20.37 |
| 河北 3 | 19.07 |
| 黑龙江 4 | 16.41 |
| 天津 5 | 14.34 |
| 浙江 6 | 13.38 |
| 内蒙古 7 | 13.12 |
| 湖北 8 | 12.6 |
| 甘肃 9 | 12.24 |
| 福建 10 | 12.17 |
| 海南 11 | 11.81 |
| 青海 12 | 11.6 |
| 云南 13 | 11.38 |
| 湖南 14 | 11.37 |
| 山东 15 | 10.68 |
| 北京 16 | 7.69 |
| 广西 17 | 7.54 |
| 四川 18 | 6.78 |
| 宁夏 19 | 5.4 |
| 陕西 20 | 5.26 |
| 广东 21 | 4.71 |
| 河南 22 | 4.16 |
| 江西 23 | 3.2 |
| 重庆 24 | 3.04 |
| 吉林 25 | 0.1 |
| 新疆 26 | -2.49 |
| 山西 27 | -3.91 |
| 西藏 28 | -6.7 |
| 上海 29 | -8.42 |
| 辽宁 30 | -9.05 |
| 贵州 31 | -10.32 |

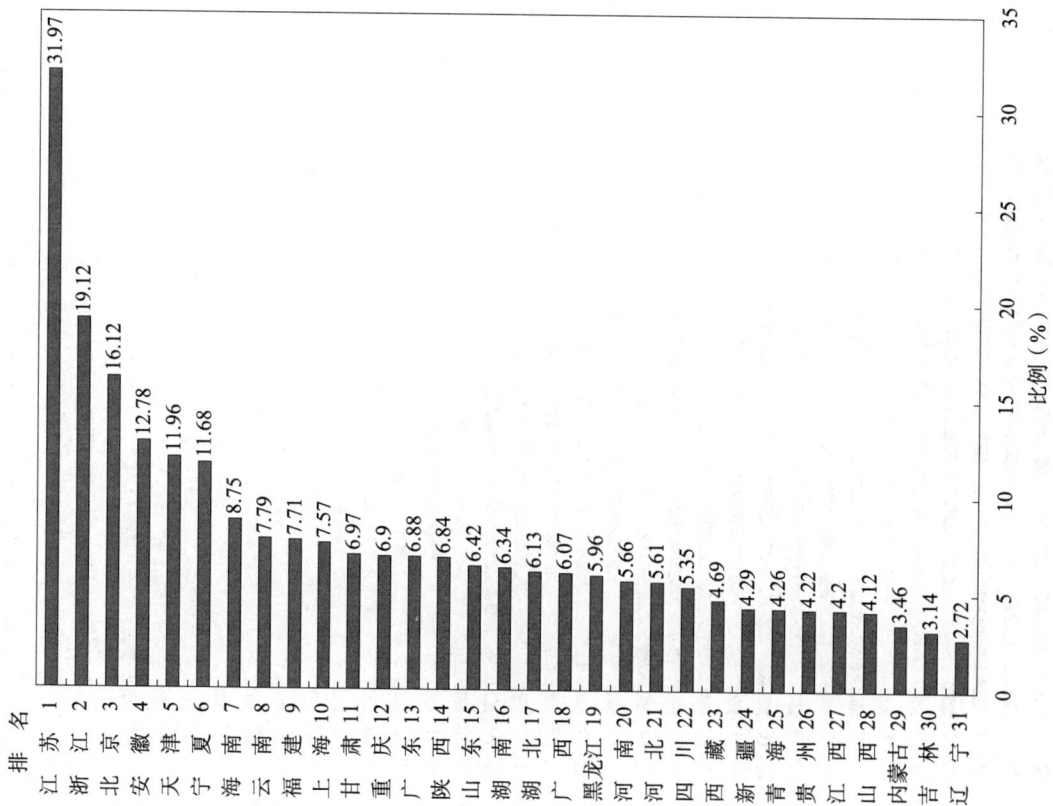

附图 52　31302　规模以上工业企业中有研发机构的企业占总企业数的比例

| 排名 | 比例（%） |
|------|----------|
| 江苏 1 | 31.97 |
| 浙江 2 | 19.12 |
| 北京 3 | 16.12 |
| 安徽 4 | 12.78 |
| 天津 5 | 11.96 |
| 宁夏 6 | 11.68 |
| 海南 7 | 8.75 |
| 云南 8 | 7.79 |
| 福建 9 | 7.71 |
| 上海 10 | 7.57 |
| 甘肃 11 | 6.97 |
| 重庆 12 | 6.9 |
| 广东 13 | 6.88 |
| 陕西 14 | 6.84 |
| 山东 15 | 6.42 |
| 湖南 16 | 6.34 |
| 湖北 17 | 6.13 |
| 广西 18 | 6.07 |
| 黑龙江 19 | 5.96 |
| 河南 20 | 5.66 |
| 河北 21 | 5.61 |
| 四川 22 | 5.35 |
| 西藏 23 | 4.69 |
| 新疆 24 | 4.29 |
| 青海 25 | 4.26 |
| 贵州 26 | 4.22 |
| 江西 27 | 4.2 |
| 山西 28 | 4.12 |
| 内蒙古 29 | 3.46 |
| 吉林 30 | 3.14 |
| 辽宁 31 | 2.72 |

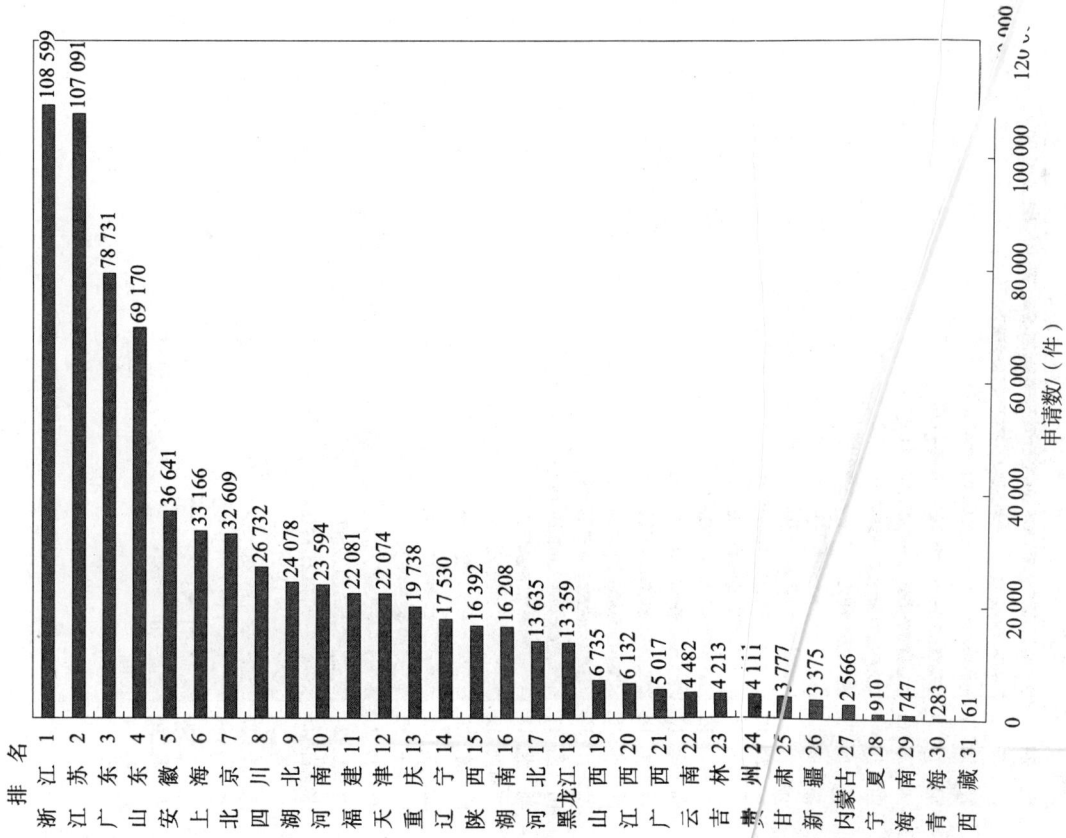

附图 55　32102 每十万人平均实用新型专利申请数

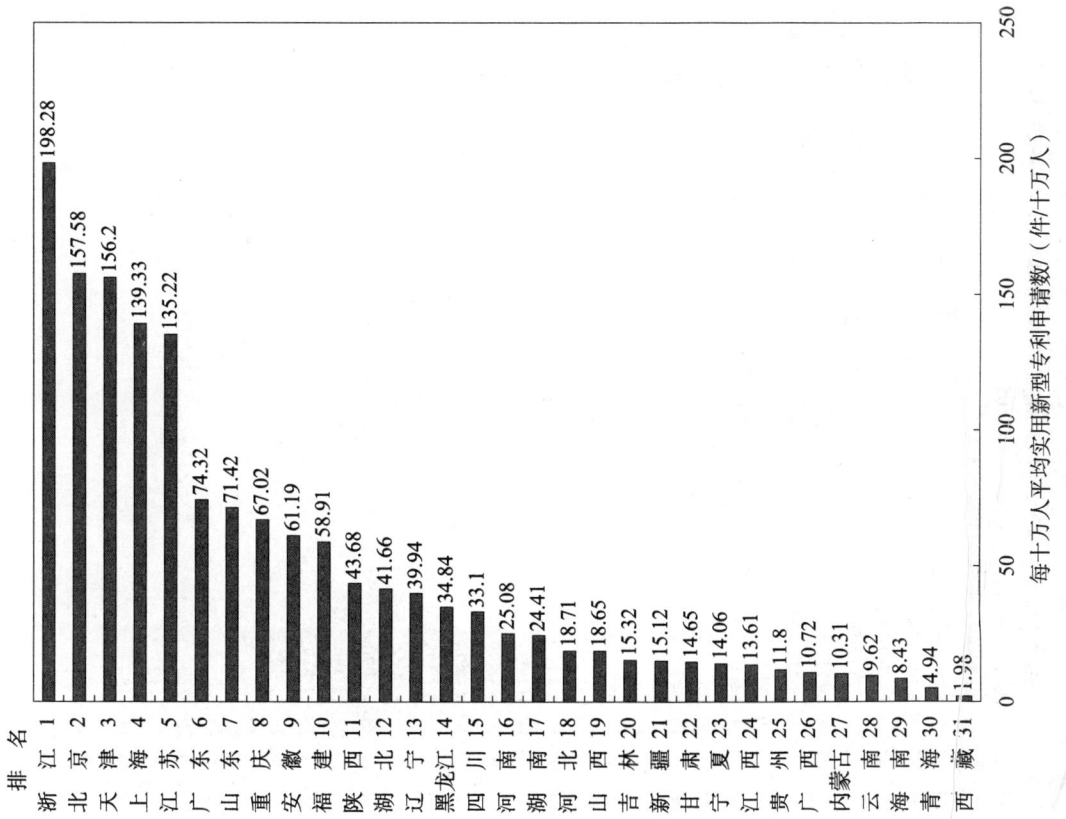

附图 54　32101 实用新型专利申请数

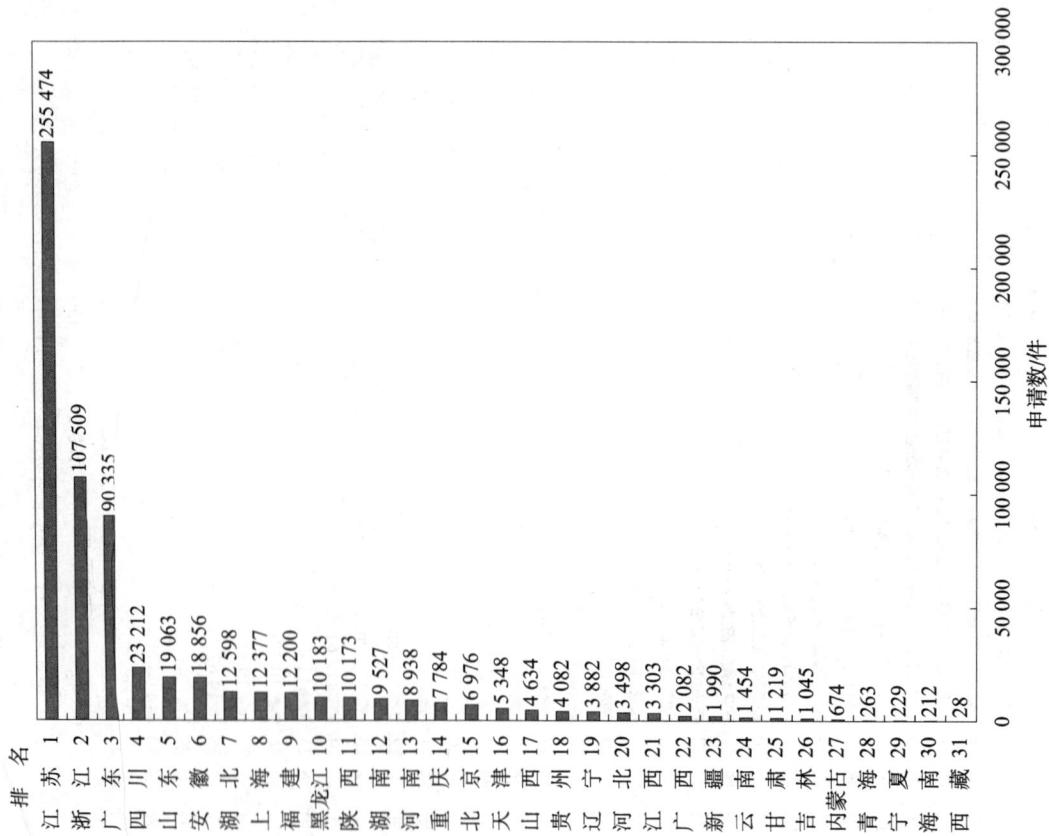

附图 57 32201 外观设计专利申请数

| 排名 | 省 | 申请数 |
|---|---|---|
| 1 | 江苏 | 255 474 |
| 2 | 浙江 | 107 509 |
| 3 | 广东 | 90 335 |
| 4 | 四川 | 23 212 |
| 5 | 山东 | 19 063 |
| 6 | 安徽 | 18 856 |
| 7 | 湖北 | 12 598 |
| 8 | 上海 | 12 377 |
| 9 | 福建 | 12 200 |
| 10 | 黑龙江 | 10 183 |
| 11 | 陕西 | 10 173 |
| 12 | 湖南 | 9 527 |
| 13 | 河南 | 8 938 |
| 14 | 重庆 | 7 784 |
| 15 | 北京 | 6 976 |
| 16 | 天津 | 5 348 |
| 17 | 山西 | 4 634 |
| 18 | 贵州 | 4 082 |
| 19 | 辽宁 | 3 882 |
| 20 | 河北 | 3 498 |
| 21 | 江西 | 3 303 |
| 22 | 广西 | 2 082 |
| 23 | 新疆 | 1 990 |
| 24 | 云南 | 1 454 |
| 25 | 甘肃 | 1 219 |
| 26 | 吉林 | 1 045 |
| 27 | 内蒙古 | 674 |
| 28 | 青海 | 263 |
| 29 | 宁夏 | 229 |
| 30 | 海南 | 212 |
| 31 | 西藏 | 28 |

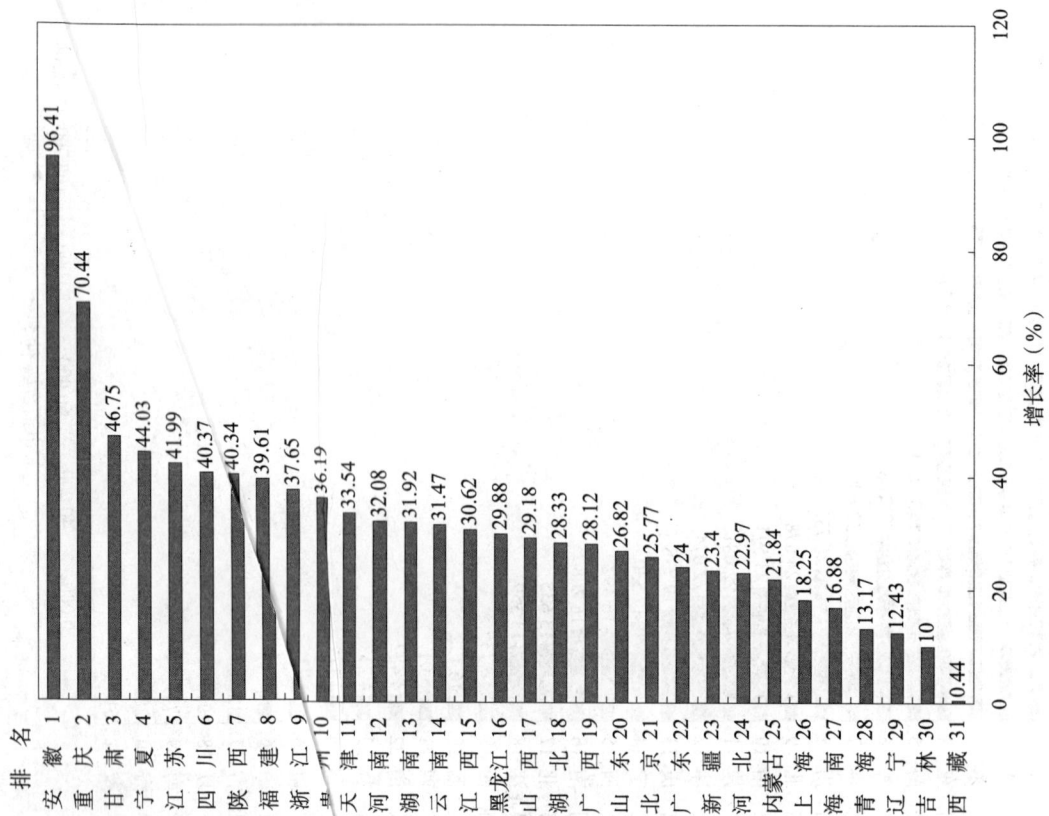

附图 56 32103 实用新型专利申请增长率

| 排名 | 省 | 增长率（%） |
|---|---|---|
| 1 | 安徽 | 96.41 |
| 2 | 重庆 | 70.44 |
| 3 | 甘肃 | 46.75 |
| 4 | 宁夏 | 44.03 |
| 5 | 江苏 | 41.99 |
| 6 | 四川 | 40.37 |
| 7 | 陕西 | 40.34 |
| 8 | 福建 | 39.61 |
| 9 | 浙江 | 37.65 |
| 10 | 江西 | 36.19 |
| 11 | 天津 | 33.54 |
| 12 | 河南 | 32.08 |
| 13 | 湖南 | 31.92 |
| 14 | 云南 | 31.47 |
| 15 | 江西 | 30.62 |
| 16 | 黑龙江 | 29.88 |
| 17 | 山西 | 29.18 |
| 18 | 湖北 | 28.33 |
| 19 | 广西 | 28.12 |
| 20 | 山东 | 26.82 |
| 21 | 北京 | 25.77 |
| 22 | 广东 | 24 |
| 23 | 新疆 | 23.4 |
| 24 | 河北 | 22.97 |
| 25 | 内蒙古 | 21.84 |
| 26 | 上海 | 18.25 |
| 27 | 河南 | 16.88 |
| 28 | 青海 | 13.17 |
| 29 | 宁辽 | 12.43 |
| 30 | 吉林 | 10 |
| 31 | 西藏 | 10.44 |

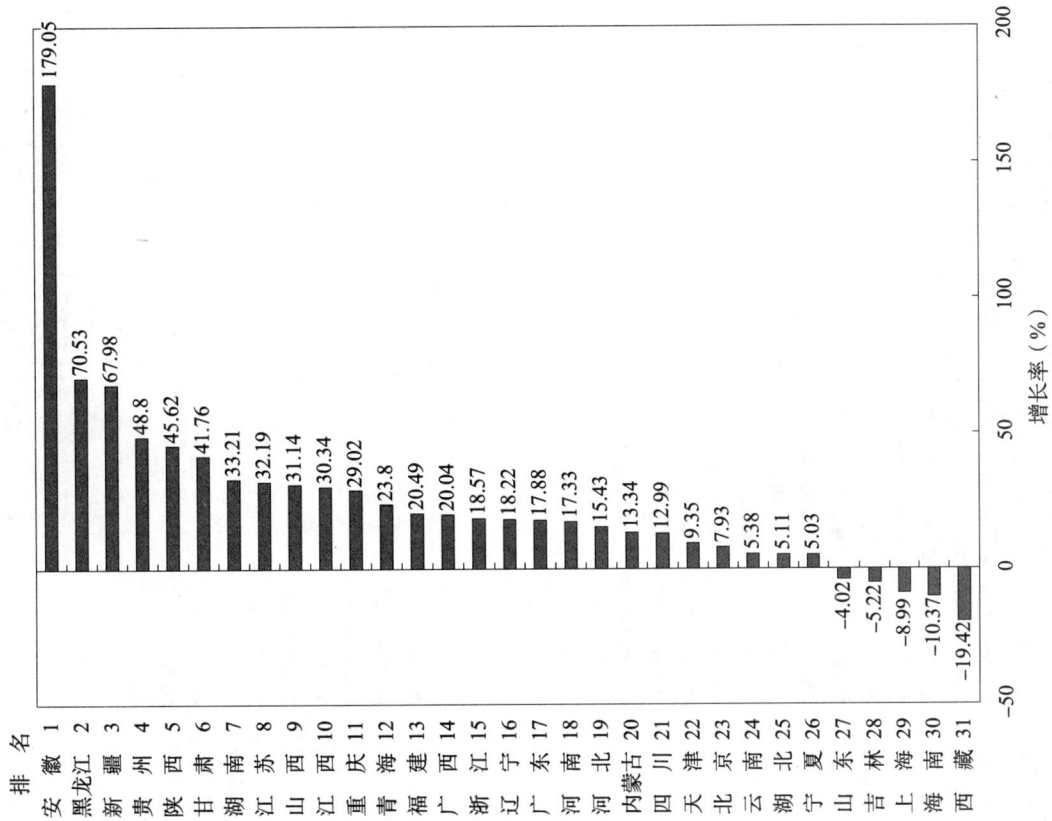

附图 59　32203 外观设计专利申请增长率

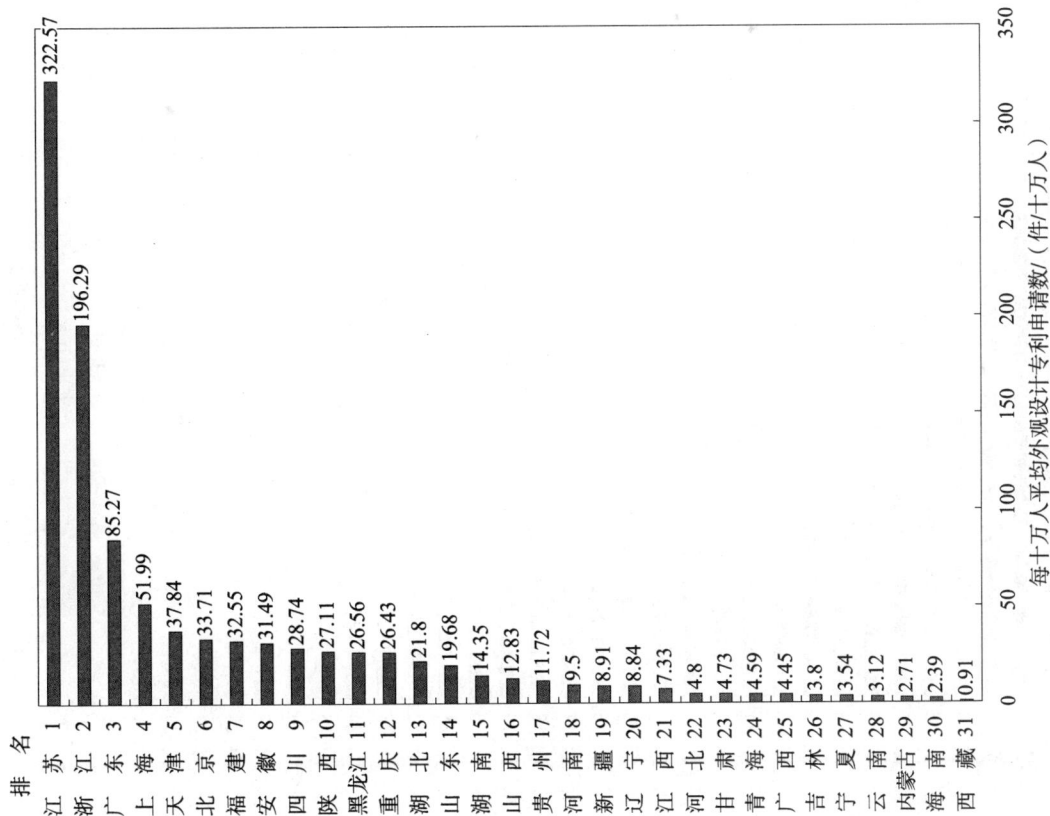

附图 58　32202 每十万人平均外观设计专利申请数

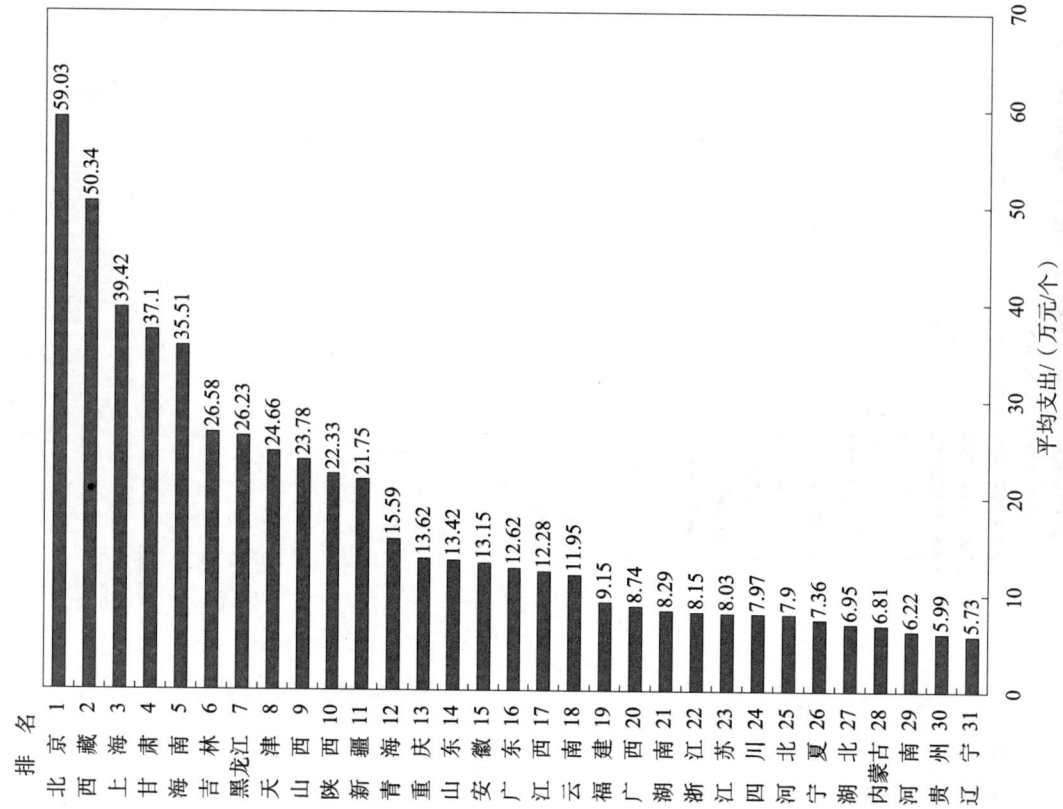

附图 61　33102 规模以上工业企业平均 R&D 经费外部支出

| 排名 | | 平均支出/（万元/个） |
|---|---|---|
| 北 京 | 1 | 59.03 |
| 西 藏 | 2 | 50.34 |
| 上 海 | 3 | 39.42 |
| 甘 肃 | 4 | 37.1 |
| 海 南 | 5 | 35.51 |
| 吉 林 | 6 | 26.58 |
| 黑龙江 | 7 | 26.23 |
| 天 津 | 8 | 24.66 |
| 山 西 | 9 | 23.78 |
| 陕 西 | 10 | 22.33 |
| 新 疆 | 11 | 21.75 |
| 青 海 | 12 | 15.59 |
| 重 庆 | 13 | 13.62 |
| 山 东 | 14 | 13.42 |
| 安 徽 | 15 | 13.15 |
| 广 东 | 16 | 12.62 |
| 江 西 | 17 | 12.28 |
| 云 南 | 18 | 11.95 |
| 福 建 | 19 | 9.15 |
| 广 西 | 20 | 8.74 |
| 湖 南 | 21 | 8.29 |
| 浙 江 | 22 | 8.15 |
| 江 苏 | 23 | 8.03 |
| 四 川 | 24 | 7.97 |
| 河 北 | 25 | 7.9 |
| 宁 夏 | 26 | 7.36 |
| 湖 北 | 27 | 6.95 |
| 内蒙古 | 28 | 6.81 |
| 河 南 | 29 | 6.22 |
| 贵 州 | 30 | 5.99 |
| 辽 宁 | 31 | 5.73 |

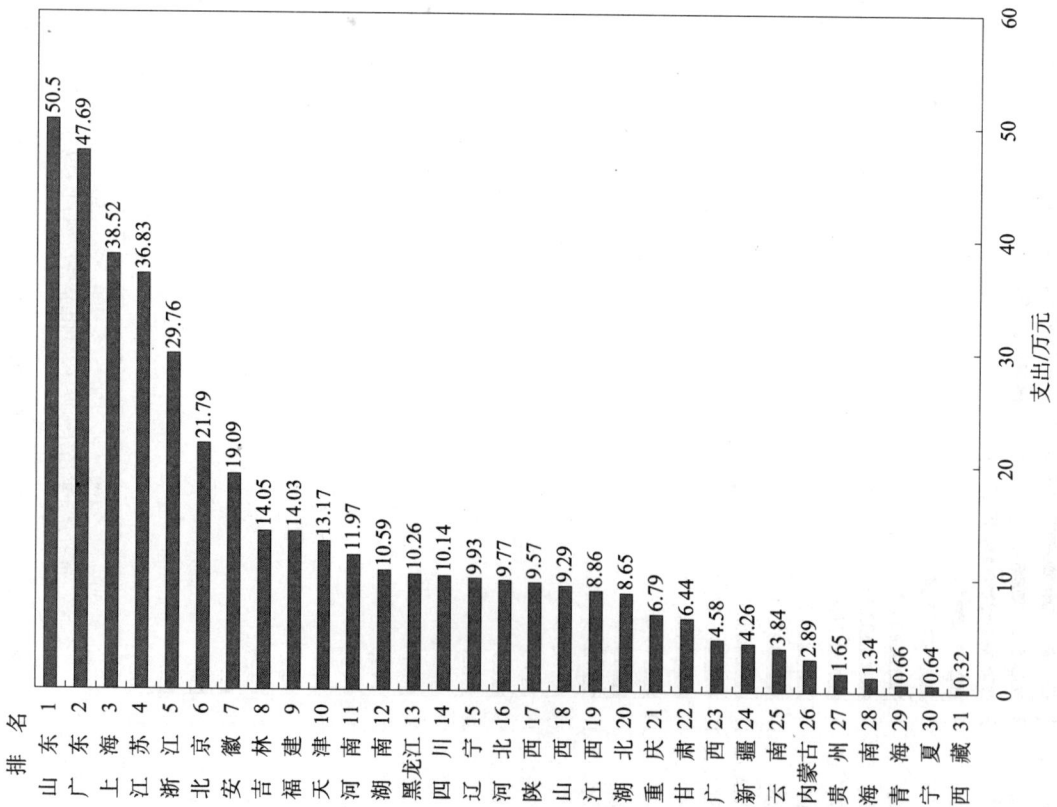

附图 60　33101 规模以上工业企业 R&D 经费外部支出

| 排名 | | 支出/万元 |
|---|---|---|
| 山 东 | 1 | 50.5 |
| 广 东 | 2 | 47.69 |
| 上 海 | 3 | 38.52 |
| 江 苏 | 4 | 36.83 |
| 浙 江 | 5 | 29.76 |
| 北 京 | 6 | 21.79 |
| 安 徽 | 7 | 19.09 |
| 吉 林 | 8 | 14.05 |
| 福 建 | 9 | 14.03 |
| 天 津 | 10 | 13.17 |
| 河 南 | 11 | 11.97 |
| 湖 南 | 12 | 10.59 |
| 黑龙江 | 13 | 10.26 |
| 四 川 | 14 | 10.14 |
| 辽 宁 | 15 | 9.93 |
| 河 北 | 16 | 9.77 |
| 陕 西 | 17 | 9.57 |
| 山 西 | 18 | 9.29 |
| 江 西 | 19 | 8.86 |
| 湖 北 | 20 | 8.65 |
| 重 庆 | 21 | 6.79 |
| 甘 肃 | 22 | 6.44 |
| 广 西 | 23 | 4.58 |
| 新 疆 | 24 | 4.26 |
| 云 南 | 25 | 3.84 |
| 内蒙古 | 26 | 2.89 |
| 贵 州 | 27 | 1.65 |
| 海 南 | 28 | 1.34 |
| 青 海 | 29 | 0.66 |
| 宁 夏 | 30 | 0.64 |
| 西 藏 | 31 | 0.32 |

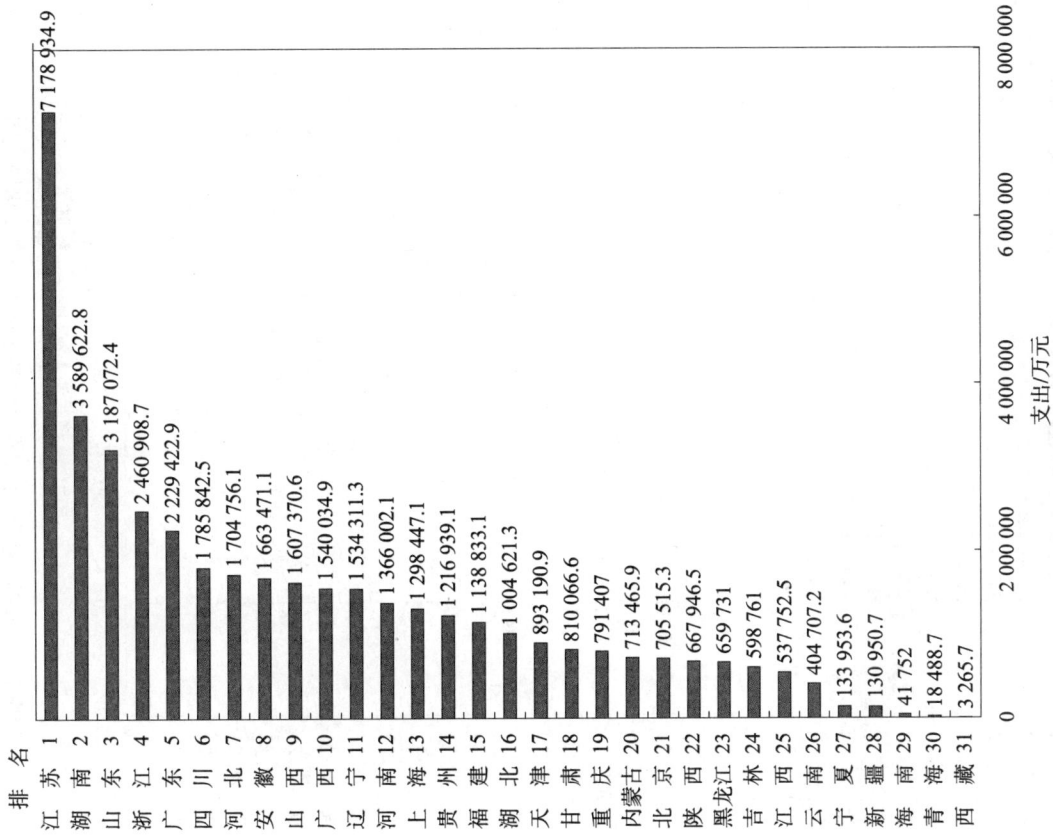

附图 63 33201 规模以上工业企业技术改造经费支出

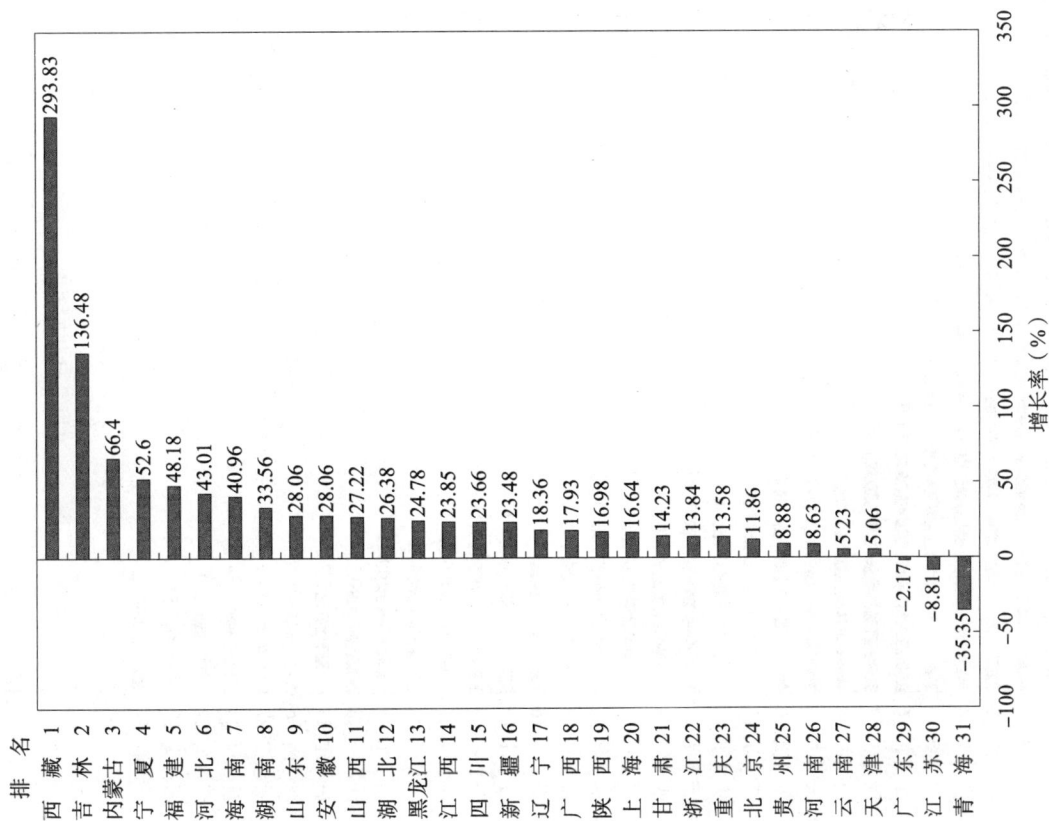

附图 62 33103 规模以上工业企业 R&D 经费外部支出增长率

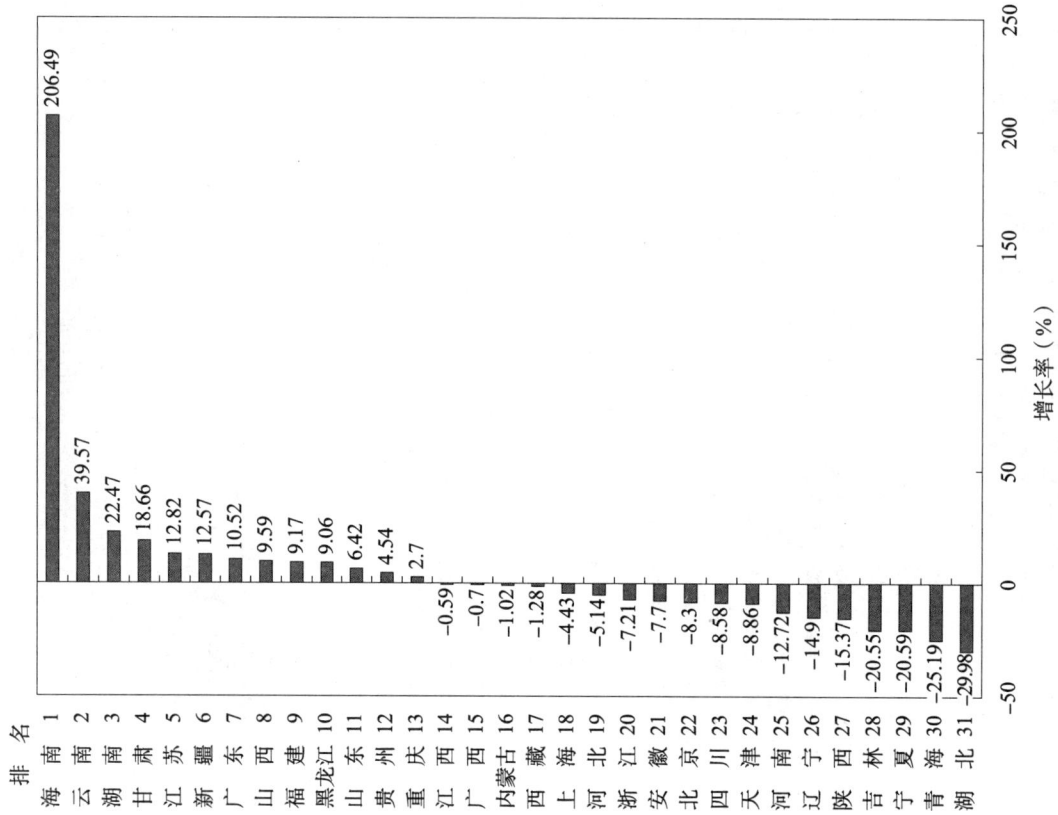

附图 65　33203 规模以上工业企业技术改造经费支出增长率

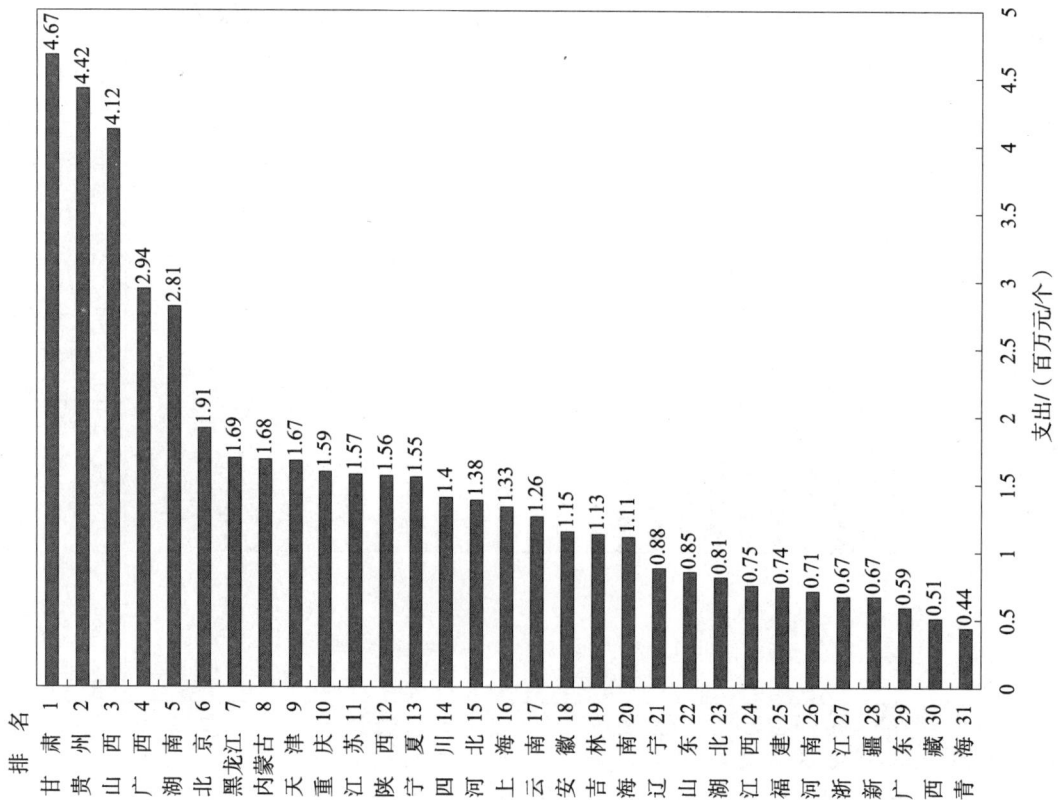

附图 64　33202 规模以上工业企业平均技术改造经费支出

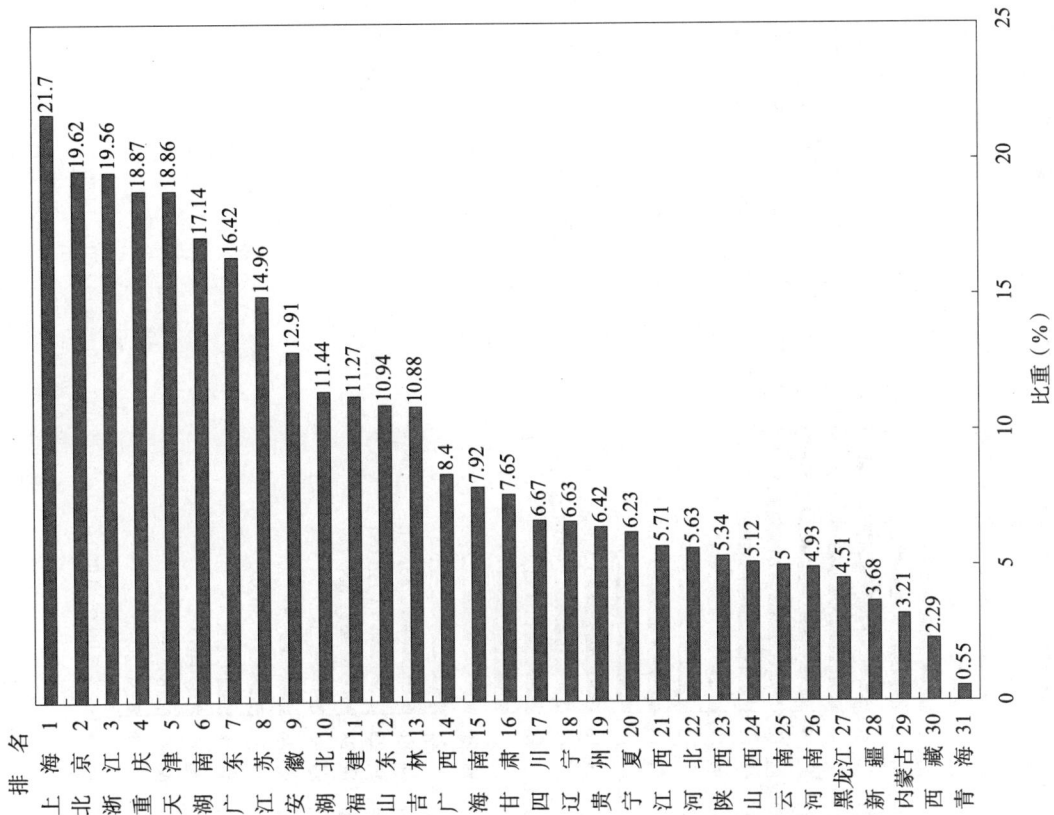

附图 67　34002 规模以上工业企业新产品销售收入占销售收入的比重

比重（%）

| 排名 | 地区 | 比重 |
|---|---|---|
| 1 | 上海 | 21.7 |
| 2 | 北京 | 19.62 |
| 3 | 浙江 | 19.56 |
| 4 | 重庆 | 18.87 |
| 5 | 天津 | 18.86 |
| 6 | 湖南 | 17.14 |
| 7 | 广东 | 16.42 |
| 8 | 江苏 | 14.96 |
| 9 | 安徽 | 12.91 |
| 10 | 湖北 | 11.44 |
| 11 | 福建 | 11.27 |
| 12 | 山东 | 10.94 |
| 13 | 吉林 | 10.88 |
| 14 | 广西 | 8.4 |
| 15 | 海南 | 7.92 |
| 16 | 甘肃 | 7.65 |
| 17 | 四川 | 6.67 |
| 18 | 辽宁 | 6.63 |
| 19 | 贵州 | 6.42 |
| 20 | 宁夏 | 6.23 |
| 21 | 江西 | 5.71 |
| 22 | 河北 | 5.63 |
| 23 | 陕西 | 5.34 |
| 24 | 山西 | 5.12 |
| 25 | 云南 | 5 |
| 26 | 河南 | 4.93 |
| 27 | 黑龙江 | 4.51 |
| 28 | 新疆 | 3.68 |
| 29 | 内蒙古 | 3.21 |
| 30 | 西藏 | 2.29 |
| 31 | 青海 | 0.55 |

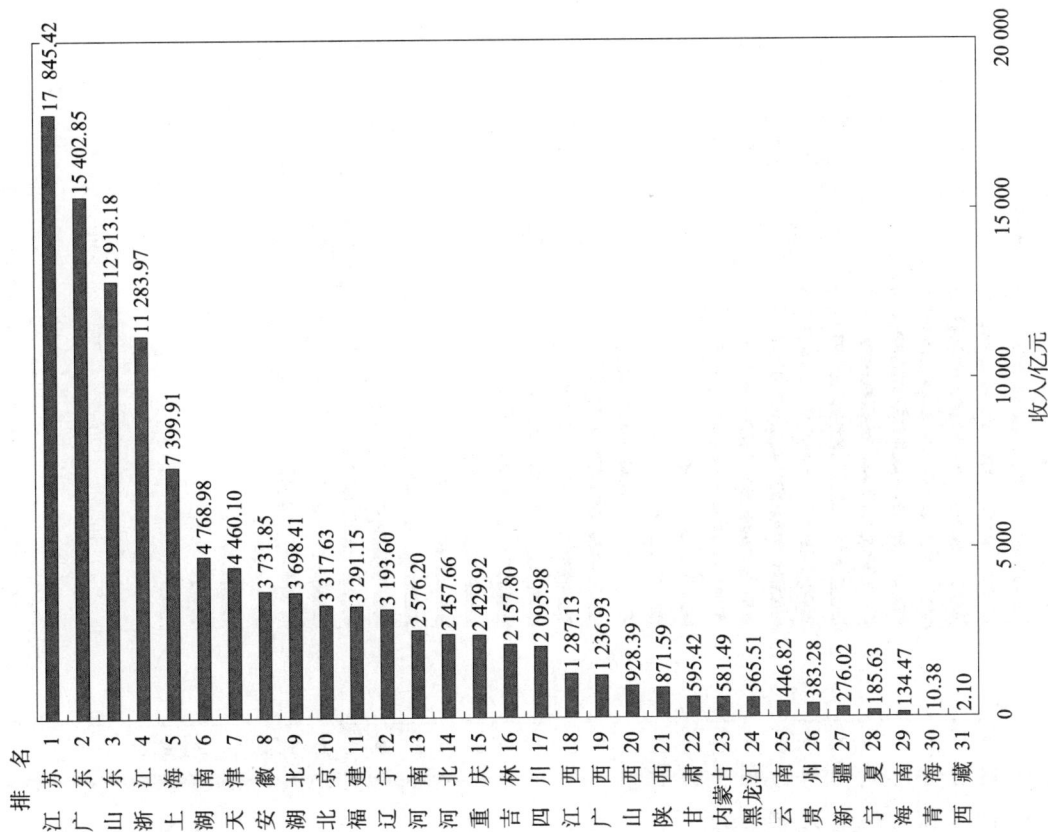

附图 66　34001 规模以上工业企业新产品销售收入

收入/亿元

| 排名 | 地区 | 收入 |
|---|---|---|
| 1 | 江苏 | 17 845.42 |
| 2 | 广东 | 15 402.85 |
| 3 | 山东 | 12 913.18 |
| 4 | 浙江 | 11 283.97 |
| 5 | 上海 | 7 399.91 |
| 6 | 湖南 | 4 768.98 |
| 7 | 天津 | 4 460.10 |
| 8 | 安徽 | 3 731.85 |
| 9 | 湖北 | 3 698.41 |
| 10 | 北京 | 3 317.63 |
| 11 | 福建 | 3 291.15 |
| 12 | 辽宁 | 3 193.60 |
| 13 | 河南 | 2 576.20 |
| 14 | 河北 | 2 457.66 |
| 15 | 重庆 | 2 429.92 |
| 16 | 吉林 | 2 157.80 |
| 17 | 四川 | 2 095.98 |
| 18 | 江西 | 1 287.13 |
| 19 | 广西 | 1 236.93 |
| 20 | 山西 | 928.39 |
| 21 | 陕西 | 871.59 |
| 22 | 甘肃 | 595.42 |
| 23 | 内蒙古 | 581.49 |
| 24 | 黑龙江 | 565.51 |
| 25 | 云南 | 446.82 |
| 26 | 贵州 | 383.28 |
| 27 | 新疆 | 276.02 |
| 28 | 宁夏 | 185.63 |
| 29 | 海南 | 134.47 |
| 30 | 青海 | 10.38 |
| 31 | 西藏 | 2.10 |

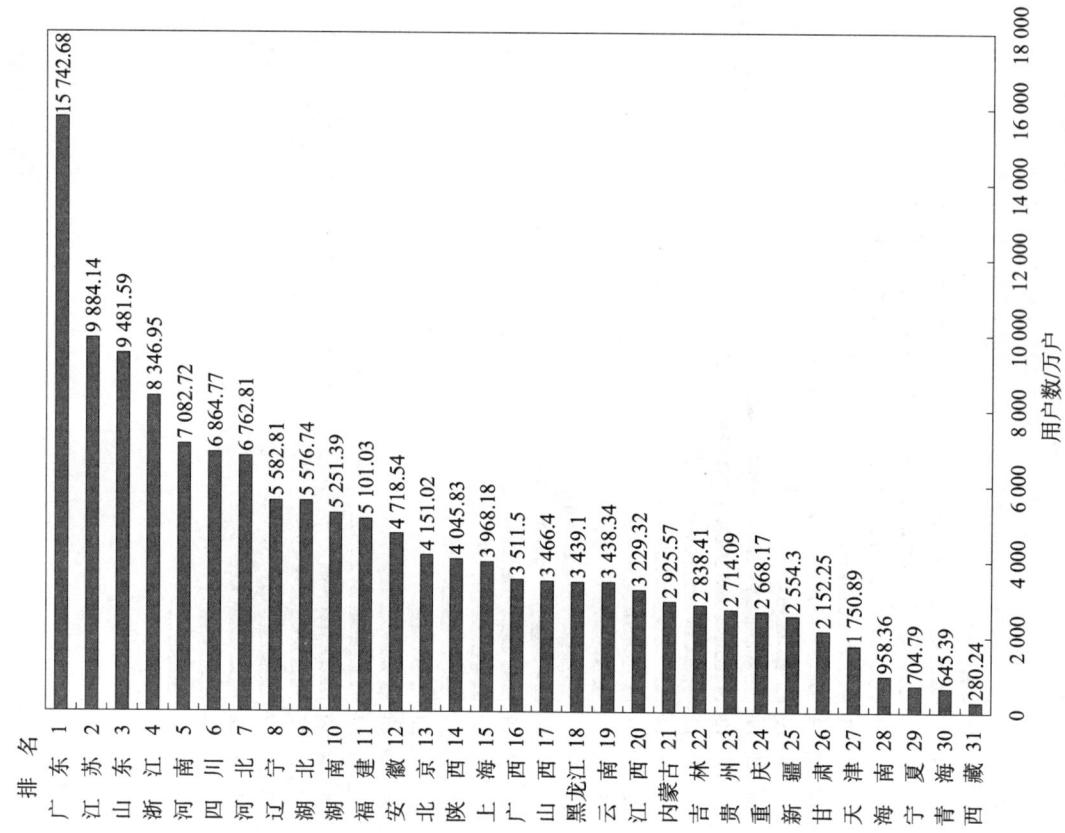

附图69　41111 电话用户数

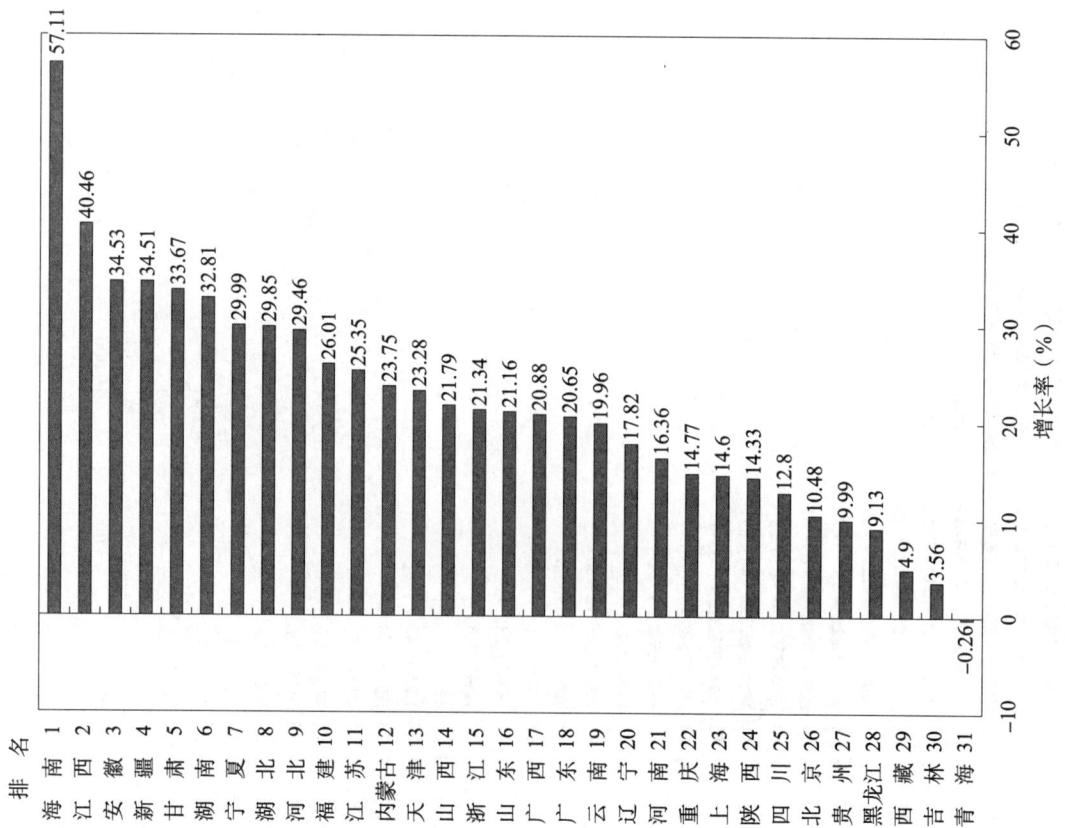

用户数/万户

| 排名 | 省 | 用户数/万户 |
|---|---|---|
| 1 | 广东 | 15 742.68 |
| 2 | 江苏 | 9 884.14 |
| 3 | 山东 | 9 481.59 |
| 4 | 浙江 | 8 346.95 |
| 5 | 河南 | 7 082.72 |
| 6 | 四川 | 6 864.77 |
| 7 | 河北 | 6 762.81 |
| 8 | 辽宁 | 5 582.81 |
| 9 | 湖北 | 5 576.74 |
| 10 | 湖南 | 5 251.39 |
| 11 | 福建 | 5 101.03 |
| 12 | 安徽 | 4 718.54 |
| 13 | 北京 | 4 151.02 |
| 14 | 陕西 | 4 045.83 |
| 15 | 上海 | 3 968.18 |
| 16 | 广西 | 3 511.5 |
| 17 | 山西 | 3 466.4 |
| 18 | 黑龙江 | 3 439.1 |
| 19 | 云南 | 3 438.34 |
| 20 | 江西 | 3 229.32 |
| 21 | 内蒙古 | 2 925.57 |
| 22 | 吉林 | 2 838.41 |
| 23 | 贵州 | 2 714.09 |
| 24 | 重庆 | 2 668.17 |
| 25 | 新疆 | 2 554.3 |
| 26 | 甘肃 | 2 152.25 |
| 27 | 天津 | 1 750.89 |
| 28 | 海南 | 958.36 |
| 29 | 宁夏 | 704.79 |
| 30 | 青海 | 645.39 |
| 31 | 西藏 | 280.24 |

附图68　34003 规模以上工业企业新产品销售收入增长率

增长率（%）

| 排名 | 省 | 增长率（%） |
|---|---|---|
| 1 | 海南 | 57.11 |
| 2 | 江西 | 40.46 |
| 3 | 安徽 | 34.53 |
| 4 | 新疆 | 34.51 |
| 5 | 甘肃 | 33.67 |
| 6 | 湖南 | 32.81 |
| 7 | 宁夏 | 29.99 |
| 8 | 湖北 | 29.85 |
| 9 | 河北 | 29.46 |
| 10 | 福建 | 26.01 |
| 11 | 江苏 | 25.35 |
| 12 | 内蒙古 | 23.75 |
| 13 | 天津 | 23.28 |
| 14 | 山西 | 21.79 |
| 15 | 浙江 | 21.34 |
| 16 | 山东 | 21.16 |
| 17 | 广西 | 20.88 |
| 18 | 广东 | 20.65 |
| 19 | 云南 | 19.96 |
| 20 | 辽宁 | 17.82 |
| 21 | 河南 | 16.36 |
| 22 | 重庆 | 14.77 |
| 23 | 上海 | 14.6 |
| 24 | 陕西 | 14.33 |
| 25 | 四川 | 12.8 |
| 26 | 北京 | 10.48 |
| 27 | 贵州 | 9.99 |
| 28 | 黑龙江 | 9.13 |
| 29 | 西藏 | 4.9 |
| 30 | 吉林 | 3.56 |
| 31 | 青海 | -0.26 |

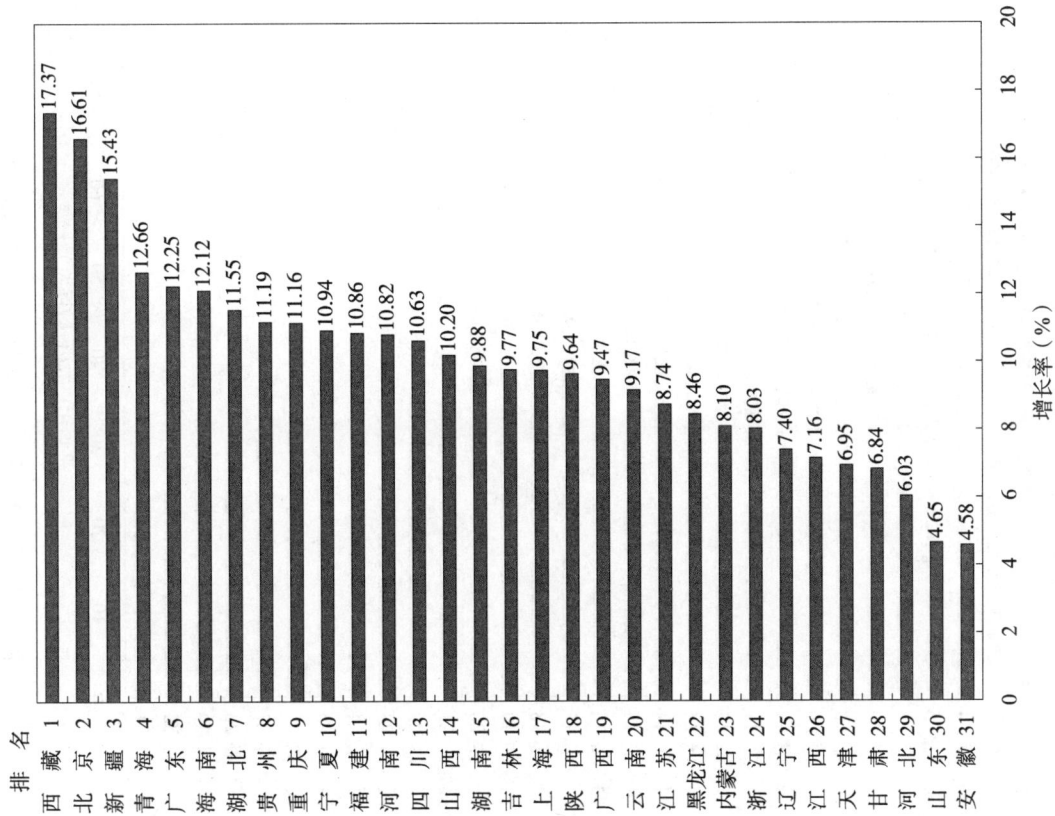

附图71　41113 电话用户数增长率

| 排名 | 地区 | 增长率(%) |
|---|---|---|
| 1 | 西藏 | 17.37 |
| 2 | 北京 | 16.61 |
| 3 | 新疆 | 15.43 |
| 4 | 青海 | 12.66 |
| 5 | 广东 | 12.25 |
| 6 | 海南 | 12.12 |
| 7 | 湖北 | 11.55 |
| 8 | 贵州 | 11.19 |
| 9 | 重庆 | 11.16 |
| 10 | 宁夏 | 10.94 |
| 11 | 福建 | 10.86 |
| 12 | 河南 | 10.82 |
| 13 | 四川 | 10.63 |
| 14 | 山西 | 10.20 |
| 15 | 湖南 | 9.88 |
| 16 | 吉林 | 9.77 |
| 17 | 上海 | 9.75 |
| 18 | 陕西 | 9.64 |
| 19 | 广西 | 9.47 |
| 20 | 云南 | 9.17 |
| 21 | 江苏 | 8.74 |
| 22 | 黑龙江 | 8.46 |
| 23 | 内蒙古 | 8.10 |
| 24 | 浙江 | 8.03 |
| 25 | 辽宁 | 7.40 |
| 26 | 江西 | 7.16 |
| 27 | 天津 | 6.95 |
| 28 | 甘肃 | 6.84 |
| 29 | 河北 | 6.03 |
| 30 | 山东 | 4.65 |
| 31 | 安徽 | 4.58 |

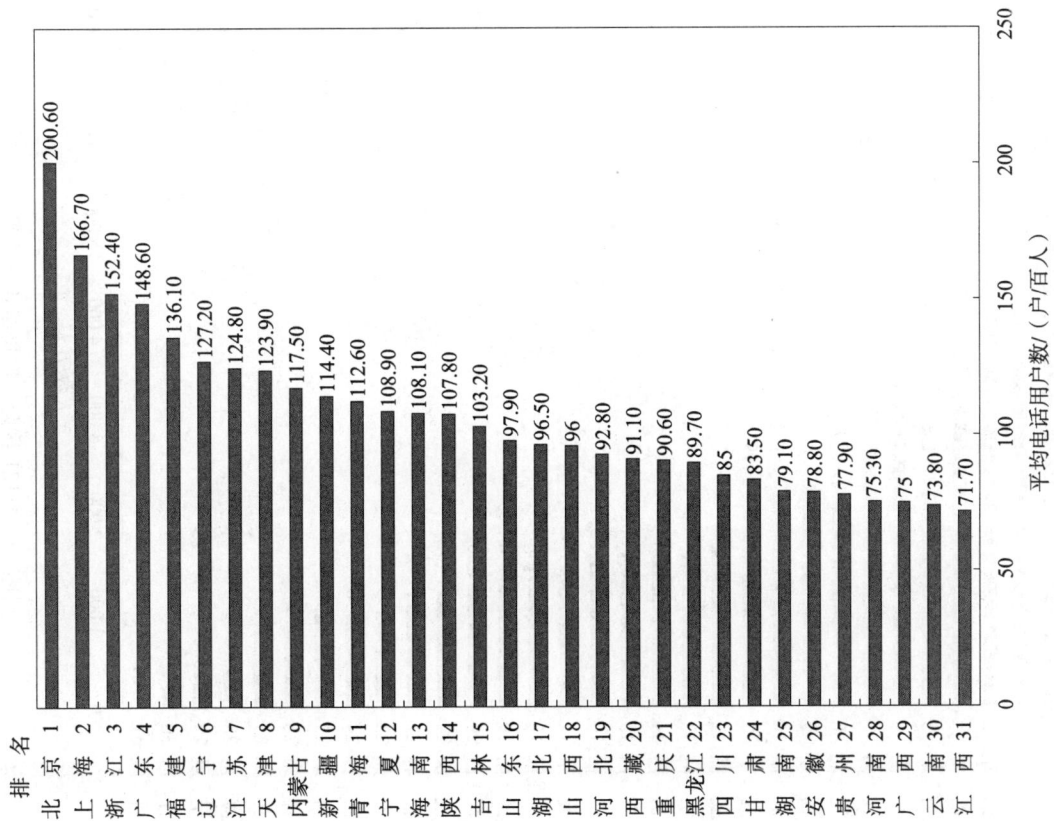

附图70　41112 每百人平均电话用户

| 排名 | 地区 | 平均电话用户数(户/百人) |
|---|---|---|
| 1 | 北京 | 200.60 |
| 2 | 上海 | 166.70 |
| 3 | 浙江 | 152.40 |
| 4 | 广东 | 148.60 |
| 5 | 福建 | 136.10 |
| 6 | 辽宁 | 127.20 |
| 7 | 江苏 | 124.80 |
| 8 | 天津 | 123.90 |
| 9 | 内蒙古 | 117.50 |
| 10 | 新疆 | 114.40 |
| 11 | 青海 | 112.60 |
| 12 | 宁夏 | 108.90 |
| 13 | 海南 | 108.10 |
| 14 | 陕西 | 107.80 |
| 15 | 吉林 | 103.20 |
| 16 | 山东 | 97.90 |
| 17 | 湖北 | 96.50 |
| 18 | 山西 | 96 |
| 19 | 河北 | 92.80 |
| 20 | 西藏 | 91.10 |
| 21 | 重庆 | 90.60 |
| 22 | 黑龙江 | 89.70 |
| 23 | 四川 | 85 |
| 24 | 甘肃 | 83.50 |
| 25 | 湖南 | 79.10 |
| 26 | 安徽 | 78.80 |
| 27 | 贵州 | 77.90 |
| 28 | 河南 | 75.30 |
| 29 | 广西 | 75 |
| 30 | 云南 | 73.80 |
| 31 | 江西 | 71.70 |

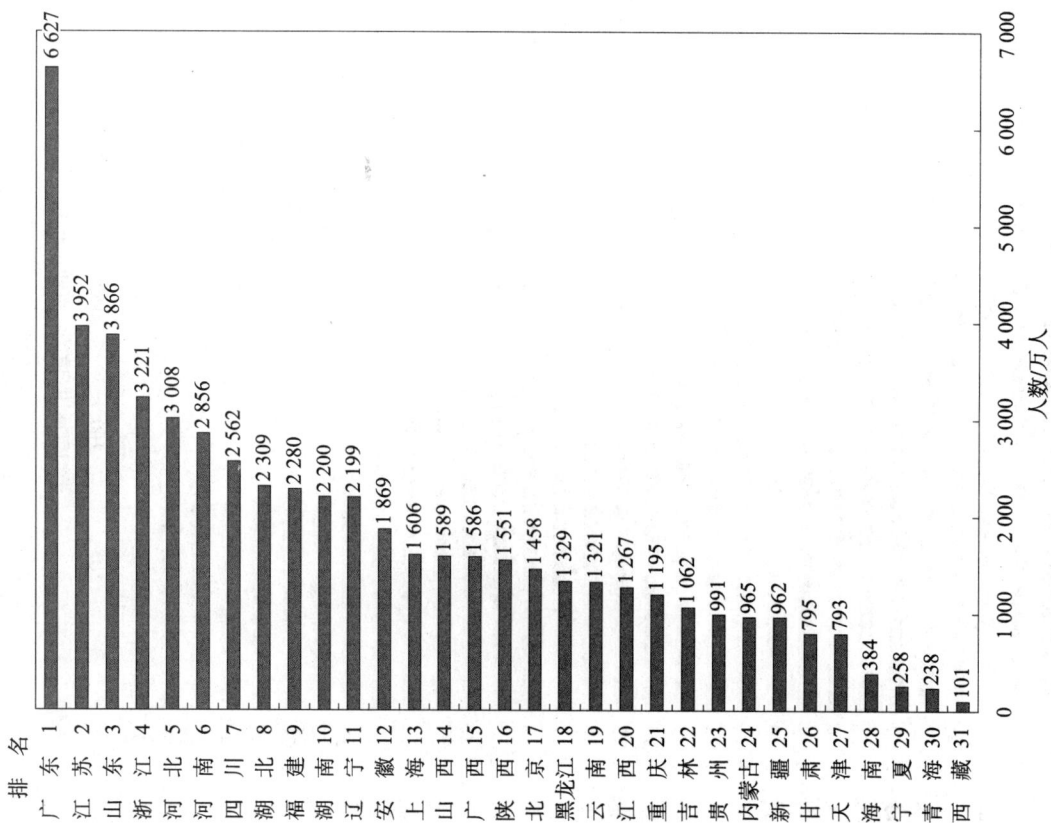

附图 73　41122 每百人平均国际互联网络用户数

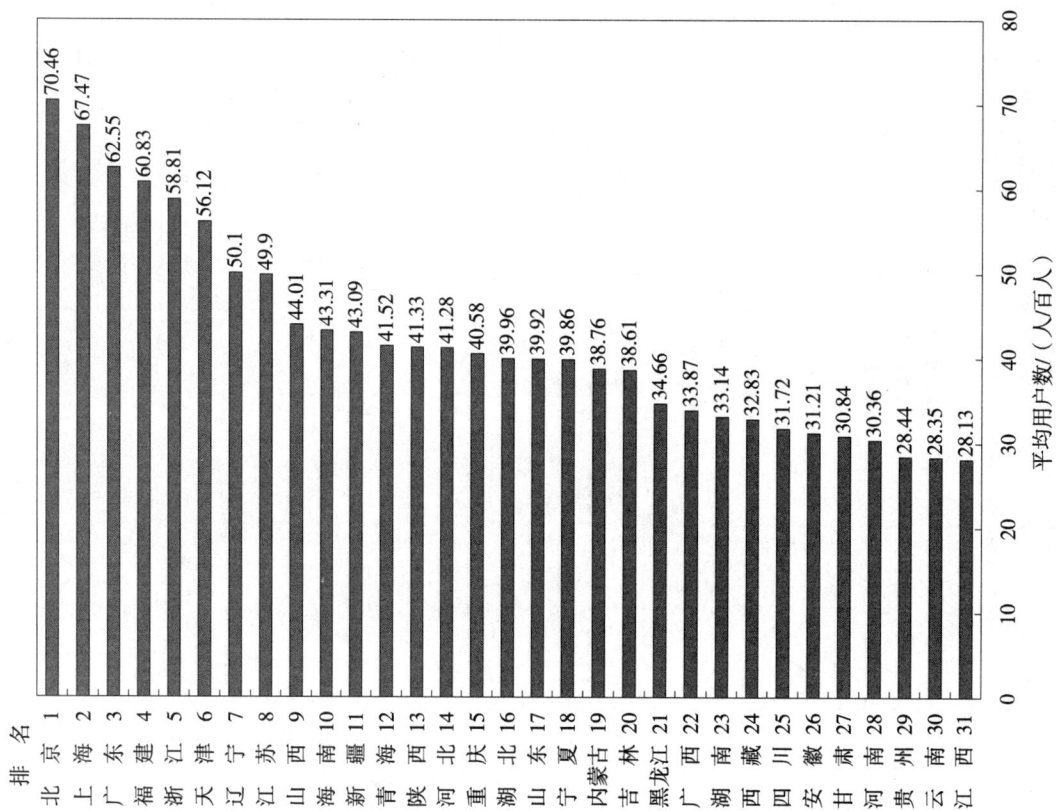

附图 72　41121 国际互联网络用户人数

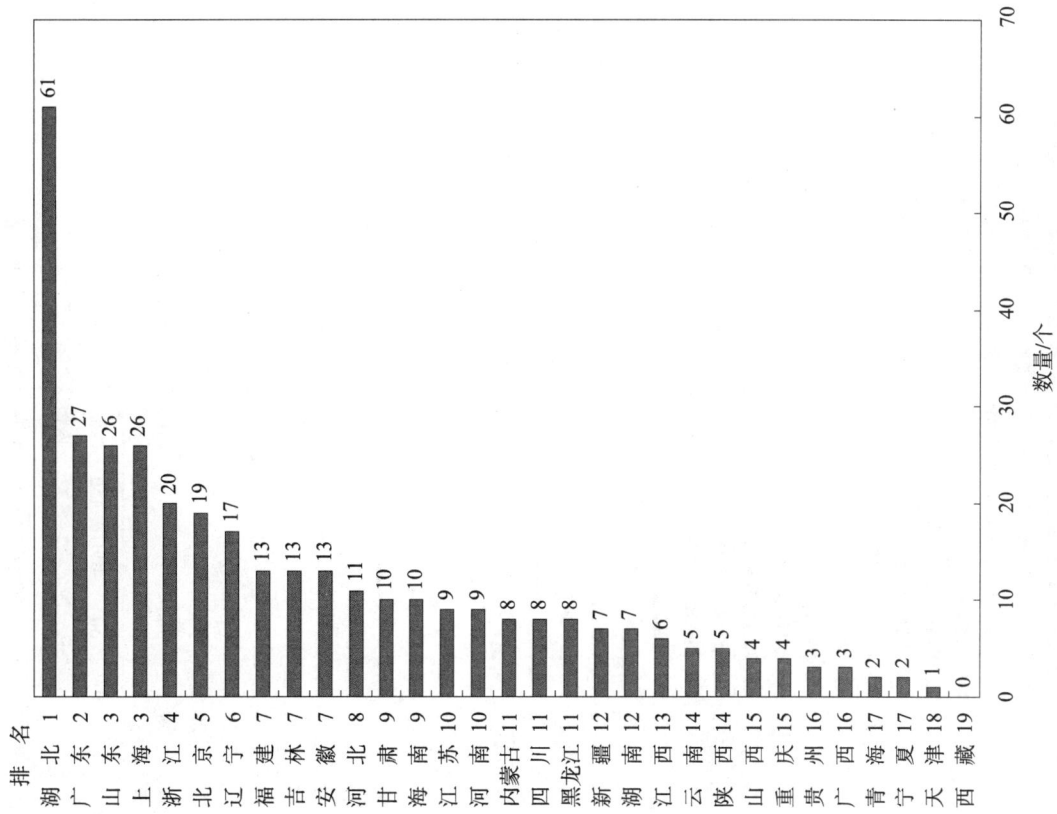

附图75　41211 科技馆数量

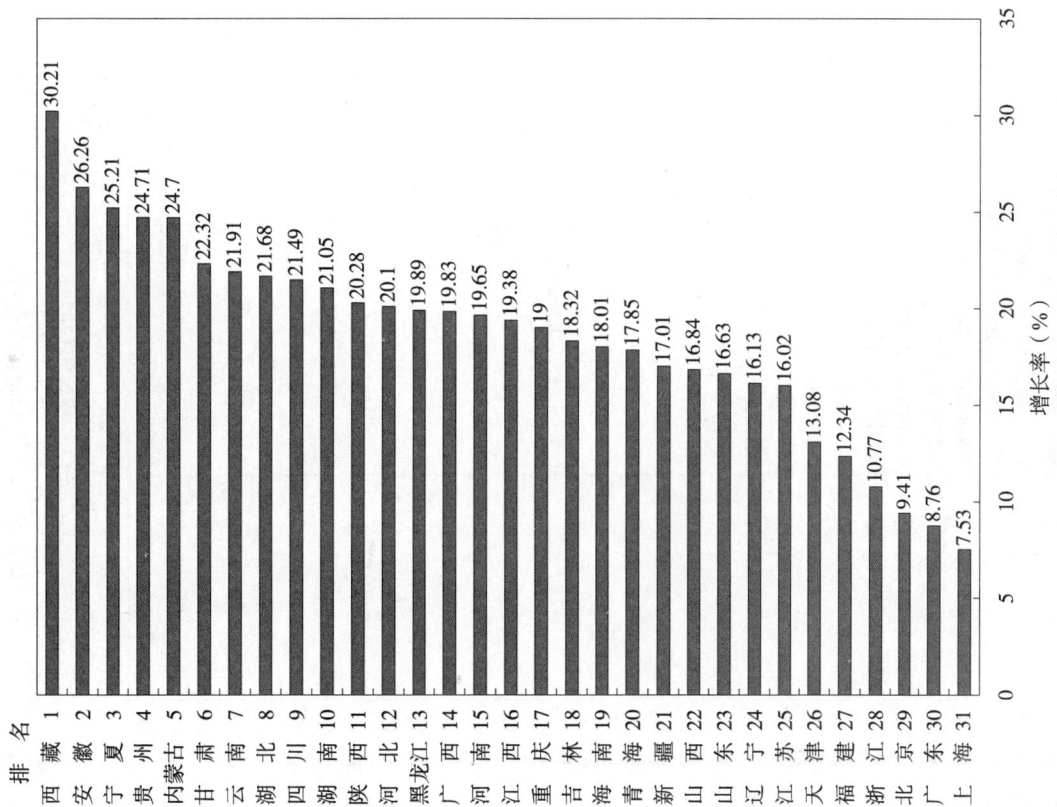

附图74　41123 国际互联网络用户数增长率

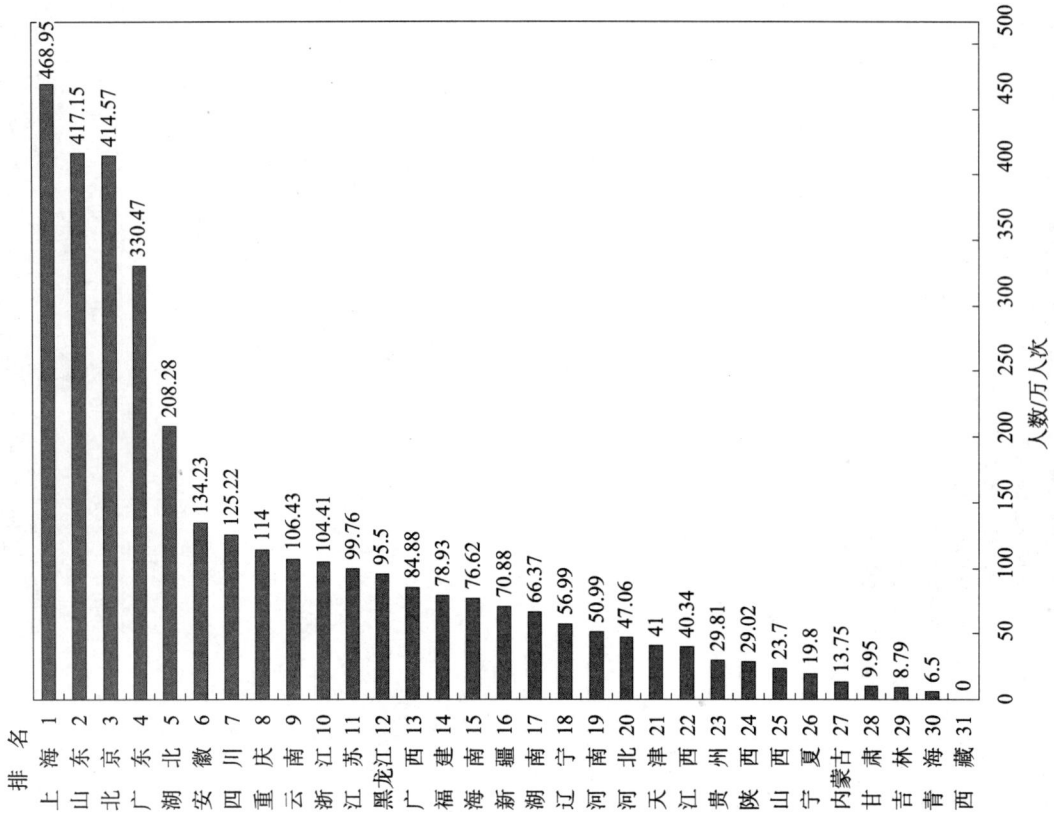

附图 77　41311 科技馆当年参观人数

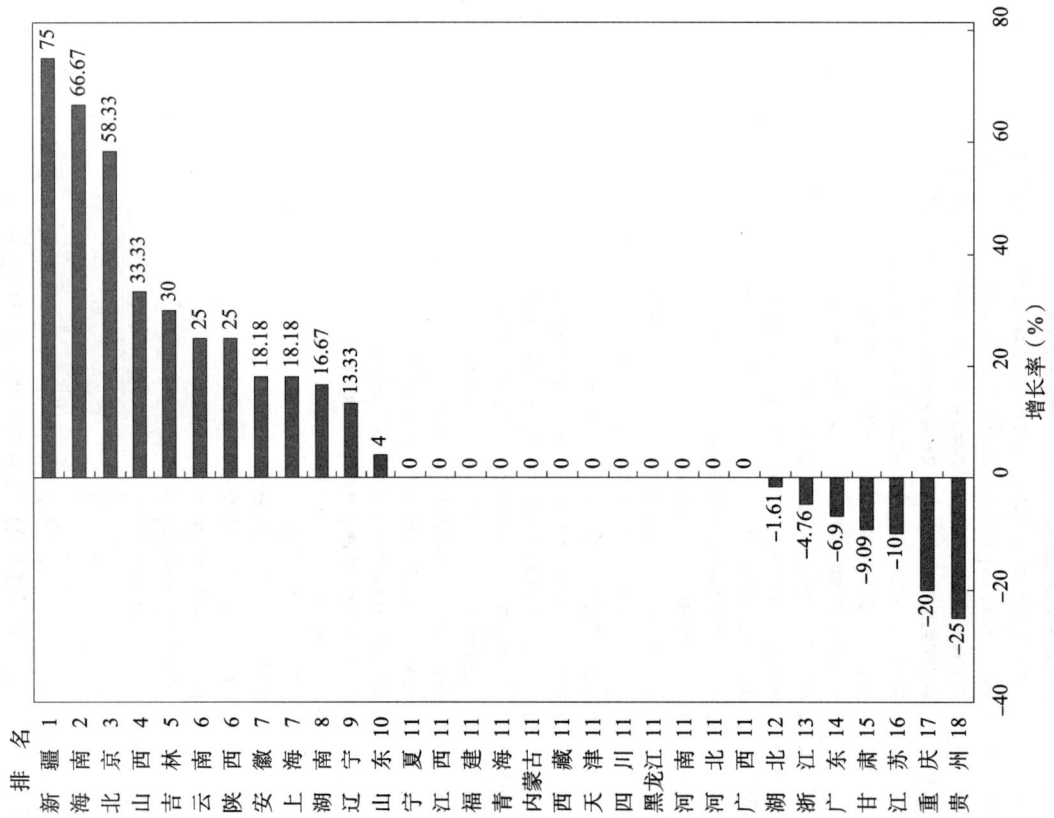

附图 76　41213 科技馆数量增长率

右图：年度科普经费筹集额（筹集额/万元）

| 排名 | 地区 | 筹集额/万元 |
|---|---|---|
| 1 | 北京 | 202 819.36 |
| 2 | 上海 | 90 394.7 |
| 3 | 江苏 | 84 824.46 |
| 4 | 广东 | 63 827.12 |
| 5 | 浙江 | 63 713.97 |
| 6 | 云南 | 42 463.97 |
| 7 | 湖北 | 42 160.6 |
| 8 | 四川 | 34 205.96 |
| 9 | 山东 | 30 914.94 |
| 10 | 湖南 | 30 631.86 |
| 11 | 贵州 | 30 625.61 |
| 12 | 辽宁 | 29 636.76 |
| 13 | 福建 | 29 629.79 |
| 14 | 河南 | 27 202.74 |
| 15 | 重庆 | 27 196.68 |
| 16 | 安徽 | 26 809.8 |
| 17 | 陕西 | 22 048.19 |
| 18 | 江西 | 21 974.04 |
| 19 | 广西 | 20 422 |
| 20 | 河北 | 18 563.66 |
| 21 | 新疆 | 18 179.91 |
| 22 | 天津 | 18 037.81 |
| 23 | 内蒙古 | 16 878.72 |
| 24 | 山西 | 15 471.06 |
| 25 | 黑龙江 | 9 790.35 |
| 26 | 宁夏 | 9 229.49 |
| 27 | 吉林 | 7 673.43 |
| 28 | 海南 | 6 764.73 |
| 29 | 青海 | 5 518.02 |
| 30 | 甘肃 | 4 324.37 |
| 31 | 西藏 | 1 042.6 |

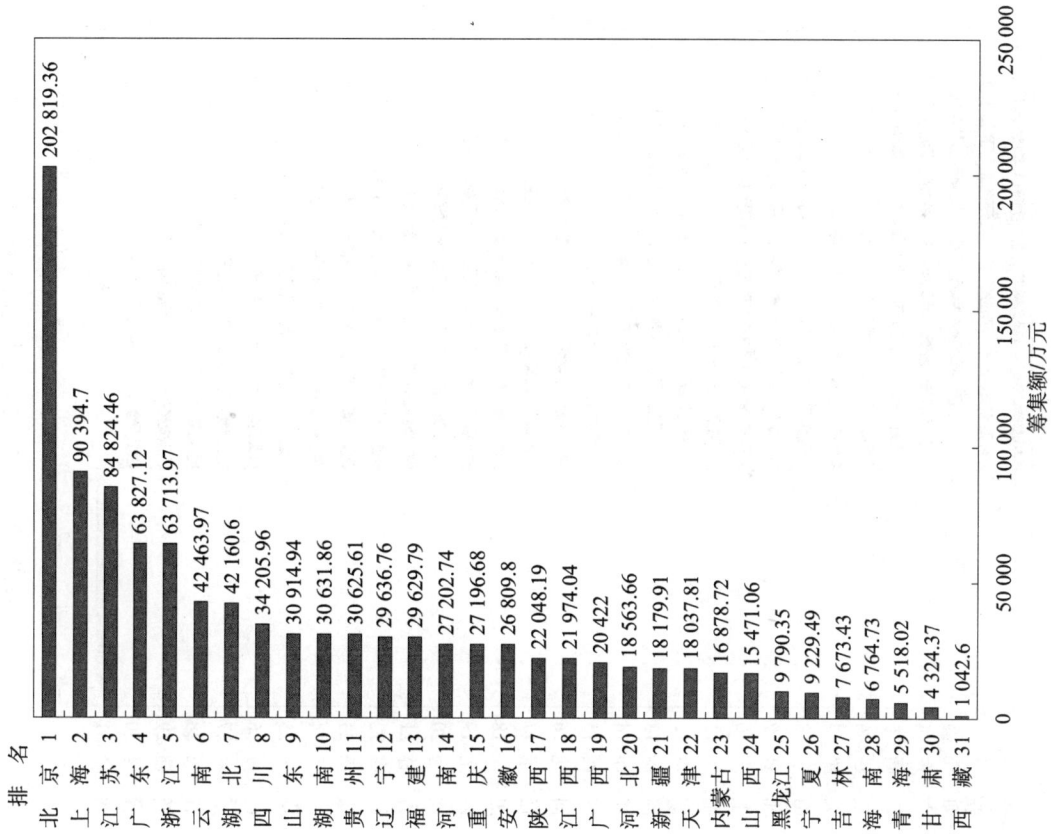

附图79 41321 年度科普经费筹集额

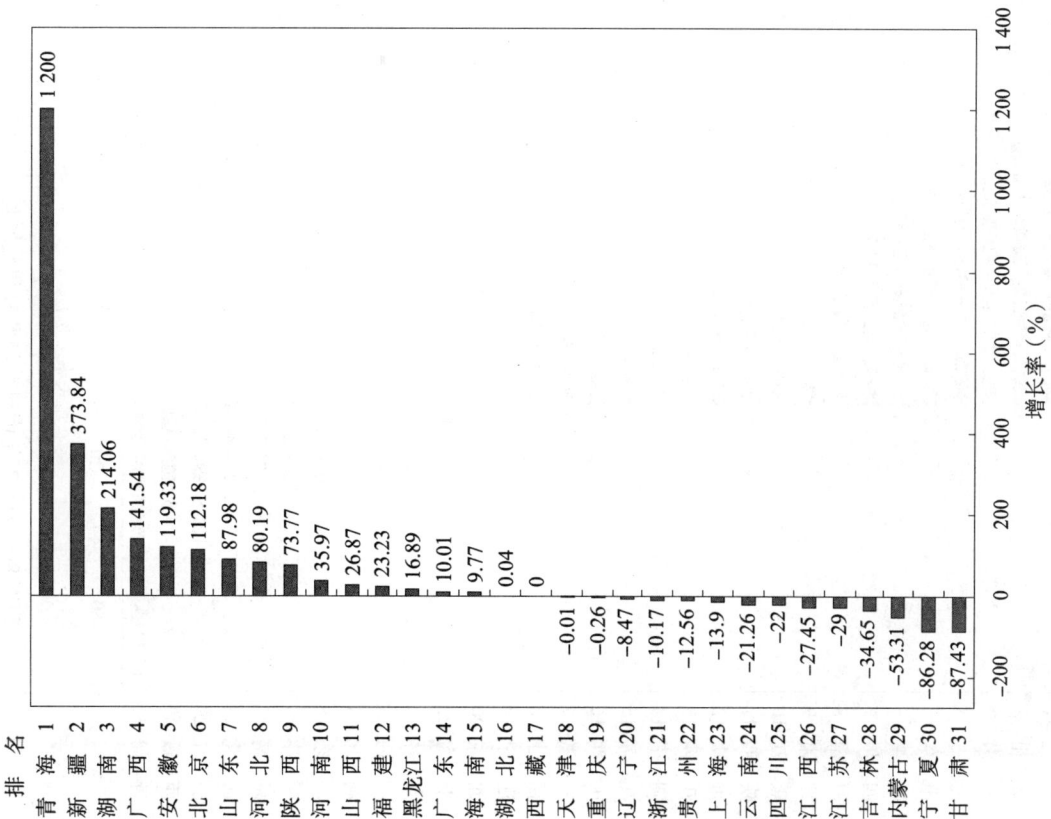

左图：科技馆当年参观人数增长率（增长率%）

| 排名 | 地区 | 增长率(%) |
|---|---|---|
| 1 | 青海 | 1 200 |
| 2 | 新疆 | 373.84 |
| 3 | 湖南 | 214.06 |
| 4 | 广西 | 141.54 |
| 5 | 安徽 | 119.33 |
| 6 | 北京 | 112.18 |
| 7 | 山东 | 87.98 |
| 8 | 河北 | 80.19 |
| 9 | 陕西 | 73.77 |
| 10 | 河南 | 35.97 |
| 11 | 山西 | 26.87 |
| 12 | 福建 | 23.23 |
| 13 | 黑龙江 | 16.89 |
| 14 | 广东 | 10.01 |
| 15 | 海南 | 9.77 |
| 16 | 湖北 | 0.04 |
| 17 | 西藏 | 0 |
| 18 | 天津 | -0.01 |
| 19 | 重庆 | -0.26 |
| 20 | 辽宁 | -8.47 |
| 21 | 浙江 | -10.17 |
| 22 | 贵州 | -12.56 |
| 23 | 上海 | -13.9 |
| 24 | 云南 | -21.26 |
| 25 | 四川 | -22 |
| 26 | 江西 | -27.45 |
| 27 | 江苏 | -29 |
| 28 | 吉林 | -34.65 |
| 29 | 内蒙古 | -53.31 |
| 30 | 宁夏 | -86.28 |
| 31 | 甘肃 | -87.43 |

附图78 41313 科技馆当年参观人数增长率

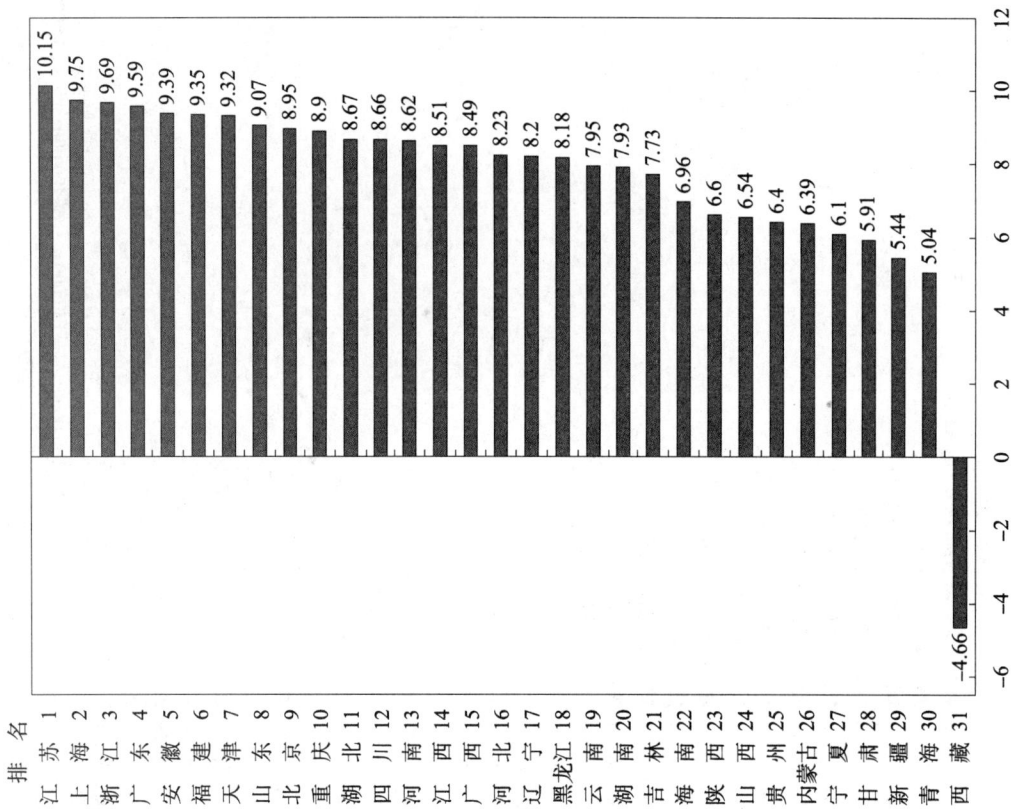

附图 81 42101 政府与市场的关系

| 排名 | 省份 | 数值 |
|---|---|---|
| 1 | 江苏 | 10.15 |
| 2 | 上海 | 9.75 |
| 3 | 浙江 | 9.69 |
| 4 | 广东 | 9.59 |
| 5 | 安徽 | 9.39 |
| 6 | 福建 | 9.35 |
| 7 | 天津 | 9.32 |
| 8 | 山东 | 9.07 |
| 9 | 北京 | 8.95 |
| 10 | 重庆 | 8.9 |
| 11 | 湖北 | 8.67 |
| 12 | 四川 | 8.66 |
| 13 | 河南 | 8.62 |
| 14 | 江西 | 8.51 |
| 15 | 广西 | 8.49 |
| 16 | 河北 | 8.23 |
| 17 | 辽宁 | 8.2 |
| 18 | 黑龙江 | 8.18 |
| 19 | 云南 | 7.95 |
| 20 | 湖南 | 7.93 |
| 21 | 吉林 | 7.73 |
| 22 | 海南 | 6.96 |
| 23 | 陕西 | 6.6 |
| 24 | 山西 | 6.54 |
| 25 | 贵州 | 6.4 |
| 26 | 内蒙古 | 6.39 |
| 27 | 宁夏 | 6.1 |
| 28 | 甘肃 | 5.91 |
| 29 | 新疆 | 5.44 |
| 30 | 青海 | 5.04 |
| 31 | 西藏 | -4.66 |

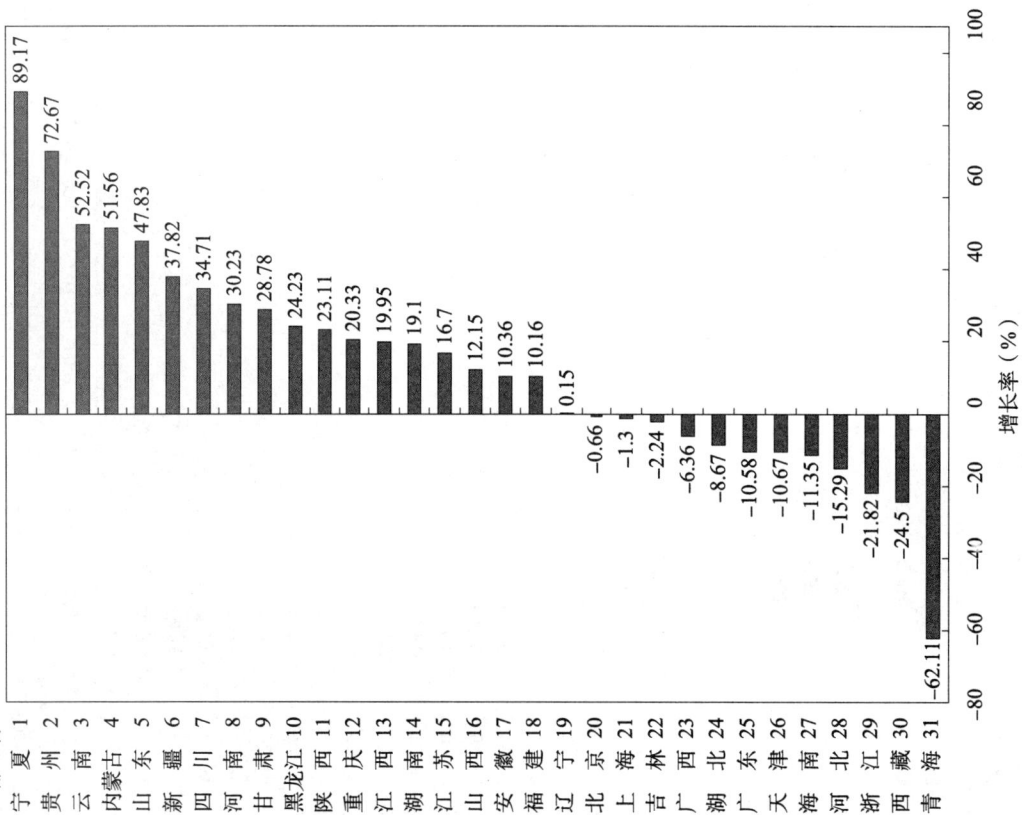

附图 80 41323 年度科普经费筹集额增长率

增长率（%）

| 排名 | 省份 | 增长率 |
|---|---|---|
| 1 | 宁夏 | 89.17 |
| 2 | 贵州 | 72.67 |
| 3 | 云南 | 52.52 |
| 4 | 内蒙古 | 51.56 |
| 5 | 山东 | 47.83 |
| 6 | 新疆 | 37.82 |
| 7 | 四川 | 34.71 |
| 8 | 河南 | 30.23 |
| 9 | 甘肃 | 28.78 |
| 10 | 黑龙江 | 24.23 |
| 11 | 陕西 | 23.11 |
| 12 | 重庆 | 20.33 |
| 13 | 江西 | 19.95 |
| 14 | 湖南 | 19.1 |
| 15 | 江苏 | 16.7 |
| 16 | 山西 | 12.15 |
| 17 | 安徽 | 10.36 |
| 18 | 福建 | 10.16 |
| 19 | 辽宁 | 10.15 |
| 20 | 北京 | -0.66 |
| 21 | 上海 | -1.3 |
| 22 | 吉林 | -2.24 |
| 23 | 广西 | -6.36 |
| 24 | 湖北 | -8.67 |
| 25 | 广东 | -10.58 |
| 26 | 天津 | -10.67 |
| 27 | 海南 | -11.35 |
| 28 | 河北 | -15.29 |
| 29 | 浙江 | -21.82 |
| 30 | 西藏 | -24.5 |
| 31 | 青海 | -62.11 |

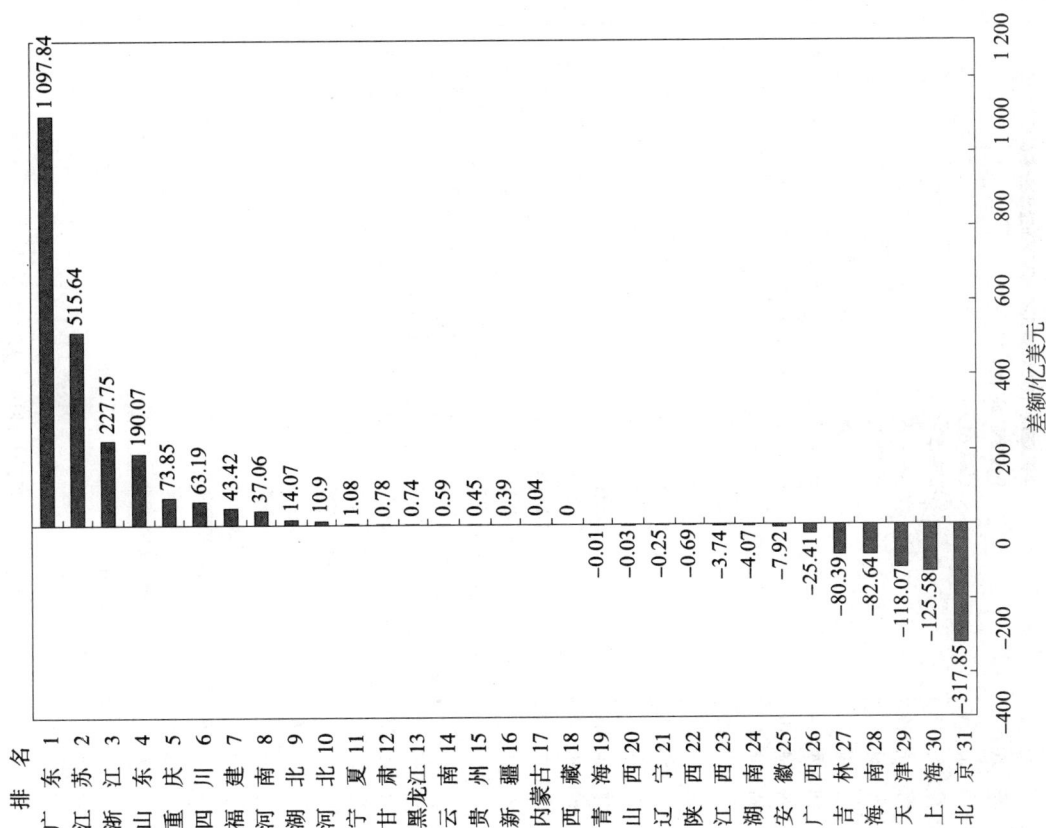

附图83 42201 进出口差额

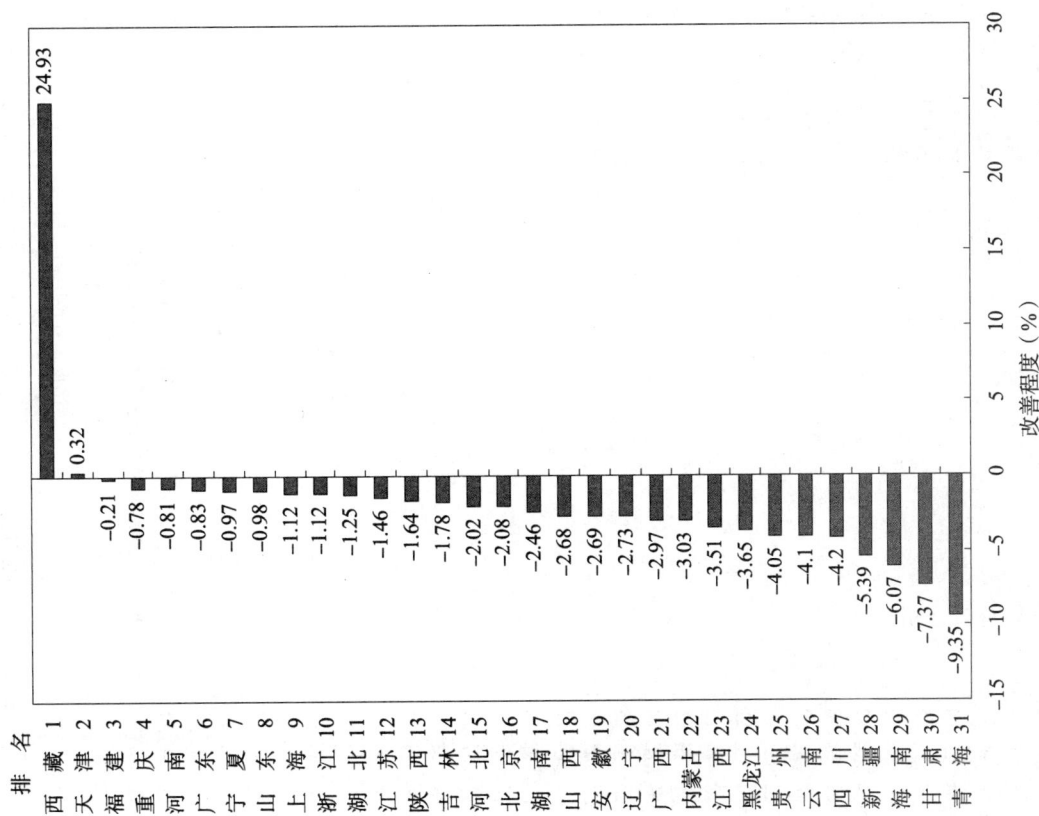

| 排名 | 地区 | 差额/亿美元 |
|---|---|---|
| 1 | 广东 | 1 097.84 |
| 2 | 江苏 | 515.64 |
| 3 | 浙江 | 227.75 |
| 4 | 山东 | 190.07 |
| 5 | 重庆 | 73.85 |
| 6 | 四川 | 63.19 |
| 7 | 福建 | 43.42 |
| 8 | 河南 | 37.06 |
| 9 | 湖北 | 14.07 |
| 10 | 河北 | 10.9 |
| 11 | 宁夏 | 1.08 |
| 12 | 甘肃 | 0.78 |
| 13 | 黑龙江 | 0.74 |
| 14 | 云南 | 0.59 |
| 15 | 贵州 | 0.45 |
| 16 | 新疆 | 0.39 |
| 17 | 内蒙古 | 0.04 |
| 18 | 西藏 | 0 |
| 19 | 青海 | -0.01 |
| 20 | 山西 | -0.03 |
| 21 | 辽宁 | -0.25 |
| 22 | 陕西 | -0.69 |
| 23 | 江西 | -3.74 |
| 24 | 湖南 | -4.07 |
| 25 | 安徽 | -7.92 |
| 26 | 广西 | -25.41 |
| 27 | 吉林 | -80.39 |
| 28 | 海南 | -82.64 |
| 29 | 天津 | -118.07 |
| 30 | 上海 | -125.58 |
| 31 | 北京 | -317.85 |

附图82 42103 政府与市场的关系改善程度

| 排名 | 地区 | 改善程度（%） |
|---|---|---|
| 1 | 西藏 | 24.93 |
| 2 | 天津 | 0.32 |
| 3 | 福建 | -0.21 |
| 4 | 重庆 | -0.78 |
| 5 | 河南 | -0.81 |
| 6 | 广东 | -0.83 |
| 7 | 宁夏 | -0.97 |
| 8 | 山东 | -0.98 |
| 9 | 上海 | -1.12 |
| 10 | 浙江 | -1.12 |
| 11 | 湖北 | -1.25 |
| 12 | 江苏 | -1.46 |
| 13 | 陕西 | -1.64 |
| 14 | 吉林 | -1.78 |
| 15 | 河北 | -2.02 |
| 16 | 北京 | -2.08 |
| 17 | 湖南 | -2.46 |
| 18 | 山西 | -2.68 |
| 19 | 安徽 | -2.69 |
| 20 | 辽宁 | -2.73 |
| 21 | 广西 | -2.97 |
| 22 | 内蒙古 | -3.03 |
| 23 | 江西 | -3.51 |
| 24 | 黑龙江 | -3.65 |
| 25 | 贵州 | -4.05 |
| 26 | 云南 | -4.1 |
| 27 | 四川 | -4.2 |
| 28 | 新疆 | -5.39 |
| 29 | 海南 | -6.07 |
| 30 | 甘肃 | -7.37 |
| 31 | 青海 | -9.35 |

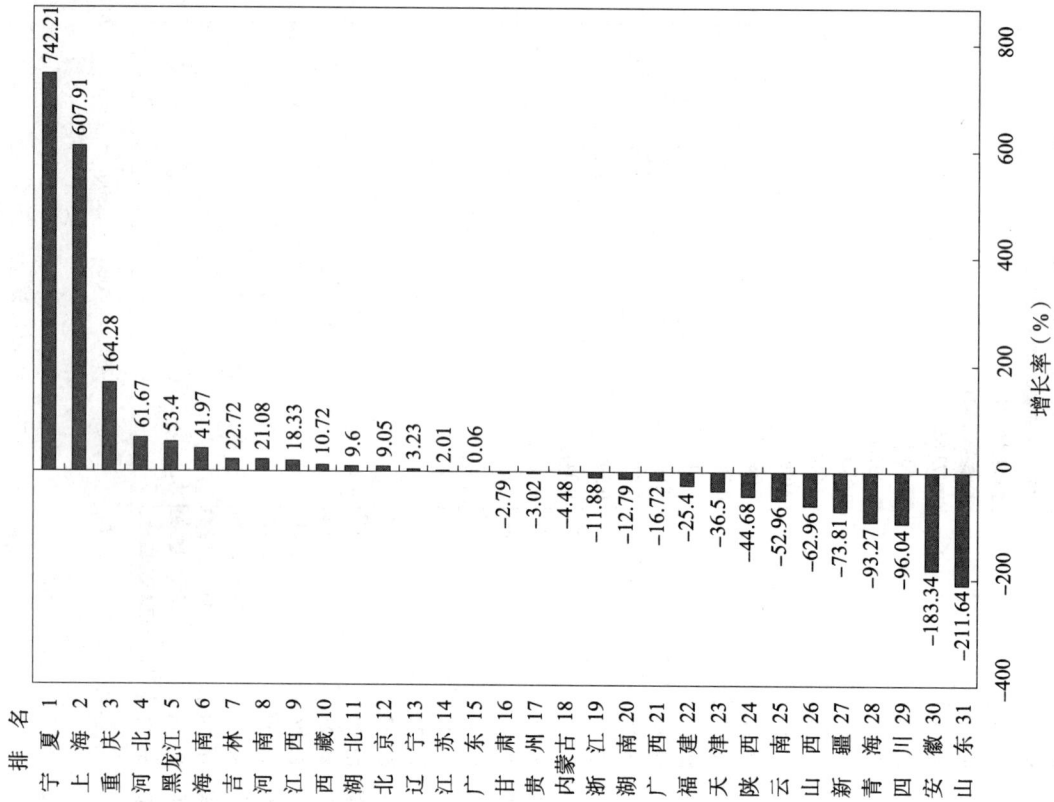

附图 85  42203 进出口差额增长率

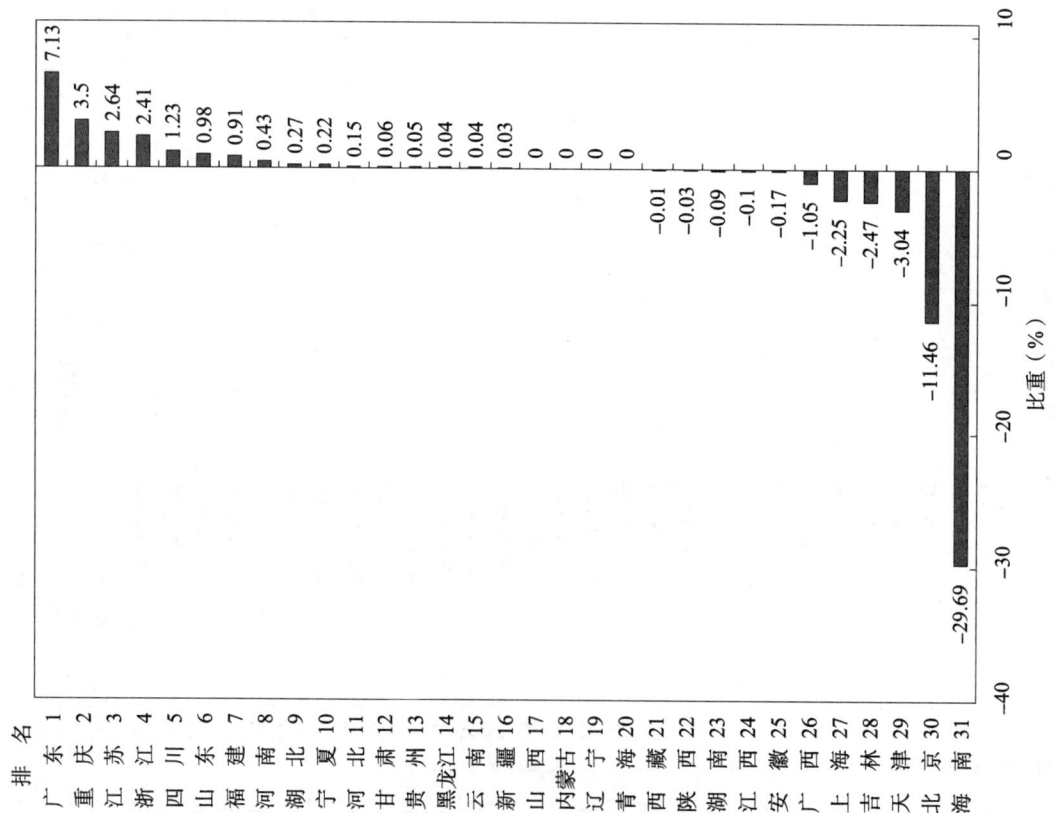

附图 84  42202 进出口差额占工业企业主营业务收入的比重

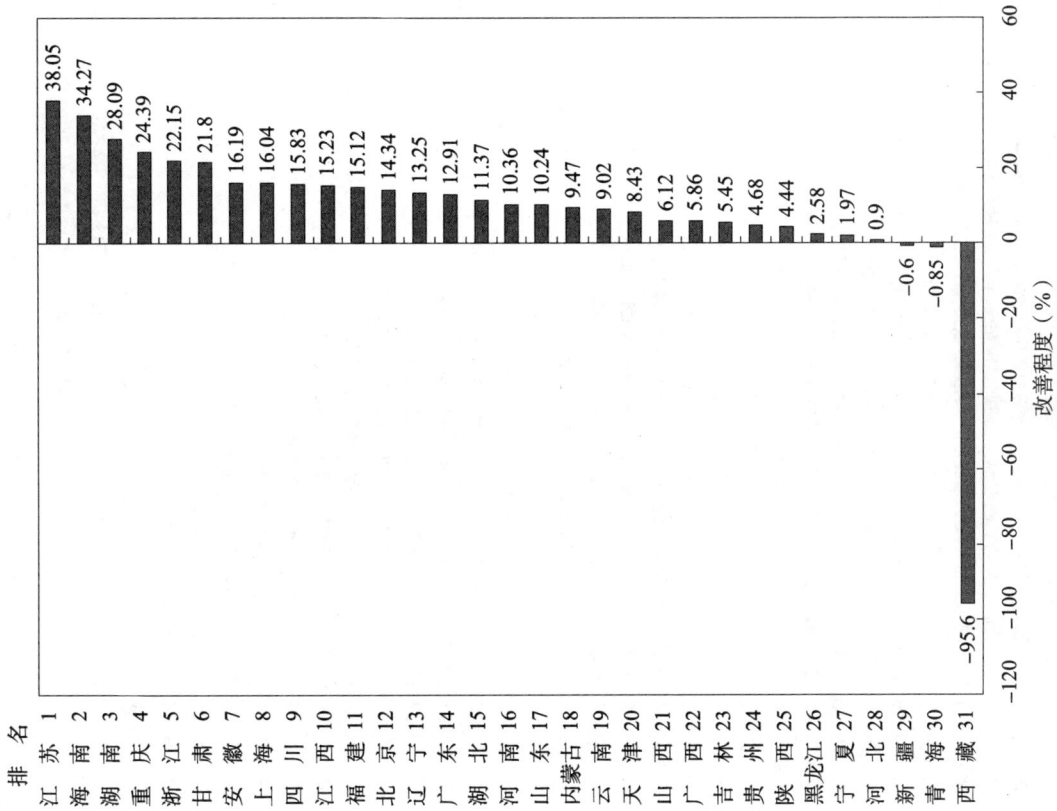

附图 87 42303 市场中介组织的发育和法律制度环境改善程度

| 排名 | 地区 | 改善程度（%） |
|---|---|---|
| 1 | 江苏 | 38.05 |
| 2 | 海南 | 34.27 |
| 3 | 湖南 | 28.09 |
| 4 | 重庆 | 24.39 |
| 5 | 浙江 | 22.15 |
| 6 | 甘肃 | 21.8 |
| 7 | 安徽 | 16.19 |
| 8 | 上海 | 16.04 |
| 9 | 四川 | 15.83 |
| 10 | 江西 | 15.23 |
| 11 | 福建 | 15.12 |
| 12 | 北京 | 14.34 |
| 13 | 辽宁 | 13.25 |
| 14 | 广东 | 12.91 |
| 15 | 湖北 | 11.37 |
| 16 | 河南 | 10.36 |
| 17 | 山东 | 10.24 |
| 18 | 内蒙古 | 9.47 |
| 19 | 云南 | 9.02 |
| 20 | 天津 | 8.43 |
| 21 | 山西 | 6.12 |
| 22 | 广西 | 5.86 |
| 23 | 吉林 | 5.45 |
| 24 | 贵州 | 4.68 |
| 25 | 陕西 | 4.44 |
| 26 | 黑龙江 | 2.58 |
| 27 | 宁夏 | 1.97 |
| 28 | 河北 | 0.9 |
| 29 | 新疆 | -0.6 |
| 30 | 青海 | -0.85 |
| 31 | 西藏 | -95.6 |

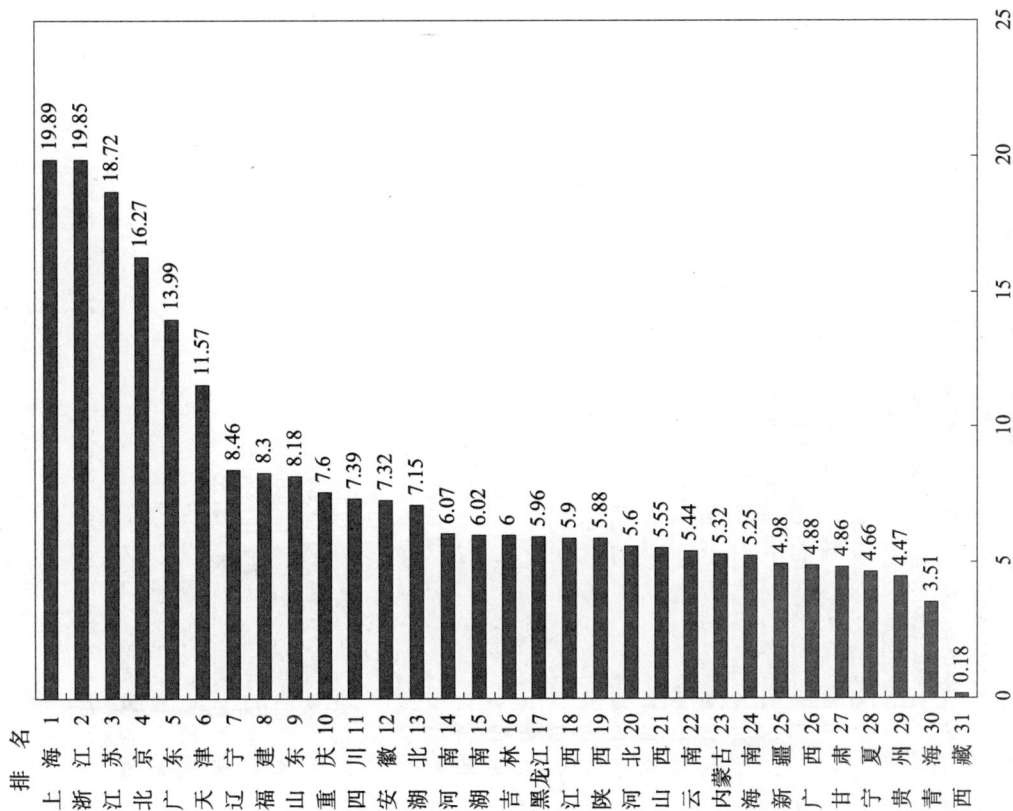

附图 86 42301 市场中介组织的发育和法律制度环境

| 排名 | 地区 | 数值 |
|---|---|---|
| 1 | 上海 | 19.89 |
| 2 | 浙江 | 19.85 |
| 3 | 江苏 | 18.72 |
| 4 | 北京 | 16.27 |
| 5 | 广东 | 13.99 |
| 6 | 天津 | 11.57 |
| 7 | 辽宁 | 8.46 |
| 8 | 福建 | 8.3 |
| 9 | 山东 | 8.18 |
| 10 | 重庆 | 7.6 |
| 11 | 四川 | 7.39 |
| 12 | 安徽 | 7.32 |
| 13 | 湖北 | 7.15 |
| 14 | 河南 | 6.07 |
| 15 | 湖南 | 6.02 |
| 16 | 吉林 | 6 |
| 17 | 黑龙江 | 5.96 |
| 18 | 江西 | 5.9 |
| 19 | 陕西 | 5.88 |
| 20 | 河北 | 5.6 |
| 21 | 山西 | 5.55 |
| 22 | 云南 | 5.44 |
| 23 | 内蒙古 | 5.32 |
| 24 | 海南 | 5.25 |
| 25 | 新疆 | 4.98 |
| 26 | 广西 | 4.88 |
| 27 | 甘肃 | 4.86 |
| 28 | 宁夏 | 4.66 |
| 29 | 贵州 | 4.47 |
| 30 | 青海 | 3.51 |
| 31 | 西藏 | 0.18 |

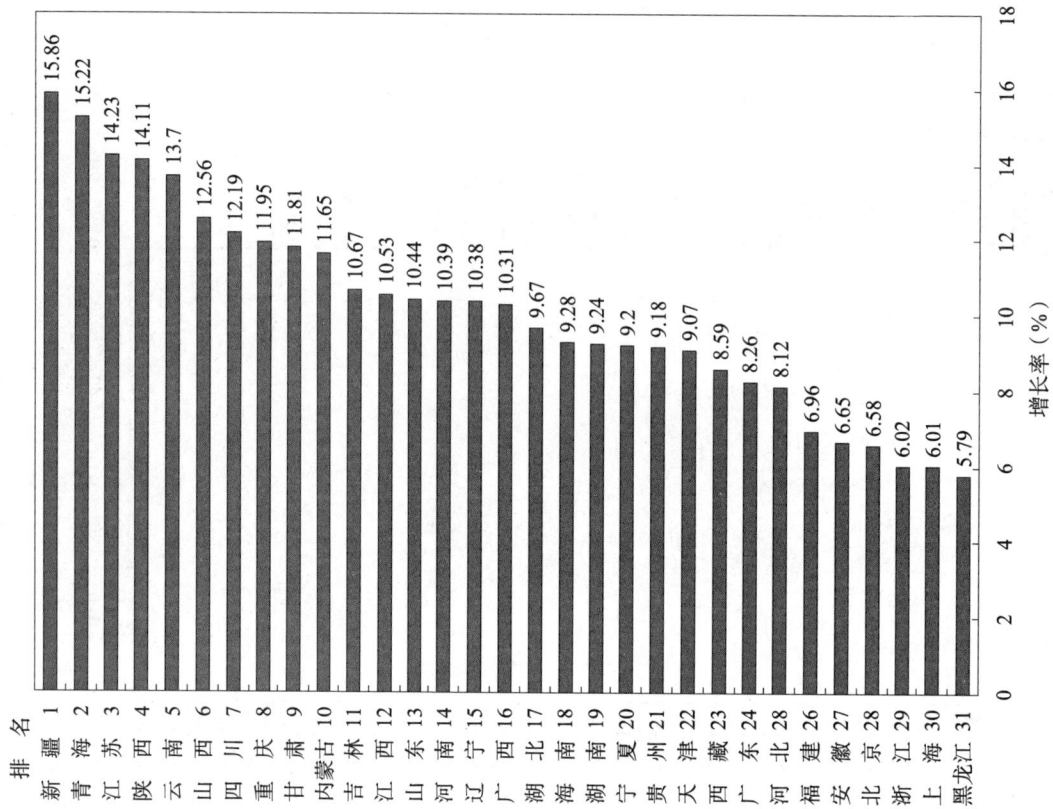

附图 89　42403 居民消费水平增长率

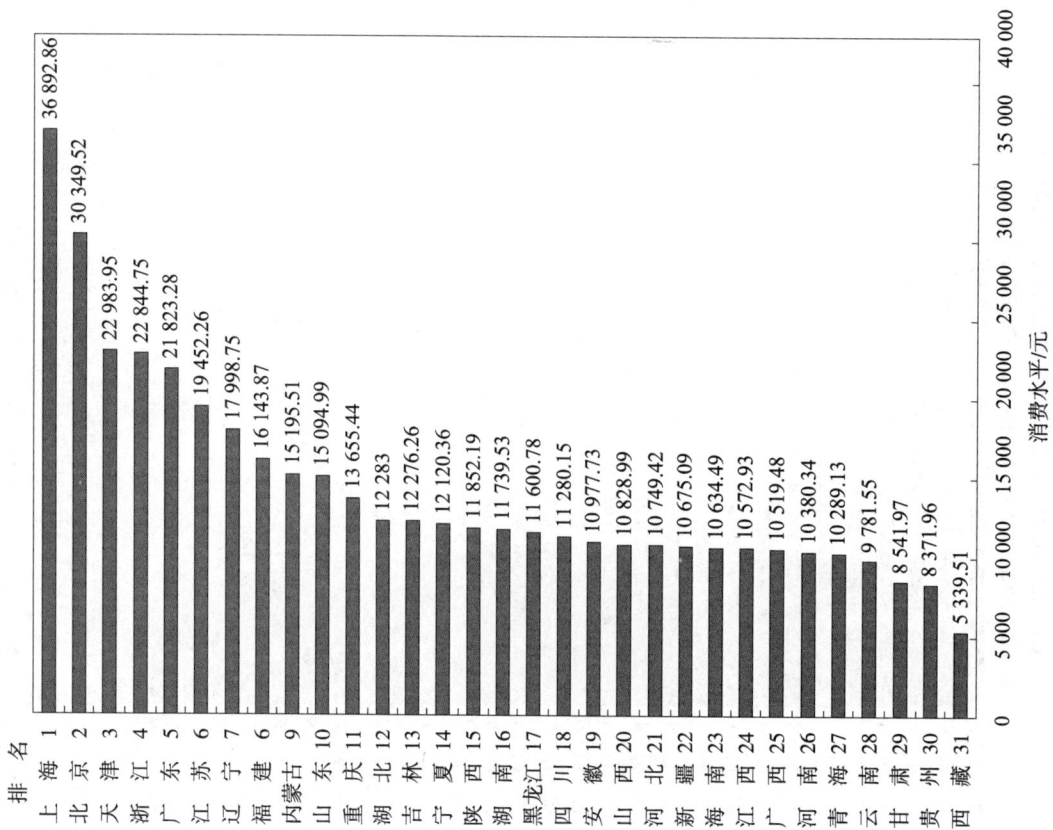

附图 88　42401 居民消费水平

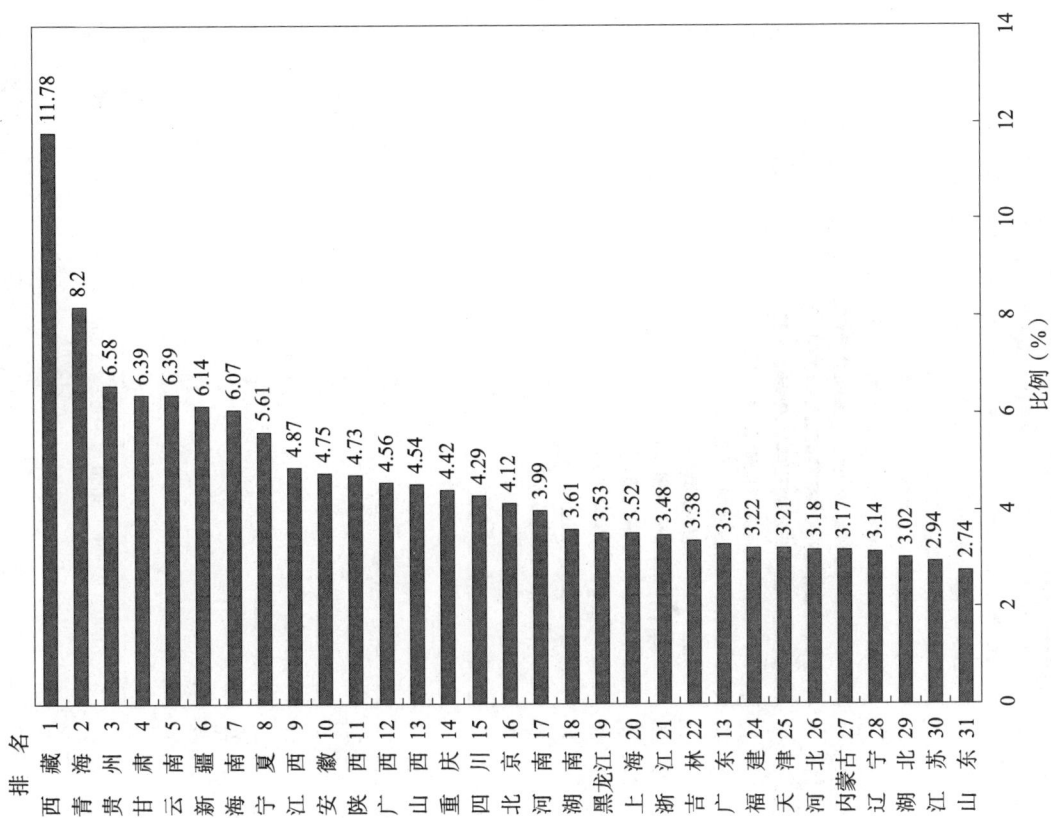

附图 91　43102 对教育的投资占 GDP 的比例

| 排名 | 地区 | 比例（%） |
|---|---|---|
| 1 | 西藏 | 11.78 |
| 2 | 青海 | 8.2 |
| 3 | 贵州 | 6.58 |
| 4 | 甘肃 | 6.39 |
| 5 | 云南 | 6.39 |
| 6 | 新疆 | 6.14 |
| 7 | 海南 | 6.07 |
| 8 | 宁夏 | 5.61 |
| 9 | 江西 | 4.87 |
| 10 | 安徽 | 4.75 |
| 11 | 陕西 | 4.73 |
| 12 | 广西 | 4.56 |
| 13 | 山西 | 4.54 |
| 14 | 重庆 | 4.42 |
| 15 | 四川 | 4.29 |
| 16 | 北京 | 4.12 |
| 17 | 河南 | 3.99 |
| 18 | 湖南 | 3.61 |
| 19 | 黑龙江 | 3.53 |
| 20 | 上海 | 3.52 |
| 21 | 浙江 | 3.48 |
| 22 | 吉林 | 3.38 |
| 23 | 广东 | 3.3 |
| 24 | 福建 | 3.22 |
| 25 | 天津 | 3.21 |
| 26 | 河北 | 3.18 |
| 27 | 内蒙古 | 3.17 |
| 28 | 辽宁 | 3.14 |
| 29 | 湖北 | 3.02 |
| 30 | 江苏 | 2.94 |
| 31 | 山东 | 2.74 |

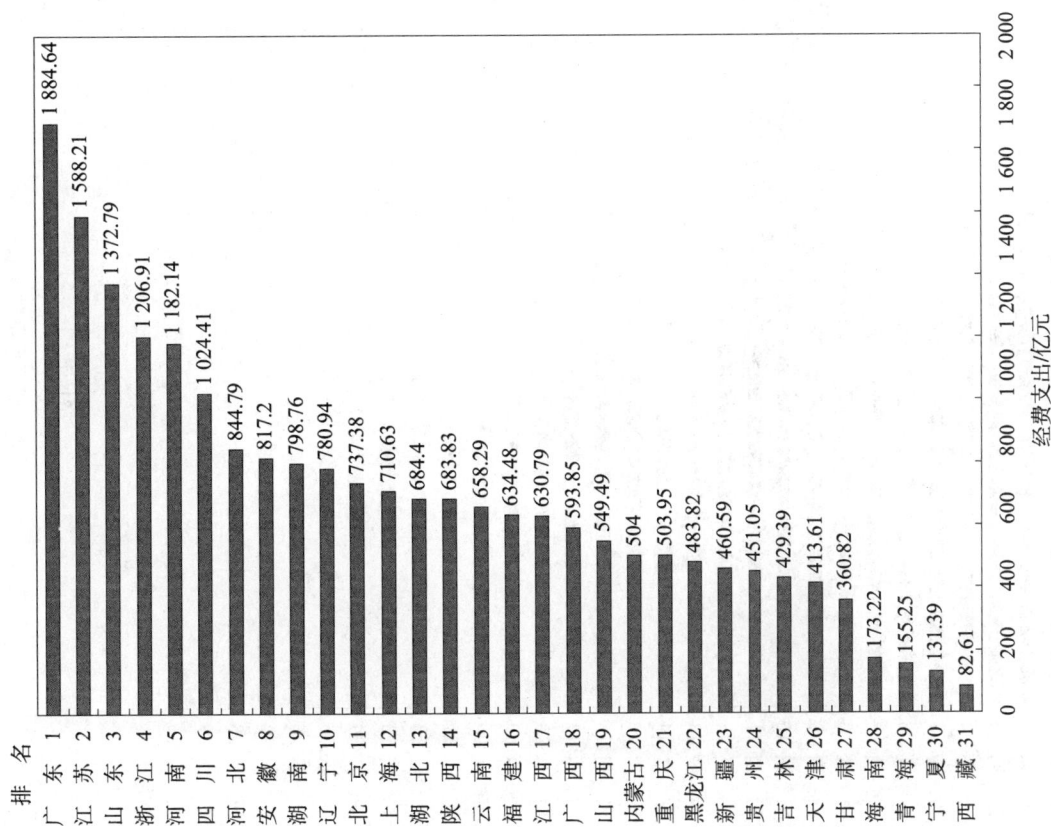

附图 90　43101 教育经费支出

| 排名 | 地区 | 经费支出/亿元 |
|---|---|---|
| 1 | 广东 | 1 884.64 |
| 2 | 江苏 | 1 588.21 |
| 3 | 山东 | 1 372.79 |
| 4 | 浙江 | 1 206.91 |
| 5 | 河南 | 1 182.14 |
| 6 | 四川 | 1 024.41 |
| 7 | 河北 | 844.79 |
| 8 | 安徽 | 817.2 |
| 9 | 湖南 | 798.76 |
| 10 | 辽宁 | 780.94 |
| 11 | 北京 | 737.38 |
| 12 | 上海 | 710.63 |
| 13 | 湖北 | 684.4 |
| 14 | 陕西 | 683.83 |
| 15 | 云南 | 658.29 |
| 16 | 福建 | 634.48 |
| 17 | 江西 | 630.79 |
| 18 | 广西 | 593.85 |
| 19 | 山西 | 549.49 |
| 20 | 内蒙古 | 504 |
| 21 | 重庆 | 503.95 |
| 22 | 黑龙江 | 483.82 |
| 23 | 新疆 | 460.59 |
| 24 | 贵州 | 451.05 |
| 25 | 吉林 | 429.39 |
| 26 | 天津 | 413.61 |
| 27 | 甘肃 | 360.82 |
| 28 | 海南 | 173.22 |
| 29 | 青海 | 155.25 |
| 30 | 宁夏 | 131.39 |
| 31 | 西藏 | 82.61 |

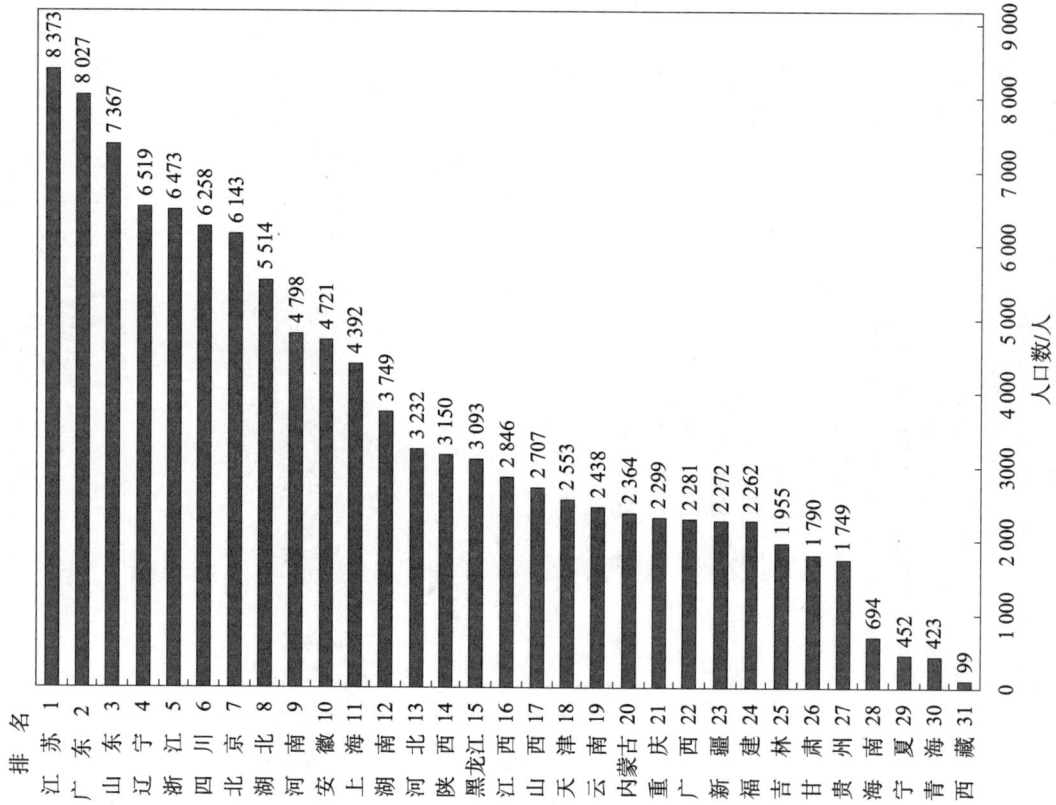

附图93　43201 6岁及6岁以上人口中大专以上学历人口数（抽样数）

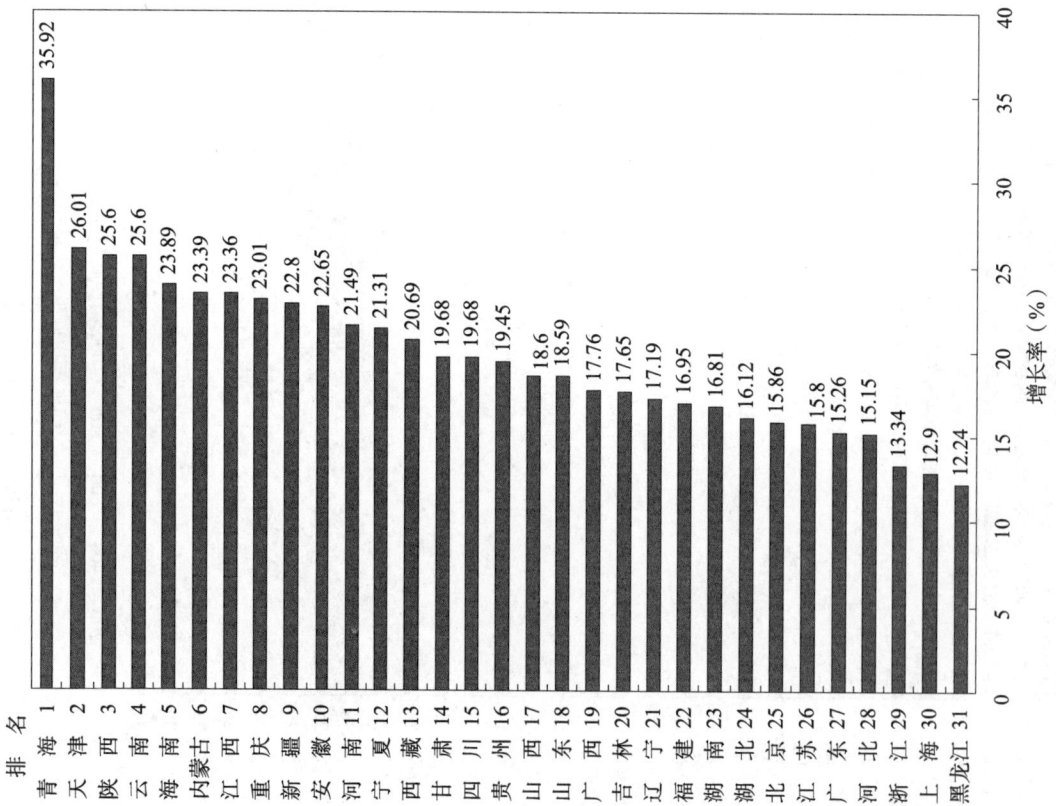

附图92　43103 对教育的投资的增长率

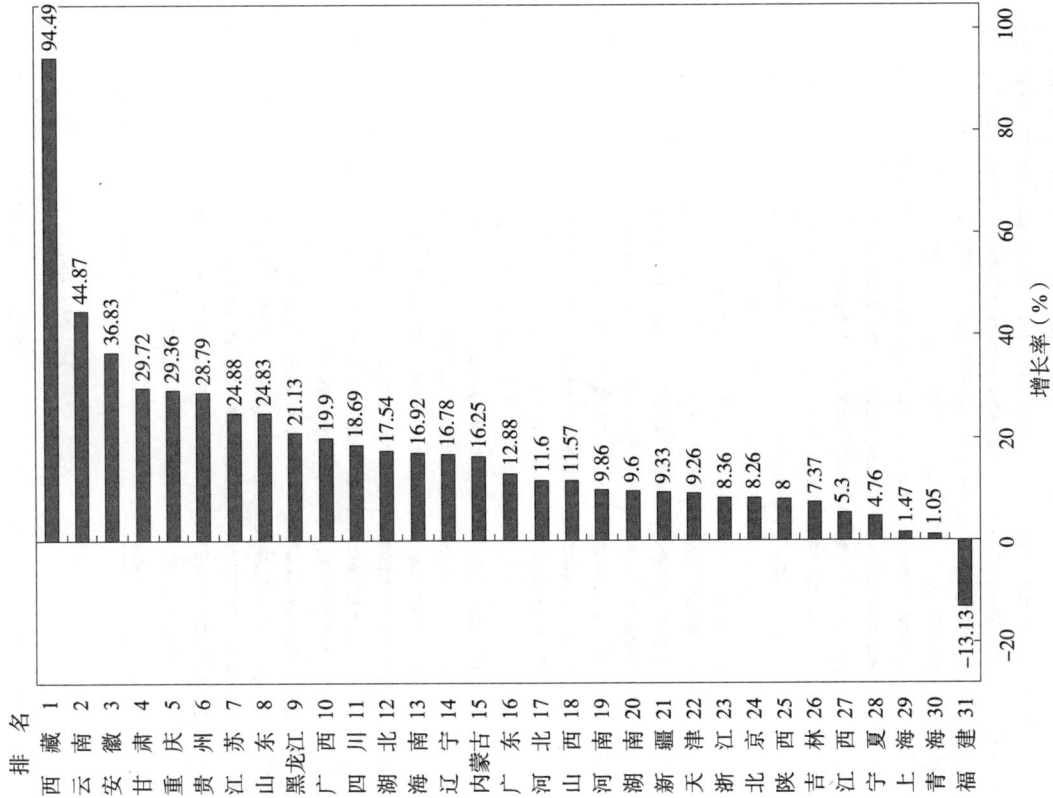

附图 95　43203　6 岁及 6 岁以上人口中大专以上学历人口增长率

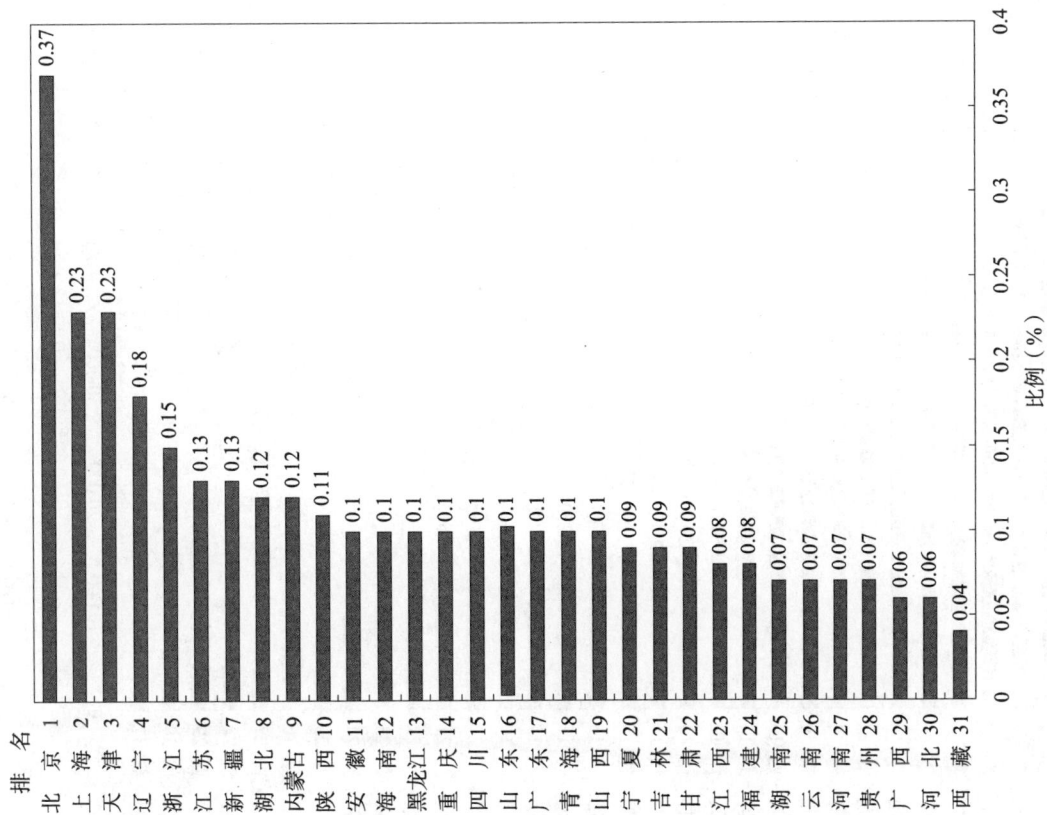

附图 94　43202　6 岁及 6 岁以上人口中大专以上学历所占的比例

| 排名 | 平均每项获得资金（万元/项） |
|------|-------|
| 江苏 1 | 94.56 |
| 广东 2 | 92.68 |
| 山东 3 | 87.57 |
| 湖南 4 | 78.98 |
| 湖北 5 | 74.15 |
| 安徽 6 | 73.36 |
| 河北 7 | 69.41 |
| 江西 8 | 67.77 |
| 浙江 9 | 66.97 |
| 北京 10 | 66.18 |
| 上海 11 | 65.77 |
| 四川 12 | 65.03 |
| 河南 13 | 64.95 |
| 福建 14 | 64.64 |
| 吉林 15 | 64.07 |
| 内蒙古 16 | 62.97 |
| 山西 17 | 62.87 |
| 陕西 18 | 62.8 |
| 辽宁 19 | 62.8 |
| 黑龙江 20 | 62.75 |
| 云南 21 | 61.97 |
| 重庆 22 | 61.68 |
| 广西 23 | 60.19 |
| 新疆 24 | 60.09 |
| 青海 25 | 59.92 |
| 贵州 26 | 59.75 |
| 宁夏 27 | 59.53 |
| 甘肃 28 | 59.52 |
| 海南 29 | 58.78 |
| 西藏 30 | 56.82 |
| 天津 31 | 55.94 |

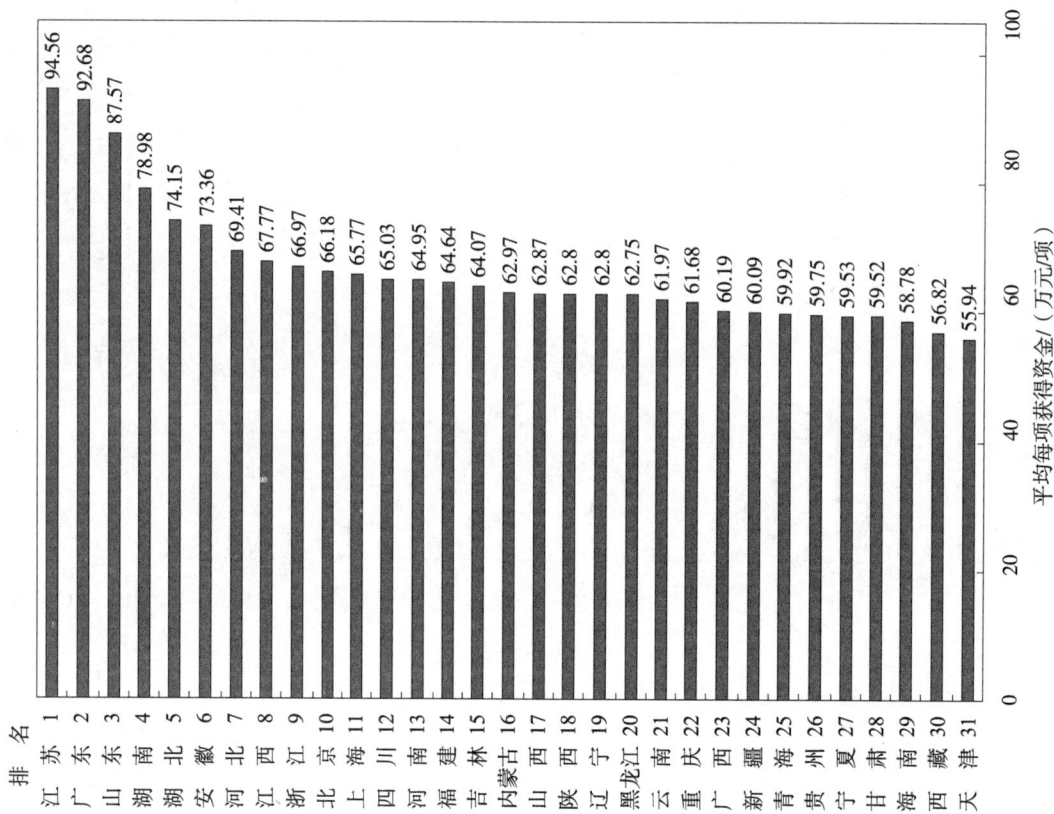

附图 97　44112 平均每项国家创新基金获得资金

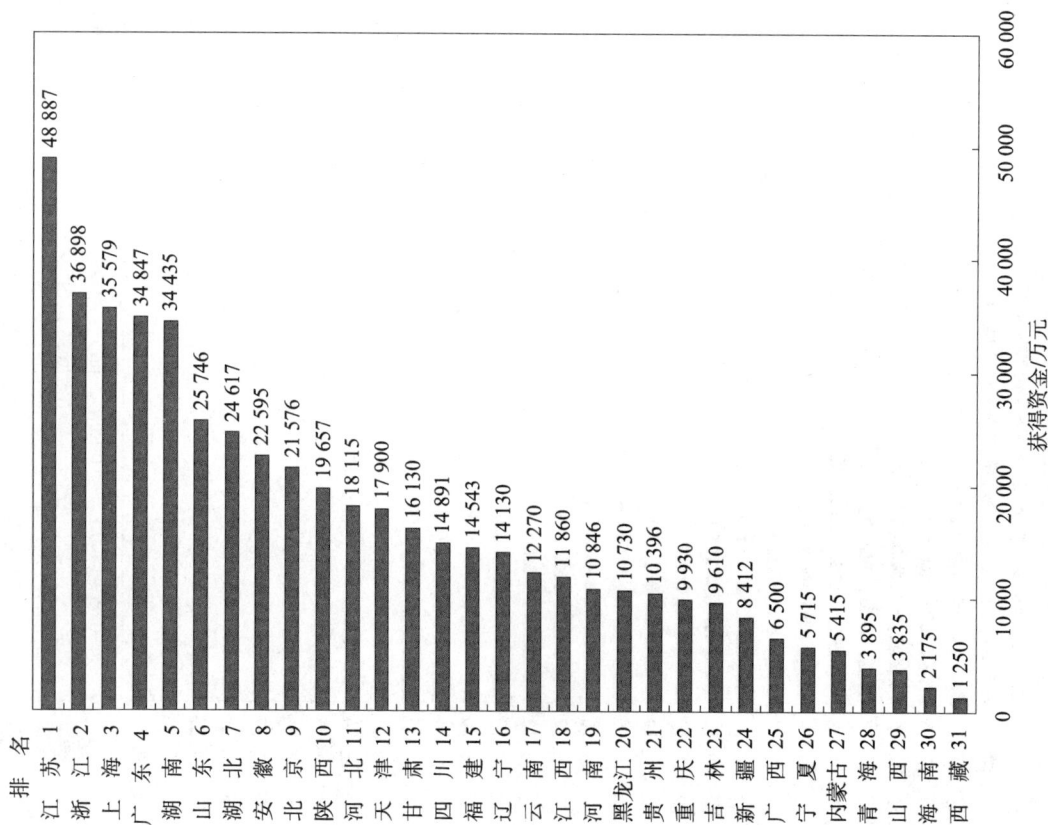

| 排名 | 获得资金/万元 |
|------|-------|
| 江苏 1 | 48 887 |
| 浙江 2 | 36 898 |
| 上海 3 | 35 579 |
| 广东 4 | 34 847 |
| 湖南 5 | 34 435 |
| 山东 6 | 25 746 |
| 湖北 7 | 24 617 |
| 安徽 8 | 22 595 |
| 北京 9 | 21 576 |
| 陕西 10 | 19 657 |
| 河北 11 | 18 115 |
| 天津 12 | 17 900 |
| 甘肃 13 | 16 130 |
| 四川 14 | 14 891 |
| 福建 15 | 14 543 |
| 辽宁 16 | 14 130 |
| 云南 17 | 12 270 |
| 江西 18 | 11 860 |
| 河南 19 | 10 846 |
| 黑龙江 20 | 10 730 |
| 贵州 21 | 10 396 |
| 重庆 22 | 9 930 |
| 吉林 23 | 9 610 |
| 新疆 24 | 8 412 |
| 广西 25 | 6 500 |
| 宁夏 26 | 5 715 |
| 内蒙古 27 | 5 415 |
| 青海 28 | 3 895 |
| 山西 29 | 3 835 |
| 海南 30 | 2 175 |
| 西藏 31 | 1 250 |

附图 96　44111 国家创新基金获得资金

附图98 44113 国家创新基金获得资金增长率

增长率（%）

| 排名 | 地区 | 增长率（%） |
|---|---|---|
| 1 | 海南 | 149.94 |
| 2 | 贵州 | 71.52 |
| 3 | 甘肃 | 69.99 |
| 4 | 宁夏 | 68.02 |
| 5 | 云南 | 67.78 |
| 6 | 山西 | 60.32 |
| 7 | 黑龙江 | 51.47 |
| 8 | 广西 | 48.99 |
| 9 | 青海 | 47.03 |
| 10 | 新疆 | 44.91 |
| 11 | 内蒙古 | 41.48 |
| 12 | 西藏 | 41.22 |
| 13 | 天津 | 27.93 |
| 14 | 河北 | 26.41 |
| 15 | 广东 | 26.29 |
| 16 | 湖南 | 24 |
| 17 | 安徽 | 19.74 |
| 18 | 辽宁 | 18.27 |
| 19 | 河南 | 13.81 |
| 20 | 山东 | 13.72 |
| 21 | 江苏 | 13.11 |
| 22 | 湖北 | 9.68 |
| 23 | 江西 | 8.67 |
| 24 | 上海 | 6.19 |
| 25 | 陕西 | 6.05 |
| 26 | 浙江 | 5.46 |
| 27 | 福建 | 3.95 |
| 28 | 北京 | 0.97 |
| 26 | 重庆 | -0.86 |
| 30 | 四川 | -2.2 |
| 31 | 吉林 | -4.54 |

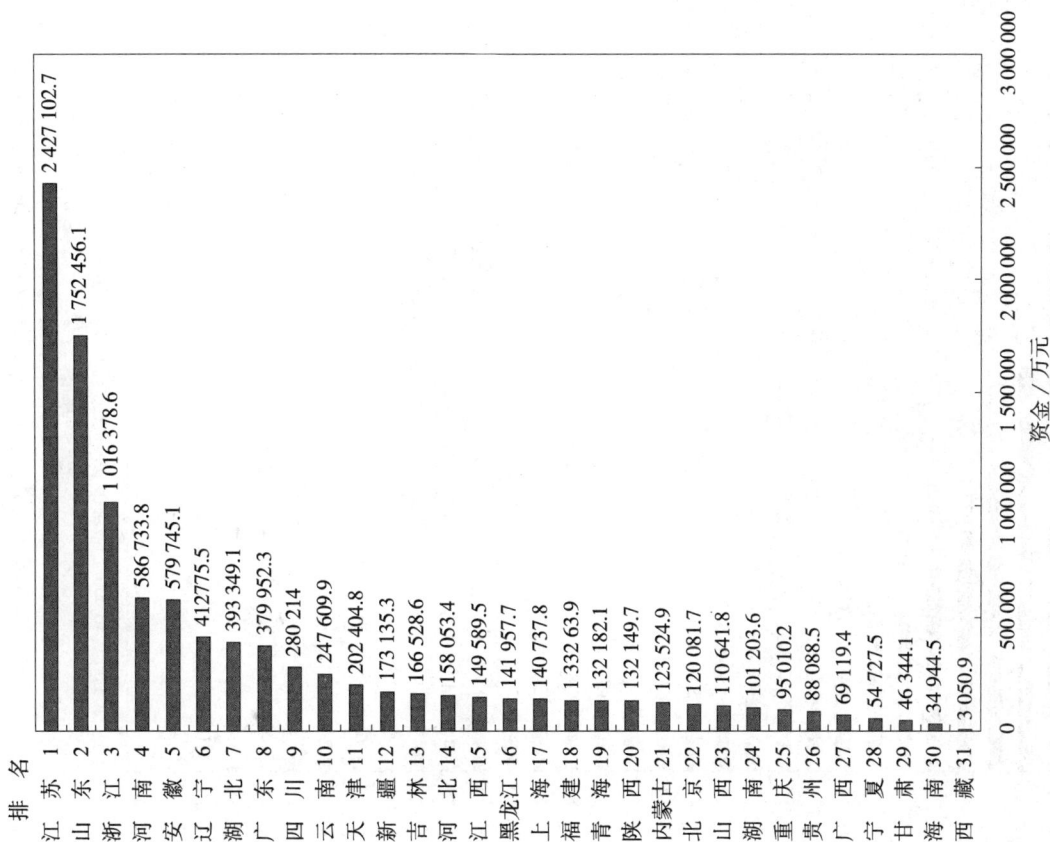

附图99 44121 国家产业化计划项目当年落实资金

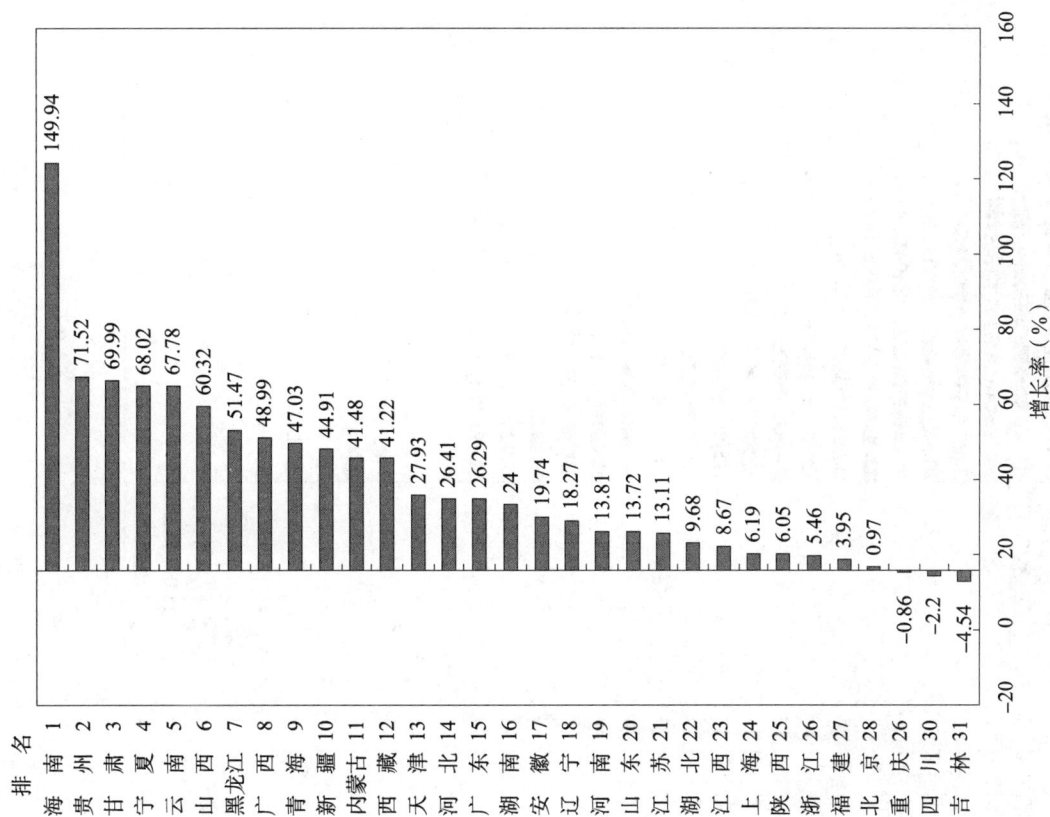

资金/万元

| 排名 | 地区 | 资金/万元 |
|---|---|---|
| 1 | 江苏 | 2 427 102.7 |
| 2 | 山东 | 1 752 456.1 |
| 3 | 浙江 | 1 016 378.6 |
| 4 | 河南 | 586 733.8 |
| 5 | 安徽 | 579 745.1 |
| 6 | 辽宁 | 412775.5 |
| 7 | 湖北 | 393 349.1 |
| 8 | 广东 | 379 952.3 |
| 9 | 四川 | 280 214 |
| 10 | 云南 | 247 609.9 |
| 11 | 天津 | 202 404.8 |
| 12 | 新疆 | 173 135.3 |
| 13 | 吉林 | 166 528.6 |
| 14 | 河北 | 158 053.4 |
| 15 | 江西 | 149 589.5 |
| 16 | 黑龙江 | 141 957.7 |
| 17 | 上海 | 140 737.8 |
| 18 | 福建 | 1 332 63.9 |
| 19 | 青海 | 132 182.1 |
| 20 | 陕西 | 132 149.7 |
| 21 | 内蒙古 | 123 524.9 |
| 22 | 北京 | 120 081.7 |
| 23 | 山西 | 110 641.8 |
| 24 | 湖南 | 101 203.6 |
| 25 | 重庆 | 95 010.2 |
| 26 | 贵州 | 88 088.5 |
| 27 | 广西 | 69 119.4 |
| 28 | 宁夏 | 54 727.5 |
| 29 | 甘肃 | 46 344.1 |
| 30 | 海南 | 34 944.5 |
| 31 | 西藏 | 3 050.9 |

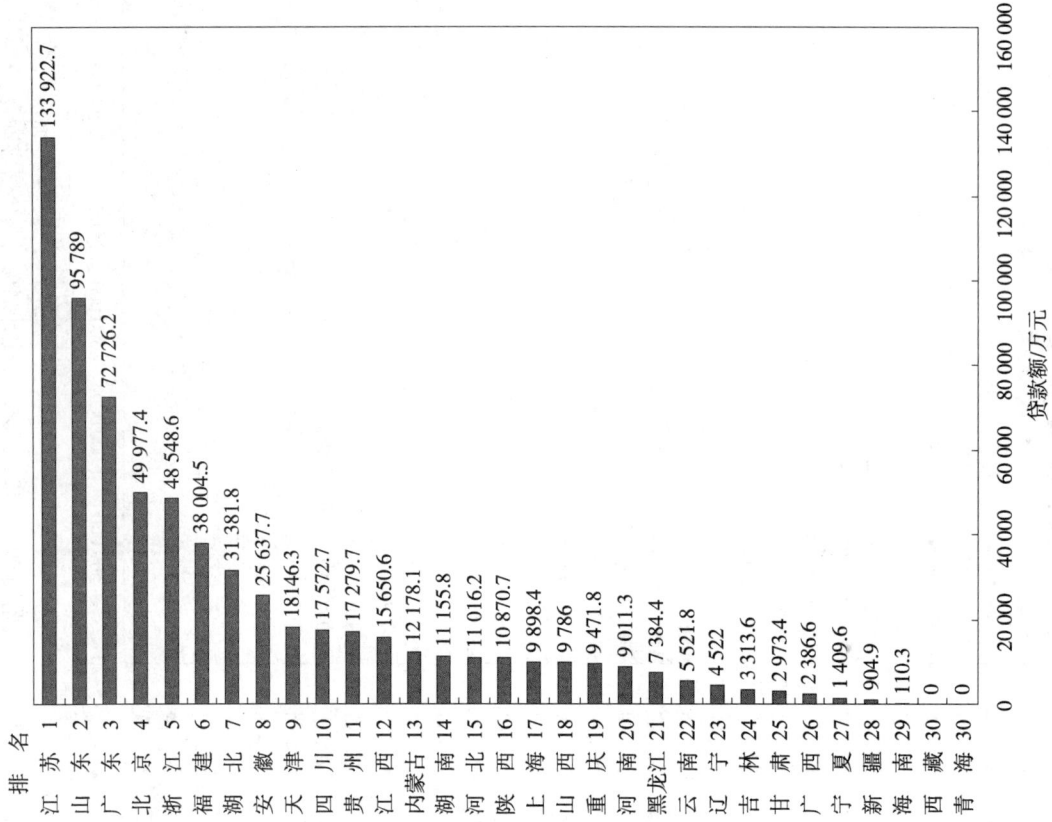

附图 101　44201 规模以上工业企业 R&D 经费内部支出额中获得金融机构贷款额

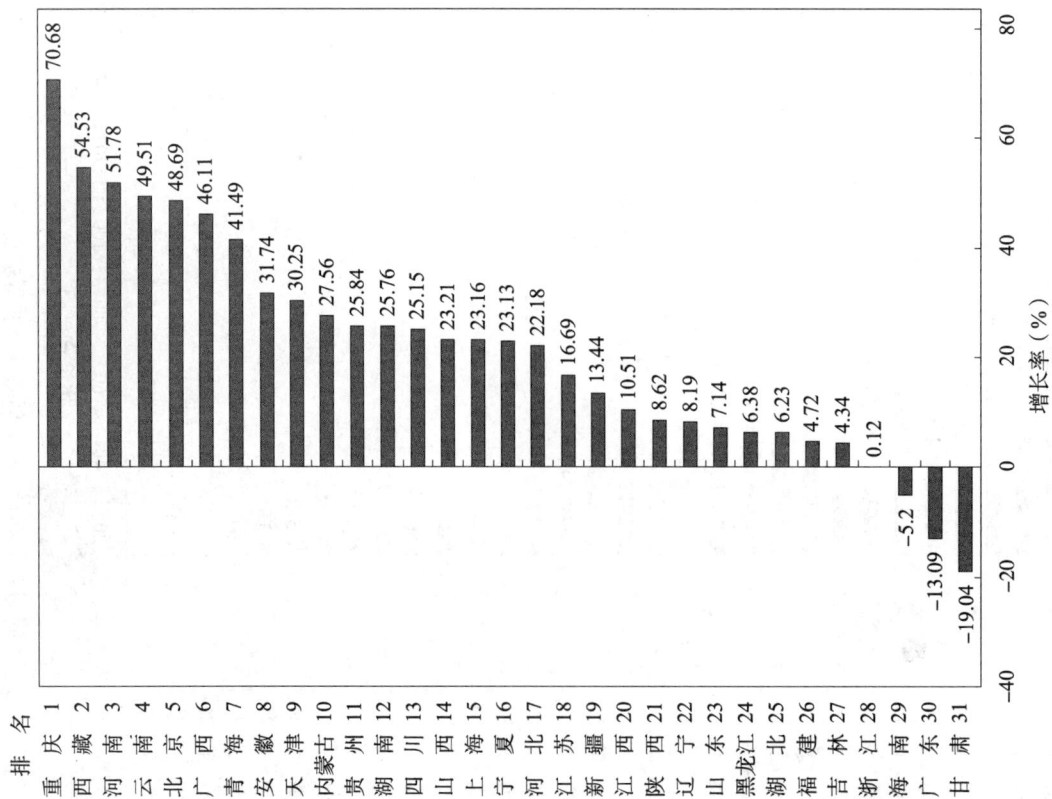

附图 100　44123 国家产业化计划项目当年落实资金增长率

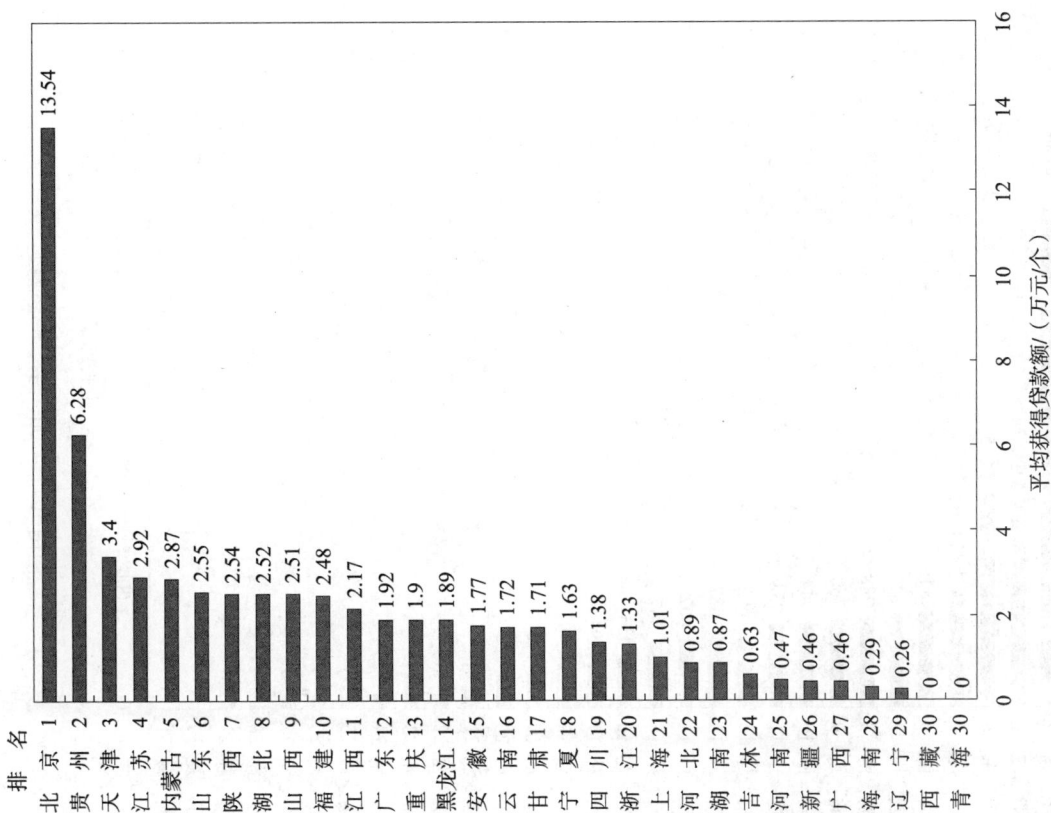

附图 103　44203 规模以上工业企业 R&D 经费内部支出额中获得金融机构贷款增长率

| 排名 | 地区 | 增长率（%） |
|---|---|---|
| 1 | 甘肃 | 1 034.45 |
| 2 | 内蒙古 | 665.73 |
| 3 | 山西 | 411.15 |
| 4 | 安徽 | 285.02 |
| 5 | 四川 | 254.55 |
| 6 | 河北 | 205.28 |
| 7 | 云南 | 163.92 |
| 8 | 江西 | 162.78 |
| 9 | 贵州 | 74.48 |
| 10 | 浙江 | 66.43 |
| 11 | 湖北 | 59.57 |
| 12 | 山东 | 53.27 |
| 13 | 河南 | 46.54 |
| 14 | 江苏 | 33.34 |
| 15 | 黑龙江 | 28.93 |
| 16 | 广东 | 20.39 |
| 17 | 重庆 | 17.14 |
| 18 | 福建 | 15.63 |
| 19 | 辽宁 | 9.46 |
| 20 | 北京 | 3.69 |
| 21 | 西藏 | 0 |
| 21 | 海南 | 0 |
| 22 | 湖南 | -0.05 |
| 23 | 陕西 | -5.91 |
| 24 | 天津 | -10.97 |
| 25 | 吉林 | -17.48 |
| 26 | 广西 | -24.59 |
| 27 | 宁夏 | -27.92 |
| 28 | 新疆 | -40.23 |
| 29 | 上海 | -50.15 |
| 30 | 青海 | -100 |

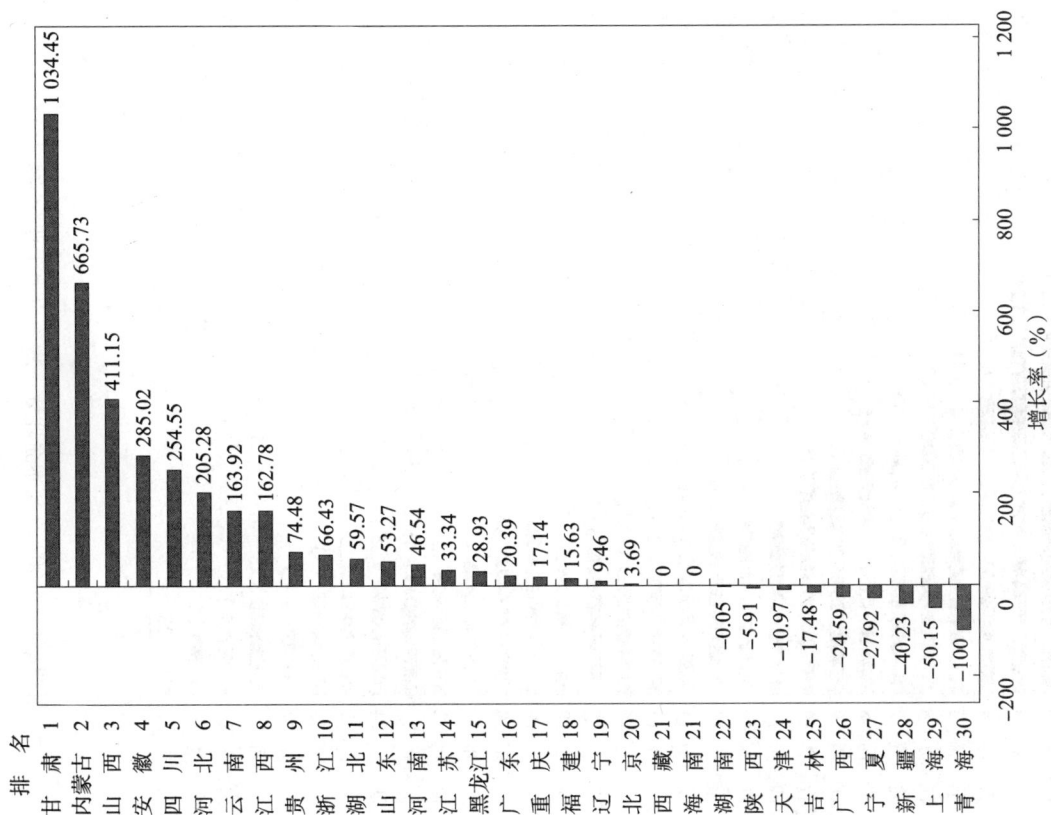

附图 102　44202 规模以上工业企业 R&D 经费内部支出额中平均获得金融机构贷款额

| 排名 | 地区 | 平均获得贷款额（万元/个） |
|---|---|---|
| 1 | 北京 | 13.54 |
| 2 | 贵州 | 6.28 |
| 3 | 天津 | 3.4 |
| 4 | 江苏 | 2.92 |
| 5 | 内蒙古 | 2.87 |
| 6 | 山东 | 2.55 |
| 7 | 陕西 | 2.54 |
| 8 | 湖北 | 2.52 |
| 9 | 山西 | 2.51 |
| 10 | 福建 | 2.48 |
| 11 | 江西 | 2.17 |
| 12 | 广东 | 1.92 |
| 13 | 重庆 | 1.9 |
| 14 | 黑龙江 | 1.89 |
| 15 | 安徽 | 1.77 |
| 16 | 云南 | 1.72 |
| 17 | 甘肃 | 1.71 |
| 18 | 宁夏 | 1.63 |
| 19 | 四川 | 1.38 |
| 20 | 浙江 | 1.33 |
| 21 | 上海 | 1.01 |
| 22 | 河北 | 0.89 |
| 23 | 湖南 | 0.87 |
| 24 | 吉林 | 0.63 |
| 25 | 河南 | 0.47 |
| 26 | 新疆 | 0.46 |
| 27 | 广西 | 0.46 |
| 28 | 海南 | 0.29 |
| 29 | 辽宁 | 0.26 |
| 30 | 西藏 | 0 |
| 30 | 青海 | 0 |

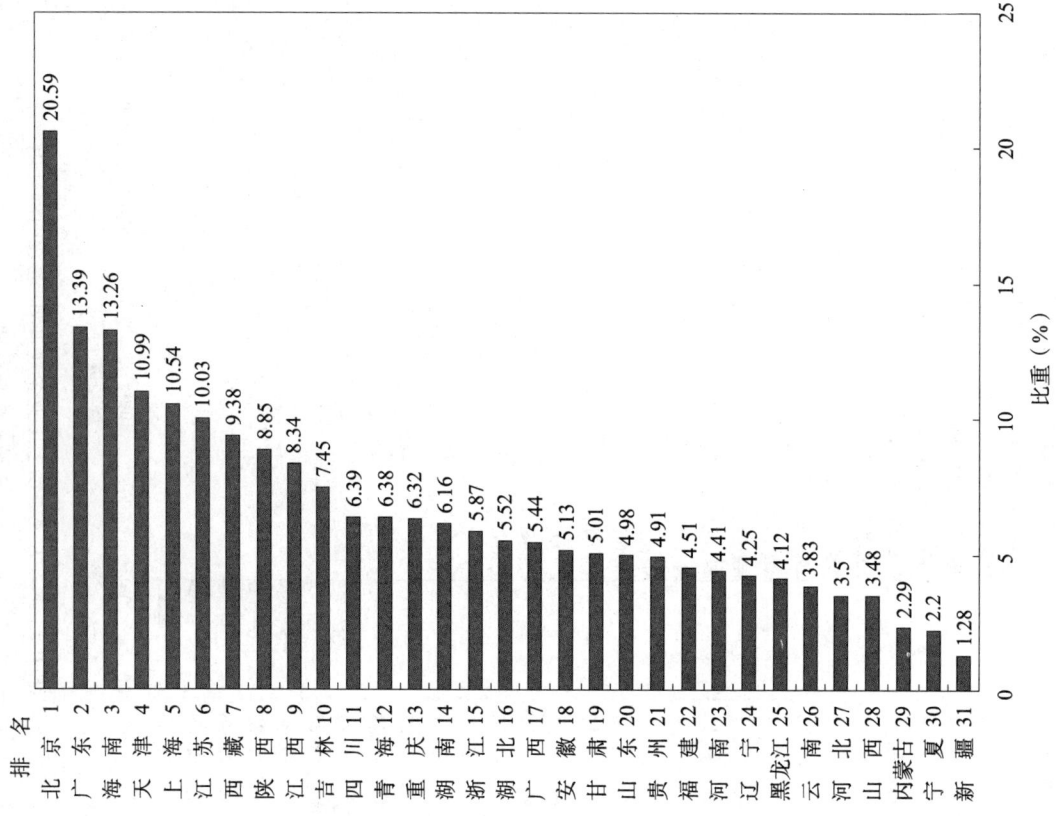

附图 105　45002 高技术企业数占规模以上工业企业数比重

排名 1 北京 20.59
2 广东 13.39
3 海南 13.26
4 天津 10.99
5 上海 10.54
6 江苏 10.03
7 西藏 9.38
8 陕西 8.85
9 江西 8.34
10 吉林 7.45
11 四川 6.39
12 青海 6.38
13 重庆 6.32
14 湖南 6.16
15 浙江 5.87
16 湖北 5.52
17 广西 5.44
18 安徽 5.13
19 甘肃 5.01
20 山东 4.98
21 贵州 4.91
22 福建 4.51
23 河南 4.41
24 辽宁 4.25
25 黑龙江 4.12
26 云南 3.83
27 河北 3.5
28 山西 3.48
29 内蒙古 2.29
30 宁夏 2.2
31 新疆 1.28

比重（%）

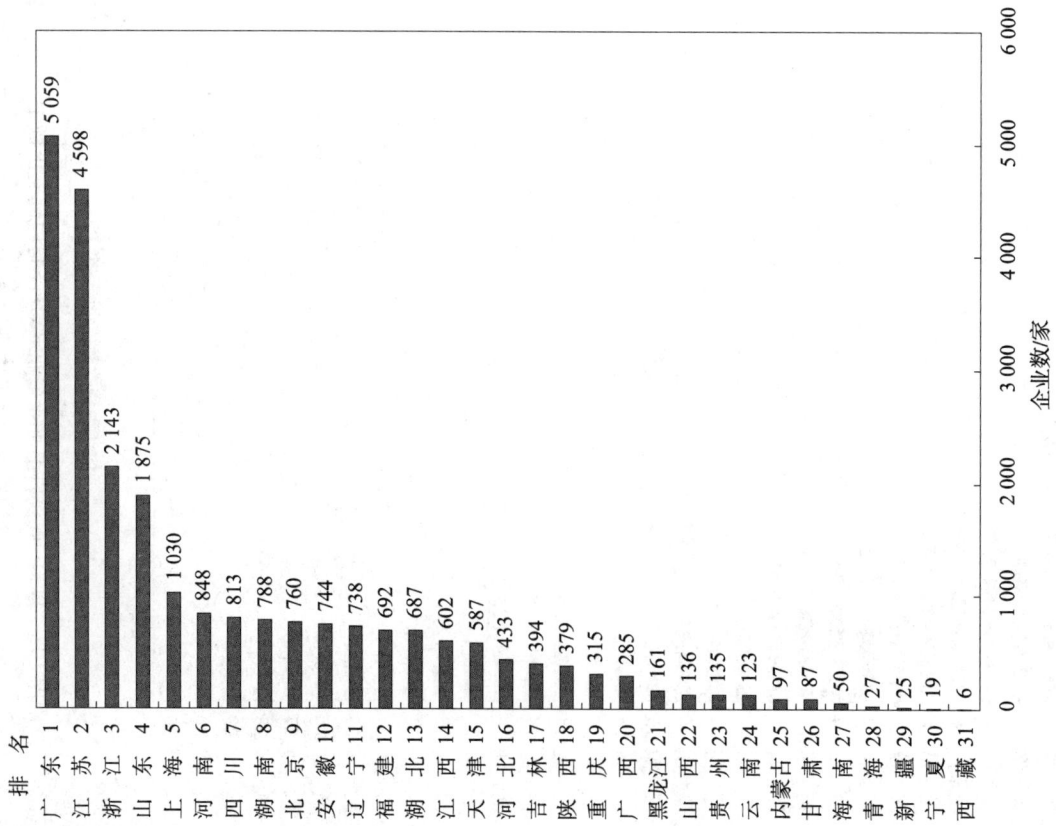

附图 104　45001 高技术企业数

排名 1 广东 5 059
2 江苏 4 598
3 浙江 2 143
4 山东 1 875
5 上海 1 030
6 河南 848
7 四川 813
8 湖南 788
9 北京 760
10 安徽 744
11 辽宁 738
12 福建 692
13 湖北 687
14 江西 602
15 天津 587
16 河北 433
17 吉林 394
18 陕西 379
19 重庆 315
20 广西 285
21 黑龙江 161
22 山西 136
23 贵州 135
24 云南 123
25 内蒙古 97
26 甘肃 87
27 海南 50
28 青海 27
29 新疆 25
30 宁夏 19
31 西藏 6

企业数家

— 328 —

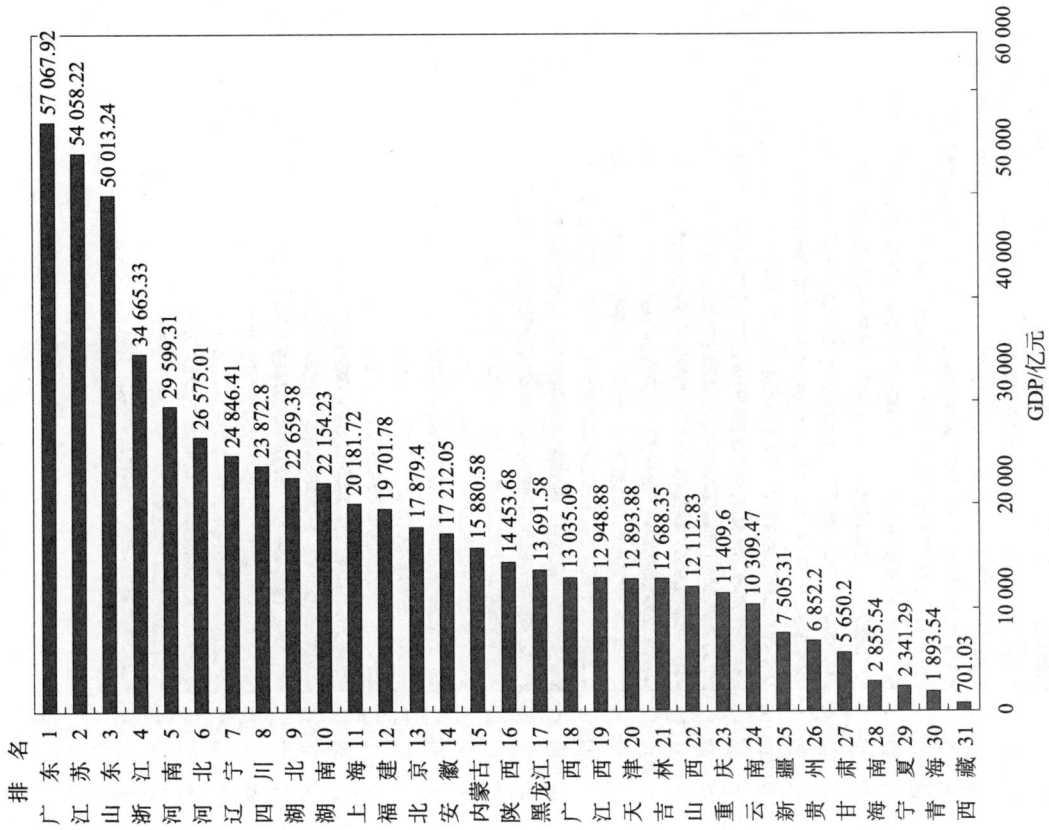

附图 107　51001 地区 GDP

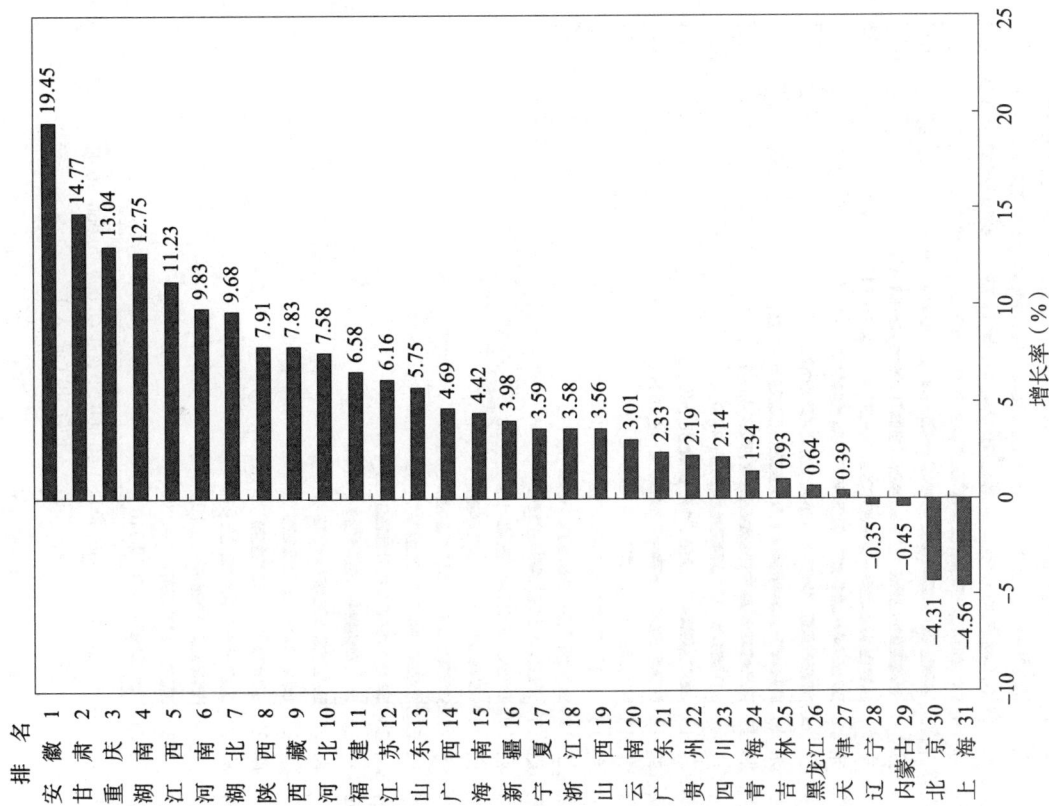

| 排名 | 地区 | GDP/亿元 |
|---|---|---|
| 1 | 广东 | 57 067.92 |
| 2 | 江苏 | 54 058.22 |
| 3 | 山东 | 50 013.24 |
| 4 | 浙江 | 34 665.33 |
| 5 | 河南 | 29 599.31 |
| 6 | 河北 | 26 575.01 |
| 7 | 辽宁 | 24 846.41 |
| 8 | 四川 | 23 872.8 |
| 9 | 湖北 | 23 659.38 |
| 10 | 湖南 | 22 154.23 |
| 11 | 上海 | 20 181.72 |
| 12 | 福建 | 19 701.78 |
| 13 | 北京 | 17 879.4 |
| 14 | 安徽 | 17 212.05 |
| 15 | 内蒙古 | 15 880.58 |
| 16 | 陕西 | 14 453.68 |
| 17 | 黑龙江 | 13 691.58 |
| 18 | 广西 | 13 035.09 |
| 19 | 江西 | 12 948.88 |
| 20 | 天津 | 12 893.88 |
| 21 | 吉林 | 12 688.35 |
| 22 | 山西 | 12 112.83 |
| 23 | 重庆 | 11 409.6 |
| 24 | 云南 | 10 309.47 |
| 25 | 新疆 | 7 505.31 |
| 26 | 贵州 | 6 852.2 |
| 27 | 甘肃 | 5 650.2 |
| 28 | 海南 | 2 855.54 |
| 29 | 宁夏 | 2 341.29 |
| 30 | 青海 | 1 893.54 |
| 31 | 西藏 | 701.03 |

附图 106　45003 高技术企业数增长率

| 排名 | 地区 | 增长率（%） |
|---|---|---|
| 1 | 安徽 | 19.45 |
| 2 | 甘肃 | 14.77 |
| 3 | 重庆 | 13.04 |
| 4 | 湖南 | 12.75 |
| 5 | 江西 | 11.23 |
| 6 | 河南 | 9.83 |
| 7 | 河北 | 9.68 |
| 8 | 陕西 | 7.91 |
| 9 | 西藏 | 7.83 |
| 10 | 河北 | 7.58 |
| 11 | 福建 | 6.58 |
| 12 | 江苏 | 6.16 |
| 13 | 山东 | 5.75 |
| 14 | 广西 | 4.69 |
| 15 | 海南 | 4.42 |
| 16 | 新疆 | 3.98 |
| 17 | 宁夏 | 3.59 |
| 18 | 浙江 | 3.58 |
| 19 | 山西 | 3.56 |
| 20 | 云南 | 3.01 |
| 21 | 广东 | 2.33 |
| 22 | 贵州 | 2.19 |
| 23 | 四川 | 2.14 |
| 24 | 青海 | 1.34 |
| 25 | 吉林 | 0.93 |
| 26 | 黑龙江 | 0.64 |
| 27 | 天津 | 0.39 |
| 28 | 辽宁 | -0.35 |
| 29 | 内蒙古 | -0.45 |
| 30 | 北京 | -4.31 |
| 31 | 上海 | -4.56 |

| 排名 | | 13.85 |
|---|---|---|
| 1 | 天津 | 13.85 |
| 2 | 贵州 | 13.57 |
| 3 | 重庆 | 13.55 |
| 4 | 云南 | 12.96 |
| 5 | 陕西 | 12.86 |
| 6 | 甘肃 | 12.56 |
| 7 | 四川 | 12.55 |
| 8 | 青海 | 12.25 |
| 9 | 安徽 | 12.1 |
| 10 | 吉林 | 11.97 |
| 11 | 新疆 | 11.96 |
| 12 | 西藏 | 11.78 |
| 13 | 宁夏 | 11.5 |
| 14 | 内蒙古 | 11.46 |
| 15 | 福建 | 11.45 |
| 16 | 广西 | 11.26 |
| 17 | 湖南 | 11.26 |
| 18 | 湖北 | 11.25 |
| 19 | 江西 | 10.95 |
| 20 | 河南 | 10.15 |
| 21 | 山西 | 10.14 |
| 22 | 江苏 | 10.13 |
| 23 | 黑龙江 | 10.03 |
| 24 | 山东 | 9.76 |
| 25 | 河北 | 9.63 |
| 26 | 辽宁 | 9.55 |
| 27 | 海南 | 9.13 |
| 28 | 广东 | 8.16 |
| 29 | 浙江 | 7.98 |
| 30 | 北京 | 7.73 |
| 31 | 上海 | 7.46 |

附图 109　51003 地区 GDP 增长率

增长率（%）

| 排名 | | 人均GDP |
|---|---|---|
| 1 | 天津 | 93 173 |
| 2 | 北京 | 87 475 |
| 3 | 上海 | 85 373 |
| 4 | 江苏 | 68 347 |
| 5 | 内蒙古 | 63 886 |
| 6 | 浙江 | 63 374 |
| 7 | 辽宁 | 56 649 |
| 8 | 广东 | 54 095 |
| 9 | 福建 | 52 763 |
| 10 | 山东 | 51 768 |
| 11 | 吉林 | 43 415 |
| 12 | 重庆 | 38 914 |
| 13 | 湖北 | 38 572 |
| 14 | 陕西 | 38 564 |
| 15 | 河北 | 36 584 |
| 16 | 宁夏 | 36 394 |
| 17 | 黑龙江 | 35 711 |
| 18 | 新疆 | 33 796 |
| 19 | 山西 | 33 628 |
| 20 | 湖南 | 33 480 |
| 21 | 青海 | 33 181 |
| 22 | 河南 | 32 377 |
| 23 | 海南 | 31 499 |
| 24 | 四川 | 29 608 |
| 25 | 江西 | 28 800 |
| 26 | 安徽 | 28 792 |
| 27 | 广西 | 27 952 |
| 28 | 西藏 | 22 936 |
| 29 | 云南 | 22 195 |
| 30 | 甘肃 | 21 978 |
| 31 | 贵州 | 19 710 |

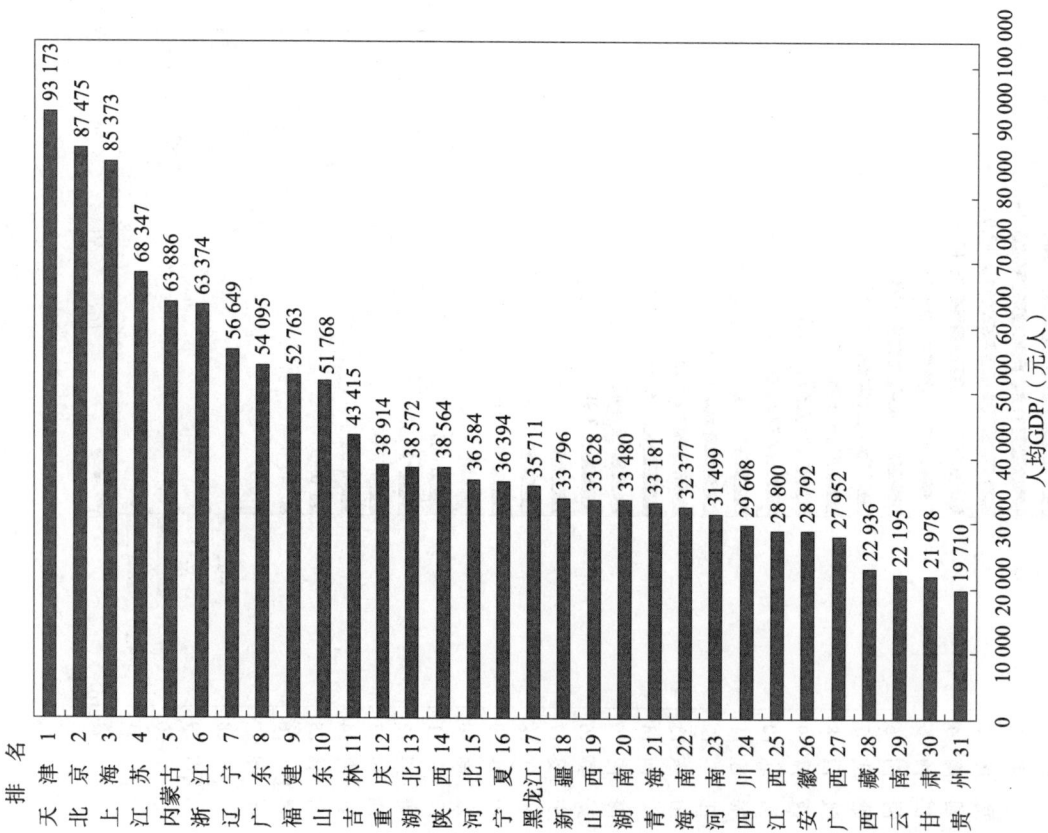

附图 108　51002 人均 GDP 水平

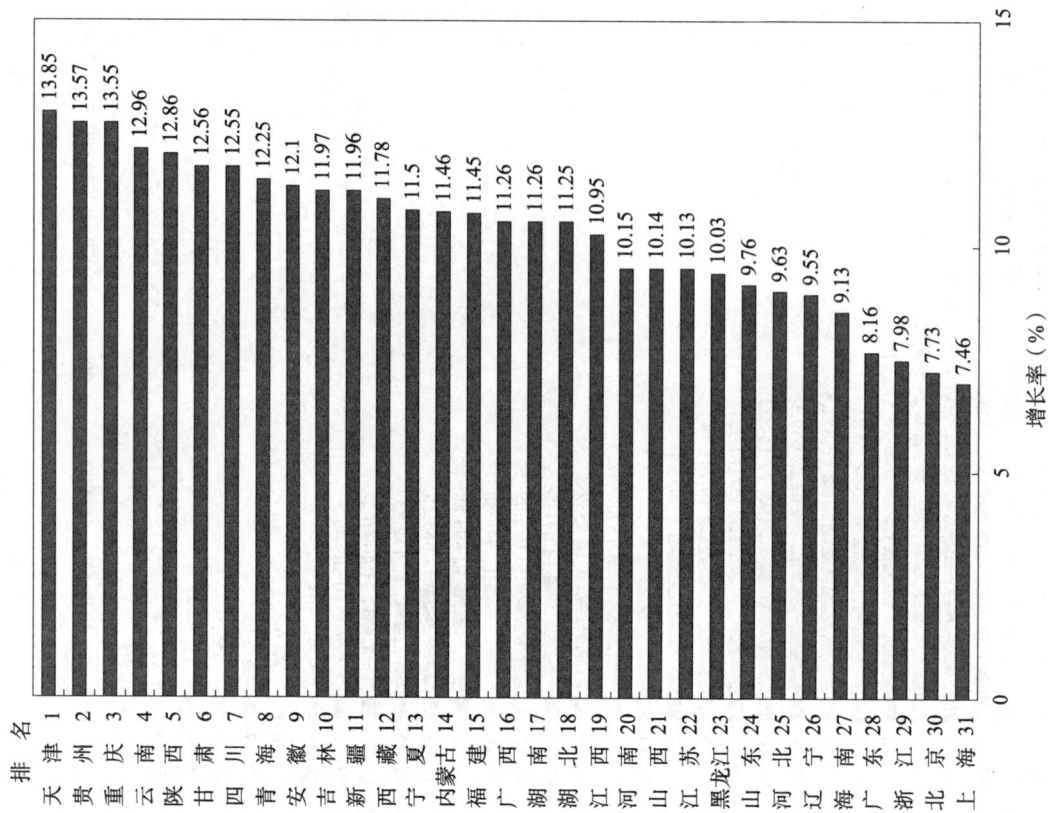

人均GDP/（元/人）

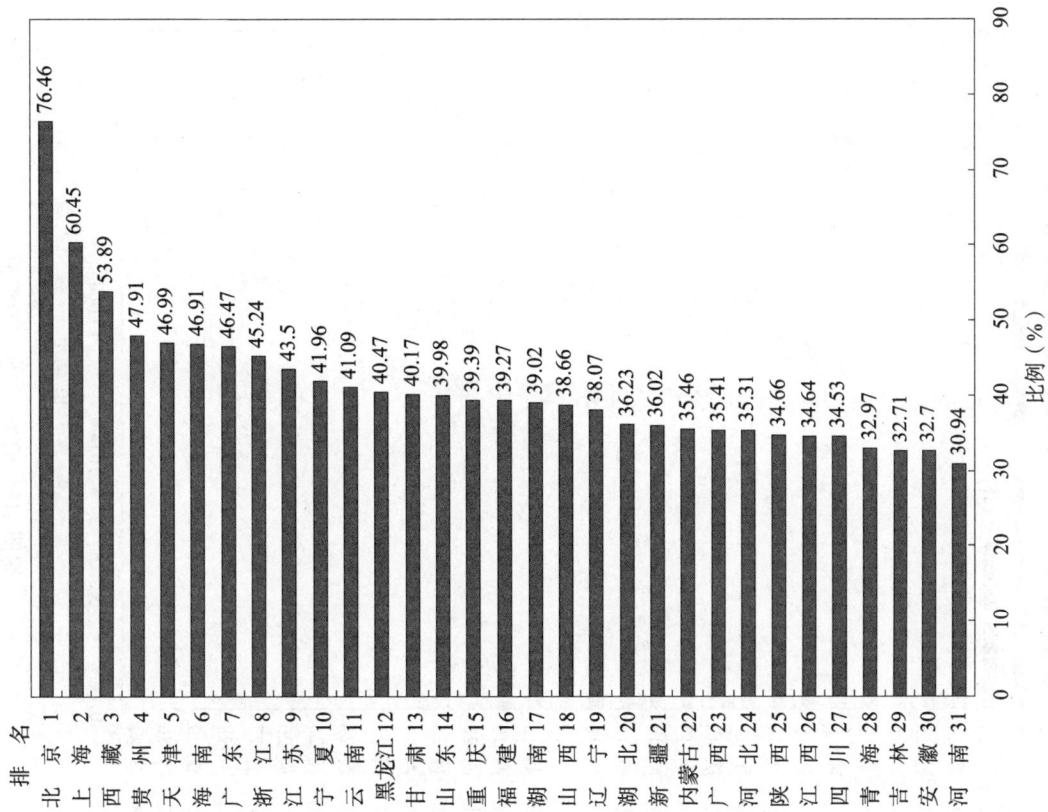

附图 111　52102 第三产业增加值占 GDP 的比例

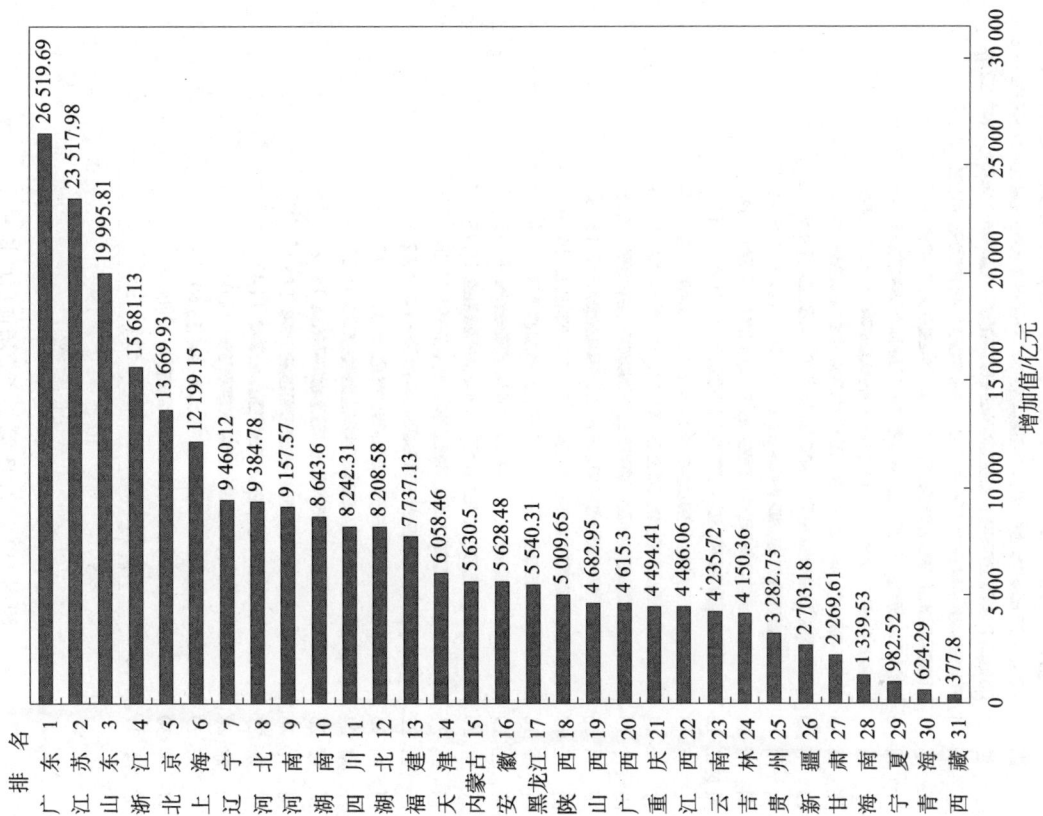

附图 110　52101 第三产业增加值

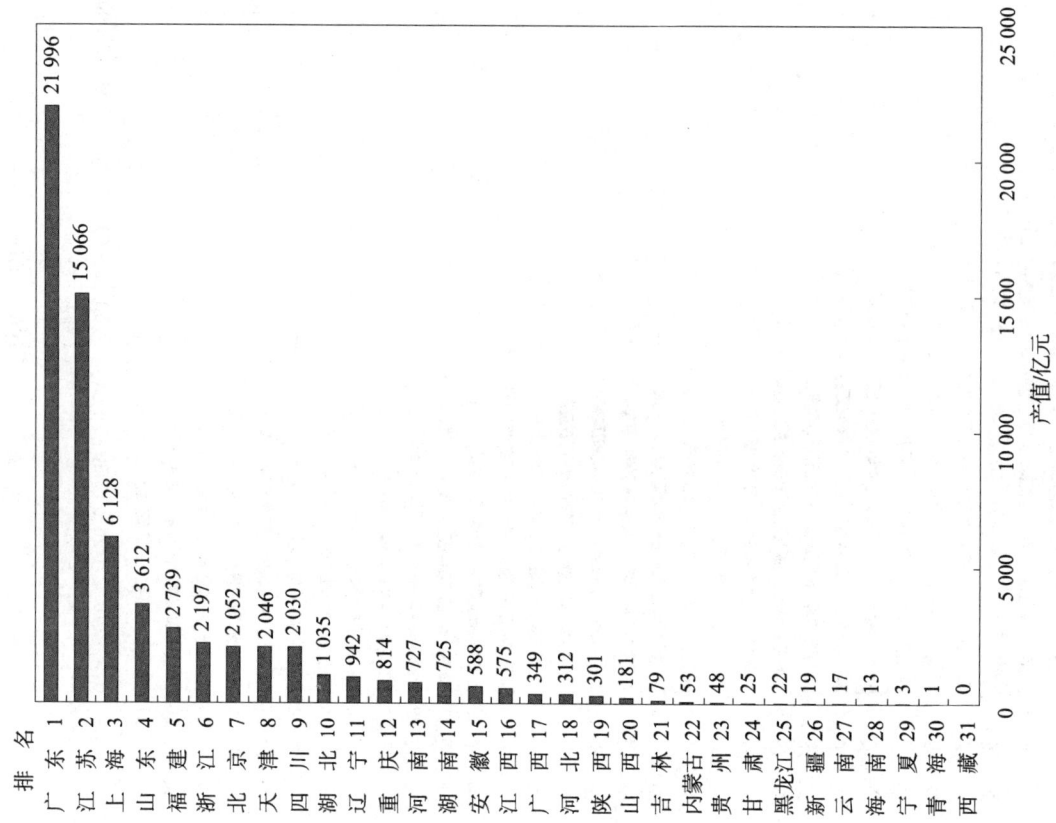

附图 113　52201 信息产业产值

| 排 名 | 产值/亿元 |
|---|---|
| 广东 1 | 21 996 |
| 江苏 2 | 15 066 |
| 上海 3 | 6 128 |
| 山东 4 | 3 612 |
| 福建 5 | 2 739 |
| 浙江 6 | 2 197 |
| 北京 7 | 2 052 |
| 天津 8 | 2 046 |
| 四川 9 | 2 030 |
| 湖北 10 | 1 035 |
| 辽宁 11 | 942 |
| 重庆 12 | 814 |
| 河南 13 | 727 |
| 湖南 14 | 725 |
| 安徽 15 | 588 |
| 江西 16 | 575 |
| 广西 17 | 349 |
| 河北 18 | 312 |
| 陕西 19 | 301 |
| 山西 20 | 181 |
| 吉林 21 | 79 |
| 内蒙古 22 | 53 |
| 贵州 23 | 48 |
| 甘肃 24 | 25 |
| 黑龙江 25 | 22 |
| 新疆 26 | 19 |
| 云南 27 | 17 |
| 海南 28 | 13 |
| 宁夏 29 | 3 |
| 青海 30 | 1 |
| 西藏 31 | 0 |

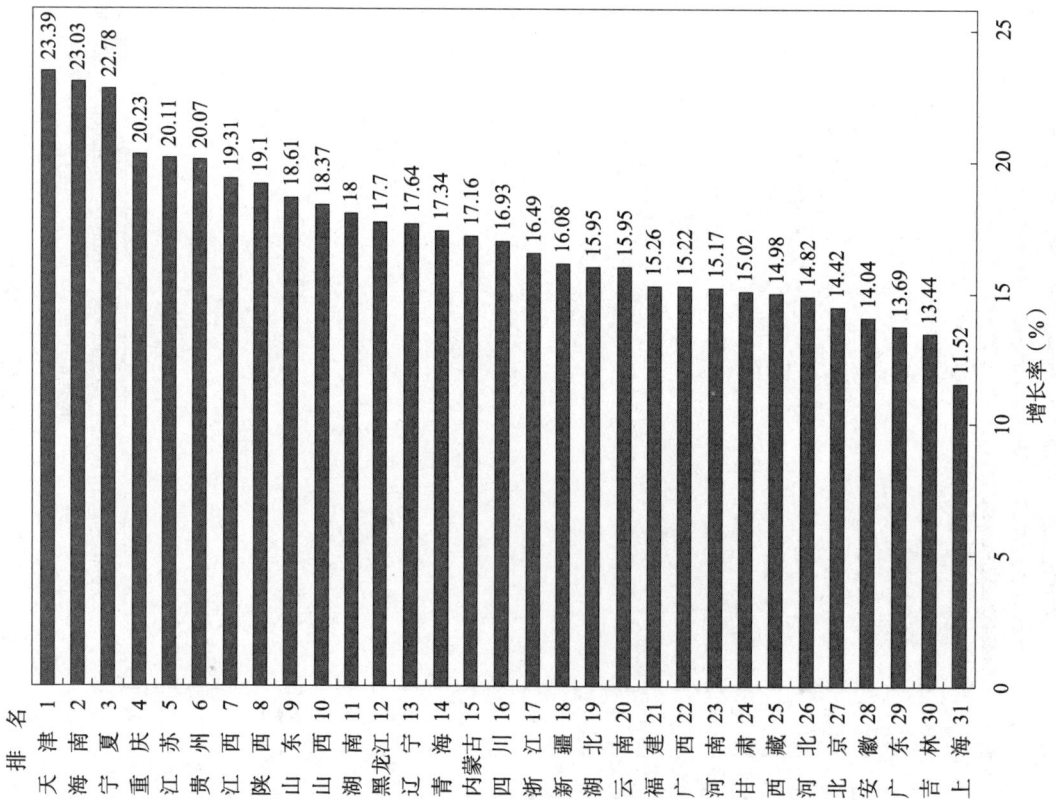

附图 112　52103 第三产业增加值增长率

| 排 名 | 增长率（%） |
|---|---|
| 天津 1 | 23.39 |
| 海南 2 | 23.03 |
| 宁夏 3 | 22.78 |
| 重庆 4 | 20.23 |
| 江苏 5 | 20.11 |
| 贵州 6 | 20.07 |
| 江西 7 | 19.31 |
| 陕西 8 | 19.1 |
| 山东 9 | 18.61 |
| 山西 10 | 18.37 |
| 湖南 11 | 18 |
| 黑龙江 12 | 17.7 |
| 辽宁 13 | 17.64 |
| 青海 14 | 17.34 |
| 内蒙古 15 | 17.16 |
| 四川 16 | 16.93 |
| 浙江 17 | 16.49 |
| 新疆 18 | 16.08 |
| 湖北 19 | 15.95 |
| 云南 20 | 15.95 |
| 福建 21 | 15.26 |
| 广西 22 | 15.22 |
| 河南 23 | 15.17 |
| 甘肃 24 | 15.02 |
| 西藏 25 | 14.98 |
| 河北 26 | 14.82 |
| 北京 27 | 14.42 |
| 安徽 28 | 14.04 |
| 广东 29 | 13.69 |
| 吉林 30 | 13.44 |
| 上海 31 | 11.52 |

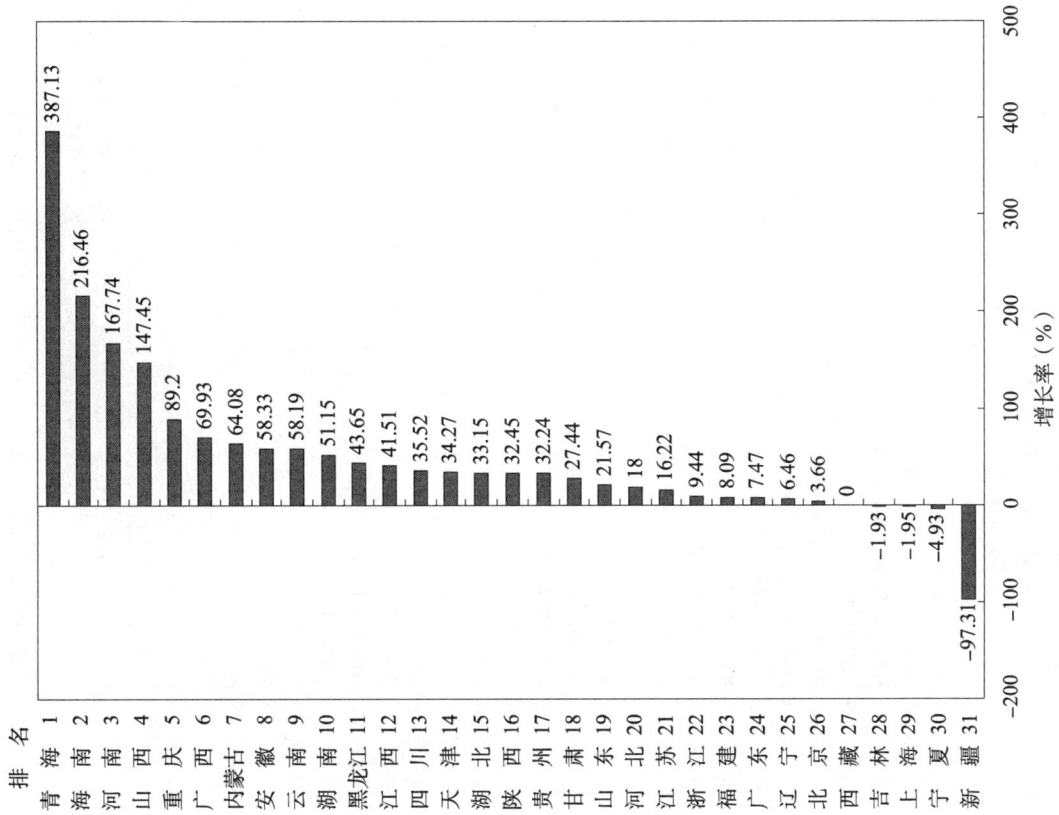

附图 115　52203 信息产业主营业务收入增长率

| 排名 | 地区 | 增长率（%） |
|---|---|---|
| 1 | 青海 | 387.13 |
| 2 | 海南 | 216.46 |
| 3 | 河南 | 167.74 |
| 4 | 山西 | 147.45 |
| 5 | 重庆 | 89.2 |
| 6 | 广西 | 69.93 |
| 7 | 内蒙古 | 64.08 |
| 8 | 安徽 | 58.33 |
| 9 | 云南 | 58.19 |
| 10 | 湖南 | 51.15 |
| 11 | 黑龙江 | 43.65 |
| 12 | 江西 | 41.51 |
| 13 | 四川 | 35.52 |
| 14 | 天津 | 34.27 |
| 15 | 湖北 | 33.15 |
| 16 | 陕西 | 32.45 |
| 17 | 贵州 | 32.24 |
| 18 | 甘肃 | 27.44 |
| 19 | 山东 | 21.57 |
| 20 | 河北 | 18 |
| 21 | 江苏 | 16.22 |
| 22 | 浙江 | 9.44 |
| 23 | 福建 | 8.09 |
| 24 | 广东 | 7.47 |
| 25 | 辽宁 | 6.46 |
| 26 | 北京 | 3.66 |
| 27 | 西藏 | 0 |
| 28 | 吉林 | -1.93 |
| 29 | 上海 | -1.95 |
| 30 | 宁夏 | -4.93 |
| 31 | 新疆 | -97.31 |

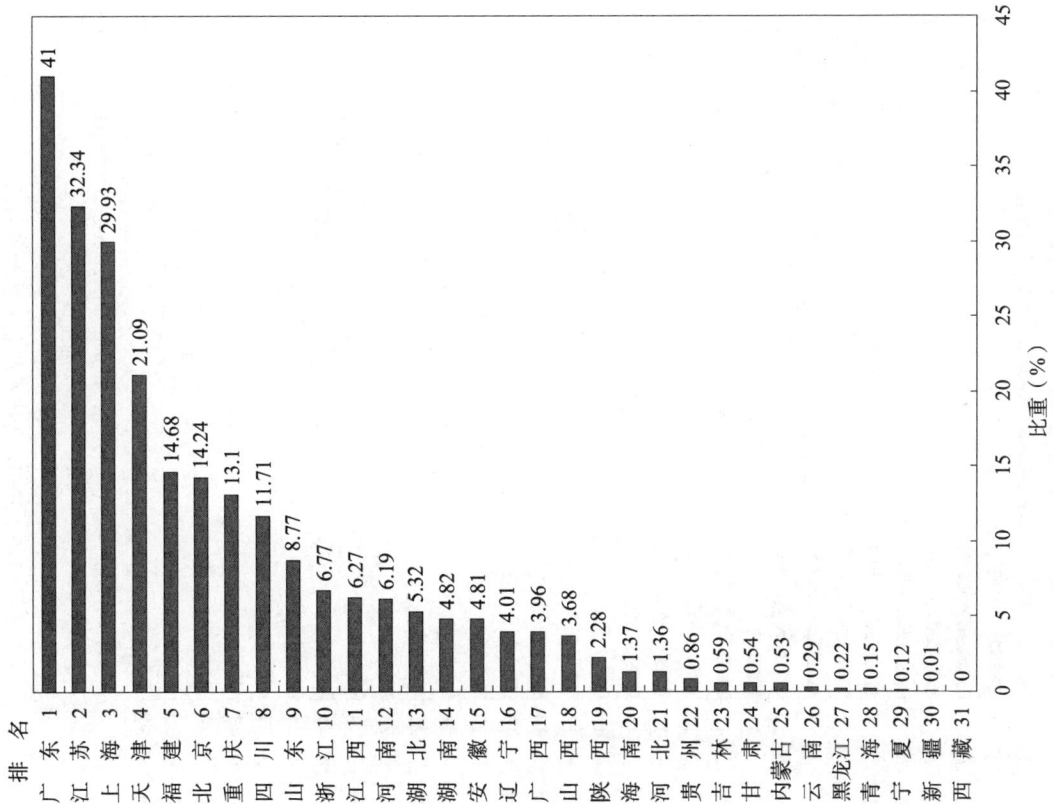

附图 114　52202 信息产业主营业务收入占 GDP 的比重

| 排名 | 地区 | 比重（%） |
|---|---|---|
| 1 | 广东 | 41 |
| 2 | 江苏 | 32.34 |
| 3 | 上海 | 29.93 |
| 4 | 天津 | 21.09 |
| 5 | 福建 | 14.68 |
| 6 | 北京 | 14.24 |
| 7 | 重庆 | 13.1 |
| 8 | 四川 | 11.71 |
| 9 | 山东 | 8.77 |
| 10 | 浙江 | 6.77 |
| 11 | 江西 | 6.27 |
| 12 | 河南 | 6.19 |
| 13 | 湖北 | 5.32 |
| 14 | 湖南 | 4.82 |
| 15 | 安徽 | 4.81 |
| 16 | 辽宁 | 4.01 |
| 17 | 广西 | 3.96 |
| 18 | 山西 | 3.68 |
| 19 | 陕西 | 2.28 |
| 20 | 海南 | 1.37 |
| 21 | 河北 | 1.36 |
| 22 | 贵州 | 0.86 |
| 23 | 吉林 | 0.59 |
| 24 | 甘肃 | 0.54 |
| 25 | 内蒙古 | 0.53 |
| 26 | 云南 | 0.29 |
| 27 | 黑龙江 | 0.22 |
| 28 | 青海 | 0.15 |
| 29 | 宁夏 | 0.12 |
| 30 | 新疆 | 0.01 |
| 31 | 西藏 | 0 |

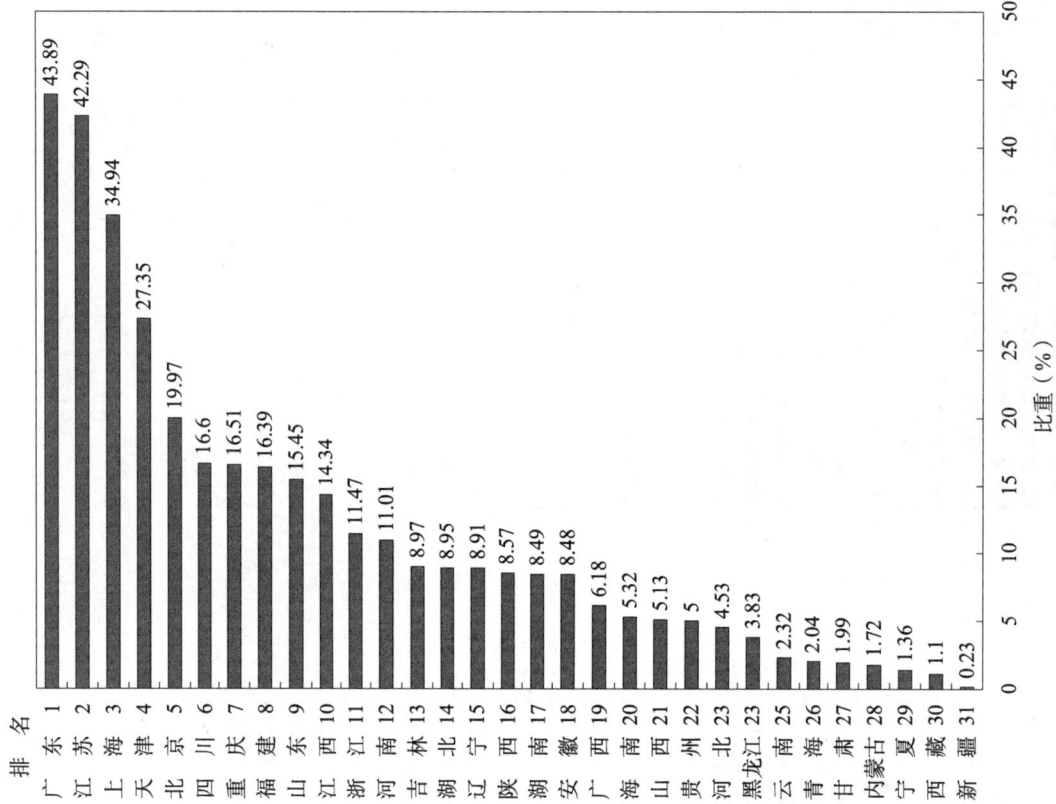

附图 117　52302 高技术产业主营业务收入占 GDP 的比重

| 排名 | 地区 | 比重（%） |
|---|---|---|
| 1 | 广东 | 43.89 |
| 2 | 江苏 | 42.29 |
| 3 | 上海 | 34.94 |
| 4 | 天津 | 27.35 |
| 5 | 北京 | 19.97 |
| 6 | 四川 | 16.6 |
| 7 | 重庆 | 16.51 |
| 8 | 福建 | 16.39 |
| 9 | 山东 | 15.45 |
| 10 | 江西 | 14.34 |
| 11 | 浙江 | 11.47 |
| 12 | 河南 | 11.01 |
| 13 | 吉林 | 8.97 |
| 14 | 湖北 | 8.95 |
| 15 | 辽宁 | 8.91 |
| 16 | 陕西 | 8.57 |
| 17 | 湖南 | 8.49 |
| 18 | 安徽 | 8.48 |
| 19 | 广西 | 6.18 |
| 20 | 海南 | 5.32 |
| 21 | 山西 | 5.13 |
| 22 | 贵州 | 5 |
| 23 | 河北 | 4.53 |
| 23 | 黑龙江 | 3.83 |
| 25 | 云南 | 2.32 |
| 26 | 青海 | 2.04 |
| 27 | 甘肃 | 1.99 |
| 28 | 内蒙古 | 1.72 |
| 29 | 宁夏 | 1.36 |
| 30 | 西藏 | 1.1 |
| 31 | 新疆 | 0.23 |

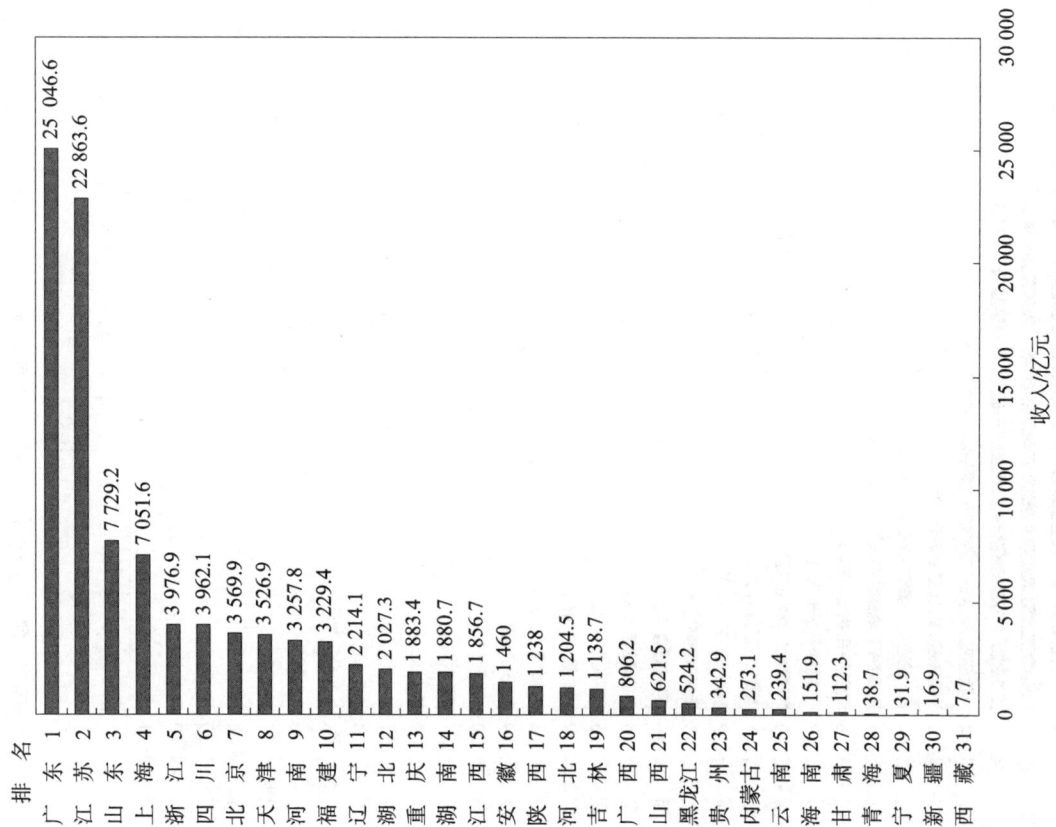

附图 116　52301 高技术产业主营业务收入

| 排名 | 地区 | 收入/亿元 |
|---|---|---|
| 1 | 广东 | 25 046.6 |
| 2 | 江苏 | 22 863.6 |
| 3 | 山东 | 7 729.2 |
| 4 | 上海 | 7 051.6 |
| 5 | 浙江 | 3 976.9 |
| 6 | 四川 | 3 962.1 |
| 7 | 北京 | 3 569.9 |
| 8 | 天津 | 3 526.9 |
| 9 | 河南 | 3 257.8 |
| 10 | 福建 | 3 229.4 |
| 11 | 辽宁 | 2 214.1 |
| 12 | 湖北 | 2 027.3 |
| 13 | 重庆 | 1 883.4 |
| 14 | 湖南 | 1 880.7 |
| 15 | 江西 | 1 856.7 |
| 16 | 安徽 | 1 460 |
| 17 | 陕西 | 1 238 |
| 18 | 河北 | 1 204.5 |
| 19 | 吉林 | 1 138.7 |
| 20 | 广西 | 806.2 |
| 21 | 山西 | 621.5 |
| 22 | 黑龙江 | 524.2 |
| 23 | 贵州 | 342.9 |
| 24 | 内蒙古 | 273.1 |
| 25 | 云南 | 239.4 |
| 26 | 海南 | 151.9 |
| 27 | 甘肃 | 112.3 |
| 28 | 青海 | 38.7 |
| 29 | 宁夏 | 31.9 |
| 30 | 新疆 | 16.9 |
| 31 | 西藏 | 7.7 |

| 排名 | 出口额 |
|---|---|
| 广 东 1 | 3 405.1 |
| 江 苏 2 | 2 046.7 |
| 上 海 3 | 1 386.77 |
| 浙 江 4 | 629.81 |
| 山 东 5 | 604.89 |
| 福 建 6 | 391.27 |
| 天 津 7 | 328.14 |
| 辽 宁 8 | 235.07 |
| 北 京 9 | 213.47 |
| 河 南 10 | 187.43 |
| 四 川 11 | 182.61 |
| 重 庆 12 | 161.66 |
| 河 北 13 | 94.21 |
| 湖 北 14 | 76.2 |
| 江 西 15 | 64.63 |
| 安 徽 16 | 45.91 |
| 广 西 17 | 35.42 |
| 陕 西 18 | 30.4 |
| 湖 南 19 | 29.37 |
| 山 西 20 | 22.15 |
| 海 南 21 | 16.1 |
| 吉 林 22 | 14.97 |
| 内蒙古 23 | 8.77 |
| 黑龙江 24 | 5.6 |
| 云 南 25 | 3.41 |
| 宁 夏 26 | 2.18 |
| 新 疆 27 | 1.57 |
| 贵 州 28 | 1.18 |
| 甘 肃 29 | 0.98 |
| 青 海 30 | 0.24 |
| 西 藏 31 | 0 |

出口额亿美元

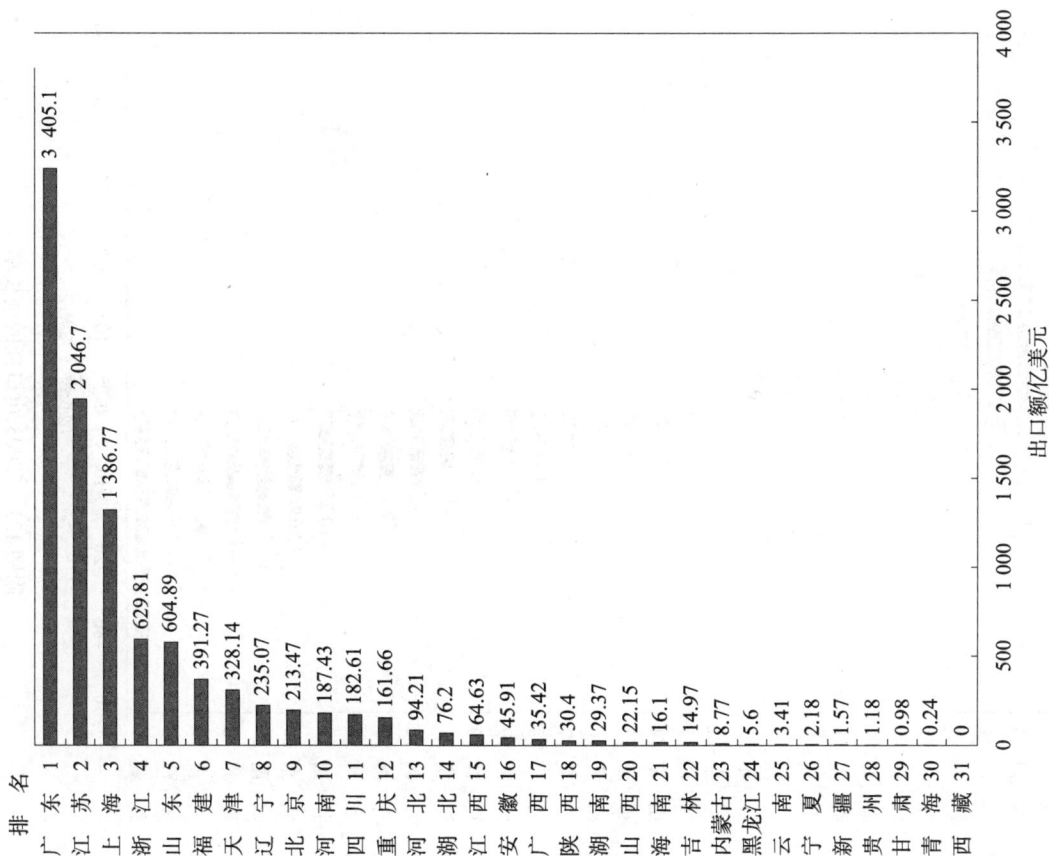

附图 119　53001　出口额

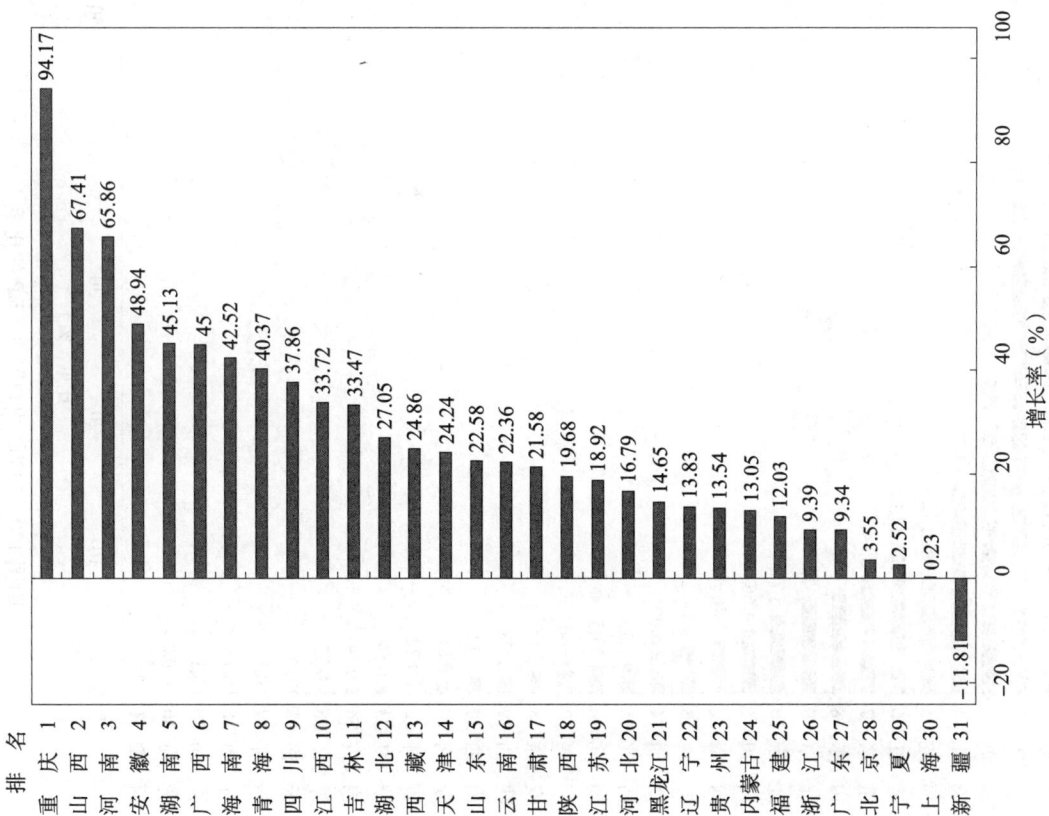

| 排名 | 增长率 |
|---|---|
| 重 庆 1 | 94.17 |
| 山 西 2 | 67.41 |
| 河 南 3 | 65.86 |
| 安 徽 4 | 48.94 |
| 湖 南 5 | 45.13 |
| 广 西 6 | 45 |
| 海 南 7 | 42.52 |
| 青 海 8 | 40.37 |
| 四 川 9 | 37.86 |
| 江 西 10 | 33.72 |
| 吉 林 11 | 33.47 |
| 湖 北 12 | 27.05 |
| 西 藏 13 | 24.86 |
| 天 津 14 | 24.24 |
| 山 东 15 | 22.58 |
| 云 南 16 | 22.36 |
| 甘 肃 17 | 21.58 |
| 陕 西 18 | 19.68 |
| 江 苏 19 | 18.92 |
| 河 北 20 | 16.79 |
| 黑龙江 21 | 14.65 |
| 辽 宁 22 | 13.83 |
| 贵 州 23 | 13.54 |
| 内蒙古 24 | 13.05 |
| 福 建 25 | 12.03 |
| 浙 江 26 | 9.39 |
| 广 东 27 | 9.34 |
| 北 京 28 | 3.55 |
| 宁 夏 29 | 2.52 |
| 上 海 30 | 0.23 |
| 新 疆 31 | -11.81 |

增长率（%）

附图 118　52303　高技术产业主营业务收入增长率

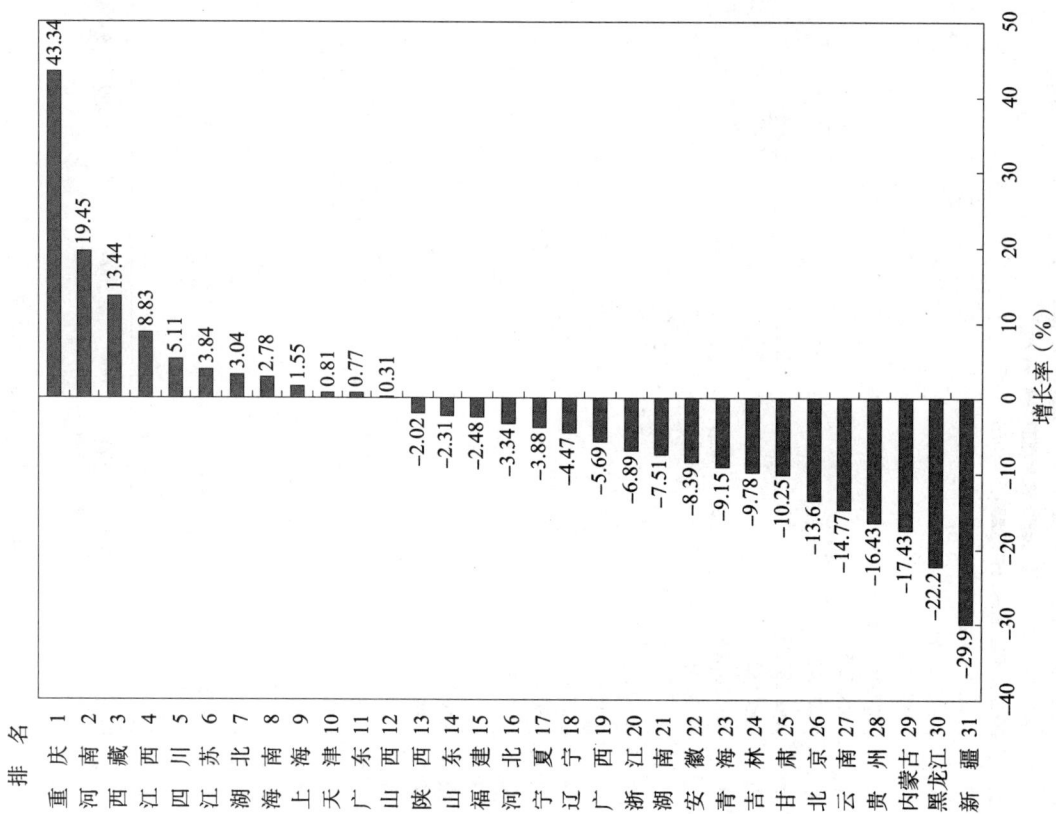

附图 121　53003 出口额的增长率

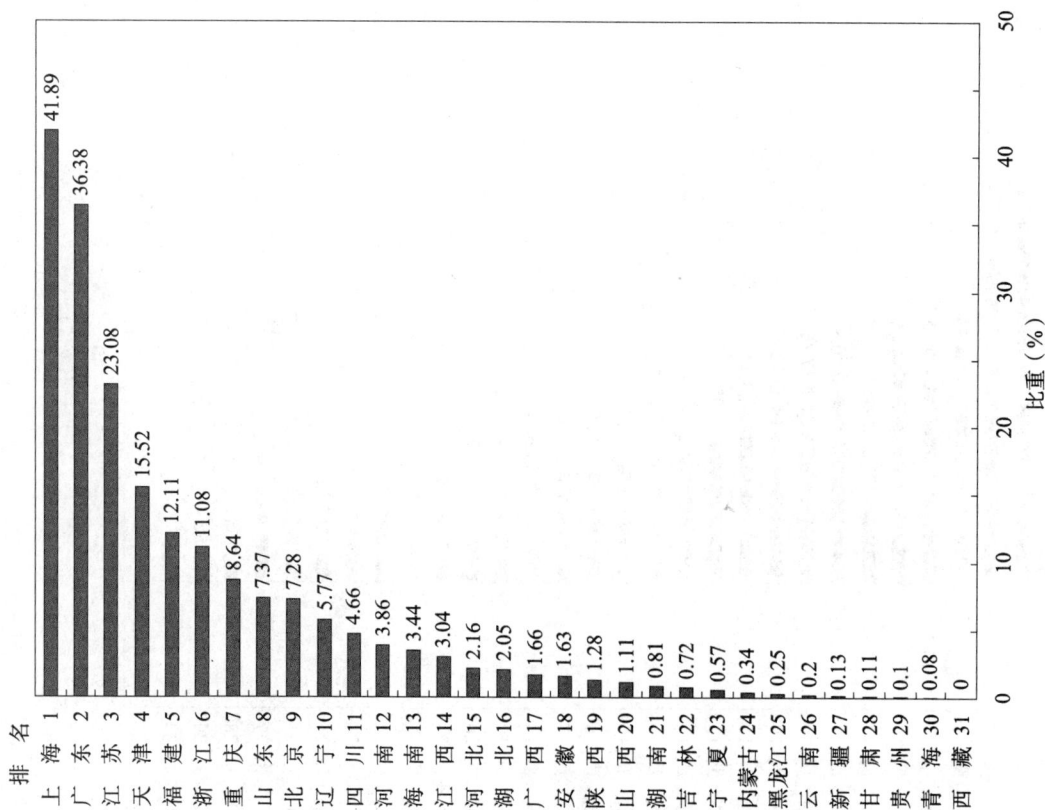

附图 120　53002 出口额占 GDP 的比重

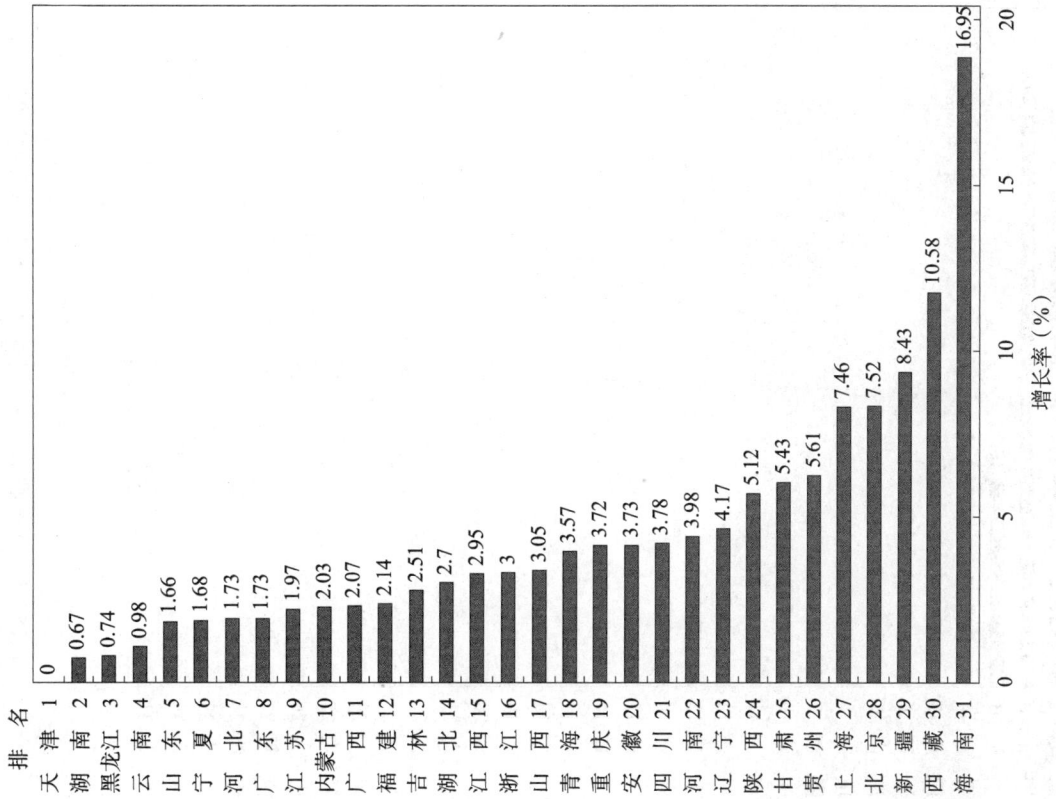

附图 123　54102 城镇登记失业率增长率

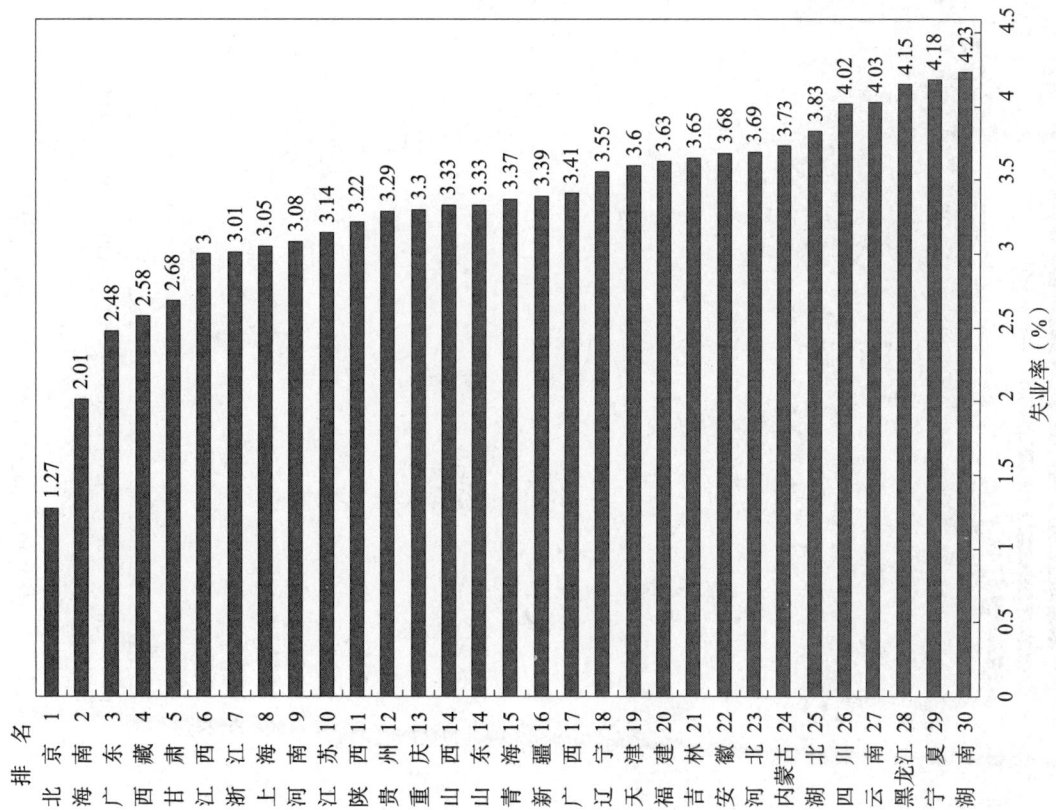

| 排　名 | 地区 | 值 |
|---|---|---|
| 1 | 天 津 | 0 |
| 2 | 湖 南 | 0.67 |
| 3 | 黑龙江 | 0.74 |
| 4 | 云 南 | 0.98 |
| 5 | 山 东 | 1.66 |
| 6 | 宁 夏 | 1.68 |
| 7 | 河 北 | 1.73 |
| 8 | 广 东 | 1.73 |
| 9 | 江 苏 | 1.97 |
| 10 | 内蒙古 | 2.03 |
| 11 | 广 西 | 2.07 |
| 12 | 福 建 | 2.14 |
| 13 | 吉 林 | 2.51 |
| 14 | 湖 北 | 2.7 |
| 15 | 江 西 | 2.95 |
| 16 | 浙 江 | 3 |
| 17 | 山 西 | 3.05 |
| 18 | 青 海 | 3.57 |
| 19 | 重 庆 | 3.72 |
| 20 | 安 徽 | 3.73 |
| 21 | 四 川 | 3.78 |
| 22 | 河 南 | 3.98 |
| 23 | 辽 宁 | 4.17 |
| 24 | 陕 西 | 5.12 |
| 25 | 甘 肃 | 5.43 |
| 26 | 贵 州 | 5.61 |
| 27 | 上 海 | 7.46 |
| 28 | 北 京 | 7.52 |
| 29 | 新 疆 | 8.43 |
| 30 | 西 藏 | 10.58 |
| 31 | 海 南 | 16.95 |

附图 122　54101 城镇登记失业率

| 排　名 | 地区 | 值 |
|---|---|---|
| 1 | 北 京 | 1.27 |
| 2 | 海 南 | 2.01 |
| 3 | 广 东 | 2.48 |
| 4 | 西 藏 | 2.58 |
| 5 | 甘 肃 | 2.68 |
| 6 | 江 西 | 3 |
| 7 | 浙 江 | 3.01 |
| 8 | 上 海 | 3.05 |
| 9 | 河 南 | 3.08 |
| 10 | 江 苏 | 3.14 |
| 11 | 陕 西 | 3.22 |
| 12 | 贵 州 | 3.29 |
| 13 | 重 庆 | 3.3 |
| 14 | 山 西 | 3.33 |
| 14 | 山 东 | 3.33 |
| 15 | 青 海 | 3.37 |
| 16 | 新 疆 | 3.39 |
| 17 | 广 西 | 3.41 |
| 18 | 辽 宁 | 3.55 |
| 19 | 天 津 | 3.6 |
| 20 | 福 建 | 3.63 |
| 21 | 吉 林 | 3.65 |
| 22 | 安 徽 | 3.68 |
| 23 | 河 北 | 3.69 |
| 24 | 内蒙古 | 3.73 |
| 25 | 湖 北 | 3.83 |
| 26 | 四 川 | 4.02 |
| 27 | 云 南 | 4.03 |
| 28 | 黑龙江 | 4.15 |
| 29 | 宁 夏 | 4.18 |
| 30 | 湖 南 | 4.23 |

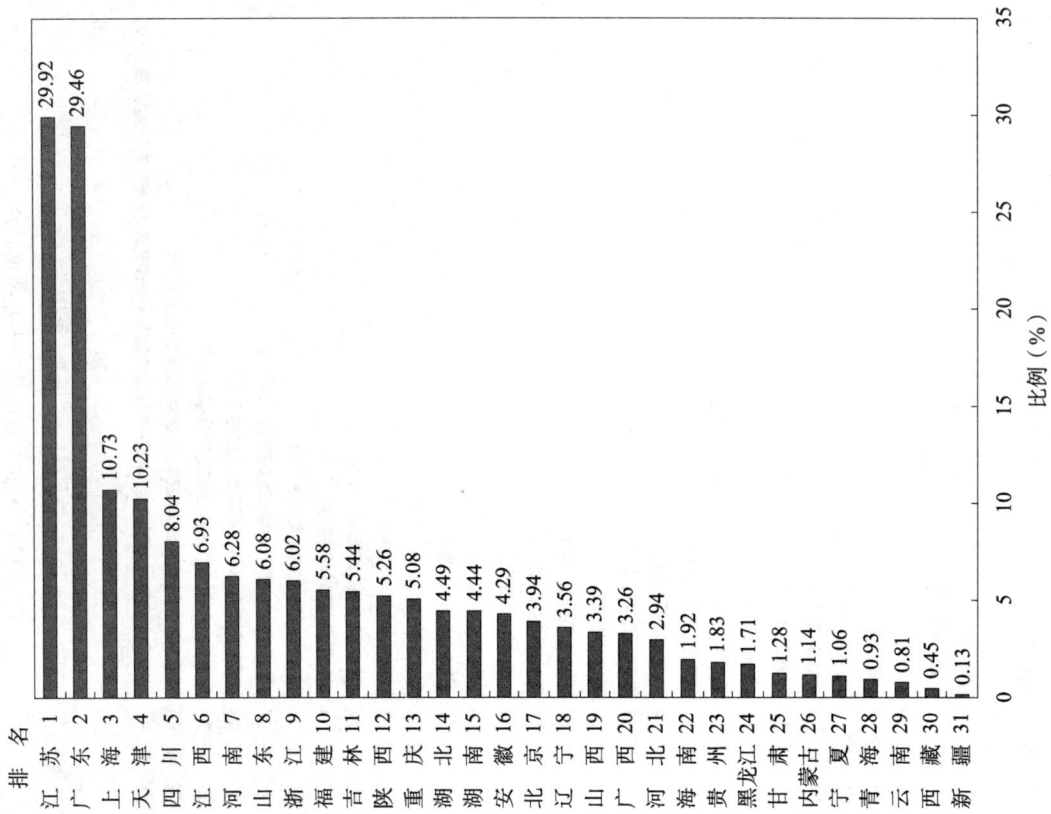

附图 125　54202 高技术产业就业人数占总就业人数的比例

| 排名 | 省份 | 比例(%) |
|---|---|---|
| 1 | 江苏 | 29.92 |
| 2 | 广东 | 29.46 |
| 3 | 上海 | 10.73 |
| 4 | 天津 | 10.23 |
| 5 | 四川 | 8.04 |
| 6 | 江西 | 6.93 |
| 7 | 河南 | 6.28 |
| 8 | 山东 | 6.08 |
| 9 | 浙江 | 6.02 |
| 10 | 福建 | 5.58 |
| 11 | 吉林 | 5.44 |
| 12 | 陕西 | 5.26 |
| 13 | 重庆 | 5.08 |
| 14 | 湖北 | 4.49 |
| 15 | 湖南 | 4.44 |
| 16 | 安徽 | 4.29 |
| 17 | 北京 | 3.94 |
| 18 | 辽宁 | 3.56 |
| 19 | 山西 | 3.39 |
| 20 | 广西 | 3.26 |
| 21 | 河北 | 2.94 |
| 22 | 海南 | 1.92 |
| 23 | 贵州 | 1.83 |
| 24 | 黑龙江 | 1.71 |
| 25 | 甘肃 | 1.28 |
| 26 | 内蒙古 | 1.14 |
| 27 | 宁夏 | 1.06 |
| 28 | 青海 | 0.93 |
| 29 | 云南 | 0.81 |
| 30 | 西藏 | 0.45 |
| 31 | 新疆 | 0.13 |

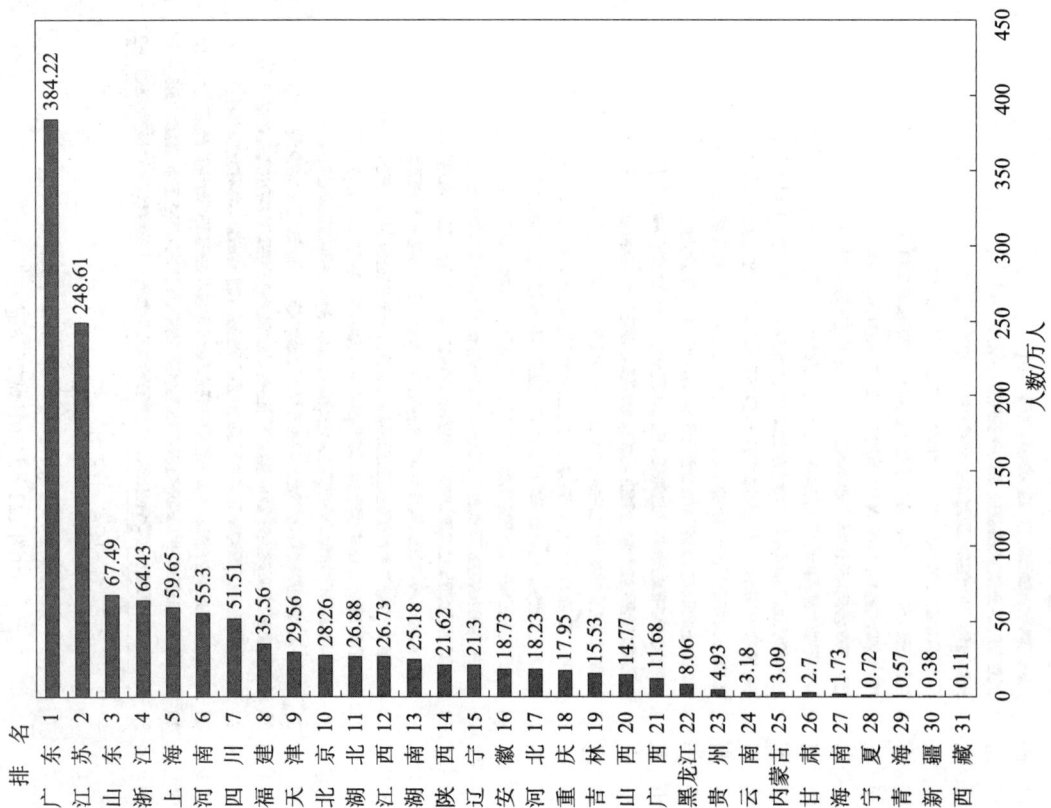

附图 124　54201 高技术产业就业人数

| 排名 | 省份 | 人数/万人 |
|---|---|---|
| 1 | 广东 | 384.22 |
| 2 | 江苏 | 248.61 |
| 3 | 山东 | 67.49 |
| 4 | 浙江 | 64.43 |
| 5 | 上海 | 59.65 |
| 6 | 河南 | 55.3 |
| 7 | 四川 | 51.51 |
| 8 | 福建 | 35.56 |
| 9 | 天津 | 29.56 |
| 10 | 北京 | 28.26 |
| 11 | 湖北 | 26.88 |
| 12 | 江西 | 26.73 |
| 13 | 湖南 | 25.18 |
| 14 | 陕西 | 21.62 |
| 15 | 辽宁 | 21.3 |
| 16 | 安徽 | 18.73 |
| 17 | 河北 | 18.23 |
| 18 | 重庆 | 17.95 |
| 19 | 吉林 | 15.53 |
| 20 | 山西 | 14.77 |
| 21 | 广西 | 11.68 |
| 22 | 黑龙江 | 8.06 |
| 23 | 贵州 | 4.93 |
| 24 | 云南 | 3.18 |
| 25 | 内蒙古 | 3.09 |
| 26 | 甘肃 | 2.7 |
| 27 | 海南 | 1.73 |
| 28 | 宁夏 | 0.72 |
| 29 | 青海 | 0.57 |
| 30 | 新疆 | 0.38 |
| 31 | 西藏 | 0.11 |

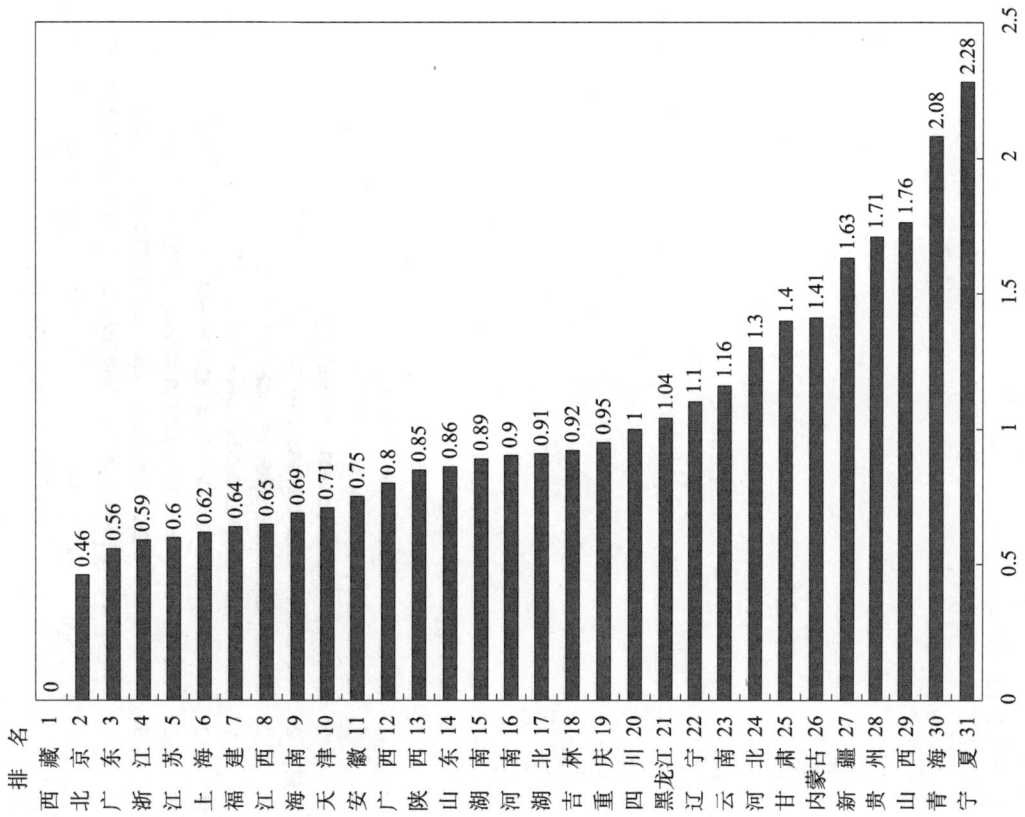

附图 127　55102 万元地区生产总值能耗/等价值

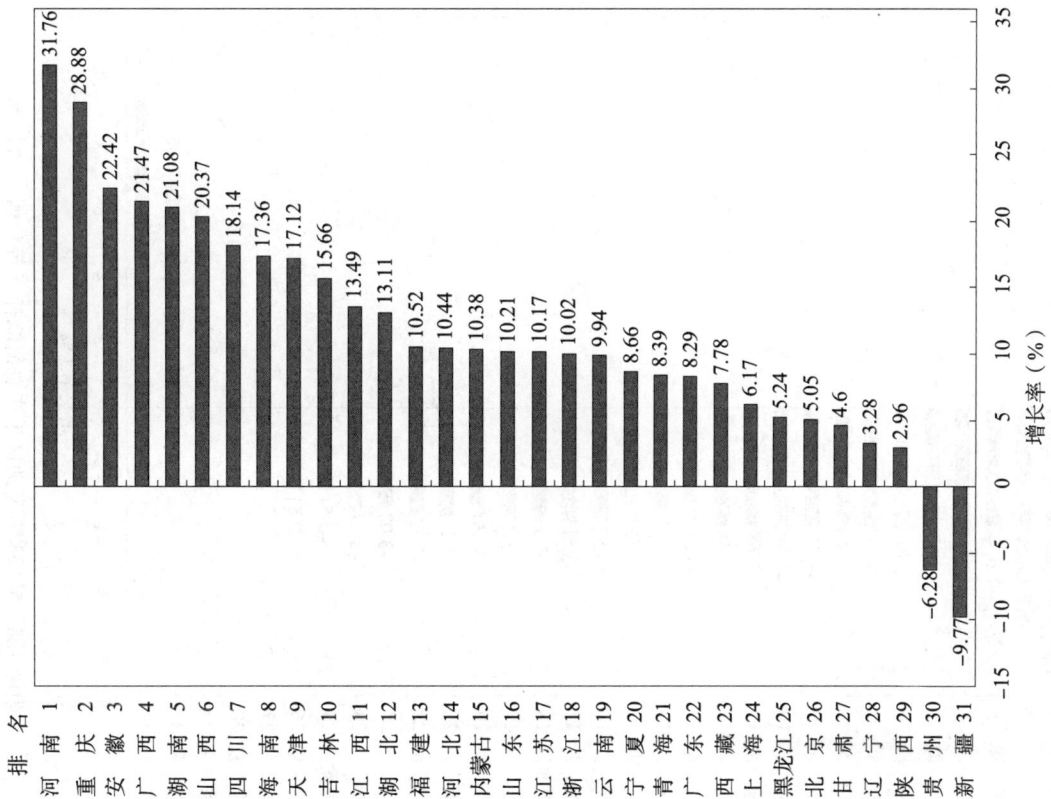

附图 126　54203 高技术产业就业人数增长率

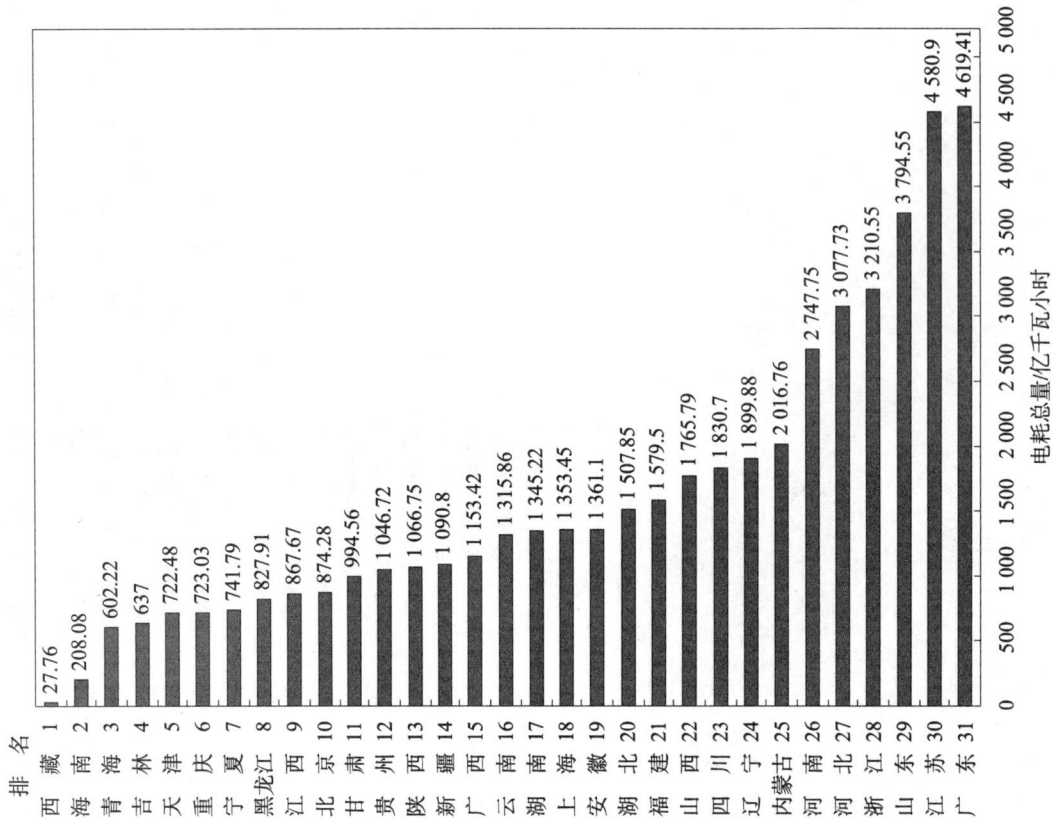

附图 129　55201 电耗总量

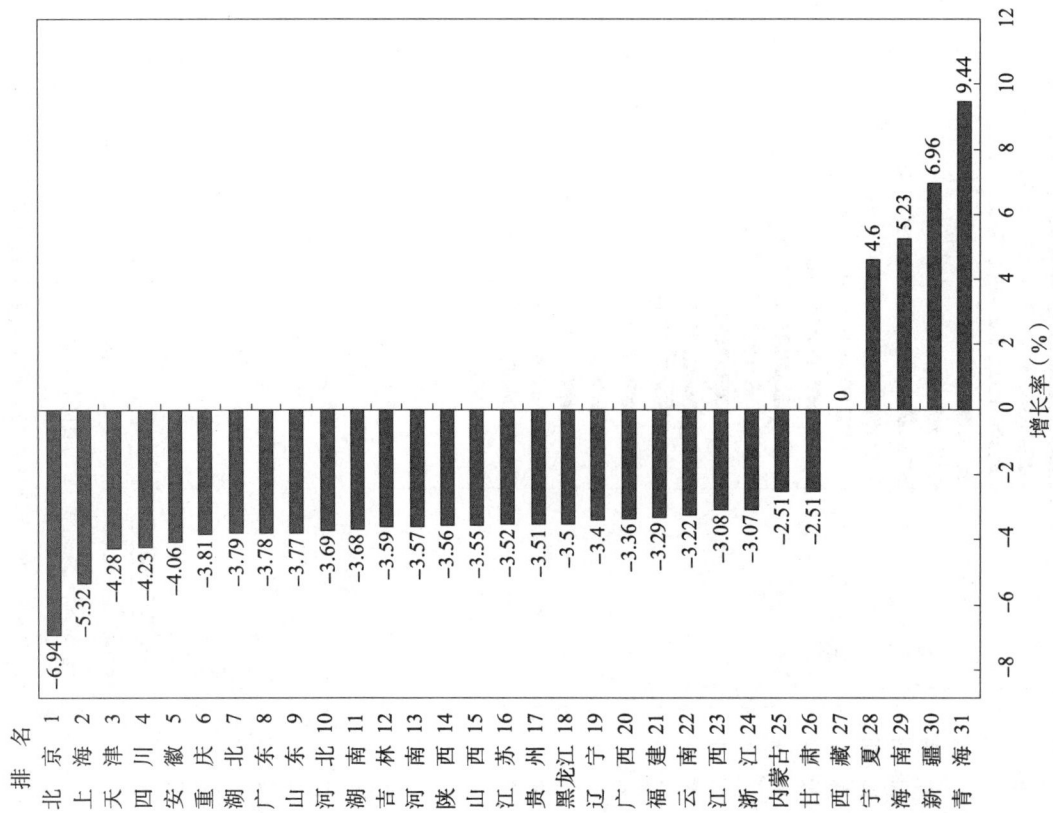

| 排名 | 省份 | 电耗总量 |
|---|---|---|
| 1 | 西藏 | 27.76 |
| 2 | 海南 | 208.08 |
| 3 | 青海 | 602.22 |
| 4 | 吉林 | 637 |
| 5 | 天津 | 722.48 |
| 6 | 重庆 | 723.03 |
| 7 | 宁夏 | 741.79 |
| 8 | 黑龙江 | 827.91 |
| 9 | 江西 | 867.67 |
| 10 | 北京 | 874.28 |
| 11 | 甘肃 | 994.56 |
| 12 | 贵州 | 1 046.72 |
| 13 | 陕西 | 1 066.75 |
| 14 | 新疆 | 1 090.8 |
| 15 | 广西 | 1 153.42 |
| 16 | 云南 | 1 315.86 |
| 17 | 湖南 | 1 345.22 |
| 18 | 上海 | 1 353.45 |
| 19 | 安徽 | 1 361.1 |
| 20 | 湖北 | 1 507.85 |
| 21 | 福建 | 1 579.5 |
| 22 | 山西 | 1 765.79 |
| 23 | 四川 | 1 830.7 |
| 24 | 辽宁 | 1 899.88 |
| 25 | 内蒙古 | 2 016.76 |
| 26 | 河南 | 2 747.75 |
| 27 | 河北 | 3 077.73 |
| 28 | 浙江 | 3 210.55 |
| 29 | 山东 | 3 794.55 |
| 30 | 江苏 | 4 580.9 |
| 31 | 广东 | 4 619.41 |

电耗总量/亿千瓦小时

附图 128　55103 万元地区生产总值能耗（等价值）增长率

| 排名 | 省份 | 增长率(%) |
|---|---|---|
| 1 | 北京 | -6.94 |
| 2 | 上海 | -5.32 |
| 3 | 天津 | -4.28 |
| 4 | 四川 | -4.23 |
| 5 | 安徽 | -4.06 |
| 6 | 重庆 | -3.81 |
| 7 | 湖北 | -3.79 |
| 8 | 广东 | -3.78 |
| 9 | 山东 | -3.77 |
| 10 | 河北 | -3.69 |
| 11 | 湖南 | -3.68 |
| 12 | 吉林 | -3.59 |
| 13 | 河南 | -3.57 |
| 14 | 陕西 | -3.56 |
| 15 | 山西 | -3.55 |
| 16 | 江苏 | -3.52 |
| 17 | 贵州 | -3.51 |
| 18 | 黑龙江 | -3.5 |
| 19 | 辽宁 | -3.4 |
| 20 | 广西 | -3.36 |
| 21 | 福建 | -3.29 |
| 22 | 云南 | -3.22 |
| 23 | 江西 | -3.08 |
| 24 | 浙江 | -3.07 |
| 25 | 内蒙古 | -2.51 |
| 26 | 甘肃 | -2.51 |
| 27 | 西藏 | |
| 28 | 宁夏 | 4.6 |
| 29 | 海南 | 5.23 |
| 30 | 新疆 | 6.96 |
| 31 | 青海 | 9.44 |

增长率（%）

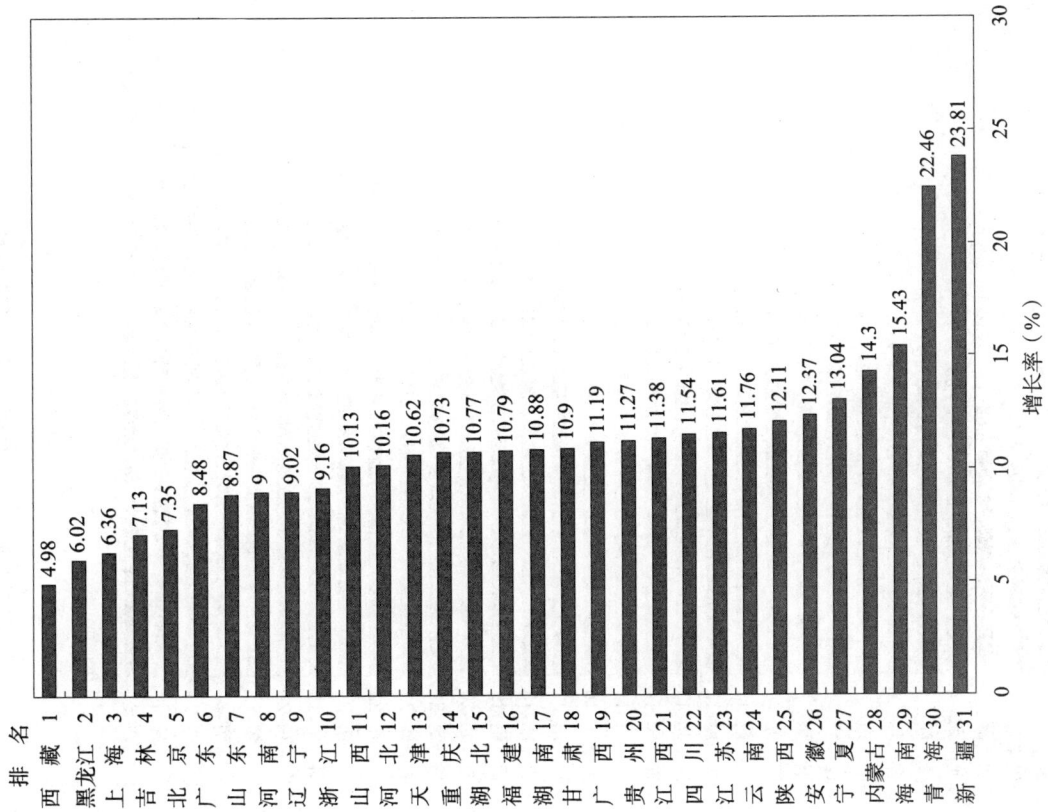

附图 131 55203 电耗总量增长率

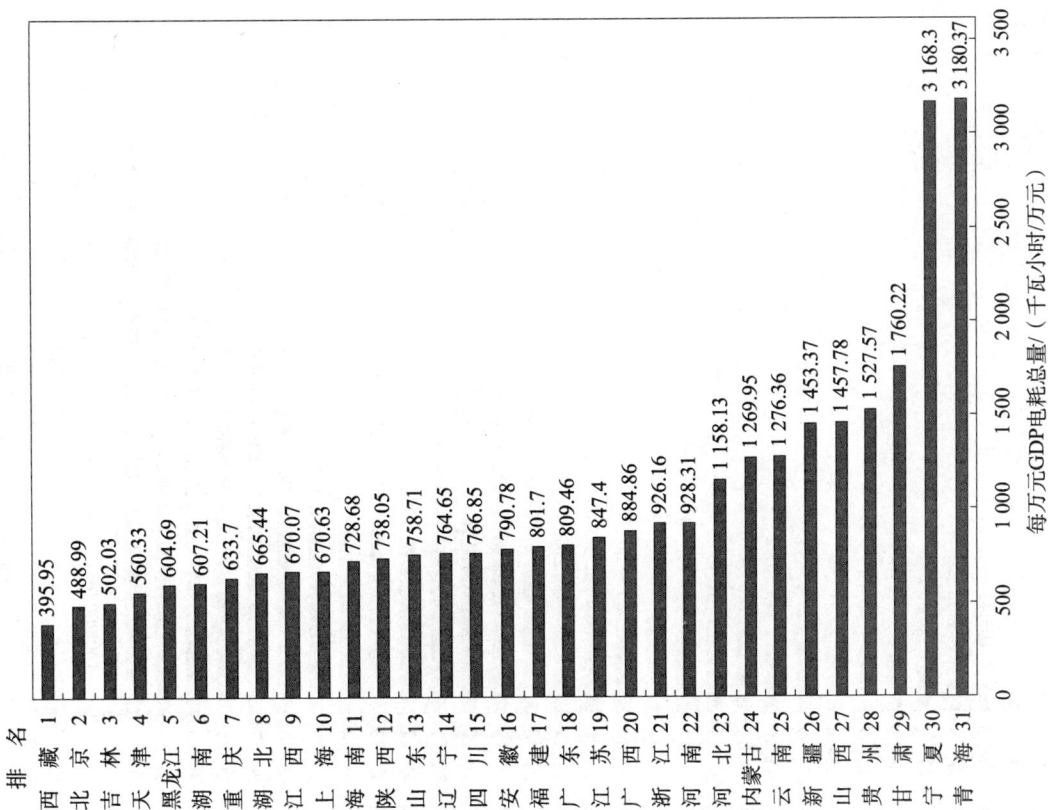

附图 130 55202 每万元 GDP 电耗总量

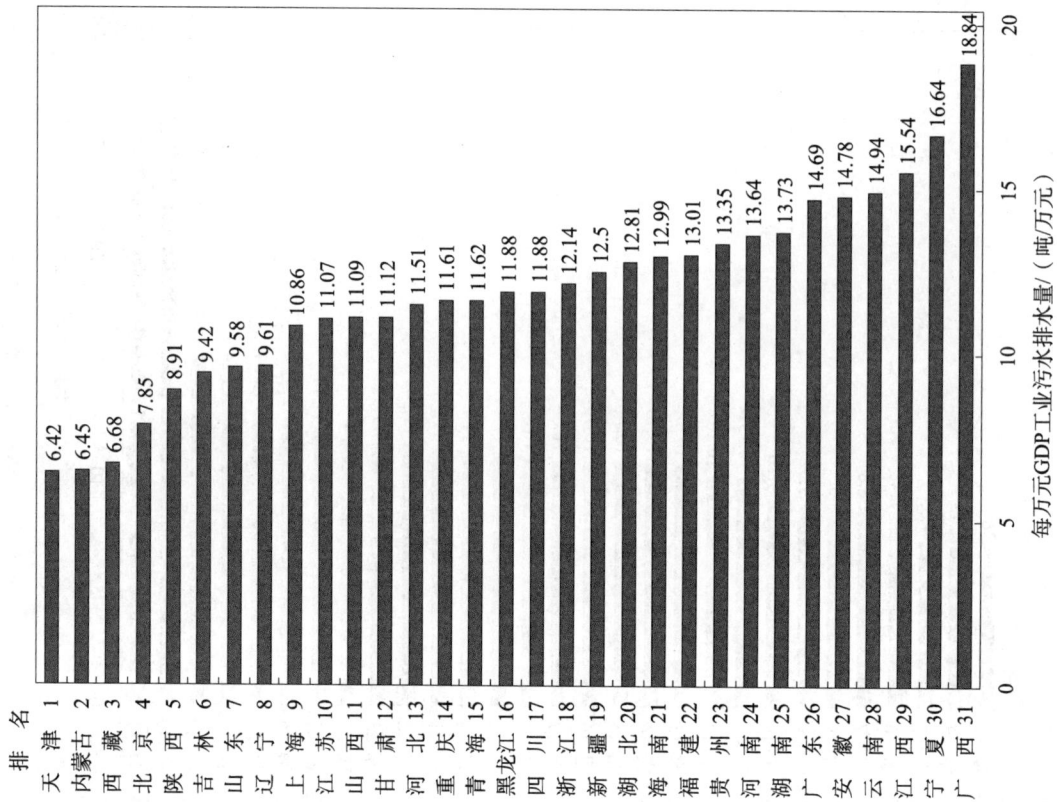

## 附图 133　55302　每万元 GDP 工业污水排放量

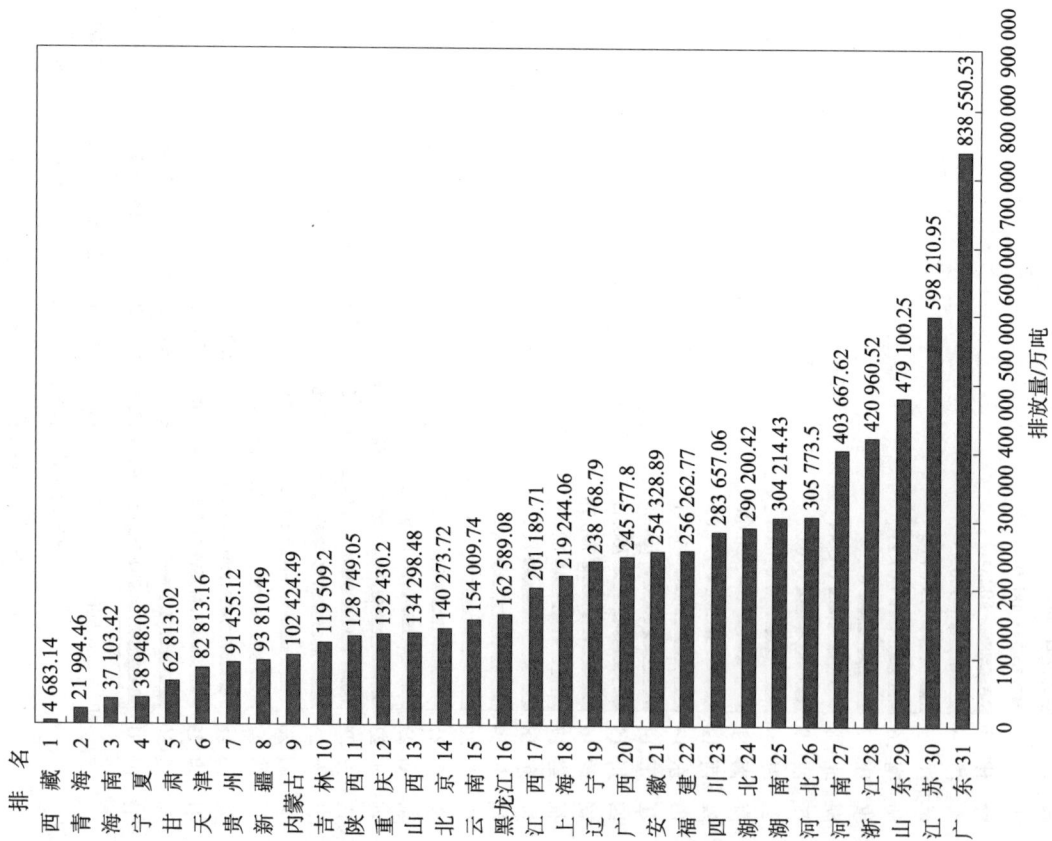

每万元GDP工业污水排水量/（吨/万元）

| 排名 | 省份 | 数值 |
|---|---|---|
| 1 | 天津 | 6.42 |
| 2 | 内蒙古 | 6.45 |
| 3 | 西藏 | 6.68 |
| 4 | 北京 | 7.85 |
| 5 | 陕西 | 8.91 |
| 6 | 吉林 | 9.42 |
| 7 | 山东 | 9.58 |
| 8 | 辽宁 | 9.61 |
| 9 | 上海 | 10.86 |
| 10 | 江苏 | 11.07 |
| 11 | 山西 | 11.09 |
| 12 | 甘肃 | 11.12 |
| 13 | 河北 | 11.51 |
| 14 | 重庆 | 11.61 |
| 15 | 青海 | 11.62 |
| 16 | 黑龙江 | 11.88 |
| 17 | 四川 | 11.88 |
| 18 | 浙江 | 12.14 |
| 19 | 新疆 | 12.5 |
| 20 | 湖北 | 12.81 |
| 21 | 河南 | 12.99 |
| 22 | 福建 | 13.01 |
| 23 | 贵州 | 13.35 |
| 24 | 河南 | 13.64 |
| 25 | 湖南 | 13.73 |
| 26 | 广东 | 14.69 |
| 27 | 安徽 | 14.78 |
| 28 | 云南 | 14.94 |
| 29 | 江西 | 15.54 |
| 30 | 宁夏 | 16.64 |
| 31 | 广西 | 18.84 |

## 附图 132　55301　工业污水排放量

排放量/万吨

| 排名 | 省份 | 数值 |
|---|---|---|
| 1 | 西藏 | 4 683.14 |
| 2 | 青海 | 21 994.46 |
| 3 | 海南 | 37 103.42 |
| 4 | 宁夏 | 38 948.08 |
| 5 | 甘肃 | 62 813.02 |
| 6 | 天津 | 82 813.16 |
| 7 | 贵州 | 91 455.12 |
| 8 | 新疆 | 93 810.49 |
| 9 | 内蒙古 | 102 424.49 |
| 10 | 吉林 | 119 509.2 |
| 11 | 陕西 | 128 749.05 |
| 12 | 重庆 | 132 430.2 |
| 13 | 山西 | 134 298.48 |
| 14 | 北京 | 140 273.72 |
| 15 | 云南 | 154 009.74 |
| 16 | 黑龙江 | 162 589.08 |
| 17 | 江西 | 201 189.71 |
| 18 | 上海 | 219 244.06 |
| 19 | 辽宁 | 238 768.79 |
| 20 | 广西 | 245 577.8 |
| 21 | 安徽 | 254 328.89 |
| 22 | 福建 | 256 262.77 |
| 23 | 四川 | 283 657.06 |
| 24 | 湖北 | 290 200.42 |
| 25 | 湖南 | 304 214.43 |
| 26 | 河北 | 305 773.5 |
| 27 | 河南 | 403 667.62 |
| 28 | 浙江 | 420 960.52 |
| 29 | 山东 | 479 100.25 |
| 30 | 江苏 | 598 210.95 |
| 31 | 广东 | 838 550.53 |

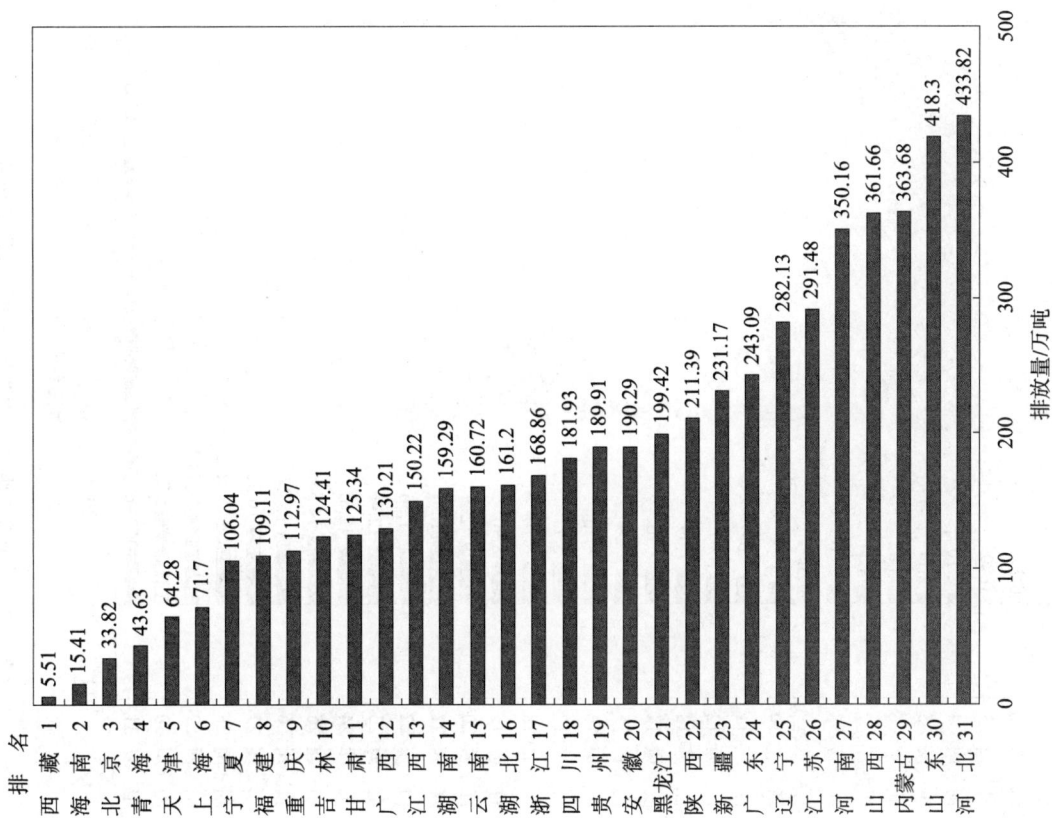

附图 135  55401 废气中主要污染物排放量

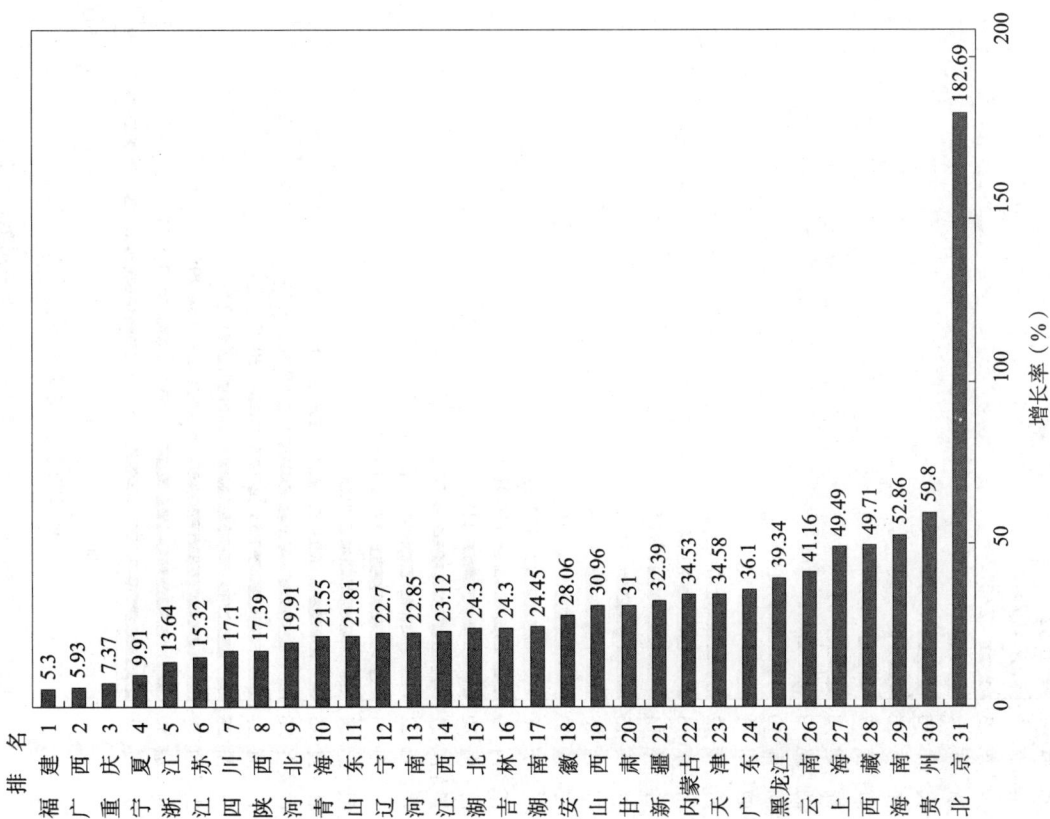

| 排名 | 地区 | 排放量/万吨 |
|---|---|---|
| 1 | 西藏 | 5.51 |
| 2 | 海南 | 15.41 |
| 3 | 北京 | 33.82 |
| 4 | 青海 | 43.63 |
| 5 | 天津 | 64.28 |
| 6 | 上海 | 71.7 |
| 7 | 宁夏 | 106.04 |
| 8 | 福建 | 109.11 |
| 9 | 重庆 | 112.97 |
| 10 | 吉林 | 124.41 |
| 11 | 甘肃 | 125.34 |
| 12 | 广西 | 130.21 |
| 13 | 江西 | 150.22 |
| 14 | 湖南 | 159.29 |
| 15 | 云南 | 160.72 |
| 16 | 湖北 | 161.2 |
| 17 | 浙江 | 168.86 |
| 18 | 四川 | 181.93 |
| 19 | 贵州 | 189.91 |
| 20 | 安徽 | 190.29 |
| 21 | 黑龙江 | 199.42 |
| 22 | 陕西 | 211.39 |
| 23 | 新疆 | 231.17 |
| 24 | 广东 | 243.09 |
| 25 | 辽宁 | 282.13 |
| 26 | 江苏 | 291.48 |
| 27 | 河南 | 350.16 |
| 28 | 山西 | 361.66 |
| 29 | 内蒙古 | 363.68 |
| 30 | 山东 | 418.3 |
| 31 | 河北 | 433.82 |

附图 134  55303 工业污水排放总量增长率

| 排名 | 地区 | 增长率（%） |
|---|---|---|
| 1 | 福建 | 5.3 |
| 2 | 广西 | 5.93 |
| 3 | 重庆 | 7.37 |
| 4 | 宁夏 | 9.91 |
| 5 | 浙江 | 13.64 |
| 6 | 江苏 | 15.32 |
| 7 | 四川 | 17.1 |
| 8 | 陕西 | 17.39 |
| 9 | 河北 | 19.91 |
| 10 | 青海 | 21.55 |
| 11 | 山东 | 21.81 |
| 12 | 辽宁 | 22.7 |
| 13 | 河南 | 22.85 |
| 14 | 江西 | 23.12 |
| 15 | 湖北 | 24.3 |
| 16 | 吉林 | 24.3 |
| 17 | 湖南 | 24.45 |
| 18 | 安徽 | 28.06 |
| 19 | 山西 | 30.96 |
| 20 | 甘肃 | 31 |
| 21 | 新疆 | 32.39 |
| 22 | 内蒙古 | 34.53 |
| 23 | 天津 | 34.58 |
| 24 | 广东 | 36.1 |
| 25 | 黑龙江 | 39.34 |
| 26 | 云南 | 41.16 |
| 27 | 上海 | 49.49 |
| 28 | 西藏 | 49.71 |
| 29 | 海南 | 52.86 |
| 30 | 贵州 | 59.8 |
| 31 | 北京 | 182.69 |

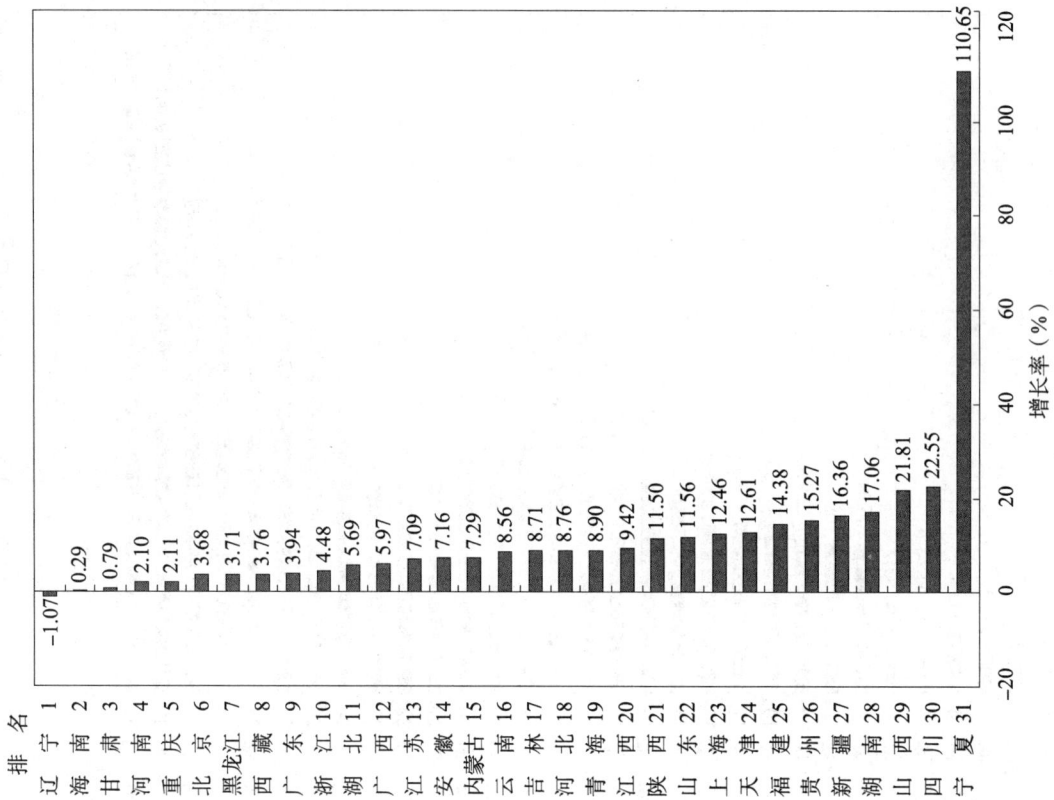

附图 137 55403 废气中主要污染物排放量增长率

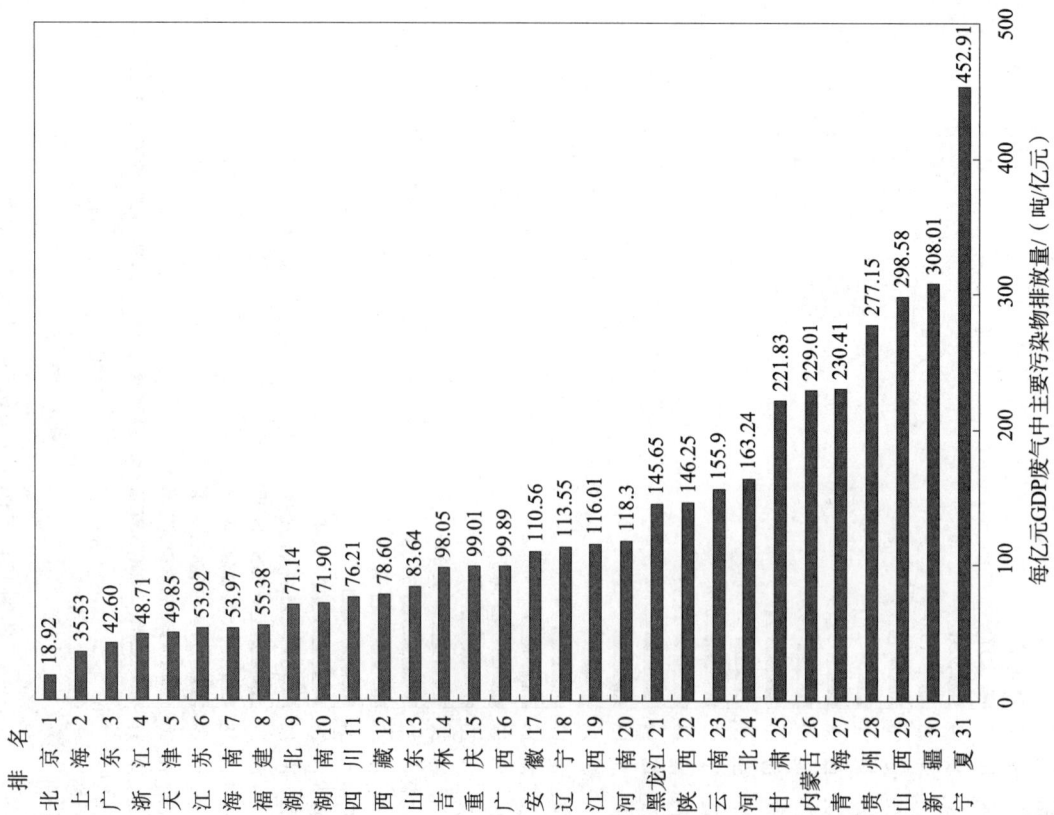

| 排名 | | 增长率(%) |
|---|---|---|
| 辽宁 | 1 | -1.07 |
| 海南 | 2 | 0.29 |
| 甘肃 | 3 | 0.79 |
| 河南 | 4 | 2.10 |
| 重庆 | 5 | 2.11 |
| 北京 | 6 | 3.68 |
| 黑龙江 | 7 | 3.71 |
| 西藏 | 8 | 3.76 |
| 广东 | 9 | 3.94 |
| 浙江 | 10 | 4.48 |
| 湖北 | 11 | 5.69 |
| 广西 | 12 | 5.97 |
| 江苏 | 13 | 7.09 |
| 安徽 | 14 | 7.16 |
| 内蒙古 | 15 | 7.29 |
| 云南 | 16 | 8.56 |
| 吉林 | 17 | 8.71 |
| 河北 | 18 | 8.76 |
| 青海 | 19 | 8.90 |
| 江西 | 20 | 9.42 |
| 陕西 | 21 | 11.50 |
| 山东 | 22 | 11.56 |
| 上海 | 23 | 12.46 |
| 天津 | 24 | 12.61 |
| 福建 | 25 | 14.38 |
| 贵州 | 26 | 15.27 |
| 新疆 | 27 | 16.36 |
| 湖南 | 28 | 17.06 |
| 山西 | 29 | 21.81 |
| 四川 | 30 | 22.55 |
| 宁夏 | 31 | 110.65 |

附图 136 55402 每亿元GDP废气中主要污染物排放量

| 排名 | | 每亿元GDP废气中主要污染物排放量/(吨/亿元) |
|---|---|---|
| 北京 | 1 | 18.92 |
| 上海 | 2 | 35.53 |
| 广东 | 3 | 42.60 |
| 浙江 | 4 | 48.71 |
| 天津 | 5 | 49.85 |
| 江苏 | 6 | 53.92 |
| 海南 | 7 | 53.97 |
| 福建 | 8 | 55.38 |
| 湖北 | 9 | 71.14 |
| 湖南 | 10 | 71.90 |
| 四川 | 11 | 76.21 |
| 西藏 | 12 | 78.60 |
| 山东 | 13 | 83.64 |
| 吉林 | 14 | 98.05 |
| 重庆 | 15 | 99.01 |
| 广西 | 16 | 99.89 |
| 安徽 | 17 | 110.56 |
| 辽宁 | 18 | 113.55 |
| 江西 | 19 | 116.01 |
| 河南 | 20 | 118.3 |
| 黑龙江 | 21 | 145.65 |
| 陕西 | 22 | 146.25 |
| 云南 | 23 | 155.9 |
| 河北 | 24 | 163.24 |
| 甘肃 | 25 | 221.83 |
| 内蒙古 | 26 | 229.01 |
| 青海 | 27 | 230.41 |
| 贵州 | 28 | 277.15 |
| 山西 | 29 | 298.58 |
| 新疆 | 30 | 308.01 |
| 宁夏 | 31 | 452.91 |